Michel Foucault
HISTOIRE DE LA FOLIE À L'ÂGE CLASSIQUE
© Editions Gallimard,1972

本书中文版权由法国伽利玛出版社授权出版

学术前沿
THE FRONTIERS OF ACADEMIA

古典时代疯狂史

[法] 米歇尔·福柯 著

林志明 译

生活·讀書·新知三联书店

Simplified Chinese Copyright © 2016 by SDX Joint Publishing Company.
All Rights Reserved.
本作品简体中文版权由生活・读书・新知三联书店所有。
未经许可，不得翻印。

图书在版编目（CIP）数据

古典时代疯狂史/（法）福柯著；林志明译．—2 版．—北京：生活・读书・新知三联书店，2016.10（2024.6 重印）
（学术前沿）
ISBN 978 – 7 – 108 – 05733 – 4

Ⅰ．①古…　Ⅱ．①福…②林…　Ⅲ．①哲学理论 – 法国 – 现代　Ⅳ．① B565.59

中国版本图书馆 CIP 数据核字（2016）第 134041 号

责任编辑	冯金红
装帧设计	罗　洪　蔡立国
责任印制	卢　岳
出版发行	生活・讀書・新知 三联书店
	（北京市东城区美术馆东街 22 号 100010）
网　　址	www.sdxjpc.com
图　　字	01-2019-6679
经　　销	新华书店
印　　刷	河北松源印刷有限公司
版　　次	2005 年 6 月北京第 1 版
	2016 年 10 月北京第 2 版
	2024 年 6 月北京第 11 次印刷
开　　本	880 毫米 × 1230 毫米　1/32　印张 27.25
字　　数	630 千字
印　　数	51,001 – 56,000 册
定　　价	69.00 元

（印装查询：01064002715；邮购查询：01084010542）

学术前沿
总 序

  生活·读书·新知三联书店素来重视国外学术思想的引介工作,以为颇有助于中国自身思想文化的发展。自80年代中期以来,幸赖著译界和读书界朋友鼎力襄助,我店陆续刊行综合性文库及专题性译丛若干套,在广大读者中产生了良好影响。

  第二次世界大战结束后,随着世界格局的急速变化,学术思想的处境日趋复杂,各种既有的学术范式正遭受严重挑战,而学术研究与社会—文化变迁的相关性则日益凸显。中国社会自70年代末期起,进入了全面转型的急速变迁过程,中国的学术既是对这一变迁的体现,也参与了这一变迁。迄今为止,这一体现和参与都还有待拓宽和深化。由此,为丰富汉语学术思想资源,我们在整理近现代学术成就、大力推动国内学人新创性著述的同时,积极筹划绍介反映最新学术进展的国外著作。"学术前沿"丛书,旨在译介二战结束以来,尤其是本世纪60年代之后国外学术界的前沿性著作(亦含少量二战前即问世,但在战后才引起普遍重视的作品),以期促进中国的学科建设和学术反思,并回应当代学术前沿中的重大难题。

  "学术前沿"丛书启动之时,正值世纪交替之际。而现代中国的思想文化历经百余年艰难曲折,正迎来一个有望获得创造性大发展的历史时期。我们愿一如既往,为推动中国学术文化的建设竭尽绵薄。谨序。

生活·读书·新知三联书店
1997年11月

目　录

译者导言：福柯 Double ················· 林志明 （1）
　一　一本书和它的化身 ························ （3）
　二　《疯狂史》的成书过程 ···················· （9）
　三　《疯狂史》的文献考古 ···················· （22）
　四　第一版序言 ······························ （44）
　五　分裂与重合 ······························ （53）
　六　恶痛与化身 ······························ （58）
　七　福柯的写作风格问题 ······················ （62）
　八　阿尔都塞的见证 ·························· （65）

二版自序 ·· （71）

第一部

第一章　《疯人船》···························· （77）
第二章　大禁闭 ······························ （145）
第三章　惩戒与矫正 ·························· （197）
第四章　疯狂的体验 ·························· （242）
第五章　无理智者 ···························· （276）

第二部

导言 ·· (317)
第一章　物种园中的疯人 ···················· (333)
第二章　谵妄的超越性 ························ (379)
第三章　疯狂诸形象 ···························· (438)
第四章　医生和病人 ···························· (499)

第三部

导言 ·· (561)
第一章　大恐惧 ·································· (575)
第二章　新的划分 ······························· (613)
第三章　论自由的良好使用 ················· (667)
第四章　疗养院的诞生 ························ (722)
第五章　人类学圈环 ···························· (785)

附　录

注解　收容总署史 ···························· (825)
参考书目 ·· (845)

译者导言:福柯 Double[①]

> 我的书既不是哲学作品,也不是历史研究;
> 充其量只是史学工地中的哲学片简。
>
> ——福柯

　　一本书产生了,这是个微小的事件,一个任人随意把玩的小玩意儿。从那时起,它便进入反复(répétition)的无尽游戏之中;围绕着它的四周,在远离它的地方,它的化身们(doubles)开始群集挤动;每次阅读,都为它暂时提供一个既不可捉摸,却又独一无二的躯壳;它本身的一些片段,被人们抽出来强调、炫示,到处流传着,这些片段甚至会被认为可以几近概括其全体。到了后来,有时它还会在这些片段中,找到栖身之所;注释将它一拆为二(dédoublent),它终究得在这些异质的论述之中显现自身,招认它曾经拒绝明说之事,摆脱它曾经高声

[①] 虽然我们在下面会用"化身"这个词语来译 double,但在这里,我们希望能在标题保留它的法文样貌,因为 double 这个词语所包含的意念,除了一个和真身(original)相似甚至完全相似却又不同的反影式化身之外,还有双重、分裂等意义,而它们更贴近本文所要谈的某些面向。

伪装的存在。一本书在另一个时空中的再版,也是这些化身中的一员:既不全为假象,亦非完全等同。

以上是福柯在《疯狂史》二版序言中的一段很有意思的话。在这一段话之后,我们还可以再加上:一个作品的翻译,因为它是为作品维持余生,它也属于这一类的"化身":"既不全为假象,亦非完全等同。"

同时,我们所引用的这篇二版序文,它本身甚至可以说是一个化身的化身,一个前来抹灭第一个化身的化身。然而,一旦在这里引用它,就某种意义而言,我们又将这个化身本身一分为二(dédoubler),使得它拥有一个先行出现的、片段性的化身,并使得我们这篇导论被包夹在福柯的种种化身意象之间。这么一来,这篇文章本身的计划,也就是作为它在理念层次化身的纲领,也就整个地陷入了福柯及其化身意象既暧昧又切题——至少我希望如此——的影响之下。②这篇文章各部分将要处理的主题,也就围绕着化身这个半隐匿的旋律打转:

1. 首先,我们会讨论这本书本身和它的种种化身之间,必须先行阐明的基本问题:版本(完整本和删节本、附录和前言的策略性变化)、翻译(及其误读)。

2. 这篇国家博士论文的长久经营和变化过程,又是如何地

---

② 这部译作本身其实也存于某种化身的阴影之下:原来出版社委托译者进行一份译稿的修订工作,但由于这份稿子的成色实在欠佳,译者进行的是"重译"的工作。

影响它的最后样貌:这里谈的是作为它生前之生的孕育过程。

3. 对于先前和同时的几份文本进行考古学分析:这些是先前于它和与它同时的化身。

4. 第一版序言和它的双重计划问题。

5. 福柯所进行的两个最基本但也最广泛运用的操作:分裂(dédoublement)和重合(redoublement)。这是为全书概念骨架赋予形式的两个基本操作。

6. 疯狂(folie)、邪恶(mal)、化身(double)之间的概念之结。

7. 福柯的修辞和行文风格问题。

8. 最后我们想要提出一本可以为福柯所谓疯狂之"沉默"的考古学作注脚的书本片段,邀请读者以它作为后福柯时代疯狂史的沉思对象。

一 一本书和它的化身

这里要呈献给读者的,乃是由福柯早期巨作《疯狂史》法文原本直译而来的全译本。这本书的打字原稿接近千页,而内容题旨丰富庞大,各种层次的主题相互穿梭。修辞风格时而激昂、时而细密;吊诡、正反论证接连而出。然而,过去中文所出的两种译本,其根据皆是英译本 *Madness and Civilization* 转译而来,③而英文版本身又是法文删节本的翻译。节本和全本比较起来,不但页数少去一半以上,而且原来作为国家

---

③ 两个译本资料如下:《疯癫与文明》,刘北成、杨远婴译,台北,桂冠,1992;北京,三联书店,1999。《癫狂与文明》,孙淑强、金筑云译,杭州,浙江人民,1991;台北,淑馨,1994。经笔者初步比较,其中以前一个版本较为精确、流畅,但仍有错误之处。

博士论文必须注明引用来源的近千条注解,也被削减到只有五十条,更别提参考书目和附加的史料汇集。由原来望之俨然的巨型博士论文,缩减到一本便于流传、向广大读者招手的袖珍版随笔评论(Essai),这是一本书和它的化身,或者,这已经是两本不同的书呢?

以福柯在英美学界的盛名和影响,像《疯狂史》这样重要的作品,却一直只有节缩本的翻译,实在是一件令人难以理解的怪事。到了1990年,英国学者和福柯作品翻译人歌顿(Colin Gordon)便以此事为基础,发表一篇引起庞大论战的文章。他的标题便已说明了他的主旨:《疯狂史》因为一直未有全译,所以它对英美学界而言,仍是福柯一本"未为人知"的书(An unknown book by Michel Foucault)。更值得注意的是,歌顿认为,除了翻译中罕见的细节错误所导致的扭曲外,即使许多福柯的批评者引用了法文完整版,他们对《疯狂史》的理解,却已受到节缩译本《疯狂与文明》的制约,产生了许多和原书意旨相反的误解,因而作出许多没有根据的批评。比如论者攻击福柯断定17到18世纪的古典时代里疯人并没有得到治疗,这一点不合史实,然而《疯狂史》却是动用了数章篇幅在处理古典时代的疯狂医疗问题,尤其是第一部《疯狂的体验》一章,而这一章在节本之中正是被完全删去。④

---

④ Colin Gordon, "*Histoire de la folie*: An unknown book by Michel Foucault," *History of the Humain Sciences*, 1990, 3, pp. 3-26. 这篇文章及论战文章收入 Arthur Still and Irving Velody ed. *Rewriting the history of madness: Studies in Foucault's* Histoire de la folie, London and New York, Routledge, 1992。

翻译对原文居然会产生这样的遮蔽作用，这实在也是一件令人称奇的事情——当然，我们也可以假设那些引用《疯狂史》原文完整版的英美学者，并未真的认真读完全书（不过读者在这里可以相信我，这绝不是一件简单的事），而只是在法文原书中寻找和剪裁支持他们既成定论的引句。

由于歌顿文章所引起的论战反应，我们也可看到《疯狂史》中的史实精确性、主旨重点、解读方式的合法性、翻译困难、福柯本人的修辞风格、论述进程或概念暧昧与否，都被人一一提出来当作相关问题讨论。译者参考了这些文章，自然受益良多。然而，在其中发现的另一个小小的插曲，也令人体会到翻译对理解（甚至是对原文的理解）所能产生的影响：福柯对精神医疗史的重构和批判，一直是争论的重点之一。其中一个争执点是福柯为何不说明英国道德疗法的创始人威廉·突克（William Tuke）原来是一位外行（layman）——他的身份原是茶商——根本不是医生，更不是精神科的专家。批评者认为这一点足以说明福柯对史料掌握不足，误导最基本的历史理解，或是以法国史实为本位，遮盖了其他国家的特异之处。[5] 维护福柯者则引出一段章节证明福柯必然知道这个事实，但她仍然问道："那么福柯为什么对这个似乎颇为重要的事实提都不提呢？"这位作者在结论里回答说：福柯的"错误"其实是"策略"，牵涉到他的基本计划——去

---

[5] 这一点主要是历史社会学家 Andrew Scull 的意见。另一位精神医疗史家 H. C. Erik Midelfort 也表示了类似的意见。参考 Arthur Still and Irving Velody ed. *Rewriting the history of madness : Studies in Foucault's Histoire de la folie*, op. cit. , p.73, p.154。

除过去的熟悉感。⑥

　　这样的讨论过程,属于这次论战的基本对立之一:福柯对史实的操纵有问题(不合事实或是诠释有误)/福柯的历史方法、写作、修辞方式,和传统史学根本不同,所以受到传统史家排斥——如此,完整的译本对事态可能起澄清作用,但对改变传统史家的态度而言,可能完全无用。

　　然而,只就上述的争论点(福柯为何不说明突克原先是位门外汉),我们只能说正反双方的论者都没有读好原书。因为事实正好相反,福柯的确曾经明确说过突克不是医生!福柯这句话出现在第三部第三章(原书 p. 480,中译本 p. 644),他问道:"不是医生的突克,不是精神病科医生的匹奈,他们会比替索或居伦懂得更多吗?"就像读者们已经可以猜想得到的,这也是在节本中遭到全部删除的一章。

　　这段小插曲提醒我们,目前读者手上的这本书,因为它的庞大复杂,乃是一本很难加以整体吸收的作品。这是一本多视野、多重角度的作品。它在同一个物质性的书本空间里,却能展开多重堆叠的异质意义场景。而且这种情况又因为《疯狂史》在时间上先后出现的不同版本而更形复杂:不管我们使用哪个版本,其他不同的版本仍会像前世幽灵,由手上版本纸下隐隐浮出,絮絮不休,萦绕不去。

　　以下便是《疯狂史》的版本状况:

　　一、第一版 *Folie et déraison : Histoire de la folie à l'âge*

---

⑥ Jan Goldstein, "'The lively sensibility of the Frenchman': some reflections on the place of France in Foucault's *Histoire de la folie*," in Arthur Still and Irving Velody ed. *Rewriting the history of madness : Studies in Foucault's* Histoire de la folie, op. cit. , pp.73-76.

classique(《疯狂与非理性:古典时代疯狂史》),Éd. Librairie Plon,1961(coll. Civilisations d'hier et d'aujourd'hui)。这是依据福柯1960年完成的国家博士论文手稿印行的第一版(曾于1964年重印)。其特点有,题辞"à Eric-Michel Nilsson"(福柯在瑞典认识的友人),及长达十一页的第一版《序言》一篇,为目前的通行版本所缺,但收入1994年出版的福柯《言论写作集》(Dits et écrits)中。(Vol. 1, no. 4, pp. 159-167)

二、节缩版 Histoire de la folie(《疯狂史》)于1964年出版(Union générale d'édition, coll. 10/18),这是 Richard Howard 英译本 Madness and Civilization:A History of Insanity in the Age of Reason(New York:Pantheon,1965,其中有一章为法文节缩版所无〔"Passion and Dilirium"〕)所根据的版本。一版《序言》仍在,但受到削减。书前的提示说明节缩的原则是保持原书的基本布局,但着重保留社会及历史面向。⑦

三、第二版 Histoire de la folie à l'âge classique(《古典时代疯狂史》),Gallimard,1972(coll. Bibliothèque des histoires)。除了最后一章有关尼采(Friedrich W. Nietzsche)《查拉图斯特拉如是说》(Thus Spake Zarathustra)的一个长注被删去之

---

⑦ 《疯狂与文明》的英国版由 Tavistock 于1967年首度出版,列入 R. D. Laing 主编的 Studies in Existentialism and Phenomenology 系列,并有 David Cooper 所写的导论一篇。由于 Laing 和 Cooper 都是"反精神医疗运动"(antipsychiatrie)的主导人物,再加上这部书所列入的系列(Laing 和 Cooper 的主要思想参考为萨特),使得它在英文世界首先具有激进介入的形象。福柯在二版序言中对此显然有所影射。和此平行但向量相反的是,在法国国内,由于68学运后的极左思潮和社会运动,《疯狂史》的解读也由学院式批评转移到更具政治性的诠释。当然,福柯本人的政治态度转变,也有助于"鼓励"这样的倾向。

外,内文并无变动。作者以一篇不到三页的二版《序言》取代了一版序言。并在附录中加上两篇文章,这两篇文章为目前通行的 TEL 版删去,二版前言中与此相关的一段文字也因此一起删除。其内容如下:

  在此我只加上两篇文章:其中一篇已经出版。在这篇文章里,我评论了我自己有点盲目地说出来的一句话:"疯狂便是作品的缺席(La folie,l'absence d'oeuvre)。"另一篇以前在法国并未出版过。在这篇文章里,我尝试回应德里达(Jacques Derrida)一篇杰出的(remarquable)批评。

这两篇文章的基本资料如下:

  a.《疯狂便是作品的缺席》(La folie,l'absence d'oeuvre),共八页,原出版于 1964 年,现收入《言论写作集》(*Dits et écrits*)中(Vol. 1,No. 25,pp. 412-421)。
  b.《我的身体,这张纸,这炉火》(Mon corps, ce papier, ce feu),共二十一页,回应德里达在 1963 年所作的著名演说《我思与疯狂史》(Cogito et histoire de la folie)(收入德里达在 1967 年出版之论文集《书写与差异》〔*L'écriture et la différence*〕)。此文有两个版本,第一版原刊日本 *Paideia*, No. 11,福柯专题,1972 年 2 月,pp. 131-147,题名"回应德里达"(Réponse à Derrida)。此一版本与书中刊出的本文有许多出入,而且语调更为刺激。目前两文皆收入《言论写作集》(*Dits et écrits*)中(Vol. 2,No. 102,pp. 245-268,No. 104,pp. 281-295)。"Mon corps"一文并有英译"My Body, This Paper, This Fire", *Oxford*

Literary Review, Autumn, 1979, 4:5-28。

这个版本还有一个特点,便是附有一幅 Franz Hals 的油画复制《女管理人》(*Les Régentes*),这是其他版本所没有的。

四、现通行版本题名为 *Histoire de la folie à l'âge classique*(《古典时代疯狂史》),Gallimard,TEL 系列(1976 年进入此一普及版系列)。这个版本内文并未变动(这是 TEL 系列所标榜的编辑方针,TEL 之意即为"原文重印"),保留第二版序言,删去了二版附录的两篇文章。这是本书翻译所根据的版本。

二 《疯狂史》的成书过程

福柯在《疯狂史》的第一版谢词中向法国神话宗教史家乔治·杜梅齐尔(Georges Dumézil)致谢时表示:"如果没有他,这份工作便不会进行——既不会在瑞典的暗夜之中进行,也不会在波兰自由的顽固大太阳之下完成。"⑧序言末尾标明的日期为"汉堡,1960 年 2 月 5 日"。由瑞典开始写作,在波兰重修,最后序言完成于德国,《疯狂史》主要是在法国之外完成,⑨就像法国 60 年代其他和结构主义相关联的重要思想家,比如列维·施特劳斯、罗兰·巴特、格里玛斯(Grei-

---

⑧ 福柯,《言论写作集》(*Dits et écrits*),Paris,Gallimard,1994,vol.1,p.167。

⑨ 当然,由本书的注脚可以看出,福柯也在巴黎的国家图书馆和 Arsenal(意为兵火库)图书馆进行档案研究工作。这应该是福柯利用暑假回国时进行的。另一方面,我们可以注意到,福柯在书中对法国当代学术作品引用比例甚小,我们可以探究这是否和他在海外工作有关,而这一点也有助于促成本书的特殊性格。

mas),福柯本人的生平便有由海外转向法国国内的势态。

几个相关的年代如下:⑩

1955年秋,福柯前往瑞典乌普萨拉(Uppsala,位于斯德哥尔摩北方七十公里的大学城),担任当地大学的法国文学讲师及法国文化中心主任。

1956年,法国圆桌出版社(La table ronde)向福柯提出一本有关精神医疗简史的写作计划。⑪

1957年,福柯决定在瑞典提出博士论文。手稿的题目为精神医疗史,但实际已成为疯狂史。福柯希望乌普萨拉理念史和科学史教授林德罗斯(Stirn Lindroth)担任其指导,但在提出部分手稿后遭到拒绝。

---

⑩ 这里的年代和事件依据主要参考《言论写作集》中由 Daniel Defert 所建立的生平年表。

⑪ 根据福柯的传记作者艾里彭(Didier Eribon)当时的预约计划,除了一本有关疯狂的历史之外,另有一本有关死亡的历史,见 Didier Eribon,《福柯传》(*Michel Foucault*),Paris,Flammarion,1991,p. 85。笔者这里引用的是艾里彭作品的第二版(初版为1989年),书中增加一些新的文献材料。

另外艾里彭还在另一本更新的著作中整理出福柯在前往瑞典前构想的博士论文题目(然而其进行状况无法确定):

1951—1952 《后笛卡儿哲学中的人文科学问题》、《当代心理学中的文化概念》
1952 《心理学之哲学》
1953 《精神医疗和存有分析》
1954 主论文《现象学之"世界"概念及它在人文科学中的重要性》
　　　副论文《讯号的心理物理学研究和感知的统计学诠释》

艾里彭同时引用当年的见证(尤其是杜梅齐尔)表示,福柯很可能是在和乌普萨拉图书馆的医学史收藏接触以后,才形成目前《疯狂史》的计划并决定其研究时代。见 Didier Eribon, *Michel Foucault et ses contemporains*(《福柯及其同时代人》),Paris,Fayard,1994,pp. 106-120。

同年,福柯过去的哲学老师,黑格尔专家喜波里提(Jean Hyppolite)(他同时也是《精神现象学》的译者),在读过手稿后,建议福柯将它改写成法国式的博士论文,并向巩居廉(Canguilhem)提出指导要求。

1958年10月,福柯前往华沙,仍为外交部担任类似职位,同时进行论文的修改润饰工作。

1958年圣诞节期间,将完成的手稿送给巩居廉审阅,对方回答:"不必做任何修改,这是一篇博士论文。"

1959年10月,福柯前往汉堡担任法国中心主任。

1960年,福柯进行副论文《康德人类学之生成与结构》(Genèse et Structure de l'Anthropologie de Kant)之写作,并翻译康德(Immanuel Kant)的《实用人类学》(Anthropologie du point de vue pragmatique)。由喜波里提担任论文指导。

1960年10月,福柯在得到法国中部克莱蒙-菲宏(Clermont-Ferrand)大学的心理学讲师(maître de conférences)教职后,回到巴黎定居。

1961年5月,在手稿遭到伽里玛(Gallimard)出版社拒绝后,由曾经出版列维·施特劳斯作品的普隆书店(Plon)以《疯狂与非理性:古典时代疯狂史》为题出版。5月20日在索邦大学答辩通过(依当时旧制,国家博士论文必须先出版才能答辩)。福柯获得的是文学博士学位(doctorat ès lettres)。

《疯狂史》的写作主要是在瑞典的三年之中进行,对于当地的生活,福柯曾有以下的回忆:

> 瑞典的现实中有一种美、一种严格、一种必要,显示出人在这样的现实中,永远只是一个移动的点,而他在一个超越他、比他更为强大的交通过程(trafic)中,遵从着某些律则、某些图式和形式。对于这一点,我们在瑞典会比在法国看得更清楚。在它的沉静之中,瑞典所揭露的,是一个近乎完美的世界,而我们在其中发现,人不再是必要的。

福柯接着说,这也许是他思考反人文主义的开始,他在下面又说:

> 在过去,毕生致力于写作对我来说接近完全荒谬,而我也没有真正思考过这个问题。是在瑞典,在瑞典长长的黑夜之中,我才染上了一天写作五六个小时的癖好(manie)和恶习……⑫

对于《疯狂史》的形成,福柯可以在乌普萨拉利用Carolina Rediviva图书馆中的医学史收藏,具有关键地位。福柯的传记作者艾里彭(Didier Eribon)如此形容这个收藏:

---

⑫ 以上的两段回忆皆出自瑞典一份文学杂志于1968年对福柯所作的访谈。见《言论写作集》,I, pp. 651-652。

对于福柯在一版序言中强调的瑞典黑夜和波兰太阳的意象对比,阿尔都塞(另一位疯狂哲学家!)曾经提出过一个更深入福柯深层精神状态的暗示:福柯的《疯狂史》写作,有助于使他摆脱精神失衡的危机(福柯曾有自杀的尝试),而当他写完《疯狂史》时,也是他觉得自己已经痊愈的时候。Louis Althusser, *l'avenir dure longtemps*(《未来持续长久》),Paris, Stock/IMEC, 1994(初版1992),p. 40。

在 1950 年,一位藏书家艾里克·华勒医生(Dr. Erik Waller)将他历年收集的收藏捐了出来。这些文件的年代由 16 世纪一直延伸到 20 世纪初。全部共有二万一千件,包括:书信、手稿、珍本书,魔术书……其中最重要的是这位业余爱好者所收集而成的医学史系列。几乎所有 1800 年以前的重要出版及之后的大部分出版,都被纳入其中。1955 年,这份"华勒收藏"(bibliotheca Walleriana)的目录编辑出版。我们可以说这是时机恰好。⑬

另一方面,就像我们在前面的年表可以看到的,福柯原来的书写构想来自一家法国出版社的出书计划,而且它可能经过一番转折,才成为目前的博士论文形式,因此也有助于形成此书主题上的复杂和风格上的异质。一份几年前公开的书信,可以说是目前可以看到福柯对《疯狂史》计划的最早自我说明。这是福柯写给贾克琳·维多(Jacqueline Verdeaux,她曾和福柯合译《梦与存在》,并为福柯和圆桌出版社牵线)的信,日期为 12 月 29 日,年代推定为 1956 年:

我已经写了将近 175 页。到了 300 页,我便会停下来。总之,我觉得我们对祖鲁族和南比卡瓦拉族(Nambikwara),除了一些轶事以外,说不出什么有用的东西。那么,为什么不由侧面来谈这个题目呢?——谈由希腊思想所开启的空间中的疯狂和非理性。为什么不谈谈

---

⑬ Didier Eribon, *Michel Foucault*, op. cit., p. 106.

那拥有古老护墙的欧洲呢?……更特别地说,也就是去谈非理性体验在《疯狂颂》和《精神现象学》(非理性颂)之间——在[博斯的]乐园和[戈雅的]聋人院之间——所产生的滑移——谈西方在它的理性主义和实证主义的结尾之处,如何遭遇它们自身的极限,而且这是以一种暧昧的戏剧性夸张(pathos)形式出现的,因为它同时既是其中的悲怆(pathétique)元素,又是病理学(pathologie)的诞生之处。由伊拉斯谟到弗洛伊德,由人文主义到人类学,疯狂曾经触及吾人世界的根柢:有必要去衡量的,便是这一段差距,但是有什么样的尺规可以运用呢?您将会失望:您所期待的是希腊悲剧,以及由麦克白的煮水壶中所冒出的几道魔烟。但您又能要求什么呢,既然这方面似乎并不存在任何前人作品,我便得多处理细节,以免少说笨话。这三百年是我们的疯狂的生成过程,这样已经不错了。⑭

由这封信看来,《疯狂史》似乎一开始只是一个哲学性的意念史计划:"由希腊思想开启的空间",以及由伊拉斯谟到黑格尔**或者**到弗洛伊德、理性主义**和**实证主义的极限、疯狂在悲怆性**和**病理学之中**既相对又相关**的表现,简言之,疯狂和非理性这个双重主题的大线索已经浮现。和目前看到的状态,其中最大的差别,应该是在社会、经济、法律等周围领域的史料具体研究和对古典时代(17、18 世纪)的着重。在八个月以后,福柯对《疯狂史》的自我解释,其着重点又有

---

⑭ Didier Eribon, *Michel Foucault*, op. cit., pp. 356-357(附录一)。

所不同。这次公开的书信资料是福柯在受到林德罗斯教授拒绝指导时,向这位教授所写的自我辩护,其中的语调和目标自然大不相同。这封信的日期为 1957 年 8 月 10 日:

您的信让我意识到此一研究的缺陷,有很大的助益,我就此对您表示感谢。首先,我必须和您说明的是,我所犯的第一个错误,便是向您交待得不够清楚,呈给您并不是"书的片段",而只是一份草稿,一份我本来无论如何便计划修改的初稿。我很乐意接受您的说法:文笔风格真是令人无法忍受(我的缺点是无法自动自发地表达清楚)。当然,我会把所有我无法控制的"过度雕琢"的表达方式都去掉。虽然风格上有问题,我还是把这份尝试呈给您看,目的是想要听您有关资讯品质和主导性意念的意见,因为我十分重视您的意见。最后这一点显然是困难所在。在这里也一样,我又犯了未把计划界定清楚的错误,我的计划并不是要去写一份精神医疗科学的发展史,而是要写出这个科学是在什么样的社会、道德和意象脉络之中发展的历史。因为我觉得,一直到 19 世纪,甚至今天也可能还是一样,有关疯狂的客观知识并不存在,存在的只是一些以科学类比观点,对非理性的某些(道德的、社会的)体验所提出的说法。这是为什么我处理问题的方式会是如此地不够客观、不够科学和不够历史化。但也许这个企图是荒谬的,而且注定失败。

最后,我的第三个大错误是先准备有关医学理论的篇章,然而有关"体制"的领域却还未清楚,而它却可以帮助我在其他领域表达清楚。既然您好意应允,我会呈给您我在假期中针对体制所作的研究……这个领域的界定容易得多,而且可以说明初期精神医疗的社会条件……⑮

我们长篇地引用了这封信,因为它除了可以帮助我们大致确定福柯研究计划转向的时间和原因之外,也明白地凸显出这本书的风格特点和它甚至在刚生成之时便遭到的抵抗或排斥。最后一点说明也有助于了解为何福柯要把"体制"方面的研究放在理论分析之前——这本书的基本骨架在此时已经建立了。

在这个骨架底下,出现的是一个如何组构历史材料的基本史观问题:那便是体制、周边脉络和思想理论间的关系,应该如何组织构造的问题:这是一个因果关系呢?或是意义关系(比如表达或反映)呢?我们如何确定它们之间具有同时性(contemporanéité),或者还有其他可能的时间关系呢?总之,在《疯狂史》的第一部和第二部之间,存在的是什么样的关系?

尝试去回答这个问题,我们便会触及《疯狂史》在方法和成果上的一个重要核心。简而言之,《疯狂史》所呈现的是:在古典时代,疯狂的实践性事实(faits de pratiques)和再现性事实(faits de représentation)之间存有的是一个互不沟通、互不认识却又相互平行、对应的关系;而且,福柯所提出的古典非理性基本图式(schème)(非理性即理性之对立、理性之负面、理性借其排除而自我确立),也就是在这种关系中,才

---

⑮ Didier Eribon, *Michel Foucault*, op. cit., pp. 107-108.

能展开它的全部意义:它既是一个贯穿全体文化现象的综合理解线索,甚至也是一个解释性的图式——疯人对待和疯狂认识之间的分裂平行关系,它的来源便是这个基本图式。

这一个超越传统法国社会学学派和马克思主义反映说的结构主义立场,福柯后来承认它是来自杜梅齐尔的影响,这其实也是瑞典三年生活中最重要的事件之一:福柯开始和杜梅齐尔熟识。⑯ 当福柯在《疯狂史》出书后,和法国《世界报》进行访谈时,曾经举出他所受到的影响。首先是"文学作品……摩里斯·布朗肖(Maurice Blanchot)、雷蒙·鲁塞尔(Raymond Roussel)"、拉康(Jacques Lacan),"以及杜梅齐尔,而且这是主要的影响"。

——杜梅齐尔?一位宗教史家怎么会对疯狂史的研究有所启发呢?

——这是来自他对结构的意念。就像杜梅齐尔对神话所进行的分析,我也尝试去发现各种体验的结构化形式(des formes structurées d'expérience),而其中的图式(schéma),经过变化之后,还是可以在不同的层次之中看出……

——那么这是什么样的结构呢?

---

⑯ 如果没有杜梅齐尔的穿针引线,福柯也不会去瑞典。福柯去瑞典时,杜梅齐尔已有59岁,福柯则只有29岁,从此杜梅齐尔一直扮演福柯的思想和意识导师的角色(巩居廉虽然后来挂名论文指导,但他真正对福柯发生影响,还要等到写作《临床医学的诞生》〔*Naissance de la clinique*,Paris,Puf,1963〕的时代)。关于福柯和杜梅齐尔间的关系,目前最详尽的讨论为 Didier Eribon, *Michel Foucault et ses contemporains*(《福柯及其同时代人》),op. cit.

——那是社会隔离的结构、排除的结构。……⑰

如果说这时的福柯是一位结构主义者,那么他所实践的是杜梅齐尔式的结构主义。杜梅齐尔是福柯将结构主义方法和观点运用在历史领域中的启蒙人。以下对他们共享的历史结构主义提出数点简略的分析:

1. 杜梅齐尔研究的领域一直维持在同一个语言文化的场域之内——印欧语系文化。这在福柯则是近代的欧洲(《性史》最后两卷除外)。同时,杜梅齐尔的印欧语系领域有一个特色,那便是其原初存在(在向外移动分散之前,居住于今俄国南方的原始印欧民族〔proto indo-européens〕、作为所有印欧语系语言起源的祖语〔langue-mère〕),只是假设中的事实,并没有留下任何直接的见证和文字记载,其研究只有透过比较留存在各种语言、文化、宗教……之中的片段性"化石"进行重构的工作。⑱ 其实,杜梅齐尔的确曾经把他的工作称为和"物件及遗址的考古学"相平行的"再现和行为的考古学"。⑲ 福柯在《疯狂史》之中也意识到同样的问题:

---

⑰ 《疯狂只存在于社会之中》(La folie n'existe que dans une société)(访谈者为 J. P. Weber),《世界报》,1961年7月21日,p.9,见《言论写作集》,I,p.168。

⑱ Daniel Dubuisson, *Mythologies du XXe siècle* (*Dumézil, Lévi-Strauss, Eliade*)(《20世纪神话学:杜梅齐尔、列维·施特劳斯、艾里雅德》), Lille, Presse Universitaire de Lille, 1993, p.30。

⑲ Georges Dumézil, *L'héritage indo-européen à Rome*(《罗马的印欧遗产》), Paris, Gallimard, 1949, p.43, 为 D. Eribon 引用于 *Michel Foucault et ses contemporains*(《福柯及其同时代人》), op. cit., p.157。

为理性所捕捉之前的疯狂并没有留下未经变窜的见证,他所进行的工作是这个被压抑的"沉默"的考古学。[20]

2. 杜梅齐尔在宗教理论上最基本的主张在于,宗教是一个巨型但组构清楚的体系,在其中我们可以找出一个单一的图式(schème unique)(在印欧宗教中,这便是著名的教士/战士/生产者三大功能),同时这个基本图式在各个层次变化出现。如果这个系统性概念并不等同于各种单元的单纯聚合,正是因为这个中心图式具有逻辑性格,[21]因此,虽然杜梅齐尔一直不能把他所谓的"意识形态"(idéologie)或"历史整体"(ensemble historique)定义清楚,也一直不能完全摆脱宗教反映社会结构的基本预设,[22]正如福柯一直未能把他所提出的体验结构(structure d'expérience)说明清楚,也一直不能完全摆脱存有并可能描述一个纯粹的、原初的、未受理性捕捉的疯狂体验的预设,他们的结构分析却在开展时,很快地朝向形态描述(morphologie)和基本结构的复杂化发展,因而形成某种不需存有学基础支持的自明性和说服力。

3. 他们都强调文化在贯时或共时层面的统一性,同时拒绝天真的进步观或演化论观点。和这一点并行的则是其基础结构原则的横面性(transversalité)和其打破预设种属的特性(transgénéricité)。这使得它们的研究在着手时,放弃细

---

[20] 见第一版《序言》,福柯,《言论写作集》(*Dits et écrits*),Paris, Gallimard, 1994, vol.1, p.160。

[21] Daniel Dubuisson, *Mythologies du XXe siècle*, op. cit., p.63.

[22] 同上书, pp.49-73。

节、单一作品、作者或是垂直传统的研究。这也使得他们因为打破了学院的习惯而制造出恼人的效果。他们虽然都在事业的中期便进入具有超卓地位的法兰西学院(Collège de France),但仍然一直受到保守势力的排斥。另一方面,因为这种横面的扩张,也使得他们纳入为传统所排除的异质单元:比如杜梅齐尔运用印度来解释古罗马、福柯利用疯狂作为理性的分析点。在这么做的同时,他们都凸显了一个存在于文化内部的他者,而使得这种扩张性的研究本身即带有一种尖锐的批判姿态,打破习惯上确信不疑的信念。

4. 然而另一方面,这样的理论也会内在地含有一种循环性和不假思索的盲点。比如杜梅齐尔整个三功能理论建立在以印度作为模范比较点的决定之上,仿佛印度被断定为一个最能忠实保存印欧原始社会文化样貌的地域;[23]而福柯在描述近代之前的欧洲中古末期和文艺复兴时,总会一方面过度凸显其差异性、另一方面带有某种美好的乡愁意味,仿佛那是一个不需再以历史问题意识处理的、接近堕落前夕的原初点。他们的考古学虽然最后会在理论上放弃对起源的追求,但某种起源的化身仍会在描述过程中召唤起源幽灵式的回返。

> 1961 年 5 月 20 日星期六:"要谈论疯狂,必须拥有诗人的才华。"福柯在以精彩的论文简述使得评审团和听众赞叹不已之后,下了如此结论。"然而,先生,您有

---

[23] Daniel Dubuisson, *Mythologies du XXe siècle*, op. cit., pp. 115-120.

这份才华。"巩居廉如此回答。㉔

福柯在索邦（Sorbonne）大学的答辩过程，经过其传记作家艾里彭的描述，已经成为一个近代思想史的传奇场景。但艾里彭也录下了评审主席顾宜页（Henri Gouhier）所写的官方报告全文。这份资料可以说是《疯狂史》的第一个接受反应。虽然它是在一定的学院游戏规则下所呈现出的反应和评价，不过里面已出现了许多未来此书将会引发的评论主题。其中最具内容的段落如下：

> 负责审查主论文的三位评审承认作品具有原创性。作者在意识中寻找每个时代的人对疯狂所具有的理念，他并且界定了数个"古典时代"的心智"结构"——古典时代意指17、18世纪和19世纪初期。在这里，我们无法完全记下其作品所引起的所有问题。我们只提出下面数点：这是一个辩证法还是一个结构史呢？巩居廉先生问道。作者在定义其结构和描绘其历史壁画时，真的能够摆脱当代精神医疗所提出的概念吗？拉加希（Lagache）先生则提出这个问题。
> 　主席则要求候选人解释潜在于其研究底层的形上学：以阿尔托、尼采、梵高等个案为引导，对疯狂体验进

㉔ Didier Eribon, *Michel Foucault*, op. cit., p. 133. 当年评审团组织如下：主席顾宜页（哲学史家）、主论文指导巩居廉（医学科学史家）、评审拉加希（Daniel Lagache, 心理病理学家）、副论文指导喜波里提（哲学史家、黑格尔专家、译者）、巩迪雅克（Maurice de Gandillac, 哲学史家、德文哲学作品译者）。

行某种价值上的"拉抬"(valorisation)。

这次评审过程的特色在于,一方面每个人都承认候选人具有无可争议的才华,但另一方面在整个评审过程中,保留又一直增加,因而形成了奇特的对比。福柯先生定然是位作家,但巩居廉先生认为某些片段是在玩弄修辞学,主席则认为他太刻意追求"效果"。

其博学多闻是确定之事,但主席引用了某些案例,其中显示出他有自发地超越事实的倾向:而且我们觉得如果评审团中拥有艺术史家、文学史家、体制史家,这类的批评还会更多。福柯先生在心理学方面的能力是真实的:但拉加希先生却认为精神医疗方面的资讯稍嫌有限,有关介绍弗洛伊德的篇章有点一笔带过。[25]

三 《疯狂史》的文献考古

如果我们把时间再往前上溯,我们会发现自从开始大学阶段末期以来,福柯的"职业导向"一直以心理学、精神医疗、心理病理学为主:1949年,他在索邦大学获得心理学学士学位。同一年,他也在巴黎心理学研究中心(Institut de psychologie de Paris)获得实验心理学文凭,1952年,又在同一单位取得心理病理学文凭。福柯1951年在巴黎高师、1952年在里尔(Lille)大学担任的教职,都是心理学助教。1960年他回到法国任教于克莱蒙-菲宏大学哲学系担任的也是心理学讲师。因此,在《疯狂史》之前,福柯的早期写作

---

[25] Didier Eribon, *Michel Foucault*, op. cit., pp. 138-139.

领域一直是心理学。

在《疯狂史》出版以前,福柯发表的主要著作为《心智疾病与人格》(*Maladie mentale et personnalité*,1954)、㉖宾斯万格(Ludwig Binswanger)《梦与存在》(*Rêve et l'existence*,1954)之长篇译者导言。如果我们想要知道《疯狂史》的论述取向在思想上的可能条件,便有必要研究这两部作品。比较它们和《疯狂史》之间的立场取舍差异,也有助于理解"瑞典的漫长暗夜"究竟为福柯带来什么样的思想突破。最后,如同我们在前面可以看到的,福柯选择翻译康德的《实用人类学》作为副论文,在这篇译文之前也有长达 128 页的译者导言。这是唯一一篇和《疯狂史》同时代的作品,但它到目前为止都一直被封存在索邦大学图书馆之中,并未出版。㉗ 也正因此,这篇长文和《疯狂史》甚至福柯整个思想历程间的关系,一直未曾受到解析。在这里我们也把它列入《疯狂史》的考

㉖ 在这里及《疯狂史》译文中,我们把 maladie mentale 译为"心智疾病",而不译为一般可能会选择的"精神病",其中主要的原因在于,《疯狂史》讨论的医学史材料中还出现有 maladie d'esprit(译作"精神病"),此一译法有利于其区分。另外,中文通用的"精神病"和西方所谓的 maladie mentale 之间是否有贴切的关系,本身也是一个有待探讨的问题。由于中文及中国传统文化对身、心关系,及类似心理功能的人学分析和近代西方有不同的组织分析原则,使得这个问题有其复杂性——根据福柯,心理学及心理学倾向的人学,乃是西方实证主义时代特有的产物。有关"精神"不等于 mental(义理之心),反而接近西方 18 世纪前使用的 l'ame(可有"知觉血气之心"和"心之精神谓之圣"之"神识"二义),请参考钱锺书《谈艺录》,附说八"神",1983。

㉗ 后来福柯在 1964 年出版了他的康德人类学译本(Kant, *Antropologie du point de vue pragmatique*, Paris, Vrin, 1964),其中只留下一个简短的书史小注(Notice historique, pp. 7-10)。该文现已收入福柯《言论写作集》(*Dits et écrits*), Paris, Gallimard, 1994, vol. 1, pp. 288-293。

古文献之中,先做一个初步的探讨。另一方面,前面提到两部,也是福柯后来一直禁止再版的作品。因此这三篇文献可以说是在《疯狂史》的光环压力之下,被福柯以"作者"权力压抑了的声音,它们也因此组成我们下面对《疯狂史》文献考古的基本文本。

I.《心智疾病和人格》[28]

这本书的骨架分为两大部分。第一部分探讨心智疾病的科学理论及其两个批评方向——心理分析和现象学;第二部分则探讨其历史和社会面向。基本上福柯认为科学对心智疾病只能作出描述,但如果要进行解释,则必须以历史角度进行。(pp. 89-90)

在开场白里,福柯提出所有心智病理学都要面对的两个问题:"在什么样的条件下,我们才可以说有心理领域的疾病?在心智病理学和机体病理学的事实之间,我们可定义出什么样的关系?"(p. 1)

在这里我们可以看到,福柯很早便注意到心理病理学的

---

[28] Michel Foucault, *Maladie mentale et personnalité*, Paris, Puf, 1954. 这本书曾经在1962年出第二版(这也是我们今天看得到的版本),但已改名为《心智疾病与心理学》(*Maladie mentale et psychologie*),其中的修改颇多,尤其第二部分接近全盘重写——这显然是因为《疯狂史》已为福柯带来十分不同的视野。这里我们引用的是后来不再印行的1954年版。关于两个版本之间的比较,可以参考 Pirre Macherey, "Aux sources de *L'Histoire de la folie*. Une rectification et ses limites," in *Critique*, No. 471-472, août-sept. 1986, No. spé. "Michel Foucault: du monde entier," pp. 753-774。这位作者虽然细密地比较了两个版本,但很奇怪的是,他也出现把两个版本语句搞错混淆的疏忽。

两个特征:对象的不明性格——比如福柯所举的"正常"和"病态"之间难以截然划分的特性;另一个则是它相对于整体医学的独立性问题。福柯在此说明他这本书希望"展示出心智医学必须要摆脱什么样的预设,才能成为严谨的科学"。(p.2)

对于这个时期的福柯而言,疯狂(心智疾病)的历史研究,虽然已经被认为是科学研究更进一步的批评性真相,但他思考科学研究和历史研究之间关系的方式,仍然是颇为天真的内部、外部和主观、客观关系。[29] 不过我们同时可以看出,即使在寻求一个具有严谨科学性格的心理病理学主张之下,福柯也已开始利用历史研究对心智疾病现象进行"相对化"。

由这本书的结构本身便可看出福柯本人从科学的绝对客观性走到历史相对性的进程。首先,各种医学理论、心理分析、存有现象学被描述为一个不断批评改进的进展过程(学科的进步),构成了本书第一部分的叙述纲领。表面上似乎福柯期望科学有一天可以真正了解心智疾病的真相,然而就在第一部分结论时,福柯却突然转向,说明这些理论都不能提供心智疾病的出现条件,而且这个解释存在"他处"。这个他处便是前面我们已经提到的"历史"。不过福柯心目中的"历史",这时乃是一种带有马克思主义异化论色彩的历史分析立场,他把这个条件称为一个"冲突的世界"。所有的病态形式,如退化、焦虑、精神分裂都可以在社会的矛盾

---

[29] 见 p.69 的结论。社会主义中的外部决定论在这里被僵硬地操作着,请参考 Frédéric Gros, *Foucault et la folie*(《福柯与疯狂》), Paris, Puf, 1997, p.15。

之中找到起源。(pp. 84-90)㉚

然而就在由心理分析过渡到存有现象学的病态体验描述过程中,福柯提出了两个未来会在《疯狂史》中重新出现的重要概念:作为一种"基础体验"(expérience fondamentale)的"焦虑"(l'angoisse)。首先,福柯解释说,心理分析所谈的"退化"(régression)并不是坠落到过去之中,而是以过去来取代无法承受的现在,它其实是一项有意的逃避策略。"与其说是回返(retour),毋宁说是求援(recours)。"(p. 40)㉛于是我们可以反过来说,这是过去走向现在,作为它病态的出路。

㉚ 福柯分析的论点如下:如果退化有可能成为逃避冲突的机制,那是因为近代社会由卢梭教育理论开始,在儿童世界和成人世界间,划出不可跨越的鸿沟,同时一个在儿童教育之中梦想其黄金时代的文化(这就不只是卢梭以降的欧洲了,而是西方文化长期的特色),"无法允许对过去进行清算,并将它纳入当前的体验内容之中。"(p.85)福柯对焦虑、精神分裂也抱持着同样的历史文化翻转批判——个人的问题其实只有在这个社会的竞争普遍化和机械化状态之中才会出现。福柯在下一章引用了巴甫洛夫(Pavlov)的生理学理论作为一个具有冲突意识的心理学,这样的选择显然在当时具有明显的政治意味——布尔乔亚科学无法认识真相,因为它们回避了真正的冲突来源。

有关巴甫洛夫的一章,在1962年的版本中遭到完全删除改写。然而上面所引的异化分析仍然被保留下来。这一整段分析之所以能被保留下来,显然要有下面的条件:福柯此时已经放弃了马克思主义或其他人文主义异化论(人之本质遭到异化的历史发展)作为其历史架构的主轴,但他仍然发展出另外一套异化程序的历史——不只是社会的异化造成个人的精神病,精神病之所以可能成为实证知识的客观对象,并被认为和人之真相有关,乃是来自疯狂本身遭到异化:这时,连马克思异化论的分析立足点(人之普遍本质),都已被纳入这套历史之中成为分析对象,巴甫洛夫式的理论发展自然不再可能被福柯保留。

㉛ 这是为什么它不是有演化论意味的退化(dégénérescence)在个人层次的单纯位移。同时,"历史",相对于线性的"演化",在此被理解为现在对过去作出的利用和解释。

接下来的问题在于,为什么是过去的这个体验遭到重复,而不是那个体验呢?这个原初的体验和现在的体验有什么样的共同特征,而可以使它和现在相合呢?同时,矛盾并未被这种逃避手段消除,正好相反,它反而因此加深:这便是心理分析角度之下的"病态"。所有的人都可能遭遇到矛盾的情境,但并非所有的人都作出荒谬的解决:"在一位正常人体会到矛盾情境的地方,病人所得到的却是本身即为矛盾的体验;前者的体验对矛盾开放,后者则封闭其中。"(p.48)相对于"恐惧"是对外在危险的反应,福柯提出,这个内在矛盾体验的感情特质即为"焦虑"(p.48)。它同时存在于病人的所有生活史之中,"如果说,焦虑充满一个人的生命史之中,那是因为它是其中的原则和基础;一开始,它便定义出某种体验的风格,并在创伤、创伤所引起的心理机制、它们在病态事件的历程中所影响的重复形式之上,留下了印记:它(焦虑)就像是存在的先验条件(a priori)。"(p.52)

在更远的地方,这个先验条件被命名为主宰所有病态程序的"基本体验",而存有现象学的直觉把握,有能力以"重构基础体验"的方式来"掌握全体"。(p.54)

当"焦虑"和"基础体验"在《疯狂史》之中再度出现时,虽然具有同样的重大地位,其意义却开始转变:

> 我们这些和他们有所不同的现代人,我们现在才开始了解到,在疯狂、神经质、犯罪、社会适应不良之下,流动着某种共同的焦虑体验。也许,对古典世界来说,在恶痛的分布原则之中,也有一种有关非理性的总体经验。如果情况如此,那么在那分隔大禁闭与匹奈和突克

的"解放"的一百五十年间,也就是这种总体经验在扮演疯狂的表征。(《疯狂史》,原书 p. 122,中译本 pp. 165-166)

在这段引文中,"焦虑"和"非理性"具有平行地位,也就是说,福柯正在暗示,如果把《疯狂史》延伸到 20 世纪的当代,将会是一部"疯狂与焦虑"的历史,而焦虑便是总结当代特征的"基础体验",也是当代疯狂体验结构上的"先验条件"?不过,"基础体验"的意义在《疯狂史》中也改变了,它不再是个人存在的基调,而是一个文化面临其基本矛盾时的体验:

> 这个经验既不是理论的,也不是实践的。它是一些基础体验中的一员。在这些体验中,一项文化是以它最独特的价值在作赌注——也就是说,把它们送入矛盾之中。(《疯狂史》,原书 p. 192,中译本 p. 257)

在这里,我们是不是可以说,福柯在《疯狂史》中的作为,乃是把原来探讨个人心理的词语,扩展转移到文化的集体面向上来——这其实是使用"体验"、"意识"这类词语时不可避免的心理学面向。然而,《疯狂史》本身对心理学的形成条件提出了批判性的分析,使我们可以不再将它视为一个当然且永恒自在的人性表征,可是福柯作出如此探讨的最基本语汇,本身却不能摆脱心理学的暗喻场域,这是思考上的盲点呢,还是过去的计划(比如这部《心智疾病和人格》)逃脱作者注意力的自发延伸呢?

有一点我们至少是确定的,《疯狂史》不再可能使用存有现象学中的直觉理解,因为它的对象具体分析其实散布于体制和种种理论交错的媒介地带,如果一定要用"体验"二字,那么福柯进行的是历史体验的结构分析。

另一方面,由心理病理学史过渡到疯狂史的过程,其实已经在这本小书中出现了。一个基本的问题在第二部导论中被提了出来:为何疯狂在不同的文化、不同的时代之中会有不同的样态? 也就是有可能问这个问题,才使《疯狂史》成为可能:疯狂有历史,它不是一个自然面的事实,而是一个文化面的事实。而且这也是为何福柯强调"疯狂体验"的原因:一部疯狂史绝不能被化约为"疯狂如何被人对待的历史"。

我们可以更简化地问道:为何每个社会、每种文化会有它相对盛行的疯狂? 面对这个问题,实证医学会提出一种典型的回答:其实疯狂本身不变,变的是人对它的认识;并不是这样或那样的病在过去不存在,而是因为它们在过去被误认或混淆为其他疾病,或是被当作医学领域之外的事物处理(巫师、圣徒、罪犯、放浪者……其实是现代眼光中的病人)。这种意义下的疯狂史乃是一部现代真理刺穿古代迷雾的历史,也是最容易被接受的历史,因为它向我们提供了一个令人心安的保障——我们永远处于真理寻求的尖端。这是福柯在《疯狂史》中批判最力的论调,他认为这只是一种反溯效果下的历史重组,而且还遗忘了它自己的生成,甚至基础,其实都包含在疯狂的历史之中。在《心智疾病和人格》中,福柯则举出另一套可能将疾病相对化的社会文化理论,并加以检验批判。研究这个部分(pp. 71-75)对于了解《疯狂史》

会有重大助益,因为许多过度简化或过速的阅读,经常把福柯对疯狂的基本想法设想为一套"规范背离"的理论(théorie de déviance),而这里福柯正是在批判这样的社会理论。比如法国社会学宗师涂尔干(Émile Durkheim)对疾病的定义:疾病是和社会某一特定发展阶段的平均状态有差距的状况,或者可能落后,或者可能超前。美国文化人类学家本尼迪克特(Ruth Benedict)的说法也很接近:对于人类的共同潜能,每个社会都会加以选择,而疾病便是这个社会所忽略或压抑的人类潜能。

福柯的批判如下:

1. 他们的疾病概念共同点在于只考虑负面和潜在面向,只是相对于一个"平均状态、规范、模式"。如此,疾病只可能是边缘性的存在。而且,疾病的内容只是某种可能性的实现。他们的理论因此忽略了疾病中正面和真实的部分。一位病人不只是社会中单纯的脱轨者,他在团体中也有一定的地位和功能。福柯举出了一些非西方文明和非现代社会的例子作为证明。

2. 福柯更强有力的一击在于,如果涂尔干和本尼迪克特会把社会脱轨(déviation)看作疾病的本质,那是因为他们的文化幻觉在作祟:他们把西方现代社会中的病人地位投射到所有人类社会中去了。

3. 福柯的两点结论如下——它们对于《疯狂史》的理解具有重要指示性地位:"我们的社会不愿意在那些被它驱离或禁闭的病人身上认出它自己;就在它诊断疾病的时候,它正在排除病人。"然而,事实上,不论给予地位(甚至神圣地位)或是加以排除,"一个社会会在它成员所展现的心智疾

病之中正面地自我表达。"(p.75)

福柯于是提出两个问题,而这也正是《疯狂史》要处理的历史问题:

> 我们的文化是如何地发展过来,才会赋予疾病一种社会脱轨的意义,而且给了病人一个将他排除在外的地位?而且,虽然如此,我们的社会是如何地在这些它拒绝在其中认出自我的病态形式之中自我表达呢?(p.75)

II.《梦与存在》导言

在《疯狂史》第一版序言之中,福柯曾以尼采对悲剧的研究为例,提出一整套西方界限体验(expériences-limites)的文化研究计划。除了悲剧、东方、性的禁忌和疯狂之外,梦也被列入其中,作为被排除于日间生活之外的界限经验:

> 我们还必须叙说其他的划分:这是在表象明亮的统一体中,对于梦所进行的绝对划分。也就是说,人不由自主地会去探寻他的真相——不论那是宿命或是心之真相——但当人在探寻真相时却会进行一项基本的拒绝,使得梦境既被构成为、同时又被排斥于一种微不足道的梦幻谵妄(onirisme)之中。

福柯这篇写在宾斯万格作品翻译"页缘"的长篇导论,因此可以说是界限体验考古学的第一次运用,其中也蕴含了许多未来将会再细密开展的理念。同时,梦作为界限体验的另一个平行研究,更有助于了解这个《疯狂史》第一版序言中基本但又未被足够清楚说明的概念。

这篇导论由批评弗洛伊德开始。福柯承认弗洛伊德对梦的解析,使得"意义"得以进入梦境,的确是一大开放性手势(梦不再只是一般所认为的无意义形象),但他同时又马上封闭了这个意义的可能性:他只寻求梦境特殊修辞的符号意义构成(signification),却完全不考虑表达行为本身有可能以一种"曲折"的方式(voie oblique),指向另一个意义的表征(indication)。㉜ 如果我们承认梦不只是一种有意义的内容(即使它是那么的扭曲),而且它的表达活动本身即指向另一个和其内容相重叠但又不相同的意义水平,那么梦的形象特质本身就值得独立出来考虑。

福柯因而认为,宾斯万格因为研究梦的形象特质,接触到一个传承悠久但同时又被 19 世纪理论所遮掩的传统——弗洛伊德本人也在遮掩者的行列之中:"具有预言力量的梦,乃是哲学的曲折道路;它是同一真相的另一种经验。"(p.83)另一方面,更扩大地说,和柏拉图理式(logos)传统的基本立场正好相反,形象世界和超越界有关。

对于这个传统,福柯的考古兴趣不在于研究其解读方式,而是其中解释梦和世界之间具有特殊关系的论述模式。

㉜ 福柯,《言论写作集》(*Dits et écrits*),Paris,Gallimard,1994,vol.1,pp.65-75(以下我们在正文中引用的页数都是指这个版本)。这里福柯是以胡塞尔的表意理论批评弗洛伊德的象征理论未能区分符号(signe)和指标(indice)之间的差别。福柯对弗洛伊德长久保持着同样的基本态度:弗洛伊德的手势既是伟大的开放,又是立即的封闭。

福柯对此作出两大分类。第一类的说法认为在梦境之中,因为灵魂的沉静,所以能对外在世界开放,和它融合为一。第二类的说法则正好相反,认为灵魂在梦中对外在世界封闭,所以更能清楚看到内心世界。和《疯狂史》对疯狂真相保持"不可说"的态度正好相反,福柯在这里提出一个理论上的超越,也提出他本人对梦的看法(在这里他已脱离了纯粹的考古学进路,采取了一个存有哲学的立场):梦是一种主体以激进方式掌握自我世界的方式;因为梦之激进自由,它的形成本身便显示出人的存在是"自由将自身化作世界(liberté se fait monde)"。(p. 91)由这里,福柯导引出两个结论:最深沉的、最基本的梦便是死亡之梦,但死亡在此并不是生命的中断(这是它的不真确意义),而是生命的完成(这才是它的真确意义,也是弗洛伊德理论所完全不能理解的)。(pp. 94-95)另一方面,如果梦就其深沉意义而言,乃是自由在世界之中反抗世界的矛盾实现,那么它便会具有伦理意涵。它是不同的存在形态的曲折展示:智者的死亡之梦具有沉静从容的特质——这样的梦预示他的生命已达到完美,相反地,焦虑的死亡之梦正是显露出主体还不能沉稳地看待存在的条件,只能把死亡看作一种惩罚或矛盾而加以拒绝。(p. 95)

在这个梦体验的存有分析之中,我们看到一个像红线般贯穿福柯作品的基本主题已经出现了:福柯处理的对象一直是一个复杂的形象,在谈梦和疯狂体验的作品中,它被展现为自由和真理的重合——梦和疯狂一样,总是和真相有关,但这个关联,却永远不会脱离自由的问题,因而也同时具有伦理意涵。不过,梦和疯狂像是处于镜像对立的位置,梦因为根本上是自由的激进实现,因而与真理相关;相反地,因为真理和自由之间纠扯不清的勾连和混融,疯狂虽然受到理性的吸纳,却仍在伦理层面遭到排除。这个论题可以说是福柯的反康德主义——然而福柯和康德之间的关系,绝对不会比福柯和弗洛伊德之间来得简单:纯粹理性和实践理性之间并非如康德所构想的分离自主。它后来会变形成为知识和权力关系的实证研究,到了后期又再成为自我伦理之中的"说真实"(dire vrai)主题。㉝

接下来的一段,我们要讨论的主题则和《疯狂史》直接相关:这是《疯狂史》为何大量使用"体验"(expérience)这个词语的出处。在上面的讨论部分,福柯的分析一直围绕着一种特殊的梦境打转:主体如何在梦中显现自我,讨论的面向也一直导向梦对主体的意义。接下来,福柯突然作出了一个层次上的跳跃,开始去问梦本身的主体性为何,也就是说,不再只是看主体在梦中的人物化或形象变形过程,而是看到梦的全体即是"我","在梦中,一切都诉说着'我'"(p.100):宾斯万格的"做梦的病人,当然是梦中焦

㉝ 有关这个主题(parrhêsia),主要的参考资料为福柯去世前在法国和美国的授课资料(1980—1984),虽然福柯在法兰西学院的讲课已经开始出版(已出版的授课为 1976 年,《"必须保卫社会"》〔"*Il faut défendre la société*"〕,Paris, Gallimard/Seuil,1997),但与此相关的文献目前仍尚未公开印行。这方面的研究可以参看 Jennette Colombel,*Michel Foucault:La clarté de la mort*(《福柯:死亡的清明》),Paris,Odile Jacob,1994,pp 242-248。Francesco Paolo Adorno,*Le style du philosophe:Foucault et le dire-vrai*(《哲学家风格:福柯与"说真实"》),Paris,Kimé,1996,pp. 130-138。英文方面的资料,请参看 John Rajchman 的作品,尤其是 *TRUTH and EROS,Foucault,Lacan,and the question of ethics*(《真理与爱欲,福柯、拉康与伦理问题》),London and New York,Routeledge,Capman and Hall,Inc.,1991。由于《梦与存在》的导言也是处理我和我之间的关系,它和福柯后期的伦理思想之间关系特别密切,这也是这篇文章越来越受到重视的原因。

虑的人物,但那也是海洋,也是那位撒布死亡之网、令人不安的人物,而且尤其也是,那首先充满暴力和噪音的世界,它在后来又被盖上静止和死亡的印记,而最后又再回返到生命轻盈的动态"。(Ibid.)如此,在梦中,主体和世界之间的对立瓦解,使梦成为一种特殊的体验形式(une forme spécifique d'expérience)。

对于研究这个体验,福柯认为其中的时间向度经常为人谈起,而其中的空间样态则很少为人提及。对于这个空间,存有现象学特别能加以直观描述,因为它掌握到了其中的感情向度。对于梦世界的空间,福柯认为存有现象学提出了三个描述端点轴线:风景意识中的遥远和接近(而不是几何意识中的标位)、白昼和黑夜之中的明亮和晦暗(梦基本上是使物体单元性消失隐没的夜之空间),最后一个则是宾斯万格本人所描述分析的垂直轴线,这是上升和下降之中的愉悦或恐惧、努力或晕眩。

根据这三轴线,福柯又区分出三种基本的表达类型:在远航和回归之间移动的史诗、在明暗混合之间摆动的抒情诗(它的基调乃是黄昏),最后则是位于生存垂直轴线上的悲剧——悲剧总是上升或坠落,在顶峰摇摆片刻之后的大翻转。然而,由于悲剧的垂直轴线最能赤裸裸地展现存有的时间性本质——其实那就是人之迈向死亡的内在性——因而福柯认为悲剧是最基本(fondamentale)和最原初(originaire)的表达方式。

悲剧的垂直结构、抒情诗在白昼和黑夜之间的黄昏情怀、史诗的远航和回归,以上这些主题,将来皆会在《疯狂史》中再度出现,而且化作其中的基本隐喻而呈现出离散状态。这是这篇导言所讨论的体验分析将来会在《疯狂史》的行文之中产生的离散积淀效果。换句话说，《疯狂史》就某个深层层面而言，可说是体验分析在另一个层次上的转调运用。福柯在他的生命晚年说明了这个关系：

> 如此，在历史之中研究种种体验形式，乃是一个来自更早期计划中的主题：那便是把存在分析（analyse existentielle）的方法运用在精神医疗和心智疾病的场域和领域之上。由于两个相互独立的原因，我对这个计划感到不满意：它对体验这个概念的提炼，在理论上并不足够，另一方面，它又对精神医疗保持着一种暧昧的关系，它对后者既无知同时又预设其存在。对于一个困难，我们可以运用一个有关人的普遍理论来加以解决；对于第二个问题，则可以用完全不同的方式处理，也就是经常为人重复使用的"经济社会脉络"来解释；如此，我们便能接受在哲学人类学和社会史之间的两难。但我那时自问，与其在这个二者择一的状况中玩弄其可能，是不是有可能思考体验形式本身的历史性。[34]

由这一段访谈回溯来看，对于哲学人类学的基本主题（人之经验）进行历史化处理，乃是福柯此时对存有现象学

---

[34] Foucault, "Préface à l'Hisoire de la sexualite," (1984)《言论写作集》(*Dits et écrits*), Paris, Gallimard, 1994, vol. 4, p. 579。这一篇《性史》序言的初次版本，因为福柯在出版政策上的改变，后来为另一篇序言所取代。但它的英文版被收入 P. Rabinow (ed.), *The Foucault Reader*, New York, Pantheon Books, 1984, pp. 333-339。

体验分析的进一步发展。对于这一点,他的康德《实用人类学》长篇导论能带来什么样的照明呢?㉟

III. 康德《实用人类学》导论

福柯这篇导论虽然并未出版,但对于了解福柯思想的发展,却具有重大的地位,因为这是我们第一次看到"人之死"(la mort de l'homme)这个主题的提出,而且它也可以让我们更确定福柯的"反人文主义",究竟具有什么样的意涵:它的出发点乃是福柯对哲学人类学的封闭性所作的批评。这是《导论》全文的结论:

> 然而,这个"人类学幻象的"批评,我们得到它的模范,已经超过半世纪。尼采的事业可以被当作是有关人之问题大量繁衍的终点。实际上,神之死不是显示在一个双重的谋杀手势之中吗,因为它一旦终止了"绝对",不也就同时是人本身的谋杀吗?因为人就他的有限性(finitude)而言,和无限(l'infini)是不能分离的——他既是它

㉟ 在《疯狂史》之前,福柯还在 1957 年出版了两篇长文,讨论心理学的历史:"La psychologie de 1850 à 1950"(《1850 年至 1950 年间的心理学发展》)(写于 1953 年)、"La recherche scientifique et la psychologie"(《科学研究与心理学》)。这两篇文章现在都收入《言论写作集》,vol.1。在 1953 年所写的文章里,福柯仍然显露出某种程度的进步史观。到了 1957 年,福柯则已用知识考古的态度来看待心理学生成史。在这里,他强调心理学在其起源之时具有批判和争论的力量,但这个起源被遗忘了,而且也因此使得实证主义的心理学成为可能。他对弗洛伊德的基本态度仍保持恒定:弗洛伊德的确把否定性(négativité)带入心理学之中,但他很快又掩盖了这个否定性。

的否定又是它的使者;神之死乃是在人之死中完成。㊱

依福柯在前面的解释,所谓的人类学幻象乃是把人和对象之间自然的关系(le naturel),当作是人的本性(la nature),同时又把人的本性当作真相中的真相,以及真相的后撤(p. 124)。《疯狂史》结尾的一章《人类学圈环》,谈的也是这个封闭状态:如果疯狂在西方的宿命一直和真相有关,那么人类学时代把这个真相限制在人之真相、人之认识之中的时代。在这里,康德批判哲学所作出的回返主体反转思考,显然被福柯当作是和笛卡儿沉思排拒疯狂一样的封闭手势——从康德开始,真相只能是人性可能中的真相。

然而,福柯本人是不是能够完全摆脱康德所开启的哲学道路呢?而且,下面我们也会看到,对于康德批判哲学许多基本立场,福柯的基本态度并不是完全拒绝,而是加以位移:如果说《实用人类学》是批判哲学在经验层次上的转移,那么《疯狂史》又是将这个转移更加推进到体验形式的历史性上来。如此,《疯狂史》所问的一个重要问题将会是:某一形式的疯狂体验,它的"历史先验条件"(a priori historique)是什么呢?研究福柯对康德文本的解读,因此有助于了解《疯狂史》之中未被明确定义的许多重要概念,如体验、先验条件、起源(origine)、基础(fondement)和它们之间的相互关系。

㊱ Michel Foucault, "Introduction à l'anthropologie de Kant," Thèse complementaire pour le Doctorat ès lettres, directeur d'étude: J. Hippolite, pp. 127-128. 这份文件现藏于巴黎索邦大学图书馆。笔者阅读的是复制微卷(FB329)。以下正文中的页数皆指此文件页数。

由于康德这本作品是 25 年来讲课和思考的沉淀,㊲福柯认为有必要研究这部作品的深沉地层。在这里,他提出了"文本考古"(archéologie de texte)的说法(p.4)。同时,福柯又问说是不是存有一个有关人的批判性真理,可以作为真理条件批判的后续。于是他的全文架构便分为两大部分,一方面是生成分析(analyse de genèse),研究作品的发展史,另一方面则是结构分析,但研究的其实是康德人类学和批判哲学之间的关系。

在整个康德人类学思想发展的过程中,福柯特别想要让读者感觉到的是康德如何由抽象和纯粹的层次,转移到具体和实用的层次(实用人类学的基本问题是:人对自己能有什么样的期待,人应该怎样发挥自己㊳):比如世界由宇宙学(cosmologique)的概念层次转移到世界主义(cosmopolitique)意义下的世界,自由的概念也由抽象的考虑转移到实用的、具体的自由——比如法律不再以个人和国家或事物间的关系来考虑权利,而是以存在团体中的个人来作出发(见法律形上学)。如此,所谓的实用自由(liberté pramatique),便包含了野心、狡智、可疑的意图、毫不在乎的态度等"不纯"的概念。我们在《疯狂史》中会看到的,也是这种不纯的、实用的自由的历史开展。在《疯狂史》中,福柯把某一章的标题命名为《论自由的良好使用》,却未说明其典故所在。其实,这个问题即是康德人类学的中心问题。

㊲ 康德在大学里讲的不是哲学,而是地理(1756 年开始)及人类学(1772—1773 年开始)。《实用人类学》出版于 1797 年。

㊳ 这也是福柯在《性史》最后两卷中重拾的问题。

康德的名字在《疯狂史》中出现的次数很少,其中主要指出他对疯狂问题必须诉诸医学专家表示异议。但福柯并没有仔细地分析康德的论证,只是在注脚(原书 p. 140,中译本 p. 189)中要求读者参看康德的一篇短文:《论心灵只以其意志即可主宰病态感情》。由于福柯在此语焉不详,让人搞不清楚他对康德真正的态度,后来的批评者甚至认为福柯是因为康德对疯狂的思考细节排不进福柯本人的时代断代而有意加以模糊。[39] 其实,如果我们能看到目前讨论的这篇未出版导言,问题便会比较清楚,同时也可看到《论自由的良好使用》其实是一个暗指康德人类学的反讽典故,而这一整章又在现代疗养院的诞生之中扮演了重要的理论演进角色。

首先,前面提到的康德短文《论心灵只以其意志……》,原是康德回答一位医学教授伍夫兰(C. W. Hufeland)的信件,由于这些信件往来对考证《人类学》的写作日期具有决定性意义,因此福柯在文中加以细部讨论。伍夫兰在1796年年底寄了一部他所写的作品给康德:《论长寿之道》(*Makrobiotik*)。康德的短文便是阅读此书后的感想。康德基本上赞成伍夫兰的观点,而且提出个人体验作为补充(他认为思想的活动有助维持健康)。

福柯分析说,伍夫兰的文本,"其脉络乃是一整套德国医

---

[39] Monique David-Ménard,"La laboratoire de l'oeuvre,"收入 *Michel Foucault, Lire OEuvre*(《阅读福柯的作品》), dir. Luce Giard, Grenoble, Jérôme Millon, 1992, pp. 27-36,尤其是 pp. 32-36。福柯在《疯狂史》的另一处谈到康德,那是在讨论古典时期定义谵妄为"清醒者之梦"时提出的,但康德甚至未出现在正文中,只有脚注要求读者参看康德《人类学》,而且也没有指出章节。(《疯狂史》,原书 p. 258,中译本 p. 348)

学运动,莱尔(Reil)、海恩罗思(Heinroth)都是其中代表;这是一个广大的人类学运动,其目的在于使疾病观察能够和一种恶的形上学相配合,也在于寻找一个共同的重力原则,以使得机制的瓦解可以精确覆盖自由在罪行中的堕落。"(p.32)从这个角度来看,"健康乃是一种自然存在的明显反面,在这样的存在中,机体的全体都受到 种理性宰制,而且在其中既无对立,亦无残余。高于所有的划分,这样的理性同时既是伦理的,亦是机体的;它是自由的游戏空间,——在这样的空间中,自由可以游戏发挥,但这个空间其实便是由它的游戏所形成的。"(p.32)因此,"'长寿之道'的可能性便是根植于自由的良好使用,使得身体的机制不会犯罪地落入机械化运动之中。"(p.32)

由康德对医学的看法和这篇回答(它后来被收入《学院冲突》〔*Le Conflit des facultés*〕),我们可以看出康德认为哲学和医学之间基本上是合作,甚至是哲学指导医学的关系(这是他对医学权威有所异议的精确意义)。更进一步,康德思想和当时的医学分享着许多未经思考的预设,比如对健康、疾病的看法,对身心合一说以及它可能引申出来的一套恶的形上学的接受。康德一个中心问题,其实便是自然人(l'hommo natura)和自由主体(sujet de liberté)之间如何调和的问题。从这角度来看,康德不但是一位古典时代的思想家,而且还和后来的"道德疗法"有暗中的勾连,这或许是为什么《疯狂史》会在讨论"道德疗法"之前的一章,特别以《论自由的良好使用》这样的章题暗中指涉康德的人类学。

从这个角度来看,福柯对康德的看法或许在《疯狂史》中未交代清楚,却没有什么暧昧的地方,暧昧的是康德本人——他同时继承同时代的医学人类学,又预示着19世纪初期的发展。但另一方面,福柯对康德《人类学》和批判哲学关系的诠释,却让我们看出他和康德之间还有另一种更复杂的关系:

1. 福柯强调《人类学》有两个特点:系统性和通俗性。它的系统性来自它是批判哲学在经验层次的重复(répétition):"它在同一个地方,用同样的语言,重复知识的先验条件和道德的无上命令。"(p. 103)用人类学角度来说:人便是自由(神)和真理(世界)间的综合,但人同时也是一个居住在世界之中的有限存有。如同我们前面看到的,这个真理和自由间的关系,乃是福柯思想的中心线索。更细部地看,《疯狂史》中的"历史先验条件",《词与物》(*Les mots et les choses*)之中的知识结构(épistémé),以至于《知识考古学》之中的各种论述"可能性条件",无非都是康德批判哲学中的先验条件在历史场域中的位移运用。下面一段有关先验条件的评论让我们更能领会福柯使用这个词的意义:"知识层次的先验条件(l'a priori),在具体存在的层次上,便成为原初(originaire),但那不是时序上的第一,而是一旦出现了一连串的综合性形象,它便会显现为已经在此(déjà la);相对地,知识层次的纯粹既定资料(le donné pur),在和具体存在有关的思考中,却会被一道沉默的光线所照明,使它拥有操作者(déjà opéré)的深度。"

2. 《人类学》的通俗性在于它使用的语言。这是一个通俗的、共同的语言:这部康德作品几乎是一本格言谚语的集合。更重要的是,康德认为在人类学中,语言的通俗用法才是分析对象。比如18世纪德文中有关心智疾病的词语,康德分析的是一般人使用的语言,而不是医学专家的术语。德文的词语自有它的历史沉积,不是拉丁术语的普遍性所能取代的。福柯对这一点评论如下:"对他来说,重点不在于把人繁衍丰富的语言,放置在自然沉默理式的秩序规范之下,而是要把语言化为一个整体,而且预设在语言之中,没有任何一个变化不同时携带着一个特殊的意义变化。"(p.93)福柯这一段话不只提示了《词与物》中的基本主题,而且更重要的是,它也展露了他未来将要长期发展的一套唯名论史学态度。这一个论点在《疯狂史》中表达为福柯对传统精神医学史取向的多次嘲讽:医生们的史学一直像是一个猜谜游戏,想要在过去的病名之下找出今日的病理真相。相对地,福柯的分析则显示出一个横向的联结:一个词语总是在一组词语之中取得它的意义。[40]

3. 福柯最后在讨论康德整个哲学演进时,分析出三大问题意识(problématiques):先验结构(批判哲学)、原初(人类学)、基本性(fondamental)(遗著中的超验哲学)。根据福柯,这三大问题意识成为后来哲学的三大概念(notions),而且:"从康德以来,以一种隐隐然的方式,所有的哲学计划都在于超越这个根本的划分。"(p.105)使得问题更为复杂的是,由于人类学封闭圈环的逐渐发展,先验条件、原初、基本性三个概念变得无法分辨,整个问题场域也失去了康德所设

---

[40] 这个态度也是这次翻译想要尊重的原则,有许多名词今日的意义已和过去不同——人们把今日的知识内容灌注在过去的词语之中(比较明显的是 hypocondrie 和 hystérie 这一对,比较模糊的是 insense、délire 等和疯狂有关的通俗用语)。在翻译时,我们尽量以其字源意义或可能确定的脉络意义来翻,或者考虑福柯本身的论述逻辑来译。

立的问题结构,而人的知识也朝向"回到原初、真确、奠基活动"演变(p.126)。最后:"'人是什么?'这个问题有其狡猾的(insidieuses)意义,它们建立在这个同质的、去结构的、可以无限翻转的场域之上。在这个场域里,人把他的真相当作是真相的核心灵魂。"(p.127)由于先验条件、原初、基本性也是《疯狂史》中经常出现、但又容易为人混淆的三大概念,这一段分析应该有助于其中的澄清——也就是说,我们未来的《疯狂史》阅读和概念结构分析,应该朝向这三大概念的分化去进行。

四 第一版序言

《疯狂史》这本书有两个特点,它既不是一部"科学史"(我们前面已经看到了精神医疗史是一个被福柯放弃的出版计划),所以那些想在这本书之中寻找疯狂之科学认识线索的人,如果不是感到失望,便是感到困惑。另一方面,它自始至终,也从未清楚地说明疯狂是什么,甚至它的结论倾向科学永远无法知道疯狂是什么。《疯狂史》要写的,其实是一部疯狂如何遭到理性排除、压抑,以及这个事件本身又如何遭到遗忘,以及它某些闪电般的回潮。《疯狂史》对疯狂本质有意保持的沉默,乃和疯狂在历史上被强制的沉默息息相关。

这一整套特殊的、非传统的历史,我们只有在后来被删去的第一版序言之中,才能看到福柯本人对它的说明和定位。几乎所有《疯狂史》出版之后的立即批评,其思想线索都和这篇地位重要的前言有关(比如巴特、布朗肖、塞尔

〔Michel Serres〕、德里达的评论）。㊶ 评论的焦点集中的现象，其实并不难理解：只有在这篇序言中，福柯才说明了他在这本书中的意图，并提出其可能性条件的讨论。这时我们明白地离开历史，进入哲学思想，而《疯狂史》作者究竟抱持什么样的哲学立场，当然是评论者的主要关怀。另一方面，这篇序言本身的思想并不简单。它似乎是要说明和引导，其实可能引起更多的问题。我们在其中至少可以看出三大问题线索在交错进行：

1. 第一个主要线索是我们前面已经提到的，"放置于尼采伟大研究的太阳之下"（p. 162）㊷的文化研究主题。在这个观点之下，疯狂并没有特殊地位，它只是和西方对悲剧之拒绝、遗忘、沉默，对"东方"矛盾的向往和殖民、对梦中真理

㊶ 德里达的评论虽然宣称只讨论《疯狂史》第一部第二章有关笛卡儿《沉思录》的数页分析，但其实有一半左右的篇幅讨论了第一版序言中的主题。Jacques Derrida, "Cogito et histoire de la folie"（《我思与疯狂史》），收入 *L'écriture et la différence*（《书写与差异》），Paris, Seuil, 1967（原来的演讲发表于 1963 年），pp. 51-97。

在《疯狂史》的第一版评论之中，方向比较不同的是史学家曼德鲁（Robert Mandrou）在《年鉴》杂志上发表的一篇文章：其中对史实精确性的问题讨论较多。但曼德鲁仍然指出，福柯认为疯狂，就像他过去对梦的看法一样，是人获致知识的方法之一。在曼德鲁的文章之后，附上了年鉴学派的领导人布罗代尔（Fernand Braudel）的短文。布罗代尔仿佛是要补充曼德鲁文章的不足，特别强调这是一部有关文明对自己过去所作的"拒绝、无知、遗忘"的历史。同时他也引用了序言中的有关"界限"的长段定义。Robert Mandrou, "Trois clefs pour comprendre la folie à l'époque classique"（《理解古典时代疯狂的三把钥匙》），in *Annales ESC*, 17e annee, No. 4, juillet-août, 1962, pp. 761-771。

㊷ 福柯，《疯狂史》第一版《序言》（Preface），收入《言论写作集》（*Dits et écrits*），Paris, Gallimard, 1994, vol. 1, pp. 159-167。正文中的页数为此一版本页数。

的排拒和性的禁忌一起构成这一整套"遗忘史"的一部分。福柯说,它不但是"第一部"这样的历史,甚至是其中"最容易"的一部。(p.162)

2. 如果说《疯狂史》有它特别的地位,那是因为认识之中的疯狂总已经与理性分离,甚至为理性所捕捉、宰制。这一点意味着只有理性才有权力对疯狂下判断,而喧哗不休的疯狂并不是理性的谈话对手。这便是福柯所意味的"疯狂的沉默"(理性不再能听到疯狂的声音)。这个对话是在什么时候中断的呢?这样的沉默是如何产生的呢?这是《疯狂史》的另一个面向,福柯把它命名为"沉默的考古":

> "在理性人和疯人之间"没有共同的语言,或者毋宁说,不再有共同的语言;疯狂在18世纪末期被建构为心智疾病一事,见证着对话的中断,使得他们之间的分离像是既成事实,并使得疯狂和理性过去用来进行交换的不完美的、缺乏固定句法的,有点结结巴巴的字词,都深陷于遗忘之中。精神医疗的语言乃是理性针对疯狂的喃喃自语,它只能建立在这样的沉默之上。
>
> 我无意为这个语言写史;我要进行的毋宁是此一沉默的考古。(p.160)

3. 界限体验作为分析对象的概念构造。有关福柯在此序言中提出的 expériences-limites,评论者的诠释纷纭,有的将它和巴塔耶(Georges Bataille)的极限体验(expérience limite, expérience portée à la limite)混作一谈,也有的直接将它当作疯狂未受理性捕捉前的"原初体验"(expérience origi-

naire)，甚至我们前面已经分析的"基本体验"（expérience fondamentale）。这一点当然和福柯本人对"体验"的定义不清有关。然而"界限"（limites）的意义，至少在这篇《序言》中仍是清楚的：

> 我们可以作一部界限的历史——界限意指一些晦暗不明的手势，它们一旦完成，便必然遭人遗忘。然而，文化便是透过这些手势，将某些事物摒除在外；而且在它整个历史里，这个被挖空出来的虚空、这个使它可以独立出来的空白空间，和文化的正面价值一样标指着它的特性。因为文化对于它的价值，是在历史的连续性之中来接受和保持它们的；但是在我们所要谈的这个领域里，它却进行基本的选择，它作出了给它正面性面孔的划分；这里便是它在其中形成的原初厚度。询问一个文化的界限经验，便是在历史的边际，探寻一个仿佛是它的历史诞生本身的撕裂。（p.161）

在这段引文里，我们可以明白看到，limites 并不是作极限，而是作划界线的界限来谈。这个界限是一个文化作出基本划分以确立自身时所必然作出的选择——但这个"必然"却不一定包含没有沟通的排除关系。在这上面可以说颇为清楚，福柯要写的首先是一部文化中的价值划分的历史（价值必然预设划分和选择）。更抽象地说，这是一部划界线的历史，福柯的论述因为继续利用这个空间上的隐喻，发展一个内外关系的结构：把一些事物划出文化正面价值**之外**的手势本身，遭到了遗忘，然而它（手势）却和那些文化保持在光明**之中**的价值一样,表达出这个文化的特质。比较复杂的地方在于,福柯的论述暗示,划界线的动作,不只是历史事件,也是一个超历史的原则,但福柯同时又引申说,历史本身的诞生,也来自这个划分撕裂。这时我们必须说,划分不只是历史的对象,也是历史的可能性条件,如此便形成一个置入深渊的结构。这一点在《疯狂史》的计划中又被具体化,成为一个对抗的两难:相对于理性,疯狂并没有历史——历史写作本身预设着理性和疯狂之间已经产生了划分。然而,历史本身的可能,其背景也只能是某种历史的缺席,这意味着,理性之所以有历史,正是要以疯狂之没有历史为条件(p.163)。那么,《疯狂史》的写作计划,它本身的可能性条件是什么呢?这是不是还会落入理性对疯狂的喃喃自语之中呢?

德里达对福柯一版《序言》部分的批评,其主要论点便集中于此。首先,他认为福柯要写的是一部"疯狂本身的历史"(une histoire de la folie elle-même),也就是说,让疯狂成为言说的主体(le sujet parlant)。然而,正如福柯自己也明白看到的,这是一个"不可能"的计划,德里达于是分析出《疯狂史》其实包含了"双重的计划"——另一个计划即是重新再作一次"疯狂颂",而这里福柯也将落入他自己对伊拉斯谟《疯狂颂》的批判之中:这可能是理性对疯狂的另一次吸纳。[43]

在这个解读过程中,德里达所提出来的一个问题,可说很明白地看到了福柯《序言》之中一个隐含而又坚持的主

---

[43] Jacques Derrida, "Cogito et histoire de la folie"(《我思与疯狂史》), loc. cit., pp. 56-68。

题——对于一种在被理性捕捉之前的纯粹疯狂,福柯虽然放弃在书中探索,但他的行文和概念操作,又让人感觉到他并不放弃存有这样一种"原初疯狂"的假设。首先,正如德里达的分析所指出的,如果沉默并非原初,而是后来才被强加在疯狂身上,如果文化历史的诞生,必须经过一个决定性的划分手势,那么,是不是有一个原初的、作为自由言说主体的疯狂?是不是在文化的历史降临之前,还有一个不受沾染、没有分化的史前状态呢(考古学〔archéologie〕的字源之中的 arché 是不是已包含了对原初的追求呢)?再者,贯穿《疯狂史》中的文学艺术家的名字,和他们仿佛念咒颂经一般的重复出现,是不是也暗指福柯认为只有艺术家的伟大心灵,才能超越理性的束缚,直接达到疯狂的原初体验呢?

由于福柯在他对德里达的回应中完全只谈笛卡儿《沉思录》应该如何解读的问题,而且后来他又在二版中把原来的序言去掉,有关德里达对《疯狂史》全书计划的质疑,福柯本人的想法如何,并没有完全确定的答案。㊹ 然而,在《序文》原文和后来福柯发表的一些相关文字里,我们仍可以看到一

㊹ 讨论这个辩论的专书有 Roy Boyne, Foucault and Derrida, *The Other Side of Reason*, UK/USA, Unwin Hyman, 1990。德里达本人曾在 1991 年发表演说,再度讨论《疯狂史》:Jacques Derrida, " 'Être juste avec Freud': l'histoire de la folie à l'âge psychanalytique"(《"要对弗洛伊德公平":心理分析时代疯狂史》),收入 *Penser la folie: Essai sur Michel Foucault*(《思考疯狂:试论福柯》),Paris, Galilée, 1992, pp. 141-195。(这里他并不回答福柯的回应,而是讨论福柯和弗洛伊德间的复杂关系,并提出心理分析其实是《疯狂史》历史可能性的条件之一,福柯因此才会对弗洛伊德的态度摇摆不定。)我们在这里限于篇幅及文章主旨,并未处理这个重要哲学公案的细节。当然,最好的处理方法是收集福柯的序言,两篇附录,德里达的两篇长文,辑成一集翻译再加以讨论,而这需要另一个出版计划的支持。

些蛛丝马迹：

首先，德里达认为福柯有意作一部疯狂"本身"的历史，但又发现这是不可能的计划，使得《疯狂史》因为许多困难而产生了虚张声势的修辞（pathos），这个解读本身是不是完全贴切原文，仍值得考量。这一段话是福柯在提出疯狂既是历史中的必要又是历史的条件之后提出的，对于福柯来说，这代表他的对象——疯狂的体验，既完全属于历史，但又处于历史边缘（pp. 163-164，我们记得福柯在处理康德《人类学》先验条件如何转为原初问题的说法）。接着，他又说：

> 也就是说，这里谈的问题一点也不是知识的历史，而是一种体验的初步运动。这不是精神医疗的历史，而是疯狂本身的历史，是活泼泼的疯狂，在被知识捕捉前的疯狂。因此，我们必须支起耳朵，倾身去听世界的喃喃低语，努力去觉察那许多从未成为诗篇的形象。然而，这工作无疑是双重地不可能：因为它要求我们去重构这些具体痛苦、话语所留下的尘埃，然而它们却不会在时间之中驻留；而且，这些痛苦和这些话语，也一定是在已经揭发和宰制它们的划分手势之中，才能存在、出现和呈现给他人。我们只有在划分的行动之中，并且由它开始，才能把它们构想为尚未分离的尘埃。寻求掌握它们的野蛮状态的感知，必然属于一个已经将其捕捉的世界。（p.164）

由这一段引文来看，福柯不但清楚意识到完全拒绝理性是自相矛盾的事情，而且面对理性不可能掌握野蛮状态的疯狂,他提出的解决方式是理性应该研究自身的源起——它和疯狂的分离时刻。如此,《疯狂史》并不是想要让历史听到疯人讲话,而是理性对自身的考古批判——研究理性如何捕捉疯狂的历史。福柯下面的话验证了这一点:

> 因此,作疯狂史的意义是:对一组历史整体进行结构研究——包括概念、体制、司法和治安措施、科学观念——这样的整体使得疯狂保持在被捕捉的状态之中,而它的野蛮状态也不可能完全重构;但即使不能达到这个无法认识的原始纯真,结构研究却必须上溯到同时联结又分离理性和疯狂的决定。(p. 164)

如此,《疯狂史》的可能性条件,便像塞尔的评论里说的,完全来自这个排拒结构的几何学:福柯不断地研究历史中的划分线条、它所划分出来的空间样态、内外双方的关系。这里并没有像德里达评论所要绷紧的吊诡效果(一个拒绝理性却仍不得不是理性的理性):福柯并没有完全拒绝理性,他甚至寻找最纯粹的理性来为疯狂的悲惨辩护。如果他反对理性对疯狂的压迫,其出发点也不只是他对真理的寻求,而是因为他对"这群晦暗中的人民,有一股深沉的爱,那不是模糊的人道主义,而是接近虔诚的关爱,承认他们无限地接近,乃是另一个自我。"⑮

---

⑮ Michel Serres, "Géométrie de l'incommunicable: la Folie"(《无法沟通者之几何学:疯狂》),原发表于 1962 年,收入 *Hermes I: La communication*, Paris, Minuit, 1968, p. 176。

虽然如此,我们仍可怀疑福柯对原初体验的追求意志,虽然有结构主义清涤,结果却并未完全成功,而且这才是德里达解构的要害所在:因为这个预设的存在,使得福柯后来不得不取消第一版序言。有两个线索可以增强这个假设。首先,福柯在1962年重写《心智疾病》一书,并改变书名。在其中被完全重写的第七章里,出现下面这样的句子:"有一天,我们必须尝试把疯狂当作一个全面性的结构来进行研究——这是被解放和不再被异化的疯狂,就某种意义而言,回复其初始语言的疯狂。"在这里,和《疯狂史》同样的论述动态又再发动一次,因为福柯紧接着说,没有一个社会不会对某些人的语言和行为,采取特殊态度。而这些人既不完全像病人,也不完全像罪犯、巫师或一般人。从这里来看,原初疯狂仍被保留为一种可能性,而且有可能扩展到不同文明的比较上来研究。[46]

后来,当福柯在《知识考古学》中尝试定义一种不研究指涉对象(référent)的历史时,他的立场就有明确的不同:"我们并不寻求重构疯狂自身,那首先在某些原始的、基本的、沉默的、几乎没有组织的体验之中被呈现的疯狂。"他在此加上一个注解说:"这一段话是为了反对《疯狂史》中一个明显主题而写的,而且这个主题在序言中特别地多次出现。"[47]从这个声明来看,福柯显然已经放弃疯狂原初体验的

---

[46] Michel Foucault, *Maladie mentale et psychologie*(《心智疾病与心理学》), Paris, Puf, 1997(1962), pp.90-91。

[47] Michel Foucault, *L'archéologie du savoir*(《知识考古学》), Paris, Gallimard, 1969, p.64。在王德威所译的中文版中,这个注很奇怪地并没有译出。同时此书书名为《知识的考掘》似乎不妥,因为福柯本人曾在接受访谈时明白表示不希望别人联想到"挖掘"的意念,见《言论写作集》(*Dits et écrits*), Paris, Gallimard, 1994, vol.1, p.772。

追寻。不过福柯接着又在正文中说:"无疑这样一种谈指涉对象的历史是可能的。"他的基本立场并未改变,只是把研究对象限定得更清楚。

最后,《疯狂史》第一版序言里还提出把档案公开出版,让那些原来并不是要公诸于世的档案为自己说话,可能是这个研究最重要的工作(p. 166)。这一点既可为所谓未经知识捕捉的疯狂体验作一个注脚(这是一些前科学的档案),同时也是一个福柯后来不断发展的主题。[48]

五 分裂(dédoublememt)与重合(redoublement)

就像我们前面看到的,福柯所写的历史不只是一篇集合许多层面的历史整体结构分析,它同时还有重溯历史遗忘的批判性任务,这使得福柯的历史写作很快地显示为一种对通行历史进行问题化的"反历史"。然而,如果我们仔细去看福柯所引用的前人历史著作,却可以发现许多材料早已为前人挖掘,甚至其中的组合、连接方式也不见得是福柯的独创。比如福柯对古典时代穷人大禁闭的历史描写,一般都认为是《疯狂史》中的重大史实发现,但其实这

---

[48] 福柯在这方面的作品和《疯狂史》有密切关系。以下是他和其他人合作编辑的"资料书":"*Moi, Pierre Rivière, ayant égorgé ma mère, ma soeur et mon frère...,*" *Un cas de parricide au XIXe siècle présenté par Michel Foucault*, Paris, Gallimard/Julliard, 1973. *Herculine Parbin, dite Alexina B.*, Paris, Gallimard, 1978. *Les Machines à guerir, aux origines de l'hôpital moderne*, Bruxelles/Liège, 1979. Foucault et Arlette Farge, *Les désordres de famille: lettres de cachet des Archives de la Bastille*, Paris, Gallimard/Julliard, 1982.

个历史事实不但早已为前一代的史学研究发掘,而且甚至麻风院和收容总署房舍间的空间继承关系,也已经在福柯引用的拉勒曼《慈善事业史》中出现了。[49] 甚至连福柯强调的档案发掘公开工作,我们也不能确定在他之前并没有别人去拨除这些灰尘。由这些地方来看,《疯狂史》具有原创的地方,既不在单独史实的发现,亦不在整体叙事的装置,而是在于历史的概念化处理。这里有一部分我们已经看得很清楚了,那是结构主义打破传统类种封闭性的横向联结。另一部分,则是福柯在第一版序言中不断强调的排除结构(structure d'exclusion)。

下面我们要做的,并不是去描述《疯狂史》的整个概念骨架——这样做会达致某种内容摘要——而是要分析它所运用的基本概念操作原则——这时我们的对象是福柯用来动员各种概念的特殊"智性",也就是去问,是否存在着一种特殊的福柯式概念操作原则或风格。这里我们提出的假设是,福柯运用的思想方式是一套二元结构的复杂化,它在处理历史时,通常是由划分(dédoublement,直译为一分为二)开始,但之后其分析很快便会显现出某种重合(redoublement)。

---

[49] Léon Lallemand, *Histoire de la charité*, t. IV, *Les temps modernes, du XVIe au XIXe siècle, 1ère et 2ème partie*, Paris, Alphonse Picard et fils, 1910, 1912. 由这部书第四卷第一部的章节设计已可看到麻风院和收容总署间的继承关系已是呼之欲出。作者不但大量讨论17世纪法国和欧洲其他各国的穷人监禁政策,而且也明白指出这是以慈善为名行治安之实的伪善措施(p. 256)。作者并在第二部分讨论特殊救济事业时把疯人的待遇列入。不过由这里便可看出《疯狂史》和《慈善事业史》在总体计划上的不同:前者如果大谈穷人和济贫措施,乃是因为疯狂曾经在贫困世界居留,相对地,后者的主要对象为穷人和其救济,疯人在此只是被当作和聋哑、孤儿救助相同地位的"专业"救济对象来研究。

这两个分析项的交错运用,便可开展出整套复杂的概念架构。以下是我们的描述尝试:

首先,整个《疯狂史》所要谈的体验结构,在对象面上分裂为疯人(fou)和疯狂(folie)两个项目,而且这一点不只出现在福柯明白点出的古典时代的疯人辨识的明快性和疯狂认识的不稳定性之上,它也出现在其他时期。比如第一部第一章分析的中古末期和文艺复兴时代,虽然叙述线索不是很清楚,但我们仍可看出其中主要有两个层次:一是和疯人待遇有关的疯人出现空间,另一个则是和如何看待疯狂有关的意识形式问题。在这个对象层次的初步分裂之后,每个层次又再各自分裂一次。疯人受的待遇,就像麻风患者一样,乃社会层次上的排拒(监禁、放逐),但在神圣层面上,他们仍然被接受为基督世界一环。在面对疯狂的意识形式中,我们也看到同样的分裂状态,一方面是由疯狂的悲剧体验而来的宇宙意识,另一方面则是由辩证体验而来的批判意识。在悲剧体验方面,福柯说这样的疯狂其实是死亡威胁的继承者,但它可以说是双倍威力的死亡,因为它是内在的威胁,是生命中的死亡。在批判意识方面,也出现同样的重合现象:批判意识如果可能吸收疯狂,使它成为理性的秘密资源,那是因为它已经暗暗地区分好疯狂和坏疯狂。好疯狂可说是理性的折叠,因为它已成为理性的理性;相对地,坏疯狂则是加倍的疯狂,因为它正是疯狂中最无法沟通、最顽固的部分,可以说是疯狂的疯狂。

当我们进入古典时代之后,主要分裂来自福柯的主题本身——这时,疯狂与非理性的双元主题便明白地出现了。我们看到非理性和疯狂是既有交集,但又并不完全相同的概念。非理性乃是福柯在书中透过考古重构出来的一个已被遗忘的概念,就某种角度而言,疯狂此时被吸收其中。但许多地方都暗示这个吸收并不完全。疯狂无法完全成为理性对立面的悲剧性格,仍在暗地里警醒并等待一个可能的表达。虽然如此,前面所说的疯人和疯狂的二分,在这个部分仍然十分清楚:整个第一部的其余四章处理的是疯人的待遇问题。首先因为禁闭体制的大规模实施,社会空间出现界线分明的分裂,疯人和穷人、矫正犯等被关入分界的另一方,成为社会上不可见的一部分。由于这是当时新而广泛的措施,而且完全不由医药观点出发,它使得由中古以来即已进行的疯狂医疗被推挤成为过去的残余——这是体制在时间面向上出现的分裂。另一方面,那被关入矫正犯世界里的疯人,他所承受的道德惩罚是加倍的:他不但因为不能工作而被监禁,而且他在收容所内还被当作野兽一般展示——这时我们可以说他甚至失去作为道德主体的地位:在他的非社会成员的身份之上,还加上了非人的戳印。

古典时代面对疯狂的意识主要在第二部中处理:这里福柯探讨了医学、哲学和法学理论(只有最后一章谈医疗时,福柯才再由疯狂向疯人滑移),并且归结说疯狂乃是非存有的存有,非存有吊诡的显现。这时它的本质——谵妄的论述——只是以理性为内核再加上一层否定性。细分来看,古典时代共有四种意识形式:

1. 批判意识,其中的分裂和重合已如前述。
2. 实践意识,这个意识在产生正常/脱轨的区分时,还在后者身上加上一层道德谴责的色彩:那些脱轨的人乃是有意地选择如此。这个作选择的意识因此又在其受拒绝项中塞入了一项选择。

3. 发言意识,这是说出那是疯人的立即意识,但它同时又在自身之上重叠了发言者知道自己不疯的意识。

4. 疯狂的分析意识,它想要把认识不清者推向认识良好的世界,但它最后的结论却是疯狂乃是"道德错误的心理效果",这使得原来的罪恶形上学(谵妄的超越性只是它的一个显现)滑向一个未来由道德和心理学相争夺的场域。

如果说古典时代的出现,在福柯笔下显得十分地突然,那么古典时代和实证主义时代之间,却和一般对大革命的描述相反,显示出过渡期的犹疑和混乱——这是分裂和重合交错运作、显出动态的年代。首先出现的讯号是会发言和批判理性的疯人再度在社会上出现。这时呈现一连串的矛盾现象:疯人为人解放,却又引起恐惧;历史进入疯狂但疯狂仍未进入历史。随着收容总署的取消、转变,非理性世界消失,疯狂也和悲惨穷困脱钩,但又立即和犯罪及疾病挂钩——它开始在另一个空间中居停,但这仍是一个监禁的空间。但监禁本身也已改变意义,它开始具有医疗价值,因为(他人)自由的良好使用方式已成为治疗的一个向度。这时,主体/客体的对立开始有了新的意义。在过去,疯人是非理性行为的主体,因为它选择了过失;现在,疯狂和疯人只是威胁性的主体和被人研究的客体:因为具有威胁,所以仍需受到压制,但又因为只是受机制决定的客体,所以早已为人宰制——疯狂所揭露的秘密不再令人困扰，反而能起教导作用（原书 p.462，中译本 pp.624-625）。然而，好疯狂和坏疯狂的区分只有更加剧烈，因为那些无法被实证理性化约的非理性，在19世纪变化为一连串怪异的概念：道德性疯狂、退化、天生的罪犯、变态，而面对这些无法"回收"者，现代意识只有施以绝对的谴责（原书 p.478，中译本 pp.643-644）。最后，在分析疗养院和心理学的诞生条件时，福柯让我们看到的是一种多重的重合，一种过度的集中现象：在医生身上汇集了科学权威、父权、司法等权力，使他成为疗养院中真正发挥医疗效果的核心人物（但这一点又是医学在弗洛伊德之前不想也不敢承认的）。心理学和人之科学的诞生，也把疯狂带来的所有真理问题，集中在人的认识之上。这时疯狂被化约为病态，然而病态也只是相对于常态，却仍然是人的本性之一：透过人这个概念的中介，疯狂不再有绝对的外缘、他异的地位，它反而成为人性知识的基石之一。实证科学不但是它的否定性根基的遗忘，也是这遗忘本身的遗忘。

六 恶痛（le Mal）[50]与化身

一分为二的分裂原则，同时作用在理性和疯狂身上。正如理性不只是合理的、逻辑开展的理性，它也指涉着一个和人之自由本质有关的基本理念，这其实是一个和道德伦理无法明确分离的理性，一个基本判断和发明的理性；同样，《疯

---

[50] 这个字在法文之中同时有"邪恶"和"病痛"两意。

狂史》中的疯狂也显现出两种基本的面貌：一个是寂静的、以缺席为特征的疯狂，它像是沉默无言的自然，另一个则是活跃的疯狂，它像是一个过度或过剩的事物，以其力量展示出文化的界限。

然而这两个面向，却在同一个概念之中得到综合，那便是福柯对疯狂所提出的唯一定义："作品的缺席"。这个概念并不意指疯人完全不能成为言说主体，而是正好相反，他的语言絮絮不休、滔滔不绝，却在流泻之中无法暂停凝聚，成为有结构的作品。然而这个作品的缺席状态，福柯认为它也内在于所有作品之中，是它们成立的条件——作品是对这个缺席威胁的突破。这个概念接近拉康早年研究精神病（psychose）时所提出的想法，疯人的语言碰触到一个基底的语言（langage du fond），接近超现实主义者的自动写作，因此必须要以修辞学规则加以研究。[51]

这个和常识相反的过剩性否定，在《疯狂史》中又表达为另一组形象：那是所有疯狂曾经有所勾连的否定性集合，它们的数目之多、面貌之繁盛，使人不禁要问这是一本疯狂之书，还是一本西方恶痛之史。疯狂的体验一直不是一个道

---

[51] 福柯本人曾在《疯狂，作品的缺席》一文中分析各种受到排除的语言形式，其中第四种在话语（parole）内部呈现了另一个解读这个话语的语言结构，使得这个话语仿佛在内部一分为二。疯狂和现代文学的语言都置身于这个语言的内在折叠之中——而这里也就是语言和作品的起源之处。福柯，《言论写作集》（*Dits et écrits*），Paris, Gallimard, 1994, vol. 1, pp. 416-420。有关福柯的论点和拉康对精神病所作的定义："无论述的语言"（langage sans discours），请参看 John Rajchman, *Michel Foucault: la liberté de savoir*, tr. fr., Paris, Puf, 1987, pp. 31-33（英文原书：*The Freedom of Philosophy by Michel Foucault*, New York, Columbia U. Press, 1985）。

德中立的体验。它的历史,仿佛是西方处理恶之问题的一章。

首先,疯狂在文艺复兴时代,被认为和麻风、死亡、末世纪有关,因此也与神圣相关。好疯狂和坏疯狂之间的暗地区分,则使它在批判意识中,拥有一个罪恶的面目——那是理性所无法同化的疯狂硬核、愚蠢的、无法挽回的疯狂。接着,古典时代中,非理性其实是在理性之上再加一层否定性的薄膜,那便是恶意、自由对恶行的选择。这同时也是恶痛失去其神圣地位、悲惨贫困的问题开始被人以世俗眼光处理的年代。疯狂在非理性世界中的居停,使它染上了这层恶意的肤色。但这样的理性主义,也预含了一种翻转的可能:疯狂既然是疯人所寻求的善,它在根柢上为善。

到了疯狂被化约为心智疾病的年代,疯狂,恶之代表,连这层自由也失去了,但它和疾病及犯罪毗邻而居,使得某种潜藏的轻蔑,仍被加诸在它身上——当我们看到一个疯人,我们倾向立即联想他是位病人或潜在的罪犯。这时的疯狂,只是人之真相的一把钥匙。然而,无法被人类学理性所吸收者,则沦为非人。

《疯狂史》除了在疯狂的真相之上一直保持缄默和空白之外,它由一开始,也一直是一个"消失"的故事:中世纪末,麻风病由欧洲的地平线上消失了。这相当于问:那么,是谁前来接替它所留下的位置呢?当然,能够这样问的前提是,这个排除的结构,这个二分的空间本身并没有消失。这也是第一版序言所宣布的悲剧型历史结构。相对于辩证演进的历史,福柯提出一个恒定不变的文化结构,那便是理性和非理性之间像是日和夜、梦与醒一般的二分结构。由疯狂和麻风之间的接续关系，我们有理由怀疑这也是一个和善恶之分相叠合的结构。然而，这个结构虽然具有沉默的不动性，而且也支持着历史演变的可能，但是事件的出现，又会在这个二分的空间之中开启一个重合的程序，使得历史得到它的累积厚度。比如大禁闭时代来临，非理性不只继承了麻风的空间位置（许多收容总署的房舍和宗教收容所使用的是过去的麻风院），同时也受到麻风的象征价值感染，使得后者就像一道幽灵，继续在这块地方徘徊——这是疯狂作为生中之死的象征主题。就这个意义而言，进行某一沉默的考古，不只是要为历史之中受到掩埋的遗忘请命，同时也要使得消失者再度闪现，召唤一块古老地方的亡魂。

由这里我们看到《疯狂史》所提出的文化界限和界限外的他异性，并不只是所有可能的否定性的总集合，它同时也和历史中已经消失、却又徘徊不去的幽灵有关。因为这些化身的缠绕，《疯狂史》中的种种"恶"的形象之间也有了一种系谱上的关系，一种历史堆叠之中的厚度。在这个关系被提出之后，我们也有理由问道，这许多"恶"的形象，是原初的恶呢，或是因为化身堆叠本身所造成的呢？换句话说，对于"恶"的拒绝，是不是来自西方人对所有化身性事物的惧怕呢？我想这里我们触及了《疯狂史》基本思想的一个敏感地带：邪恶、受诅咒的事物具有文化身份认同（identité）的化身（double）地位。诚如福柯所说，文化透过对它的拒绝，也非志愿地表达了它自己。但另一方面，因为化身和同一（même）之间既差异又同一的关系——这像是影子、镜像和物本体间的关系——又使得真理问题和道德价值问题不可避免地交缠在一起。⑫

七 福柯的写作风格问题

"福柯的文字素以晦涩迂回为能事。""福柯行文著述素以缥缈晦涩为能事,往往使读者如坠五里雾中。"⑬对于福柯文字给人的印象,另外一位中译者也说:"福柯之文字极其繁复晦涩,神采洋溢。"⑭但这些印象式的记述并没有说出其中的细节如何——究竟是怎样的晦涩,是全体还是某些部分,它可能来自什么原因,是概念上的定义不清,或是福柯对其本人意图掌握不够清楚,是有意如此,或是修辞"过度雕琢"的后果……?福柯文字晦涩的印象就这样地流传着,如果我们不能将这一点说明清楚,人云亦云,难免流为神话。

如果笔者想要详细地讨论这个问题,其实是因为在翻译

---

⑫ 有关化身的问题,福柯之后会继续在60年代写作的许多文学评论之中发展。其中最重要的两篇作品为:*Raymond Roussel*, Paris, Gallimard, 1963 及 "Préface à la transgression (en hommage à Georges Bataille)" (越界序言[向巴塔耶致敬]), 1963, 收入《言论写作集》(*Dits et écrits*), Paris, Gallimard, 1994, vol. 1, pp. 233-250。除了《临床医学的诞生》(*Naissance de la clinique*, Paris, Puf, 1963) 之外,福柯曾经计划为《疯狂史》写作一本续集,讨论和刑法相关的精神医学问题,但一直未能完成。福柯1973—1975年在法兰西学院的讲课题名为"精神医疗权力"(Le Pouvoir psychiatrique) 和"异常人"(Les Anormaux),可说是福柯对疯狂、疗养院、司法中的精神医学鉴定等问题最重要的一次重新探讨。这些课程的讲稿和记录目前正在出版中。

⑬ 王德威译,《知识的考掘》,台北,麦田,1993, p. 7, p. 39。

⑭ 刘絮恺译,《临床医学的诞生》,台北,时报,1994, p. xvii。

过程中得到的文字体验和流传的说法正好相反：不，福柯的文字并不过度晦涩，其整体行文的论理程序给人的感觉反而是十分清楚，显示出强大的文字驾驭能力，而这一点反而可能是福柯文字复杂、暧昧，甚至容易受到传统史学家排斥的来源。⑤

首先，福柯组织论述动态的方式，如同研究者已经指出的，经常是以正题反题的辩证方式进行的。这一点，在前面分析的《疯狂史》第一版序言引文中已经可以看到：福柯先说要寻找未受理性捕捉前的疯狂，之后又说这是不可能的，而且是双重的不可能，接下来叙述这两个不可能性，最后提出解决方案。在这样的段落里，每个论述部分的相互关系一直维持在一种清晰的线条之中，但如果我们把其中片段抽出来引用，使它脱离原有的动态，就可能得到和论述意图完全不同的结果。这是福柯容易为人误解的一个地方：他的思想经常在一个论述动态(discursivité)中铺陈进行。基本上的骨架很清晰，但如果读者不仔细跟循，便容易陷入迷惑。

接着，福柯所要描写的，基本上不是坚实的对象本身，而是项和项之间的关系。同时这些关系又在历史之中展开，这使得他经常使用对称句作为基本句型，甚至在对称之中制造出项和项的交错配置(chiasme)，给人一种说法"漂亮精彩"的感觉。这样的句型，其实通过对比对立，制造出的是一种

---

⑤ 笔者这里不排除法文原文阅读效果和英、日译本之间可能产生的差别，亦不排除福柯部分段落可能有不清楚、困难，甚至晦涩的可能。然而就像福柯本人的自述，他可能不在我们找寻他的地方，他作品的困难也可能不存在于您所预期的面向。

意义的明确性,而且在形式上,又呼应着我们前面分析的基本思考原则(分裂与重合),使得福柯的文章具有强大的说服效力。但福柯散文一个可能的"病"也就在此,意义虽然明确了,但反而又因为过度明确而有落入武断的危险。这样的句子经常被福柯运用在回溯小结的部分,给人一种可以良好掌握各时代意义的安全感,但也掩盖了前面细腻的、多层次的分析和描述。

《疯狂史》由细部来看,显得明确,接近细腻的几何学,但就其整体,又显得十分复杂、庞大、线索多重缠绕——其实不就是迷宫的基本样态吗?迷宫的细部总是很明确,甚至过度明确,但我们却因为它在量上相对地大以及难以找到适当的抽离视点,而无法对它作出概观。福柯作品产生的也是这种难以将其全体化的困扰。这是阅读《疯狂史》的吊诡感受:同时既是确定感亦是不确定感。这个复杂性又因为福柯在书中使用了多层次的发言位置,有转向意图多元暧昧的可能。这些多元的发言位置,主要可以归纳为三个"声部":一是线性但又强调结构和断裂的叙述,二是在各层次进行摆荡性质的反复辩证,三是天外飞来一笔式的抒情片段,这时作者直接涉入,以主观的位置发言。如果我们不愿意简化福柯,便必须特别注意这种声部分配的关系。[56]

阅读福柯常给人一种进入奇异世界的感受,[57]这不仅来

---

[56] 请参考 Dominick LaCapra, "Foucault, history and madness," in *Rewriting the history of madness*, op. cit., p. 82, sq.。

[57] 一位福柯的研究者如此形容她初读《疯狂史》的经验:"笔法是这么地美,而且其中的描写又揭露了一个如此奇异的世界,使得阅读像是一个神灵感通的时刻。" Jeanette Colombel, *Michel Foucault: la clarté de la mort*, op. cit., p.13.

自他书写反面历史的基本立场(如此他便经常呈现出罕见的对象和角度),也来自他在隐喻使用上的特殊倾向:福柯最常使用的是空间性质的隐喻。他在分析宾斯万格著作时提出的三大轴线也适用于此:远近的轴线被化作排拒结构所强硬划出的内外之别,其余明暗和上下的轴线则联合起来,成为某种"在地下警醒"的形象。这样的句子经常出现在作者要提早向前瞭望的时刻,再加上疯狂的拟人化手法,使得作者像是一个可以看到特殊空间的灵视者,也使得整个历史叙述平添神秘气氛。[58]

八　阿尔都塞的见证

有一种意见认为,福柯虽然使人们不可能再像以前一样思考疯狂和理性,以及对精神医疗的发展史抱持过度天真的想法,但因为福柯本人也没有提出任何可行的替代方案,《疯狂史》对精神医疗的改进并没有实质的助益。[59]

面对这种粗糙的实用主义,我们只能用一个问题来回

---

[58] 在这里我们只对福柯行文的风格提出一点心得。福柯的写作已逐渐成为学者重视的研究对象,这方面的研究可参看 France Fortier, *Les stratégies textuelles de Michel Foucault, un enjeu de véridiction*(《福柯的行文策略》), Québec, Nuit blanche, 1997。作者并在 p.93, note 1, 列出一份参考文章的名单。他并提出福柯对档案的重写(réécriture),是一种化身的美学(esthétique du double), p.31。另一方面 Jannette Colombel 及 Michel Foucault, *Lire l'oeuvre* 合集,皆有相关的文章和论述。

[59] 比如 Peter Barham, "Foucault and the psychiatric practitioner," in *Rewriting the history of madness: Studies in Foucault's Histoire de la folie*, op. cit, pp. 45-50。

答——同时也用它作我们这篇长文的终点:福柯所描写的疗养院时代是否已经完全成为过去?在这里,我们建议读者们沉思一段"发疯的哲学家"阿尔都塞在后《疯狂史》时代写出的见证:

一位"疯狂"的杀人犯,他的情况"和一般犯人"并不完全相同。当他被关进疗养院,很明显并没有可以预见的期限,即使人们知道或应该知道,原则上,所有的急性发作状态都是过渡性的。但医生们,如果不是一直如此,便是在大部分的时候,连急症也说不出一个接近的治愈期限。更好的是,一开始下的"诊断"不停地变化,因为精神医疗中的诊断一定是演进式的:只有透过病情的演变才能确定和变更诊断。当然,也就是利用诊断,才能确定和变更治疗和预测。

然而,某些新闻媒体所培养的一般意见,虽然从来不区分急性发作但属于过渡状态的"疯狂"(folie)和作为宿命的"心智疾病"(maladie mentale),却是一下子就把疯子当作精神病患,而所谓的精神病患又明显意指终生患病,因此,也就可以并且真的被终生禁闭:德国新闻界所使用的 Lebenstodt 很能说明这一点。

一位精神病患,除非他能够自杀,不然在整个禁闭期间,当然继续活着,但这是在疗养院的孤立和寂寞之中的生活。被掩盖在他的墓碑之下,对于那些不去探访他的人,他就像是已经死去一般,但是谁会来探访他呢?不过,由于他并没有真正地死去,而且,如果他是个名人,而他的死讯又还没有宣布(无名人士的死不算数),他就会慢慢地变成一种活死人的样子,或者毋宁说,不死不活,只有对他周围的亲近人士或是对那些会想到他的人,才能发出生命的讯息(但这也是极端稀少的案例,有多少受禁闭者,几乎**从来没有人来探访**——这一点我仍在圣安妮医院及其他地方亲眼目睹!),而且,再加上他也不能在外面公开发表言论,事实上——我这里要大胆打个比方,他就像是被写入世上所有的战争和大灾难都会有的一个阴惨记录簿中——**失踪者**名册。

如果这里我会谈这个奇特的生活条件,那是因为我曾有亲身经历,而且,就某种方式而言,我今天还在过这样的生活。即使我由精神疗养院中被放了出来,已经有两年之久,但是对知道我的名字的公众意见来说,我却是个失踪者。不死不活,还没有掩埋,但却"没有作品"(sans oeuvre)——这是福柯用来形容疯狂的漂亮字眼:**失踪**。

然而,由于死亡会为个人的生命画下句点,接着人们就把他埋在坟墓的泥土之下,失踪者却和死者有所不同,公众意见感到失踪者有一种特别的能力(在今天我便是一个这样的例子),好像带着一种风险:有一天他可能再度出现在生命的白昼之中(当福柯感到自己已经痊愈时,他如此描述自己:"在波兰自由的巨大太阳之下")。[60] 然而,我们得要知道——而且这一点我们可以天天看到——这种可能再现行踪的失踪者的特殊地位,

---

[60] 阿尔都塞的引句和福柯原文不尽相符。

却会培养人们针对他所感到的某种苦恼和不安——因为对于一个无法真正终结其社会存在的失踪状态，公众意见会固执地把它理解为一个被关起来的罪犯或杀人凶手。……[61]

林志明

1998年3月20日于巴黎

谢辞

这本译作的完成，首先要感谢两位师友的支持。一位是胡家凤女士，她使我对中西医学传统有更深入的认识。一位是法籍翻译家 Françoise Laroche 女士，她在拉丁文和德文上的造诣，为译者解决了许多困难。

同时我也要感谢 Joachim Seitz 和 Christoph Ebeling 两位先生在德文上的协助，Hélène Bastiani Almonte 在西班牙文上的协助，Sarah de Combette de Caumon 及 Martha della Bernadina 两位小姐在意大利文上的援助，以及所有提供法文解读意见的法国友人。

要感谢的还有纪明辉学长在哲学问题上的讨论及德文翻译上的支援。吴静宜小姐重读部分稿件及携带稿件。简宝秀小姐及杨凯麟先生携带稿件。Sylvie Bialowons 小姐、高荣禧及万胥亭先生在参考书籍上的支援。王恩南和杨明敏两位医师在精神医学问题上的讨论和意见。

---

[61] Louis Althusser, *L'avenir dure longtemps*（《未来持续长久》）, op. cit., pp. 39-41.

最后,我也要感谢王德威老师,虽然我在注释和导言中对他的福柯翻译提出了一点个人的意见,但他十余年前在台大的授课,开启了译者对福柯思想的初步了解。

二版自序

我得为这本已经老旧的书写篇新序。老实说,我厌恶这么干。因为我最后一定是白忙一场:我必定会想要找些理由,去为此书的原状辩护,并且,还会在能力可及范围内,设法把它编排到当前的脉络里去。办得到也罢,办不到也罢,做得巧妙也罢,不巧妙也罢,都不可能诚实。更要紧的是,这样做,并不符合一个写书的人,对一本书应该持有的保留态度。一本书产生了,这是个微小的事件,一个任人随意把玩的小玩意儿。从那时起,它便进入反复(répétition)的无尽游戏之中;围绕着它的四周,在远离它的地方,它的化身们(doubles)开始群集挤动;每次阅读,都为它暂时提供一个既不可捉摸,却又独一无二的躯壳;它本身的一些片段,被人们抽出来强调、炫示,到处流传着,这些片段甚至会被认为可以几近概括其全体。到了后来,有时它还会在这些片段中,找到栖身之所;注释将它一拆为二(dédoublent),它终究得在这些异质的论述之中显现自身,招认它曾经拒绝明说之事,摆脱它曾经高声伪装的存在。一本书在另一个时空中的再版,也是这些化身中的一员：既不全为假象，亦非完全等同。

　　写书的人会受到强大的诱惑，想为这一大群闪烁的拟象立下法则、规定形态、填充一致、下定标志，以便给予它们某种稳定价值。"我便是作者：请看清楚我的面孔或我的侧影，所有在我的名义下流通的重复形象（figures redoublées），都要和它相像，远离它便一文不值；而且，以形象和原本之间的肖似程度，您才能判断它们的价值。我便是所有这些化身的名义、律法、灵魂、秘密、天平。"序言的写作便是如此，它是建立作者王权体制的第一文书、专制暴政的宣言：我的意图应该是你们的箴言，你们要使你们的阅读、分析、批评，屈从于我的意愿。请明了我的谦虚：当我谈及我行为的界线时，我想限制的，其实是你们的自由；而且，如果我宣称力不从心，那是因为我不想给你们留下特权，用一个和我的书相近，却是更美好的想象书本来反驳它。对我所说过的话，我便是君主。我对它们保有最高的主权：对于我的意图，对于我所说的话，我具有主宰其意义的权利。

　　我希望，一本书，至少对写它的人而言，只是构成它的所有句子；我希望它不要自我分裂，以序言构成第一个自我拟像，并宣称要为未来所有可能由它出发而形构的事物，立下法则。我希望，这个身处众物之间，几乎难以察觉的事件——物（objet-événement），被人重抄、断碎、反复、模拟、分裂，终至消失。使得生产它的人，永远不能提出主权要求：既无权设立其发言意图，亦无权诉说其应然。简言之，我希望，一本书不要以文本（texte）的身份出现，那是教学法或批评娴熟的化约对象；我要它洒脱大方，以论述（discours）的样貌出现：同时既是战斗亦是武器，既是战略亦是撞击，既是斗争亦是战利品或伤口,既是时局亦是遗迹,既是不规则的遇合亦是可重复的场景。

这就是为什么,当人们要我为这本书的再版写篇新序时,我只能作出下面的回答:取消旧序。这样才是诚实的作为。既不要为这本旧书寻求理由,也不要意图把它编排于今日脉络之中;它所置身其中的事件系列,也就是它真正的律则,还未封闭。至于创新之处,不要假装可以在它身上发现,好像它是个秘密保留区,好像它是早先为人错过的财富:它若有新意,只有来自人们对它的论谈,只有来自将它卷入其中的事件。

——不过,您刚写了篇序呢。
——至少它是短的。

米歇尔·福柯

第一部

第三篇

第一章

《疯人船》(*Stultifera navis*)

中世纪末期,麻风症消失于西方世界。社区边陲,城市门旁,邪恶[1]停止出没的地域,如同大片沙滩似的开放着——那是一片任其荒凉和长时间无法居住的土地。数世纪间,这些地域将归属于非人(l'inhumain)的领域。从14世纪到17世纪,这些地域便在等待着,并以怪诞咒语召唤着邪恶的新化身、恐惧的另一狰狞面目、净化和排斥(exclusion)的新魔法的降临。

由中世纪前期,一直到十字军东征结束[2]为止,在整块欧洲大地上,麻风院这个为人诅咒的社区,数目不断地增加。根据马蒂欧·巴黎(Mathieu Paris)的说法,整个基督教世界里,麻风院数目高达一万九千家之多。① 无论如何,当路易八世(Louis VIII)在1266年为法国制订麻风院规约时,清点总数超过两千家。光是巴黎教区,便高达四十三

---

① 引用于 Collet,《圣凡森·德·保罗的一生》(*Vie de saint Vincent de Paul*), I, Paris, 1818, p. 293。

家:其中包括布尔－拉－何恩院(Bourg-la-Reine)、可贝伊院(Corbeil)、圣伐莱院(Saint-Valère)以及阴沉的"腐烂场"院(Champ-Pourri);厦伦顿院(Charenton)也名列其中。其中最大的两家——圣日耳曼院(Saint-Germain)和圣拉撒尔院(Saint-Lazare)②——紧贴着当时的巴黎市区:未来,在另一恶痛的历史里头,我们还会再看到它们的名字。由 15 世纪起,各地的麻风院,全都变得空荡起来;圣日耳曼院由下一个世纪起,便会转变为青少年罪犯的惩戒所;而在圣凡森(Saint Vincent)[3]时代之前,整个圣拉撒尔院中只剩下一位麻风病患者,"俗世法庭律师,蓝格鲁华先生(le sieur Langlois)。"在玛莉·德·麦迪西(Marie de Médicis)皇后摄政[4]的时代,欧洲最大的麻风院之一,南锡院(Nancy),只照料四位病人。依卡泰(Catel)《回忆录》(*Mémoires*)所载,中世纪末期,土鲁斯(Toulouse)有二十九家救护院;[5] 其中七家是麻风院;但到了 17 世纪初,我们却发现只有三家曾被提及:即圣西普里安院(Saint-Cyprien)、亚诺－贝那尔院(Arnaud-Bernard)以及圣米谢院(Saint-Michel)。③ 那时人们喜爱为麻风病的消踪匿迹举行庆祝:1635 年,杭斯市(Reims)的居民们举行庄严盛大的游行,感谢上帝将他们的城市由此一灾难

---

② 参考 J. Lebeuf,《巴黎市及巴黎全教区之史》(*Histoire de la ville et de tout le diocèse de Paris*),Paris,1754-1758。

③ 引用于 H. M. Fay,《西南地区的麻风病患和麻风后裔》(*Lépreux et cagots du Sud-Ouest*),Paris,1910,p. 285。(译注:cagots 指的是一群先天遗传明显不良的人,他们曾被认为可能是麻风患者的后裔。一直到 17 世纪,他们受到和麻风患者同样的社会待遇,被强迫住于城门外,并且只能从事某一类行业。)

解救出来。④

一个世纪以来,王权已经着手控制并重组由麻风院地产所代表的庞大资产;法兰苏瓦一世(François Ier)于1543年12月19日下敕令,要求清查并编造麻风院财产清册,"以便整治当时麻风院中的重大纷乱";接着是亨利四世(Henri IV),他在1606年颁下诏书,要求检讨其中账目,并拨交"由这项调查中可能得到的金钱,作为供养穷困贵族及照料残废士兵之用"。1612年10月24日的"诏书"同样要求管制,但这时想到利用麻风院过多的收入,提供食物给穷人。⑤

实际上,法国在17世纪末以前,还未能解决麻风院问题;而这个问题,由于经济上意义重大,一再引发摩擦。1677年,单是多芬奈(Dauphiné)一省,不就还留有四十四家麻风院吗?⑥ 1672年2月20日,路易十四(Louis XIV)将所有救护修会和军中修会的资产交与圣拉撒尔院和卡梅山院(le Mont-Carmel)修会:它们接管了王国内的所有麻风院。⑦ 约二十年后,1672年的诏书便告取消,并以1693年3月到1695年7月的一系列分段措施,将麻风院资产拨交其他救护院及救济机构使用。麻风病患者,本来零散分

---

④ P.-A. Hildenfinger,《12至17世纪杭斯的麻风病院》(*La Léproserie de Reims du XIIe au XVIIe Siècle*),Reims,1906,p. 233。

⑤ 德拉玛尔(Delamare),《治安论》(*Traité de police*),Paris,1738,t. I,pp. 637-639。

⑥ Valvonnais,《多芬奈省志》(*Histoire du Dauphinè*),t. II,p. 171。

⑦ L. Cibrario,《圣拉撒尔和圣摩里斯修会史详》(*Précis historique des ordres religieux de Saint-Lazare et de Saint-Maurice*),Lyon,1860。

布于尚存的一千二百家病院之中,这时则被集结于奥尔良(Orléans)附近的圣梅斯曼院(Saint-Mesmin)。⑧ 这些规定首先应用于巴黎,该市的最高法院(Parlement)决议将相关收入转用于设置收容总署(l'Hôpital général)。此一先例为外省司法机关模仿;土鲁斯将其麻风院的资产交与绝症者收容院(l'hôpital des Incurables)(1696年);诺曼底省(Normandie)勃里欧(Beaulieu)的该项资产被转移到弓城医护院(l'Hôtel-Dieu de Caen)中;渥来(Voley)的该项资产则分配给圣弗阿(Sainte-Foy)救护院。⑨ 只有波尔多(Bordeaux)附近的加奈(Ganets)围地和圣梅斯曼院留下来,见证过去的历史。

12世纪的英格兰和苏格兰,只是为其土地上的一百五十万居民,便开设了二百二十家麻风院。然而,一到14世纪,它们便开始出清;在理查三世(Richard III)下令调查李本(Ripon)医院时——时值1342年——其中已杳无麻风病患之踪,他便将此一慈善基金的资产分发给穷人。普赛(Puisel)枢机主教于12世纪末,设立了一家救护院,到了1434年,其中只有两个床位保留给麻风病患,而且只是为了预防万一。⑩ 1348年,圣沃班(Saint-Alban)的大麻风病院中,只有三个病人;肯特(Kent)的罗门纳尔(Romenall)救护

---

⑧ Rocher,《圣伊莱尔－圣梅斯曼麻风院史录》(*Notice historique sur la maladrerie de Saint-Hilaire-Saint-Mesmin*),Orléans,1866。

⑨ J.-A. Ulysse Chevalier,《罗曼附近渥来麻风院史录》(*Notice historique sur la maladrerie de Voley près Romans*),Romans,1870,p. 61。

⑩ John Morrisson Hobson,《一些早期和晚期的慈善院》(*Some early and later Houses of Pity*),pp. 12-13。

院因为不再有麻风病患,于二十四年后,遭到废弃。1078年在查参(Chatham)设立的圣巴瑟勒米(Saint-Barthélemy)麻风病院曾是英国最大的院所;伊丽莎白(Elizabeth)女王[6]治下,其中只有两人住院;1627年,该院终遭撤销。⑪

在德国,麻风同样地衰退,速度可能稍微慢一点;麻风院亦作同样的转型,并和英国相似,受宗教改革运动促动,将慈善事业和救护机构转托市政机关管理;莱比锡、慕尼黑、汉堡,都是如此进行。1542年,史勒斯威格－赫斯坦(Schleswig-Holstein)麻风院的资产被转移给救护院。斯图加特(Stuttgart)的法官报告指出,1589年,麻风专门病院中,病人绝迹已有五十年。在李普林根(Lipplingen),麻风院早已成为绝症者和疯人的居所。⑫

麻风怪异的消失,显非拜不为人知的医疗行为所赐,虽然长久以来,它寻求着这样的效果;这是隔离措施自然而然的结果,同时,也是因为十字军东征结束,"西欧"和东方病源地断绝联系的后果。麻风消退之后,这些卑劣的场所和仪式便被弃置于无用武之地——然而,它们的原意也不是要消灭麻风,而是要把它保持在一个神圣的距离之外,把它固置在一个逆向的提升(une exaltation inverse)当中。有些事物,无疑会比麻风停驻更久,并且,就算麻风院多年来早已空无一人,这时,这些事物仍将续存——那便是附着在麻风病患

---

⑪ Ch. A. Mergier,《麻风病院和中世纪救护院》(*Leper Houses and Medieval Hospitals*),p.19。

⑫ Virchow,《麻风病院史料》(*Archiv zur Geschichte des Aussatzes*),t. XIX, p.71 & p.80; t. XX, p.511。

身上的价值和形象;那便是排拒措施(exclusion)本身的意义;那便是,这个顽固不去、令人生畏的形象在社会群体中的重要性——人们在排除它的同时,亦必定在它四周画上一道圣圈。

如果人把麻风病患者抽离出世界以及教会的可见社群,他的存在却永远彰显着上帝,因为他同时标明神的愤怒和善意。维也纳教会仪典说道:"朋友,上帝高兴你染上这个疾病,当上帝要你为你在世上所做恶事受罚时,它正在给你重大的恩宠。"而且,甚至当患者以倒退的步伐(gressu retrogrado),被教士及其助理拖往教会之外的时候,人们还向他肯定,他仍然在为上帝做见证:"而且,不管你和教会及圣徒们是如何地分离,上帝的恩宠仍不离开你。"勃鲁盖尔(Brueghel)画基督上髑髅地受难,[7]大群民众伴随着他。画中的麻风病患只是站在远处旁观,但那仍是永恒的参与。而且,身为法相庄严的苦难见证者,他们乃是通过排拒本身,并且也就是在这排拒之中,拯救了他们的灵魂:这是一项奇特的逆转性原理——它和功绩及祈祷之逆转原理相对立——那拒绝伸出的手反而解救了他们。将麻风病患者遗弃在家门口的罪人,反而为他打开了解脱之门。"为何你必须对你的疾病耐心忍受?原因在于,上帝不会因为你的疾病,弃你于不顾,远离你;但是如果你有耐心,你便会得解救,就像死在新富人家门前的麻风患者,直接登上天堂。"[13]对他来说,遗弃便是拯

---

[13] 维也纳教区仪典,约 1478 年左右,在吉·德·波阿西尤(Gui de Poissieu)枢机主教的治下付梓。为 Charret 所引用,《维也纳教会史》(*Histoire de l'Église de Vienne*),p. 752。

救;排拒反而为他提供了另一形式的结合(communion)。

虽然麻风已经消失了,麻风病患也不再存于记忆之中,或是几乎如此,这些结构仍将续存。常常就是在同一块地方,过了两三个世纪以后,又再上演排拒的过程,而且是出奇地相似。穷人、流浪汉、受惩戒矫正的罪犯(correctionnaires)和"脑袋错乱者"(têtes aliénées),将会重拾麻风患者所遗弃的角色。而且,我们将会看到这项排拒运作针对的是什么样的解救期望——那是既为了解救他们,也是为了解救那些排除他们的人。意义是全新的,文化也非常地不同,形式却残存下来。本质上,这是一种大型的严格划分——它是社会层面上的排斥,灵性层面上的重新回归。

* * *

但,我们不要急着预料未来。

麻风的位置首先由性病(maladies vénériennes)接替。15世纪末期,性病好像拥有遗产继承权似的,突然接替了麻风。有许多麻风院接待性病患者:在法兰苏瓦一世治下,人们首先尝试将他们关在圣欧斯他希(Saint-Eustache)教区医院里,然后,又把他们收容在过去曾作为麻风院的圣尼可拉(Saint-Nicolas)教区医院里头。查理八世(Charles VIII)[8]的治下,有过两次,然后在1559年又有另一次,性病患者被分发到巴黎圣日耳曼德培区(Saint-Germain-des-Prés),麻风病患者过去使用的木棚和破房子里去。[14] 他们的人数如此之多,以致

---

⑭ Pignot,《南方医院探源》(*Les Origines de l'Hôpital du Midi*),Paris, 1885, pp. 10 & 48。

过不久便要设法营造其他建筑,"地点选在我们的城市和城郊里的开阔之处,和邻人隔离。"⑮新麻风诞生了,它取代了前行者的位置。然而,这既不是没有困难,亦非没有冲突。因为,连麻风患者自己也感到恐惧。

接待这些恐怖世界的新客,令他们感到厌恶:"此为传染之疾,必得极度小心,因此,麻风患者厌恶之,不愿与其患者同居一处(Est mirabilis contagiosa et nimis formidanda infirmitas, quam etiam detestantur leprosi et ea infectos secum habitare non permittant)。"⑯然而,如果说他们在这些"隔离"区里,拥有更古老的居留权利,他们此时却是人数太少,无法伸张此一权利;性病患者几乎早就在各处取代了他们。

然而,将来在古典世界里,继承麻风在中世纪文化里的角色的,却不是性病。虽然有这些早期的排斥措施,不久以后,性病仍和其他疾病混同。不问是好是歹,医院仍然接待性病患者。巴黎医护院(1'Hôtel-Dieu de Paris)接待了他们;⑰有好几次,人们想要驱逐他们;徒劳无功,他们仍在原地滞留,和其他病人混在一起。⑱ 在德国,人们为他们

---

⑮ 依据《公共救助档案》(Archives de l'Assistance publique)中的一部手稿,小收容所(Petites-Maisons)资料夹;第四束。

⑯ Trithemius, *Chronicon Hisangiense*;为泊顿(Potton)在其译自乌比里希·范·胡腾(Ulrich von Hutten)的译文中有所引用,译题为《论法国式疾病以及愈疮木之性质》(*Sur la maladie française et sur les propriétés du bois de gaïac*),Lyon,1865, p. 9。

⑰ 法国有关性病第一次叙述见于巴黎医护院的一篇报告之中,为布里耶勒(Brièle)所引用,《巴黎医院史资料集》(*Collection de Documents pour servir à l'histoire des hôpitaux de Paris*),Paris, 1881-1887, III,第二分册。

⑱ 参照《医护院访问笔录》(*Procès-verbal d'une visite de l'Hôtel-Dieu*),为 Pignot 所引用,前引书,p. 125。

建造了特别的房舍,但目的不在隔离他们,而是为了确立某种疗法的效果;奥古斯堡(Augsbourg)的福格(Fugger)家族便建有两所这类医院。纽伦堡市(Nuremberg)雇用了一位医师,他肯定能"驱除法国病"(die malafrantzos vertreiben)。⑲ 这是因为此一病痛(mal)和麻风有所不同,很早就被视为医疗问题处理,因此完全属于医生的责任范围。四面八方,人们创立了各种疗法;圣可姆(Saint-Côme)修会由阿拉伯人处引入了水银疗法;⑳巴黎医护院特别强调使用鸦片软糖剂(la thériaque)。然后,就是愈疮木(le gaïac)的大大流行。那时它比美洲黄金更加珍贵,如果我们相信佛拉卡斯脱(Fracastor)在其《梅毒论》(Syphilidis),以及乌比里希·范·胡腾(Ulrich von Hutten)的说法。发汗疗法可说是处处可见。简言之,16世纪之中,性病逐渐列入有必要治疗的疾病范畴内。当然,此病受到一整套道德判断的处理:但就性病的医学性了解而言,此一层面影响颇微。㉑

我们将会看到一件有趣的事实:17世纪形成的监禁世界,反过头来影响了性病,使它在某一程度内脱离其原有医学脉络,和疯狂一起,被融入一个道德性的排拒空间之中。实际上,如果我们想要寻求麻风真正的遗产,那么在性病里去找是无用的,我们必须要研究一个非常复杂的现象。而这

---

⑲ 依据 R. Goldhahn,《由古至今的医院及医生》(*Spital und Arzt von Einst bis Jetzt*), p. 110。

⑳ 贝当库(Béthencourt)认为它是最有效的疗法,见其《新悔罪四句斋及赎罪炼狱》(*Nouveau carême de Pénitence et purgatoire d'expiation*),1527。

㉑ 贝当库的著作虽然书名如此,仍是一部严谨的医学著作。

个现象,医学将要花费很长的时间才能加以把握。

这个现象便是疯狂。但是,还要经过一段长时间的潜伏期——大约两个世纪——才能使这个新的心灵烦扰得以继承麻风所造成的数世纪恐惧,并和麻风一样,激起和它有明显连带关系的划分、排拒、净化的反应。在疯狂于17世纪中叶左右为人制伏之前,在人们为了它再度复活古老的仪式之前,疯狂曾经顽强地关联着文艺复兴时代的所有重大体验(expériences)。[9]

现在,我们必须以非常迅速的方式,回顾疯狂在当时的临在,以及其中几个重要的形象(figures)。

* * *

让我们由其中最单纯,亦是最具象征性的形象开始谈起。

文艺复兴时代的想象空间(imaginaire)中,出现了一个新的对象;很快,它便占据了特殊地位:那就是疯子们的大帆船(la Nef des fous)。它们像是怪异醉舟,于莱茵区(la Rhénanie)平静的河流和佛兰德尔(les Flandres)的运河之上航行。

《疯人船》(*Narrenschiff*)[10]显然是一部编纂而成的文学作品,而且无疑有借用古希腊阿尔戈号远航队(Argonautes)古老史诗之处。这组史诗,作为伟大的神话主题之一,最近又重获生命和青春。勃艮第公国(les États de Bourgogne)才刚为它建立制度性的地位。编纂诉说大帆船的故事,在当时大为风行。船员们或是想象中的英雄主角,或是伦理上的范例,或是不同的社会典型。他们上船做一次象征性的大航行。此行如果不为他们带来财富,至少也会显露出他们的命运或代表其真相(vérité)的形象。森符里安·香皮耶(Symphorien Champier)就采用了这种形式,连续不断地写下去。他在 1502 年出了一部《王公和高贵战争之船》(*Nef des princes et des batailles de Noblesse*),然后是 1503 年,他又写出了一部《德妇之船》(*Nef des dames vertueuses*);当时亦有一部《健康船》(*Nef de santé*),并驾齐驱的尚有 1413 年贾可普·范·奥斯特弗伦(Jacop Van Oestvoren)的《蓝舟》(*Blauwe Schute*)、布兰特(Brandt)的《疯人船》(1497)以及约斯·巴德(Josse Bade)的作品《愚人之船、疯妇之舟》(*Stultiferæ naviculæ scaphæ fatuarum mulierum*)(1498)。当然,博斯(Bosch)画的《疯人船》(*La Nef des fous*),[11]也是这整支梦幻船队中的一员。

然而,在这些传奇性或讽刺性的船舶中,只有疯人船是曾经实际存在过的。因为的确存在过那样的船舶,在城市之间运载着它们的无理智货物。在那个时代,疯子们要过着漂泊不定的生活,简直毫不费力。城市往往将他们驱逐墙外;人们让他们在遥远的乡村中奔走,不然就是把他们托付给商人和朝圣者的团体。这个习俗在德国尤其常见:15 世纪前半叶,纽伦堡登记曾有六十二个疯子出现,其中有三十一位遭到驱逐;随后的五十年里,人们仍记下了二十一位被迫离开者;不过这里只牵涉到一些被市府当局逮捕的疯子。[22] 人们也经常把他们托付给船夫:1399 年,法兰克福委托船员将一位裸身散步的疯子由市内带走;15 世纪初,迈央斯

---

[22] T. Kirchhoff,《精神医疗史》(*Geschichte der Psychiatrie*),Leipzig,1912。

(Mayence)也以同样的方式,将一位犯罪的疯子遣送出境。水手们有时候会食言,过早将这些惹人讨厌的乘客送回地面;比如一位法兰克福的铁匠,两次被遣送,两次归来,最后被送往克鲁兹那克(Kreuznach)。㉓ 当时欧洲都市常有这类疯人船靠岸。

想要找出这个习俗明确的意义,并不容易。我们可以认为,市政当局有一般性的遣送政策,使得疯人被打入流浪状态;单凭这项假设并不足以说明事实,因为有些时候,甚至在人们开始为他们建造特别的房舍之前,某些疯子就已经被医院接纳疗养;比如巴黎医护院的病房里头就安排有他们的床位;㉔而且,欧洲大部分的都市,在中世纪和文艺复兴时代里,始终都有专门为无理智者(insensés)[12]保留的拘留所;譬如,位于默伦(Melun)的"小堡"(le Châtelet)㉕[13]或弓城著名的疯人塔(Tour aux Fous);㉖德国境内无数的疯人塔(Narrtürmer),比如吕别克(Lübeck)的城门,或汉堡的雍普菲(Jungpfer)。㉗ 因此,疯子们并不是一成不变地遭到驱逐。

㉓ 参考 Kriegk,《中世纪的法兰克福的疗养院和精神病患》(*Heilanstalten, Geistkranke ins mittelälterliche Frankfort am Main*),1863。

㉔ 参考巴黎医护院账目(Comptes de l'Hôtel-Dieu),XIX,190 及 XX,346。为 Coyecque 引用于《中世纪的巴黎医护院》(*l'Hôtel-Dieu de Paris au Moyen Age*),Paris,1889—1891. Histoire et Documents t. 1, p. 109。

㉕ 《默伦医务档案》(*Archives hospitalières de Melun*),Fonds Saint-Jacques,E,14, 67。

㉖ A. Joly,《下诺曼底旧制财政区之疯人禁闭》(*L'Internement des fous sous l'Ancien Régime dans la généralité de Basse-Normandie*),Caen,1868。

㉗ 参考 Eschenburg,《我们的疯人院史》(*Geschichte unserer Irrenanstalten*),Lübeck,1844,以及 von Hess,《由地理、政治、历史三方面描述汉堡》(*Hamburg topographisch, historisch, und politik beschreiben*),t. I, pp. 344-345。

我们因此可以假定,在他们之间,只有异乡人才遭到驱逐,每个城市只愿意负担自属的疯子。其实,在中世纪某些城市的会计账目上,不是看得到专门拨给疯人使用的补助金,或是对象为无理智者的捐赠吗?㉘ 问题实际上并不如此简单:因为有些地点是疯人集结的大本营,人数比他处为高,但他们并非土生土长的当地人。朝圣地在这类地点中高居首位:比如拉尔琼(Larchant)的圣马替兰(Saint-Mathurin)、古奈(Gournay)的圣伊德威尔(Saint-Hildevert)、柏桑松(Besançon)、吉尔(Gheel);有时候,这些朝圣是由城市或医院组织和津贴的。㉙ 在整个文艺复兴初期,这些经常在想象中纠缠不去的疯人船,有可能便是朝圣之船,有可能便是无理智者为了寻找其理性所乘坐的高度象征性船舶:其中有一些船朝向比利时和吉尔,顺流而下;其他则逆莱茵河而上,朝向朱哈(Jura)和柏桑松驶去。

但是,还有一些其他的城市,比如纽伦堡,可以肯定,从未成为朝圣地,却结集了大批疯人。其人数之多,无论如何,远远超过城市本身所能提供。这些疯子们的居住和维生来自城市的预算,但他们丝毫未受疗养;他们只是单纯地被投

㉘ 例如,1461 年,汉堡付给看顾疯子们的一位妇女 14 th. 85 s. (Gernet,《汉堡古医学史杂志》〔*Mitteilungen aus der ältereren Medizine-Geschichte Hamburgs*〕, p.79)。在吕别克,则曾有某位 Gerd Suderberg 遗嘱将遗产交给"可怜的疯人"(den armen dullen Luden)。为 Laehr 引用于,《精神医疗史上的重要日子》(*Gedenktage der Psychiatrie*),Berlin,1887,p. 320。

㉙ 有时甚至会补助替代者:"付与和租借给一位男人,以便他前往 Saint-Mathurin de Larchant 为他发病癫狂的姊妹罗苹(Robine)进行九日祷告。VIII,s. p."(巴黎医护院账目 XXIII,见 Coyecque,前引书,同页)。

入牢里。㉚ 我们可以相信,在某些大城里——它们是旅行和市集的重镇——为数相当可观的疯子们被船员和商人带来,并在此处"抛失",如此,他们原出生地的城市便可得到净化。这些地方可能是一些"反朝圣"的地点,到了后来,就跟无理智者们以朝圣者的身份被带往的地点混淆起来。治愈和排拒的心愿混在一起;禁闭在发生过奇迹的圣地里施行。吉尔的村落很有可能就是以这个方式发展起来——亦即,朝圣地变成了围地,变成了疯狂等待解脱的圣地。但在此,人们其实是依循一些古老的主题,操作一项仪式性的划分。

原因在于,疯子们的流动、驱逐他们的行动、他们的离去和上船,其完整意义,不只存在于社会效用或市民安全的单一层次之上。在这些现象中,更接近仪式的其他意义,必然存在。今天我们仍能辨读其中的一些迹象。比如,疯子被禁止进入教堂,㉛但此时教会的权利法则并不禁止他们享用圣礼。㉜ 教会不处罚发疯的教士;但 1421 年,当纽伦堡驱离一位疯教士时,则举行盛大庄严的仪式,而且其中的不洁仿佛

㉚ 1377—1378 年间,以及 1381—1397 年间,纽伦堡总共监禁了三十七位疯人,其中十七位为外乡人,来自雷针斯堡(Regensburg)、怀森堡(Weissenburg)、盘堡(Bamberg)、拜罗伊特、维也纳、匈牙利。在接下来的时期里,因为不详的原因,纽伦堡放弃作为"疯人"聚集点的角色,反过来费心驱逐异乡来的疯人。(参考 Kirchhoff,前引文。)

㉛ 1420 年,纽伦堡有一位年轻人将疯人带到教堂里,结果受罚监禁三天。参考 Kirchhoff,前引文。

㉜ 348 年迦太基(Carthage)主教会议曾决议允许疯人领圣体,只要他没有表现出不虔敬的态度,其赦罪问题不构成阻碍。圣托马斯(Saint Thomas)曾经发表过同样的意见。参考 Portas,《意识问题辞典》(*Dictionnaire des cas de conscience*),1741,t. I, p. 785。

因为人物神圣特性而有所增长,城市还由其预算中提拨金钱,送给他当作旅费。㉝ 有时某些无理智者会被公开鞭答,之后又在一种像是游戏一般的过程中,使他们在一个模拟的赛跑中为人追赶,并以荆条打击,逐出城外。㉞ 这些迹象都在表明,疯人的离城和其他仪式性放逐之间,具有关联。

如此,我们便能更加明了,为何疯人船会奇异地超载,而这一点无疑也为它带来荣耀。一方面,我们不应该低估其中无可置疑的实务效应;将疯子付托给水手,便可确定他不再无限游荡于城墙之下,便可确定他将远走他乡,便是要他变成自身旅程的囚犯。但在这一点之上,还要加上水流晦暗量体本身的价值;水流带人远离,但不只如此,它还能净化;而且,航行把人交付给命运中的不确定性;每个人在此都被付托给自己的宿命——每次上船起航,都可能是最后一次。当疯子坐上疯狂的小船离开时,他是朝向另一个世界驶去;当他下了船,他则是来自另一个世界。疯人的航行,既是严格的划分,同时亦是绝对的过渡。在某种意义上,这样的航行只是在一个半真实半想象的地理之中,展现了中世纪人对疯子**门槛**处境(situation liminaire)的焦虑——他们的处境,同时既是象征的,亦是实现的,因为他拥有被**监禁**在**城门**的特权:他为人排拒的情况乃是一种圈围;如果说他的**监狱**只能是,而且只应该是**门槛**本身,他却是被拘留在旅途的过渡站里。他被人置于外部的内部里,相反的说法亦成。这是一个具有高度象征性的姿态,一直到今天,无疑仍是如此——如

㉝ 一位偷他大衣的男人被罚七天牢狱。(参考 Kirchhoff,前引文。)
㉞ 参考 Kriegk,前引文。

果我们愿意承认,秩序在过去有形可见的堡垒,现今已经变成了我们意识中的城堡。

水流和航行的确扮演了这个角色。疯子被监禁在无法逃脱的船上,便是被寄托在拥有千万手臂的河流、拥有千万路径的大海之上,被寄托在外于一切的重大不确定性之中。那是最自由的环境,最开放的路途,他却是其中囚徒:牢牢地被链锁于无尽的岔路上。他是过客中的过客,也就是说,他乃是路途的囚犯。而且,我们不会知道,他将登上什么样的土地,就好像,当他下岸着陆之时,我们也不知道他来自哪块土地。他的真理,他的故乡,只能是两片土地之间,那片寸草不生的绵延领域,而他永远不能将之据为己有。㉟ 通过这些重要的价值,这个仪式便会成为历来西方文化中,所有近似事物的起源吗？或是正好相反,是和它相近的事物,在遥远时间里呼唤着它,才会使这样的登船仪式固置下来呢！至少有一件事是确定的:在欧洲人的梦幻中,水和疯狂长久相关。

昔日特里斯坦(Tristan)曾假装为疯人,任由船夫把他抛在可努爱(Cornouailles)海滨。后来,当他出现在马克(Marc)王的城堡里时,无人识得他,无人知道他来自何方。但他却有太多奇怪的、既熟悉又疏远的谈话;为人熟知之事,他却又知道其中太多的秘密,他不可能不是另一个世界的人,虽然它又是如此接近。他并非来自拥有坚固城市的结实土地;而是来自海洋没完没了的动荡不安,来自它那藏匿许多奇怪知识,为人所未知的路途,来自那奇幻的平原,世界的

㉟ 这个主题和另一个主题奇异地相似:一个犯禁生下、受到诅咒的小孩,被放在小船里,任由流水带向异乡。不过故事中小孩后来会重新发现真相。

反面。第一位明白这道理的人是伊索尔德(Iseut),[14]她知道这个疯子乃是海洋之子,并知道放肆的水手们把他抛在此地,乃是一个不幸的记号:"带来这个疯人的水手们,当受诅咒!为何他们没把他抛在海里!"[36]时光的流逝之中,同一主题多次再现:在 15 世纪神秘主义者手上,它演变为灵魂孤舟(l'âme nacelle)的主题。它被抛弃在欲望无垠的海洋上,被抛弃在忧虑和无知的贫瘠之野,被抛弃在知识虚假的反光之间,无理人世的正中央——孤舟将成为海洋巨大狂乱的猎物,如果它不晓得牢牢地抛下信仰之锚,或是张开精神的风帆,以便借助神之灵息(le souffle de Dieu)引导入港。[37] 16 世纪末,德·蓝克禾(De Lancre)认为海洋是某一族群邪恶志向的起源:海船不可靠的劳动、对天星唯一的信赖、流传出来的秘密和妇女的疏远,最后是大海作为狂乱平原的形象,它们会使人失去对上帝的信仰,失去对祖国坚实的关怀;他们于是献身给魔鬼和他以奸计狡智形成的海洋。[38] 在古典时期,人们喜欢以海洋气候的影响来解释英国人的忧郁:寒冷、潮湿、不稳定的天气,这些细小水滴渗入人体的管脉和纤维,使它失去坚定,先天倾向发狂。[39] 最后,我们姑且不谈由奥菲莉亚(Ophélie)[15]到罗莉莱(Lorelei)[16]的浩瀚文学,让我们只引用海恩罗思(Heinroth)半宇宙论、半人类学的庞大分析。他认为疯狂是一种晦暗水质在人身上的展现,它昏沉无序,

---

[36] 《特里斯坦与伊索尔德》(*Tristan et Iseut*), éd. Bossuat, pp. 219-222。

[37] 在众作者中可参考 Tauber,《布道集》(*Predigter*), XLI。

[38] 德·蓝克禾(De Lancre),《论恶天使之轻浮》(*De l'Inconstance des mauvais anges*), Paris, 1612。

[39] 贤恩(G. Cheyne),《英国病》(*The English Malady*), 伦敦。1733。

既是乱动中的混沌,也是所有事物的生苗和死因,和精神光明而成熟的稳定性,正相对立。⑩

但是,如果疯子的航行在西方的想象中,关联到这许多湮远的主题,那么,为什么会在15世纪左右,如此突然地在文学和图像之中,出现这样明白成形的主题!为什么这条满载疯人的帆船,和其上无理智的成员,它的侧影会突然地出现,侵入人们最熟悉的风景之中?为什么会有那么一天,会在水和疯狂旧有的盟姻关系里,诞生出这艘小舟,而且,为什么就在这一天呢?

* * *

这是因为它象征了中世纪末期,突然出现在欧洲文化地平线上的焦虑。因为其性格上的暧昧性,疯狂和疯人才演变为重要角色:它们是威吓和嘲弄、是世界令人晕眩的非理性、是人微不足道的可笑。

首先出现的是大群的故事文学和道德剧。其起源当然非常久远。但,到了中世纪末,它们便攻占了大量的地盘:那是长串的"疯人疯语"(folies),和过去一样,谴责着恶行和缺失,但不再将它们全部归因于傲慢、缺乏慈善心、对基督徒美德的忘却,而归因于大量的非理性(déraison)。因而,公正地说,没有人是明确有罪的,非理性是以一种暗中自愿的方式

---

⑩ 我们还要补充一点,所谓"受月亮影响的癫狂"(lunatisme)和这个主题并非全无关系。数世纪以来,月亮一直被认为和疯狂相关,而它是水性最强的天星。疯狂与太阳和火焰间的亲近关系,则甚为晚出。(奈瓦尔〔Nerval〕,尼采,阿尔托。)

引动着每一个人。㊶ 疯狂的揭发,变成了普遍的批判形式。在闹剧和傻瓜讽世剧(soties)里,"疯子"、"呆子"或"傻瓜"的角色越来越重要。㊷ 他不再只是一个位于边缘、既熟悉又可笑的侧影;㊸ 它现在取得了剧场里的中心位置,就像一位真理的掌握者——他在这里扮演的角色,和那些在故事和讽刺诗里头,被疯狂所玩弄的人物,既互补又相反。如果说疯狂使得每个人都迷失在他的盲目里,那么,反过来说,疯子就可以为每一个人提醒他的真相;在一个人人欺人又自欺的喜剧里,他是二次度的喜剧,骗局之骗局;他的傻言傻语,一点也没有理性的外貌,却说出了理性的语言,他的诙谐点醒人的可笑:他向情人说明爱情,㊹ 向年轻人说明生命的真谛,㊺ 为傲慢者、蛮横之徒以及骗子诉说事物平凡的现实。㊻ 即使在佛兰德尔和北欧享有重大地位的古老愚人节,也以剧场形式来表现,把原先自发性的宗教滑稽模仿,组织为社会和道德的批判。

在讲求学问的精致文学里也一样,疯狂亦在发挥作

㊶ 参考《六类疯狂》(*Des six manières de fols*);Arsenal 图书馆手稿,第 2767 号。

㊷ 在《疯狂天平讽世傻剧》(*Sottie de Folle Balance*)中有四位"疯癫"人物:贵族、商人、农夫(他们加起来就是社会全体),另一位则是"疯狂天平"本人。

㊸ 在《今日儿童道德新剧》(*Moralité nouvelle des enfants de maintenant*)中仍然如此。另一个例子是《慈善道德新剧》(*Moralité nouvelle de Charité*),疯子只是其中十二位角色中的一位。

㊹ 比如在《一家子闹剧》(*Farce de Tout Mesnage*)中,疯子冒充医生,治愈了一位因爱情而生病的女仆。

㊺ 在《巴黎的叫喊闹剧》(*Farce des cris de Paris*)中,疯子加入两位年轻人的讨论之中,为他们说明什么是婚姻。

㊻ 《说笑人闹剧》(*Farce du Gaudisseur*)中,每当说笑人吹牛自夸的时候,傻瓜便会揭穿真相。

用——甚至就在理性和真理的核心处。疯狂毫无区别地,使所有的人登上它的无理之船,把他们送往一个共同的奥迪塞漫游(比如范·奥斯特弗伦的《蓝舟》、布兰特的《疯人船》);姆尔那(Murner)在他的《驱除疯狂》(Narrenbeschwörung)一作中,想要去除的恶性支配,便是疯狂;可洛兹(Corroz)在《反对狂恋》(Contre Fol Amour)的讽刺作品里,想要说明的,也是疯狂和爱情部分相关。或者,疯狂和爱情争辩着支配地位,争辩两者之中是哪一个使对方得以存在,把对方牵着鼻子走,比如路易丝·拉贝(Louise Labé)所写的对话《疯狂与爱情之辩》(Débat de folie et d'amour)。"疯狂"也在学院游戏中占有一席之地:疯狂既是论述的对象,也以自己作为对象进行论述;人家揭发它,疯狂便为自己辩护,说它比理性更接近幸福和真理,比理性本身更接近理性;温普福令(Wimpfeling)撰写了《哲学家的垄断》(Monopolium Philosophorum),[47]而朱多库斯·高卢斯(Judocus Gallus)则写出《垄断和社会,所谓的光明船》(Monopolium et societas, vulgo des Lichtschiffs)。[48] 最后,在这些严肃的游戏中,占据了中心位置的,乃是人文主义者的伟大文本:佛莱德(Flayder)和伊拉斯谟(Érasme)的作品。[49] 相对于所有这些言论,它们持续不懈的辩证,所有这些不断反复和反转的论述,则有由形象组成的漫长时代,从杰洛姆·博斯所画的《疯狂之治疗》(La Cure

---

[47] 海德堡,1480。

[48] 斯特拉斯堡,1489。这种论述用严肃的形式重拾小丑在剧场中所说的布道和演说。后者比如《为所有疯人所作的愉悦和重要布道,以为他们指出如何成为智者》(Sermon joyeux et de grande value à tous les fous pour leur montrer à sages devenir)。

[49] Moria Rediviva,1527;《疯狂颂》(Éloge de la folie),1509。

de la folie)[17]和《疯人船》开始，一直到勃鲁盖尔和他所绘的《杜尔·格里特》(*Dulle Griet*)。[18]版画则传写了已由剧场和文学所重拾的主题：那便是由疯子们的节庆和舞蹈所缠绕交织而成的主题。㊿ 事实的确如此，由15世纪开始，疯狂的面容一直萦绕于西方人的想象之中。

只要举出一连串的年代，即可以说明：纯洁死婴(Innocents)墓场上的"死亡之舞"(la Danse des Morts)，年代无疑是15世纪初年；(51)神椅(Chaise-Dieu)修院的同名壁画应成于1460年左右；奇约·马尔雄(Guyot Marchand)出版《死亡之舞》(*Danse macabre*)，时值1485年。死亡的冷笑面孔，的确支配了这六十几个年头。布兰特的《疯人船》写于1492年；五年后，拉丁文译本问世。在那个世纪的最后几个年头里，杰洛姆·博斯画出《疯人船》。《疯狂颂》(*L'Éloge de la folie*)成于1509年。其中的承接次序很清楚。

一直到15世纪下半叶，或再晚一点的时候，唯有死亡此一主题盛行。黑死病和战争成为人类终结、时间终结的形象。俯临人之存在的，乃是这样的结局和这样的秩序，无人逃避得了。存于世界的内部，而又威胁它本身的，便是这样一个剥除血肉的临在。在该世纪的最后一些年头里，这个重大的焦虑以其自身为轴，打起转来；疯狂以嘲弄接替了死亡

㊿ 例子可参考Bastelaer，《勃鲁盖尔版画集》(*Les Estampes de Brueghel*, Bruxelles, 1908)中复制的疯人节庆；或是Geisberg，《德国木版画集》(*Deutsche Holzsch*), p. 262中的"鼻子舞"(Nazentanz)。

(51) 根据《一位巴黎市民的日记》(*Journal d'un Bourgeois de Paris*)："纯洁死婴墓场上的《死亡之舞》作于1424年"，为爱弥儿·马尔(Émile Mâle)引用于其《中世纪末期的宗教艺术》(*L'Art religieux de la fin du Moyen Age*), p. 363。

和死亡的严肃性。过去,人发现他命中注定将被化为空无,如今,此一空无却被人以蔑视的态度观照——虽然空无便是人的存在本身。在死亡这个绝对大限面前的恐惧感,如今被内化为一种连续性的反讽;恐惧被预先解除了;被化为可笑的事物,因为人们给了恐惧一种日常可见和为人成功控制的形式——他把它放在生活的场景之中,时时刻刻加以更新,又把它撒散在每个人的恶德、怪癖、滑稽之中。死亡带来的毁灭算不上什么,因为它早已无处不在,因为生命本身只是妄自尊大、空话、为吸引他人注意力而发出的噪音、宣扬固执念头的喧哗声。终将化为骷髅的脑袋,其实本来就是空的。疯狂就是已经来到眼前,已经存在那儿(déjà-là)的死亡。(52)然而,疯狂亦是死亡被征服的临现,它用这些日日可见的征兆来闪避死亡的来临。在疯狂宣布死亡早已统治人世的同时,也就指出死亡的猎物不再有什么重要。死亡所揭露的,只是个假面具,别无其他任何东西;如果想要发现骷髅狰狞的微笑,我们要掀开的东西,既不真,亦不美,那只是石膏像和假金箔。在虚荣面具和死尸之间,散发着同样的微笑。然而,疯人之笑的特点,就是他抢先一步,笑出了死神之笑;如此,无理智者在他预兆死神的同时,也消除了死神的力量。中世纪末,在[比萨]圣营(Campo-Santo)墓室墙上所唱的这幕《死亡的胜利》(*Triomphe de la mort*),到了文艺复兴运动的高峰期,便为《疯女玛戈》(*Margot la Folle*)[19]的喊叫声盖过。

---

(52) 在这个意义下,疯狂的体验和麻风的体验具有严格的连续性。排除麻风病患的仪式显示他是死亡本身活生生的展现。

疯狂主题取代了死的主题,但这并不代表断裂,毋宁是同一焦虑的内部扭曲。问题仍为存在之虚无(le néant de l'existence),但此时虚无已不再被认为是外在的终点,同时既是威胁亦是结论;它现在是由内在为人感受,像是存在既连续又持久的形式。昔日,人们的疯狂,乃是不知死亡大限正在迫近,所以要以演出死亡场景来唤醒他们,使其回到智慧;如今,智慧就是说出疯狂处处存在这个真相,教导人们明白,他们现在的状况,比起死亡高明不了多少,并教人了解,如果说大限已经不远,那是因为普遍的疯狂和死亡本身其实是一回事。这便是欧斯他希·戴湘(Eustache Deschamps)[20]的预言:

> 我们散漫、虚弱、无力
> 衰老、觊觎、语焉不详。
> 放目只见癫男痴女
> 事实上,末日逼近
> 一切都在恶化。[53]

各元素的位置在此时乾坤倒转。不再是由时间和世界的终结,反过来指出人是不在乎世界末日的疯子;现在是由疯狂的升起,疯狂不声不响的入侵,点明世界正濒临其最后劫难:正是那人的狂乱在呼唤大难,使之成为必然。

15世纪时,疯狂和虚无之间,结合得如此地紧密,使得

---

[53] 欧斯他希·戴湘,《作品集》(*Œuvres*), éd. Saint-Hilaire de Raymond, t. I, p. 203。

这个关联能够长期残存。也就因此,我们还会发现,此一关联仍旧处于古典时期疯狂体验的中心。(54)

* * *

这一段有关无理智的体验,在它不同的形式中——造型或文学——似乎表达出极端的严密一致性。文本和绘画不断地相互指涉——前者作后者的评论,后者作前者的插图。在民间节庆、戏剧表演及版画之中,我们唯一能够一再发现的共同主题,便是"愚人舞"(Narrentanz)。《疯狂颂》的整个结尾部分,便是以疯子们大段舞蹈作为范例来结构的:每一职业、每一身份轮番出现,联结为非理性的伟大圈舞。博斯所绘,现藏里斯本的《[圣安东尼的]诱惑》(*Tentation*),入侵画面的许多造型奇诡的想象动物,有可能取材于传统面具;另一些则可能转借自《[巫婆的]槌头》(*Malleus*)。(55)[21]至于他著名的《疯人船》(*Nef des fous*)一画,不就是布兰特同名的《疯人船》(*Narrenschiff*)的直接翻译吗?不就是其中第二十七章诗的明确插图吗?不也同样是在痛斥"暴饮暴食"(potatores et edaces)吗?人们甚至做出假设,认为有一整个绘画系列在为布兰特作品中的主要诗歌作插图,而博斯的画只是其中的一幅。(56)

---

(54) 参考本书下文第二部,第三章。

(55) 即使里斯本所藏的《[圣安东尼的]诱惑》一画,和 Baldass 的看法相左,并非博斯晚年的作品,它也一定比出版年代被断为 1487 年的《[巫婆的]槌头》更为晚出。

(56) 这是 Desmonts 提出的主张,见其《卢浮宫中的两张早期荷兰绘画》(Deux primitifs Hollandais au musée du Louvre),《美术杂志》(*Gazette des Beaux-Arts*),1919,p. 1。

实际上,我们不应该被主题上的严格连续性欺骗,亦不应该做出超乎历史真实记载之外的臆想。(57) 在这个主题上,我们很可能得不到像爱弥儿·马尔(Émile Mâle)对先前时期所做出的研究成果,尤其比不上他对死亡主题所做的研究。在语言和形象之间,在语言的意象和造型的言论之间,过去美好的统一已经开始解体;再也不能[在它们之间]立即找到一个单一和共同的意义。而且,如果说形象仍有意言说,有意转达某些和语言同质的事物,我们却得承认,形象的述说已有不同。虽然表面上的主题可能具有共同点,但绘画却正透过它独特的造型价值,不断深入一项远离语言的体验。形象和语言还在相同的道德世界里,解说相同的疯狂寓言;但两者已开始朝向不同的方向发展。这个裂隙,在当时仍然不易觉察,但它却已标示出未来西方疯狂体验里,一个重大分水岭。

疯狂在文艺复兴时代地平线上的蹿升,首先可由哥特风格象征体系的破败看出端倪。这个世界过去的精神意义网络十分紧密,如今则开始模糊起来,使得某些形象得以显现:它们只有被当作是非理智的形象来看,才能得到意义。哥特风格的形式仍然持续存在了一段时间,但它们渐渐地变得沉寂,不再对人说话、不再唤醒人的回忆,也不能给人教诲。脱离了一切可能的语言,却仍存于人们熟悉的目光之中,现在,

(57) Desmonts 在处理博斯和布兰特之间的关系时,便犯下这样的错误。如果说这幅画的确是在书出版后数年内画的,而且这本书很快便有可观的成功,没有任何事实可以证明博斯这张画是在为《疯人船》作插图,更别说他曾经为整部书作插图这个假设。

它们只能展示自身诡幻的存在。过去是智慧和教训在组织形象的秩序,一旦摆脱了它们之后,形象便开始以它自身的疯狂为中心,打转起来。

吊诡地,这项解脱乃是来自意义系统的增值、来自意义的自我堆积。这个现象在事物之间交织出如此众多、交杂、丰富的关系,以致使得这些关系只有透过玄学秘说,才能为人解读。它同时也使得事物身上超载着各种属性、指标和暗示,并使得事物变得面目模糊。意义已不再能由直接的知觉中得晓,形象也不是一目了然;知识为形象贯注情意,笼罩神气,形象则在形式之中滑动位移。然而知识和形式之间,距离逐渐加大。形象自由,正宜梦幻。有一本书可作哥特世界末期,意义增衍的明证,那便是《人类解悬宝鉴》(*Speculum humanæ salvationis*)。[58] 这本书在基督教早期神父传统建立的整套新、旧约对应解读之外,还强调了一个非属预言范围,一个对等性想象的象征体系。基督受难不只预示于亚伯拉罕(Abraham)的牺牲;它还召唤了酷刑的所有荣耀和其中无数的梦想;铁匠突拔(Tubal)和以赛亚(Isaïe)的转轮出现在十字架四周,超出了牺牲的所有教训范围,为执意施暴、苦刑和痛苦中的身躯画出奇幻的图画。这就是过度负荷附带意义的形象,而且还是被强迫去表达它们。但是,梦想、无理智和不合理性,可以滑入这种意义的过剩之中。象征的形象很容易就变成了噩梦的侧影,以下这个代表智慧的古老形象便是见证:在德国的版画里,智慧经常被转译为一只长颈鸟,它的思想由心里一直慢慢地上升到头部时,可以有时间接受考

---

[58] 参考爱弥儿·马尔(Émile Mâle),前引书,pp. 234-237。

量和反省;(59)这个象征的价值,因太受强调而变得沉重:长程思索,在细微知识蒸馏器的形象之中,变成了精炼萃华的工具。这位古特门希(Gutemensch,字面意为“好人”)的脖子无限地延长,以便除了象征智慧以外,还能成为所有知识实际媒介的形象;这个象征性的人物,于是化为一只神奇的鸟,超长的脖子被折叠千次——这个半兽半物的怪诞东西,它拥有的比较是形象本身的魅力,而非意念上的严谨。象征的智慧,已为疯狂梦想所俘。

这是形象世界的根本转变:多重化的意义,逼使形象脱离形式的秩序。这么多不同意义寄寓于形象之下,形象便变得只是在呈现谜题的面容之一。它的力量不再是提供教育,而是迷乱心神。格里尔怪面(grylle)的演变颇能说明这一点。这个著名的格里尔怪面,在英文圣诗集、法国夏特(Chartres)和布尔吉(Bourges)大教堂中[22]出现。它在中世纪时,早已是众所周知。当时它有教训意味,说明在欲望者身上,灵魂如何变成兽性的俘虏;这些被安放在怪物肚子上的怪诞面孔,乃是一种柏拉图式的伟大隐喻,它揭发精神如何堕落于原罪的疯狂之中。然而,到了15世纪,原来象征人类疯狂的格里尔怪面,却演变为不计其数的《[圣安东尼的]诱惑》画作中最受重用的形象之一。画面上干扰隐士寂静心灵的,不再是欲望的对象;而是这些精神狂乱、掩盖于秘密中的形象,这些形象乘着梦幻之翼上升,却是停留不去,盘踞于世界的表层,寂静悄然。[博斯]藏于里斯本的《[圣安东尼的]

(59) 参考C.-V. Langlois,《中世纪对自然和世界的认识》(*La Connaissance de la nature et du monde au Moyen Age*),巴黎,1911,p. 243。

诱惑》画中,圣安东尼对面,就坐着这样一个怪物,[23]它生自圣徒的疯狂、孤独、苦行和艰困。在这张没有身体的脸庞上,绽放着一个轻浅的微笑;在它那灵敏的鬼脸之下出现的,乃是纯粹的焦虑。然而,这梦魇般的侧影,既是诱惑的主体,同时又是诱惑的客体;这张侧影迷乱了苦行者的眼神——两者便像镜像互问之因,而这个提问永无答案,停顿沉寂之心,就像暴风之眼,为邪恶蠢动团团围绕。[60] 怪面不再以讽刺的形式使人想起他在欲望疯狂中遗忘的精神职志。现在,格里尔怪面代表的是成为"圣徒之诱惑"的疯狂:它其中所有的不可能、空想、非人性,它其中所有的反自然,无理智之物在地面上的蠢动,这一切,带给它一股奇特的力量。对于15世纪的人来说,他那梦中甚至会令人害怕的自由,他心驰神狂之时所出现的幻想,比起肉体可欲的实在,具有更强大的吸引力。

疯狂形象在这段时期所发挥的,究竟是什么样的蛊惑力量?

首先,人在这些奇幻的形象里所发现的,仿佛是他的使命和本质的秘密之一。在中世纪的思想中,由亚当(Adam)所一劳永逸地命名的动物世界,象征着人性的价值。[61] 但到了文艺复兴初期,人和兽性的关系却被倒转过来;野兽被解放了,它脱离了传说和道德解说的世界,得到它自己的幻想性质。而且,通过一个惊人的逆转,现在是动物在窥伺人类、占有人类,是动物向人揭露人自身的真相。不可能存在的动

---

[60] 里斯本所藏的《[圣安东尼的]诱惑》画面中央的"腿上人头"(la tête à jambes),很有可能便是杰洛姆·博斯(Jérôme Bosch)的自画像。(参考 Brion,《杰洛姆·博斯》〔*Jérôme Bosch*〕, p.40。)

[61] 15世纪中期,René d'Anjou 所著的《骑士比武之书》(*Livre des Tournois*)中,仍包含着一整座道德性的动物园。

物,来自疯狂的想象。它们变成了人秘密的天性;而且,在最后审判日,怀罪的人,以其丑陋的赤裸身体现身之时,他的外形其实是一只狂乱的古怪动物:在第艾里·布特(Thierry Bouts)所绘的《地狱》(*L'Enfer*)[24]里,具有蟾蜍躯体的嚎叫之猫和下地狱者的裸体混杂相处;或是史蒂芬·罗克那(Stefan Lochner)[25]的画风之中,那带有翅膀的昆虫,长有猫头的蝴蝶,长着鳃金龟的鞘翅的狮身人面兽,双翅像是令人不安且又贪婪的双手的鸟儿。或是出现在格吕内瓦尔德(Grünewald)的《[圣安东尼的]诱惑》[26]画面上,以疖曲手指抓取猎物的巨兽。兽性不再为人的象征和价值所驯化;反过来,现在是人对它的狂乱、愤怒、层出不穷、鬼鬼怪怪的荒谬性,感到无比地着迷。现在是它在揭露人心之中的阴森巨怒和荒凉疯狂。

和这种阴暗性质的完全对立,疯狂又因为它是知识,所以才能蛊惑人心。它之所以是知识,首先在于,所有这些荒谬的形象事实上是属于一个困难、封闭、玄秘不宣的知识。这些奇特的形象一开始就处于重大秘密的空间之中,而且圣安东尼之所以为这些形象所惑,并不是因为他屈服在欲念的暴力之前,而是因为他受到好奇心更为深藏的刺激;他是被这个远在天边、近在眼前的知识所惑。在格里尔怪面的微笑中,知识既被提出,又被隐没;他所做出的缩退动作,不外是他借以防止自己闯过知识界线的动作:他已经知道——而这就是他的诱惑——卡丹(Cardan)[27]未来要说的那句话:“智慧就像其他贵重物质一样,必须由大地深处掘取。”(62)如此难

(62) 卡丹,《我的一生》(*Ma vie*),Dayré 译,p. 170。

以接近的、可怕的知识，疯子通过天真幼稚的行径，却能获得它。理智之士，只能觉察到它的片段身影——而且因为片段，更加令人焦虑不安——疯子呢，却是在一个完整的领域之中去掌握它的全体：这颗对所有的人来说都是空空如也的水晶球，在疯子眼里，却是满装着厚厚隐形的知识。而勃鲁盖尔嘲笑的是，有意穿入这只水晶球里的低能家伙。(63) 然而，在疯女玛戈肩上所扛杆子的顶端保持平衡、从未破裂的，就是这只球，就是这只泛起知识虹彩的水晶球——一盏毫无用处，却又无限珍贵的灯笼。在[博斯]《乐园》画屏反面所绘的，也是这只水晶球。[28]知识的另一个象征，原来种植于尘世乐园中心的树木（禁忌树、长生不死和原罪之树），现在已经被连根拔起，拿去当作疯人船的桅杆，就像是我们在约瑟·巴德（Josse Bade）的《疯人船》（*Stultiferæ naviculæ* ）插图版画上所能看到的；当然，它也在博斯的《疯人船》上摇晃不已。

疯人的知识宣布了什么呢？无可置疑，既然它是受禁的知识，那么，它也就同时预言撒旦王朝和世界末日；它预言最终的幸福和最高的刑罚；预言盖世万能（toute-puissance）将会降临，也预言了地狱般的堕落。《疯人船》横渡一片乐土，其中万物全是欲念的玩物。它就像是一个更新的乐园，人在那儿，既不再有痛苦，亦不再有需求；然而，人却未寻回他的天真。这虚假的幸福，意味着"反基督"魔鬼般的胜利，也就是末日的即将降临。的确，在 15 世纪里出现末世

---

(63) 见其画作《法兰德尔谚语》（*Proverbes flamands*）一画。（译注：1559 年作，今藏 Berlin-Dahlem，Gemäldegalerie。）

毁灭(Apocalypse)的梦想,不是什么新鲜事;然而这些梦想和以前有不同的性质。在 14 世纪微带奇幻的图像学中,城堡总是像骰子那样翻身垮台,野兽总是一只传统的龙,被处女逼退在一定的距离之外,简言之,上帝的秩序和它即将来临的胜利,总是明白可见。如今,继之而来的,却是一幅智慧在其中消灭殆尽的世界景象。这是大自然的喧闹狂舞:山陵崩溃,夷为平原,地呕尸骸,骨浮于墓;天星下坠,大地火海,众生枯萎,迈向死亡。[64] 末日的价值,不再是过渡和许诺;它只是一片黑夜,而世界古老的理性将在其中沉亡。我们只要看看丢勒(Dürer)[29]所画的末世骑士们,看看这些上帝遣来的骑士们就够了:他们不是那带来胜利和休好的天使,沉稳正义的传令官;而是疯狂报复的发狂战士。世界正陷入普遍的狂怒(Fureur)之中。胜利既不属于上帝,亦不属于魔鬼;而是属于疯狂。

四面八方,疯狂处处诱惑着人类。由它生出的奇诡形象,并不是短暂的表象,注定快速地从事物表面消失。依着一个奇异吊诡之理,由最奇特的疯狂之中生出的事物,早已受到掩藏,像是一道秘密,一个无法触及的真理,埋藏于地底深处。当人类发挥其疯狂专断之时,他遭遇到世界阴暗的必要性;在他的梦魇和困窘之夜里纠缠他的动物,其实便是他的本性,他会被地狱的无情真理还诸赤裸状态的本性;盲目无知的虚无形象,这便是伟大的世界知识;而且,在这个无秩序状态里,在这个发狂的世界里,已经展现出终结酷行的轮廓。在这许多形象里,文艺复兴时期要表达的是它预感到的

---

[64] Bède 的古老文本以及十五记号的描述在 15 世纪再度受到重视。

世间威胁和秘密——当然,也就是因为这一点,这些形象才有如此的分量,而它们的幻想性,也因而拥有如此重大的一致性。

* * *

同一个时期,文学、哲学、道德著作中的疯狂主题,发展方向完全不同。

中世纪期间,疯狂被定位为一种恶德。从13世纪开始,疯狂便常被列为招魂占卜术(Psychomachie)中的邪恶战士之一。(65) 在巴黎也好、在亚米安(Amiens)也好,疯狂名列主宰人类灵魂的邪恶军队之列,或是所谓的十二个对立德行之中:亦即信仰与偶像崇拜、希望与失望、慈善与坚吝、贞洁与好色、谨慎与疯狂、耐性与怒气、温柔与严厉、协调与争端、遵从与叛逆、坚忍与浮动。到了文艺复兴时期,疯狂脱离过去卑微的地位,占据[恶德]首位。过去,比如在伍革·德·圣维克多(Hugues de Saint-Victor)[30]提出的[恶德]树状系谱里,也就是老亚当留下的劣根性之中,其根基乃是骄傲;(66)现在却是疯狂在指挥由人类所有弱点组成的愉悦诗班。疯狂是位无与争锋的合唱团领队,它指导和引领着所有人类的弱点,并且为它们命名:"认出我的伙伴们吧……那位皱着眉头的,名为菲劳西(Philautie)[自我之爱]。您所看到,眼含笑

(65) 我们必须提到,"疯狂"(la Folie)并未在Prudence的《招魂占卜术》(*Psychomachie*)中出现,亦未见于Alain de Lille的Anticlaudianus。在伍革·德·圣维克多的作品中也未出现。是不是只有在13世纪以后才能见到它经常出现?

(66) 伍革·德·圣维克多,《论肉体和精神的愉悦》(*De fructibus carnis et spiritus*),*Patrol*,CLXXVI,col.997。

意和鼓掌叫好的,乃是可拉西(Colacie)[阿谀]。似乎在半昏睡状态之中者是来特(Léthé)[遗忘]。用两肘撑着身、并交叉手掌者是米索波尼(Misoponie)[懒惰]。头戴玫瑰花冠、浑身抹着香水者,乃是艾多奈(Hédoné)[嗜欲]。眼睛飘忽不定者是阿诺伊亚(Anoïa)[心神丧失]。肉身美好、肤色红润者是特里菲(Tryphé)[逸乐]。而且,在这些少妇之间,还有两位神祇:盛宴和沉睡之神。"⑥⑦疯狂具有绝对的特权:它支配人类身上所有的坏东西。但它不也间接地在主宰着它所能创造的好处吗?它不也是在主宰着创造政治智者的野心吗?主宰着增厚财富的悭吝、主宰着驱动哲学家和学者的大胆好奇心吗?在伊拉斯谟之后,路易丝·拉贝(Louise Labé)³¹又再重提这个论调;她让使神墨丘利(Mercure)在众神之前为疯狂说情:"不要让这位美丽的女士输掉辩论,她曾给过你们这么多的娱乐。"⑥⑧

然而,疯狂的新王国,跟前面我们所提到的阴暗疯狂王朝,几乎没什么共同点。和后者有关的,乃是世界的重大悲剧性力量。

当然,疯狂吸引人,但它[在此]没有蛊惑力。它管辖着世上所有简单、欢乐、轻松的事物。是它使得人、神得以"纵情欢乐",是它生下了"天才、青春、酒神巴库斯(Bacchus)、泉神西连(Silène,译注:酒神的养父)以及这位和蔼

---

⑥⑦ 伊拉斯谟(Érasme),《疯狂颂》(Éloge de la folie),第九节,P. de Nolhac 译本,p. 19。(译注:根据此书拉丁文原题 Stultitiae laus 亦可译作《愚昧颂》)

⑥⑧ 路易斯·拉贝,《疯狂与爱情之辩》(Débat de folie et d'amour),里昂,1566,p. 98。

的守园人”。(69)在它之中，一切都只是灿烂的表面：没有缜密不宣的谜题。

当然，疯狂和知识的奇特途径有些关联。布兰特的头一篇诗歌，谈的便是书本和学者；参照《疯人船》1497年拉丁文版，在这一篇诗的插图版画中，我们看到的是，“大师”端坐于书本堆成的高椅之上，而在博士方帽后头，他戴的是疯人四处缝有铃铛的兜帽。伊拉斯谟在他的疯人圈舞中，为各式各样的知识人，保留了大量的位置：跟在文法家身后，随之而来的是诗人、雄辩家、作家；然后是法学家；走在他们后面的是“以胡子和长袍赢得尊敬的哲学家”；最后，则是匆忙而无可计数的神学家大队。(70) 但是，如果说知识对疯狂有如此的重要性，那并不是因为疯狂掌握了知识的秘密；相反地，对一种错乱无用的学问来说，疯狂乃是惩罚。如果说疯狂是知识的真相，那是因为这知识本身可笑虚缈。它不去探询经验这本大书，反而迷失在积满尘埃的故纸堆和渺无目的的论谈之中；学问之所以落入疯狂，乃是因为假学问本身的过度发展。

哦！盛名的学者们，
你们应该心仪精通法典的古人。
他们并未为白亮书本中的教条字斟句酌，
而是用自然的技艺来滋润他们热切的心。(71)[32]

---

(69) 路易斯·拉贝，《疯狂与爱情之辩》(*Débat de folie et d'amour*)，里昂，1566，pp. 98-99。

(70) 伊拉斯谟，前引书，第49—55节。

(71) 布兰特，《疯人船》(*Stultifera, Navis*)，1497年拉丁文译本，f°11。

和民间讽刺诗长久为人熟悉的主题相符,在此,疯狂显得像是知识及其愚昧推断的可笑处罚。

原因在于,一般来说,疯狂在此并不和世界及其隐藏形式相关,而是和人、人的弱点、梦想和幻象相关。博斯在疯狂之中看到了宇宙力量的幽暗展示,在伊拉斯谟的作品中,这些都消失了;疯狂不再躲在世界角落里窥看着人;它钻入人心之中,或者说它毋宁是人跟他自己之间的一种微妙关系。在伊拉斯谟的作品里,疯狂被化作神话似的人物(la Folie),但这个拟人化的手法,只是文学上的花招。实际上,在那之中只有种种狂昧(des folies)——疯狂的各种人性形态:"对我来说,有多少人,就有多少塑像";[72][33]只要看一看最明智和治理得最好的城市:"在那儿,狂昧举动如此之多,而且每天都还会变出许多新花样,就是有一千个德谟克里提斯(Démocrites)[34]都不够用来笑它们。"[73]疯狂只是存在于我们每一个人的身上,因为疯狂其实生自我执,源于人对自己的幻觉。菲劳西亚(Philautia,盲目的自我之爱)乃是疯狂的第一个舞伴;原因在于,它们彼此相属,紧密相连:我执(l'attachement à soi)便是疯狂的第一个征兆。就是因为人对自己的执念,他才会把错误当作真理,把谎言当作现实,把暴力和丑陋误认作正义和美丽:"这一位,比猴子更难看,却以为自己和海神尼荷(Nirée)[35]一样美;那一位,用圆规画了三条线,就以为自己是欧几里得(Euclide);另一位,自信唱歌比美艾模简(Hermogène),[36]事实上,他是驴子弹竖琴,而且

---

[72] 伊拉斯谟,前引书,第47节,p.101。

[73] 同上书,第48节,p.102。

发音全错,就像追咬母鸡的公鸡在叫。"[74]因为人对自己有想象上的自满,才会产生海市蜃楼般的疯狂。此后,疯狂的象征,将是这面特别的镜子:它不反射任何真实的事物,而只是秘密地映照出人对自己的武断梦想。疯狂与真理和世界不大相关,与它有关系的是人,是人对他自己所能觉察到的真相。

如此,疯狂开出的是一个全属道德的世界。邪恶(le Mal)并非罪愆或是末世,它只是错误和缺陷。布兰特的一百一十六首诗歌,其主题在于描绘船上疯狂乘客的肖像:吝啬者、告密者、酒鬼;陷入混乱和放荡无羁之人;曲解圣经者、通奸者。布兰特的拉丁文译者罗歇(Locher),在译者前言里提出,这部作品的意义和目的在于阐明"有何种邪恶、何种善事(quæ mala, quæ bona sint);何种恶德(quid vitia);何种美德(quo virtus);错误会导向何者(quo ferat error)";书里依照每种言行各自作恶的程度加以斥责:不虔诚(impios)、高傲(superbos)、悭吝(avoros)、放纵享乐(luxuriosos)、淫乱(lascivos)、柔弱(delicatos)、易怒(iracundos)、好吃(gulosos)、贪婪(edaces)、嫉妒(invidos)、下毒者(veneficos)、失信(fidefrasos)……[75]总之,一切人发明得出来的不正当行为。

15世纪对疯狂的体验,在文学和哲学的领域里,看起来特别像是道德讽刺,一点也不会使人想起纠缠画家想象力的那些进袭性大威胁。相反地,它被人有意地回避;那不是重

---

[74] 伊拉斯谟,前引书,第42节,p.89。

[75] 布兰特,《疯人船》(*Stultifera Navis*),1497年拉丁文译本,译者Jacobi Locher的前言,页 IX。

点。"每当复仇女神抛出蛇发之时,她们便由地狱"释放丧心之狂;然而伊拉斯谟掉头不看这一面,他所要赞扬的,不是这种无理智式的心神丧失,[37]而是一种"温柔的幻觉",它使灵魂摆脱"痛苦的烦恼,并使它领受种种感官快乐"。[76] 这是个宁静的世界,容易为人主宰;在智者眼中,它天真的威势并无秘密可言,而且运用嘲笑,智者便可和它保持距离。博斯、勃鲁盖尔和丢勒是极度入世的观者,他们看见疯狂围绕在四周,觉得自己也被牵连在内。相对地,伊拉斯谟乃是站在远处观望它,以便自处危险之外;他是站在奥林匹斯山那样的高度上来观察它,而且,如果他为疯狂唱出颂歌,那也是因为他有能力以诸神永无止息的笑声来嘲笑它。原来,人之疯狂乃是娱神的戏剧:"总之,如果你能像昔日的梅尼普(Ménippe)[38]一样,站在月亮上来看地球上的无数扰动,那你就会认为那只是一群苍蝇或蚊子在互相打架、战斗、设圈套、互相偷窃、玩耍、蹦跳、坠落和死去,而在这些注定朝生暮死的小动物身上,实在无法相信会有什么样的烦扰、会有什么样的悲剧。"[77]疯狂不再是世界熟悉的陌生感;而是域外观者眼中早已摸透的戏剧;它不再是**宇宙**(cosmos)的形象,而是人生(ævum)的一个面貌。

* * *

以上便是我们通过快速的重构,可以得出的一个对立模

---

[76] 伊拉斯谟,前引书,第38节,p.77。
[77] 伊拉斯谟,前引书,第38节,p.77。(译注:此出处和伊拉斯谟原书有出入,应为原书第48节)

式:在疯狂的体验中,有一端是宇宙性的体验,它提出了身旁蛊惑人心的形象,另一端,则是批判性的体验,它表现在反讽无可逾越的距离之中。当然,在疯狂的实际演变之中,对立既非如此截然分明,亦非如此一目了然。尚且,在长久的一段时间里,这两条线索仍是缠错交绕,彼此间的互通交换亦不停息。

世界末日,终结性的大暴力,这样的主题,在文学的批判性疯狂体验中,并不陌生。龙沙(Ronsard)[39]便曾提到在理性的大真空里相互争斗的终极时光:

飞逝天边　义和理
取而代之　劫掠盗
杀戮血恨　何时了⑱

在布兰特诗篇尾声处,有一整章在写反基督这个末世主题:暴风雨把疯人船卷入一段狂乱无理的航程,仿佛世界发生大灾难一般。⑲ 相对地,人也非常直接地运用疯狂的宇宙性形象,作为插图去阐释道德修辞中许多形象:我们别忘了博斯所绘的著名医生,他比他所要医治的疯人还要疯——他江湖郎中的医术,只能为自己披上疯人最破烂的旧衣。这一点虽是人人看得出,他自己却毫不知情。[40]对他的同代人及后世来说,博斯的作品是一则道德教训:这些形象,来自外在世

⑱ 龙沙(Ronsard),《今日之悲惨论调》(*Discours des Misères de ce temps*)。

⑲ 布兰特,前引书,CXVII 号诗,尤其是 21—22 行及 57 行以下,明确指涉末世纪(Apocalypse),第 13 及 20 节。

界,但它们不也都在揭发人内心中的丑怪吗?"此人之画和他人不同之处在于,他人所画通常只是人的外在皮相,只有他一人才有胆识画出人内心的真相。"然而,他那揭发真相的智慧、反讽也会令人感到不安。前引 17 世纪初期的画评家,便认为在博斯所有的画作中,几乎都可以看到不安的象征,而且可以用一个双重形象来明白表达:他同时是火炬(清醒思想之光)以及猫头鹰——猫头鹰奇怪而固着的眼神,"升起于无声暗夜,消耗之油多于酒。"⑧

尽管有这么多清晰可见的交互影响,划分已经作了;在疯狂的两种体验之间,距离将会不断地拉开。宇宙观形象和道德反思运动之间,**悲剧性**(tragique)元素和**批判性**(critique)元素之间,今后将要渐行渐远。在疯狂深沉的统一体之中,打开了一道永远不会合拢的裂痕。在这一边,我们将有一艘疯人船,载着船上狂暴的面孔,缓缓驶入黑夜之中,而围绕它的风景,谈论的是知识的诡异炼金术、兽性的阴暗威胁以及世界末日。在另一边,我们将有另一艘疯人船,那是智者们心目中,人性缺陷的奥迪塞远航,可以援为范例和教诲工具。

一方面,我们有[画家]博斯、勃鲁盖尔、第艾里·布特、丢勒,那是形象的沉默世界。在此,疯狂乃是在纯粹视像空间之中发挥它的威力。幻想和威胁、梦境中的纯粹表象和世界秘密的命运——在此,疯狂握有一股原始的表达力;它揭

---

⑧ Joseph de Siguença,《圣杰洛姆修会史第三部分》(*Tercera parte de la Historia de la orden de S. Geronimo*),1605, p. 837。为 Tolnay 引用于《希洛尼穆斯·博斯》(*Hieronimus Bosch*),附录,p. 76。

露出梦境似幻实真,揭露出幻象薄薄的表层,其实开向一个无可置疑的深度,揭露出形象片刻的闪烁,会让世界成为黑夜里的永恒不安形象的猎物;它也作出反向的揭露,却也同样令人痛苦,它说:有一天整个世界的现实会被吸入神奇的形象之中,那是在存在和虚无之间摆荡的片刻,而虚无便是纯粹毁败的热狂;世界早已不再存在,但沉默和黑夜尚未完全将它吸纳;它还在最后的灿烂之中摇摆着,在极端的无秩序之中徘徊不定,但不久之后,世界完结所带来单调的秩序便会降临。也就是在这个稍纵即逝的形象里,世界的真相迷失无踪。表象和秘密,直接的形象和有所保留的谜题,这一整套脉络,以**世界的悲剧性疯狂**这样的面貌,开展于15世纪的绘画之中。

另一方面,通过布兰特、伊拉斯谟和人文主义一整套传统,疯狂进入了论述的世界。在这个世界里,疯狂变得细致、变得微妙,但也被解除武装。它的层次改变了;它生于人心之中,规范和错乱着人的举动;它所统治的,终究是人的城邦,事物沉静的真理,大自然并不识得它。当真正要紧的事物——如生与死、真与义——出现时,它便迅速消失。人人可能都要屈从于它,但它的王朝总是小家子气,而且只是相对的;因为在智者的眼光中,它便会暴露出平庸的真相。对智者来说,它将成为对象(objet),而且还是最糟的对象,因为它只是智者耻笑的对象。也就因此,人们为它编织的桂冠反而套住了它。就算它比一切学问都来得更有智慧,它还是得在智慧面前低头,因为疯狂只是相对于智慧而言。它可以"下"最后结论,但它永远"不是"真理和世界的结论;它透过论述来为自己辩护,但这论述完全来自**人的批判意识**。

批判意识和悲剧体验的对抗,推动着文艺复兴初期有关疯狂感受和述说的所有一切。[81] 然而,这项对抗很快就消失了。而且,16 世纪之初,仍然如此清楚、如此明白划分的这项重大结构,不到百年之间,就会消失或几乎消失殆尽。如果要用最精确的说法,"消失"并不是最适于用来描述这个过程的字眼。真正的过程毋宁是文艺复兴时期对此体系中的一项,给予越来越显著的特权:它把疯狂当作语言场域中的一项体验,当作人面对其道德真相的一项体验,当作是人面对属于他本质和真相的内部规则时,所产生的一项体验。简而言之,疯狂的批判意识不断被摆在明亮处,而它的悲剧性形象却逐渐步入暗影。不久以后,这些形象将会完全消隐。很久一段时间里,我们很难再能寻回它的踪迹;唯有萨德(Comte Donatien de Sade)的某些篇章和戈雅(Francisco de Goya)的作品,见证着这项消失并非溃败;通过隐约幽微的方式,这项悲剧性的体验,仍然残存于思想的暗夜和梦幻之中,就 16 世纪而言,其真相并非彻底的摧毁,反而只是一种掩盖。疯狂的宇宙性和悲剧性体验被批判意识独享的特权遮盖住了。这就是为什么,疯狂的古典体验,和由它而来的疯狂现代体验,并不能被当作具有全体性的形象,认为它们终究可以掌握疯狂实证上的真相;它其实只是一个片段的形象,却越权自认拥有全部的真理;这是一个失去平衡的整体,因为它有所欠缺,也就是说,因为它有所隐瞒。在疯狂的批

---

[81] 我们会在另一个研究中显示出"附魔"(démoniaque)的体验及由 16 至 18 世纪对它所做的化约,不应诠释为人道理论和医学理论战胜了迷信的古老野蛮世界,而是在批判体验中,对过去撕裂世界的威胁性形式进行再占领。

判性意识之下，以及其哲学的、科学的、道德的或医学的形式之下，还有一个沉默的悲剧性意识，一直保持警醒。

唤醒尼采（Friedrich Nietzsche）最后的话语，梵高（Vincent Van Gogh）最终的视像的，就是它。弗洛伊德（Sigmund Freud）在其思想历程的极端点，开始预感到的，当然也是它；借由原欲和死亡本能之间，神话似的斗争，他所想要象征的，便是在它之中的巨大撕裂。最后，阿尔托（Antonin Artaud）作品所表达的，也就是这个意识。如果20世纪的思想能注意到它，这个作品便能向这个时代提出最紧急的问题。无可置疑地，它不会让对它发问的人，避开晕头转向的可能。因为阿尔托的作品，不断地在宣告说，我们的文化把世界的巨大太阳性疯狂排除于自身之外，宣告说它排拒了"火焰撒旦的生与死"在其中不断循环化成的撕裂。它宣告说，从这个排拒发生的那一天起，我们的文化便丧失它悲剧性的核心。

也就是这些极端的发现，而且唯有通过它们，才能使我们有能力在我们的时代里去判断，自从16世纪以来一直到现在为止，疯狂的体验，它特殊的形象，它的意义起源，都是来自此一欠缺、此一暗夜和所有用来填补它的东西。理性思想最后会把疯狂分析为心智疾病（maladie mentale），对于一路引导它如此作为的美妙直线，我们得在一种垂直的向度里重新诠释它；如此一来我们就会发现，在它的每个形式里，它都用更完全，但也是更危险的方式，遮盖着疯狂的悲剧性体验，但它也无法达到完全的化约。在压制的终极点，爆裂成为必然，这也就是自从尼采以来，我们一路目睹发生之事。

＊　＊　＊

但是,批判思考如何在16世纪建立它的特权呢?疯狂的体验如何为人没收,以至到了古典时代前夕,所有令人想起先前时代的悲剧性形象,一一消散于阴影之中?而这个运动又是如何完结,使得阿尔托可以说出下面的话:"16世纪的文艺复兴运动和某种现实宣告决裂,后者的法则可能超越人性,却又属于自然;文艺复兴时期的人文主义,并非人之成长,而是人的缩小。"[82]

现在让我们简述一下这项演变,它对了解古典主义的疯狂体验来说,乃是一项不可或缺的知识。

一、疯狂成为一种和理性相关的形式,或者毋宁说疯狂和理性之间的关系,永远具有逆转的可能。于是,任何一种疯狂,都有可以判断和宰制它的理性,相对地,任何一种理性,也都有它的疯狂,作为它可笑的真相。两者间的每一项,都是另一项的衡量标准。在这种相互指涉的运动里,两者相克相生。

"在上帝眼中,人世是疯狂的。"这是一个古老的基督教主题。16世纪里,通过以上所说的交互性紧密辩证,此一主题又再重获新生。人自信洞察世理,以为自己是万物的正确尺度;他的知识,他自认对世界拥有的知识,令他沾沾自喜:"如果我们在大白天里,向下看一眼,或向四周瞧瞧,我们似乎可以认为,我们的确具有可想象得到的最锐利眼光";但如果我们将眼睛转向太阳本身,那时,我们便

---

[82] 《火焰撒旦之生与死》(*Vie et mort de Satan le Feu*),巴黎,1949,p.17。

不得不承认我们对世上万物的理解,只是"纯粹的迟缓和累赘罢了。因为此时目标是去理解太阳本身"。把眼光转向存有的太阳,可说是柏拉图式的思想转向,但它在发现真理的同时,却不能同时解明表象的基底;它所揭露的,只是存于我们自身中的一个无理深渊:"如果我们开始把我们的思想,提升到上帝的高度……那么,过去被当作是智慧,使得我们万分欣喜的事物,现在只会令人觉得那是疯狂。具有超凡美德者,将被暴露为软弱无能。"[83]以灵性升高到上帝的高度,和去探索我们投身其中的疯狂深渊,其实是同一件事;在加尔文(John Calvin)的体验中,一旦把人摆在上帝无法衡量的理性之旁,疯狂便是人的真正尺度。

人的精神,就其有限性来说,与其说是大光明的一个小火花,不如说是阴影的一块片段。他有限的知性,不能看到表象中只有过渡性和局部性的真理;他的疯狂只能发现事物的反面,黑暗面,和它与真相间的直接抵触。把自己提升到上帝的高度,意思是说,人不只要自我超越,而且还要尽全力摆脱其本质上的弱点,一跃而超脱世间事物和其神圣本质之间的对立;因为在表象中闪现的真相,并不是反照,而是残酷的矛盾。塞巴斯蒂安·法兰克(Sébastien Franck)说道:"所有的事物都有两面,因为上帝决心要和世界对立,它将表象留给世界,而把事物的真相和本质留给自己……因此,每一件事物的真相,都和它在世上的显现相反:像一座打开的泉

---

[83] 加尔文(Calvin),《基督徒教育》(*Institution chrétienne*),第一书,第一章,éd J.-D. Benoît, pp. 51-52。

神西连像(un Silène renversé)。"⑧⁴⁴¹ 这便是人投身其中的疯狂深渊,而在其中出现的表面性的真理,正是它的严厉否定者。而且,还不只如此:表象和真相之间的矛盾,早已出现在表象自身内部;原因在于,如果表象本身没有矛盾,那么表象至少会是真相的影射,表象会像是真相的空洞形式。我们得在事物自身之中发现这项逆转——由这时起,逆转便没有单一固定的方向,也没有预设的终结点;并非纯由表象迈向真相,而是先由表象出发,迈向否定它的他者,然后,再朝向质疑和否定这项否定的事物,如此运动永不停止。伊拉斯谟,就在加尔文或法兰克提出这个大转向之前,还知道在何处停息,因为表象在它自身的层次上,就已向他下令作出千万个小型的转向。那打开的西连像,并不象征着上帝所取去的世上真相;它同时象征着比这多许多和少许多的事物。它象征那紧贴大地表面的事物自身。事物身上即蕴含着对立,如此一来,我们迈向真理的唯一正道,可能已经永远消亡。每一件事物都"显示出两个面向。外在面显出死亡;打开它里面来看,却是生命,或是相反。美丽之下是丑陋,富裕之下是贫穷,耻辱内里是光荣,知识之内是无知……总之,打开西连像,你会看到的,便是他外显面的相反之物"。⑧⁵ 无事无物不处在直接的矛盾之中,无事无物不召唤着人去认同他自身的疯狂。以本质和上帝的真理作为衡量尺度,人的世界只是疯狂。⑧⁶

---

⑧④　塞巴斯蒂安·法兰克,《悖论》(*Paradoxes*), éd. Ziegler, 第57及91节。

⑧⑤　伊拉斯谟,前引书, XXIX, p.53。

⑧⑥　文艺复兴时期的柏拉图主义,尤其自16世纪起,乃是一种反讽和批判性的柏拉图主义。

在人的世界里,想要超越人的层次,晋升到神的高度,这样的举动,也还是疯狂。《新约·哥林多书简》(*l'Épître aux Corinthiens*),在 16 世纪里,更甚于任何其他时代,发挥着无可比拟的影响力:"我以疯人的身份说话,因为我比任何人更疯。"弃绝人世的疯狂,把自己完全寄托于上帝幽暗意志的疯狂,不知终结何在的探求的疯狂,这些都是神秘主义者珍视的古老题材。托勒(Tauler)[42]已经指出,弃绝人世疯狂的道路,将会引导到更阴暗和更令人悲伤的疯狂:"小船已被带到大海,一旦人处于如此的流放状态时,一切的焦虑和一切的诱惑,一切的形象和悲惨……就会在他身上涌现。"[87]尼可拉·德··库斯(Nicolas de Cues)[43]评论的也是同样的经验:"当人抛弃可感的世界时,他的灵魂就会变得像是丧失心神(démente)。"在走向上帝的道路上,人类更加会是疯狂的对象。神宠把人推向真理之港,但它除了是非理性的深渊以外,还有什么别的可能吗?上帝的智慧,人们有时能够隐约看到它的光芒,但它不是长久受到遮盖的理性,而是无法衡量的深度。在那儿,秘密完全维持其秘密向度,矛盾不断地自我否定。其中最主要的矛盾在于:智慧之核心也就是一切疯狂之晕眩。"主啊,你的忠言是个过度深沉的深渊。"[88]伊拉斯谟知道一项道理,但他说它的时候好像是事不关己。他冷冷地说,上帝甚至曾向智者们隐藏得解脱的奥秘,却反而

---

[87] 托勒,《布道集》(*Predigter*),XLI。为 GANDILLAC 引用于其《托勒灵性教学法中的时间价值》(*Valeur du temps dans la pédagogie spirituelle de Tauler*),p. 62。

[88] 加尔文,《以弗所书第二讲》(*Sermon II sur l'Épître aux Éphésiens*);收入加尔文,《文选》(*Textes choisis*),Gagnebin & K. Barth 编,p. 73。

因此以疯狂拯救了世界。[89] 这项道理,尼可拉·德·库斯在他的思索过程中,却是一直在说它。因为他进入了上帝智慧的深沉大疯狂中,他便丢弃了人脆弱的理性,因为那也只是疯狂:"没有任何言辞可以表达,没有任何悟性可以理解,任何尺度都不能衡量,任何完成都不能将其了结,任何比例都不能和它相比,任何比较都不能来比较它,任何形象都不能比喻,没有形式可以为它造型……无法在任何言辞中表达,我们可以无限地设想这一类句子,因为,没有任何观念可以设想这个'智慧',在它之中并且以它为源,才会生出一切事物。"[90]

现在,伟大的循环圈围已经完成闭锁。相对于大智慧,人的理性只是疯狂;相对于人浅薄的智慧,上帝的理性本质上是在疯狂之中运动。以大尺度观之,一切都是"疯狂";以小尺度估量,"一切"本身就是疯狂。这也就是说,疯狂只有相对于理性才会存在,而理性的最终真相,便是让被它否定的疯狂,可以有片刻的显现,然后,又是轮到它自己去迷失于一个使它消散的疯狂之中。就某一种意义而言,疯狂不算什么:人的疯狂,在唯一持有存有的最高理性之前,不算什么;而根本疯狂的深渊也不算什么,因为它只是相对于人脆弱的理性来说,才有意义。但理性也不算什么,因为以它的名义,我们批评疯狂,但一旦我们最终达到理性之时,我们便会了解,它事实上便是晕眩,而理性在此应该保持沉默。

---

[89] 伊拉斯谟,前引书,第65节,p.173。
[90] 尼可拉·德·库斯(Nicolas De Cues),《俗世》(*Le Profane*),收于《作品选集》(*Œuvres choisies*), M. De Gandillac 编, p.220。

如此，基督教思想发挥了重大的影响，它让 15 世纪见到其升起的大灾难，可以因而避免。疯狂并不是一个沉默的力量，足以使世界爆裂，并且显露奇幻的威势。它不再在时间的黄昏里，揭露出兽性的暴力，或是知识和禁制的大斗争。它陷入无尽的循环，并因此依附于理性；疯狂和理性，彼此既是互相肯定，又是互相否定。疯狂不再是世界暗夜里的绝对存在：它只是相对于理性的存在。这个相对性在使得两者迷失的同时，又将两者挽救。

二、疯狂甚至成为理性一种形式。它被整合于理性之中，或者构成理性的一个秘密力量，或者成为它的一个显现时刻，或者成为一个吊诡的形式，让理性可以在其中意识自身。无论如何，疯狂只有在理性之中，才有意义和价值。

"推断(présomption)是我们自然、原始的疾病。所有的造物之中，最不幸和最脆弱的，就是人——但它也是最傲慢的。他感觉并知道自己为人间的烂泥和屎粪所困，跟条件最差的动物拴在一起，被钉在天地间最恶劣、最死寂和最腐败的部分，住在房子的最后一层和天穹最偏僻的地方，却又要想象自己高于月亮，还把天空踩在脚下。想象所带来的虚荣，让他以为自己可以和上帝平起平坐。"[91]这就是人最糟糕的疯狂；认不清他的惨境，看不清阻碍他获致真理和善良的脆弱；不知道自己具有什么样的疯狂。非理性代表着人之处境，拒绝它，就是永远放弃用合理的方式使用人的理性。因为，如果理性真的存在，那它就是去接受由智慧和疯狂所连

---

[91] 蒙田(Montaigne)，《散文集》(*Essais*)，第二书，第十二章，éd. Garnier, t. II. p. 188。

成的环节,就是要清楚地意识到两者间的相互性和不可分离。真正的理性不可能和疯狂毫无妥协,相反地,它还要走上疯狂为它划出的道路:"来吧,朱庇特(Jupiter)的女儿们!⁴⁴我要证明,那完美的智慧,一般所谓的幸福堡垒,只有通过疯狂才能进入。"⁹²然而,这条路径,虽然不能带向任何终极的智慧,虽然它所承诺的堡垒只是幻影和更新的疯狂,它仍然是一条智慧之路,只要我们走在它上面的时候,能够明白它其实就是一条疯狂之道。空幻的场面,轻浮的噪音,声色喧闹,使得这个世界永远只是一个疯狂的世界。我们必得接受这个事实,甚至要在自己身上接纳它,但又要清楚地意识到它过度自信的一面,意识到这过度的自信,不只存在于场景之中,亦存在于观者身上。不只要用聆听真理的严肃耳朵来听它,而是要保持一种轻浮的注意力,混合反讽和志愿,既是从容不迫又具有秘密知识,绝不受骗——就像我们在看集市表演时的心情:不以"你用来听神父布道的耳朵,但却以在集市中听江湖郎中、笑匠和小丑时竖起的耳朵,或者以米达王(roi Midas)⁴⁵在潘神(le Dieu Pan)面前展示的驴耳朵来听"。⁹³那么,在这直接与身的声色世界里,在这从容接纳但实际上是无法察辨的拒绝当中,便可成就智慧,而且比起那长期寻找隐藏真理的,其成就更为确定。一旦把疯狂接纳进来,理性便偷偷地侵入疯狂之中、为它划定范围、将它纳入意识,并有能力将它定位。

而且,如果不把疯狂放在理性自身之中,把它当作理性

---

⑨² 伊拉斯谟,前引书,第 30 节,p. 57。

⑨³ 伊拉斯谟,前引书,第 2 节,p. 9。

的一种形式,或者一种可能的资源,疯狂还有别的定位可能吗?当然,在理性的形式和疯狂的形式之间,存有重大的相似性。这个相似性令人不安:疯子作出好聪明的行动,而向来明智有节之人,却作出了最无理的狂举,我们如何对它们加以区别?查伦(Charron)[46]说过:"智慧和疯狂非常地接近。两者之间,只是一转之隔。这一点可以由无理智者的行动之中明白看出。"[94]然而,这个类似性,虽然会搅乱理性人士的头脑,却服务了理性本身。理性把疯狂最强烈的暴力纳入它的运动之中,借此,它便可达到它最高的目的。蒙田(Michel Eyquem de Montaigne)前去探视发狂中的诗人塔斯(le Tasse),他心中感到的气恼比怜悯更多;但他心深处所存有的赞叹,还要超过其他的一切。他会气恼,这是当然,因为他看到理性即使达到巅峰,仍和最深沉的疯狂无限地接近:"谁不知道,在疯狂和自由精神的快活高尚之间,在最高的德性和不正常的德性,两者的效果之中,具有难以觉察的邻近关系!"然而,吊诡的赞叹便可能由此而生。原因在于,这个现象正是代表着,理性是由疯狂中取得它最奇特的资源。如果塔斯是"最明智、最天才的诗人之一,而且是意大利诗人中最受上古纯粹诗风熏陶的人物",现在却处于"如此可怜的状态,失去自我,只是残存",而他之所以变得如此,"不正是因为他身上的谋杀性的活力,不正是因为他那使其盲目的清明吗?不正是因为他那将之导致兽性的好奇钻研吗?不正是因为他对心灵活动的罕见的能力,才会使他既失去活动又

---

[94] 查伦(Charron),《论智慧》(*De la sagesse*),第一书,第十五章,éd. Amaury Duval,1827,t. I,p. 130。

失去心灵吗？"⑤如果说，疯狂是对理性的努力加以惩罚，那是因为，疯狂早已存于这项努力之中：心象的活跃、激情的暴烈、精神朝向它自身的伟大回返，这些都来自疯狂，都是理性最危险的工具，因为它们同时也是它最锐利的工具。没有任何强大的理性不冒着疯狂的危险去达成它的作品，"没有任何伟大的才智，不掺有疯狂……如此，智者和最有才华的诗人有时便会感到疯癫，作出狂举。"⑯疯狂乃是理性的耕耘之中，一个很艰苦，但却又不可或缺的时刻；甚至在它明显的胜利当中，理性还是得通过疯狂，才能有所表现，获致胜利。对理性来说，疯狂只是它的秘密活力。⑰

疯狂渐渐地被解除武装，转移位置；它被理性侵入之后，就好像是被接纳到理性之内，移植栽种。具有怀疑色彩的思想，便是扮演如此暧昧的角色，或者这么说更好，那是一个强烈意识到限制它的形式的理性，一个强烈意识到反驳它的力量的理性：理性发现疯狂原是它自己的一个形象——其实这是一种排拒除魅的手段，它排除所有可能的外在力量、所有无法化约的敌意、所有的超越性记号；但，就在这么做的同时，理性也把疯狂放在它自身活动的中心，说那是它本质里一个不可或缺的时刻。超越蒙田和查伦的思考领域之外，但仍置身于把疯狂塞入理性本质的运动之内，我们看到帕斯卡（Pascal）如何画出其思考曲线："人是如此必然地疯狂，如果不

---

⑤ 蒙田，前引书，p. 256。
⑯ 查伦，前引书，p. 130。
⑰ 同一想法可参见圣艾弗蒙（Saint-Évremond），《政治爵士当如是》(Sir Politik would be)，第五幕，第二场。（译注：圣艾弗蒙，生于1614年，死于1703年。为法国作家，因政治因素流亡英国，死于伦敦。）

疯,还是因为疯狂的另一转折(par un autre tour de folie),[47]所以仍是疯狂。"[98]自伊拉斯谟以降的思想线索,在此再度得到接纳和反复。它发现有一种内在于理性的疯狂;从今以后,疯狂被人一分为二(dédoublement):其中之一是"癫狂的疯"(folle folie),排拒着属于理性的疯狂,而且在作出这个弃绝的同时,亦把疯狂加以重叠(redoublement),并在其中包纳最纯粹、最封闭、最立即的疯狂;另一个,则是一种"智慧的疯"(sage folie),它接纳理性中的疯狂,倾听它,让它占有一席之地,并且任由其活力穿透自身。但也就在这么作的同时,它更能真实地抵御疯狂,因为固执的拒绝,其实注定失败。

现在,疯狂的真相就是理性的胜利,理性在终局的全盘掌控:因为,疯狂的真相,就是存在于理性的内部,成为它的一个形象、一个力量,它就像是理性的一项暂时需求,好让它更能肯定自身。

*　*　*

这可能就是为何在16世纪末和17世纪初的文学作品里,疯狂多次出现的秘密所在。这种艺术,努力寻求掌控一个自我追寻的理性,它认识到疯狂的存在,也认识到**它自己**的疯狂,把它圈围起来,又侵入其中,最后将它征服。那是巴洛克时代的手法。

但在此,就像在思想之中,通过一整套操作,疯狂的悲剧性体验,也同样在批判性意识里被人加以确认。不过让我们暂且忽略这个现象,对于一些文学作品中可以发现的"疯

---

⑱ 《思想录》(*Pensées*),éd. Brunschvicg, n° 414。

狂"形象,也不先细辨其不同性质。这些作品可以是《堂·吉诃德》(*Don Quichotte*)、斯居德里(Scudéry)[48]的小说、《李尔王》(*Le Roi Lear*)、罗突(Rotrou)[49]或是隐者特里斯坦(Tristan l'Hermite)[50]的戏剧。

让我们从其中最重要,也是最持久的一项开始谈起——说它持久,因为18世纪仍然可以见到它们只是稍许消隐的形式:[99]那便是,**认同小说人物的疯狂**。塞万提斯(Cervantes)曾把它的特征一劳永逸地固定下来。但这个主题仍然不断地为人重复。有直接的改编(盖林·德·布斯卡[Guérin de Bouscal]的《堂·吉诃德》上演于1639年;两年后,他又作出了《桑丘·潘沙治国记》[*Le Gouvernement de Sancho Pança*]),也有其中一段插曲的重新阐释(皮修[Pichou]所著《卡德尼奥的疯狂》[*Les Folies de Cardenio*],是书中莫勒拿山[Sierra Morena]《褴褛骑士》[*Chevalier Déguenillé*]这一段故事的变奏)。也有人以比较间接的方式来反复这个主题,讽刺奇幻小说文类(比如西布里尼[Subligny]的《假克莱莉》[*La Fausse Clélie*],对象甚至可以是插在故事之中的另个故事,比如《阿尔微安的茱莉》[*Julie d'Arviane*]那一段插曲)。由作者到读者,幻想之物一路传承,但在[作者]一方是奇思(fantaisie),到了另一方[读者]就变成幻念(fantasme);作家的巧计,被人用非常天真的态度接受,当作是真实的形象。表面上看来,这些[作品]只是对虚构小说所做的从容批判;但在它之下,我们却可看到一份有关艺术作品之中,想象和真实之间关系的焦虑;而且这份焦虑另

---

⑨ 18世纪中,尤其是在卢梭以后,认为读小说或看戏会使人心疯狂的想法经常出现。参见下文第二部,第四章。

外可能关联的是,存在于奇幻虚构和妄想(délire)的魅力之间、令人担忧的汇通。"艺术中的构思,必须归功于不受规范的想象力;所谓画家、诗人和音乐家的**一时奇思**(Caprice),只是用一个委婉文明的名词去形容他们的**疯狂**(Folie)。"⑩疯狂质疑着另一个时代、另一个艺术、另一个道德的价值:但它也反映出当前的主题:人类想象力的所有形式,甚至其中距离最遥远的形式,以混乱搅扰的方式,在一个共同幻影里,彼此奇特地互相妥协。

紧邻第一类型疯狂之旁,乃是**妄自尊大的疯狂**。在这里,疯子并不和文学提供的模范认同;他认同的是他本人。借由他对自己的想象性赞同,他自以为拥有他实际上欠缺的一切品质、美德或力量。他承传了过去伊拉斯谟所提的"菲罗西亚"(Philautia,自我之爱)。他穷,却自以为富有,他丑陋,却还要揽镜自赏;脚上还拴着铁链,却自以为是上帝。就像奥苏玛(Osuma)的学究,自以为是海神聂普顿(Neptune)。⑩那是《幻象者》(*Visionnaires*)一书中的七个人物,也是《戏弄学究》(*Le Pédant joué*)里的夏多福(Chateaufort),《政治先生》(*Sir Politik*)中的李希苏斯(Richesource)的滑稽命运。⑩这种疯狂,可说不计其数,只要世上有多少性格、野心、不可少的幻觉,它就有多少面貌。就在它最极端的时候,

---

⑩ 圣艾弗蒙(Saint-Évremond),《政治爵士当如是》(*Sir Politik would be*),第五幕,第二场。

⑩ 塞万提斯,《堂·吉诃德》,第二部,第一章。

⑩ 在《幻象者》中,我们可以看到一位以为自己是阿喀琉斯(Achille)的胆怯军官,一位文笔浮夸的诗人,一位无知的爱诗人士,一位自我想象的富豪,一位自以为万人迷的少女,一位认为所有事务都可以用喜剧来评判的玄学之士,最后一位则把自己当作小说中的女主角。

它还是疯狂之中最不走极端的。因为它便是存在人心之中，每个人和他自己所保持的想象关系。疯狂最常见的过错由它产生。去举发它，则是一切道德批判最基本的元素。

寻求公正惩罚的疯狂（folie du juste châtiment），也来自道德世界。它是用神志的错乱来处罚感情的错乱。但它仍有其他力量：它所施与的惩罚会自我繁衍，因为它在惩罚的同时，亦会揭开真相。这种疯狂的正义有一个特点，它具有真实性。它之所以会有真实性，原因是罪人在其幻象的无谓纷乱之中，已经感受到惩罚的痛苦将会永恒存在：在《梅利特》(*Mélite*)[51]一剧中，艾拉斯特（Éraste）已经看到自己被复仇女神优曼尼底斯（les Euménides）追逐，并被阎王米诺斯（Minos）定罪。它的真实性也在于：为众人所不知的罪行，在这个奇特的惩罚暗夜里，已经真相大白；在人们无法自制的狂言乱语之中，疯狂交代了它自身的意义，在它的幻象之中，它说出了秘密的真相；它用狂叫声为意识发言。如此，麦克白夫人（Lady Macbeth）的狂言谵语，向"那些不应该知道真相的人"，说出了长久以来，只是喃喃说给"聋枕头"听的话。[103]

最终，还有那最后一类疯狂：**由绝望的激情所产生的疯狂**。那是因为过度而落空的爱情，尤其是因为受到死亡命运的打击，只有以丧失心神作为结局的爱情。只要爱情还有个对象，狂恋仍然比较是爱情而不是疯狂；被抛到孤独之中，它只有在狂热的空虚之中，追着自己打转。这是在惩罚过度猛烈的激情吗？当然。但这个惩罚也是激情的和缓剂；对于无

---

[103] 《麦克白》(*Macbeth*)，第五幕，第一场。

法挽回的失落,"对象"想象性的存在也是一种怜悯;它天真的快乐有其吊诡之处,它荒诞的追寻也有其壮烈的一面,因为这样的疯狂,寻回了那已经消失的形象。如果它导向死亡,那么在这样的死亡之中,恋人将会永远不再分离。这就是奥菲莉亚的最后悲歌;这就是《智者的疯狂》(*La Folie du sage*)中亚里斯特(Ariste)的胡言谵语。然而,最具代表性的,却是《李尔王》既甘且苦的丧心失神。

在莎士比亚(William Shakespeare)的作品里,疯狂与死亡及谋杀相关;在塞万提斯的作品里,则和由妄自尊大及由所有想象中的自我讨好所支配的形式相关。但它们是高人一等的模范,受到后来的模仿者扭曲和解除武装。当然,这两者比较是在见证于15世纪产生的悲剧性疯狂体验,而非同时代对非理性所发展出来的道德和批判性体验。它们超越时代,和正在消失中的意义产生联结。之后,此一意义的传承就只有在黑夜里暗暗进行。如果我们把他们的作品所保持的"悲剧意识",和他们同代人或模仿者的作品里新生的意涵作一比较,我们便能了解,17世纪初期,文学中的疯狂体验到底发生了什么样的变化。

在塞万提斯和莎士比亚的作品里,疯狂总是极端的,因为它无可挽救。没有任何事物可以将疯狂带回真理和理性。疯狂只有走向碎心的撕裂,而且也就因此,走向死亡。疯狂说的荒诞空言,并非虚空;填满它的空虚感,就像医生对麦克白夫人所下的断语,乃是"超乎吾人能力所及之恶";它已经是饱满的死亡:这样的疯狂并不需要医生,只需要上帝的垂怜。[104]

---

[104] 《麦克白》(*Macbeth*),第五幕,第一场。

奥菲莉亚最后寻回的轻柔愉悦并非幸福;其无理之歌已触及本质,就像沿着麦克白古堡走廊回荡,宣布"女王已死"的"女人叫声"。⑩ 当然,堂·吉诃德死在一片平静之中,因为他在最后的一刻,又能回到理性和真理。吉诃德骑士的疯狂,突然开始意识到自身,而且就在他自己面前,解体崩溃成愚蠢。但是,他那疯狂突然获得的智慧,不就是"正在进入他脑袋里的一股新疯狂"吗? 无限逆转的暧昧,最终只能经死亡本身得到了断。那解体的疯狂和正在迫近的末日,其实只是同一回事;"而且,他们据以推测病人回天乏术的征兆之一,就是他居然能如此容易地摆脱疯狂,恢复理性。"然而,死亡本身并未带来平静:疯狂仍会获胜——这是一个超越死亡,微渺却又永恒的真理——虽然这个生命用它的末日摆脱了疯狂,他的疯狂一生,却仍反讽地追随其后,而他之所以能得到不朽,也只是因为他有过狂乱的一生。死亡之中的不朽生命,仍是疯狂:"这里躺着令人生畏的乡下骑士,他把勇气推到如此的极致,使得我们可以说,死亡不能借由他的逝世战胜生命。"⑯

但是,疯狂很快就退出了塞万提斯和莎士比亚为它划定的终极领域。在 17 世纪初期的文学里,疯狂所占据的,比较是个中间性的位置。它比较是形成联结,而不是打开僵局,比较是周边插曲,而不是正在迫近的终局。一旦被移置于小说和戏剧的结构分布原则之中,它便允许真理的表达和理性平静的回返。

---

⑩ 《麦克白》(*Macbeth*),第五幕,第五场。
⑯ 塞万提斯,《堂·吉诃德》,第二部,第七十四章,Viardot 译本。

这是因为,对于疯狂的考量范围,不再是它的悲剧性现实,不再是那开向另一世界的绝对撕裂;现在要看的,只是存于其幻象之中的反讽意味。它不是真实的惩罚,它只是惩罚的形象,它因此只是个似是而非的东西;它和罪之表象或死之幻象相联结。如果《智者的疯狂》里的亚里斯特,因为听到女儿的死讯而变成疯子,那是因为他女儿并没有真的死去;当《梅利特》中的埃拉斯特受到复仇女神的追踪并被拖到米诺斯面前,是因为他可能犯下、想要犯下一宗双重罪行,但在实际上,此一罪行却未造成任何真实的死亡。疯狂被剥去它戏剧上的严肃意味:就算它成为惩罚或绝望,也只是在错误之中才会如此。它的戏剧性作用,如果能够保留,也只能和假戏真做相关:他是一个没有真实存在的形式,只是假想的错误、虚幻的谋杀、必会重逢的失踪。

然而,缺乏严肃性,并不妨碍疯狂具有本质上的必要性——它比在过去还更加地必要。因为,如果疯狂能使幻象达到顶点,点破幻象也要由疯狂开始。人物因为疯狂陷入错误,这时他才非自愿地开始澄清事情的脉络。他在自责的同时,无心地说出真相。例如,在《梅利特》一剧中,主角处心积虑用来欺瞒他人的所有计谋,后来都倒过头来对付自己,而他在相信自己有罪于敌人和情妇之死的同时,变成了头一个受害者。但是,当他狂言乱语之时,自责假造了每一封情书;真相之所以能够大白,便是在疯狂之中,因为疯狂而成,而这个疯狂之所以会被挑起,又是因为有一真相大白的幻觉。如此单凭疯狂,整个真实的诡计便被拆穿,而疯狂又同时是其中的结果和原因。换言之,疯狂乃是错误结局的错误制裁,只靠它自身的品质,它又能使真正的问题出现,如此便可得到真正的解决。外表上是错误,内里它却包含着真相隐秘的作用。疯狂具有既暧昧又核心的功能,为《疯人院》(*L'Ospital des fous*)的作者所运用。他写一对情人为了逃避追赶者,假装发疯,躲在疯人之间。在一次伪装的疯狂发作中,女扮男装的年轻女孩,假装以为自己是女孩——而实际上她真的是个女孩——如此,两个伪装相互取消,她便说出了最终得胜的真相。

疯狂便是张冠李戴(quiproquo)最彻底、最纯粹的形式:它以假为真,以死为活,以男为女,把爱恋他的女孩当作复仇女神艾里妮(Érinnye),把受害者当作阎王米诺斯。但它也是剧情经营中,使张冠李戴成为必要的最严格形式:因为疯狂不需要依赖任何外在因素,就能打开剧情的僵局。它只要把它的幻象推到极致,便可达到真相。因此,处于[剧情]结构的中央,处于其机制的核心,疯狂同时既是虚假结局,暗藏着秘密的新开展,又是回归理性和真相的起始点。它的出现,标示着人物悲剧宿命表面上的总结点,然而重新寻回幸福的真正线索,也是由这一点开始出发。平衡建立于疯狂之上,但疯狂却又把这个平衡隐盖在幻象的云朵和虚假的错乱之下;[剧情]建构的严密性,便被隐藏于精心安排的无规则暴力之中。这个突发的活力、这些偶发姿态和言语、这道**疯狂之风**,使得姿态和言语突然陷于混乱,破坏了线索,打破了姿态,弄皱了衣衫——然而,线索其实只是拉得更紧——这其实就是巴洛克**拟真假象**(trompel'œil)的绘画类型。在前古典文学的悲喜剧结构里,疯狂就是其中的重大拟真假象。[107]

斯居德里对这一点很清楚,他在《演员们的喜剧》(*Comédie des comédiens*)里,为了作出剧场的剧场,明确地把他的戏放在一场疯狂幻象的游戏之中。戏中一部分的演员扮演观众,其他的则扮演演员。因此,一方面,他们得假装他们把布景当作现实,把表演当作生活,而事实上,他们的确是在一个真正的布景里头表演;另一方面,他们又得假装他们是在演出和模拟演员,而实际上,他们也只是一些正在表演中的演员。在这个双重表演里,每一个元素分裂为二,形成真实和幻象之间的新颖交流,而这个交流本身便是疯狂的戏剧性意义。门多里(Mondory)在斯居德里这出戏的开场白中说道:"我不知道我的伙伴们今天的怪诞想法究竟为何,但他们的荒诞是这么地夸大,我都被迫相信有某种魔法夺走他们的理性。最糟糕的是,他们还要设法使你我迷惑。他们努力想要说服我,说这里不是剧场,而是里昂市区,说那里是一家客栈,那头是座网球场,而且在里头有些演员(他们不是我们,但我们又仍然是演员),正在演一出田园剧(Pastorale)。"[108]剧场便是在这样的荒诞想法中,开发着它的真相——那便是成为幻象。以严格意义而言,这便是疯狂。

---

[107] 未来必须针对17世纪戏剧中梦和疯狂间的关系进行结构性研究。它们之间的相似性,长久以来便是哲学和医学上的讨论主题(见下文第二部,第三章);然而梦作为剧情结构中的基要元素,似乎稍微晚起。无论如何,它的意义有所不同,因为包含在梦之中的现实并非重修旧好,而是悲剧的完成。它的假象指出了剧情的真正走向,而不是导向**错误**,不像疯狂以表面上的反讽混乱,标示着虚假结局。

[108] 斯居德里(G. De Scudéry),《演员们的喜剧》(*La Comédie des comédiens*),巴黎,1635。

* * *

疯狂的古典体验诞生了。15 世纪地平线上出现的巨大威胁减弱了,萦回在博斯画中,令人不安的力量已失去其暴烈性。某些形式残存,现在变得透明又柔顺,形成理性所不可避免的伴随列队。疯狂不再是世界、人和死亡极限上的末世图像;疯狂曾将它的双眼盯住暗夜,由其中生产出不可能存在的形式,这个暗夜消失了。疯人船像自由奴隶般穿行其中的世界,现在已被遗忘:它不再去走它那奇特的路径,由世界之中走到世界之外;它将永远不再是这个消失中的绝对极限。它现在被很稳固地牢系于人与万物之间。它被拘留和供养。船消失,医院却出现了。

在疯人小船的动荡史之后,几乎不到一个世纪,人们便看到"疯人院"的文学主题出现了。在那儿,每一个空脑袋,依着人真实的理性,被固定和分类,成为例证,叙说着矛盾的反讽,也就是智慧的双重语言:"……在绝症疯病医院中,男人也好,女人也好,所有的疯狂和精神疾病都被一点一滴地加以推断。这既是有用的工作,又是一项消遣,对于获得真正的智慧,亦有其必要。"[109]每一种疯狂的形态在此都有它的位置、记号和守护神:比如颠颠倒倒、啰啰唆唆的疯狂,它的象征便是高坐椅子上的傻子,在智慧女神米涅夫(Minerve)的注视下哆嗦乱动;流行乡下的阴沉忧郁症,是一条孤独而贪婪的狼,其守护神是朱庇特,动物变形的主宰;还有"酒疯

---

[109] Gazoni,《绝症病院》(*L'Ospedale de'passi incurabili*),Ferrare,1586。由 F. de Clavier 翻译改写(巴黎,1620)。参考 BEYS,《疯人病院》(*L'Ospilal des Fous*)(1635),1653 年改写更名为《著名的疯子》(*Les Illustres fous*)。

子"、"丧失记忆和理解力的疯子"、"昏昏沉沉、半死不死的疯子"、"头脑变质空洞的疯子"……这整个秩序错乱的世界,却是在一个完美的秩序之中,唱出理性的**颂歌**。在这样的医院里,**监禁**接替了**上船**。

疯狂被人操纵宰制,却仍维持着它表面上的主宰权。它现在是理性的工具和真理工作的一部分。在万物的外表和日光的闪烁之中,它玩弄着表象的所有把戏,玩弄着真实和幻象间的暧昧,玩弄着真理和表象间毫无限定、永被重复、永被打断的分合脉络。它既隐藏又显现,它同时说着真话和谎言,既是阴影亦是亮光。它像镜子,闪闪发光;它是一个核心的、宽容的形象,也是这个巴洛克时代已经岌岌可危的形象。

我们不要惊讶在小说和戏剧的虚构故事里,疯狂如此经常地出现。我们不要惊讶可以确实地看到疯狂在路上游荡。法兰苏瓦·可勒特(François Colletet)就曾在路上千百次地遇见疯狂:

> 我在这条大道上看到
> 一个天真的人,小孩成群跟随其后
> ……我也赞叹这位可怜人
> 这位可怜的疯人,
> 面对这么一堆褴褛破衫,
> 他想用来作什么用途呢?……
> 我也曾看到狂怒的忧郁者
> 一路高声谩骂……⑩

---

⑩　法兰苏瓦·可勒特,《巴黎的忙乱》(*Le Tracas de Paris*),1665。

疯狂勾勒着社会上常见的身影。对于傻子昔日的行会、节庆、聚会、演说,人们又再度感到非常强烈的新乐趣。人们热烈地赞成或反对尼可拉·朱伯(Nicolas Joubert),他比较有名的名字是安古勒万(Angoulevent)。他自封"傻瓜们的王子"(Prince des Sots),但华伦蒂·勒·宫特(Valenti le Comte)和贾克·雷斯诺(Jacques Resneau)出来和他争夺这项头衔:"于是引出一连串"意见小册,诉讼、辩护;他的辩护律师称呼他并出示文件证明他是"一个空脑袋瓜、一个变了质的南瓜、全无常识、一根杆子、头脑解体,头中既无弹簧,亦无齿轮"。[111] 外号"许可伯爵"(le Comte de Permission)的布吕艾·达贝尔(Bluet d'Arbères),受到克莱契家族(les Créqui)、莱斯迪吉耶家族(les Lesdiguières)、布伊雍家族(les Bouillon)、尼姆家族(les Nemours)的保护;他在1602年出版或是让人替他出版他的作品。在里头他提醒读者说,"他不会读,不会写,而且从来就没学过这些",但他却是"受着上帝和天使们的灵感"推动。[112] 皮耶·迪普伊(Pierre Dupuis)是雷尼耶(Régnier)[52]在其《第六讽刺诗》[113]里曾经提到的人物,根据布拉斯坎比(Brascambille)的说法,他是一位"穿着

---

[111] 参考 Peleus,《为傻瓜们的王子辩护》(La Deffence du Prince des Sots)(未注明出版地和日期);《为傻瓜公国辩护》(Plaidoyer sur la Principauté des Sots),1608。同时亦可参看:《安古勒万被抢豆者的大教士突袭抨击》(Surprise et fustigation d'Angoulevent par l'archiprêtre des poispills),1603。《安古勒万的诗集和答辩》(Guirlande et réponse d'Angoulevent)。

[112] 《许可伯爵作品命名及其大全》(Intitulation et Recueil de toutes les œuvres que (sic) Bernard de Bluet d'Arbères, comte de permission),第二卷,1601—1602。

[113] 雷尼耶,《第六讽刺诗》(Satire VI),第72行。

长袍的大疯子";⑭他本身在他的《威廉师傅醒悟谏言》(Remontrance sur le réveil de Maître Guillaume)中,自称他的"精神高涨直到月球第三级候客室"。在雷尼耶第十四讽刺诗里,还可以看到许多这一类的人物。

17 世纪初期的世界,出奇地殷勤接待疯狂。疯狂存在于万物和人的心中,它是个反讽的征象,搅乱了真相和幻象之间的标准,并且很勉强地保存着巨大悲剧性威胁的记忆——那是烦乱多于不安,社会无谓的激动,变幻不定的理性。

但是新的要求正在产生:

上百次,我手上提着灯笼
在正午里寻找……⑮

注 释

1 法文 le mal 有"邪恶"、"痛苦"、"疾病"等多重意义,福柯原文有意使用此一语意回响效果,形成本书的一个重要的主题旋律,但我们在翻译时,时常只得依上下文脉络在其中作出一个选择。
2 最后一次(第八次)十字军东征结束于 1270 年,当时围攻突尼斯的军队发生疫病。
3 法国教士 Vincent de Paul(1581—1660) 在 1625 年创立拉撒尔修士会(lazaristes)。
4 法王亨利四世皇后 Marie de Médicis 正式摄政时期为 1610—1614 年,但一直到 1617 年她仍保有实权。
5 法文 hôpital 古代用法意指收容、照料穷苦人的慈善机构,今天的意义("医院")

⑭ 布拉斯坎比,《悖论》(Paradoxes),1622,p.45。另外可以参考 DESMARIN,《史诗之辩护》(Défense du poème épique),p.73。
⑮ 雷尼耶,《第十四讽刺诗》(Satire XIV),第 7—10 行。

要到 17 世纪初才开始使用,19 世纪起广泛运用。

6　英国女王伊丽莎白一世的治世为 1558—1603 年。

7　这里指的应该是法兰德尔画家勃鲁盖尔(Pieter Brueghel, 约 1525/1530—1569)所画的《基督背负十字架》(*Le portement de croix*) (1564)。该画现藏维也纳艺术史博物馆。

8　法王查理八世治世为 1483—1498 年。

9　expérience("体验"、"经验"、"经历")一词,福柯在本书中有相当特殊和大量的使用。我们可以将它理解为各历史时代中,"未发疯的人"所曾经验到的疯狂!但这样的说法,显然十分地吊诡。同时,当福柯在本书中提及"疯狂的体验"时,着重的是它代表"界限体验"(expériences-limites)的一面(见本书原文第一版序言)。关于这一点可参考詹姆士·米勒著,高毅译,《福柯的生死爱欲》,台北,时报,1995,页 37—42(但这位作者倾向于将这个层面理解为"极限的"、推向身心断裂点的个人极端体验,而福柯的"界限体验",至少在本书中,强调的是"划界线的"、与"界线"产生相关的历史性经验)。

福柯本人曾在《知识考古学》中对这个词语作出自我批评,认为他在此书中:"对以'体验'这个颇为难解(énigmatique)的名词所命名的事物,给予过度的重视,由此可见,在这个时候,我们仍然接近承认存有一个匿名及普遍的历史主体。"(*Archéologie du savoir*, Paris, Gallimard, 1969, p. 27)由以上这一段话,我们可以看出在《疯狂史》中使用"体验"一词时,福柯像是摆荡在一种黑格尔式的历史观和后来更大量运用的结构分析之间。(由于《知识考古学》英译者〔A. Sheridan〕将此引句中的 expérience 译为 experiment〔试验,这是此字法文较古的意义〕,结果王德威先生的中译〔《知识的考掘》,台北,麦田,1993,页 87〕,在这个句子上明显遭遇困难,完全译为另一个意思。)"体验"预设着主体,这也是为什么福柯在其结构分析高峰期,有意识地去除这个字眼,而后来在《性史》第二、三卷中提出主体构成主题时,这个字眼又会再度出现。此时,它被明确地定义为:"一个文化中,知识诸领域,规范诸形态和主体性诸形式之间的关联。"(*L'usage des plaisirs*, Paris, Gallimard, 1984〔1997, coll. Tel.〕, p. 10)福柯此时并提出"真理游戏"的概念:"通过这些断定何者为真、何者为伪的游戏,存有(l'être)在历史中被建构为体验(expérience),也就是说,(存有)成为能够而且必须被思考的事物(体验)。"(Ibid., p. 13)

10　德语系诗人布兰特(Sébastian Brant, 1458—1521)的连篇讽刺诗,于 1494 年狂欢节在今瑞士巴尔(Bâle)出版,之后不断再版,直到 1630 年左右。亦可译为《愚人船》。原文以阿尔萨斯方言写成，出版后很快地被译为多种欧洲语言。1497年同时为该书法译本出版年代，福柯《疯狂史》本章标题 Stultifera navis 即其拉丁文版书名之引用。译者 Jakob Locher 同时为布兰特弟子兼友人。依1997年新出《疯人船》法文译者之比较，拉丁文版和原文版有许多不同之处：前者比较简短，用典更多，去掉了不少通俗元素，也讨论了一些原来没有出现的主题。根据本章脚注来看，福柯主要引用此书的拉丁文版。

11　Jérôme Bosch(1450—1516，出生于今日荷兰南方的 Bois-le-Duc)所画的《疯人船》(1500年左右，一说成于1475—1480年)，现藏巴黎卢浮宫博物馆。

12　insensé 一字在法文中虽然一般可以与"疯狂"视为同义字，但它特别带有违反理性、不合常理、夸大荒谬、缺乏正常判断力等连带意义。对于福柯而言，这个字眼和古典时期的疯狂体验(非理性)特别相关，因此，我们在翻译上，依上下文脉络之可能，特别保留此字的时代意义。请参考本书第一部第五章。

13　châtelet 法文原意为"小堡"。但此字在历史上曾被用来指刑事法庭和监狱的所在地。

14　特里斯坦与伊索尔德为中世纪塞尔特传说人物，曾有多种变体和改编，包括瓦格纳著名的歌剧。其中之一叙说马克王为特里斯坦舅父。特里斯坦为他迎娶伊索尔德，在路上，两人在春药的作用下，发生了恋情，终至陷入不可自拔的矛盾苦恼中。传说特里斯坦在受重伤被弃置于小船漂流途中，已为神秘力量所持。

15　Orphélia 为莎士比亚悲剧《哈姆雷特》(1601)中的少女，溺死前陷入疯狂，唱出悲歌。

16　德国浪漫文学中的人物，传说她美丽的身影和歌声，会引诱莱茵河上的船夫撞上危崖。

17　1475—1480，现藏马德里普拉多美术馆。

18　1562—1563。Dulle Griet 为佛兰德尔民间传说中连魔鬼都感到恐惧的凶恶悍妇。此画现藏比利时 Anvers 的 Meyer van den Bergh 美术馆。

19　《疯女玛戈》即前述勃鲁盖尔 Dulle Grete 一画的别名，画中她提着剑，战胜地狱群魔。

20　Eustache Deschamps(1346—1407)为法国中世纪末歌谣诗人，著有法文第一部诗学作品(Art de diciter)。

21　《巫婆的槌头》(Malleus Maleficarum)为 Jacob Sprenger 和 Heinrich Kramer 合著的作品，1494年(福柯认为是1487年)出版于纽伦堡。本书使用精密的经院哲学术语，检查巫婆的本性和其与魔鬼的关系，以及其认定和惩罚方式。这本流传广泛的书，影响了16、17世纪大量的巫术审讯。

22　法国布尔吉大教堂西面门楣《最后审判》浮雕中的魔鬼腹部和屁股上镶着奇怪的面孔。福柯前引法国艺术史家爱弥儿·马尔曾对此一形象作出解释，认为它代表堕落天使把理智和灵魂转用于服务最低下的欲望。

23　博斯画上，坐在圣安东尼正对面的是一位老妇人，在她的腹上长出一个男人头。

24　古荷兰画家 Dieric Bouts（1415—1475）的《地狱》一作，现藏威尼斯，Palais des Doges。

25　德国画家（1410—1451），当时科隆画派的领袖人物。

26　德国画家格吕内瓦尔德（Grünewald），1475/1480—1528年。福柯所引画作为其 Issenheim 祭坛画屏系列中的一幅，现藏法国 Colmar, Musée d'Unterlinden。

27　Gerolamo Cardano（法文名为 Jérôme Cardan, 1501—1567），意大利数学家、医生及哲学家。

28　博斯《乐园》（*Le Jardin des délices*，约1505）现藏马德里普拉多美术馆。此作为三幅连作画屏，画屏关闭时呈现的是水晶球中的《世界的创造》（*La création du monde*）。

29　德国画家、版画家丢勒（Albrecht Dürer）的版画名作中有一幅为《骑士、死亡与魔鬼》（*Knight, Death and Evil*, 1513）。

30　Hugues de Saint-Victor（11世纪末—1141），法国神学家。

31　Louise Labé（1524—1566），法国女诗人。

32　引句原文为拉丁文。

33　伊拉斯谟原文此句说话之"我"即为"疯狂"，它认为不必惊讶为何人不曾为它塑像，因为每个人都是它活生生的形象。

34　古希腊哲学家（460—370 av.）。据说他嘲笑一切。

35　希腊史诗《伊利亚特》（*Iliad*）中的人物，代表美。

36　罗马奥古斯丁大帝（公元前63—公元14）时代著名的歌手。

37　伊拉斯谟在此区分两种心神丧失（démence）的形式。他认为心神丧失并不一定带来痛苦。

38　Ménippe 为古希腊犬儒派诗人和哲学家（约公元前四至前三世纪），著有讽刺诗。

39　法国16世纪诗人（1524—1585），七星诗社（Pléiade）创立人之一。福柯所引《今日之悲惨论调》作于1562—1563年。

40　福柯指的是博斯的《疯狂的治疗》(La cure de la folie,1475—1480),现藏马德里普拉多美术馆。

41　典故出于柏拉图对话《会饮》篇(Le Banquet,215b)。泉神西连是希腊神话中一个丑陋人物:塌鼻大肚,目光低垂。他经常醉酒,但其实颇有智慧。《会饮》篇中的对话者阿尔希比阿德(Alcibiade)提到雕塑家常把神像的外表用西连像包住;翻开西连像,里头又是另一座神像。在对话中,这个比喻被用来赞美苏格拉底。

42　Jean Tauler(1300—1361),阿尔萨斯神秘主义者,艾克阿特大师(Maître Eckart)的门生及承续人。基督教史上的灵性大师之一。

43　Nicolas de Cues(1401—1464),德国籍神学家。留有大量的神学和哲学作品,如《博学的无知》(la Docte Ignorance)。

44　依原书上下文,这里指的是缪斯女神;她们是宙斯——即朱庇特——和记忆女神所生之九姐妹。召请缪斯以助灵感为古希腊史诗诗人之开场仪式,有时亦用于决定性片段。

45　米达王是希腊神话中愚蠢心智的代表。他声称潘神的笛子更胜于太阳神阿波罗的竖笛,为阿波罗所罚,长出了驴耳朵,羞惭掩盖,后来却忍耐不住,在地上挖洞大声喊出这个秘密,但当地长出的芦苇仍将其秘密泄露。米达王亦曾向潘神要求拥有将他所触及的事物点化成金的魔力,结果弄巧成拙,变成不得吃喝。

46　Pierre Charron(1541—1603),法国德性论者(moraliste)。

47　帕斯卡这句话英文译者译为"不疯狂也是疯狂的另一种'形式'"。我们基本上可以如此理解这个句子。但是句中的 tour 同时有 tour de passe-passe(变戏法),tour de main(手法),tour d'esprit(气质、才情),tour et détour(回转曲线)等意义,其最基本的意义有"绕、转一圈"的意思。

48　斯居德里(Georges de Scudéry,1601—1667)为法国剧作家,高乃伊(Corneille)的对手。以他的名义出版的小说,大部分出自他的妹妹玛德莲(Madeleine,1607—1701)之手,如 Artmène ou le Grand Cyrus,和 Clélie,描写当时矫饰的沙龙社会。

49　罗突(Jean de Rotrou,1609—1650),法国17世纪剧作家。

50　François Tristan(1601—1665)为法国作家,法兰西学院院士。著有悲剧《玛莉安》(La Mariamne)。

51　法国剧作家高乃伊(Pierre Corneille,1606—1684)所写的喜剧(1629)。

52　Mathurin Régnier(1573—1613),法国诗人,主张自由灵感和奇思想象。

第二章

大禁闭[1]

勉强人进来（Compelle intrare）[2]

文艺复兴时代解放了疯狂的声音，但控制了它的暴戾，古典时代则以奇异的强力一击，将之化为沉寂。

笛卡儿（René Descartes）在 [方法性] 怀疑的推进道路上，他在梦想与种种谬误的形式之旁，也曾遇到疯狂。发疯的可能性，是不是也会使他失去对自己身体的控制，就像外在世界可能会在谬误（erreur）中溜走，或像意识可能会在梦中睡着！"我怎么能否认这双手和这个躯体是我的，除非我把自己和某些理智失常者（insensés）相提并论？他们的脑子被黑胆汁（les noires vapeurs de la bile）扰乱和阻塞，以至于虽然很穷，还一直以为自己是国王，身上一丝不挂，还以为自己穿金着绸，或是想象自己是个罐子，或是自己全身是玻璃做成的。"[①] 但笛卡儿在避开疯狂的危难时所用的方式，和他绕过梦和谬误的可能性时有所不同。感官虽然总会欺人，但

---

① 笛卡儿，《沉思录》（*Méditations*），I,《作品集》（*Œuvres*），éd. Pléiade, p. 268。

它们在实际上,只能改变"不易察觉和非常遥远的事物";感官的幻象之中,总会留下残余的真相(résidu de vérité),"我人就在这儿,在炉火边,穿着一袭睡袍。"②至于梦,它可以和画家的想象一样,呈现出"美人鱼或半人半兽等怪异不凡的形象";但,它却不能创造或由它自己制作出那些"更简单和更普遍的事物",奇幻形象只是以这些元素编排而成的:"这类事物便是一般具有形体的自然事物和其延展。"这些事物一点也不虚假,使得梦也会符合真实——这是梦无法破坏的真理的标志。不论是充满形象的睡眠也好,不论是清醒意识中的欺人感官也好,都不能将怀疑的普遍性带到最极端的境地;即使我们承认眼睛会骗人,"现在让我们假定我们正在睡眠",真相还是不会完全地滑入暗夜里。

疯狂便有所不同;如果疯狂的危害既不会有碍[笛卡儿沉思的]步骤,亦不妨碍所得真相的基本核心,那不是因为有**某一事物**,它即使在疯子的思想里头都不可能是虚假的;而是因为这个正在思想中的我,因为我不可能发疯。当**我**认为自己有一个身体时,我是否就比一个想象自己拥有玻璃身体的人,持有更坚实的真相呢?这是当然,因为"他们是疯子(fous),而如果我以他们为榜样,持着和他们同样的思法,那我就会和他们一样精神失常(pas moins extravagant)"。³ 保护思想,不令其陷入疯狂的,并不是真相的一种永存性质,像它容许思想不受错误所欺,或可由梦中醒觉时的情况;那是因为,在这儿重要的不是思想的客体,而是思想的主体——这

---

② 笛卡儿,《沉思录》(*Méditations*), I,《作品集》(*Œuvres*), éd. Pléiade, p. 268。

主体不可能疯狂。我们可以假定我们正在做梦,把自己当作是正在做梦的主体,这时可以有些"理由去进行怀疑";但即使如此,真相仍是梦之所以可能的条件。相对地,即使是透过思想,我们也不可能假设我们是疯子,因为疯狂恰好就是思想之不可能的条件:"那我就会和他们一样精神失常……"③

在怀疑的组织原则中,一方面是疯狂,另一方面则是梦和错误,两者间存有一种根本上的不平衡。对真相和寻求真相的人来说,其情境并不相同;梦或幻象所带来的困难,可由真相自身的结构加以解决;而疯狂却是通过进行怀疑的主体加以排除。这就像,再过不久,我们也要排除主体不思想和不存在的可能。在[蒙田]《散文集》(*Essais*)之后,产生了一个新的决定(décision)。当蒙田遭遇塔斯(le Tasse)时,没有任何事情可以向他保证有任何思想可以不受非理性(déraison)纠缠。至于老百姓呢?那些"被疯狂愚弄的可怜老百姓"呢?思想者就可以不受荒诞狂想(extravagances)侵袭吗?他自己"至少也是同样可怜"。而且,是什么样的理性让他有资格去做疯狂的审判人呢?"理性教导我说,如此坚决地谴责一件事物,认为它是虚假而且不可能的事情,就是要在心里存有上帝的意志所设的界限和范围,以及吾人生命之母的大自然的力量。然而,世间最大的疯狂,就是把以上的大能,降低到我们人类的能力和自满的尺度。"④在16世纪里,在所有其他的幻象形式之间,疯狂所划出的怀疑之

---

③ 笛卡儿,前引书。
④ 蒙田,《散文集》(*Essais*),第一部,第二十六章,éd. Garnier, pp. 231-232。

道,仍然是最受人青睐的道路之一。我们并不是一直都能确定我们并非正在做梦,但我们永远不能确定我们没有发疯:"我们难道不记得,就在我们的判断里,我们也曾感到许多的矛盾吗?"⑤

然而,现在笛卡儿已获得了这项确信,并且牢牢把握着它:疯狂不是他的问题。假设我们是荒诞狂妄的(extravagant),这个举动本身便是荒诞狂妄;和思想的经验一样,疯狂包含其自身,它也就因此被排除在〔笛卡儿思想的〕计划之外。如此一来,疯狂的危害便由理性的运作之中消失了。理性现在躲在它对自身的充分掌握之后,除了错误以外,它不会遭遇到别的陷阱,除了幻象以外,它不会遭遇到其他的危险。笛卡儿的怀疑解开了感官的迷惑,穿越了梦中的风景,永远为真实事物的光明所导引;但他以怀疑者(celui qui doute,正在进行怀疑的人)的名义剔除了疯狂,而这位怀疑者不可能失去理性,就好像他不能不思想,也不能不存在。

有关疯狂的问题意识(problématique)——那是蒙田的问题——也因此发生变动。其方式当然难以觉察,但却具有决定性。疯狂现在被置放在一个受排除的区域里面,一直要到〔黑格尔的〕《精神现象学》(*Phénoménologie de l'esprit*)才部分地得到解放。16 世纪,"非理性"(Non-Raison)构成一种开放性的危害,而其威胁,至少在理论上,可以损害主体性和真相间的关系。笛卡儿的怀疑之道则似乎见证着,17 世纪已经驱除了这项危险,疯狂已被排出属于主体持有获得真相的权利的领域。对古典思想来说,这个领域就是理性自

---

⑤ 蒙田,《散文集》(*Essais*),第一部,第二十六章,éd. Garnier, p. 236。

身。疯狂从此遭到放逐。如果**人**永远有可能发疯,相对地,**思想**因为有责任觉察真相认识主体的主权行使,不可能失去理性。有一条分界线被划开了,自此不久,就会使文艺复兴时代曾经如此熟悉的不合理的理性(Raison déraisonnable)和合理的非理性(raisonnable Déraison)体验,不再可能存在。在蒙田和笛卡儿之间发生了一个事件:它与某种**合理性**(ratio)的来临相关。但此**合理性**的历史犹如西方世界的历史,远远不只限于"理性主义"(rationalisme)的进展。这一段历史,就相当大的一部分来说——虽然这一部分更为秘密——亦是由非理性(Déraison)的运动所构成的。它深植在我们的土地之中,当然,那是为了在其中消失,但它也在那里生根。

现在,我们应该展现的,便是古典时期事件的另一面向。

* * *

这个面向有许多征象,皆和哲学经验及知识发展无关。我们下面所要谈的,从属于一个非常广大的文化表层。一连串的日期非常明确地标指出它,这些日期也同时征兆着一个完整的体制。

17 世纪曾经创立了大型的监禁房舍,对这一点人们很清楚;但人们不太晓得,在数个月内,巴黎市内百分之一以上的居民便被关了进去。人们很清楚专制政权曾运用王室逮捕令(lettres de cachet)和擅权的监禁措施;但人们比较不清楚在背后推动这些措施的,是怎样的法律意识。自从匹奈(Pinel)[4]、突克(Tuke)[5]、华格尼兹(Wagnitz)[6]以来,大家都知道,在一个半世纪间,疯子们被投入监禁体制之中,而且有一天，人们会在收容总署（l'Hôpital général）所属的收容室里，在强制拘留所（maisons de force）的黑牢里发现他们；有一天，人们会觉察到他们混在贫民习艺所（Workhouses）或惩戒所（Zuchthäusern）的人群之中。人们却很少能很清楚地定义他们在其中的身份，亦无法说明这种邻近关系的意义：为何穷人、失业者、惩戒犯（correctionnaires）和无理智者（insensés）会被聚在一起？未来的匹奈和19世纪精神医学，便是在监禁所的围墙之内见到疯子的；他们也把疯人留在其中——我们别忘了这一点——却以"拯救"疯人而赢得光荣。自从17世纪中叶以来，疯狂便和监禁（internement）[7]之地相关，亦和指定此地为其自然地带的手势相关。

既然，精神错乱者（aliénés）[8]的监禁，乃是疯狂古典体验中最明显易见的结构，而且当这个体验未来要在欧洲文化中消失的时候，监禁也将构成其中最主要的难题，那么，就让我们通过人们对它所作的最简单的说法来呈现其中的事实。"我看到他们，裸着身，穿着褴褛，躺卧在石板上，仅有草垫抵御寒冷潮气。我看到他们，食物粗糙，缺乏空气，难以呼吸，缺水止渴，生活最低必需亦有匮乏。我看到他们，被交给真正的狱卒，流落于其严酷监控之下。我看到他们，住在窄小、肮脏、恶臭、不透气、不透光的陋室里。政府花大笔经费在都会里饲养的猛兽，如果被关在他们身处的洞窟，也都会令人为它们担心。"⑥

---

⑥ 艾斯基洛（Esquirol），《法国处理精神错乱者的机构》（*Des établissements consacrés aux aliénés en France*）(1818)，收入《心智疾病论》（*Des maladies mentales*），Paris, 1838, t. II, p. 134。

有一个日期可以作为标志:1656年,〔国家〕下令在巴黎设立"收容总署"。粗看起来,这只是一项改革——甚至说是改革都嫌勉强,它只牵涉到行政组织的重组。把原有的种种机构集中起来,统归单一行政单位管理:比如说,在前王的治下,为了储藏军火而加以改建的硝石库院(la Salpêtrière)⑦、路易十三有原意赐予圣路易骑士团封地(la commanderie de Saint-Louis)的比塞特院(Bicêtre),原均为伤残军人养老院保留地。⑧"大小慈善院(Pitié)中的贫民之家(Maison)和救护院(Hôpital),坐落于圣维克多郊村(faubourg Saint-Victor)的避难所(Refuge)、席匹安(Scipion)的贫民之家和救护院,古肥皂厂织毯局(Savonnerie)中的贫民之家,和其附带的所有属地、堡垒、花园、房舍和建筑物。"⑨以上这些场所,现在都拨交收容巴黎的贫民,"不论其性别、出生地和年龄,不论其身份和出身,不论其现状:强壮或伤残、生病或正康复、有希望治愈或身罹绝症。"⑩受其收容并提供住宿、饮食的人,可以自行前来,或是由王室、司法当局发配。而且,对于有资格收容其中但向隅者,这些单位也有照料其生活所需、健康和一般秩序的责任。各单位负责人为终身命职的所长,他们的权力不限于收容总署所属的建筑物内,而是遍布全巴黎,只要是在他们裁判权范围内的人,就要受他们管辖:"对巴黎所有穷人,不论是在收容总署之内

---

⑦ 参考 Louis Boucher,《硝石库院》(*La Salpêtrière*),Paris,1883。

⑧ 参考 Paul Bru,《比塞特院史》(*Histoire de Bicêtre*),Paris,1890。

⑨ 1656年诏令,第四条,参见本书附录。后来,圣灵之家(Saint-Esprit)和弃儿院(Enfants-Trouvés)也加入其中,但古肥皂厂织毯局则退出。

⑩ 同上书,第十一条。

或之外,他们都拥有权威、指导、行政、商业、治安、司法、矫正或惩罚之完全权力。"⑪所长们还要命职一位年薪一千镑的医生;他停驻在慈善院中,但每星期要到总署各收容所巡视两次。事情一开始便很清楚:收容总署并非一座医疗设施。它基本是一个半司法机构,像在既有权力体系和法庭之旁另设的行政单位,可自行决策、审判和执行。"为达成上述任务,所长们可依其考虑,在总署及其所属地点设木桩、铁颈圈、禁闭室、地牢。所长在所内下的命令无上诉之可能;至于其所外行动,不论当时和未来的任何反对和诉求为何,亦将依据其命令的形式和内容加以执行,任何辩解和反控皆无法延迟其执行。"⑫拥有几近绝对的主权、不得上诉的裁判权、无可阻碍之执行权,收容总署乃是王权在警政或司法之间所设的一个特殊权力机构;它运作于法律的边缘,像是镇压力量中的第三等级(le tiers ordre)。匹奈在比塞特院和硝石库院所发现的精神错乱者,便是这个世界中的一员。

以其运作方式或目的而言,收容总署和医疗概念完全无关。它是一个维护秩序的单位,维护的是当时在法国同时组织的君王和中产阶级秩序。它直接联系于王权,后者则将其全权交付俗世单位管辖;过去代表教会和灵修界参与救济政策的王国大施舍团(la Grande Aumônerie du Royaume),突然不再能与闻新政。国王的诏令中说:"我们了解,大施舍团和创办收容总署的皇室一样,为其维持者和保护者,然而,收容

---

⑪ 第十三条。
⑫ 第十二条。

总署不以任何方式受大施舍团管辖,亦不受其中任何重要官员管辖,我们并了解到该署完全免除任何总改革机关(la générale Réformation)的官员们和大施舍团其他官员的指导、视察和判决。对于任何其他人,我们亦禁止任何可能的了解和判决,亦无以上权力。"⑬ 此一计划原由最高法院(Parlement)⁹所提,⑭同时,最初指派的两位首长为最高法院第一主席和王室法院代表人(le procureur général)。但很快地,又加入了巴黎大主教、间接税案法院(Cour des aides)院长、审计处处长(Cour des Comptes)、警察总长(lieuteuant de police)和巴黎市政长(Prévôt des marchands)。从那时起,总署的"总办公室"(le Grand Bureau)便只扮演评议的角色。实际的行政和责任其实掌握在特别遴选的经理人手上。他们才是真正的管理人,也是王室权力和资产阶级财富在悲惨世界里的代理人。大革命时期如此描述他们:"遴选自资产阶层最佳成员……他们为行政体系带来无私的见解和纯洁的意图。"⑮

这项由君权和资产阶级联合产生的结构,又和他们所联合组织的专制政体为同时代产物。不久,这个权力结构的网络便扩张到全法国。1676年6月16日王室诏令,规定在"王国每一城市设立一收容总署"。然而,有时地方当局已

---

⑬ 第六条。

⑭ 这个计划原由 Pomponne de Bellièvre 签署,提呈给 Anne d'Autriche(译注:路易十四的摄政母后)。

⑮ 见拉·罗什福柯-梁库(La Rochefoucauld Liancourt)代表行乞事务委员会对立宪国会所提的报告(《国会记录》〔*Procès-verbaux de l'Assemblée nationale*, t. XXI〕)。

事先采取了这项措施;1612年,里昂的资产阶层已组成了一所运作方式类似的救济机构。⑯ 1676年7月10日,土尔(Tours)市大主教自豪地宣布,他管辖下的"大都会,有幸在巴黎的收容总署成立之前,便设立同样功能的'慈善院'(la Charité),预见了国王虔诚的意图。其组织,并且成为日后国内外类似组织的榜样"。⑰ 事实上,土尔市慈善院成立于1656年,当时国王还曾赐予四千镑的租金收入。法国各处,收容总署一一设立:到了大革命前夕,外省共有三十二个城市拥有此一组织。⑱

虽然教会被人相当有意和收容总署分离——这一点,无疑源自王权和资产阶级间的共谋关系⑲——对此一运动,教会却也没有袖手旁观。教会改革它的医疗体制,将其基金中的财物重行分配;它甚至创立了一些主旨和收容总署相当类

---

⑯ 参见《里昂慈善施舍收容总署地位规章》(Statuts et règlements de l'hôpital général de la Charité et Aumône générale de Lyon),1742。

⑰ 《土尔大主教命令集》(Ordonnances de Monseigneur l'archevêque de Tours),Tours,1681。参考Mercier,《大革命时期,土兰地区的医疗状况》(Le Monde médical de Touraine sous la Révolution)。

⑱ 这些城市是艾克斯(Aix)、阿尔比(Albi)、昂杰(Angers)、阿尔(Arles)、布罗瓦(Blois)、坎伯雷(Cambrai)、克莱蒙(Clermont)、地雄(Dijon)、哈佛尔(Le Havre)、蒙市(Le Mans)、李耳(Lille)、里蒙吉(Limoges)、里昂(Lyon)、马功(Mâcon)、马尔地克(Martigues)、蒙伯里耶(Montpellier)、穆朗(Moulins)、南特(Nantes)、尼姆(Nîmes)、奥尔良(Orléans)、波市(Pau)、玻地耶(Poitiers)、杭斯(Reims)、卢昂(Rouen)、桑特(Saintes)、索穆尔(Saumur)、色当(Sedan)、史特拉斯堡(Strasbourg)、圣色凡(Saint-Servan)、圣尼可拉(南锡)(Saint-Nicolas〔Nancy〕)、土鲁斯、土尔。参考艾斯基洛(Esquirol),前引书,t. II,p. 157。

⑲ 前引土尔大主教手谕显示出,教会对这个排除举动,不但作出反抗,而且要求享有启发全部运动及最先提出解决方案的荣耀。

似的组织。凡森·德·保罗(Vincent de Paul)重组了圣拉撒尔院——过去巴黎最大的麻风病院;1632年1月7日,他代表传道会会员(Congréganistes de la Mission),和圣拉撒尔修院签订了一项合约:院中今后必须收容"由国王下令拘留者"。善子修道会(l'ordre des Bons Fils)在法国北部开办了一家类似的收容院。1602年被召入法国的"属灵圣约翰兄弟会"(les Frères Saint-Jean de Dieu),首先在圣日耳曼郊村设立了巴黎慈善院(la Charité de Paris),然后,又在1645年5月10日,于该会所处之地的厦伦顿(Charenton)设立另一座慈善院。[20] 离巴黎不远的森里斯慈善院(la Charité de Senlis),也是该会于1670年10月27日开设的。[21] 数年前,布伊雍(Bouillon)公爵夫人对该会捐出了14世纪由狄勃·德·厦恩潘(Thibaut de Champagne)在厦多-狄耶里(Château-Thierry)所建的麻风病院的建筑物和附属收入。[22] 该会还经营了圣伊雍(Saint-Yon)、波多松(Pontorson)、卡迪亚克(Cadillac)、罗曼(Romans)的慈善院。[23] 1699年,拉撒尔修会则在马赛(Marseille)创立一座机构,那就是未来的圣彼得救护院(l'hôpital Saint-Pierre)。然后,在18世纪,陆续有

---

[20] 参考艾斯基洛(Esquirol),《厦伦顿皇家收容所之历史与统计》(*Mémoire historique et statistique sur la Maison Royale de Charenton*),前引书,t. II。

[21] Hélène Bonnafous-Sérieux,《森里斯慈善院》(*La Charité de Senlis*),Paris,1936。

[22] R. Tardif,《厦多-狄耶里慈善院》(*La Charité de Château-Thierry*),Paris,1939。

[23] 罗曼救护院的建材来自渥来(Voley)麻风病院拆除材料。参考J. - A. Ulysse Chevalier,《罗曼附近渥来麻风院史录》(*Notice historique sur la maladrerie de Voley près Romans*),Romans,1870,p. 62;以及其中附证第六十四号。

亚满蒂耶（Armentières,1712）、马赫维尔（Maréville,1714）、弓城救主（le Bon Sauveur de Caen,1735）这些机构的成立。在大革命来临不久前，荷恩（Rennes）的圣迈恩（Saint-Meins）宣告开设（1780）。

这些独特的机构，其意义和地位经常难以界定。如上所见，其中有很多仍是由宗教团体开设的；不过有时候我们也会在其中看到某些俗世团体，它们虽然模仿修会的习惯和生活，却不属于修会。㉔ 在外省，主教为总办公室中的当然成员；但教士在当中却远远占不上多数；其中的经营，大部分为资产阶层掌握。㉕ 然而，在它们所属的收容所中，又都几乎维持着一种接近修道院的生活，以读经、仪式、祈祷、沉思作为生活节奏："大家早晚都在宿舍里共同祈祷；在一天中的不同时刻里，虔信修炼、祈祷和阅读灵性书籍。"㉖ 但情况不只如此：同时扮演着援助和镇压两个角色，这些救济院（hospice）虽然以救助穷人为己任，但又同时或多或少设立单人囚室和强制工作区，其中监禁的成员，则由王室或家人负责提供膳宿费用："除了王室或法院命令送交者之外，宗教慈善院强制工作所不收留其他任何人，也不接受其他任何理由。"这些新成立的监禁所，常常便是利用过去的麻风院；它

㉔ 比如硝石库院中的"姐妹"必须由"少女或年轻寡妇中选取，不可有小孩或烦扰事务"。

㉕ 奥尔良收容总署的总办公室成员有"主教、警察总长，并有十五位人士，其中三位为教士，十二位为地方绅士，如官员、好市民和商人"。《奥尔良收容总署地位规章》(Règlements et statuts de l'hôpital général d'Orléans), 1692, pp. 8-9。

㉖ 回答收容所管理部有关硝石库院状况询问之复文，1790。国家档案（Arch. nat.）, F 15, 1861。

们也继承了麻风院的资产,或者是由教会决定所赐,㉗或者是由该世纪末王室诏书所赐。㉘ 不过,它们也受到公共财政的支持,来源包括王室的赠予、财政署所收罚款的部分分配。㉙ 如此,这些机构里便混合着各种元素,而且有时还会彼此冲突:教会在穷人援助和收容仪式中的古老特权、资产阶层对整顿悲惨世界秩序的关怀、协助的欲望和压制的需要、慈善的责任和惩戒的意志,这一整群暧昧措施,其意义仍有待探究,但无疑可由麻风病院找到其象征。它们自从文艺复兴时期以来,就已空无一人,但到了17世纪,却突然恢复使用,重新享有幽暗的力量。古典主义发明了监禁体制,有一点像中世纪发明了麻风病患的隔离;而这些患者所留下来的空位,便由欧洲世界的新人物所占据:那就是"受监人"(internés)。麻风院并不只有医疗上的意义;这个放逐的手势,打开了受诅咒的空间,发挥着许多其他的功能。监禁的手势也不会比它单纯:它也具有政治、社会、宗教、经济和道德上的意涵。和它有关的,可能是古典世界整体中的某些本质性结构。

因为这个现象,其范围广及全欧洲。专制君权的建立,反宗教改革(Contre-Réforme)时期,天主教活跃的复兴,使得它在法国的呈现具有颇为特殊的性格——政权和教会之间既竞争又同谋的关系。㉚ 在别的地方,它便有一些非常不同

㉗ 圣拉撒尔院的情况便是如此。
㉘ 1693—1695。参考上文,第一章。
㉙ 比如,罗曼的慈善院为大施舍团所创,后来一度让渡给属灵圣约翰兄弟会;但最后则归收容总署管理。
㉚ 圣拉撒尔院的创立过程是一个良好的例子。参考Collet,《圣凡森·德·保罗的一生》(*Vie de saint Vincent de Paul*),I, pp. 292-313。

的形态;但它们的时间定位也是同样明确。大型救济院、监禁所、宗教和公共慈善事业、救援和惩戒、政府的救济和预防措施,都是古典时代的历史事实:它们和古典时代一样具有普遍性,并且和它几乎同时产生。在德语系的国度里,惩戒所(Zuchthäusern)的创立便是一例;其第一家还在法国监禁所创立之前(里昂的慈善院除外);其年代为1620年左右,开设于汉堡。㉛ 其他则创建于该世纪的下半叶:比如,巴勒(Bâle,1667)、布勒斯劳(Breslau,1668)、法兰克福(Francfort,1684)、斯般多(Spandau,1684)、可尼斯堡(Königsberg,1691)。18世纪还继续增加;首先是在莱比锡,时为1701年,然后是哈勒(Halle)和卡塞(Cassel),分别为1717年和1720年;再稍后一点,则是布里格(Brieg)和奥斯那布吕克(Osnabrück,1756),最后则是托高(Torgau),时值1771年。㉜

在英国,监禁的起源更为久远。1575年的一条同时有关"惩罚流浪汉和协助穷人"的法案(伊丽莎白一世十八号,第三章),规定每郡(Comté)至少设立一座惩戒所(houses of correction)。其维护经费来自一项税收,但也鼓励民众自愿捐献。㉝ 但在实际上,这样措施似乎从未以这种形式施行,因为数年后,民营的企业获准设立;开设收容所或惩戒所,已

㉛ 无论如何,它的规章出版于1622年。

㉜ 参考华格尼兹(Wagnitz),《德国最重要惩戒所之历史资料及评论》(Historische Nachrichten und Bemerkungen uber die merkwürdigsten Zuchthäusern in Deutschland),Halle,1791。

㉝ Nicholls,《英国贫穷法案史》(History of the English Poor Law),Londres,1898-1899,t. I,pp. 167-169。

不再需要官方许可,每一个人都可以自由开设。㉞ 在 17 世纪初,整个组织进行重组:所有在其辖区内未规划此一措施的治安法官都要罚款五镑;有义务在内部设置纺织机、作坊、工厂(磨粉、纺纱、织布),以便维持所内开销及保障所内的工作;至于谁有资格被送入所内,则由法官裁决。㉟ 这些感化院(Bridwells)[10]的发展并不可观:它们经常为其旁的监狱逐渐吸收合并。㊱ 其应用地带从未扩张到苏格兰。㊲ 相对地,贫民习艺所(workhouses)却获得更大的成功。它们在 17 世纪下半叶开始出现。㊳ 1670 年的一条法案(查理二世,第 22—23 号,第 18 章),规定了贫民习艺所的地位。法案要求司法官审查与其运作相关的税收和财务,并由治安法官负担其最高管理权责。1697 年,布里斯托(Bristol)的数个教区联合起来,创建了英国第一座贫民习艺所,并且指定了负责管理的同业公会。㊴ 另外一座在 1703 年建立于渥塞斯特(Worcester),第三座在同年设立于都柏林(Dublin);㊵然后是普利茅斯(Plymouth)、诺威奇(Norwich)、赫尔(Hull)、爱克塞特(Exeter)。到 18 世纪末,其总数高达 126 座。1792 年,吉伯特法案(Gilbert's Act)给予教区一切方便,以便创建

㉞　39 Elisabeth I, cap. v.

㉟　Nicholls,前引书。

㊱　霍华德(Howard),《监狱、救护院、强制拘留所状况》(*État des prisons, des hôpitaux et des maisons de force*)(Londres,1777);法译本,1788, t. I, p. 17。

㊲　Nicholls,《苏格兰贫穷法案史》(*History of the Scotch Poor Law*), pp. 85-87。

㊳　虽然 1624 年的一项法案(21 James I, cap. 1)即已预拟设立贫民习艺所。

㊴　Nicholls,《英国贫穷法案史》(*History of the English Poor Law*), I, p. 353。

㊵　Nicholls,《爱尔兰贫穷法案史》(*History of the Irish Poor Law*), pp. 35-38。

新的贫民习艺所;同时也加强了治安法官的权威和管控;为了避免贫民习艺所变成医院,建议严格地将传染病患者从所中驱逐出去。

数年内,整个欧洲便覆盖了这样的网络。18世纪末,霍华德(Howard)[11]探察了这个网络;他走访英国、荷兰、德国、法国、意大利、西班牙,到所有监禁体制的著名胜地——"救护院、监狱、强制拘留所"——去朝圣。在同一个地方,竟然禁闭了一般法罪犯、搅乱家中安宁或挥霍家里钱财的年轻人、不服君主者和无理智者。他的博爱精神对这个现象感到愤慨。他的反应却证明,在这个时期,过去存在的某种自明之理已经丧失:也就是这样的明显道理,才会以这么迅速和自发的方式,使得整个欧洲出现了这个古典秩序的范畴——监禁。在那一百五十年当中,监禁曾经是异质元素泛滥混合。然而,在其源头,它应该有个统一的性质,如此才能说明它为何曾被人认为是当务之急;在它的不同形态和使其出现的古典时期之间,应该有一个和谐的原则,而这个原则,不能用"令人愤慨的前革命期感性"这种说法一笔带过。那么,这一群人突然或几乎突然以比对待麻风病患者更严厉的方式,遭到禁闭和放逐,这一点,到底指向什么样的现实?我们不要忘记,光是巴黎收容总署,在成立不到数年之后,便汇集了六千人,也就是当时全市人口的百分之一左右。[41] 其理由

---

[41] 根据1662年6月12日的宣告,巴黎收容总署"在其所属的五座收容所中,收容和供养的人数超过六千人"。引用于 Lallemand,《慈善事业史》(*Histoire de la Charité*),Paris,1902-1912,t. IV,p. 262。在这个时期,全巴黎的人口超过五十万人。在我们所研究的地理区域内,整个古典时期中,这个比例大约保持恒定。

应该是存有一个全欧洲共通的社会感性,它无疑是在暗地中和长年累月之中形成,但却突然在 17 世纪后半叶达到了需要显现的地步:也就是因为存有这样的感性,才会突然把这些未来会住进监禁地点的人群孤立出来。为了填满长期以来为麻风所遗弃的空旷地带,在我们今天的眼光中,显得杂乱而混淆的一整群人已被指定出来。但那在我们眼中像是毫无分辨力的感性(sensibilité),对于古典时代的人来说,却必然是一个能够明白区分的知觉(perception)。如果我们想要知道,在疯狂惯常被人以理性的特权进行定义的时代,疯狂的感性形式究竟如何,那么我们便要去质疑这样的知觉模式。有一个手势,在划出监禁空间的同时,亦给予它隔离的权力,并为疯狂安排了一个新的故乡,这样的手势,虽然具有和谐一致及协调的性质,却不是一个单纯的手势。它把下列各元素组织在一个复杂的整体当中:对悲惨状态和救济责任的新感性、失业和游荡的经济问题引起的新反应、新的工作伦理、梦想中一座得以结合道德义务和民法的城市,其整体又被摆在权威式的束缚之下;以上的主题也暗暗地显现在监禁区的建设和组织之中。它们为这个仪式提供意义,也部分地解析疯狂如何被古典时代感知和体验。

* * *

监禁措施显示人在面对穷困悲惨(misère)时有了一种新的反应,新的悲怆——更广泛地说,它说明人和在人的存在中可能具有的非人(inhumain)部分之间,出现了另一种关系。穷人、陷入惨境之人、无法对其存在作出回应之人,在 16 世纪时,有了一个中世纪未曾认识的新面貌。

文艺复兴剥除了悲惨原先具有的神秘正面性,其方式来自思想的一项双重运动,它一方面剥夺贫穷原有的绝对意义,在另一方面,又剥夺了慈善由挽救贫穷中所得到的价值。在路德(Martin Luther)的世界里,尤其是在加尔文的世界里,上帝特殊的意志——"上帝对每个人独特的善意"——不会让幸福或不幸、富裕或贫穷、光荣或悲惨有机会为它们自己发言。悲惨不再是那受辱的"夫人",要由"丈夫"在她的堕落中将其寻回,使其上升;它在人世间有它自己的位置——这个位置,对上帝而言,并不比财富见证着更高或更低的地位;不论是在富饶之中,或是在穷困之中,上帝都同样临在,它宽大的手同样接近,它只是依它的高兴,"丰饶地或是比较拮据地养育一个小孩。"㊷上帝独特的意志,当它和穷人说话时,谈的不是许诺中的未来光荣,而是命定。上帝并不在倒转的赞美中颂扬穷人;上帝有意要让穷人在他的愤怒和怨恨中受到屈辱——甚至在他出生之前,就对以扫(Esaü)[12]存有的怨恨,而且由于这怨恨,他夺走长子应得的畜群。贫穷意味着惩罚:"天空因它的指挥而坚硬起来,果物被黑疸病和其他腐蚀侵袭和消耗;而且,每一次只要葡萄园、田地和草原受到冰雹和暴风雨的袭击,就是见证它正在施行某些特别的惩罚。"㊸人世里的贫穷和富裕,都在歌颂着上帝的万能;但穷人只能让人想起天主的不满,因为穷人的生活本身,便带着他厄运的征象;所以,我们得激励"穷人保持忍

㊷ 加尔文,《基督徒教育》(*Institution chrétienne*),I, chap. XVI, éd. J. – D. Benoît, p. 225。

㊸ 加尔文,前引书,p. 229。

耐,以便那些不满现状的人,可以坚忍地负起上帝所强制于他们身上的桎梏"。㊹

至于慈善救济事业,它的价值是从哪儿来的呢?这价值并不来自它所解救的贫穷,因为贫穷已不再蕴含特殊的光荣,也不是来自完成这个事业的人,因为,他的手势也仍然是上帝独特意志的显示渠道。慈善事业不能为它自身提供理由,是信仰才使人在上帝之中生根。"在上帝面前,人不能借由他们的努力、功劳或事业而成为正当,不必付出任何代价,只因为基督和信仰。"㊺我们认识路德对慈善事业的重大排斥,他的宣示将会在新教思想里产生非常深远的反响:"不,慈济事业并非必要;不,慈济事业对成圣而言,没有任何帮助。"但是,这种排斥只是以上帝和拯救的观点来谈慈善事业的意义;就像人类的一切行为,它们也带有〔人的〕有限性的记号,以及人由天国堕落(la chute)的印记;就这一点而言,"它们只是罪恶和耻辱"。㊻但在人性的水平上,慈善事业仍有一个意义;如果慈善事业对得拯救来说,并没有效果,它却具有标示和见证信仰的价值:"信仰不但不使我们忽略慈善事业,它还是产生慈善事业的根源。"㊼因此也就产生了这个所有宗教改革运动共通的倾向,那就是把教会的资产转变为俗世的慈善事业。1525 年,米歇・盖斯迈耶(Michel Geismayer)要求将所有修道院都改为救护院;翌年,斯匹议会

㊹ 加尔文,前引书,p. 231。

㊺ 《奥古斯堡忏悔录》(*Confession d'Augsbourg*)。

㊻ 加尔文,《辩解》(*Justifications*),liv. III, chap. XII, note 4。

㊼ 《日内瓦教理书》(*Catéchisme de Genève*),op. CALVIN, VI, p. 49。

(la Diète de Spire)收到了一封陈情书,要求废除修院,并没收其资产,以充救济穷困之用。㊽ 实际上,德国和英国的大疗养院(asiles),大部分就是利用过去的修院建成的:路德教派国家中,最早专为疯子们(arme Wahnsinnige und Presshafte——可怜的疯人)所设的救护院之一,便是1533年由蓝德格拉夫·腓利浦·德·海诺(Landgraf Philippe de Hainau)设立于十余年前还俗的一座西都派(cisterciens)的古老修院。㊾ 城市和国家取代教会,从事救助的工作。人们建立了税捐,进行募捐,鼓励捐献,并促进遗嘱捐赠。吕别克(Lübeck)市于1601年作出一项决议,规定所有达到某种重大程度的遗嘱,都要包含一条但书,把部分遗产捐赠给市府的救助对象。㊿ 16世纪时的英国,已经普遍地征收济贫税(poor rate);至于设有惩戒所或习艺所的城市,它们有权征收一项特别税,而且该城治安法官可以指派一些管理人员——所谓的贫民守护者(guardians of Poor)——负责管理其中的财政和分配其生产利润。

　　宗教改革导致新教国家慈善事业的俗世化,这是一个老生常谈的说法。但当国家和城市负担整体的贫穷和无能人口的同时,它们也在准备一种悲惨感性的新形式:一种哀痛的(pathétique)经验就要产生,它不再述说痛苦中的光荣,亦

㊽　J. Janssen,《中世纪末以来的德国民族史,卷 III,1555 年以前德国民族的一般状况》(*Geschichte des deutschen Volkes seit dem Ausgang des Mittelalters*, III *Allgemeine Zustände des deutschen Volkes bis 1555*), p. 46。

㊾　Laehr,《精神医疗史上的重要日子》(*Gedenktage der Psychiatrie*), Berlin, 1893, p. 259。

㊿　Laehr, 同上, p. 320。

不再谈贫穷和慈善之间共同的拯救;它只和人谈他的社会责任,并且把悲惨表达为脱序的效果和秩序的障碍。它因此不能再从解救悲惨的手势来颂扬悲惨,它只能单纯地将其消除。因为慈善的对象只是单纯的贫穷,慈善本身也是一种无秩序。但如果私人事业做到英国 1575 年[51]法律条文所要求的,达到协助国家消除悲惨及穷困,那么此一事业便可以是秩序中的一员,其慈善工作也会具有意义。在 1662 年[52]的法令颁布前不久,马修·海尔(Matthew Hale)爵士写了一部《贫民供给论》(*Discourse Touching Provision for the Poor*),[53]将感知悲惨意义的新方式定义得相当完善:努力消除悲惨,乃是"我们英国人高度必要的一项任务,也是我们作为基督徒首要的责任";其关照事宜得托付给司法官员;他们必须划分郡区、组合教区、设立强制工作所。自此之后,再也没有任何一个人可以行乞;"而且,再不会有人如此虚荣和故意危害公德,以施舍乞丐鼓励他们如此生活。"

从此以后,悲惨不再纳入屈辱和光荣的辩证之中,它现在因为被纳入混乱和秩序之间的某种关系,而被禁闭于犯罪之中。在路德和加尔文之后,悲惨代表一种永恒的惩罚,到了慈善事业国家化的时代,它又变成自满和阻碍国家良好发展的过错。过去是宗教经验在为它下判定,现在,经过一番滑移,则是道德观念在对它作谴责。大型监禁所出现于此一

---

[51] 18 Elizabeth I, cap. 3. 参考 Nicholls,前引文,I, p. 169。

[52] Settlement Act(安置法案):这是英国 17 世纪最重要的贫民法案。

[53] 出版于作者死后六年,即 1683 年;重刊于 Burns,《贫穷法案史》(*History of the Poor Law*),1764。

演变历程的终点：无疑地，这是慈善事业世俗化的结果；暗地里，其意义又是悲惨穷困的道德性惩罚。

通过不同的途径——而且其中不无重重困难——在离马修·海尔不远的时代，也就是在“大禁闭”时代，天主教也达到非常类似的成果。宗教改革运动（la Réforme）以俗世化程序，将教会原有的资产转型为收容救护的慈善事业，而天主教教会，则由托伦特主教会议（le concile de Trente）[13]时代起，就想由主教们自发地从内部进行改革。在改革诏书里，主教们受命“妥善运用每分每厘的钱财经营，并照顾穷人以及遭遇悲惨者（bonorum omnium operum exemplo pascere, pauperum aliarumque miserabilium personarum curam paternam gerere）”。(54) 天主教会并未放弃其传统教条，它仍然承认慈善事业的重要性，但它同时也在寻求赋予慈善事业一个更广泛的意义，并且以慈善事业在国家层次上的功用，作为衡量的标准。在此宗教会议前不久，约翰·路易·维夫（Juan Luis Vives）曾经提出一项几乎完全俗世化的慈善观念(55)——他无疑是天主教人士中最早有这种想法的人士之一。其内容包括：批判私人援助方式；慈善事业可能会有维系邪恶的危险；贫穷和邪恶之间极常见的亲属关系。这个问题最好交

---

(54) 第二十三次会议（Sessio XXIII）。

(55) 维夫对伊丽莎白时期的立法，具有可以几近确定的影响。他曾在牛津大学基督圣体学院（Corpus Christi College）讲学，并写作《论援助》（*De Subventione*）一书。他对贫穷所下的定义，不但和穷困的神秘学无关，反而关联到一整套潜在的援助政策：“……所谓的穷人，不只是那些没有钱的人，而是只要任何人，缺乏体力、健康、心智及判断力，即可称为穷人。”（《施舍》〔*L'Aumônerie*〕，法译本，Lyon，1583，p. 162）

到官员手上:"就好像一位家长有着舒适的住家,却准许其中一个人因为赤身裸体或穿着破烂而显得粗俗丑恶,若真如此,这位家长本身也是毫无礼貌。同样地,一座城市的行政官员,如果容忍其市民挨饿受难,也是不守准则。"⑤维夫提议在每座城里都要指派特定官员,负责巡视街道和贫民区,制作穷困者名册,调查其生活、道德状况,将其中最顽劣分子关入监禁所,为他们全体设立劳动之屋。维夫认为,如果能适当地鼓励私人慈善捐献,便足以支持这项事业;不然,就得向富人征税。这些理念在天主教世界里引起相当大的反响,因此就在托伦特主教会议⑤期间,梅狄那(Médina)已开始重复和模仿维夫的慈善事业,到了 16 世纪终,又有克里斯多洼·培勒兹·德·海雷拉(Christoval Perez de Herrera)加以仿效。⑤ 1607 年,法国出现了一本书——它同时像是一本抨击小册子和一篇宣言——标题是《不存在的魅影——又名乞丐现象之幻想》(*La chimère ou fantasme de la mendicité*);文章要求创设救济院,使穷困的人能够在院里得到"生活、居住、一技之长以及'惩戒'";作者预拟对富有市民征税;拒缴者处罚双倍。⑤

然而,天主教思想对此有所抗拒,教会传统亦复如是。集体援助形式引人厌恶,因它似乎剥夺了个人作为中的功

---

⑤ 引用于 Foster Watson,《J. L. 维夫》(*J. L. Vives*),Oxford,1922。

⑤ 《西班牙某些人民为拯救真正穷人所做的施舍努力》(*De la orden que en algunos pueblos de España se na puesto en la limosna para remedio de los verdaderos pobres*),1545。

⑤ 《安普洛合法穷人论》(*Discursos del Ampro de los legitimos pobres*),1598。

⑤ 引用于 Lallemand,前引书,IV,p. 15,note 27。

劳,也剥夺了穷困崇高的尊严。这么一来,不就把慈善事业变成了法律管辖的国家义务,也把穷困变成了违反公共秩序?这些困难将会逐渐地消失。问题被交给神学院仲裁。结果,巴黎神学院作出决议,赞成公共援助机关:当然,这本来就是一件"艰难,但却有用、虔诚和有益拯救之事,它和福音书和教徒书简不相抵触,亦不抵触我们先人留下的典范"。⑥ 不久之后,天主教世界面对悲惨穷困所采用的感知模式,就会和新教世界的模式相同。1657年,凡森·德·保罗完全同意下列计划:"将所有的穷人集中在洁净之处,提供其生活所需,教导他们并使他们有事可做。这是一个伟大的计划。"然而对其教团应否加入,他却感到踌躇,"因为上帝是否意愿如此,我们仍未十分明了。"⑥ 数年以后,教会全体对路易十四的大禁闭命令表示赞同。单凭此一作为便可显示,穷困者不再被[教会]当作是上帝激发基督徒慈善心的工具,不再被当作是上帝提供基督徒以行慈善得拯救的机会;和土尔大主教的看法一致,所有的天主教徒,开始把这些人当作是"共和国的渣滓垃圾,这不是因为他们肉体上受到的苦难,这一点我们应该有所怜悯,而是因为他们精神上的惨况,这一点只能让人心生恐惧"。⑥

教会作出了抉择;但这么一来,基督教世界便把悲惨穷困一分为二——此举和中世纪的看法相反,那时悲惨以其整

---

⑥ 这个仲裁的要求为Ypres市政府所提出。该市刚刚下令禁止行乞和各种私人的慈善事业。B.N.R.36-215,引用于Lallemand, IV, p.25。

⑥ 凡森·德·保罗,1657年3月信,《书信集》(*Correspondance*), éd. Coste, t. VI, p.245。

⑥ 1670年7月10日宣教手谕,前引文。

体被人评判。⑬ 一分为二的结果是,一边是善的区域,那就是持服从态度、符合秩序要求的贫穷;另一边是恶的区域,那是不服从、而且寻求逃避秩序的贫穷。前者接受监禁,并在其中得到安宁;后者拒绝监禁,但也就因此,更需要加以监禁。

1693 年,由罗马教廷授意写成的一部著作,十分天真地发表了以上的论证。该文在 17 世纪末被译成法语,题名《废除行乞》(*La Mendicité abolie*)。⑭ 文中作者区分好穷人和坏穷人,认为前者是耶稣基督的穷人,后者则是魔鬼的穷人。两者都见证了监禁的功用:对于前者,原因在于他们全以感谢之情,接受当局的一切免费赐予:"他们耐心、谦虚、卑微,满足于现状和管理部门所给予的救援,为此,他们感谢上帝";至于魔鬼的穷人,他们的确不满收容总署,不满监禁中的束缚:"他们是善良秩序之敌、懒人、说谎的骗子、醉鬼、寡廉鲜耻,他们只能说着他们魔鬼教父的语言,对教导者和主管们大加诅咒。"这也就是他们应该丧失自由的原因,而且他们的自由也只是被用来为撒旦争光。一方面以行善为名义,一方面以惩罚为名义,监禁因此具有双重的合法性,而且两者间还有纠缠不清的暧昧性。它同时既是补偿亦是处罚,依

---

⑬ "在这里必须把蛇与鸽相区分,而且对纯真也不应该过度强调,而使得神意无法为人了解。神意会让我们知道羔羊和公羊之间的差别。"(Camus,《论合法行乞》〔*De la mendicité légitime*〕,Douai,1634,pp. 9-10)这位作者还解释说,慈善行动的灵性意义和此一行动所施加的对象的道德价值,并非无关:"乞丐和施舍间的关系是一种必要的关系,因此,只有当行乞者的行为符合正义和真理时,施舍才是真的施舍。"(同上)

⑭ 盖伐勒(Dom Guevarre),*La mendicità provenuta*(1693),依

受禁者的道德价值而定。一直到古典时代末期,监禁措施仍保持着此种暧昧意味;它具有奇特的可逆性,随受禁者之价值而转向。在好穷人身上,它就变成援助行动,安慰人心的善举;在坏穷人身上——而且就只是因为他们坏——它便转变为镇压之举。好穷人和坏穷人之间的对立,对于禁闭措施的结构和意义而言,具有根本上的必要。收容总署便是如此地区分他们,而疯狂本身也被分配在这个二元对立的结构之中,根据它表面上的道德态度,有时用施善的范畴来处理,有时用压抑的范畴来对待。[65] 所有的遭监禁者都被置放于伦理评价场域之中——在成为知识或怜悯的对象之前,他首先被当作**道德主体**(sujet moral)对待。

但是,穷困者如果要成为道德主体,先要有一个必要条件,那就是他得停止作为上帝在尘世中的无形代表。一直到17世纪末,这一点仍然是天主教意识所提出的主要反对理由。《圣经》不是这么说吗?"你对我弟兄之间最弱小的一个所作的事情……"而教会早期的神父们不也常常评论这段话,并诠释说我们不应该拒绝施舍穷人,因为被我们拒绝的,有可能便是基督本人!这些反对主张,盖伐勒神父(Père Guevarre)并非不知。但是,他却提出一项非常明白的回答(这一点也代表古典时期教会对此问题的回应):自从收容总署和慈善公署(Bureaux de Charité)创设以来,上帝便不再隐身于穷人的褴褛衣衫之下。过去因为可能拒绝向快饿死的耶稣施舍一片面包造成的恐惧,这个在背后推动所有基督

---

[65] 在硝石库院和比塞特院中,疯人或者是被人和"好穷人"放在一起(硝石库院中的玛德莲分区),或者是和"坏穷人"放在一起(惩戒和赎罪分区)。

教慈善神话的恐惧,它也对中世纪收容赈济之伟大仪式提供了绝对的意义,现在它"没有充分的基础;在城内开设慈善公署以后,耶稣基督便不再化身为那样的穷人——他们为了维持游手好闲和其败坏生活,不愿屈从一个为了救助所有真正穷人们而建立的圣洁体制"。⑯ 此时,悲惨丧失它的神秘意义。在其悲痛当中,不会再有任何事物可以反映出上帝的神奇和瞬间的显灵。它失去了显现的力量。如果说悲惨还是基督徒行慈善的机会,此时却只有通过国家的体制和计划,基督徒才能对它加以闻问。此时悲惨只显现出它自身的过错,而且如果它出现,也只能是在罪恶的圈围中。如果要削弱它,那么先要教它进入忏悔的体制。

这就是古典时代将疯狂禁闭其中的大环节中的第一个。人们惯于说,在中世纪,疯子被人当作神圣的人物,因为他被神魔附身。没有一件事情比这更离谱。⑰ 如果他是神圣的,那首先是因为在中世纪慈善事业的观点中,疯子是悲惨的幽暗力量的一部分。他可能比其他所有人更加颂扬悲惨。在他拉紧的头发间,不是画着十字架的记号吗?特里斯坦最后一次出现在可努爱,便带着这样的记号——他很清楚,他会因此和所有悲惨的人们一样,拥有受人收容的权利;而且他把自己化装为疯狂的朝圣者,脖子上吊着棍子,头盖上画着十字,便能确定自己一定进得了马克王的城堡:"没有人胆敢

---

⑯ 引用于 Lallemand,前引书,IV,pp. 216-226。

⑰ 是我们现代人才把附魔者视为疯人(这是一个假设),而且假定中世纪所有的疯人,其待遇都和附魔者相同(这是一个错误)。有许多作者都犯了这样的错误和持这样的假设,比如 Zilvoorg。

阻挡他进门。他穿过内庭,伪装傻瓜,使得侍者们哄堂大笑。他不动声色,继续前进,一直走到国王、王后和所有的骑士们所在的大厅。马克露出了微笑……"⑱如果疯狂在 17 世纪被**非神圣化**了,那首先是因为悲惨本身的地位衰落,变成只是道德上的存在。疯狂今后除了在救护院(hopital)内,和所有的可怜人被监禁在一起外,再也找不到别的收容所(hospitalité)。一直到 18 世纪末,我们仍会在那儿发现它。有关疯狂的新感性已经诞生了:它不再是宗教的,而是社会的。如果疯子在中世纪的人文景象里很常见而令人熟悉,那是因为它来自另一个世界。现在,他的背景将是"治安"问题,关系到城市中的个人秩序。往日,人们接待他,因为他来自它处;现在,人们排斥他,因为他来自本地,因为他是穷人、可怜人、流浪汉中的一员。收容他的赈济措施形成了一种新的暧昧性,好像是一种净化措施,将它排除在社会的流通渠道之外。他实际上仍在无目的地漫游,但他的道路不再是那奇特的朝圣之路;如今他搅乱了社会空间的秩序安排。在失去过去作为悲惨之权利和光荣,疯狂从今以后,便和贫穷和懒散在一起,十分干燥地出现在国家的内在辩证之中。

* * *

监禁是一个大量出现的事实,而 17 世纪整个欧洲都可发现其标记,它其实是一个"公共秩序管理"(police)问题。公共秩序管理在古典时代有一个非常明确的意义:使工作对所有必须以工作维生的人都成为可能和必要的,是一整套的

---

⑱ 《特里斯坦与伊索尔德》(*Tristan et Iseut*),éd. Bossuat, p. 220。

措施。伏尔泰(Voltaire)未来不久会明白提出的问题,其实对柯尔贝尔(Colbert)时代的人就已经形成问题了:"什么!自从你们管理人民以来,你们仍未掌握秘诀,强迫所有的富人去推动所有的穷人工作?如此看来,你们对公共秩序管理,连第一课都还不懂。"[69]

人们后来认为监禁有医学上的意义,至少他们喜欢这样设想,但监禁之要求,在开始的时候,其原因和治疗上的考虑完全无关。监禁之所以必要,乃是来自认为人必须工作的要求。我们的博爱观很想要把它看作是在善待疾病,然而,这表达的只是对懒散的谴责。

现在让我们回到大禁闭开始的时候,并回到1656年4月27日创建收容总署的国王诏令。一开头,这个机构的任务便是阻止"行乞和游手好闲成为一切秩序混乱的起源"。事实上,这个措施是文艺复兴以来,为了解决失业或至少解决行乞问题,所采取的许多重大措施中最新的一项。[70] 1532年,巴黎最高法院曾决议逮捕乞丐,并强制他们两两链住,在下水道工作。危机很快更加严重,因为1534年3月23日诏书下令"穷学生和贫民"离开城市,同时却又下禁令:"今后不得在街头神像前唱歌求助。"[71]宗教战争使得这批可疑的

---

[69] 伏尔泰,《全集》(*Œuvres complètes*), Garnier, XXIII, p. 377。

[70] 由灵学角度出发。在16世纪和17世纪初,穷困悲惨被感受为末世纪的威胁:"神子的即将来临,俗世的即将完结,其最明显的标记之一,便是当今世界所面临在灵俗两方面的极度贫困。现在光景恶劣……而且因为众多的缺陷,贫困增衍,痛苦正是罪愆无法分离的影子。"(Camus,《论穷人的合法行乞》[*De la mendicité légitime des pauvres*], pp. 3-4)

[71] 德拉玛尔(Delamare),《治安论》(*Traité de police*),前引文。

群众人数大增,其成员包括被逐离耕地的农夫、被解散或自行叛逃的士兵、失业工人、穷学生、病人。在亨利四世围攻巴黎时,城中居民少于十万,但却有三万名以上的乞丐。⑫ 17世纪初,经济开始复苏;人们决定强制吸收尚未在社会中找到工作的失业者;1606 年〔巴黎〕最高法院作出一项决议,下令公开鞭笞巴黎的乞丐,在其肩膀上做出印记,剃光头,然后逐出城市;为了阻止他们回来,1607 年颁下的命令,在城门口设立警务团(compagnies d'archers),以禁止贫民进城。⑬ 三十年战争来到,经济复苏效果随之消失,行乞和游荡的问题又再度出现;一直到该世纪中叶,税捐定期地增加,困扰了制造业,也增加了失业率。于是,巴黎(1621 年)、里昂(1652 年)、卢昂(1639 年)都发生了暴动。在此同时,工人阶层也因为新经济结构的出现而产生混乱;随着大型制造厂的发展,工匠互助团(compagnonnage)逐渐丧失力量和权利,而"一般规章"又禁止任何工人集会、联盟、"结社"(asso-ciage)。然而,在很多行业里,工匠互助团仍然重建起来。⑭ 法律虽然加以声讨;但各地最高法院的态度似乎显得温和。比如诺曼底的最高法院声称无能审判卢昂的暴动分子。无疑,这就是为什么教会会进行干涉,并且把工人的秘密结社

---

⑫ 参考 Thomas Platter,《巴黎描述》(*Description de Paris*)(1559),出版于《巴黎史协会论文集》(*Mémoires de la société de l'Histoire de Paris*)(1899)。

⑬ 在外省也有类似的措施:比如格亨诺保(Grenoble)便设有"乞丐驱逐人"(chassegueux),负责在街上巡逻,驱逐流浪汉。

⑭ 在制纸和印刷工人之中特别如此。例子可以参考 G. Martin 所出版的 Hérault 省档案,《路易十四治下的大工业》(*La Grande Industrie sous Louis XIV*), Paris,1900, p. 89, note 3。

当作巫术处理。1655年,索邦神学院(la Sorbonne)下了一道谕令,宣称所有参加不良互助团者,"亵渎神圣,其罪当死。"

教会的严厉和最高法院的纵容,产生了暗中的对抗。在这个脉络中,总收容署的创设,至少就其起源而言,显然代表了最高法院的胜利。无论如何,这是一个新的解决办法:这是第一次以监禁措施取代了纯负面的驱逐。失业者不再被驱逐或处罚,而是用国家的经费来负担他的生计,不过他却要付出被剥夺个人自由的代价。在他和社会之间,建立了一个相互义务的默契体系:他有权利接受供养,但他却得接受监禁中的人身和精神束缚。

1656年诏令的目标便是这一大批有点无法分辨的群体。他们是没有钱财和失去社会联系的人口,一个曾经被人遗弃后来又因为经济的新发展被动员起来的阶级。诏令在付诸签署后不到十五天内,便在街道上宣读。其中第九条说:"迅速禁止并防范所有性别、地位和年龄,不论其品质、出身及身份,健壮或伤残、生病或康复中,可治或无可救药,都不可在巴黎市区和郊区行乞,亦不得在教堂内外、住屋门口、街道或其他任何地方,不论日夜,公开或秘密行乞……初犯者处以鞭笞,再犯则男人和男孩处以苦役,女人和女孩处以流放。"在下一个周日——亦即1657年5月13日[14]——慈善院的圣路易(Saint-Louis)教堂举行一台圣灵庄严弥撒;而14日周一早晨,民兵们——他们未来在人民的恐怖神话中将会成为"总署警员"——开始追捕乞丐,并将他们遣送到总署所属各部所之中。四年后,硝石库院中计有1460位妇女和幼儿;慈善院(Pitié)中则有98位男孩、897位年龄在七至十七岁之间的女孩和95位妇女;在比塞特院(Bicêtre)则有1615位成年男子;古肥皂厂院(Savonnerie)收容了305位八至十三岁的男孩;最后,席匹安院(Scipion)收容了孕妇、婴儿和幼童,总计530人。起初,已婚者们即使有需要,亦不获收容,由行政部门负责在家供养;但不久以后,马扎兰(Mazarin)捐款使他们得以住进硝石库院。总署收容总人数约在五千至六千人之间。

在整个欧洲,监禁至少就其起源而言具有同样的意义。它是17世纪西方对影响其整体的经济危机,所提出的一项回应。这项危机包括薪资降低、失业、钱币供应日少,而其整体原因可能源自西班牙的经济危机。⑦ 即使所有西欧国家中最不受体系牵制的英国,亦得解决同样的问题。虽然已经想尽办法,实施种种避免失业和薪资下降的措施,⑦英国国内的贫穷问题仍不断恶化。1622年,出现了一部后世认为是戴克(Dekker)所作的时论小册子:《替穷人哀号》(*Grievous groan for the Poor*)。它在强调危难的同时,亦暴露了普遍的疏忽:"虽然贫民们的数目每日不断增加,但一切事物的演变方向,都对他们不利……许多教区迫使穷人和健康但不愿工作的工人……以行乞、扒窃或偷盗求生。整个国家都因此陷入惨境。"⑦人们害怕他们会断送国家命脉;而且,既然他们

---

⑦ 根据 Selon Earl Hamilton,《美国财富与西班牙价格革命》(*American Treasure and the price revolution in Spain*)(1934),欧洲在17世纪初期所遭遇的困难,乃是肇因于美国矿产的生产中断。

⑦ I. James I, cap. VI.由治安法官"来规定所有劳工、织工和纺织工(spinners)及种种男女工人之酬劳,可以为日薪、周薪、月薪、年薪"。参考 Nicholls,前引书, p.209。

⑦ 引用于 Nicholls, I, p. 245。

不像在欧陆上那样,有从一个国家过渡到另一个国家的可能,那么,人们便建议"将他们放逐,并将他们载运到在东、西印度新发现的土地上"。⑱ 1630 年,国王设置了一个负责监督穷人法律是否严格执行的委员会。同一年,委员会出版了一系列的"法令和指示";其中明白建议起诉乞丐和流浪汉,以及"所有游于好闲、不愿为合理报酬而工作者,或在酒店大肆挥霍、落得一文不名者"。他们必须依法处罚,并将他送入矫正惩戒所(maisons de correction);至于其中有妻子及小孩子者,必须查验他们是否曾举行婚礼,及其小孩是否曾接受洗礼,"因为这些人的生活像野蛮人,没有婚礼、葬礼,亦未受洗礼;而且,也就是因为这种放荡不羁的自由,才会使得许多人以作流浪汉为乐。"⑲尽管该世纪中叶,英国经济开始复兴,这个问题在克伦威尔(Cromwell)时代[15]仍然未获解决,因为当时伦敦市长还在抱怨"这个在城里大队成群的毒瘤,它扰乱公共秩序,包围马车,在教堂和私家门口高声叫喊,要求施舍"。⑳

长久的一段时间内,矫正所或收容总署的场地仍将用来收容失业者、无事可做者及流浪汉。每当危机发生,穷人数目直线上升,至少在一段时间内,监禁所便会再度恢复其最初的经济功能。18 世纪中叶,大危机又再次来临:卢昂有一万二千名工人以行乞为生,土尔亦有同样数目;里昂的制造

---

⑱ 引用于 Nicholls, I, p. 212。

⑲ F. Eden,《穷人的景况》(*State of the Poor*), Londres, 1797, I, p. 160。

⑳ E. M. Leonard,《早期英国贫民援助史》(*The Early History of English Poor Relief*), Cambridge, 1900, p. 270。

厂——倒闭。当时"掌管巴黎及骑警队"的达简森伯爵（le comte d'Argenson），下令"逮捕王国内的所有乞丐；骑警队在乡下进行这项任务，巴黎也同样进行，如此便可确信乞丐不会回流巴黎，因为他们已在四面八方为人拘捕"。㉛

经济危机时期之外，监禁却有另一种意义。它在镇压功能之外，又多了项新的用处。问题这时候不在于监禁无工作者，而是给予被监禁者工作，如此，他们才能有助于公共繁荣。交替状况明显：在充分就业和高薪时期，这项措施可提供廉价劳工；而在失业大增的时期，它吸收无所事事的人群，成为避免动荡暴乱的社会保护措施。我们不要忘记，最早的监禁所（maison d'internement）出现在英国，而且是在工业化程度最高的地点：渥塞斯特、诺威治、布里斯托；而最早的"收容总署"出现于里昂，比巴黎还早了十四年；㉜德国城市中最早的则是汉堡，自从 1620 年即已设立"惩戒所"（Zuchthaus）。此所 1622 年发布的规条非常明确。所中禁闭者全得工作。详细记载其工作生产所值，其中四分之一发予受监禁者。原因在于，工作不仅是占用他们时间、使其有事可做的事务而已；它还应该具有生产性。所里的八位主任订立了全盘的发展计划。工作领班（Werkmeister）授予每个人一项个别任

㉛ 达简森（Marquis D'Argenson），《日记和回忆录》（*Journal et Mémoires*），Paris,1867,t. VI,p. 80（1749 年 11 月 30 日）。

㉜ 而且是在十分典型的条件之下成立的："由于爆发饥荒，数条船满载大批穷人出现，他们都是附近省份无法供给的贫民。"当地的工业大家族——尤其是 Halincourt 家族——慷慨解囊。（《里昂慈善施舍收容总署地位规章》〔*Statuts et règlements de l'Hôpital général de la Charité et Aumône générale de Lyon*〕,Lyon,1742, pp. VII & VIII）

务,并在周末负责检核。此项工作规定一直实施到18世纪末,因为霍华德仍然看到:"在此,人们纺纱、制袜、织毛、织马毛、织亚麻、磨染匠用的木料和山羊角。磨木壮汉每天的工作量达到45磅粉末。有些男子和马匹正为一部缩绒机忙碌着。还有一位铁匠忙个不停。"[83]德国每一座监禁所都有其特长:不来梅(Brême)、布伦斯威克(Brunswick)、慕尼黑、布勒斯劳(Breslau)、柏林,其特色为纺线,汉诺威(Hanovre)则是织布。在不来梅及汉堡,所中男子磨木成粉。纽伦堡从事打磨玻璃眼镜片的工作;迈央斯所的主要工作乃是磨制麦粉。[84]

英国最早的惩戒所开张之时,正值经济大萧条。1610年的法案只建议在所中设置磨坊、织布机、棉毛梳理作坊,以便使得受监人有事可做。这项道德上的要求,后来却变成经济战术:1651年以后,由于航海法案[16]和贴现率降低措施的实施,经济情势开始好转,工商业亦见发展。这时便寻求如何最妥善,也就是如何以最便宜的价钱,利用所有可用的人工。当约翰·卡里(John Carey)为布里斯托订立贫民习艺所计划时,工作上的紧急需要被摆在第一位:"穷人不论性别、年龄,都可被雇用于击打大麻、整理纺织麻纱、梳理及抽毛线。"[85]渥塞斯特所生产衣服和布匹,还设立了儿童作坊。当然这一切的进行并非毫无困难。构想中,贫民习艺所可以对地方工业和市场有所助益;低成本的生产可以用来调节售

---

[83] 霍华德(Howard),前引书,I,pp. 154 & 155。

[84] 霍华德,前引书,I,pp. 136-206。

[85] 引用于 Nicholls,前引书,I,p. 353。

价。然而,制造业者却提出抗议。⑧ 丹尼尔·笛福(Daniel Defoe)指出,由于贫民习艺所在竞争上大占优势,结果造成虽然有意减少某一地区的穷人,却又会在另一地区制造出穷人;"这是用剥夺另一个人来供应某人,让流浪汉占去一个诚实人的位置,强迫他去另寻工作,才得以养家糊口。"⑧面对竞争可能带来的危险,所中主管逐渐让工作消失。所中成员甚至不能赚到足以维生之数;有时候只有被迫将他们送入监牢,在那儿他们至少还有免费的面包可吃。至于感化院(Bridwells),其中"少有生产,或是少有生产可作。受监人既无工作材料,亦无其工具;他们在懒散怠惰、放荡无羁之中消耗时间"。⑧

当巴黎收容总署创设之时,其主要目的是压抑行乞而非促使受监者工作。然而,当时主政的柯尔贝可能和他同时代的英国人想法一致,认为由工作济助贫困,既可挽救失业,又能刺激制造业发展。⑧ 于是外省总督便一直有责任监督慈善事业,要求它们具有一定的经济功能。"一切有能力工作的穷人,在法定休息日之外,皆须工作,以便避免罪恶之母——懒散怠惰,养成工作习惯,并赚取部分维生所需。"⑨

---

⑧ 比如渥塞斯特(Worcester)的贫民习艺所便得保证把所中制造的,而且不为所中人员需要的衣服,出售到遥远的外地。

⑧ 引用于 Nicholls,前引书,I,p. 367。

⑧ 霍华德,前引书,I,p. 8。

⑧ 他建议朱米叶吉(Jumiège)的修院提供羊毛给院中收留的可怜人,好让他们可以纺羊毛:"羊毛和袜子的制造,乃是促使乞丐工作的良方。"(G. Martin,前引书,p. 225,note 4)

⑨ 引用于 Lallemand,前引书,t. IV,p. 539。

甚至有些时候，还和一些私营企业主达成协议，让他们利用收容所中的人力，为其利益工作。譬如，1708 年，吐勒 (Tulle) 慈善院便和一位企业家达成协议，由他供给院方羊毛、肥皂、木炭，院方则回送梳理和纺成的羊毛作为回报。全部利润由院方和企业家分享。⑪ 甚至巴黎收容总署本身，也曾数次尝试将各重大部门转型为制造厂。如果我们可以信赖 1790 年出现的一部无名备忘录，慈善院曾经试过"首都所能提供的各种制造业"；最后，"经过一番失望，选择了制造束带，因为它的成本最低。"⑫其他单位的尝试亦无所获。比塞特院做了多番试验：丝线和绳索、玻璃磨光，特别是那著名的"大井" (grand puits)。⑬ 在 1781 年，甚至让囚犯代替马匹，从早上五点至晚上八点，轮流接班，汲取井水："这项奇特的工作来自什么样的动机呢？是因为经济上的考虑，或单单只是要使囚徒们有事可做呢？但如果单单只是要让囚徒们有事可做，那么要他们去做一件对他们自己和所方都会有益的工作，不是更适合吗？如果是为经济上的考虑，老实说，我们实在难以在其中发现什么经济上的必要。"⑭18 世纪之中，过去柯尔贝为收容总署赋予的经济意义，将会持续地消失；过去的强迫工作中心，变成了闲荡者的特区。大革命时代，人们会这么问道："比塞特院的混乱来源是什么呢？"而他们

---

⑪ Forot，前引书，pp. 16-17。

⑫ 参考 Lallemand，前引书，t. IV, p. 544, note 18。

⑬ 一位名叫 Germain Boffrand 的建筑师，曾于 1733 年画了一个巨大的井的设计图。这个井很快地便宣告无用，但这个工程仍然继续下去，好让囚犯有事可忙。

⑭ Musquinet de la Pagne,《比塞特院的改革：戒律院之成立》(*Bicêtre réformé ou établissement d'une maison de discipline*)，1789，p. 22。

的回答,17世纪就已提出了:"原因是整天游手好闲、无事可做。解决方法为何?工作。"

古典时代对监禁的利用方式,模棱两可,它要监禁扮演双重角色:要它吸收失业,或至少消除其最明显的社会效果,又要利用它在物价可能高扬时加以节制。因此它是轮流地在人力市场和生产价格两方面发挥作用。其实,监禁似乎无法有效地扮演人们所期待的角色。如果它吸收了失业者,这主要是为了遮掩悲惨,及避免因其骚动而来的社会政治不安;但是,一旦把他们收容在强制工作场中,邻近地区和类似行业中的失业反而会开始增加。⑤ 至于干预价格方面,它不能有什么实际的作用,因为如果我们把监禁本身所造成的开支加入估算,那么用这种方式生产出来的产品,其销售价格和真正的成本根本不成比例。

* * *

监禁所的创设,如果只衡量其功能价值,可称失败之举。19世纪初,它们几乎在全欧洲消失,不再作为贫民收容中心和悲惨的监牢,可说最后被认定为失败。它们被认定为过渡性的无效方案,新生工业化过程中相当拙劣的社会预防措施。然而,这个失败对古典时代本身来说,乃是一项不可化约的经验。以今日的眼光衡量,它是生产和价格之间的拙劣辩证,但在当时,它真实的意义其实是某种工作上的伦理意

---

⑤ 法国和英国一样,也发生过这一类的冲突:比如在特华(Troyes),"制帽业者及制帽师傅"便曾经和收容所管理人发生过诉讼。(《罗布省档案》〔*Archives du département de l'Aube*〕)

识。在这样的意识里,当务之急不是经济机制里发生的困难,而是去肯定一项价值。

在这个工业高度发展的初期,工作不被认为和工业勃兴本身引发的问题相关;相反地,工作被视为一种一般性的解决方法,无病不治的万灵丹,可以治愈所有悲惨遭遇的良药。工作和贫穷被当作简单的对立物;两者扩张程度互为反比。至于工作为何特别有使悲惨消失的力量,对于古典思想而言,其来源不在工作中的生产能力,而是来自其中的道德启发力量。工作的效力之所以受到肯定,乃是因为人们认为它有伦理超越性作为基础。自从人由乐园堕落以来,劳动作为处罚,便具有悔罪价值和救赎力量。人之所以被迫要工作,并非因为自然法则,而是因为人受到诅咒。大地贫瘠不毛,但它是无辜的,因为如果人类保持游手好闲,它就会陷入沉睡:"大地没有原罪,如果大地被诅咒,那只是因为耕作它的人,被诅咒要以工作维生;人如果要由大地攫取任何果实,尤其是他最需要的果实,只有花下力气,不懈地工作。"⑯

工作的义务和任何人对自然持有的信念之间,在这时毫无关联;而且如果大地会回报人的劳动,也不是因为它有一种幽微的诚信。天主教徒和新教徒一致认为,工作自身并不包含果实。收获和财富也不是工作和自然的辩证的结局。加尔文曾告诫人说:"然而,我们引领人的原则,并不是要根

---

⑯ 波舒哀(Bossuet),《神秘升扬》(*Élévations sur les mystères*),第六周,第十二升扬。(《波舒哀文选》〔*Bossuet. Textes choisis*〕,H. Bremond 编,Paris,1913,t. III,p. 285)

据他是否精明能干,是否负责尽职,有无能力使土地肥沃;引领一切的,乃是上帝的祝福。"⑨如果上帝不以它的慈善干预,工作仍旧不会有成果;波舒哀(Bossuet)也知道这项危难:"我们无时无刻都有可能失去收获的希望和工作的唯一成果;无常的上天主宰着我们,而雨滴有时会打掉幼嫩的稻穗。"⑱除了因为上帝特殊的愿望以外,自然永远没有义务回应人朝不保夕的劳动——然而人却有义务劳动,而且没有讨价还价的可能:工作并不处于自然综合的层次,而是处于道德综合的层次。既然"上帝"允诺供养天上的鸟儿,穷人便以为它会来救援他,因而不愿使大地"受苦"。他其实违背了《圣经》的重大律则:"你不可考验永生者,你的天主。"不愿工作,不就是"无法无天,考验上帝的大能"⑲吗?这样做,就是在强索奇迹,⑩然而奇迹其实是天天施给人的,因为他的劳动,总会收到无偿的报酬。如果工作的确不在自然法则之中,它却是包容在那堕落者的世界秩序里。这就是为什么,游手好闲便是叛逆——而且在某一种意义下,那还是最糟糕的叛逆:因为游手好闲便是在期待自然的慷慨大度,像是创世时对待无罪之人,因为它就是在强索上帝的慈悲,然而人自从亚当以来,就已失去了如此要求的权利。在堕落之前,人的原罪乃是傲慢;而人在堕落之后,游手好闲就是极大的骄傲,人在惨境中的可笑傲慢。我们的沃土其实只是荆棘

---

⑨ 《申命记第 155 讲》(*Sermon 155 sur le Deutéronome*),1556 年 3 月 12 日。
⑱ 波舒哀,前引书,p.285。
⑲ 加尔文,《申命记第 49 讲》(*Sermon 49 sur le Deutéronome*),1555 年 7 月 3 日。
⑩ "我们希望神满足我们的疯狂欲望,好像它是我们的臣民一般。"(加尔文,同上)

丛生、杂草满布,在这样的世界里,它是罪中之罪。中世纪认为傲慢是最大的原罪(radix malorum omnium)。如果我们相信尤伊辛加(Huizinga)的话,那么在文艺复兴运动的前夕,最高的罪恶便是"贪婪",就是但丁(Alighieri Dante)所谓"贪求无厌的行径"(cicca cupidigia)。[101] 相对地,17 世纪所有的经典都在宣布"懒惰"可怕的胜利:现在它不但是万恶之首,又是万恶之源。我们不要忘记收容总署创立诏书中说过,总署负责阻止"行乞和游手好闲,它们是所有秩序破乱之源"。布尔达鲁(Bourdaloue)也反应此举,对懒惰——这个堕落人类可悲的骄傲——作出谴责:"再问一次吧,闲散生活中的混乱是什么呢?"圣安布罗阿斯(Saint Ambroise)[17] 回答:"说得准确一点儿,它就是人对上帝的第二度反叛。"[102] 监禁所里的工作,因此便具有伦理上的意义:既然懒惰已成为反叛的极端形态,我们就要对游手好闲者实施强迫劳动,强迫他们在无用无利的劳动中,度过他们无尽的闲暇。

因为经济和道德层面不可分离的因素而形成的监禁必要,便是在某一种工作体验中提出的。在古典世界里,工作和游手好闲划出了一道分割线,接替了麻风病过去受到的大排除。收容所以严格方式,接替了麻风病院的位置,成为罪恶萦绕的新地,也成为道德世界的新场域。过去的流放仪式重新进行,不过背景现在是生产和商业的世界。游手好闲在收容所受到谴责和诅咒,社会则在工作律则中解读出伦理的

---

[101] 尤伊辛加,《中世纪的衰落》(*Le Déclin du Moyen Age*),Paris,1932,p. 35。

[102] 布尔达鲁,《七旬主日》(*Dimanche de la Septuagésime*),《作品集》(*Œuvres*),Paris,1900,I,p. 346。

超越性,疯狂将会在这样的地点和这样的社会空间里出现。甚至还会升高其所占地位,直到并吞该地。未来会有一天,疯狂会接收闲荡留下来的荒芜土地,好像它拥有一种非常古老、幽微的遗产权似的。19 世纪将会接受,甚至会要求把这些土地的产权完全移交疯人独占,虽然大约一百五十年以前,这些地方出现的原意,是要收容穷困者、乞丐、失业者。

疯人以作为游荡人群中一员的身份,受到大流放,这一点并非无关紧要。从一开始,疯子就混在不论好坏的穷人身旁,混在不论自愿与否的闲人身边。和他们一样,疯子也得遵从规定,被强迫工作;而且不止一次地,他就在这个单调一致的束缚里,突出了他们独有的面貌。他们被人不分就里地塞进工作场所,但疯人不花力气,便显得与众不同,因为他们无法工作,也无法追随团体生活的节奏。18 世纪发现,必须为精神错乱者设立一套特别的制度;大革命前夕,监禁体制发生大危机,这些现象,和普遍性强迫工作中所能感受到的疯狂体验之间,有所关联。[103] 疯子被人"关"(enfermer)起来,不必等到 17 世纪,但一直要到这个时代,人们才开始"监禁"(interner)他们,并且把他们和一大群人混在一起,因为人们认为他们之间有相似性。到文艺复兴时代为止,人对疯狂的"感性",一直和想象中的超越性相关。自从古典时代开始,才第一次用一种"感知"去对待疯狂,把它放在伦理对游手好闲的谴责之中,也放在由工作共同体所保障的一种社会的内在性之中。这个共同体得到了伦理力量,可以作出分割,

---

[103] 布伦斯维克(Brunswick)收容所面临的问题,乃是十分具有代表性的例子。参考下文,第三部,第二章。

可以拒绝所有形式的社会无用,就像是把它们抛到另一个世界里一样。劳动的神圣力量,圈划出了这**他异的世界**(autre monde),而今日我们所认识的疯狂,其地位便来自其中。如果在古典的疯狂里,仍有些东西在说着**他处**及**他者**,那也不再是因为疯人来自非理性的另一片天空,而且身上还带着它的标志;疯狂之所以如此,是因为它闯过了资产者划出的界线,使得它自己成为资产者伦理神圣界限之外的异乡人。

* * *

其实,监禁体制和工作要求之间的关系,并非完全随经济状况而变化,实情差得远呢。在背后支持和推动这层关系的,乃是道德性的感知。"英国"贸易部(Board of Trade)在一份穷人报告中,提出"使他们变得有助公益"的方法,同时非常明确地说明,贫穷并不源于食物缺乏或是失业,而是源于"纪律松懈和道德衰败"。[104] 1656年诏令也同样在道德的责难之中,夹带着奇特的威胁。"乞丐们过度放荡不羁(libertinage),不幸地陷于种种罪恶,如果他们未受惩罚,将会招致神怒,有害国家。"这里所谓的"放荡不羁",不是工作大律定义下的放荡不羁,而是道德上的放荡不羁:"慈善事业人士的经验指出,他们之中的许多人,未行婚礼异性同居,他们的许多小孩未受洗礼,而且几乎全然不识宗教、鄙视圣礼,常患恶习。"同时,收容总署不像是因为老年、残障和疾病而无法工作者的单纯避难所;它不只像是一个强迫劳动坊,而是比较像一个道德机构,负责惩罚、矫正某种道德"缺陷"。这样

---

[104] 参考 Nicholls,前引书,I,p.352。

的道德缺陷，还不到要受人类法庭审理的程度，但如果只是以严峻的忏悔处理，也还不足以将其纠正。收容总署具有伦理地位。其指导者负有道德任务，他们手上也掌握了一整套行使压制的司法和物质工具："在指挥、指导、行政、警察、司法、纠正和惩罚上，他们拥有全权"；而为了完成这项任务，他们得以配置"木桩和铁颈圈、囚室和地牢"。[105]

就其根柢而言，这才是工作义务的意义脉络。它的意义同时既是伦理的施行，亦是道德的保障。它的价值类似苦行、处罚，像是某种内心态度的标记。能够工作并愿意工作的囚徒将会获得自由；并非由于他对社会又再变得有用，而是因为他又重新加入了人类生存的伟大契约。1684年4月，一项政令规定，在收容所内部，为年龄在二十五岁以下青年男女设立独特的分部；它明白规定工作得占去他们一天中的最大部分时间，并要附带"阅读某些虔信书本"。但条文也明定工作的纯压抑性质，远离任何生产考虑："就他们的力量和状况所允许的范围内，要让他们做可能中最长时间和最粗重的工作。"只有在这么做之后，才能教他们学一项"适于其性别和倾向"的手艺，因为他们对最初的练习表现的热诚，可以让人"判断他们有意改过自新"。最后，如果一犯过失，"就用削减餐量、增加工作量、囚禁和该所中常用的其他刑罚加以惩戒，条件只要指导者认为合理。"[106]我们只要读读《硝石库院圣路易室日规》，[107]便可了解之所以必须强迫工作，乃

---

[105] 见收容总署规章，第 XII 及第 XIII 条。
[106] 引用于《收容总署史》(Histoire de l'Hôpital général)，匿名小册，巴黎，1676。
[107] Arsenal 图书馆，第 2566 号手稿，54—70 张。

是把它当作一项道德改善和道德约束的练习,而且如果它没有说出监禁的最终意义,至少也说出了它最基本的合法性来源。

这类型的束缚之地,其发明乃是一个重要的现象:行政软禁变成了道德惩罚的途径。这是道德设施的第一次建立,并使道德义务和民法在其中产生惊人的结合。国家秩序不再受内心(coeur)的无秩序威胁。当然,这不是欧洲文化头一次把道德过失——即使是最私人性的——当作是触犯了公共空间中的成文或不成文法。然而,古典时期大禁闭中,最基要的、具有历史新事件意义的,便是法律已不再定罪:人被监禁在纯道德的城市之中,在其中,原应施行在人心之中的律法,以毫无妥协、毫无宽容的方式被人运用,而其实施则通过最严厉的人身束缚。在道德层次和人身层次之间,人们假定原则上存有一种可逆转性,即假设由前者过渡到后者,不会有残留、拘束和权力的滥用。道德法则的完全应用,不再是完成人生功业与否的问题;它可以在社会综合的层次上进行。道德就像商业和经济一样,也可以运用行政体系加以管理。

于是,我们看到布尔乔亚的一项伟大理念,便是以此种方式注入专制王权的体制之中——而这些体制长久以来被认为是王权的滥权象征——不久以后,它还会成为共和国的伟大理念:美德也是国家事务,可以用政令建立其统治,可以建立一个权威机关,确保美德受人尊重。就某种意义而言,监禁所的四壁之内,关的正是这个理想道德城邦的否定面。17世纪起,布尔乔亚意识便开始梦想这样的道德城邦:它的居民是那些一开始就想要逃避它的人,其中美德发挥着无法上诉的司法力量——像是只以胁迫得胜的善良主权,而美德既然有其代价,在其中也只以避开刑罚作为补偿价值。在布尔乔亚城邦的阴影之中,诞生了这个怪异的善之共和国,为人们强迫加诸于所有被怀疑属于恶之国度的人身上。这便是古典时期布尔乔亚伟大梦想和伟大忧虑的反面:国家的法律和人心的法律终于合而为一。"只盼我们的政治家愿意延搁计较……并期盼他们有一天能够了解,金钱可以买到一切,但不能买到德性和公民。"⑩

这不就是汉堡监禁所创设人心中萦回的梦想吗?其中一位指导者得负责监督"所中所有人是否恪尽其宗教义务,并因而获得教诲……学校老师得教导小孩子们学习宗教,加以鞭策勉励,要在他们休闲的时候阅读《圣经》篇章。他得教他们读、写、算,对来所的访客要诚实端庄。他得注意他们是否参加圣礼,并在其中表现出谦卑的态度"。⑩ 英国贫民习艺所规章,也给予道德监察和宗教教育重要的位置。因此,普利茅斯所规章预定任命一位"学校老师"(schoolmaster),他必须符合"虔诚、朴实和谨慎"三项条件;每天由早到晚,在一定的时间中,他必须负责主持祈祷;每星期六下午和所有节日,他必须向受监人训话,勉励和教导他们学习"符合英国教会教条的新教基本要素"。⑩ 在汉堡也好,普利茅斯也好,在惩戒所(Zuchthäusern)和贫民习艺所(workhouses)

---

⑩ Rousseau,《论科学艺术》(*Discours sur les sciences et les arts*)。
⑩ 霍华德,前引书,t. I, p. 157。
⑩ 同上,前引书,t. II, pp. 382-401。

里,在整个欧洲的新教信仰区中,人们到处建立道德秩序的堡垒,在其中教导着宗教和对城市安宁有其必要的事宜。

在信天主教的土地上,其目的也相同,但宗教的色彩稍加鲜明。圣凡森·德·保罗的事业可作其见证。"人们蒙准退隐在此,躲避大千世界烦恼,并以受养者(pensionnaires)资格进入孤独生活,其目的只为防止其不受原罪奴役,不致永受诅咒,并给以能力,以享此生及来生之全福,为此之故,他们将尽其可能,崇拜神意……很不幸地,经验只能使我们相信,今日年轻人之间盛行的放荡行为,其源头只来自教导缺乏的程度,及其对灵性事物之缺乏顺从,他们宁可遵循其恶劣倾向,而不愿听从上帝的神圣启示和其父母的善良意见。"因此,重点在于把受养者们从一个对他们的弱点来说,只是邀请犯罪的世界里解放出来,把他们召回孤独之中,只以"护卫天使"为伴——它们的俗世化身,便是与其朝夕相随的监视者;其实,这些监视者"发挥了和无形护卫天使一样的助益:也就是说,教导他们,安慰他们,并使他们获得拯救"。⑪在慈善院收容所里,人们非常细心地进行这项生活和意识秩序的整顿工作,而它在18世纪中,会越来越明显地成为监禁的存在理由。1765年,厦多—狄耶里慈善院(la Charité de Château-Thierry)制定了一项新的规条。它明确地规定"修院院长每周至少探视一次所有的受养者,一个接一个,而且个别探望,以便安慰他们,要他们向善,并确定他们是否受到应

---

⑪ 布道文,引用于 Collet,《圣凡森·德·保罗的一生》(*Vie de saint Vincent de Paul*)。

有的待遇。副院长则每天进行此项探视"。⑫

所有这些道德的监狱,都可配备迈央斯院的座右铭。当年霍华德探访该地时,仍能读到它:"如果有人能驯服猛兽,将它们赶到光天化日之下,那么我们就不必绝望于纠正迷失正道之徒。"⑬不论是对天主教会或新教国家,监禁在它的专制模式之下,代表一则社会幸福的神话:公安秩序对宗教的原则完全透明,而宗教的要求,将在治安规定以及宗教所可能具备的束缚中,无限地满足。在这些体制中,隐藏着一个企图。它要证明秩序和美德可以完美配合。在这个意义下,"禁闭"(renfermement)同时隐藏着一则城邦的形而上学和一则宗教性的政策;禁闭作为一种暴虐性综合的努力,乃处于上帝的乐园和失乐之人所造的城市之间。古典时代的监禁所乃是"治安"(police)密度最大的象征。治安在此被构想为宗教的俗世对等物,其目的则在于建立理想的城邦。监禁所有的道德主题不都已在《治安论》(*Traité de police*)中出现了吗?德拉玛尔(Delamare)在此论文中,不是把宗教看作治安问题中"首要和优先"的主题吗?"如果我们有足够的智慧,完美地尽到所有它为我们制定的责任,我们甚至还要说,宗教是其中唯一的主题。不必多做其他努力,城邦中便不会再有伤风败俗之事;节欲会让我们远离疾病;工作勤勉、简朴以及远见,会让我们永远都能得到生活中的必需之物;在慈善驱逐邪恶之后,便可确保公共安宁;谦卑和单纯会使人文科学不受虚荣和危险威胁;信仰将会充满科学和艺术之

---

⑫ 参考 Tardif,前引书,p.22。
⑬ 霍华德,前引书,t.I,p.203。

中……穷人终将受人自愿救助,乞丐将会消失;这是真理,只要宗教受人遵从,治安的所有其他部门亦将顺利完成……所有的立法者都有大量的智慧,因为他们都把国家的幸福和延续建立在宗教之上。"⑭

* * *

监禁体制是17世纪特有的制度创造。它在一开始就具有庞大的规模,使得它和类似中世纪所能采行的监狱措施之间,没有任何共同的向度。作为经济和社会预防措施,它具有发明价值。但在非理性(déraison)的历史中,它形成了一个具有决定性的事件:在这个时候,疯狂是在贫穷、无能力工作、无法融入群体这些社会层面上被人感知的;由此时起,疯狂融入公共秩序问题之中。人们对于贫穷所赋予的新意义、工作义务的重要性,以及和它们相关的所有伦理价值,大大地决定了人对疯狂的体验,并使其意义转向。

有一种感性诞生了,它为了禁制,划出了一条界线,提出了一个门限,并做出选择。古典社会的具体空间,保留了一个中立地区,像是一页空白,在其中城邦的真实生活受到中断:在其中,秩序不再自由地对抗无秩序,在一切回避或拒绝它的事物之间,理性不再尝试以自己的力量打开一条路。靠着狂乱的非理性事先替它安排的胜利,理性现在是在它的纯粹状态中做主宰。如此,疯狂便被强迫脱离想象中的自由,而这样的自由,曾让它在文艺复兴时代的天空下不断地增长。不久以前,它还在光天化日下自我辩论:那就是《李尔

---

⑭ 德拉玛尔,《治安论》,t. I, pp. 287-288。

王》和《堂·吉诃德》。但在不到半个世纪的时间里,疯狂进入了幽禁状态,被监禁在收容所的堡垒里,和理性、道德规定以及它们的单调暗夜相联系。

注 释

1 原文 renfermement 意为将原来是开放的事物[再]关上。

2 出自《圣经·路加福音》第十四章。

3 在德里达(Jacques Derrida)对《疯狂史》的批评(《我思与疯狂史》[Cogito et histoire de la folie],1963 年演讲)和福柯的答辩中,曾经回到笛卡儿《沉思录》拉丁文原本,对其中描述疯狂的字眼加以详细考究。根据福柯的答辩,前面使用的 insensés(无理性),拉丁文版原文为 insani(失去良好的判断力,笛卡儿引用了当时西方通行的体液学说来作解释)。后来的"疯子"(fous)和"精神失常"(extravagant)在拉丁文版中为 amentes 和 demens。福柯解释说,它们主要是法律用语(这一点先为德里达指出),陷入 demens 状态的人不被认为具有法律行为(说话、承诺、签名、谋划行动等)上的全体权利。因此在笛卡儿行文的细节中可以见出医学和法律论述对疯狂的连结作用,主张[理性]思考的主体不可能疯狂。见《疯狂史》法文第二版(1972),附文二《我的身体、这张纸、这炉火》(Mon corps, ce papier, ce feu),p. 590。参考福柯,《回答德里达》(Réponse à Derrida),Dits et Ecrits II 1970-1975,Paris,Gallimard,1994,pp. 288-289(原刊于 Paideia,No. 11,1972 年 2 月号)。

4 Philippe Pinel(1745—1826),出生于法国 Tarn。1793 年被任命为比塞特院主任医师,1795 年转任硝石库院。匹奈在传统上被视为法国精神医疗革命的象征,对于疾病分类、精神病患的道德疗法(traitement moral)、疗养院体制的建立留下重大影响。但今日的研究认为他在 1792 年解放比塞特院链囚病人一事,乃是事后虚构的神话。其名著有《精神错乱的哲理医学》(Traité médico-philosophique sur l'aliénation mentale,第一版 1801,第二版 1809)。

5 William Tuke(1732—1822)为英国公谊会(Quaker)教派的慈善家。于 1796 年创立约克隐卢疗养院(the York Retreat),成为精神医疗新方法的先锋。由他开始,突克家族四代皆在英国精神医疗史上占有重要地位,尤其孙子 Samuel Tuke(1784—1875)著有《隐卢描述》(Description of the Retreat,1813)一书,为道德疗法的经典性记载。

6　Henri-Balthasar Wagnitz(1755—1838),德国哈勒(Halle)的神学家,为该市的监狱牧师和神学教授。著有《德国最重要惩戒所之历史资料及评论》(*Historische Nachrichten und Bemerkungen uber die merkwürdigsten Zuchthäusern in Deutschland*), Halle,2 vol.,1791-1792。

7　法文 internement 意为强迫居住某处,不得外出;此字特别用来指精神病患的监禁。

8　aliénation 是一个相对古老的词语(主要由 14 世纪至 19 世纪),意指暂时或持续的心智混乱,使得人好像变成他自己和社会的"陌生人",无法正常行动。

9　法国大革命前旧王制中的 Parlement 为最高司法机关,但因拥有诏令复议权和记录权,逐渐具有立法性质,尤以 18 世纪为甚。然而其成员绝不能和英国经过选举而产生的议员相等同。

10　依译者所见通行英文字典,此字拼法应为 Bridewell。根据前面所引 Lallemand《慈善史》第四卷第一部分,Bridewels(这是此字特殊的复数形式)乃是英国 17 世纪几乎每个郡都看得到的一种小型禁闭室。霍华德曾解释它的字源如下(这是为什么它会以字首大写的形式出现):"过去伦敦有座宫殿,它附近有一座名为 St. Bride's well 的井,它便由此得名。后来它变成了一座轻罪矫正院,而此名也变成了这一类监狱的称呼。爱德华六世在 1552 年把它捐赠给伦敦市。"

11　John Howard(1726—1790)为出生于伦敦的监狱改造者。当他在欧陆旅行时,曾为法国人逮捕入狱。他在 1773 年成为英国 Bedforshire 的高级警官,并由此展开一系列的调查,探究监狱状况及犯人待遇。由于他的努力,英国在 1774 年通过两条法案,规定付给犯人固定薪水及改善监狱之清洁。

12　以扫是《圣经·创世记》中,以撒(Issac)和利百加(Rebecca)所生孪生子之一,其弟为雅各(Jacob)。雅各曾用计夺取长子的名分及福分(第二十五、二十七章)。雅各和以扫出生前,已在母亲腹中相争(第二十五章二十二节)。

13　托伦特位于意大利北方。史上的托伦特主教会议曾于 1545 年至 1563 年举行三次,这是罗马天主教会进行反宗教改革的重要时期。

14　法国史学传统将此一诏令颁布时间考订为 1656 年 4 月(福柯在原书第 75 页〔中译本第 99 页〕采用的日期为 1656 年 4 月 27 日),诏令确立了巴黎收容总署的法律地位(这是它的设立法源〔acte de fondation〕),但总署真正开始收容贫民的日期为 1657 年 5 月(这是它的执行〔exécution〕),也就是说,其中经过了一年的准备期。福柯在此显得叙事跳跃——他把附录中的头两篇档案文件压缩在同一个叙事之中。更令人困惑的是,福柯一直将第二篇文件称为 1656 年诏书(此如本章原注 9、10、11、12、13),但他提出的发布日期都是"1657 年 4 月"!依译者所见 Lallemand《慈善史》(*Histoire de la charité*)第四卷(第一部分,1910 年出版)之诏书引文(pp.256-259),其中有部分词句和福柯所引并不相符,因此有可能福柯提供的是此一诏书较晚的发布版本,但未清楚说明。

15　Oliver Cromwell,其执政期为 1649—1658 年。

16　英国国会在 1651 年 10 月 9 日通过这项法案,规定只有英国船或是进口国船只,才有权利载货靠港。它直接引发了英国人和荷兰人之间的海权争霸。一般认为这个法案建造了不列颠"第一帝国"。

17　Saint Ambroise(340—397),为拉丁教会的神父及神学博士。曾任米兰主教,为圣奥古斯丁施洗,并促使帝国体制基督教化。

第三章

惩戒与矫正

在监禁所墙内,我们不只可以找到贫穷和疯狂,而且还可以发现其他样态更为繁复的面孔,但这些身影之间的共同性并不容易辨识。

监禁措施在其原始的形式之下,很明白地曾像一部社会机器那样作用过,而且这部机器的作用范围很广,因为它由最基本的商业调节,一直扩张到布尔乔亚的伟大梦想中由自然和美德综合权威所治理的城邦。如果我们由这一点推论,监禁措施的意义可以完全由一个幽暗隐秘的社会目的来解释,也就是说,它允许社会群体消除对其异质和有害的分子,这样的推论很容易,只要向前推进一步即可。在这种论调之下,监禁便是"社会适应不良分子"(asociaux)的自动消除;换言之,古典时代,以一种非常确定的有效性——而且因为更加盲目,所以就更为确定——消除其威胁的分子,亦即我们不无犹豫、亦不无危险地分发到监狱、感化院、精神病院或精神分析师诊所的人物。以上这个论调,大约便是本世纪初的一整群历史学家①想要证明的说法——如果我们用历史学家来称呼他们并非夸大其词的话。如果他们懂得找出监禁措施和重商政策之间的明显关联,那么他们很有可能会认为,这个关联还能进一步支持其主张。也许这个关联将被认为是唯一有严肃意义的和唯一值得考察的对象。他们当时应该能但没能指出,疯狂的医疗意识的形成是建立于什么样的社会感性背景之中,而且两者间这么重大的关联,使得未来要决定监禁或解放的时候,这项感性还会扮演调解者的角色。

事实上,这样的分析预设疯狂的全套心理配备是永远不变的,只是人们花了很长的时间,才终于找出其中的真相。这样的分析认为这个真相从几世纪以来,不是被人忽视,至少也是被人误解,到了古典时代,人才开始模糊地去掌握它,把它视为家庭的解体、社会的混乱、国家的敌人。而渐渐地,这个最初的感知开始组织起来,最后终于在医疗意识中达到完美,使得过去尚被视为社会适应不良的现象,终于可以被

---

① 首先做出这个诠释的是 Sérieux(在众多书籍中可以参考 Sérieux & Libert,《18 世纪法国精神错乱者之管理》〔*Le Régime des aliénés en France au XVIIIe siècle*〕,Paris,1914)。继续这个路线研究的有 Philippe CHATELAIN(《17、18 世纪法国精神错乱者及不正常人之管理》〔*Le Régime des aliénés et des anormaux aux XVIIe et XVIIIe siècles*〕,Paris,1921),Marthe Henry(《旧王制下的硝石库院》〔*La Salpêtrière sous l'Ancien Régime*〕,Paris,1922),Jacques Vié(《17、18 世纪圣拉撒尔院中的精神错乱者及惩戒犯》〔*Les Aliénés et Correctionnaires à Saint-Lazare aux XVIIe et XVIIIe siècles*〕,Paris,1930),Hélène Bonnafous-Sérieux(《森里斯慈善院》〔*La Charité de Senlis*〕,Paris,1936),René Tardif(《厦多-狄耶里慈善院》〔*La Charité de Château-Thierry*〕,Paris,1939)。其中的重点在于利用 Funck-Brentano 的研究成果,"平反"旧王制下的临禁体制,摧毁大革命时期的疯人解放神话。这个神话由匹奈和艾斯基洛形成,一直到 19 世纪末依然活跃,在 Sémelaigne, Paul Bru, Louis Boucher, Émile Richard 等人的作品中都还看得出来。

当作自然的疾病。这里的假设乃是一种直接演化的模式:社会经验转变为科学知识,群体意识在暗中进展,直到成为实证科学;前者只是后者尚被包裹的形态,像是它在幼儿期的牙牙学语。社会经验作为一种模糊近似的知识,和知识本身具有相同的性质,而且已在朝向完美的道路上迈进。② 而且这么说的理由,来自知识对象先于知识存在的事实本身,因为对象是先受到初步认识,然后才由一项实证科学加以严格地掌握:如此,知识对象具有非时间性的稳定性,不受历史影响,其真相过去只是处于半睡眠的退隐状态,直到有一天,实证性将它完全唤醒为止。

然而,我们不能确定,疯狂真的是在不变的一致性当中等待精神医学的完成,以便由幽暗的存在进入光明的真理之中。另一方面,我们也不确定,即使把它想成一种隐含的方式,监禁措施的对象就是疯狂。我们最后也不能确定,在古典时代初启之际,现代世界重新使用隔离这个非常古老的手势,其目的是想要除掉那些以"社会适应不良分子"姿态出现的人物——不论他们之所以变得如此是自发的突变也好,或是原种的变化也好。我们在18世纪的受监者之中,能够找到类似当代社会适应不良分子的人物,这是一个事实,但这个事实很可能只是结果:因为这样的人物之所以出现,便是来自隔离这个手势本身。在17世纪中叶左右,这个人物在所有的欧洲国家都受到同样的待

---

② 有趣的是,这个方法上的偏见,不但为我们目前讨论的作者们所共享,而且,当大部分的马克思主义者触及科学史问题时,也会天真地采取这种方法上先入为主的态度。

遇:当这样的日子来到时,这个人便被驱逐他的社会当作异乡人,而且被认为无法符合社会的要求;由这时候起,他便成为一切监牢、一切收容所、一切惩罚不加分辨的候选人——而这一点使我们精神感到极大的舒适。但在实际上,这样的人物,只是由许多排拒图式(schéma)重叠而成的产物。

这个放逐的手势和那孤立麻风病患者的手势一样粗鲁;但它的意义,也和前一个手势相同,不能从结果中去寻求。过去人们之所以驱逐麻风病患者,并不是为了遏止传染;在1657年左右,巴黎百分之一的人口之所以受到监禁,也不是为了要摆脱"社会适应不良分子"。这个手势无疑具有另一深度:它并非孤立那长期被习惯所隐藏、未受认识的异乡人;是它创造了他们,是它改变社会景象中的熟悉脸孔,将他们改造为谁都无法辨认的古怪模样。它甚至使得异乡人(l'Étranger)出现在人们尚未预感其存在之处;它拆散了原有的脉络,去除了熟悉感;通过这个手势,人身上的某一事物被放置在人力所不能触及的遥远之处,并在我们的地平线上无限地后退。简言之,我们可以说这个手势便是异化(aliénation)的创造者。

以此意义而言,重塑这个放逐过程的历史,便是进行某种异化程序的考古学。问题因此不在于确定是哪种病理学上或治安上的范畴受到此一措施处理,因为这种提问法预设此一异化早已存在;我们需要知道的是,这个手势是以什么样的方式完成的,也就是说,我们要去探寻:在它所形成的整体之中,有哪些操作在彼此制衡?遭受同一隔离措施、一同被流放的人们,又是从哪些不同的地平线上出发的？当古典〔时代之〕人对一些最习以为常的侧影开始失去熟悉感，而且过去存于它们和他自己形象之间的相似性也开始丧失的时候，这位古典人，究竟在他自己身上经历着什么样的体验？如果这个政令有其意义——现代人便是通过它，在疯子身上看到他自身真相的**异化**——那是因为远在现代人把它据为己有，并把它拿来当象征使用之前许久，这一块流放的场域便已形成。不仅疯子被流放其中，在他四周还有许多其他面孔。然而对今天的我们来说，它们和疯子之间并无关联。这个场域在现实上，乃由监禁空间所圈围而出；它的形成方式，应该可以向我们指出疯狂体验是如何构成的。

* * *

在欧洲的所有土地上，大禁闭已经完成。然而，在城门之旁建造的这些流放之城，是谁住在其中呢？和关在那儿的疯子们做伴的、好似一家人的、使他们到了 18 世纪末很难由其中解脱出来的这些人物，究竟是些什么样的人呢？

1690 年在硝石库院进行清点时，计有三千人口。其中大部分是贫民、流浪汉和乞丐。但在不同的"分区"（quartiers）里，却有一些成分多样的分子。他们的监禁不借由、或不能仅借由贫穷来作解释：圣狄奥多罗区有四十一名女囚徒，由王室逮捕令送入监禁；强制拘留所（maison de Force）住着八名"初级女犯"（genses ordinaires）；圣保罗区住着二十位"老弱的女人"；玛德莲区有九十一名"变得幼稚或残障的老妇"；圣日内纳耶夫区则有八十名"变得像小女孩的老妇"；

圣勒维治区有七十二名癫痫患者;圣伊莱尔区则分配到八十名变得幼稚的妇人;在圣凯萨林区则安置六十九名"体格不良及畸形的女婴";女疯子们则根据她们只是"心智脆弱",或是间歇性发作,或是暴烈疯狂被分别安置在圣伊丽莎白区,圣约翰娜区或是黑牢里。最后,有二十二名"无法矫正之女",因为她们之所以如此被命名的原因,被送到矫正所去了。③

以上列举只是个例子。比塞特院中的人口也是同样五花八门,繁复到使得所方在1737年尝试将分区简化为五大"用"(emplois),以便作出合理的分类:第一"用"包括拘留所、黑牢、牢房以及单人牢房,用来关那些被王室逮捕令送来坐牢的犯人;第二及第三"用"则保留给"好穷人"和"大、小麻痹患者",精神错乱者和疯子则被关在第四"用";第五"用"聚集了性病患者、康复中的病人、受惩戒的青少年犯。④ 1781年霍华德去参观柏林的劳动之屋时,他看到的是乞丐、"懒人"、"骗子和放荡者"、"残障和罪犯,贫困的老人和儿童"。⑤ 一百五十年来,在整个欧洲,监禁发展着单调的功能:纠正错误,减轻痛苦。由1650年到突克、华格尼兹和匹奈的时代为止,属灵圣约翰兄弟会(les Frères Saint-Jean de Dieu)、圣拉撒尔修会成员、伯利恒院(Bethléem)、比塞特院、德国惩戒所的监护人员,一直在名册上登记着监禁体制冗长单调的经文:"放荡者"、"白痴"、"浪子"、"残障"、"心智错

---

③ 参考 Marthe Henry,前引书,*Cassino*。
④ 参考 Bru,《比塞特院史》(*Histoire de Bicêtre*),Paris,1890,pp. 25-26。
⑤ 霍华德,前引书,I, pp. 169-170。

乱者"、"放纵者"、"孽子"、"挥霍无度的父亲"、"妓女"、"无理智者"。⑥ 在他们每个人之间,并没有什么指标可以显示出他们之间的差异:都是同样抽象的侮辱。病人受到监禁,疯子跟罪犯混在一起,这个状况要在未来才会令人震惊。目前,呈现在我们面前的是一项整齐单一的事实。

现在,他们之间的不同对我们来说十分清楚:把他们混淆在一起的模糊意识,对我们来说,像是因为无知而产生的效果。然而,这个意识是一个正面的事实。在整个古典时代里,它都在表现一个具有原创力又无法化约的体验。它所划出的领域,对我们来说是奇异地封闭且无法穿透的;而且,当我们想到那里就是现代疯狂的第一个故乡时,其中的沉默显得特别奇怪。想去知道那看来像是无知的东西,我们要询问的不是我们的知识,而是要去质问这项体验本身,看看它对它自己知道些什么,看看它在过去怎么样陈说自我。那时我们就会知道,疯狂当时的亲属为何。而疯狂虽然逐渐摆脱了他们,却没有完全断绝如此危险的亲属关系。

因为监禁不仅扮演负面的排除者角色,它还扮演了正面的组织者角色。其中的实践和规则,构成了一个具有整体性、一致性和功能性的体验领域。在一个统一的场域中,监禁聚集了某些人物和价值,而在它们之间,先前的文化却未曾觉察出任何类似之处。监禁以难以觉察的方式,让他们和

---

⑥ 参考附录:《圣拉撒尔院拘留人员状况报告》(*États des personnes détenues à Saint-Lazare*);《收容总署之国王拘留命令表》(*Tableau des ordres du roi pour l'incarcération à l'Hôpital général*)。

疯狂靠拢，于是便为一种体验——我们的体验——作出准备。在这项体验中，这些人物都像是已经被归入精神错乱的领域之中。要建立这些亲近关系，其条件是要完全重组伦理世界，要在善与恶、接受和谴责之间划出新的分界，也要为社会整合建立新的规范。监禁只是这项深度工作的表面现象罢了，而后者和古典文化的整体融在一起。实际上，某些体验曾为16世纪接受或拒绝，形成明确的说法或被弃置在边陲地带，现在，17世纪将它们重新处理、组合，以一个单一的手势将它们放逐出去，使它们在流亡之中与疯狂毗邻而居——如此便形成了非理性（Déraison）的一体化世界。这些体验，我们可以概述说它们触及所有范围：比如性欲和布尔乔亚家庭组织的关系，比如亵渎神圣和新宗教仪式及神圣概念间的关系，比如放荡无羁（libertinage），也就是自由思想和激情的体系之间正在建立的新关系。这三个体验领域和疯狂一起，在监禁的空间之中，形成一个同质的世界。而且未来就是在这个世界之中，精神错乱会得到我们现在所认知的意义。到了18世纪末，某些"放荡"思想，比如萨德那样的思想，和妄想及疯狂有所关联，将会变成自明之理——这是未被明显说出的自明之理之一。人们也将会同样容易地承认，魔术、炼金术、渎神行为，甚至性欲的某些形态，都和非理性及精神病有直接关系。以上这些都会成为疯狂的主要征象，成为其最基本的显现。但要在我们今日的目光中形成以上所陈述的意义整体，古典主义所进行的大变动却是有其必要的。由此，疯狂和整体伦理体验领域间的关系，便将受到重大调整。

* * *

监禁措施一开始施行的最初几个月里,性病患者便划归收容总署全权管理。男性被遣送到比塞特院;女性则被送到硝石库院。巴黎医护院的医生甚至被禁止收容和治疗他们。如果院里例外地接纳其中的孕妇,那么她们的待遇也和别人不同:她们将由外科学徒接生。因此,收容总署必须接纳"腐败者"(gâtés),但其接纳并非没有一定手续。他们必须偿付他们损坏公共道德的债务,而且要走上惩罚和悔罪的道路。这是一个准备,靠着它,才能重新回到过去因为罪愆而被赶出来的团体去。因此,如果没有证明,根本进不了"大邪恶"(grand mal)区:但这不是一张告解书,而是一张受罚证。于是,在经过一番讨论后,总署办公室于 1679 年决定:"所有性病患者,只有在受过惩戒之后,才会受到接纳,而且先要鞭打一遍,这一点必须在他们的递解票上证明清楚。"⑦

起初,性病患者和其他大灾变的受害者,其待遇并无不同。这些灾难比如"饥荒、瘟疫和其他创伤",而对此马克西米连(Maximilien)曾于 1495 年在渥姆斯议会(la Diète de Worms)上说过,它们乃是上帝为了惩罚人类而降下人世的大灾。作为惩罚,它们的价值只存在于其普遍性,并非任何特殊不道德行为的制裁。在巴黎,那些患了"拿坡里病"(mal de Naples)的患者过去为巴黎医护院所接纳;而且就像在天主教世界的所有其他医院一样,他们只被课以简单而纯

---

⑦ 《收容总署议事记录》(Délibération de l'Hôpital général)。《收容总署史》(Histoire de l'Hôpital général)。

粹的告解罢了:就这一点而言,其待遇和其他病人并无不同。到了文艺复兴时代末期,人们开始以一种新的眼光看他们。依照依迪耶里·德·爱里(Thierry de Héry)的说法,所有一般援引的理由,如腐败的空气、水的污染,都不能够解释这样的疾病:"因此,我们必须将病因归于万物的创造者和恕免者的愤怒及许可,它将这项疾病归咎于人类的过度淫荡、活跃、好色的欲望,乃允许如此的疾病在人间流行,以便报复及惩罚淫侈的大罪。正如上帝曾命令摩西在法老王面前将沙尘抛入空中,使得埃及全国人兽罹患脓肿。"⑧在1590年左右,决定排除性病患者的时候,巴黎医护院就有二百名以上这类病人。他们被人放逐离去,但这项流放一点也不是为了治疗而做的孤立,而是一种隔离。首先他们寄居在十分接近圣母院的几间木板破房子里。然后,人们把他们流放到城市尽头的圣日耳曼德培区;但他们的供养花费不赀,而且又造成秩序大乱。不无一番困难,他们再度获准进入巴黎医护院,直到最后,才在收容总署辖内收容所围墙之间找到栖身之处。⑨

也就是在这个时候,而且只有在这个时候,才制订了这整套仪式:在同一净化意图中,把鞭笞、传统医疗以及悔罪仪式放在一起。惩罚的意图,而且是对个人的惩罚,这时变得非常明确。灾难于此失去它的末世性格;它现在是

---

⑧ 依迪耶里·德·爱里,《性病疗法》(*La Méthode curative de la maladie vénérienne*),1569,pp. 3 & 4。

⑨ 这里还要加上南方医护院(l'Hôpital du Midi)。参考 Pignot,《南方医护院及其起源》(*L'Hôpital du Midi et ses origines*),Paris,1885。

在非常特定的地方指出了一项罪行。尚且,"大邪恶"如果要用这些净化仪式对待,乃是因为它的起因被认为是内心的混乱,而其罪愆则来自罪人坚定的犯罪意图。收容总署的规章在这里毫不暧昧:上述措施"当然"只对"那些因其混乱或放纵而患此病的男女才会生效,而非针对那些因为结婚或其他原因感染此病的人,比如因为丈夫而感染的妻子,或因为婴儿而感染的奶妈。"⑩这个病痛不再被当作世界的宿命;它现在的思考脉络,乃是根据意图逻辑的透明律法。

做了这些区别,而最初的惩罚也实施之后,性病患者便可为总署接纳。老实说,他们是被堆在一起。1781年,比塞特院的圣斗斯他希区有一百三十八个男人,却只有六十个床位;硝石库院为二百二十四个女人安排了一百二十五个床位,收在悲怜区。病状末期的患者,就任由他们死去。其他人则要接受"大疗法"(Grands Remèdes):其疗期从未超过但也很少低于六个星期;十分自然地,从放血开始,随后就立即催泻;有一个星期,以每天大约两个小时的比例施以泡澡治疗;然后再度催泻,结束第一回合的治疗,同时强制一次大告解。接着,水银擦身可告开始,效力充分应用;如此延续一个月,在此末期,做两次催泻和一次放血,如此应能驱除最后致病体液(humeurs)。康复期预计十五天。最后和上帝之间要完全清偿清楚,病人便可宣告治愈,并被遣送离去。

这项"治疗法"显示出一个惊人的想象世界,尤其显示

---

⑩ 参考《收容总署史》(*Histoire de l'Hôpital général*)。

出,通过医学和道德之间的合作关系,这些净化身心的实践才得到完整的意义。在古典时代,性病被视为不洁,其程度远超过疾病;也就是因为此种不洁,才会有种种肉体上的病痛。医学上的感知便是如此,强大地受到伦理直觉的引领。而且,它甚至经常会被伦理面消除;如果我们得治疗身体来消除传染,那么惩罚肉体便是适宜之举,原因在于,我们就是因为肉体才会受役于原罪。并且,我们不仅要惩罚肉体,还要锻炼它、伤害它,不要害怕会在肉体上留下痛苦的痕迹,因为健康太容易将我们的身体转变成犯罪的机会。人们治疗了疾病,但却摧毁那鼓励犯错的健康:"啊!我不会惊讶于圣贝拿尔[1]担忧他的修士健康完美;他知道健康导往何处,如果我们不知道像使徒们一样惩罚身体,并借苦修、斋戒、祈祷来降服它。"[11]性病患者们的"治疗"就是属于这种类型:这样的医学,既是对抗疾病,亦是对抗健康——着眼于身体(corps),却以肉体(chair)为代价。这一点对于了解19世纪对待疯狂的某些不合时代的疗法,是一个重要的观念。[12]

在一百五十年期间,性病患者就在同一个封闭空间里,和无理智者擦肩同居;而且,他们会在无理智者身上留下某种烙印。因而对于现代意识,两者也会显露出一种幽暗的联系,因为它们曾有相同的命运,曾被置于相同的惩罚体系之中。塞佛尔(Sèvres)街著名的小收容所(Petites-Maisons)[2]

---

[11] 波舒哀(Bossuet),《淫欲论》(*Traité de la concupiscence*),第五章,见波舒哀,《文选》(*Textes choisis*) par H. Bremond,Paris,t. III,p. 183。

[12] 尤其以 Guislain 道德镇静剂为代表。

几乎专门接纳疯子和性病病患——这个现象一直延续到18世纪。[13] 疯狂的处罚和放荡无羁者的惩罚之间，被认为具有亲属关系，这并不是欧洲意识中的古老残迹。相反地，这层关系是在现代世界的开端才被确定下来。它几乎完全是17世纪的发现。古典时代在其道德的想象几何之中，发明了监禁的空间，这时它也为反对肉体的罪恶及反对理性的过错，发现了一个共同的故乡及赎罪地点。疯狂开始与原罪为邻，也许就在这时候，非理性和罪恶感之间结交起长达数世纪的亲属关系。今日的精神错乱者仍会把它当作宿命来感受，而医生则发现它是一种自然的真理。17世纪凭空创造了这个人为的空间，在其中联结了一个幽晦的盟姻。具有上百年历史所谓的"实证"精神医疗，也还没能成功地破除它。然而，它们头一次的结合，还是不久之前的理性主义时代。

令人感到奇特的是，允许惩罚和治疗之间的混淆，允许把处罚和治疗的手势几近一致化处理的，正是理性主义。这样的现象预设有某一种治疗，它处于医学和道德精确的接合点之上，可以同时是永恒惩罚的预期和恢复健康的努力。在根柢上，人们所要寻找的乃是医学理性的狡智（ruse）：它可以用做恶来行善。而圣凡森・德・保罗在圣拉撒尔院规之首所题的话语，亦应如此解读——这句话对所有的囚徒来说，同时既是承诺，又是威胁："我们认为，他们在人世之中的

---

[13] 《小收容所年支出简况》（*État abrégé de la dépense annuelle des Petites-Maisons*）。"小收容所中有五百名衰弱老人，一百二十名患头癣的可怜病人，一百名患梅毒的可怜病人，八十名无理智的可怜疯子。"调查人：de Harlay 法官，时间：1664年2月17日。（国家图书馆，第18606号手稿）

痛苦,不会为他们免除永恒的痛苦……";接续而来的,便是一整套宗教性的控制和镇压体系。这个体系把现时人世中的痛苦当作忏悔问题,而忏悔问题如果以永恒来作考量观点,总是具有可逆转性。如此一来,体系就能够而且也应该免除罪人不受永恒的痛苦。人所做出的束缚,其协助神之正义的方式,正是使它变得无用。如此,镇压便得到双重的效能:治疗身体和净化灵魂。如此,监禁便使得著名的道德疗法——惩戒加治疗——成为可能。19 世纪最早的精神疗养院,便是以这种道德治疗作为主要活动。早在勒黑(Leuret)³ 之前,匹奈便已提出此种疗法的基本格式;他主张有时应该"强烈地震撼精神病患者的想象力,并给他恐怖的感受"。⑭

医学和道德之间具有密切关系,此一主题当然和古希腊医学一样地古老。但是当 17 世纪和基督教理性把这项关系加入其体制之内时,却是通过最不具有希腊色彩的方式:压制、束缚、悔罪获救的义务。

*   *   *

1726 年 3 月 24 日,巴黎警察总长(le lieutenant de police)艾洛(Hérault),由"巴黎夏特莱(Châtelet)刑事法庭主席团"陪同,公布了一项判决。判决指出:"爱蒂安·班贾明·戴修福(Étienne Benjamin Deschauffours)正式宣判有罪,并经证实确实犯下起诉书所提之鸡奸罪。为惩此罪,并及他

---

⑭ 匹奈,《哲理医学》(*Traité médico-philosophique*),p. 207。

罪,判处上述戴修福于沙地广场(la Place de Grève)⁴ 火焚而死,其后骨灰抛散风中,其财产没收,交王室所有。"此人的行刑即日办理。⑮ 这是法国因鸡奸处死的最后案例之一。⑯ 不过,当时的人已经对此一刑罚的过度严厉,感到相当愤怒。伏尔泰在撰写《哲学辞典》(*Dictionnaire philosophique*)⑰"苏格拉底式爱情"(Amour socratique)一条时,因而也对此案有所记载。大部分其他类似案例,其处罚如果不是流放外省,便是关入收容总署或拘留所。⑱

如果跟古老的刑罚形态——"火与焰"(ignis et incendium)——相比,新的刑罚可说是奇异地轻缓。根据当时尚未废除的法律规定,"犯此罪者将以烈火处罚。此刑有前例可循,并适用于男女两性。"⑲但是对鸡奸新生的宽容态度却有一特殊意义,那便是进行道德上的谴责,把它当作丑闻来制裁——在社会言论和文学之中,同性恋此时开始被当作丑闻。结束将鸡奸者处以火刑的时代,正是同性恋情怀随着博学的放荡(libertinage érudit)的终结而消失无踪的时代。相对地,文艺复兴时代的文化,却是完全能够容忍此一同性恋情怀。这个变化让人觉得,鸡奸过去和魔法及异端以同等的

---

⑮ Arsenal 图书馆,第 10918 号手稿,第 173 张。

⑯ 之后还有数次:比如在达简森侯爵(marquis d'Argenson)的回忆录里,我们可以读到:"近日有两名粗汉因为鸡奸被烧死。"(《回忆录和日记》〔*Mémoires et Journal*〕,t. VI. p. 227)

⑰ 《哲学辞典》,见《全集》(*Œuvres complètes*),t. XVII, p. 183, note 1。

⑱ Arsenal 图书馆中有十四份资料——约有四千个个案——和这一类轻处治相关;它们的编号是 nᵒˢ 10254—10267。

⑲ 参考 Chauveau & Helie,《刑法理论》(*Théorie du Code pénal*),t. IV, nᵒ 1507。

地位受到谴责,因为它们同样是亵渎宗教,⑳但现在,对它的谴责只有道德上的理由,和同性恋地位同等。从此之后,同性恋才是主要的谴责对象㉑——鸡奸只是外加的行为问题。也就是在这个时候,人开始对同性恋感情产生反感。过去一直保持分离的两种体验,现在被混在一起:一是反对鸡奸的神圣禁忌,另一个则是同性恋中暧昧的恋情。现在,同一形式的谴责同时包裹了两者,并在感情的领域里划出一条全新的界线。由此产生的是一个道德整体,它脱离了古老的刑罚,并用监禁使异质者齐平,接近现代文化中各种形式的犯罪。㉒ 文艺复兴曾经赋予同性恋言论自由,然而,从此以后,同性恋便将进入沉默之中,进入受禁制的领域,继承鸡奸过去受到的古老谴责,虽然后者此时已不再属于神圣禁忌的管辖范围了。

从此以后,在爱情和非理性之间,便建立了一项新的关系。柏拉图文化,不论是在其历史中的哪个阶段,都把爱情当作是一种崇高激越的现象,依其不同层次进行分类。因此爱情或是与身体的盲目疯狂有关,或是与灵魂的伟大陶醉有关;而且,在这样的陶醉之中,非理性仍受知识控制。爱情和

---

⑳ 在 15 世纪的讼案中,鸡奸的控诉必和异端的控诉同时提出(异端中的代表为纯洁教派〔catharisme〕)。参考 Gilles de Rais 案。在巫术审讯中,也可发现同样的控诉。参考 De Lancre,《恶天使之轻浮》(*Tableau de l'inconstance des mauvais anges*), Paris, 1612。

㉑ 比如 Drouet 女人和 Parson 小姐的案例,乃是同性恋使鸡奸案情更加严重的典型例子。Arsenal 图书馆,第 11183 号手稿。

㉒ 这个一致化程序可由下列实例看出:1670 年命令将鸡奸列入"王权案件"(cas royaux)中,但这并不表示它被视为重案,只是表示出这类案件将不再由最高法院审理,而后者倾向于应用中世纪的古老法律。

疯狂，以其种种不同的形式，分属神秘哲学的各种研究领域。从古典主义开始，现代时期定出了不同的选择项：如果不是理性之爱，便只有非理性之爱。同性恋属于后者。因此，它也就渐渐地在疯狂的层次分布间占有一席之地。它被划入现代意义下的非理性，如此一来，任何性欲的中心，都包含着由某项选择所定出的规范，而我们的时代仍在不断地重复这项决定。心理分析因为天真坦率，明白地看出，一切疯狂的根源处都有受干扰的性欲。但是这样的看法之所以有意义，只是因为我们的文化，通过具有古典主义特征的一项选择，使用理性—非理性来划分不同的性欲。在任何时代中，而且很可能在任何文化中，性欲都被人整合于某种约束体系之中；但唯有在我们的文化里，而且年代相当晚近，才非常严格地以理性和非理性来划分性欲。此后不久，既是其推广亦是其堕落，性欲又被划分为健康和病态、正常和不正常。

在性欲的类别之中，我们还应该加上所有与卖淫和放荡相关的事物。法国各收容总署的基本成员便是由这里吸收的。正如德拉玛尔（Delamare）在《治安论》（*Traité de la police*）一书中所解释的，"必须以一个强有力的救药，才能将大众从这种腐败中解救出来，其中最好、最迅速、最确定的方法便是把他们关进拘留所，使他们在其中依照适合其性别、年龄、过错而定出的规律来生活。"[23]巴黎警察总长具有绝对的权力，可以不经法定程序，逮捕所有犯下公开放荡行为的人，直到夏特莱刑事法庭做出当年无法上诉的

---

[23] 德拉玛尔，《治安论》，t. I, p. 527。

判决为止。㉔但，所有这些措施的施行条件是：丑闻是公开行为，或者家庭的利益可能为此遭到危害；重点其实在于保护祖产不受滥用败坏，或是防止祖产被移交到不合格者手上。㉕就某一意义而言，监禁和所有环绕它的治安制度，目的在于控制家庭结构中的某一种秩序，而这种秩序同时既可以作为社会的规则，亦可作为理性的规范。㉖家庭及其要求便成为理性的基本判准之一；要求并获得监禁体制的，首先便是家庭。

我们看到，在这个时代里，家庭伦理对性道德进行大没收。这个没收的过程不乏辩论和迟疑。长久以来，"女才子"（précieux）运动[5]对它加以拒绝。即使女才子的效果并不稳定，而且只是短暂的，此一态度具有可观的道德重要性。此一运动意图重振中世纪的骑士之爱（l'amour courtois）仪式，并且想要超越婚姻中的义务，维持其仪式之完整性，也意图在感情的层次上建立一种休戚与共的连带关系，使它像是一种同谋关系，随时可以胜过家庭关系。但是这一切，面对布尔乔亚伦理的胜利，最后都失败了。爱情的神圣性在契约关系之中消失。圣埃弗勒蒙（Saint-Évremond）对此十分清楚。他嘲笑这些女才子，认为对她们来说，爱情仍是一位神

㉔ 由1715年起，人们可向最高法院上诉反对警察总长的判决，但这仍只是理论上的可能。

㉕ 比如说，有一位名为 Loriot 的女子遭到监禁，因为"可怜的老 Chartier 因为她，离妻弃子，倾家荡产"。（《达简森笔记》〔Notes de R. d'Argenson〕, Paris, 1866, p. 3）

㉖ 夏特（Chartres）主教的兄弟被关在圣拉撒尔院里："他性情低劣，偏好下贱，不符其出身，使人担心他会做出任何事来。人家说他居然想要和他兄弟的奶妈结婚。"（国家图书馆, Clairambault, 986）

祇……它不是在她们心头激起热情,而是在其中形成宗教。"㉗不久以后,骑士之爱和矫揉精神中共有的道德焦虑便会消失。面对此一不安,莫里哀(Molière)如此回答——他同时是在为他的阶级和为未来的世纪回答——"婚姻乃是圣洁和神圣之事,有地位有教养的人必须由婚姻开始,才算名副其实。"神圣的,不再是爱情,而是婚姻,而且是在公证人面前才如此:"只有缔结了婚姻契约,才能做爱。"㉘家庭制度划出理性的圈围;圈外是无理智者的各种灾难威胁,而人在那儿便是非理性及其所有狂热的受害者。"那块土地有难了:那儿不断冒出浓厚黑烟,阴暗的激情放出乌黑的蒸气,掩盖天空和光明。但在那儿也发出神圣正义的光明和雷电,惩罚人类的道德败坏。"㉙

西方爱情旧有的形式为一种新的感性所取代:它来自家庭,并在家庭之中产生;对于所有不符合其规范或利益的事物,它都把它们当作是非理性,加以排除。我们好像已经能够听到朱丹夫人(Mme Jourdain)的威胁话语:"我的丈夫,您真是发疯,有这么多幻想";下面则说:"我护卫的是我的权利,而且,所有的女人都会站在我这一边。"㉚这不是一些空话;其诺言将会实现,有一天,戴斯帕侯爵夫人(la marquise d'Espart)将会要求判处其丈夫为禁治产人,因为她发现一桩婚外情的迹象,可能会对她的财产造成损害;在司法眼中,他

㉗ 圣埃弗勒蒙,《圈环》(*Le Cercle*),收于《作品集》(*Œuvres*),1753,t. II,p. 86。

㉘ 《可笑的女才子》(*Les Précieuses ridicules*),第五场。

㉙ 波舒哀(Bossuet),《淫欲论》(*Traité de la concupiscence*),第四章,见波舒哀,《文选》(*Textes choisis*) par H. BREMOND, t. III, p. 180。

㉚ 《市民绅士》(*Le Bourgeois Gentilhomme*),第三幕第三场及第四幕第四场。

不是已经失去理性了吗？㉛ 放荡、挥霍无度、不可告人的关系、可耻的结合(mariage honteux)，这些都是监禁最常见的理由之一。这个既不完全是司法、亦不完全是宗教的镇压权力，这个直接隶属于国王的权力，在根柢上，并不代表专制政权的专擅，而是代表着家庭要求从今以后的严峻性格。专制王权设立监禁制度，目的是让布尔乔亚享用。㉜ 1771 年，莫洛(Moreau)在他的《司法论》(Discours sur la justice)里，便直截了当地说出这一点："一个家庭看到家中一位可耻人物正在成长，随时可以让它蒙羞。为了不让他身败名裂，家庭依它本身的判断，火速地通知司法人士。如此，家庭的考虑，乃是君主应该倚重的意见。"㉝ 只有到了 18 世纪末，在布勒特伊(Breteuil)部长任内，这项原则才开始受到反对，王权也才开始尝试结束它和家庭要求间的合作。1784 年的政令通报宣称："不管一位成年人如何因为可耻的结合而堕落，或是因为无节制的花费而导致破产，或是耽于过度的放荡，生活荒淫，以上这一切对我来说，都不足以构成充分理由，可以剥夺他们作为法律主体(sui juris)的自由。"㉞ 到了 19 世纪，个人

㉛ 巴尔扎克(Balzac)，《禁治产》(*L'Interdiction*)，见《人间喜剧》(*La Comédie humaine*)，éd. Conard, t. VII, pp. 135 sq.。

㉜ 比如一份监禁申请书如此写道："Noël Robert Huet 之所有亲属谨向大人表示，他们对拥有一位如案主一般的亲人感到不幸。他全无好事、不事生产、耽溺放荡、交友不慎，乃为未来家中之耻，其未嫁姐妹之荣誉威胁。"(Arsenal 图书馆，第 11617 号手稿，101 张)

㉝ 引用于 Pietri,《18 世纪的国家改革》(*La Réforme de l'État au XVIIIᵉ siècle*), Paris, 1935, p. 263。

㉞ 布勒特伊行政通报(Circulaire de Breteuil)。引用于 Funck-Bretano,《王室逮捕令》(*Les Lettres de cachet*), Paris, 1903。

和其家庭间的冲突将会成为私事,而且会被当作心理问题看待。然而在整个监禁体制时期里,这个问题却被当作是关系到公共秩序的事件;它质疑着某种普遍的道德身份;整个城邦都对家庭结构的健全感到兴趣。任何打击它的人,便进入非理性的世界。也就是如此,家庭变成了非理性感受性的主要形态,并且,也就是因此,有一天它才能构成一个冲突地区,使得各种疯狂的形式可以在其中诞生。

古典时代禁闭所有表现性自由的人物,不管他们是染上性病、同性恋、放荡、浪子。先前时代的道德谴责他们,但从来就没有想到把他们和无理智者或近或远地扯在一块。古典时代进行了一个很奇特的道德革命:它把一些长久以来彼此距离非常遥远的体验,都归属在非理性这个共同的名称之下。它把一大群遭到谴责的行为聚集在一起,因而在疯狂的周围形成一道犯罪的光环。精神病理学将会很容易地重新发现犯罪和精神病混在一起,因为古典主义时期暗中进行的准备工作,早就已经把犯罪和精神病摆在一起了。事实上,我们关于疯狂的科学和医学知识,其隐含的基础,乃是先前时期所建立的一项有关非理性的伦理体验。

* * *

监禁的习俗也暴露出另一类群属:那就是各式各样的渎神者。

有时我们会在登记簿上看得到如此的按语:"最狂暴而且无任何宗教信仰者之一。从不参加弥撒且不尽任何基督徒的义务,诅咒上帝之名,称说神不存在,而且如果它存在,他就会在手里拿剑来反对它。"㉟在往日,类似的狂暴会带有渎神的所有灾变,但亦有其威势;他们会在神圣领域中取得其意义和其严重性。长久以来,话语在其使用和滥用上,曾和宗教禁忌间具有重大的牵连,以至使得这类的暴力不可能不接近亵渎。一直到 16 世纪中叶为止,语言和行为上的暴力仍要遭到宗教古老的刑罚:铁颈圈、示众柱、灼铁烧唇、割舌,最后如果再犯,则会遭到火焚。宗教改革和宗教斗争无疑使得辱骂宗教变得相对化;亵渎的界线再也不是绝对的。在亨利四世治下,对它只有不太明确的规定罚锾,以及"有示范性的特殊处罚"。但是反宗教改革和宗教的再度回归严格,又再使得传统的惩罚获得使用,"根据话语的严重性"来量刑。㊱ 在 1617 年和 1649 年之间,有三十四件死刑案的案由便是辱骂宗教。㊲

但是,现在出现了一个吊诡的现象:从 1653 年到 1661 年,在法律的严峻度毫不松懈㊳的情况下,只有十四件公开的〔恶言渎神〕判案。㊴ 而且其中只有七件判死刑。后来它们会逐渐消失。然而使此一过失出现频率降低的,并不是严刑峻法——一直到 18 世纪末为止,监禁所里仍挤满"辱教者"和其他触犯亵渎行为者。辱骂神圣的行为并未消失:在法律管辖之外,而且和法律的意图不同,它有了一个新的地

㉟ Arsenal 图书馆,第 10135 号手稿。

㊱ 1617 年 11 月 10 日政令。(德拉玛尔,《治安论》,I,pp. 549-550)

㊲ 参考 Pintard,《博学的放荡》(*Le Libertinage érudit*),Paris,1942,pp. 20-22。

㊳ 1651 年 9 月 7 日的一项政令(在 1666 年 7 月 30 日更新),又再明白规定刑罚的严重性,由铁颈圈到火刑柱,形成由轻而重的梯级。

㊴ de la Barre 骑士的案例应该视为例外;其所引起的丑闻即为证明。

位,而且其中完全不具有它过去所遭到的危难。现在它是一个和失序混乱相关的问题;它是处于心智上的错乱和心灵上不虔敬之间的狂言乱语。这便是这个失去神圣的世界中的庞大的暧昧性;在其中暴力可以同时,而且毫无矛盾地被解释为丧失理智或无宗教信仰。疯狂和不虔诚,两者间的差异令人难以察觉,或者说,无论如何,在实务上它们可以被当作一致,成为监禁的理由。以下是圣拉撒尔院为达简森(d'Argenson)所写的报告,谈及某位受监人。他多次抗议受到禁闭,而他"既非狂乱,亦非失去理智";对此,监护者则反驳说:"他在弥撒最神圣的时刻,不愿下跪……最后,他尽可能将他星期四晚上的一部分晚餐保留到星期五,而这一项行为足以使人认识到,如果他不是个狂人,就是他本性上倾向蔑视宗教。"[40]如此,有一整个暧昧的地区被划定出来了,它为神圣所弃绝,而医学概念和实证分析形式又尚未侵入其中。这是一个有点分化不清的区域,由不虔诚、无信仰、理智混乱和感情纷乱共同管辖。既不完全是亵渎,亦不完全是病态,而是处在其边界上的一个领域。它的意义,虽然一直具有可逆转性,却永远遭到道德谴责。这个处在神圣事物和病态之间的领域,完全受到一项根本的道德拒绝所支配——它就是古典非理性(déraison classique)的领域。这个领域所涵盖的,不仅是所有遭到排斥的性欲形态,而且还是所有已失去其严格亵渎意义的反神圣暴力;它所指涉的,因此同时是性道德的新选择体系,也是宗教禁忌的新界线。

我们也可以在自杀问题上看到和辱神与亵渎相似的演

---

[40] 国家图书馆,Clairambault,986。

变。在很长的一段时间里,自杀一直被当作是犯罪和冒犯神圣。㊶ 由于这个理由,自杀未遂应处以死刑:"那些对自己施暴并尝试自杀者,不应该免除他想对自己施与的暴烈死亡。"㊷1670 年法令重申其中大部分的条文,并将"对自己犯下杀人罪者"(l'homicide de soi-même)等同于"危害神圣王权或人性王权之罪"(crime de lèse-majesté divine ou humaine)。㊸ 但在这里,犹如面对亵渎和性犯罪,法令即使如此地严苛,似乎仍接受一整套外于司法的处理方式。在其中,自杀不再被当作亵渎神圣的行为。在监禁所的登记簿上,我们常常会见到如下记载:"曾有意自我了结。"在此一记载之外,丝毫不提病态或狂乱的状态,而后者在法律上常被当作减免刑罚的理由。㊹ 自杀的企图本身便已指出心灵上的混乱,而且必须用拘禁来削弱它。企图自杀的人,不再受到谴责,㊺而是受到拘禁,他们被强迫去过的生活,同时既是其处罚,又是预防新企图的手段。就是在他们身上,18 世

㊶ 布列塔尼(Bretagne)的习俗规定:"如果有人在领地内自杀,他将被人以脚吊起,并像杀人犯一样在地上拖行。"

㊷ Brun De La Rochette,《民事及刑事诉讼》(Les Procès civils et criminels),Rouen,1663。参考 Locard,《17 世纪的法国法医学》(La Médecine judiciaire en France au XVIIe siècle),pp. 262-266。

㊸ 1670 年政令。第二十二编,第一条。

㊹ "……然而他之所以会实现其计划、逐行其意志,乃是因为不耐所产生的痛苦、暴烈的疾病、绝望或是因为突然的狂怒。"(Brun De La Rochette,前引书)

㊺ 对于那些死去的人,也不再谴责:"过去的不良法律,把自杀死去的人加以侮辱。但现在我们已不再如此。而且这是一个可怕和令人反感的景象,对于一个满布着孕妇的城市,可能会造成危险后果。"(麦西耶〔Mercier〕,《巴黎景象》〔Tableau de Paris〕,1783,III,p. 195)

纪第一次应用了那些著名的拘禁装置——未来实证主义时代将会把它当作治疗手段:"柳条牢笼",笼顶有一圆形缺口,以便让头可以伸出,双手则被捆绑在笼里,[46]或是"壁橱",人以直立姿态被关在里头,一直包到颈部,只露出头部可以自由活动。[47] 原来被当作亵渎的自杀,如此一来,便被同化于非理性的中性领域之中。镇压体系被用来制裁自杀,它也使得自杀不再具有任何亵渎神圣的意义,并将自杀定义为道德行为上的问题,如此,自杀便逐渐被带引到心理学研究的范围里。西方文化在过去三个世纪中的演变,其特点便是建立了一项人的科学,而且是奠基于把过去它曾认为是神圣的事物加以道德化的过程。

让我们暂时先搁置巫术的宗教意义和它在古典时期的演变。[48] 单只在仪式和修行的层次上,便有一大群手势,被剥除了意义和挖空了内容。它们包括魔法、行善或行恶的妖术秘诀、渐渐为众人所共享的基础炼金术中被泄露的秘密。所有这些,现在指涉的都是概念模糊的不虔诚、道德上的过失,并且像是社会混乱永远的可能来源。

17 世纪之时,立法的严苛未曾稍减。1628 年的一条法令,规定对任何占卜人和星象师处以五百镑的罚锾,并外加体罚。1682 年的诏令更为可怕:[49]"任何人涉及占卜就得永

---

[46] 参考海恩罗思(Heinroth),《心灵生活错乱之教学手册》(*Lehrbuch der Störungen des Seelenleben*), 1818。

[47] 参考 Casper,《法国医学之特色》(*Charakteristik des französischen Medizin*), 1865。

[48] 这个问题留待未来研究。

[49] 它是在毒药事件之后宣布的。

远离开王国。”一切迷信的仪式都得受到示范性的惩罚，并“依案情需要量刑”；“如果在未来，有人恶性之重大足以在迷信之上加入无信仰和亵渎神圣，我们要求对犯此罪行者处以死刑。”最后，上述刑罚亦将应用于所有妖术下毒和运用毒药者，“不论是否造成死亡。”㊿然而，有两项事实显出其中的特征：第一，到了17世纪末以及毒药事件[6]之后，施行巫术或魔术作为的判案就变得非常稀少；记载上还有几个事件，大部分集中于外省；但很快地，严苛程度缓和了下来。然而，这也不等于说，上述受谴责的举动就已经消失了；收容总署和监禁所收容了大批涉及巫术、魔法、占卜的人群，有时也有涉及炼金术者。(51) 情况好像是，在一条严峻的司法条文底下，一种社会意识和作为渐渐组织起来，它和它的形态完全不同，而且它在上述行为之中，也看到完全不同的意义。不过，有一个奇特的地方：允诺避免法律干涉及其旧时的严苛对待的新意义，正是由1682年法令的立法者在说明法条动机时提出来的。这一段文字的目标，实际上是在反对“自称占卜

㊿ 德拉玛尔，《治安论》，t. I，p. 562。

(51) 以下是几个例子。巫术：1706年寡妇Matte被人由巴士底狱转送硝石库院，“因为她是假巫婆，以可鄙的渎神行为支持其可笑的算命。”第二年，她生了病，“人们希望她的死可以很快地使其徒众消失。”（Ravaison，Archives Bastille，XI，p. 168）炼金师：“Aulmont先生把名叫Lamy的女人送到巴士底狱来。她是一个五人事件中最近受捕的一员。这是一个和金属秘密有关的事件，过去已有三人被捕，其中男人送往比塞特院，女人移送收容总署。”（Du Junca日记〔*Journal de Du Junca*〕，为Ravaison引用，XI，p. 165）还有一位名唤Marie Magnan，她研究“水银的蒸馏和凝固，以将其化为金子”。（硝石库院，《省警察局档案》〔*Archives préfectorales de Police*〕，Br. 191）魔术：一位名叫Mailly的女子被送进硝石库院，因为她制作春药，“以帮助一位寡妇迷惑一位年轻人。”（《达简森笔记》，p. 88）

家、魔术师、巫师的人”；因为这些人会“以占星和占卜作为借口，并借所谓魔术操作幻象手段，及其他这类人惯于施用的幻术，使各种不同的无知者或轻信者感到惊愕，而在不知不觉中加入他们”。而且，在下文里，同一文字又点名批判那些“以占卜者、魔术师、巫师或其他为神人法律谴责的类似名称，为其虚空职业者。他们以其言论和行为，和对宗教中最神圣者的亵渎，来败坏和污染老百姓的心智”。(52) 以这种方式来构想，魔法中所有的亵渎效力都被清除得一干二净。魔法不再是亵渎神圣，而是欺骗人类。它的力量只是幻觉。在此，幻觉具有双重意义，意即魔法并没有真实的存在，但也是在说，那些因魔法而盲目的人，本身就没有正直的心智，亦不具备坚定的意志。如果它属于恶的领域，这不再是因为它在行动中表现出幽暗和超越的力量，而是因为它现在是存在于一个错误体系之中。这个体系有它的建造者和上当者，它的幻术家和幼稚人物。它有可能是真实罪恶的工具，(53)但就其自身来说，它却不再是犯罪行为或渎神行动。当它不再和神圣力量相关之后，它只不过是带有恶意罢了。它是心智上的幻觉，却为情感上的混乱服务。人们不再依据它在亵渎神圣上的能力来审判它，而是根据它属于非理性的部分。

这是一项重要的变化。昔日完整的一体性，其中没有任何不连续性，它把魔法的仪式体系、运用者对魔法的信仰、谴责者的判断结合为一体。如今，这样的完整性已经被打破

(52) 德拉玛尔，前引书，p. 562。

(53) “由于越陷越深，那些最沉迷于诱惑行为者，最后在不敬神和亵渎之外，还会加上魔法和下毒。”（德拉玛尔，同上）

了。从今以后,将会有一个被人由外部揭发为幻觉整体的体系;而另一方面,又会有一个由内部被人体验的体系,而对魔法的信服,已不再是仪式中的插曲,而是一个个人的事件和选择:它要不是一个具有犯罪潜能的错误,便是故意利用错误的罪行。总之,在魔法的妖术中,使得邪恶可以畅通无阻地流动的形象锁链,现在被打断了,而且还分裂为两部分:一边是外在的世界,它要不是空无一物,便是被封闭在幻象之中;另一边则是内在意识,并由其犯罪意图划定其范围。过去神圣和世俗在其中危险对抗的法术操作世界,已经烟消云散;另一个世界正在产生,在其中,象征效力(efficacité symbolique)被化约为虚幻的形象,而且还不足以掩盖犯罪的意图。魔法、亵渎、辱教的所有古老仪式,以及所有那些今后不再有效的话语,进入了一个滑移的过程:过去它们是在一个"效力"的领域之中得到其意义,现在它们进入了一个"幻觉"的领域,在其中它们变得毫无理性,因此也就应该受到谴责:这便是非理性的领域。而且,未来会有那么一天,亵渎及其所有悲剧性的举动,将会变成只拥有强迫性妄想(obsession)这样的病理学意义。

我们会倾向于相信,魔法动作和亵渎行为被看作病理问题,是由文化停止承认其效力时开始的。事实上,至少在我们的文化里,它们被当作病态并不是经由直接的过程,而是经过一个过渡性的时代,在其中,利用的是将其信仰罪恶化的方式来解除魔法的效力。由它被当作禁忌到被当作神经质症(névroses)的过程中,必须要通过一个过渡性阶段;在其中展开的内在化过程经由道德判断而来:这是反对过失的道德谴责。在这一整段过渡期间,魔法不再是世界体系中一项获得成功的技术和艺术;但它也还不是个体心理行为中针对失败的想象补偿。这时它明确处于错误和过失的分合点之上,处于这个我们难以把握的非理性领域——但古典主义对这个领域却具有相当细腻的感性,以致可以发明一种具有原创性的反应方式:监禁。所有这些从19世纪精神医学开始,就会成为疾病确定病征的记号,在近乎两个世纪的期间里,曾经停留于"不虔诚和狂乱之间",停留于亵渎行为和病态之间——而非理性便是在那儿得到独立的存在。

* * *

波拿万度·弗克阿(Bonaventure Forcroy)的作品在路易十四治世的最后几年当中,曾经引起某种程度的轰动。就在拜尔(Bayle)[7]编写《辞典》(Dictionnaire)的年代,弗克阿是"博学的放荡"中最后的见证之一,或者说是最早的"哲学家"之一,如果我们采用18世纪对此字所使用的意义。他写了《堤安的阿波罗尼午斯的一生》(Vie d'Apollonius de Thyane),全书皆在反对基督教奇迹说。稍后,他向"巴黎大学的博士先生们"提出一本论文,题名《宗教之怀疑》(Doutes sur la religion)。总共提出十七条怀疑;在其中最后一条,弗克阿自问,自然法是否"唯一符合真理的宗教";他把自然哲学家说成第二位苏格拉底(Socrate)和另一个摩西(Moïse),称他为"改造人类的新长老,新宗教的创立者"。㉞ 在其他状况下,类似的"放荡无羁"将会像凡尼尼(Vanini)[8]一样,被送上火刑柱,或是如同许多18世纪的不虔敬作家一样,被送

㉞ Arsenal 图书馆藏有此文手稿:手稿第 10515 号。

入巴士底监狱。然而弗克阿既未被焚,亦未被关进巴士底监狱,而是被送到圣拉撒尔院关了六年,最后还重得自由,并奉命隐居出生地诺央(Noyon)。他的过失不是宗教层面的问题,他并未受人谴责写了一本离经叛道的书。如果弗克阿被关了起来,那是因为在他的作品里,人们可以解读出别的东西:不道德和错误之间的某种联系。如果说他的作品是对宗教的一项攻击,那也是因为某种道德上的自弃,而不是因为异端,或是无信仰。达简森所写的报告把这一点说得很明白:在弗克阿的案例里,思想上的放荡只是由道德生活上的自由衍生而来的,而这种自由如果不是无法得到使用,至少也是无法得到满足:"有时候,他独自一人,而且在他的研究工作里感到无聊,他就编造出一套道德宗教体系,并在其中混入淫荡和魔法。"而且,如果他没被关进巴士底或凡森(Vincennes)监狱,而是被关入圣拉撒尔院,目的也是要他在严格的道德规范之中重新寻回真理之路。六年过后,总算得到了成果;圣拉撒尔院的教士们,也就是他的守护天使们,最后可以证明他表现得"相当顺从,而且已经愿意前来领圣体了",[55]这时,人们就把他释放了。

在对思想的镇压和言论的控制当中,监禁并不仅仅是惯常处罚的一种方便性变化。它有明确的意义,并且必须扮演一个非常特别的角色:借由道德约束之方,将受监人带回真理之路。也就是因为如此,它指涉着某种有关错误的经验,而且这里所指的错误,首先必须将其了解为道德上的意义。[思想上的]自由放荡不再是犯罪;但它仍然是一项过失,或

---

[55] 国家图书馆,Clairambault,986。

者说,一种更新意义下的过失。在过去,它曾经被视作无信仰或涉及异端。当人们在 17 世纪初审判芳丹尼耶(Fontanier)时,对于他过度自由的思想,或是他太过放荡的德行,还可能有些宽容;但人们在巴黎沙地广场所焚烧的,其实首先是那位过去是新教徒,但后来又成为卡普桑(les Capucins)修会中的新人,然后是犹太人,最后则成为人们所宣称的回教徒。[56] 在当时,生活上的混乱象征并暴露出宗教上的不忠诚;但它既不是使得后者存在的理由,亦不是反对后者时所要攻击的主要罪状。到了 17 世纪的下半叶,人们开始举发一种新的关系,在其中无信仰变成了只是生活放肆的后果之一。而且,生活放肆也成了定罪时用的名义。道德危难更甚于宗教威胁。信仰乃是秩序元素之一;也就是因为它有这个身份,人们才会守护它。面对无神论者或不信教者,人们所惧怕的,比较是他们感情上的脆弱与生活中的道德混乱,更甚于无信仰的力量。监禁对他们的功能,在于进行一种道德重整,以使他们能更忠诚于牢守真理。这里面大有教育意味,使得收容所变得像是某种维护真理的拘留站:在受监者身上实施严格且必要的道德规范,使得悟性不可避免将会降临到他身上:"我希望看到一个人,他自制、宽和、贞定、平衡,却说神不存在;至少当他这么说的时候,他毫无利害之心,然而,这个人并不存在。"[57] 在很长的一段时间里,一直到多尔巴克(d'Holbach)[9] 和荷尔维提乌斯(Helvétius)[10] 为止,古典

---

[56] 参考 Frédéric Lachèvre,《杂集》(*Mélanges*),1920,pp. 60-81。
[57] La Bruyère,《性格群像》(*Caractères*),第十六章,第二部分,éd. Hachette, p. 322。

时代几乎可以肯定,像这样的人并不存在;长久一段时间里,它相信,只要把那位说神不存在的人,变得自制、宽和及贞定,他就不会再有说这种话的兴趣,如此,他也会被引导相信神的存在。这便是监禁的主要意义之一。

而且,监禁的用途暴露了一项奇特的理念运动。由于这个运动,某些自由思想的形式和理性的某些面向,将会和非理性产生关联。在 17 世纪初,自由思想并不只是一个正在萌芽的理性主义;它同时也是面对存于理性本身内部的非理性时所产生的一种不安——这样的怀疑主义,它的应用对象不是知识,而是理性的整体:"仔细去看,我们的一生只是个寓言,我们的知识只是个蠢话,我们以为确定不移的只是些无稽之谈;简言之,这整个世界只是场闹剧和连续不断的喜剧。"㊽在良好判断力和疯狂之间,不可能划分清楚;它们是一同被赋予我们,而且两者存在于无法理解的整体之中,可以无尽地互换:"没有任何轻浮的事物不会在某个地方变得很重要;任何疯狂,只要能被人好好地遵循,就可以变成智慧。"但是意识到理性总是已经受到损害,却不会使得追求秩序变得微不足道;这个秩序是道德的秩序,那是激情的节制、平衡,以感情的管理来确保幸福。然而,17 世纪打破了这个整体,它在理性和非理性之间完成了本质性的大断裂——监禁不过是它在制度面上的表达罢了。世纪初的"思想放荡",生活在两者令人不安的亲近之中,甚至常常是两者的混淆所带来的经验,它在事实上,已经完全消失:一直到 18 世

㊽ La Mothe Le Vayer,《Orasius Tubero 对话》(*Dialogues d'Orasius Tubero*),éd. 1716,t. I,p. 5。

纪末为止,它只有在两种彼此陌生的形式中续存;一方面是理性将自己构造为理性主义的努力,在这样的理性主义中,所有的非理性都成为不合理性(l'irrationnel);另一方面则是非理性的感情,它使所有理性论述都臣服在它不合理的逻辑之下。启蒙和放荡并立于 18 世纪,但两者却毫不混淆。由监禁所象征的划分,使得两者间的沟通变得很困难。在启蒙获胜的时代,放荡过着默默无闻、被出卖和被追捕的生活,在萨德撰写《茱斯汀》(Justine)之前,尤其是在他撰写《茱莉叶》(Juliette)之前,几乎根本无法有清楚的说法。后者是一部反对"哲学家"的绝妙抨击小册子,而且还是某种体验的首度表达,而这种体验,在整个 18 世纪之中,只有在监禁所的四壁之内,才能拥有它唯一的身份——它作为治安问题的身份。

现在,放荡无羁(libertinage)已经滑移到非理性这一边来了。除了这个字眼某些肤浅的用法之外,18 世纪并没有对"放荡无羁"形成一个逻辑一致的哲学;这个字眼的系统性使用,只有在监禁登记簿才能找到。当时,这个字所指的意思,既不完全是思想自由,亦不能精确地说那是道德生活上的自由;其实正好相反,它所指的却是一种奴隶状态,理性在其中变成欲望的奴隶和感情的侍女。没有任何事情会比在检验中的理性所作的自由选择,更远离上述的新式放荡无羁;在后者状况中,相反地,一切都和理性的奴化相关:它对肉体、金钱、热情俯首称臣。萨德是 18 世纪中,第一位尝试去为放荡塑造一个逻辑一致的理论的人,而放荡一直到他为止,其存在仍然保持半秘密状态。萨德的理论颂扬的仍是上述的奴隶状态;加入"罪恶之友协会"(Société des Amis du

Crime)的放荡者必须保证,"只要他的激情有最轻微的欲望,他便得执行一切,甚至是最可憎的行动……"⑤⑨放荡者存在于他的奴隶性的核心之中,他深信"人不是自由的,而是被自然的法则所束缚,人完全是初等法则的奴隶"。⑥⓪ 在 18 世纪,自由放荡就是在感情的非理性中使用被异化的理性。⑥①依此而言,像古典监禁措施一样,把自由放荡者和所有宣说宗教性错误者——新教徒或是任何一个系统的发明人——关在一起,并不是什么吊诡的事。他们被放在同一制度之中,以同样的方式对待,因为两者对真理的拒绝,都是来自放弃道德。达简森所谈论的这位来自狄耶普(Dieppe)的女人,她是新教徒或是放荡女呢?"我不能怀疑这位以倔强为荣的女人是位非常坏的臣民。但由于她所有被控的事端几乎都无法构成司法审判的必要因素,我认为让她在收容总署里关一段时间,似乎是比较公正和比较适当的方式。如此她同时能受到惩戒,也能找到改过的意愿。"⑥②

如此,非理性又并吞了一个新领域:在其中,理性为感情的非理性所奴役,而且理性的运用和非道德的放浪形骸相互联系。疯狂的无稽之谈将会出现于激情的奴隶之中;而且也

---

⑤⑨ 《茱斯汀》(*Justine*),éd. 1797, t. VII, p. 37。

⑥⓪ 同上书,p. 17。

⑥① 因为放浪形骸而遭监禁的一个著名的例子是 Montcrif 修院长:"他在马车、宴饮、彩票、房舍方面奢华无度,消费惊人,终致负债七万镑……他特别喜欢行告解,而且对指导女性尤其热心,导致数位丈夫产生疑心……他特好兴讼,在法院里有数位代理人……但这些不幸的过度之举,使得他后来头脑完全失灵。"(Arsenal 图书馆,第 11811 号手稿。同时并参考第 11498,11537,11765,12010,12499 号手稿。)

⑥② Arsenal 图书馆,第 12692 号手稿。

就是在这种道德的指涉中，产生了一个重大的疯狂主题：在其中，疯狂并不是依循它的奇思幻念自由前行，而是依循着一条为感情、激情，乃至人性所约束的路线前进。长久以来，无理智者身上带着非人的标志；而现在我们所发现的非理性，却过度地接近人，过度地忠实于其本性之决定，好像是人遭到遗弃，只剩下他自己。它将会暗暗演变为 19 世纪演化论所认识的样貌，也就是说，作为人的真相，但着重的是人的感情、欲望，是人最粗糙和最受束缚的本性。它身处幽暗领域，而道德行为在其中尚不能将人导向真理。由此展开了一个新的可能性，可以把非理性划定在自然决定论的诸种形式之中。但是我们不应该忘记，这个可能性的最初意义来自于放荡的道德谴责，也来自于一种特殊的演变：某种思想上的自由被人当作精神错乱的模范和首度体验。

* * *

监禁体制是在一个奇特的表层上运作。性病患者、放肆无度者、挥霍无度者、同性恋者、辱骂宗教者、炼金术士、自由放荡者：这群五颜六色、杂七杂八的人，突然在 17 世纪下半叶时，被抛到一条分界线的另一边，并被监禁在收容所中，而该地在一两个世纪以后，将会成为禁闭疯狂的场域。一个新的社会空间突然开放了，但它也同时被人划定：它不完全是穷困的空间，虽说它的产生来自贫穷令人感到的巨大不安；它亦不确切是疾病的空间，虽然有一天，它确会被疾病所征收。它所指涉的毋宁是古典时代所特有的一种独特感性。重点并非一个排除隔离的否定性手势，而是一整套程序，这套程序在一个半世纪之中，悄悄地发展出一个体验的领域，而疯狂首先会成为其中一员,接着便将之占为己有。

监禁除了它的"治安"性格之外,并没有体制上的统一性。就医学、心理学或精神医疗的角度而言,它也明显缺乏逻辑一致性,如果至少我们同意以不犯时代错乱为原则来看待它。而且,监禁只有以政治批判的角度来看,才能被当作和滥权是一回事。事实上,这些程序是将道德的界线加以移位,缓和刑罚或是降低丑闻的门槛,所有这些程序应当是根据一项内涵的一致性来进行的;那既不是法律,也不是科学上的一致性;而是**感知**(perception)层面上更秘密的一致性。禁闭和其动态的实践,像虚线在体制的表面上所描绘的,便是古典时代所感知到的非理性。中世纪和文艺复兴时代在世界的所有弱点之上,都曾感觉到无理智者的威胁;它们曾经在表象薄薄的表层上召唤这些事物,并对它们感到害怕;它们的夜晚为其鬼灵纠缠;它们用可以想象得到的所有世界末日和动物寓言来形容无理智的威胁。但在当时,无理智的世界即使如此紧迫地近在眼前,却也正因为如此,反而更难加以感知。它甚至在真正存在以前,就已经被人感觉、领会、承认。它被人梦想着,并被无限地投入再现(représentation)的世界之中。感觉(sentir)它的临在,并不是去知觉(percevoir)它;那是感受世界某一种方式,并且给予所有的知觉一种特殊的调子。监禁使非理性明显浮现,不再因为混入过去那一片风景之中而面目模糊。它并且使非理性由抽象的暧昧之中解放出来,而一直到蒙田时代,一直到博学放荡的时代为止,这些抽象的暧昧一直使得无理智必然包含在理性的游戏之中。这些抽象的模棱两可有其必要,它将非理性包容在理性的赌注里。然而,只因为监禁的这个手势,非理性得到了解脱:它脱离了它过去曾经无处不在的世界——但它也因此被**局部化**了;但它也离开了原来具有辩证性的暧昧,而且也就因此,可以被圈定为一种**具体的临在**。现在因为有足够的距离,它可以成为知觉的对象。

但它是在什么样的地平线上被知觉到的呢?很明显,它被当作一种社会现实。由17世纪开始,非理性不再是"世界"缠扰不去的伟大执念;它亦停止作为理性冒险漫游的自然向度。它现在的外表,像是一件"人性"的事实,像是社会物种中自发生成的一个变种。它在往日曾经是人之事物和语言、人之理性和大地不可避免的危害,现在却以人物的样貌出现——而且应该说是各式各样的人物。非理性之人乃是社会承认和孤立出来的一些典型:其中有放肆无度者、挥霍者、同性恋者、魔法师、自杀者、自由放荡者。非理性和社会规范之间的差距,开始成为衡量非理性的尺度。虽然如此,过去在《疯人船》上不是也有许多人物吗?15世纪的文字和形象中所出现的大量登船,不也就是监禁的先驱象征吗?但《疯人船》事实上负载的只是些抽象人物、道德典型而已:比如贪吃、耽欲、不敬神、傲慢。而且,如果这些人被强迫上船,作为其上无理智乘客中的一员,以进行那无港可靠的航行,那么,在指定出它们的意识之中,邪恶乃是以普遍性(universelle)形式出现的。相反地,从17世纪开始,非理性之人乃是一位具体人物,由真实社会之中取样,审判和谴责他的社会也把他当作是它的成员之一。以下所说的,乃是一个基本的要点:疯狂突然被投入人的社会之中,而且,这里现在变成了疯狂主要的,甚至接近专一的出现地带;几乎是在一天之内(不到四十年的时间、在整个欧洲),它突然有了一个被划定界线的领域,每一个人都可以在其中认识它并且举发它——而疯狂在过去却既是漂泊天涯,又暗居即身之处;于是,由这个时候开始,我们便能在作为疯狂化身的每个人物身上,运用维持秩序的措施和治安上的预防之道,一举将之驱除。

以上所说的,可以作为非理性古典体验初步的约略描述。但如果把监禁当作这个体验的原因,便会是荒谬的作法,因为监禁和监禁奇特的运作模式,正像是一些记号,提醒我们它是一个正在建构之中的体验。为了使我们能够把这些非理性的人揭发为其自身故乡之中的陌生人,首先必须进行下述的异化程序:把非理性由它自己的真理之中撕裂出来,并将它关入社会世界的唯一空间之中。我们对疯狂的想法,在这些幽暗的异化之前,常会感到困惑。但在它们的基础上,至少有下面这个基本的异化程序:有一天,社会将会以"心智异化者"(aliénés)来命名疯人,然而非理性首先就是在这个社会之中,被当作陌生人[异化];它就是在这个社会之中,遭到放逐和进入沉默。"成为他者"(aliénation,异化)这个字,至少在此,并不完全是个隐喻。无论如何,这个字眼是在寻求表达一项运动,通过它,非理性不再是在人类理性全体的漫游冒险之中受到体验,而是被圈围起来,像是密闭在一种准客观性(quasi-objectivité)之中。这时,非理性不再有能力推动精神的秘密生活,亦不再有能力以其恒常的威胁来陪伴它。它被保持一段距离之外——在社会空间的层面上,监禁所的封闭性不但象征着这一段距离,而且是真实地确保它。

原因正在于,这个距离,既不是知识的解放、启蒙,亦不是简单纯粹地打开了知识之道。它建立于一种放逐运动之中，而这个运动会令人想起中世纪将麻风患者逐离社会的运动——甚至这便是它的重复。然而，麻风患者身上戴着恶痛（mal）肉眼可见的徽章；灼烧在古典时代的新放逐者身上的，则是非理性更秘藏的烙印。如果说，监禁果真圈围出一个环境，并让客观性在其中成为可能，那么在其中进行这个行动的领域，也早已为流放的负面价值所感染。客观性成为非理性的家乡，但那是一项刑罚。有些人如此宣讲着：只有把疯狂从中世纪对它的宗教和伦理把握中解放出来，它才能落入精神医学从容不迫的科学眼光之中。对于这些人，我们要不停地把他们带回到这个决定性的时刻：非理性之成为研究对象，乃是开始于一个流放的时刻，在数个世纪的时间里，非理性将在其中变得沉默无言。我们也要不停地把这个起源性的过失摆到他们的眼前，让他们再度看到：他们之所以能对终被化为沉默的非理性提出论述——这个论述的中立程度和其遗忘能力成正比——其原因乃在于一个幽暗的刑罚。试想，在我们的文化之中，非理性只有先被排除于社会之外，才能在其中成为知识对象，对我们的文化来说，这难道不是一件重要的事吗？

还有更进一步的问题：如果［就像以上所］说，监禁记载了一项运动，在其中，理性把自身和非理性划分开来，而且也借此摆脱它和非理性之间古老的亲属关系，监禁尚且表达出另一项事实：除了知识的掌握之外，非理性还被另一件完全不同事物所奴役。监禁使得非理性在一整套幽暗的同谋关系网络中受到奴役。也就是这个奴役关系，才会使得非理性演变为疯狂的具体面目和无限同谋。而那就是通过我们自己的体验,我们在今天所认识到的非理性。我们曾看到性病患者、放肆无度者、"自称巫婆者"、炼金术士、自由放荡者混处于监禁所的四壁之内——而且其中还有我们下面会看到的无理智者。某些亲属关系被建立起来了;一些汇通开始展开;而且在那些非理性正在成为其对象的人的眼光中,一个几乎同质的场域便是如此被划定出来。犯罪、性病态、降神和魔法纠缠人的古老仪式、感情法则中的幻象和热狂,在它们之间,有一个地下网络被建立了起来,而它所描绘的,便像是现代疯狂体验的秘密基础。这个如此结构的领域,将被贴上非理性的标签:"适于监禁。"在过去,16 世纪的思想曾在其论述开展之中,把非理性当作翻转理性的辩证点;而现在,因为上述的过程,非理性有了具体的内容。现在和它相关的,乃是伦理问题的重新调整,其所涉及的问题包括:性欲的意义、爱情的划分、亵渎和神圣事物的界定、真理对道德的从属。这些体验,虽然来自如此不同的地平线,却被一个十分简单的监禁手势,在深度上进行组合;而且在某一种意义上,这个手势只是一个地下体系的表面现象而已,而构成这个体系的所有操作程序,都有同样的导向:在伦理世界中,产生一个前所未见的单一划分,我们可以约略地说,一直到文艺复兴时期为止,超越善恶区别之外,伦理世界一直在一种悲剧性的统一体中保持平衡,这便是存于宿命、天意或说神圣偏爱中的统一体。这个统一体现在将会消失,因为理性和非理性之间的决定性划分而遭解体。伦理世界的一项危机于焉展开,把理性和非理性间无法和解的冲突,重叠到善恶间大斗争之上如此增衍分裂的形象:至少有萨德和尼采可作见证。于是,伦理世界的整个一半,落入了非理性的领域中,并为它带来了大量的具体内容：色情、亵渎、仪式和魔法，为感情法则秘密入侵的启示性知识，就在非理性得到适度的解放，使它在成为知觉对象的同时，又落入了这一整套具体的奴役体系里。

无疑地，就是这个奴役状态才能解释疯狂在历史上所展现的奇异忠实性格。在今天还有许多强迫性的狂妄手势，看来像是古老魔法仪式，还有一整套狂言谵语，仍被理解为古老的宗教神启。在一个神圣事物长久以来已消失的文化里，我们有时还可重新发现一股病态的亵渎偏执。这种持久性似乎在质问着我们，要我们去思考疯狂是否为一个幽暗的记忆所伴随，是否它的创新其实只是回返，是否要把疯狂当作是文化自发的考古学。[在这种想法下，]非理性将成为平民百姓的伟大记忆，他们对过去最大的忠贞；在非理性之中，历史，对他们来说，仍存在于永无止境的现在。那么，我们要做的研究，也只是去发明这些持久性事物的共通元素罢了。然而，持这样的思考方式，便是受欺于同一性（identité）的幻象；事实上，连续性只是非连续性的表象。如果这些古老的行为能够有所维持，那正是因为它们已经有所改变。只有在回顾之中，才会有再出现（réapparition）的问题；如果顺着历史的脉络本身去看，我们便了解到，这毋宁是个体验场域转变的问题。这些行为已被消灭，但这并不是说它们已经消失，而是说人们已为它们建构了一个同时既是放逐又是挑选的领域；如果它们离开了日常经验的土地，也只是为了被整合到非理性场域之中。也就是从这里，它们才渐渐地滑入疾病的属地。如果想要了解这项残余现象，我们不应该把它当作一种集体潜意识的特性来质问，而是要去研究非理性所形成的体验领域的结构,和这个领域曾经发生的变化。

因此,携带着古典主义在它身上所缠结的所有意义,非理性便显得像是一个体验场域,它无疑过于秘密以致从未被明言表达,也过于受到谴责,因而由文艺复兴时代一直到现代,从未享有发言权,但却又是足够地重要,因为它曾经支持的,不只是一个像监禁那样的体制,不只是跟疯狂有关的观念和实践,而是整个伦理世界的重新调整。我们必须由它出发,才能了解古典时代里疯狂人物的实相,也才能了解,被19世纪当作实证主义无史真相之一的心智错乱究竟如何形成。文艺复兴时代曾对疯狂有过如此不同的体验,以至于它同时可以是无智慧、世界失序、末世威胁以及疾病。现在,疯狂在非理性身上找到了平衡,并为未来的统一体作出准备。这个统一体,未来将对一个可能是幻觉的实证知识提供着力点;疯狂将从这个方式中——但那却是通过道德诠释的路径——发现可以允许客观知识存在的距离化程序,发现可以为堕落于自然之中作出解释的犯罪,发现标指出情感之心的决定性、其欲望和其热情的道德谴责。古典主义把性的禁忌、宗教的禁令、思想和感情的自由,和疯狂放在一起,并入非理性的领域之中,这么一来,它便形成了一种和非理性相关的道德体验。在基底上,为我们对心智疾病的"科学"知识作基础的,便是这项体验。借着距离化,借着非神圣化的程序,非理性最后达到了一种具有中立性的外貌。但此一中立性早已有所损坏,因为它之得以成立,乃是通过一开头所提出的谴责主张。

不过,这个新的统一体,不仅对知识的进展具有决定性;它的重要性还在于它形成了某种"非理性存在"(l'existence

de déraison)的形象,而且,此一形象在刑罚方面,还联系到某种可以称为"受惩戒者的存在"(l'existence correctionnaire)的事物。监禁措施和被监禁者的存在,两者无法分离。在一种相互的蛊惑中,两者彼此呼唤,形成了惩戒存在自身的运动:那便是监禁出现之前人们即已具有的某种风格,而这种风格又使得监禁成为必要。它并不完全是罪犯的存在,也不是病人的存在;然而就现代人有时会逃亡到犯罪之中,或是避难于神经质症里来看,很有可能由监禁所制裁的这个非理性的存在,曾在古典人的身上行使了一种蛊惑力;而它当然就是我们在所有被监人,所有这些"因其道德和心智上的失序"而被监禁的人们——文献上说明在此奇异地混乱——的面容上,可以模糊觉察到的。我们的实证知识不能给我们必要的装备,不让我们有能力说这里涉及的是受害者或病人,是罪犯或疯人:它们全都从属于同一存在形态,而此一形态最终可以导致疾病或犯罪,但却不是在一开始便已决定其属性。自由放荡者、放肆无度者、挥霍者、辱骂宗教者、疯人都曾无分别地从属这样的存在;他们的共同之处,便是都具有同一种模塑其存在的方式(虽然那也是十分个人和因人而异的):他们感受非理性的方式。63 我们这些和他们有所不同的现代人,我们现在才开始了解到,在疯狂、神经质症、犯罪、社会适应不良之下,流动着某种共同的焦虑体验。也许,对

---

63 关于惩戒犯的生活大要,可参 Henri-Louis de Loménie 之例(参考 Jacobé,《伟大国王治下的一个监禁例子》〔*Un internement sous le grand roi*〕, Paris, 1929),或 Blanche 修院长的例子。他的资料,可在 Arsenal 图书馆找到:手稿第 10526 号;参考手稿第 10588,10592,10599,10614 号。

古典世界来说,在恶痛的分布原则之中,也有一种有关非理性的总体经验。如果情况如此,那么在那分隔大禁闭和匹奈与突克的"解放"的一百五十年间,也就是这种总体经验在扮演疯狂的表征。

无论如何,也就是由这个解放时代开始,欧洲人不再能感受和理解什么是非理性——而这也是他不再知晓监禁律法自明之理的时代。象征这个时代的,乃是一个奇特的相逢:一位是唯一为这些非理性存在提出理论的人,另一位则是首批有意建立疯狂的实证科学的领导人物之一。就是这项科学使得非理性闭嘴不再言语,因为它只想听疯狂的病态声音。这个对立的遇合产生于19世纪初年,那时华耶尔-可拉尔(Royer-Collard)想要把萨德从这幢他有意将其改建为医院的厦伦顿收容所驱逐出去。这是一位保护疯狂的慈善家,他想要保护疯狂免于非理性的危害,因为他明白,这个在18世纪曾被如此正常地监禁过的存在,在19世纪的疗养院里却不再有其地位;他请求由监狱处理。他在1808年8月1日,写信给傅谢(Fouché)说道:"在厦伦顿有一个人,他因为胆大妄为的不道德行为,变得过于有名,而且他在这家救济院里的存在引起最严重的不便后果。我要谈的是《茱斯汀》这部恶名昭彰的小说的作者。这个人并非精神错乱。他唯一的狂妄乃是恶德引起的狂妄,而且,一所献身于精神错乱的医学性治疗的疗养院,一点也不能克制这类恶德。犯了这种恶德的人,应该遭到最严厉的隔离。"华耶尔-可拉尔不再了解惩戒犯的存在;他从疾病方面寻求其意义,却不能得到答案;他便把邪恶(le mal)回复到它的纯粹状态,那是一种除了其本身的非理性以外没有其他理由的邪恶:"由恶德引起的狂妄(Délire du vice)。"在他写信给傅谢的那一天,古典的非理性便被封闭于其谜奥之中;而它那曾经集合了许多不同面貌的奇特的统一体,对我们而言,也就终结性地丧失了。

注 释

1　saint Bernard de Clairvaux(1090—1153),在西斯特修会(cisterciens)重镇 Cîteaux 出家,于 1115 年创立 Clairvaux 修院。西斯特修会以戒律谨严和手工劳动为特色。

2　这里原是一座麻风院。其法文名称直译为"小屋",据说是因为其中有许多低紧的小室,专门用来个别收容疯子。

3　François Leuret(1797—1851),曾为 Royer-Collard 在厦伦顿院的学生,与艾斯基洛(Esqirol)共事于 Ivry 的疗养之家。1836 年成为比塞特院医生。于 1840 年出版《论疯狂之道德疗法》(Du traitement moral de la Folie)。由于他态度明确地强调威吓手段,引起广大的争议。

4　这是巴黎市政府前的广场,于 1310 年至大革命期间,在此进行死刑犯处决。它同时也是工人寻找工作的地点,后世称罢工为 faire la grève。

5　这里指的是 17 世纪,法国沙龙仕女对感情和语言新生的文雅态度。

6　1679—1682 年在巴黎发生的一连串下毒事件,许多凡尔赛宫廷贵族都牵涉其中。

7　Pierre Bayle(1647—1706),法国作家。他对民间迷信的分析和著名的《历史及批判辞典》(Dictionnaire historique et critique,1696—1697),开启了 18 世纪哲学的先声。

8　Giulio Cesare Vanini(1585—1619),身为教士,他主张自然哲学,被控告为无神论者,遭火刑烧死。

9　Paul Henri Tiry, baron d'Holbach(1723—1789),原籍德国的法国哲学家,参与《百科全书》写作,主张唯物论、无神论,攻击教会及君权神授。

10　Claude Adrien Helvétius(1715—1771),法国哲学家,主张一个唯物论及感觉主义的体系。

第四章

疯狂的体验

自从收容总署创立以来,自从一些最初的惩戒所在德国和英国开设以来,一直到18世纪末为止,古典时代实施着监禁政策。它监禁了放肆无度者、滥花钱的一家之主、浪荡的败家子、渎神者、"寻求自了"者、自由放纵者。通过如此的集结和这些奇特的共同性,它描绘出其对非理性特有体验的轮廓。

但是,在这些监禁之城里,除了上述之人以外,还有一大群的疯狂人口。收容总署在巴黎所发动的逮捕行动,约有十分之一涉及"无理智者"、"心神丧失"者、"心智错乱"者、"极端狂昧之徒"。① 在他们和其他的受监人之间,没有任何记号可以说明其间的差异。浏览一下登记簿上的系列名单,我们会说,有一种相同的感性发现了他们,而且是一个相同

---

① 这个比例从17世纪末到18世纪中期大约保持一致。统计来源:《收容总署之国王拘留命令表》(*Tableaux des ordres du roi pour l'incarcération à l'Hôpital général*)。

的手势把他们隔离开来。那位以"生活习惯混乱"而进入总署的人，或那个"虐待太太"并有几次想要自杀的人，到底是不是病人？到底是精神错乱还是罪犯？这个问题，让我们留给医疗的考古学去决定。如果提出这个问题，就得接受由回顾性眼光强加上来的所有扭曲。我们自然地相信，是因为对疯狂的**本性**(nature)无知，并对其实证性征象仍然盲目的缘故，人们才会把监禁最普遍、最未分化的形态应用到它的身上。但如此一来，我们便不能得知这个"无知"——或至少说我们眼中的无知——在实际上所包含的外显意识。因为，真正的问题正在于如何决定这项判断的内容，它并未建立**我们的**分辨方式，对我们将会治疗的人，和我们将会定罪的人，以同样的方式加以放逐。问题不在于寻求容许类似**混淆**的错误究竟为何，而是去妥善地遵循那现在被我们判断的方式所打断的**连续性**。一直要到监禁措施实施一百五十年以后，人们才会相信在这些囚徒的脸孔之间，可以觉察到某些独特的怪面相，可以听到唤起另一种愤怒，呼唤另一种暴力的喊叫声音。但是，在整个古典时期，只存有同一种监禁；在它所有措施背后，从一个极端到另一个极端，都隐藏着一个同质的经验。

有一个字眼标示着这个经验——它几乎是它的象征——这便是我们在监禁名册上最常遇到的字眼之一："狂怒"(furieux)。我们将会看到，"狂怒"(fureur)乃是法律和医学上的术语；它非常精确地指涉着某一形态的疯狂。但在监禁的语汇里，它所指的却是一个更大及更小的集合。它意味着所有无法以罪行来严格定义的暴力形态，在司法上也无法对之加以明确形容；它所针对的，乃是一个混乱的、未分化的领域——行为上和情感上的、道德和心智上的混乱——不可能被谴责定罪的,却又具有威胁性的狂怒所形成的一大块阴暗地带。这个概念对我们来说,可能是混淆不清的,但在当时,它却是明确到足以要求以治安和道德上的理由来实施监禁。以某人是"狂暴之徒"为理由来加以监禁,不必说明他到底是生病还是犯罪——这就是古典理性在它的非理性体验里,对本身赐予的权力之一。

这个权力具有一个积极的意义:当17世纪和18世纪把疯狂和放肆、自由放纵,以同样的名义加以监禁的时候,重点并不在于它们不懂得疯狂是疾病,却在于它们是在另一种天地之中知觉疯狂。

* * *

然而,简化有其危险。古典时代的疯狂世界并非单调一致。如果说,疯子曾被人简单纯粹地当作治安上的囚徒看待,这个说法并不虚假,但也有其片面性。

某些疯子具有特别地位。巴黎有一家救护院专门治疗失去理性的穷人。如果一位精神错乱者仍然有希望治愈,巴黎医护院便会收纳他。他在院里,将可得到传统疗法对待:放血、催泻,在某些情况下,则施以发疱药和沐浴。② 这是一个古老的传统,因为在中世纪时代,同一所医护院已经设有保留给疯人的床位。"怪物和狂人"当时被关在密闭小室

---

② 参考 Fosseyeux:《17 至 18 世纪的巴黎医护院》(*L'Hôtel-Dieu de Paris au XVIIe siècle et au XVIIIe siècle*),Paris,1912。

中,而且在密室墙壁上,开着"两个窗口,以便观察和供给"。③ 18 世纪末,当特农(Tenon)撰写其《巴黎救护院备忘录》(*Mémoires sur les hôpitaux de Paris*)时,疯子被编组在两个房间里:收容男性的圣路易(Saint-Louis)室中有两张单人床,另有十张四人床。在这麇集蠕动的人群面前,特农感到不安(当年的医学想象认为热力具有坏作用,相反地,清凉、新鲜的空气、乡村的纯洁,则被认为有治疗身心的功能):"床上睡有三或四个互相挤压、动来动去、打架的疯子,他们如何能吸收得到新鲜的空气呢?……"④至于女性,说实在的,保留给她们的,根本称不上房间;人们在发热性女病人的大房间里,架起一道薄隔板,如此形成的小室里,挤进了六张四人大床、八张小床。但如果在几个星期内,病痛还未被制伏,那么男性就被送到比塞特院,女性则被送进硝石库院。因此,对巴黎和其周围全体人口来说,人们总共只保留了七十四个床位给接受治疗的疯子——这七十四个床位可说是进入监禁所之前的玄关,而监禁正意味着堕落到疾病、治疗和痊愈可能性的世界之外。

在伦敦,情况亦同,伯利恒院专治所谓的"月亮疯"(lunatique)。该院创立于 13 世纪中叶。在 1403 年,就已经记载着院中有用铁链束缚的六个精神错乱者;到了 1598 年,其数目达到二十名。该院在 1642 年扩建时,建造十二间新

---

③ 该院的账目曾经提及它们。"支出:一座密闭睡铺之基座、平台、两个探视及递送窗口,XII,sp。"巴黎医护院账目,XX,346。引用于 Coyecque,《巴黎医护院》(*L'Hôtel-Dieu de Paris*),p. 209, note 1。

④ 特农,《巴黎之医院》(*Mémoires sur les hôpitaux de Paris*),4ᵉ mémoire, Paris, 1788, p. 215。

病房，其中有八间是特别为无理智者建造的。在1676年重建以后，该院可以收容一百二十到一百五十名病人。此时该院已成为疯人专用：院中两座吉柏(Gibber)的铜像可作见证。⑤"月亮疯"不受收容，因为他们"被认为无可救药"。⑥这个情况一直维持到1733年为止。在那时，人们在医院内部，为他们建造了两栋特别的建筑物。入院者在其中接受规律的治疗——更明确地说，他们接受季节性的治疗：大疗法每年只应用一次，而且是在春季，对全体做一次应用。自从1783年以来就在伯利恒院行医的门罗(T. Monro)曾将其中的大要提供给社区的调查委员会："配合天气，病人最迟应在五月底放血；在放血以后，则服催吐药，每星期吃一次，连续数周。之后，我们就给他们催泻。在我之前，此法已施行多年，并由我父亲传授给我；我不认为有更好的疗法。"⑦

如果我们认为，17和18世纪对无理智者的监禁，是不造成任何问题的治安措施，或者认为说，它至少对精神错乱的病理性格表达出一致的毫无感受，这将是一个错误的看法。即使是在监禁单调一致的措施中，疯狂亦有多变的功能。这个非理性的世界把它关了进来，并用普遍性来困扰它，然而，疯狂在这个世界之中却已构成问题。因为，如果在某些医院里，疯子的确拥有其专属病房，而且享有准医疗地位，大多数疯子却仍住在收容所里，而且是在其中过着和惩

---

⑤ D. H. Tuke,《精神错乱史札》(*Chapters on the history of the Insane*), Londres, 1882。

⑥ 伯利恒院的主管们在1675年提出一份意见，要求人们不要混淆"住院医疗的病人"和"单纯的乞丐及流浪汉"。

⑦ D. H. Tuke, 前引书, pp. 79-80。

戒犯差不了多少的生活。

然而,不论巴黎医护院或伯利恒院对无理智者的治疗是多么地简陋,那仍是它们之所以在那儿出现的理由,或至少是其借口。然而,在收容总署的各机构中,就完全不作这种考虑了。总署规章只规定设立一位医生,停驻于慈善院(Pitié),其义务为每周到总署的各收容所巡视两次。⑧ 因此,这只是一项远距离的医药控制,而且,也不是因为人们受到监禁便加以治疗,而只是针对其中的病患:这一点充分证明被监禁的疯子们,并不只是因为其疯狂就可被视为病人。18世纪末,奥丹·鲁维耶(Audin Rouvière)在他所写的《巴黎生理及医疗地形论》(*Essai sur la topographie physique et médicale de Paris*)一书里解释道:"癫痫、冷体液、瘫痪患者被送入比塞特院中;但……他们并未受任何治疗……比如,经常有年纪在十到十二岁间的小孩,因为具有一般认为是癫痫的神经抽搐现象,而被送入该院,但他其实没患此病,却在真正的癫痫患者中间罹患了病,而且,在他未来长久的一生之中,除了依靠自然很少彻底的努力之外,别无其他痊愈希望。"至于疯子们,他们"于抵达比塞特院的时候,曾被断定无药可救。虽然院里未对疯人进行治疗……其中却有好几

---

⑧ 第一位受任命的医生为 Raymond Finot,其继承人为 Fermelhuis(至1725年),接着是 l'Epy(1725—1762),Gaulard(1762—1782),最后一位是 Philip(1782—1792)。在18世纪中,他们尚有助手协助。参考 Delaunay,《18世纪巴黎的医疗环境》(*Le Monde médical parisien au XVIIIe siècle*),pp. 72-73。18世纪末,比塞特院有一位具有师傅身份的外科医生每天巡视一次医务室,并有两位出师学徒及数位学生协助。(《P. Richard 回忆录》[*Mémoire de P. Richard*],巴黎市政府图书馆手稿,第23张)

位恢复了理性"。⑨ 事实上,除了规定上的例行巡视之外,院中毫无医疗可言,这使得收容总署的情况接近于任何监狱。院内的规定,大体而言,乃是1670年的刑事政令中为维持监狱良好秩序所下的规定:"要求牢房安全,并且其配置必须不能对囚徒健康产生影响。嘱咐狱卒和守门员每天至少探视地牢一次,并将患病者通知检察官,以便狱中的医生和外科医生(如果里头有的话)可以为其诊治。"⑩

如果收容总署设有一位医生,那并不是因为意识到院里关了病人,而是因害怕被关进来的人生病。著名的"牢热病"(fièvre des prisons)令人感到害怕。在英国,人们喜欢引述囚徒在法庭判案期间传染法官的例子,人们也曾记得有某些受监者在获释以后,把在那儿所染的病传给家人。⑪ 霍华德肯定了这一点:"我们有例子说明,洞穴或堡塔中的空气无法流通,对聚结在那儿的人会产生恶劣效果……这股腐臭的空气足以使杉木树心腐败,虽然它只有穿透树皮和树干才能达到树心。"⑫医药上的治疗,仿佛接枝似的被加诸于监禁措施之上,以便预防某些效果;它们并不构成其中的意义或计划。

监禁并非一种成立医院、以治疗疯狂的各种病态面向的

---

⑨ 奥丹·鲁维耶,《巴黎生理及医疗地形论》(*Essai sur la topographie physique et médicale de Paris*)。《可能影响城中居民健康的物质》(*Dissertation sur les substances qui peuvent influer sur la santé des habitants de cette cité*),Paris,共和国第二年,pp. 105-107。

⑩ 第八编,见 Isambert,《古法汇编》(*Recueil des anciennes lois*),Paris,1821-1833,X,VIII,p. 393。

⑪ 据说在18世纪中,Devonshire 的一座小城 Axminster,全城都受到这种感染。

⑫ 霍华德,前引书,t. I,p. 14。

最初努力。它毋宁是把精神错乱者等同于其他惩戒犯。一些奇特的司法格式可以为其见证,它们不是把精神错乱者送到收容院接受治疗,而是强迫他们在其中居留,当作一种处罚。比塞特院的登记簿上有如下的记述:"依照最高法院命令,由'巴黎法院监狱'(Conciergerie)移送至比塞特院接受终身监禁,和院中其他无理智者接受同等待遇。"⑬所谓接受和其他无理智者同等待遇并不意味着接受治疗;⑭而是处以惩戒,也就是要履行其中的操练,并遵守其教学法规。一对父母将儿子以"狂暴"和"精神错乱"为理由,送到森里斯慈善院,又要求把他转送到圣拉撒尔院,"他们之所以请求将他监禁起来,并非有意使他丧亡,只是想要纠正他,挽回他几乎已告丧失的精神罢了。"⑮监禁之目的在于惩戒矫正,而且如果它预设期限,那也不是为了受监者的痊愈,而是要他最终改过向善。佛兰苏瓦-玛利·拜宜(François-Marie Bailly)"是一位剃发、服训诫的教士兼管风琴家",他在1772年,"由国王诏令,受命从枫丹白露(Fontainebleau)监狱转送至比塞特院监禁三年。"1773年9月20日又加入巴黎市政府的新判决,"要求把拜宜监禁于精神脆弱者之间,至其完全悔改为止。"⑯节奏和期限监禁时间的,只是一个悔改和服从向

---

⑬ Claude Rémy 案。Arsenal 图书馆,第 12685 号手稿。

⑭ 只有到了 18 世纪末期,我们才会看到"接受和其他无理智者同样的待遇和治疗"这样的格式。比如 1784 年的一道命令(Louis Bourgeois 案):"依据最高法院判决,由巴黎法院监狱转送比塞特堡强制拘留所,以便于此受到拘留、供养、和其他无理智者同样的治疗照料。"

⑮ Arsenal 图书馆,第 11396 号手稿,第 40 及 41 张。

⑯ Arsenal 图书馆,第 12686 号手稿。

善的道德时间,一个让刑罚可以成全其效果的时间。

收容所看来像是监狱,这一点并不令人惊讶,而且,这两个制度经常被人混淆,使得疯人相当程度上不受区别地被分配到两者之一,这一点也不会令人惊讶。1806 年有一个委员会负责调查"英国可怜的月亮疯",结果当时贫民习艺所中共有一千七百六十五名,而惩戒所中则有一百一十三名这样的人物。⑰ 18 世纪之中,这里头的人数无疑更多,因为霍华德曾经提到某些监狱,而且并不是把它当作罕见的事情:在这些监狱里,"监禁着白痴和无理智者,因为人们不知道可以在其他什么样的地方来安置他们,使他们远离其所刺伤和困扰的社会。在大庭广众之下,他们变成了囚徒和游手好闲的旁观者的残酷消遣。他们时常使得他们的同监焦虑不安,感到惧怕。他们并未受到任何照料。"⑱在法国,也常可以在监牢里见到疯子:比如巴士底狱;还有外省的波尔多、哈堡(fort du Hâ)、荷恩的强制拘留所,昂热(Angers)、亚米安、弓城、波阿蒂耶(Poitiers)诸城监狱。⑲ 在大部分的收容总署中,无理智者都是毫无区别地和其他受养人、受监者混在一起;唯有其中骚动得最厉害的,才会被关在专为他们保留的单人房里:"在所有的救济院或救护院里,遗留给精神错乱者

---

⑰ 参考 D. H. Tuke(《精神错乱史》〔History of insane〕, p. 117):真实的数字可能还要更高。因为在数个星期后,Andrew Halliday 爵士统计 Norfolk 所共有一百一十二名疯人,然而根据调查委员会的计算,该所只有四十二名疯人。

⑱ 霍华德,前引书, t. I, p. 19。

⑲ 艾斯基洛(Esquirol),《法国处理精神错乱者的机构》(Des établissements consacrés aux aliénés en France), 收于《论心智疾病》(Des maladies mentales), t. II, p. 138。

的是一些古老、颓败、潮湿、配置不良的建筑物；而且除了几间单人房和几座特地为他们建造的地牢之外，这些建筑物一点也不是以他们为对象建造的；狂暴者住在隔离区；安静的精神错乱者，所谓无可救药的精神错乱者，则和贫民及穷人混在一起。有一小部分的救济院，拥有关囚犯的特殊分区，称为强制区（quartier de force）；在其中，上述的受监者便和囚犯住在一起，接受同等待遇。"[20]

以上所述，乃是事实最简约的状态。把各种疯狂体验拉近，并依据它们的相似性来组合，我们会觉得疯狂在17和18世纪，主要是两种体验的并列。下一个时代的医生们，几乎只敏感于精神错乱者普遍的"悲哀"处境；他们在各处都看到同样的悲惨，看到治疗上同样的无能。对他们来说，比塞特院和巴黎医护院病房的功用毫无不同，在伯利恒院和任何一个贫民习艺所之间也没有任何差异存在。然而，有一个不可化约的事实的确存在：某些机构收容疯人的条件在于，理论上他们仍有治愈的可能；而其他机构收容人则是为了摆脱或矫正他们。前者无疑数目最少，而且施用范围最小：巴黎医护院中的疯子数目不到八十名；而收容总署中的数目可能有数百人，甚至上千。但尽管这两种体验就其外延和其数目上来说，如此地不成比例，其中的每一种体验仍然具有其个别性。把疯狂当作疾病看待的体验，范围虽小，却不能加以否定。它和另一种体验乃是吊诡的同代产物，而后者隶属监禁、刑罚、惩戒的领域。构成问题的，乃是这种同时并列的存在；无疑也就是它才能帮助我们了解，疯子在古典世界里的

---

[20] 艾斯基洛，前引书，t. II, p. 137。

身份,以及定义当时人对疯狂的知觉模式。

*　　*　　*

人们曾经尝试用最简单的办法去解决这个问题:把这两种体验的并列消融在一段内隐的时段之中,也就是说,消融在进步令人无法察觉的时间里。巴黎医护院中的无理智者,伯利恒院中的月亮疯,在这种观点下,乃是已经具有病人身份的疯人。他们比其他人更早而且更清楚地被人认识,并被孤立出来。而医护措施也是着眼于他们的利益,才会在当时设立。这些措施似乎已在预示19世纪将会授予所有精神病患者充分的疗养权。至于其他人——人们无所分别地可以在收容总署、贫民习艺所、惩戒院或监狱中遇到的那些人,很容易倾向被人设想为一群当时尚未被发现的病人,因为当时的医学感性还在刚起步阶段。我们喜欢如此想:古老的信仰,或是布尔乔亚世界特有的理解方式,把精神错乱者禁闭在某一种疯狂的定义之中,而它糊里糊涂地把他们和罪犯或反社会者混为一谈。那些充当史家的医生自愿把玩的一套游戏,便是穿透监禁登记簿中的近似文字,试着去找出由病理学的永恒知识所分类出来的种种精神疾病。"受启示者"(illuminés)和"灵视者"(visionnaires)无疑便是我们所谓的幻觉症患者(hallucinés)——"自以为看到天界显现的灵视者"、"天启临身的受启示者",至于低能(débiles)或某些患器官性或老年痴呆症者,很可能便是登记簿上所说的"呆子"(imbéciles)——"纵酒无度的呆子"、"整天说个不停,自称土耳其皇帝和教皇的呆子"、"恢复无望的呆子"——此外还可以看到各种形式的妄想(délire),其特征为多彩多姿的荒谬——"整天被人追杀的家伙"、"疯疯癫癫的计划家";"不断被电击而且可以接收到他人意念的男人";"一心想向最高法院提交论文的疯子"。㉑

在疯狂的太阳之下,永远有幻觉,在非理性的论述中,总是存在着狂言谵语,在那颗烦恼无定的心里,找到的总是同样的焦虑——能观察到以上的现象,对医生们来说,㉒意义十分重大,同时又是一个宝贵的安慰。因为精神医疗可以在其中获得它具有永恒性的担保;而且,如果一旦它有什么良心不安(mauvaise conscience)[1] 的时候,它也会因为知道下面的事情而感到心安:它所探寻的对象,在过去即已存在,它们跨越时间,总在期待它的到临。而且,对于那些有心了解监禁意义以及它是如何进入医疗体系的人而言,想到无论如何,被关的人毕竟是些疯子,而且在这个晦暗不明的措施之中,早已隐藏着我们心目中的医学正义,那不也是一件令人心安的事吗?过去被监禁的无理智者,他们所欠缺的,只是精神病患的称号,以及他们之中最明显、最被认识的且已经得到的医疗地位。进行这样的分析,其实是用廉价的方式获得一个良心上的安定(une conscience heureuse)。它一方面有关于历史正义,另一方面则和医学的永恒性相关联。医学被前医学措施所检证;而历史则从某种自发的、可靠的、纯洁的社会直

㉑ 这些按语可以在下面的文件中见到:《收容总署之国王拘留命令表》(Tableaux des ordres du roi pour l'incarcération a l'Hôpital général),《厦伦顿院和圣拉撒尔院中的王令拘留者状况》(États des personnes détenues par ordre du roi a Charenton et à Saint-Lazare)。(Arsenal 图书馆)

㉒ 这样的方式,可见于 Hélène Bonnafous‑Sérieux,《森里斯慈善院》(La Charité de Senlis)。

觉之中找到理由。在以上这些预设之上,只要再加上对进步的稳定信心,所余之事便是去描绘出一个由监禁逐步发展到医院化程序的幽暗道路——其起点是一个尚未找到其发言格式的医学所作出的沉默诊断,而医院化最初的形态,虽然是出现在 18 世纪,但它已经预见进步并象征地指出其终点。

不幸的是,事情其实更为复杂;普遍地说,疯狂史,无论如何,都不能成为心智疾病的病理学辩解,或是它的补充科学。疯狂在其历史现实的演变之中,在某一个特定的时刻里,使得具有实证风格的精神错乱知识成为可能,并且把疯狂划定为心智疾病(maladie mentale);但是,形成这个历史真相的,从其源头开始就秘密地推动它的,却不是这样的知识。而且,如果有一段期间,人们曾经相信历史已经在此终结,那是因为他们没有认识到,疯狂作为体验领域,绝对不可能在其医学或泛医学的知识中遭到穷尽。甚且,单是监禁此一事实,就足以对此加以证明。

我们得暂时回头谈谈 17 世纪之前,疯子这个人物曾经是什么模样。现在,我们倾向于相信这个人物只有在某种医学人道主义手上,才能收到它的个性标记,好像他的个性化形象只能是病态。事实上,在接受实证主义所带给它的医学地位之前很久,疯子便已获得个性上的密度——在中世纪时代便已如此。无疑其个别性在于作为人物,更甚于作为病人。特里斯坦所乔装的疯子,在《树阴之戏》(*Jeu de la Feuillée*)里所出现的"歹味"(dervé)都已经具有足以构成角色的独特价值,并置身于最为人熟悉的景色之中。疯子并不需要医学断定,才能进入个性的王国。中世纪对它勾勒出的黑眼圈,已足以允许它如此。但这个性既非稳定,亦非完全不动。它在文艺复兴时代解体,同时又以某些方式重组。自从中世纪末起,它便受到某种医学人文主义的关怀。这是受到什么样的影响呢?如果说东方和阿拉伯思想在其中扮演了决定性的角色,这并非不可能之事。其实,阿拉伯世界似乎在相当早的时候,就已经建立了专治疯人的医院;也许是在菲兹(Fez),从7世纪开始,[23]也有可能是在巴格达(Bagdad),由12世纪末左右开始,[24]但可以很确定,在接下来的一个世纪中,在开罗便存有这样的医院;其中实行的是某种灵魂的疗养,包括音乐、舞蹈、戏剧和听讲奇幻故事;主导治疗的是医生,也是他们决定何时治疗获得成功,可以中止。[25] 无论如何,欧洲最初的疯人疗养院正是建立于15世纪初的西班牙,而这可能不是一项偶然。同时,有意义的是,建立瓦隆斯院(Valence)的,恰好就是因为赎买俘虏而与阿拉伯世界非常熟悉的恩慈兄弟会(les Frères de la Merci):在1409年,提议创办该院者为此会的一位修士;捐钱成立基金的,则是俗世民众,尤其是包括罗亨左·沙卢(Lo-renzo Salou)在内的富商。[26] 接着,沙拉勾斯院(Saragosse)于1425年成立。四个世纪以后,匹奈还会赞叹该院的明智组织:首先

---

[23] 参考《心智科学学刊》(Journal of Mental Science), t. X, p. 256。

[24] 参考《心理医学学刊》(Journal of Psychological Medicine), 1850, p. 426。但相反的主张可见于Ullersperger,《西班牙心理学和精神医疗史》(Die Geschichte der Psychologie und Psychiatrie in Spanien), Würzbourg, 1871。

[25] F. M. Sandwith,《开罗疯人院》(The Cairo lunatic Asylum),《心智科学学刊》(Journal of Mental Science), vol. XXXIV, pp. 473-474。

[26] 西班牙国王在1410年2月9日下令给他们许可,接着教皇也表示同意。参考Laehr,《精神医疗史上的重大日子》(Gedenktage der Psychiatrie), p. 417。

该院的大门为各国、各政府、各种信仰的病人而开,正如院中所铭刻的短句:"普天之下(urbis et orbis)。"病人在花园中过的生活,以季节的智慧来节奏心智的迷乱,"收割、搭架、摘葡萄、采橄榄。"[27]和前面相同,也是在西班牙,还会有塞尔维尔(Séville, 1436)、托勒德(Tolède, 1483)、瓦拉多里德(Valladolid, 1489)这些地方。所有这些救护院都具有医疗性质,相对地,当时在德国已经存在的"疯人院"(Dollhäuse),[28]或是著名的乌普莎拉(Upsala)慈善院[29]却没有这样的性质。同样地,大约在同一期间,欧洲各处也出现了新型的机构,比如巴杜(Padoue)的疯人之家(Casa di maniaci, 约1410),或是伯尔干(Bergame)疗养院。[30] 救护院也开始为疯人保留床位。伯利恒院记载收容疯人,为15世纪初期,而该院创建于13世纪,并于1373年收归王产。同一个时期的德国,也记载有专门为疯人设立的处所:首先是纽伦堡的疯人院(Narrhäuslein),[31]接着是1477年,法兰克福救护院里增建了一栋专门收容精神错乱和"难驯病患"(ungehorsame Kranke)的建筑物;[32]史料亦记载1376年汉堡

---

[27] 匹奈(Pinel),《哲理医学》(Traité médico-philosophique), pp. 238-239。

[28] 比如 St Gergen 院中的生活。参考 Kirchhoff,《德国的疯人院》(Deutsche lrrenärzte), Berlin, 1921, p. 24。

[29] Laehr,《精神医疗史上的重大日子》(Gedenktage der Psychiatrie)。

[30] Krafft Ebing,《精神医疗手册》(Lehrbuch der Psychiatrie), Stuttgart, 1879, t. I, p. 45, Anm。

[31] 比如建筑师 Tucker 的书中即曾提到"有一座疯人院在医院桥附近,处于 Karll Holztzschmer 家对面(Pey der spitallpruck das narrhewslein gegen dem Karll Holtzschmer uber)。"参考 Kirchhoff, 前引书, p. 14。

[32] Kirchhoff, 前引书, p. 20。

有座"疯人储藏所"（cista stolidorum），亦称"疯人拘留所"（custodia fatuorum）。㉝ 疯人在中世纪末期获得特殊地位的另一个证明，则是吉尔（Gheel）疯人村的怪异发展：自从 10 世纪以来，该地无疑便是重要朝圣地，此时村中有三分之一的人口为精神错乱者。

在中世纪，疯人存于日常生活，亦常见于社会，但到了文艺复兴时代，他便以另一种方式为人认识，并以某种方式组成新的统一体：那显然是一种暧昧的措施，它把疯人圈在一个范围之中，隔离于世界之外，不给予他医学上的地位。他成了一种单只为他而生的关怀和收容的对象。然而，17 世纪的特征，不在于它是否更快或更慢地辨认出了疯人，并因而引导出相关的科学知识。它的特色正好相反：它开始用比较不清楚的方式来分辨他；他像是被吸入了一个无区分的堆积之中。它把数世纪以来，已经个别化的面孔变得模糊。和疯人塔或西班牙早期的疗养院相比，古典时代的疯人和性病患者、放肆无度者、同性恋者关在同一处，反而失去了个性的标志；它消散于一项有关非理性的一般性理解之中。这是感性的特异发展，它好像失去了分辨力，退化为一种更粗糙的知觉方式，观点的一致化。我们可以说，在 17 世纪中期的疗养院中，疯人迷失于一片阴沉之中，直到紧贴大革命前的改革运动。

上述的"退化"，在 17 世纪便有许多信号，而且就存在于它的演变之中。对那些原本似乎多多少少完全为疯人设立的机构，我们可以直接观察到它们在世纪末之前所遭受的

㉝ 参考 Beneke，前引书。

变动。当慈善兄弟会于1645年5月10日在厦伦顿设立救护院时,其目的是要收容贫苦病患,其中也包含疯人。厦伦顿院和其他欧洲的慈善院并无不同,但它们自从1640年属灵圣约翰修会创立以来,院数便不断地增加。然而在17世纪结束之前,原来收容任何人的主要建筑中,也加入了所有的被监禁者:惩戒犯、疯人、王室逮捕令送来的受监人。1720年,在一次教务会议上,却第一次提到了一所"隐居室"(maison de réclusion)。㉞ 它的存在应该已经有一段时间了,因为就在这一年,除了病人之外,还有一百二十名受监人:疯人也迷失在这一大群人里。圣拉撒尔院的演变还要更快。如果我们相信他早期的传记,圣凡森·德·保罗可能对是否要由他领导的修会来负责这一座旧麻风院,曾经迟疑过一段时间。有一个理由使他终于下了决定:"修院"里有数位无理智者,而他希望能对他们加以照料。㉟ 我们可以把故事中可能具有的护教志愿去除,也可去除在回溯性眼光中,我们认为圣徒所可能具有的人道精神。如果不是很有可能,至少也是不无可能,他之所以要将旧麻风院改变为"可怜疯人"的救护院,目的是为了规避该院可观资产的归属问题,这些资产那时仍旧属于圣拉撒尔骑士团。但是很快地,它就被转为"陛下命令拘留者之禁闭所",㊱ 这么一来,原来收容在

㉞ 参考艾斯基洛(Esquirol),《厦伦顿皇家收容所之历史与统计》(*Mémoire historique et statistique sur la maison royale de Charenton*),收于《论心智疾病》(*Traité des maladies mentales*), t. II, p. 204 & p. 208。

㉟ 参考 Collet,《圣凡森·德·保罗的一生》(*Vie de saint Vincent de Paul*),1818, t. I, pp. 310-312。"他对他们有一种像是母亲对待小孩般的温柔。"

㊱ 国家图书馆, B. N. Coll. "Joly de Fleury," ms. 1309。

那儿的疯人就变成得接受惩戒待遇。波夏单(Pontchartrain)很清楚这一点,在写给达简森警察总长的信中,他说:"您知道,圣拉撒尔院里的先生们长期以来为人控诉,说他们对犯人十分严酷,而且还阻挠那些因为心智衰弱和品行不良而被送来院里的人向其父母通知说他们的状况已经改善,以便可以把他们留得更久。"㉜当《圣拉撒尔院简史》(*Relation sommaire*)的作者提到疯人们的散步时,他所描述的确实是监狱的管理体制:"在工作日的下午,服务兄弟或是所谓精神错乱者的守护天使,便把他们带到院中内庭散步。他们手上拿着杖,把疯人们像是赶羊一样,全部一起带去。如果队伍中有一位走开了一点,或是赶不上其他人的步伐,就会受到杖责,而且击打得如此粗暴,有的人曾经因此残废,也有人因为打得头壳破裂而去世。"㉝

我们也许会认为以上的现象只是疯人监禁中的某种内在逻辑,因为它不受医学控制;也就因此,这个措施便自然地演变成监狱制度。但是,这里的问题似乎并不是行政上的必然性;因为在这里面所牵涉到的,不只是结构和组织上的问题,而且也牵涉到人对疯狂所具有的意识。这个意识有一层

㉜ 引用于 J. Vie,《17、18 世纪圣拉撒尔院中的精神错乱者及惩戒犯》(*Les Aliénés et correctionnaires à Saint-Lazare aux XVIIe et XVIIIe siècles*),Paris,1930。

㉝ 《圣拉撒尔恐怖监狱忠实简史》(*Une relation sommaire et fidèle de l'affreuse prison de Saint-Lazare*),coll. Joly de Fleury,1415。同样地,小收容所(Petites-Maisons)也由过去的医疗场所转变为监禁地,下面这篇 16 世纪末期的文献可以为证:"在这座救护院中,也收容了精神错乱,失去财产处置权的可怜人,他们在街上狂奔,仿佛疯人和无理智者。经过一段时间的疗养之后,他们又恢复判断力和健康。"引用于 Fontanou,《法国国王诏书及政令》〔*Édits et ordonnances des rois de France*〕,Paris,1611,I,p. 921)

落差,不但无法把疗养院当作医院看待,而且还把它当作一座惩戒所。1675 年,森里斯院设立强制拘留区的时候,很明白地是要把它保留给"疯人、自由放荡者和其他由王室下令监禁者"。㊴ 疯人由医院转移到惩戒所的过程,是在一个协调得十分良好的方式下进行的。而且,它原本与众不同的记号逐渐消失,同时又被包裹在非理性的道德体验之中,而这却是完全不同的体验。对于这一点,只要提出一个例子来作见证便够了。伯利恒院曾于 17 世纪下半叶重建;1703 年,涅华德(Ned Ward)让他的《伦敦细察》(*London Spy*)中的一位人物说:"老实说,为这些破脑袋瓜建造造价这么昂贵的建筑的人,一定也是一些疯子。我还要补充说,这么美的建筑,住在里头的人却不能够自觉到他们的幸福,真是可惜。"㊵ 文艺复兴和古典巅峰期之间所发生的事,不只是体制上的演变,而且是有关的疯狂意识的转变,由这时起,代表这个意识的,便是监禁收容所、强迫居留所和惩戒所。

而且,在同一个时代,可以在医院的病房里见到疯人,又可以看到无理智者和惩戒犯及囚犯混在一起,如果说这里头有什么吊诡的地方,那也丝毫不代表一个正在完成的进步——一个由监狱演变为疗养院、由监禁演变为治疗的进步过程。事实上,在整个古典时期里,救护院中的疯人代表的是过去的状态;在他们所指涉的时代里——由中世纪末期到文艺复兴——疯人即使没有任何明确的医学地位,也仍然被认为是疯人,并且孤立突出。相反地,在收容总署、贫民习艺

㊴ Hélène Bonnafous-Sérieux, 前引书, p.20。
㊵ 涅华德,《伦敦细察》, Londres, 1700;1924 重刊本, p.61。

所、惩戒所中的疯人,则是指向某种和古典时代具有严格同代性的非理性体验。如果说,在两种不同的对待疯人方式之间,真的有时代上的落差,那么属于最晚近历史地层的并不是救护院;相对地,它反而构成一层古老的时代积淀。这一点的证据在于:它像是被一种重力所吸引,不断地向监禁所靠过去,被后者所同化到甚至无法与它分辨的地步。伯利恒院原来只收容可能治愈的月亮疯,但后来它也收容其中的不可救药者(1733年),由这一天开始,它和收容总署或是任何一座惩戒所之间,也就不再有什么太大的差别。圣路克院(Saint-Luke)虽然是在1751年建立的晚近机构,其目的也是想要超越伯利恒院,但它也无法逃脱惩戒风格的吸引力。当突克在该世纪末去访问该院时,他在笔记上记下了他所观察到的现象:"院长从来不认为医疗措施有什么益处……他认为隔离和监禁以处罚的地位来施行会更好,而且他大体认为恐惧是迫使疯人行为规律化的最有效原则。"[41]

如果像传统方式那样去分析监禁,把类似监狱的部分当作是过去,而把已经可以用来预期精神病院的部分当作是未来,那就颠倒了问题的已知条件。事实上,可能是受到阿拉伯思想和科学的影响,在过去,疯人早已被人收容于专门机构之中,而且,其中的某些单位,特别是在欧洲南部,已经颇为接近医院,而疯人在其中也至少部分地具有病人地位。由古典时代一直到大改革时代,某些救护院都还在见证着这样的地位。但在这些[为过去]作见证的救护院四周,17世纪

---

[41] 引用于 D. H. Tuke,《精神错乱史札》(Chapters in the history of the insane), pp. 9, 90。(译注:福柯在他处引用此书时作 Chapters on the History of the Insane)

建立了新的体验,在其中,疯狂和过去与它相互陌生的道德及社会性形象建立了前所未知的亲属关系。

这里的重点并不是要建立一个高低排行,也不是要显示出古典时代就其有关疯狂的知识,比起 16 世纪是个退化。下面我们会看到,17、18 世纪的医学文献足以证明事情正好相反。重点只在于,要把历史时段及其承续和所有的"进步"观点相分离,并且要重塑出体验史的运动方式——这个运动一点也不依凭知识的目的性或学科的自发演化(orthogenèse)——重点在于使得这个疯狂体验中的计划和结构,能够如同古典时代所真实经验一般地呈现出来。这个体验和其他体验相比,既非进步亦非退步。如果我们可以说,在对疯狂的感知上,分辨力降低了,如果我们可以说,无理智者的面貌倾向模糊,这些说法既不是价值判断,亦不是针对知识欠缺所发的纯负面陈述:这是去接近一个非常积极的疯狂体验方式,但仍然完全停留于其外围。这个体验把疯狂在文艺复兴时期特有的明确个别性和地位去掉,同时又把它包裹在一个新的体验之中,并在人们惯有的体验领域之外,为它准备了一个新的面孔:而我们天真的实证主义相信能在其中认出疯狂的全部本性。

*　　*　　*

面对疯人的入院治疗和其监禁同时共存的现象,我们应该对这两种不同形式的体制各自特有的时代标记产生警觉心。这个现象也可以足够明白地向我们证明,医院并不是监禁所未来的真相。但不可否认地,在古典疯狂体验的整体之中,这两个结构都能维持:如果其中之一比较新,也比较严密,另一个也不是完全受到化约。我们应该能在疯狂的社会知觉和理解它的共时(synchronique)意识中,同样见到这样的二元性——同时既是断裂又是平衡。

教会法和罗马法一致认为疯狂的断定权与医生的诊断相关。所有有关精神错乱的判决都会包含医学意识。柴齐亚斯(Zacchias)曾于 1624—1650 年间撰写《法医学问题》(Questions médico-légales)一书,他在书中把教会法学对疯狂所有的看法,作了精确的总结。㊷ 对于"心神丧失、理智损害以及所有影响到理性的疾病"(dementia et rationis læsione et morbis omnibus qui rationem lædunt)之问题,柴齐亚斯的态度十分明确:只有医生才有能力判定一个人是否发疯,以及在其疾病之中他仍保留多大程度的能力。此一严格规定,即使是教会法所培养出的法学者也承认为自明之理,然而,在一百五十年后,它却开始构成问题。这在康德手上已经如此,㊸而到了海恩罗思(Heinroth)和艾理亚斯·雷格诺(Élias Régnault)的时代,更是引起大量争论,㊹这样的变化,难道不是一件有意义的事吗?医学在疯狂审定中的地位,将不再是当然之事,而且如果想将其恢复,则必须付出新的代价。但

㊷ 柴齐亚斯(1584—1659)身为罗马首席医生,经常为 Rota 法庭咨询,进行民事和宗教案件的鉴定。他的《法医学问题》(Quaestiones medico-legales)出版于 1624 至 1650 年之间。

㊸ 《论心灵只以其意志即可主宰病态感情》(Von der Macht des Gemüths durch den blossen Vorsats seiner krankenhaften Gefühlen Meister sein),1797。

㊹ 海恩罗思,《心灵生活错乱之教学手册》(Lehrbuch der Störungen des Seelenlebens),1818。艾理亚斯·雷格诺,《论医生之能力程度》(Du degré de compétence des médecins),Paris,1828。

对柴齐亚斯来说,情况还很清楚:法学家可以由话语中去认定疯人——他把话说得颠颠倒倒。他也可以由行动上去判断——他的手势动作缺乏逻辑一致性或是民事行为荒谬:我们可以猜出罗马皇帝克劳德(Claude)的疯狂,因为他选择尼禄(Néron)而不选择布里坦尼古斯(Britannicus)作继承人。但这些还只是直觉:只有医生才能将它们转变为确信。医生的经验中有一整套征候体系可以运用;就激情领域而言,持续无因的悲伤揭露出忧郁症;就肉体的领域而言,体温上的不同可以将癫狂(frénésie)和其他非发热性的狂乱(fureur)加以区别;案主的生活、他的过去、其他人自其童年以来对他的评语,把以上这些元素仔细地考量,医生便能作出判断,下断言说他有无患病。但是医生的工作并不止于此一判定;一个更细腻的工作这时才刚开始。他必须决定受损害的为何种官能(记忆、想象或理性),而且是以什么样的方式,达到什么样的地步。比如,痴愚(fatuitas)是理性的减低;激情是理性的肤浅败坏;癫狂和忧郁症则是理性的深度败坏;最后,躁狂(manie)、狂乱和各种病态的昏睡则把理性完全消除。

将以上这些问题一一提出,便有可能质问人之行为,并且可以决定在其中疯狂占了多大的成分。比如说,有些情况下,爱情是一种精神错乱。在寻求医学专家的鉴定之前,法官便有可能如此认为,比如他观察到案主过度地卖弄媚态,不停研究装扮和香水,甚至他有机会看到案主前往一条某位美女经常出现的僻巷之中。但所有这些征兆只能草拟出一个可能性;而且,即使它们全部一起出现,也不能据此便下定论。只有医生才能发现真相不可置疑的标记。案主是不是失去了胃口和睡眠?是不是眼神空洞?有没有长时间陷入悲伤之中？[如果是]，那是因为他的理性已经败坏，而且是患了爱情忧郁症。这个病症，依据胡雪里乌斯（Hucherius）的定义，乃是"由黑胆汁引起的疾病，病人的灵魂失去理性，为幻影所欺，对美作出错误的评价"。然而，如果病人在看到他的激情对象时，眼神恐慌，脉搏加速，举止大为慌乱，那么便应该宣布他为免责者（irresponsable），而且其权利和一位躁狂症患者相比，不多不少，完全相同。⑮

医生的判断具有决定权，是它而且只有它，才能引领我们探索疯狂的世界；是它而且只有它，才能区分正常人和无理智者、罪犯和免责的精神错乱者。然而，监禁措施完全依据另一种方式来结构；它完全不受医生判断管辖。它从属于另一种意识。疯人的监禁法律原则相当地复杂。如果严格审看文献，似乎医生鉴定总是必要的：伯利恒院一直到1733年，仍要求入院者必须具有可治证书，也就是说他并非天生的白痴或永远的低能。⑯ 小收容所（Petites-Maisons）正好相反，要求证书必须声明入院者曾受治疗无效，或是罹患不治之症。父母如想把家中成员送入比塞特院和无理智者共处，必须先向法官申请；之后由法官"责成医生及外科医生检视此一无理智者，作成报告交送书记室"。⑰ 但是隐藏在法律的谨慎措施背后的实际情况，则完全又是另一回事。在英国，下令监禁的是治安法官，他可以接受案主周围人士的要

---

⑮ 柴齐亚斯，《法医学问题》（*Quaestiones medico-legales*），第二部，第一编。

⑯ 参考 Falret，《心智疾病与精神错乱者之疗养院》（*Des maladies mentales et les asiles d'aliénés*），Paris, 1864, p. 155。

⑰ 《比塞特院入院程序》（*Formalités à remplir pour l'admission des insensés à Bicêtre*）（此一文件引用于 Richard,《比塞特院史》〔*Histoire de Bicêtre*〕, Paris, 1889）。

求,也可以在他本人认为对其辖区良好秩序有必要时下此命令。在法国,监禁有时会由法院判决下令办理,那是当案主犯下轻、重罪的时候。㊽ 1670 年刑事法案注释说明,疯狂可以作为免罪理由,但其证据只有在诉讼受审理之后才会被接纳考虑;如果根据被告生活资讯,观察有精神失序,法官们可以决定他是应该交由家人看管,或是送入救护院、或是送入拘留所,"和其他无理智者受同等对待。"虽然自从 1603 年以来,"王国内每一座好城市都要任命两位在医学和外科技术方面,有最佳声望、正直和有经验的人员,负责为法庭作检视和报告。"㊾法官要求医生鉴定的情况却是十分罕见。一直到 1692 年,圣拉撒尔院所有受监者皆为法官下令入院,而且在任何医生证明之外,皆有[法庭]第一主席、民事局长、刑事庭长或是外省一般法官之签名;如果是教会人员,命令则由主教和教士会议签名。到了 17 世纪末,情况同时变得复杂和简单起来:警察总长(lieutenant de police)² 的职位于 1667 年 3 月成立;㊿许多监禁(其中大部分在巴黎)将因他的要求而执行,而且唯一的条件是要有一位部长附署。1692 年之后,最常见的程序当然是王室逮捕令(lettre de cachet)。³ 此令由家人或周围人士向国王申请,国王应允后,由一位部长签名并颁布。某些申请书附有医生证明。但这

㊽ 在这种情况下,巴黎收容总署的登记簿会注明:"依最高法院判决,由法院附属监狱转移本署之……"

㊾ 1692 年的另一份政令对之加以补足:凡是拥有法院、主教驻停、初等法庭、大法官裁判所的城市,一律设置两名专家;其他小城则只设一名。

㊿ 1699 年的一项政令决定将其普遍设立于"王国内有必要的城市或地方"。

些是比较罕见的例子。(51) 一般来说,被请来作证的是家人、邻居、教区神父。在监禁申诉书中,关系最亲的亲人于强调其抱怨、申诉及忧虑之时,具有最大的权威。尽量要求全家同意,至少要求了解是何种敌对或利害关系使得全家同意无法达成。(52) 但是也有案例显示,即使家人不同意,远亲甚至邻居提出的监禁要求都有可能获准。(53) 的确,疯狂在17世纪已成为社会感性的问题;(54)由于和犯罪、秩序混乱及丑闻相贴近,疯狂便可能和它们一样,被这个感性最自发、最原始的形式所审判。

有能力决定并孤立出疯狂的,比较不是医药科学,而是一种敏感于丑闻的意识。就这一点而言,教会的代表在判断疯狂上,比国家的代表更有优越地位。(55) 1784年布勒特伊(Breteuil)对王室逮捕令的使用加以限制,使它在不久之后即成为过时措施。他坚持在可能的状况下,监禁不应该在案主除权(interdiction)的司法程序进行之前实施。这是为了防止家庭申诉书和王室命令中的滥权状况。但这不是为了把权力

(51) 可以参考的例子比如 Bertin 写给 La Michodière 的信中所提的 Rodeval 夫人(Seine-Maritime 省档案,C 52);Saint-Venant 选举事务初级代理的信件中所谈及的 Roux 先生。(Pas-de-Calais 省份档案;709,第165张)

(52) "下列事务必须极度谨慎:第一,备忘录必须由父系及母系血缘最亲之亲属签署;第二,注明所有的未签署者及其原因,并加以查核。"(引用于 Joly,《18世纪弓城旧制财政区之王室逮捕令》〔*Lettres de cachet dans la généralité de Caen au XVIIIe siécle*〕)

(53) 参考 Lecomte 案:Aisne 档案 C 677。

(54) 参考 Louis François Soucanye de Moreuil 案备忘录。Arsenal 图书馆,第12684号手稿。

(55) 比如 Locard(前引书,p.172)所述及的证明书。

更客观地交给医学,而是正好相反,把决定权交给一个不依赖医学的司法机关。实际上,除权过程并不包括任何医学鉴定;它完全是在家庭和司法机关之间处理的。㊶ 监禁和围绕在它周围的法律措施,无论如何不能使医学在疯狂的判断上具有更严格有力的地位。情况似乎正好相反,17 世纪某些救护院规章上规定的医学检查,现在越来越被人尝试省略,并把辨认疯狂决定权更加"社会化"。我们一点都不惊讶于 19 世纪初仍在讨论医生辨认精神错乱和对其进行诊断的能力,好像这是一个还没有解决的问题。柴齐亚斯是教会法传统的继承人,他毫不迟疑交给医药科学的权威地位在一个半世纪以后,康德就开始加以质疑,而不久之后,雷格诺便完全拒绝了。古典主义和超过一个世纪的监禁措施的确产生了影响。

如果我们只看事情的结果,似乎落差只存在于疯狂的法律理论和社会措施之间:前者相当地精细,可以靠医学的帮助来分辨诸种疯狂的界限和形式;相对地,后者几乎是警察措施,用粗略方式去理解疯狂,使用的监禁方式也是为了镇压,是事前就已经准备好的,而且也忽略为司法判断所设并为它所产生的细腻区别。乍看之下,面对这样的落差,我们可以觉得它完全正常,至少是非常常见:比起服务它的结构和似乎在实现它的体制,法律意识常常更为精致细密。但是,疯狂的法律意识的构成已经为时甚久,因为它是在教会法和一直续存的罗马法中,由中世纪一直到文艺复兴才建立起来的,比起监禁措施早了许多,如果我们想到这一点,这个

㊶ 参考 C1. – J. De Ferrière 编的《司法与实务辞典》(*Dictionnaire de droit et de pratique*) 中"除权"一条,1769 年版,t. II, pp. 48-50。

落差就会具有决定性的重要性,也会有它的其他价值。这个意识并未预期监禁措施。两者分属不同的世界。

其中之一属于某种把人当作法律主体的体验,分析的是它的形式和义务,另一个则把个人当作社会性的存有。前者必须研究疯狂如何必然带来义务体系上的改变,后者则将疯狂放在道德上所有的邻近者之间来了解它,并因此使排拒得到正当性。作为法律主体,人因为精神错乱可以解除其义务;作为社会存有,疯狂因为和犯罪相邻,反而连累了他。法律因此会无止境地细致化其疯狂分析,而且,就某一个意义而言,我们可以有理由说精神病的医药科学,便是建立于精神错乱的法律体验这样的背景之中。在17世纪法学的精确陈述中,我们已经可看到某些心理病理学的细腻结构。比如柴齐亚斯在"痴呆"(fatuitas)这个古老的范畴里,便作出不同层次的区分,而其区分似乎预示了未来艾斯基洛(Esquirol)[4]的分类,而且已接近先天性心智贫弱(débilité mentale)的心理学。他分出了层层下降的不同等级:首先是"傻子"(sots),他们可以作证、立遗嘱、结婚,但不能成为教会人员,也不能负责职务,"因为他们就像接近青春期的小孩。"接着是真正的"痴呆"(fatui),他们不能负任何责任,其心智在理性阶段之下,像是小于七岁的儿童。至于"愚钝"(stolidi),他们就像是石头一样,无权作任何法律行动,除了立遗嘱的可能之外,如果他们还有足够的辨识力,可以认得出自己的父母。[57] 受到权利概念的压力,又有必要精

---

[57] 柴齐亚斯,《法医学问题》(*Quaestiones medico-legales*),第二部,第一编,第七号问题,Lyon,1674,pp.127-128。

确地划定法律人格，精神错乱的分析便不断地细致化，而且似乎预见了未来的医学理论，而后者要迎头赶上来，还要很长的时间。

如果我们把这些分析和监禁措施中通用的概念相比，就会发现其中的差别很大。比如“痴呆”(imbécillité)这样的词语，只拥有在一个由近似对等语形成的系统中的价值，如此一来，便排除了所有精确断定的可能。比如在森里斯慈善院中，我们可以看到一名“变成痴呆的疯子”、“一个人过去发疯，现在则是心智衰弱和痴呆”；(58)达简森警察总长曾要求监禁某人，“他属于罕见的类型，在他身上集合了非常对立的品质：在许多事情上他都显得具有常识(bon sens)，但在很多其他事情上，又显得愚笨。”(59)但如果我们把极少数伴随监禁令的医生证明拿来和柴齐亚斯那样的法学体系比较，将会看到更有趣的结果。我们会觉得法学体系中的分析，一点也没有进入这些证明的判断里。就拿上面所提的痴呆为例，我们可以看到一张有医生签名的证明如此写道：“我们检视了查理·多蒙(Charles Dormont)，在检查过他的姿态、两眼运动、脉搏、他所有的举止，进行多项问答之后，我们一致同意，此位多蒙思想方向不良，怪异嚣张，并且落入完全绝对的心神丧失和愚昧之中。”(60)在读上面这份文献的时候，我们会觉得，端赖医学是在法律脉络中运作，或是受制于社会措施之

(58) 引用于 H. Bonnafous-Sérieux，前引书，p. 40。

(59) Arsenal 图书馆，第 10928 号手稿。

(60) 引用于 Devaux，《外科报告撰写术》(*L'Art de faire les rapports en chirurgie*)，Paris，1703，p. 435。

中,医学好像有两种运用、两种精密程度。在前者的情况中,医学触及权利主体的能力,并为某种心理学作准备,如此,在一个不确定的统一体中,混合了各官能的哲学分析和立约、守约的法律分析。这时,它的对象是公民自由的细致结构。而在后者的情况中,它触及的则是社会人的行为问题,并为某种二元病理学作准备,以正常和异常、健康和病态作为决定项,并以一个简单的格式——"适于监禁"——把人分为两个彼此不可化约的范畴。这是社会自由的厚重结构。

18世纪持续地努力,想在古老的"权利主体"概念和当代的社会人体验间作出调适。在两者之间,启蒙时代的政治思想预设了基础的统一体,也预设总是有可能超越事实面的冲突,取得和谐。这些主题默默地引导构造出一个有关疯狂的概念,并组织和其相关的种种措施。19世纪的实证医学继承了启蒙运动在这方面的努力。它接受下面的主张,视其为已经成立、得到证实:权利主体的异化可以并且应该符合社会人的疯狂状态,其病态之真实和统一,同时可以法律论点加以分析,亦可以由最直接的社会感性加以觉察。医学未来要以其作为对象的精神病,其实是慢慢地被建构为一个具有神话性的统一体:他同时是无法律能力的主体,也是公认的团体秩序破坏者。而且这一点,乃是18世纪政治、道德思想的后果。这两个层面的贴合,在大革命之前便可见到效果。1784年,布勒特伊着手改革疯人的监禁措施,要求执行之前先进行细密的法律程序,包括禁治产和案主法人能力判定。这位部长向各外省总督如此写道:"有关以精神错乱为由申请监禁之人,为符合正义与谨慎之要求,只有在法院判决禁治产之后,您才能发出(王室)逮捕令。"⑥1专制政权最后的自由化努力,其方向将由民法实现:禁治产在其中被规定为所有监禁不可或缺的先决条件。

精神错乱的法学原则成为所有监禁的先决条件的时代,也是匹奈和正在诞生的精神医疗的时代。他宣称这是有史以来,第一次把疯子当人看待。然而匹奈和其同代人所认为同时符合博爱和科学的发现,其实只对18世纪的分裂意识进行调和。以法人禁治产来整理社会人的监禁——这其实意味着精神错乱者**同时**被当作无能力和疯狂;他被社会直接认出的怪异,限制了他在法律上的存在,但并不使其泯灭。如此一来,医学的两种运用方式也就获得调和——上述尝试去定义责任和能力的细致结构的运用,以及单纯只是发动社会性监禁的运用。

这一切对精神医学未来的发展来说,具有极端的重要性。这种医学的"实证"形态,就其根柢而言,只是两种体验的重叠。古典主义曾将这两种体验加以并置,但从未达到其终极性的结合:其中之一是疯狂社会的、规范的、二分的体验,完全以监禁的必要为中心打转,并只简单地表达为"是或不是"、"无害或危险"、"适合或不适合监禁";另一个体验是司法的、性质的、细致区别的,敏感于界限和程度问题,并在主体活动的所有领域里探寻精神错乱可能具有的多种面目。19世纪(现代仍可能如此)的心理病理学认为它的研究和措

---

⑥1 但布勒特伊加上一道按语:"除非其家人完全无法负担禁治产判决之费用。但在这种情况下,案主之心神丧失状况必须十分明显,而且必须经过精确的观察证明。"

施是以自然人(homo natura)为准,或是以一位未受过任何疾病体验的正常人为准。事实上,这位正常人是被创造出来的产物;他的定位不在于自然空间之中,而是在一个将社会人(socius)等同于权利主体的体系里头;因此,疯子并不是因为有一个疾病把他排向规范之边缘,才会被当作是疯子,而是因为我们的文化把他安放在一个接合点上,使得禁闭之社会命令,和辨识权利主体能力的司法知识得以在此相会。精神病的"实证"科学,以及将疯子提升到人之地位的人道感情,它们之所以有其可能,其先决条件是这项综合的坚定建立。这个综合,在某种意义上,可说是我们所有自认有科学意图的心理病理学的具体先验条件(a priori)。

* * *

自从匹奈、突克和华格尼兹以来,使 19 世纪意识感到愤怒的一切,长久掩盖了古典主义时代疯狂体验可以是一个如何多样和多变化的体验。这个为人所不知的疾病,那些戴上镣铐的精神失常者,以及因为王室逮捕令或警察总长要求而被监禁的人群,曾令人感到迷惑。这些外表厚重的措施,粗看之下毫不精细,但人们不曾看到和它们交织在一起的所有体验。事实上,古典时代的疯狂置身于两种收容方式之中:狭义的医护院和监禁。它有两种标定的方式:其中之一借自法律世界,并运用其中的概念;另一个则是一种自发性的社会知觉形态。在疯狂感性的种种面向中,医学意识并不是不存在,但它并非**独立自主**;我们尤其不应该想象是这个意识在支持——即使那只是暗暗地——所有其他形式的体验。它被定位在某些住院治疗的形式之中;也在精神错乱法律分析中有其地位,但它远远不能构成这种分析的本质。但在所有这些体验的分布原则,及其彼此之间的配置分合之中,它仍扮演重要角色。实际上,便是它在沟通法律分析和疯人在医疗机构中的安置。相反地,它很难进入监禁体制和表现于监禁体制中的社会感性。

如此一来,我们可以看到存有两个互不相通的层面。似乎在整个古典时代里,疯狂是以两种不同的模式为人体验。在权利主体的头上,像是环绕着一道非理性的光环;光环的范围,乃是由法律认定的无责任、无能力,由禁治产的命令和疾病的定义所划定。另一道非理性的光环则环绕着社会人,同时由丑闻意识和监禁措施所划定。这两个领域无疑有时会部分地交合重叠;但它们总是在对方之外,并且定义出两种本质相异的异化(aliénation,译注:亦可理解为精神错乱)形式。

其中之一被理解为主体性的界限——这是个人能力的边界线,划出了它的无责任领域。这种意义下的异化,说明的是主体如何被一个双重运动夺去其自由的过程;一个是自然的运动,来自其疯狂,另一个则是司法的,通过禁治产使他落在他人的权力之下——由其财产代理人所代表的普遍的他人。另一个形式的异化则表达出社会意识到疯人是故乡中的异乡人,他并未被解除责任,而是至少以把他当作有关联和相邻近的共犯的方式,给他一种道德上的恶状;他被指为他者、异乡人、受排斥者(Exclu)。心理病理学认为可以成立的"**心因性异化**"(aliénation psychologique,或可称作心因性精神错乱)是一个颇为奇怪的概念,而且还带有由其他领域而来的暧昧。就其根柢而言,这个概念只是一种异化体验在人类学层次上的混淆:其中之一涉及落入他者威权之下的以及羁绊其自由的存在,另一个则涉及成为他人的个人,被排除在人间友爱的相近性之外。第一个接近疾病的决定论,另一个则像是道德谴责。

19世纪决定将非理性的人送进医院,并且把监禁当作治疗病人的医疗行为。在这么做的同时,它是以强力的一击,把过去异化的多样主题和疯狂的众多面貌,全部化约为一个含糊的,但对我们来说,却是难以拆解的统一体。相反地,古典理性主义总是让这些多样性有出现的可能。

注 释

1 这个词语直译可作坏意识。首先,这是一个不良的道德见解,但它同时更指向某种痛苦的后果,比如后悔、悔恨或是害怕受到制裁时的不安。后面这个带有自私色彩的意义,是它最常见的用法。

2 这个职位的全名为 lieutenant général de police。他的责任范围除了维持秩序之外,还包括供给、风俗道德、道路及卫生问题、商业和手工业监察、印刷品检查。这个职位首创于巴黎,1699年延伸到其他大城。

3 以国王名义直接发出的密封信件,最常见的是不经审判即将人逮捕入狱或流放。

4 Jean-Étienne Dominique Esquirol(1772—1840),生于法国西南的土鲁斯。为匹奈在硝石库院的学生,1811年被任命为该院医生。1825年继承华耶尔－可拉尔(Royer-Collard)成为厦伦顿院主任医生。十分关怀精神错乱者之命运,在1838年法案的准备中扮演重要角色。他同时也是精神病临床医学和疾病分类的创立者之一。

第五章

无理智者

在古典时代之中,疯狂体验的两大形式同时并立,但每一个形式有它自己时代的标志。这并不是说,其中一个是比较细致的体验,另一个则是一种粗糙而且表达拙劣的意识;两者都曾清楚地被组构为实际而且一致的措施;但不同之处在于,其中一个是继承前人而来的,而且无疑是西方非理性问题最基本的既定条件之一;另一个却是古典世界自身的创造——这就是我们现在要检验的。

即使医药史家可以令人安心的愉悦,在监禁的这本大书之中,认出了一些熟悉的面孔(对他们来说,它们则是永恒的面孔),比如幻觉性精神病、智力不足、器官变化、偏执狂状态;然而,人们过去监禁无理智者(insensés)时所使用的格式,却不可能被安排分布在一张严格一致的疾病分类表上。事实上,监禁所使用的格式,并不能预示我们的疾病;它们所表达的体验,可以为我们的病理分析交错穿通,却不能由它完全理解。我们可以举出如下几个偶然挑出的例子,这是登记簿上对因为"精神失序"(dérangement d'esprit)而被监禁的人所作的记述:"顽固的诉讼人"、"最好兴讼的人"、"非常恶毒又喜欢挑剔"、"日日夜夜以歌唱使他人头昏脑涨,又大声宣说最可怕的渎神话语"、"性好张贴文件揭发他人"、"大骗子"、"性爱忧虑、愁眉不展、粗暴易怒"。不必去问这些人是不是病人,而且病到什么程度,那是无用的。这点我们留给精神科医生去操心,看看是否可以认出"粗暴易怒者"便是偏执狂,或者能否把那个"过度虔诚于自己的穿着方式的精神失序者"诊断为真正的强迫性神经质症。这些格式所要表达的,并不是疾病,而是各式各样被视为**缺陷**(défauts)极致点的疯狂。也就是说,在监禁体制中,辨认疯狂的感性并非自主性存在,它联系于某一种道德秩序,而疯狂只是此一秩序的扰乱。读着这些写在无理智者名字对面描述其状态的记述时,我们会觉得自己好像还是在布兰特或伊拉斯谟的世界里,而疯狂还在引领各种缺陷,形成圆圈,去跳一支无理智的非道德之舞。

然而,体验已经有所不同。1704 年,圣拉撒尔院关着某位巴吉德(Bargedé)修道院长。他已届七十高龄;他被人关了起来,"以便受到和其他无理智者相同的待遇";"他主要的心思都用在放高利贷,放的是比对教会圣职尊荣来说最丑恶和最过分的高利贷还高的利息。我们仍然未能使他决心改过向善,亦未能使他相信高利贷是个罪行。他坚持以作为守财奴为荣。"[1]完全不可能"在他身上感受到任何慈善心"。巴吉德是个无理智的人;但那不是《疯人船》上的人的那种无理智,因为后者是被疯狂强烈的力量卷走的。巴吉德之所

---

[1] 国家图书馆,Clairambault,986。

以无理智,并不是因为他失去了运用理性的能力,而是他身为教会人士却放高利贷,既未表达出一点慈善心,也未感到任何内疚:他已掉落到他所从属的道德秩序的边缘了。在这个裁判里,我们可以看到的,并非做不出疾病诊断的无能,也不是拿道德去谴责疯狂的倾向;而是一个对了解古典时代来说,无疑具有本质意义的事实:疯狂在这个时期,可以通过道德形式加以感知。

理性主义甚至可以吊诡地去设想一种疯狂,其理性未受扰乱,但只要整个道德生活都犯了过错,而且意志也是邪恶的,就可以在其中辨认出疯狂。疯狂最终的秘密,不在于理性的完整与否,而在于意志的性质。萨德的案例使得华耶尔-可拉尔(Royer-Collard)的医学意识遭遇难题,②但在此一世纪之前,我们也会很感兴趣地注意到达简森警察总长也曾对一个类似的案件产生疑问——两者十分相似,只有天才之不同:"一位年龄十六岁,丈夫叫作波杜旺(Beaudoin)的女人……大声宣扬她永远不会爱她丈夫,而且没有法律能够管她。她宣称,每一个人对自己的感情和身体都可自由处置、随心所欲,但是如果给了其中之一却不给另一者,则是一件罪行。"总长还加上:"我和她谈了两次,而且尽管多年来习于厚颜无耻及可笑的说词,我不得不对这位女人所持的推论体系感到惊讶。依照她的想法,婚姻只能是个试验……"③ 19世纪初,萨德会被遗留在厦伦顿院中死去;但在18世纪最初,是不是要监禁一位必须承认她实在太聪明的女人,

---

② 参考上文,第三章,[原文]第123页所引华耶尔-可拉尔写给傅谢的信。
③ 《达简森笔记》(*Notes de René d'Argenson*),Paris,1865,pp. 111-112。

仍令人犹豫不决。波夏单(Pontchartrain)部长甚至拒绝达简森把她关进"避难所"(Refuge)数个月的要求。他下条子说:"求刑过重,把她严厉地训一顿就可以了。"然而,达简森还是把她和其他无理智者一般看待:"其言辞如此放肆,我只得相信她发疯了。"这里我们正迈向19世纪所谓的"道德性疯狂"(folie morale);但更重要的是,我们在此可以见到有一种疯狂的主题,被认为完全出自恶的意志,出自**伦理上的错误**(erreur éthique)。在整个中世纪以及文艺复兴时代的漫长时间里,疯狂与邪恶有所关联,但邪恶那时的形式乃是想象中的超越性;从此以后,疯狂和邪恶之间的关联,就要通过一条更隐秘的道路:个人选择和恶意。

古典时代似乎对疯狂和过失、精神错乱和恶意间的区分,保持漠不关心的态度,但这一点不应该令我们感到惊讶。这种冷漠并不是一种仍然过于粗糙的知识,而是以协调的方式所选择的一种对等性,而且是很有意识的作为。疯狂和罪行不相排斥,但两者也被搅混在一种模糊的概念里;它们彼此包含在同一意识之中,而面对这种意识,人也是同样合理地,同时也根据情况,以监狱或收容所作为处理手段。西班牙王位继承战争[1]期间,某位达布泰尔(d'Albuterre)伯爵关在巴士底狱,他事实上名叫杜斯兰(Doucelin)。他宣称自己是卡斯提尔(Castille)王位继承人,"虽然他的疯狂已经很过分了,他的机巧和他的恶毒更是猖狂;他信誓旦旦地说圣母玛莉亚每八天就向他显灵一次;而且上帝经常跟他面对面谈话……我想……应该把这名囚犯当作最危险的疯子,终生关在收容所里,或者应该把他看作头号恶棍,遗忘在巴士底狱里;我甚至认为后者最安全,因此也最为恰当。"④疯狂和罪行之间不会互相排斥,反而有一种互含的关系把两者结合在一起。主题有可能更狂妄一点,或更罪恶一点,但到了末了,最极端的疯狂仍将受到恶意纠缠。达简森后来针对杜斯兰写道:"他越是显得柔顺,我们就越有理由认为在他的夸大乖僻里含有很多的作假或恶意。"1709年他又写道:"关于他的幻想,他比较愿意否认了,而且现在他变得比较笨一点。"这个互补的游戏在达简森总长另一篇有关"恶僧"泰德·库西尼(Thadée Cousini)的报告里,很清楚地显现出来;他被关在厦伦顿院里,1715年报告写道:"当他作推论的时候,他显得缺乏虔诚,而当他停止推论的时候,他就像是完全痴呆。所以,尽管和平已经到来,也应该可以使他不再被当作间谍而得以获释,但他的精神状况及宗教荣誉却容不得如此。"⑤这里的处境正好完全相反于一条法律的基本规则:"真正的疯狂可以不负任何责任。"⑥在监禁的世界里,疯狂既不解释亦不辩解任何事情;它和邪恶共谋,并使它衍生,使它变得更坚持和更危险,最后还会赋予它新的面目。

对于一位发疯的诽谤者,我们会说他的诽谤乃是胡言乱语,因为我们已经习惯于把疯狂看作是人最终的无辜真相;在17世纪,精神上的错乱则和诽谤加在一起,成为邪恶的总合。森里斯慈善院关了一个人,理由是"诽谤和心智衰弱",

---

④ 《巴士底狱档案》(*Archives Bastille*),Ravaisson,t. XI,p. 243。

⑤ 同上,p. 199。

⑥ 《法律与实务辞典》(*Dictionnaire de droit et de pratique*),"疯狂"(folie)条,t. I,p. 611。参考1670年刑法政令第二十八编,第一条:"狂怒或无理智者不应受到惩罚,因为他们的疯狂已经足够。"

而且他的"性格暴烈、不安分而迷信成性,同时还是个大骗子和诽谤者"。⑦ 在监禁登记簿上常常提到的狂怒(fureur)中,暴戾不但不会把疯狂的部分和恶意分开,还会使两者相加成一个,像是毫无拘束、完全自由的邪恶的统一体。达简森要求把一名女人关进避难所,"不仅是因为她伤风败俗的行为,而且因为她经常演变为狂怒的疯狂,其表现方式有时会让她想杀害丈夫,不然就是一有机会便自寻短见。"⑧这一切仿佛是把心理解释加在道德谴责之上,而相对地,长久以来,我们已习惯于把两者间的关系用减法处理。

如果那非志愿的疯狂,那不顾人之意愿将他席卷而去的疯狂,如果它是自发和恶意的同谋,那是因为它的秘密本质和清醒明智者所假装的疯狂,并没有什么不同。无论如何,在两者之间有一个基本的相近性。相反地,法律则以最有可能的严谨,寻求区别伪装的精神错乱和真正的疯狂,因为只有那些"**真正达到疯狂者**",可以不受惩罚。⑨ 监禁体制不作这个区别:真的疯狂比假的疯狂好不了多少。1710 年,一位二十五岁的少年被送进厦伦顿院,他自称唐·耶稣之彼得(don Pedro de Jésus),还说自己是摩洛哥国王的儿子。在这之前,人们一直以为他是单纯地发疯。但后来人们开始怀疑他只是假装如此;他在厦伦顿院住了不到一个月,"就开始证明他其实具有常识,承认其父并非摩洛哥国王,但又宣称父

---

⑦ Arsenal 图书馆,第 12707 号手稿。
⑧ 《达简森笔记》(*Notes de René d'Argenson*),p. 93。
⑨ Cl. – J. de Ferrière,《法律与实务辞典》(*Dictionnaire de droit et de pratique*),"疯狂"(folie)条,t. I,p. 611,重点标记为笔者所加。

亲是外省省长,而且不能下决心除掉所有的幻想。"真正的疯狂和模仿的心神丧失同时并存,好像那为了利害关系而发的谎言,正是在补足非理性的空想。无论如何,达简森写给波夏单说:"为了处罚他的欺诈以及他的伪装疯狂,我想,把他送进巴士底狱将会很恰当。"最后,他被送进凡森监狱(Vincennes);五年之后,他的幻想似乎比谎言更多;他最后在凡森死于囚徒之间:"他的理性非常错乱;说话语无伦次;而且经常狂怒发作,近来他还想断送一位同伴的生命;一切因素都显示必须继续监禁他。"⑩没有意图作出疯狂外表的疯狂,或是并非疯狂而只是单纯意图如此,都要受到同等待遇,这可能是因为在暗地里,两者的根源其实相同:那便是邪恶,或至少是某种病态的意图。因此两者之间很容易相通,而人们也很容易接受某人只是因为有想要发疯的意愿,便可以被当作是疯子。达简森曾提到某个人,"疯狂地想要和国王说话,却一直不和任何一位部长说他想和国王说的内容。"达简森评论道:"他在巴士底狱和比塞特院中,都一直装疯卖傻,后来他因此真的疯了,他还是一直想和国王面谈,但如果别人逼迫他解释,他所用的词语却是毫无理性。"⑪

我们可以看到,通过监禁体制所表达出的这种疯狂体验——那当然也是通过它来形成的疯狂体验——和罗马法及13世纪以来的法学者所形成法律意识中的疯狂体验相比,是如何地不同。对于法律人士来说,疯狂主要是侵害了理性,因此也就使得意志变质,同时也使案主成为无辜:"疯

---

⑩ 《巴士底狱档案》,Ravaisson, t. XIII, p. 438。
⑪ 同上书,pp. 66-67。

狂，又称狂乱（extravagance），其意为精神错乱、理性失序、无法明辨是非，而且，进入此一状况者，因为精神持续激动，无法行使任何同意权。"⑫因此，最基本的是要知道到底是不是真的发疯，而且疯到什么样的程度；疯狂越是严重，主体也就越被认定无辜。布谢（Bouchet）曾提到数起判决，"因为案主是在狂怒中杀死了甚至是最亲的亲人，所以宣判不予处罚。"⑬相反地，在监禁的世界里，理性是否真的受损，并不重要；在理性真的受损的情况中，如果理性的运用因此遭到束缚，那也首先是因为意志上的扭曲，而意志呢，它不可能完全无辜，因为它不是事情的后果。在目前尚存的文献里，显然没有明白说出监禁体制中的疯狂体验要求意志所负的责任，但我们可以在监禁的动机和模式中看出它来。这里的关键，牵涉到疯狂和邪恶之间的整个幽暗关联。而且这时，这层关联不再像是在文艺复兴时代，要经过世界全部的沉默力量来作中介，它现在的中介是个人的力量，也就是他的意志。疯狂也就如此地在道德世界中生根。

* * *

然而，疯狂完全不是集中一切过失和一切道德侵犯的群魔殿。在古典主义的疯狂体验中，以及它对疯狂的排拒之中，问题不仅牵涉到种种伦理规范，也还牵涉到一整套伦理意识（conscience éthique）。在视察着疯狂的，便是这个伦理意识，而不是一个细密审慎的感性。如果古典人能察觉到疯

---

⑫ 《法律与实务辞典》，"疯狂"（folie）条，p. 611。
⑬ 《法国法律总览》（*Bibliothèque de droit français*），"狂怒"（furiosus）一条。

狂之中的骚动，那他也不是站在河的彼岸，以一个纯粹简单的合理意识来观看它，而是站在理性行动的高处，发动着一项伦理选择。

如果我们只看监禁体制最简化的格式和最外缘的面向，它似乎表明古典理性已经驱逐了疯狂的所有力量，而且甚至就在社会体制的层面上，划出了一条具有决定性的分界线。在某种意义上，监禁像是一个成功的驱邪逐魔的仪式。然而，上述有关疯狂的道德感知，甚至是在监禁的形式上也可以感觉得到它；这种感知方式无疑泄露一种尚未稳固的划分。由它就足以证明，非理性在古典时代并未被推到一个稳固封闭的合理意识之外，相对地，它和理性的对立仍在一个开放的空间之中进行，具有选择和自由。古典意识对过失和疯狂之间的任何严谨区别表示冷漠，这样的冷漠指出，在其意识之中，还存有一个更深沉的地域，在那里，理性与非理性的划分，乃是取决于一项决定性的选择，而这又牵涉到主体最基本、甚至还可能是最需负责的意志。当然，在监禁措施和其理由之中，我们不能看到这种意识的明显表达。但它在17世纪之中也未保持缄默。哲学思考曾经表达过它，我们因此可以由另一个角度来理解它。

我们先前已经看到，笛卡儿采用的是什么样的决定，以便在怀疑的进程中，避开主体失去理智的可能性；所有其他形式的错误和幻觉包围着确定性的某一个领域，但仍然释放出真相的某一种形式，相对于此，疯狂只是单纯地受到排除，不在思想的表面留下任何痕迹、任何疤痕。在怀疑的工作状态和它迈向真理的运动之中，疯狂并不具有任何效力。现在我们要去质问为何如此：笛卡儿之所以避开这个问题，是否因为这个问题无法克服,或者,他之拒绝把疯狂当作怀疑的工具,这项拒绝在文化史层面上有其意义——它泄露出非理性在古典世界中的新地位。如果疯狂不在怀疑的展布原则中作用,原因似乎在于,在怀疑这个主张本身之中,和在一开始推动它的意志里,疯狂就已经同时既是存在又被排除。由理性的初步计划一直到知识的第一基础,这一整个进程都是走在某种疯狂的河岸边缘。然而此一进程也可以不断地避免堕入其中,因为它作出了一项伦理立场决定。这项决定不是别的,就是那保持清醒的坚决意志,就是抛开俗务、"只寻求真理"⑭的主张。堕入睡眠和自弃于幻想的诱惑,一直威胁着理性;但这些诱惑可以被一个不断重作的决定所驱逐:睁大眼睛,看着真实。"某种懒散不知不觉地把我拖进日常生活中的各种活动。就像一位奴隶在睡眠中享受着想象中的自由,当他开始怀疑他的自由只是一个梦的时候,他会害怕被人唤醒……我也害怕由这种昏沉之中醒来。"⑮在怀疑的进程之中,可以在一开头便排除疯狂,因为那是方法性的怀疑,所以它是被包裹在一种要保持清醒的意志之中,也就是说,在每一刻里都以意志挣脱疯狂之中的自满。就好像那进行怀疑的思想蕴含着思想和思想的人,怀疑的**意志**也早已排除非理性的非志愿幻觉,以及存有尼采式发疯学家的可能。在我思(Cogito)出现之前,意志以及在理性和非理性之间所作的选择早已涉入。古典理性并不是在其终极真相之中才会和伦理(éthique)相逢,而伦理也不是以道

---

⑭ 《方法论》(*Discours de la Méthode*),第四部,Pléiade 版,p. 147。
⑮ 《第一沉思》(*Première méditation*),Pléiade 版,p. 272。

德(morales)法则的形式出现;在所有调和的思想的源起时刻,伦理便已存在,那是一种反对非理性的选择;而它的表面,在整个反思之中无限延伸,标指着一项自由的轨迹。此一自由便是理性的主动开端。

古典时代,理性乃是诞生于伦理空间之中。无疑也就是这一点,才会给予这个时代的疯狂辨识(reconnaissance)一种独特的风格——如果我们喜欢,也可以说那是一种对疯狂的不加承认(non-reconnaissance)。一切的疯狂皆隐藏着一项取舍,犹如一切的理性皆隐藏着一项自由完成的选择。我们可以在笛卡儿式怀疑的坚定要求中猜出这一点;但在斯宾诺莎(Spinoza)的整个思考里,他在《知性改进论》(*Réforme de l'entendement*)中未完成的努力,则都在显露这项选择本身,这项把非理性自由排除的理性构成运动。在这里,理性的自我肯定,首先是作为世上所有非理性的反对者,它清醒地意识到,"日常生活中所有最频繁的偶发事件乃是空无和微不足道的";因此,问题便在于如何出发去寻找一种善,而其之"发现和拥有可以导致一种持续、自主的永恒喜乐":这其实是一种伦理上的挑战,而其胜利便在于发现自由的运用乃完成于理性的具体充实之中,而这样的理性又与自然的全体合而为一,通达一个更高的自然。"这是一个什么样的自然呢?我们将把它表明为思想中的灵魂知道自己与全体的自然结合为一的知识。"⑯于是,挑战中的自由便在一个统一体之中完结:成为选择之后,自由消失了,同时也以作为理性之必要

---

⑯ 《知性改进论》(*Réforme de l'entendement*),Appuhn 译,收于斯宾诺莎《作品集》(*Œuvres*),éd. Garnier, t. I, pp. 228-229。

性而宣告完成。但这项完成的背景只能是遭到驱除的疯狂，而且，一直到最后，它都还在显示疯狂的不断危害。到了19世纪，当理性寻求以它和非理性的对立来定位自身时，将是处在一块实证必要性的地面上，而不再是处在那作选择的自由空间之中。从这个时候起，对疯狂的拒绝将不再是伦理上的排拒，而是一个已经存在的距离；理性将不再有必要和疯狂有所划分，理性知道，即使它有时会在疯狂之中异化自身，它自己永远先于疯狂。然而，只要古典主义继续以这项基本的选择作为理性的行使条件，那么，在自由的闪现之中，便会出现疯狂。

当18世纪把一位"过度虔诚于自己的穿着方式"的女人当作无理智者监禁起来的时候，或者因为在一位教士身上找不到任何慈善心的征象而将他加以监禁的时候，这种谴责疯狂的判决方式，并不隐藏着一项道德上的预设；它只是表明在理性和疯狂之间，存有一个伦理的划分。只有一个"道德的"意识——这里是指19世纪对这个词的理解方式——才有可能对前一个时期疯人所遭受到的非人道对待方式感到愤怒——或是惊愕于为何在一个有很多医生写作有关狂怒、忧郁或歇斯底里之性质和治疗的学术著作的时代，他们却未入院接受治疗。事实上，作为实证科学的医学，无法掌握那项在其中产生所有可能理性的伦理划分。对于古典的思想来说，疯狂的危害，从来不指向具体理性的人性震颤和悲怆，在它所指涉的区域之中，自由的撕裂应该可以让人的面目和理性一起诞生。在匹奈的时代，伦理和理性间的基本关系将会逆转为理性与道德间的二次度关系，疯狂将只是由外头进入理性的一种非自愿的灾难，这时，人们才会带着恐怖的心情去发现疯人在救济院地牢中的处境。人们会对"无辜者"居然被当作"罪人"看待感到愤慨。但这并不意味着疯狂终于得到人性地位,或是精神病理学开始脱离其野蛮的史前期;它意味着人已改变他和疯狂之间的原初关系,这时人只是由这项关系的表面反应来感知它,只是在疾病的人性偶发事件中感知它。于是,他将会判断,任由疯子们在惩戒所和强制拘留区中自生自灭是非人性的,他不再能理解,为何对古典人来说,疯狂的可能性乃和建构理性的选择同时出现,而且,也因为如此,它和人本身的构成选择同时出现。也就是因为如此,在 17 或 18 世纪,"人性地"对待疯狂乃是不可能的:因为疯狂理所当然便是非人性的,对立于为人打开自由运用其理智本性的选择。把疯人放在受惩戒者之间:在这个作为里,既无盲目亦无混淆或偏见,而是一个想要让疯狂能用它自己的语言说话的有意主张。

*　　*　　*

和理性同时出现的这项选择和自由的经验,对于古典人来说,以自明的清晰性,建立了一种连续性,它毫不间断地延伸于整个非理性之中:道德错乱和精神错乱,真正的疯狂和假装的疯狂,谵语和谎言,在根柢上都来自相同的故乡,有权接受同等待遇。

然而,我们也不应忘记疯人在监禁的世界中拥有特殊的地位。他们的地位不只归结于被当作惩戒犯对待。面对非理性的一般感性,针对着狭义的疯狂,一种特殊的调节产生了。其对象是那些在语义分辨不清的状况下,时人口中所谓的无理智者、精神错乱或失调者、狂乱者、心神丧失者。

这种特殊形式的感性,在非理性的世界里,刻画出疯狂特有的面目。首先,它与丑闻(scandale)有关。就其最一般的形式而言,监禁可以用避免丑闻的意志来做解释,无论如何,它也可作为其合理化的理由。如此,它甚至标示着,有关邪恶的意识已产生了重大的转变。在文艺复兴时代,各种非理性的形态可以自由地暴露于光天化日之下;邪恶在公众间造成的轰动,可以让它具有榜样和赎罪的力量。15世纪时,吉尔·德·何伊(Gilles de Rais)被控在过去曾是而且现在也是"异端、再度异端、巫师、鸡奸者、召唤恶灵者、占卜者、杀害无辜者、背叛信仰者、崇拜偶像者、不了解何谓信仰偏差"。[17] 他在非诉讼告解中最后承认犯有这些"足以使万人死去"的罪行;他在法庭面前用拉丁语再述其供词;然后,根据他自己的要求,"为了向所有陪审招供,而且因为他们大部分不懂拉丁文,把供词用通俗语言出版,以便为了他的耻辱,使其所犯罪行之说明和供词可以向他们陈述,俾便更容易获得其罪行的赦免,并获得上帝的恩宠,俾便消除所犯罪行。"[18] 在民事诉讼过程中,也要求在集合旁听的众人面前陈述同样的供词:他"由主席阁下告知要他把他的案子说得一清二楚,再加上他在其中表现出的愧疚,他将可以因此减轻部分因其案件所应该蒙受的刑罚"。一直到17世纪,最暴戾和最没有人性的邪恶,只有被暴露在光天化日之下,才能获

---

[17] 起诉书第41条。法文翻译引用于 Hernandez,《吉尔·德·何伊的宗教审判》(*Le Procès inquisitorial de Gilles de Rais*),Paris,1922。

[18] 第六次开庭记录(收于《吉尔·德·何伊的审判》〔*Procès de Gilles de Rais*〕,Paris,1959),p.232。

致补偿和处罚。供词和刑罚行使于光明之中,只有如此,才能平衡其所诞生的暗夜。邪恶存有一种生成了结的循环,它必须先通过公开招供和示众,才能以其消灭来加以完结。

相对地,在监禁所显露的意识形式中,非人性(l'inhumain)只能引发耻辱。邪恶的某些面向具有感染力,像是一种丑闻力,使得任何公开都会使它无限增衍。唯有遗忘才能消除它。针对一个下毒事件,波夏单下令不要开庭审讯,反而要送进收容所中保密:"由于此事件已披露的消息让一部分的巴黎人感到兴趣,国王不认为必须向这么多人提出诉讼,因为其中甚至有许多人犯罪而不自知,而其他人之所以犯下罪行,只是因为有行事上的便利;国王陛下之所以决意如此,更是因为他深信某些罪行绝对必须置之遗忘。"[19]除了造成榜样的危害之外,家庭荣誉以及宗教荣誉的考虑,都足以令人考虑把案主关入收容所。比如有关一位要遣送到圣拉撒尔院的传教士:"考虑宗教和圣职的荣誉,类似这样的教士,只有尽可能加以藏匿。"[20]一直到 18 世纪晚期,马勒塞尔伯(Malesherbes)[2]仍支持家庭有权运用监禁逃避羞辱。"所谓下贱,便是公共秩序所不容行为之定位……以家庭荣誉考量,那些因为其恶劣、可憎之习性而使父母蒙羞者,似乎可以要求其由社会消失。"[21]反过来说,如果可以避开丑闻的危险,而且家庭或教堂的荣誉也不会再受其伤害时,便可下令释放。修道院长巴吉德已经被关了很久,但不顾他的要求,

---

[19] 《巴士底狱档案》,Ravaisson, XIII, pp. 161-162。
[20] 国家图书馆,Fonds Clairambault, 986。
[21] 引用于 Pietri,《国家改革》(*La Réforme de l'Etat*), p. 257。

他一直未能获准释放,但现在年老和残障已经使得丑闻不再成为可能;达简森便如此写道:"再者,他的麻痹瘫痪持续不断。他既不能写字亦不能签名;我想把他放了应该符合正义和慈悲。"㉒所有邻近非理性的邪恶形式,都应该加以保密。在非人性的面前,古典主义有一种文艺复兴时代从未感觉到的羞耻心。

这种保密措施却有个例外。那便是人们为疯人保留的待遇。㉓ 展示疯人无疑是一个中世纪的古老习惯。德国某些疯人塔特别装设了一些铁栅窗,让人可以从外头观察那些被绑着的疯子们。如此,他们便在城门口形成了景观。奇怪的是,当收容所的门被关了起来的时候,这个习俗不但未见消失,反而在巴黎和伦敦发展起来,成为一种标准制度。如果一项向英国下议院(Chambre des Communes)所提出的报告是可信的,那么到了 1815 年,伯利恒院还在每个星期日,以一分钱为代价向人展示狂怒者。然而,这项拜访每年得到的收入高达四百镑左右:也就是说,我们可以由此推定每年有九万六千个访客这样的惊人数字。㉔ 在法国,到比塞特院散步以及观看精神重大失常者,一直到大革命时期,仍然是巴黎河左岸布尔乔亚的周日消遣之一。米哈保(Mirabeau)在他的《英国游客见闻录》(*Observations d'un voyageur*

㉒ 国家图书馆,Fonds Clairambault,986。

㉓ 有时候人们也会展示性病患者,但这一点年代很晚,而且无疑受到和疯人有关的行为所影响。Richard 神父在其《回忆录》(*Mémoires*)中曾经提到 Condé 亲王曾和 d'Enghien 公爵前去参观,以便让他"对恶德有所恐惧"。(第 25 张)

㉔ 涅华德在《伦敦细察》(*London Spy*)一书中提出的金额为二便士。有可能入场费在 18 世纪跌价。

anglais)里报道说,比塞特院的疯子们被当作"奇兽",展示给"随便一个愿意付出一里亚钱的庄稼汉"。人们会看到看守人把疯子们展示出来,就像圣日耳曼区市集训练猴子的街头卖艺者一样。㉕某一些狱卒还享有盛名,因为他们有本事只要打几下鞭子,就可以叫疯子们表演种种舞蹈和杂技。唯一的缓和出现于18世纪末:这时要疯子来展示疯子,好像是要疯狂自己见证其真面目。"我们不要诋毁人的本性。英国游客去看展示疯人的仪式,他们被当作比最受锻炼的人性还要高超。我们已经说过了,一切都有救药。那些负责去展示其疯狂伙伴的,本身也是疯子,只是他们这时正好处于意识清楚的间歇阶段,而其伙伴们也会接班提供同样的服务给他们。这些不幸者的守卫,便是用这种方式,享受着这项演出给他们带来的利益,如果他们不是有一种冷漠的力量,无疑他们永远做不到如此。"㉖疯狂于是超越收容所的沉静之上,被提升为演出,成为娱乐众人的公共丑闻。非理性隐藏在监禁所的谨慎之中;疯狂则继续在世界舞台上现身,而且其轰动更是前所未有。在法兰西第一帝国时期,事情变得比中世纪和文艺复兴时还要极端:过去是奇特的"蓝舟"(Navire bleu)教徒社团在做模仿疯狂的演出;㉗现在,则是疯狂本身,

㉕ "以前所有的人都可以去参观比塞特院,而且在天气好的时候,一天至少有二千人前来。只要交钱,就会有向导带您参观疯人区。"(《Richard 神父回忆录》〔Mémoires de Père Richard〕,前引书,第61张)在那里,可以看到一位爱尔兰神父"睡在茅草上",一位看到人就愤怒不已的船长,"因为他便是因为人间的不公而发疯",另外还有一位年轻人"唱歌十分迷人"。(同上)

㉖ 米哈保,《英国游客见闻录》,1788,p. 213,note 1。

㉗ 参考上文,第一章。

是疯狂亲自在演出。厦伦顿院长库米耶（Coulmier）曾在19世纪初年，组织了一些著名的表演，让疯子在其中一会儿扮演演员，一会儿扮演观众。"观赏舞台演出的精神错乱者才是观众注意的对象。那是一群轻佻、冒失，有时还会具有恶意的观众。这些可怜人怪诞的姿态，他们的举止，惹得观众发出嘲讽性的大笑，以及他们具有侮辱性的怜悯。"㉘在一个萨德正在扩张其宗主权的世界里，㉙疯狂变成了纯粹的演出，提供给一个拥有自信的理性的安定良心（bonne conscience），³作为它的消遣。一直到19世纪初，一直到华耶尔-可拉尔的愤慨为止，疯子们一直是怪物（monstres）——也就是说，值得被展示（être montrés）的人或物。

监禁把非理性隐藏起来，却泄露出它所引起的耻辱；但监禁明确地指出疯狂，它用手指指着它，〔要人去注意它。〕如果说，对于前者，人们认为最重要的是避免丑闻，那么对于后者，人们是在营造丑闻。这是一个奇怪的矛盾：古典时代将疯狂包裹在非理性的总体经验之中；疯狂在这样的普遍理解里，和所有的非理性形式无所区分地接邻着，那些在中世纪和文艺复兴时形成的明显个别形式，因此受到吸收。然而，就在这么做的同时，它又给了疯狂一个特殊的指标：它所指的不是疾病，而是受到颂扬的丑闻。然而，18世纪对疯狂有组织的展示，和它在文艺复兴时代出现时的自由之间，没

㉘ 艾斯基洛，《厦伦顿皇家收容所之历史与统计》（Mémoire historique et statistique de la Maison Royale de Charenton），收于《论心智疾病》（Des maladies mentales），II，p. 222。

㉙ 同上。

有一点共通之处。在那时疯狂到处出现,它的形象或危害,混杂在每一种体验之中。古典时期展示了疯狂,但却把它放在铁栅栏的另一边;如果疯狂出现,也是隔了一段距离,而且那观看它的目光,乃是一个不再和它有什么关联的理性,而且它不会再因为自己跟它相像而自觉受到牵连。疯狂变成了观看的对象:它不再是隐藏于自身深处的怪物,而是一个机制怪异的动物,早已消亡人性的兽性。"我能构想一个人无手、无脚、无头(因为教导我们知道头比脚更加必要的,只是经验罢了)。但我不能设想一个人没有思想:那将是一块石头或是一头野兽。"㉚

* * *

迪保特(Desportes)在他的《精神错乱者服务单位报告》(*Rapport sur le service des aliénés*)中,如此描述18世纪末比塞特院中的单人病室:"这位可怜人唯一的家具,便是一张铺着麦秆的陋床,他的头、脚和躯体紧靠墙壁,睡觉的时候不能不被石头堆里流出来的水所浸湿。"至于硝石库院的单人病房,"冬天使得居住其中更为悲惨,甚至有时会令人致命,因为塞纳河水涨,这些坐落在阴沟水平上的病房,不仅变得更不卫生,还变成一群大老鼠的匿身之处。这群老鼠晚上跳到被监禁在那儿的可怜人身上,尽其所能到处啮咬;一些疯女人的脚部、手臂和脸部发现有被咬伤的痕迹,她们经常具有危险性,而且其中有几位因此死亡。"但这些是长久以来保留给最危险、最激动的精神错乱者们的地牢和个人病房。如果他们

㉚　帕斯卡,《思想录》(*Pensées*),éd. Brunschvicg, n. 339。

比较安静,如果没有人有什么理由害怕他们,他们就被塞在或大或小的病房里。突克最活跃的弟子之一,高德弗莱·希金斯(Godfrey Higgins)曾经以二十英镑取得义务视察者的身份,获准访问约克(York)疗养院。在一次访问的过程中,他发现被人小心翼翼隐匿起来的一道门,而且在里头发现了一间不到八足尺平方(约六公尺平方)的小房间,习惯上每天晚上有十三个女人要睡在这里;在白天,她们则住到一间只稍大一点儿的房间里。㉛

相反地,如果疯人非常危险,他会被控制在一种拘禁系统之中。当然,这种系统不是处罚性的,它只是要对一个发作的狂乱者在肉体上作出严格的限制。他们常常会被锁在墙壁和床头上。在伯利恒院中,激动的疯女们的脚踝被链子锁在一条长廊的墙壁之上;她们所有的衣着,就只是一件棕色粗呢的袍子。在另一座贝斯纳尔·格林(Bethnal Green)救护院里,曾有一名女人常有强烈激动的发作:这时她会被关在猪棚里,手脚绑在一起;发作过后,她被缚在床上,只有一张被盖可供保暖;当人们准许她起来走几步时,还在她双脚间装上一条铁棒,铁棒除用圈子固定在脚踝上之外,还用一条短链接到手铐上。萨姆艾·突克在他的《贫困精神失常者境遇报告》(Rapport sur la situation des aliénés indigents)里,详述了伯利恒院为了控制一位以狂怒出名的疯子所设立的一套费心的系统:一条穿过墙壁的链子把他锁住,如此便可让守卫来指挥他,也就是说,可以由外面来牵动他。他的脖子上套着一个铁环,而这个铁环借由一条短链,被连接到另

㉛ D. H. Tuke,《精神错乱史札》(Chapters on the History of the Insane),p. 151。

一个铁环；后者可以沿着一根前后两端被固定在牢房地板和天花板间的垂直铁棒滑动。当人们开始改革伯利恒院时，发现有一个人在十二年间，便是生活在这样的牢房里，遭受这样的拘禁系统控制。㉜

当这些措施变得如此极端暴力之时，很明显，它们不再是被进行惩罚的意识所推动，也不是因为要进行矫正的义务。"悔过"的理念完全不存在这样的制度之中。纠缠收容院的，是一种兽性的形象。疯狂借用野兽的面具作为它的面孔。被链在牢房墙壁上的那些人，并不真的是一个理性迷失的人，而是被自然的狂乱所捕捉的野兽：好像疯狂到了极点，便会由封闭其和缓形式的道德非理性中解放出来，借由强力的一击，回归到兽性无中介的暴力之中。这种兽性的模型在疗养院中取得优势，也给了它牢笼和动物园的外观。可固尔（Coguel）如此描述18世纪末的硝石库院："狂怒发作的疯女们像狗一样被拴在她们的病房门口，并且以一条设有铁栅栏保护的长廊，把她们跟守卫和访客隔离开来；食物和她们用来睡在上面的草席，便是通过这座铁栅栏递给她们；人们用耙子将环绕她们的一部分脏物耙出来。"㉝位于南特（Nantes）的救护院，看起来则像是一座关猛兽用的个别牢笼所组成的动物园。艾斯基洛从未看过"如此众多的门锁、门闩、铁杠被用于增强地牢之门……在门边所开的小开口装有铁栅栏和遮板。就在开口的旁边，吊着一条固定在墙上的链

㉜ 此人名叫 Norris。他在获释一年后死去。

㉝ 可固尔，《路易十六时代的巴黎生活》（*La Vie parisienne sous Louis XVI*），Paris, 1882。

子,其另一端则挂着一个铁铸容器,外形相当像一只木鞋,食物便被装在里头,穿过开口的铁栅栏传送进去。"㉞当弗德莱(Fodéré)在1814年抵达斯特拉斯堡医院时,他发现有一个耗费许多心思、精巧设立的关人兽棚。"为了那些令人厌恶和把自己弄脏的疯子们着想",人们想到在大厅的边缘设立"正好只容中等身材者的一些牢笼或木板柜"。这些牢笼底面有空隙,而且并不直接栖息在地面上,而是离地约有十五公分。在这些板条上,铺着些许麦秆,"而全裸或半裸的精神失常者便睡在上面,在那儿用餐和大便……"㉟

当然这是一整套安全系统,目的在于防范精神错乱者们的暴力,以及他们的狂怒爆发。这爆发首先被当作社会的危害。但其中特别重要的,在于它被想象为一种兽性的自由。"疯子没有被当作人看待",这个否定性事实具有一个非常肯定的内容;这种非人性的无区别实际上意味着一个萦绕不去的困扰:它根植于一些古老的恐惧之中,那是自从上古以来,尤其是从中世纪以来,动物世界令人熟悉的陌生感,它那威胁人的奇妙,和其沉默不安的所有重量。但是伴随着疯狂感知的这项动物性恐惧,以它的整个想象世界,此时却不再和两三个世纪前具有同样的意义:动物的变形不再是地狱威力的可见征象,也不再是非理性魔性炼金术的后果。人身上的动物不再标指着彼岸世界;它变成了人的疯狂,而且只和人自身发生关系:那是他在自然状态下的疯狂。在疯狂之中

㉞ 艾斯基洛,《论心智疾病》(*Des maladies mentales*), t. II, p. 481。

㉟ 弗德莱,《妄想研究在医学、道德、立法层面之应用》(*Traité du délire appliqué à la médecine, à la morale, à la législation*), Paris, 1817, t. I, pp. 190-191。

发怒的兽性,使人失去人身上的人性;但这并不是把人交付给另一种威力,这只是使人进入其本性的零程度状态。对于古典主义而言,疯狂的终极状态,便是人不通过其他参考体系,没有任何救援可能,直接和其兽性产生关联。㊱

一、会有那么一天,存于疯狂中的兽性,将会在演化论的观点之中,被当作是疾病的征象——甚至不只如此,它还会被当作疾病的本质。对于古典时代来说,则是正好相反,它反而以一个独特的光芒显现出**疯子不是病人**的事实。兽性其实保护疯子免于人身上所可能的脆弱、不稳和疾病。疯狂动物性的坚强,它由野兽的盲目世界中所得到的浑厚,使得疯子具有抵抗饥饿、炎热、寒冷、痛苦的韧性。一直到18世纪末为止,疯子们能够无限度地忍受悲惨的生活,乃众所皆知之事。保护他们是无用的;既不须替他们盖被,亦不须为他们供暖。1811年,萨姆艾·突克去参观南方郡(Comtés du Sud)的一间贫民习艺所,他看到了一些牢房:日光通过门上设有铁栅栏的小窗,照射到这些牢房里。里头所有的女囚皆是全身赤裸。然而,"当时气温极端严寒,前一天晚上,温度计甚至显示着零下十八度。在这些可怜人之中,有一位就睡在一丁点儿的麦秆上,而且没有棉被盖。"精神错乱者像动物一样,具有抵抗恶劣气候的能力,这仍是匹奈心目中的医学

㊱ 兽性在此不是变形的巨力,而是人性的界限。人本身和这样的兽性之间所建立的道德关系,在 Mathurin Le Picard 的一篇文字里,得到很好的表达:"就贪得无厌而言,这是一匹狼,狡猾则像狮子,狡诈欺骗像狐狸,伪善像猴子,羡护像熊,好报复像虎,爱说人坏话、渎神、心不在焉像狗,吝啬像生活在地上的蛇,变来变去像变色龙,信仰异端像豹,眼光淫猥像鳝蜥,爱喝酒像永远口渴的龙,好色像猪。"(《淫荡者之鞭》〔*Le Fouet des Paillards*〕,Rouen,1623,p. 175)

教条;他总是赞叹"某些精神错乱的男女,可以轻易和持续地忍受最凌厉和最持久的寒冷。在'大革命共和历'第三年的雪月(译注:12月至翌年1月),有些日子温度计指出负十、十一甚至零下十六度,比塞特院中有一名精神错乱者,还把羊毛棉被抛开,整天坐在单人病房结冰的地板上。早上一到,门才刚打开,他就只穿内衣跑到庭院里头,把冰雪用手拾起来往胸脯涂抹,兴高采烈地看着它们在身上融化"。㊲ 疯狂因为有野兽般的猛烈,反而使人不受疾病侵害;它使人不再具有弱点,就好像自然以其远见,让动物不具弱点。这是一个奇特的道理:疯子理性上的错乱,反而让他们回归动物状态,因而可以再度享受自然直接的善意。㊳

二、这也就是为什么,在这样的极端状态下,疯狂绝不属于医学的领域;它也绝不属于惩戒的领域。对于那脱缰狂奔的兽性,只有**动物训练**(dressage)和**愚笨化**(abêtissement)才能加以控制。在18世纪数度尝试强加于精神错乱者的教学法中,"疯人—兽"这个主题曾经真正地实现。匹奈曾提到一个案例,那是"法国南部一所非常出名的修道院",在院中,人们威吓狂乱的无理智者,"明确地下令要求改善";如果他拒绝睡觉或吃饭,便会"受到警告,如果他继续冥顽不守规矩,隔天会被处罚以牛筋鞭打十下"。相反地,如果他听话

㊲ 匹索,《哲理医学》(Traité médico-philosophique), t. I, pp. 60-61。

㊳ 同一主题也表达于无理智者的饮食待遇之上,这里且以比塞特院中的疯人为例(Saint-Prix 分区):"每天六块黑面包,配合面包量的浓汤;周日、周二及周四有一块肉,周一及周五则有三分之一升的豌豆和蚕豆;周三有一盎斯的奶油,周六则有一盎斯的乳酪。"(《比塞特院档案》〔Archives de Bicêtre〕,〈1781年规章〉,第五章,第六条)

和顺从,人们便让他"在餐厅里,坐在教师身边用餐",但如果他犯了点小差错,又立刻会被人警戒,"以木棍在手指上狠狠地敲一下。"[39]如此,监禁体制中所有的"非人性"措施,可以由一个奇特的辩证运动来解释:疯狂中的自由兽性,只有借由一种驯兽过程才能加以控制,然而这个过程的意义并不是要把动物提升至人性,而是要在人身上恢复他可能具有的纯粹兽性。疯狂揭露了兽性的一个秘密,这便是疯狂的真相,而它也因为在其中受到吸收而消失。18世纪中叶左右,苏格兰北部的一位农庄主人曾经享有盛名。人们认为他懂得如何治疗躁狂。匹奈曾记录这位葛莱哥里(Grégory)拥有大力士赫拉克勒斯(Hercule)的身材;"他的方法就是要求精神错乱者们去做最辛劳的农事,把其中一些当作畜牲使唤,其他的当作家仆,如果他们有一点反抗,就施以一顿痛打,使他们最后只得服从。"[40]疯狂被化约为兽性,但它在这个化约中发现了它的真相和痊愈:当疯子变成一只野兽时,在人身上造成的丑闻的动物,便会消失不见:并不是动物沉默不言,而是人本身受到废除。在那变成役畜的人身上,理性的缺席依循了智慧之道及其秩序;这时疯狂便可得到痊愈,因为它已被异化为另一样东西,但那不是别的,那就是它的真相。

三、未来会有那么一天,人们将从疯狂的兽性之中,推衍出机械论心理学(psychologic mécaniste)的理念,以及疯狂的各种形式可以对照于动物生命各重大结构的论题。但,在17和18世纪,将其面貌提供给疯狂的兽性,却是一点也不

---

[39] 匹索,前引书,p.312。
[40] 同上。

要求用决定论去解释其中的现象。相反地,兽性却把疯狂放置于**无可预料的自由空间**之中,让狂乱在其中放肆而为;决定论如果可能掌握它,那也是在束缚、处罚和训练动物的形式中去进行的。疯狂通过兽性,不是和生命与自然的大法相接,反而是接连上动物寓言集(Bestiaire)中的千百形式。然而,其中有所不同:贯穿中世纪时代的动物寓言集,通过那许多象征面目,叙说的是一出邪恶的变形记;现在出现的,则是一部抽象的动物寓言,邪恶在其中不再具有奇幻的身体,在它之中,我们只能看到野兽没有内容,只有最极端形式的真相。它由想象动物的丰富性中解放出来,只保留一个普遍的威胁力量:那是一个警醒兽性的沉默威胁,它会突然使理智松懈于暴力之中,使真理消解于无理智者的狂怒之中。虽然在当时曾有建构实证性动物园的努力,被看作疯狂自然空间的兽性,作为一个纠缠不去的念头,仍然布满了古典时代的地狱。监禁措施和其野蛮行为中最奇特的面向,便是源自由兽性构成的想象元素。

中世纪时代,在芳济会运动[4]开始以前,而且无疑虽然有了这项运动,在此后长久时间中,人跟兽性的关系乃是人跟邪恶的地下力量间的想象关系。今天,人是在自然的正面性形式中思考这个关系;它同时是等级、序列和演化。然而,由第一类型的关系到第二类型的关系,其过渡正在于古典时期,这时兽性仍被视为否定性,但那是自然中的否定性:也就是说,在这个时候,人和动物的关系只被感受为疯狂所带来的绝对危难——疯狂在一种自然的无区分之中,消除了人的本性。这种构想疯狂的方式,证明甚至到了18世纪,人和他的本性之间,其关系既非简单亦非直接——有必要通过最严

厉的否定性形式来中介。㊶

西方文化过去把它对疯狂的感知结合于人跟动物关系的想象形态,这一点对西方文化来说,无疑具有本质性的重大意义。从一开始西方文化就不认为,动物之参与自然的完满、智慧和秩序可以是一个自明的道理;这样的理念在其晚期才得出现,而且将会长期停留于其文化表面;它可能仍然未渗透到想象力的地下空间里。事实上,那些愿意睁大眼睛看它们的人,很快会明白动物毋宁属于反自然,属于否定性,它以其狂怒威胁着秩序,危害着自然的肯定性智慧。劳特雷门(Lautréamont)⁵的作品便是明证。两千年来,西方人将人定义为理性的动物——但为什么这就表示他认识到人和动物间可能有共同的一面?为何这个定义便是他立足于实证自然中的方式?而且,不管亚里士多德(Aristote)真正想说的是什么,我们难道不能假设说,所谓的"理性的动物"长久以来对西方世界的意义,其实指的是理性的自由如何运作于脱缰狂奔的非理性的空间之中,也意指它如何由其中挣扎而出,并因而成为其中的矛盾项?从哲学演变为人类学时开始,自从人想要在饱满的自然中认识自己的时候开始,动物便不再拥有否定性力量,只是被夹在自然决定论和人的理性之间,构成演化中的实证形式。合理性的动物这个说法,意义完全改变:它曾经表达出的、在一切理性源头所存有的非理性,这时已完全消失。人是自然的存在,这一点可在其动物性之中认出,而疯狂也就因此必须遵从人本身的决定论原

㊶ 任何人只要愿意研究萨德的自然概念,以及他和 18 世纪哲学的关系,便会发现这类的运动在其中被发展到最纯粹的境地。

则。如果说,就像我们在后面会看到的,古典时代有关疯狂的医学和科学分析,寻求将疯狂放在自然机械论的脉络中研究,然而,对待疯人的实际措施也足以向我们见证,那时对疯狂的感受,仍是把它当作兽性中的反自然暴力。

* * *

无论如何,监禁颂扬**疯狂中的兽性,**同时却努力回避由**非理性中的无道德**所造成的丑闻。这一点足以表明古典时代在疯狂和非理性的其他形态之间,建立了一道距离——即使就某种观点而言,它们曾经受到混淆和同化。但如果一整层次的非理性都被迫保持沉默,但人们却让疯狂任意说出它的愤怒语言,那么一般非理性不能够传授的,只有疯狂能够提供的,到底是什么样的教训呢?其他受监者可能更理智一点的主张所没有的,只有疯狂的狂怒和无理智者的猛烈才具有的,到底是什么样的意义呢?究竟是在什么地方,疯狂才格外地更加具有意义呢?

从 17 世纪起,在最普通意义的非理性中,教训已不复存在。理性危险的可逆转性,文艺复兴时期仍然觉得它近在身边,现在,它却必须被人遗忘,而且它所引起的议论也应该烟消云散。十字架上的疯狂这个伟大的主题,过去曾密切从属于文艺复兴时代的基督教经验,到了 17 世纪,虽然有詹森派教义(Jansénisme)[6] 和帕斯卡的思想,这个主题却开始消隐。或者我们应该这么说,它继续残存,但意义有所改变,而且变得像是完全颠倒。现在问题不再是要求人的理性放弃其骄傲和确定,以便使它可以迷失在牺牲的伟大非理性之中。当古典时代的基督教谈及十字架上的疯狂时,目的只是要打压一种假理性,以便使得真理性散放出永恒的光辉;下凡为人的神,他的疯狂其实便是智慧,只是生活在尘世中的非理性的人,不能认出它来;"被钉上十字架的耶稣……曾经是尘世中的丑闻,世俗眼光中的无知和疯狂。"如今尘世已经接受了基督教,通过历史的波折和人们的疯狂所表露出来的神的秩序,也足以显示目前"基督已成为吾人智慧的顶点"。㊷ 信仰和基督徒的谦卑令人难以接受的真相,在帕斯卡的思想中,仍然保持其活力和显现价值,但未来不久对基督教的思想来说,却只会剩下一项意义,也就是去显示出,这些无法接受其真相的意识,皆是盲目的灵魂:"不要因为天地万物所施予您的苦难,仍是高等心智眼中的疯狂和丑闻而感到痛苦。"现在是基督教徒自己把基督教的非理性排斥在理性边缘,而理性则被等同于道成肉身的智慧。在皇家港教派(Port-Royal)时代[7]以后,还要等两个世纪——等到陀思妥耶夫斯基(Fyodor M. Dostoïevski)和尼采——才能让基督的疯狂重得光荣,使得常识难以接受之事重新具有显现性的力量,使得非理性不再只是理性的公开耻辱。

疯狂曾和基督教理性如此长期地构成一体,不相分离。然而,就在基督教理性摆脱疯狂之时,收到一个独特显现力量的却是那理性消灭、兽性发狂的疯人:这好像是说,丑闻本来发生在人的上头,发生在人与神的关系和道成肉身所显现的领域,一旦它被驱离此处,丑闻却又在人和自然以及其兽性相关的领域,以同样饱满的力量重新出现,而且还携带着

㊷ 波舒哀(Bossuet),《颂扬圣贝拿尔》(*Panégyrique de saint Bernard*),《前言》。见《全集》(*Œuvres complètes*),1861,I,p. 622。

新的教训。教训的应用点转移到疯狂的低下领域。虽然十字架不再被当作丑闻来思索;我们却也不应该忘记基督在其人性的一生之中,都像是在推崇疯狂;它将疯狂封为神圣,就如同它也使得被治愈的残障、被宽恕的罪恶、被许诺永恒财富的贫穷成为神圣。对于那些负责在监禁所照顾心神丧失者的人,圣凡森·德·保罗提醒说,他们"行为规则要以此为准:为何救主基督愿意为疯癫者、魔鬼附身者、疯人、被诱惑者、着魔者所围绕"。㊸ 这些被交付给非人性力量的人,围绕在永恒智慧的代表和体现它的人的四周,形成持续不断的颂扬机会;因为他们的疯狂在围绕着理性的同时,亦是在颂扬他们所未具有的理性,而且也给理性成为卑下的机会,让它承认,理性只有神宠才能赐予。但是还更近一步:基督不只有意被疯人围绕,而且有意让自己在众人眼中成为心神丧失之人,如此以其道成肉身之体,遍历人之沦落的所有悲惨境遇:如此,疯狂就成为成人之神在十字架上得到完成和解脱之前的最终形态、最低程度:"我的主啊,您曾志愿成为犹太人[眼中]的丑闻、异教徒[眼中]的疯狂;你曾志愿露出发狂的外表;是的,就像《圣经》中记载,我们的救主曾志愿被当作疯人看待,要人相信他进入了狂怒状态。'他们说他这时进入狂怒之中(Dicebant quoniam in furorem versus est)。'使徒们有时把它看成一位动怒之人,而它之所以如此,是要他们作见证,证明它曾怜悯我们所有的残疾弱点,并使我们所有的痛苦状态成为圣洁,以此教导他们以及我们,要对落入

㊸ 《布道辞》引用于 Abelly,《神之侍者,可敬的凡森·德·保罗的一生》(*Vie du vénérable serviteur de Dieu Vincent de Paul*),Paris,1664,t. I,p. 199。

这些残疾弱点中的人心存悲悯。"⁴⁴基督既然来到世间,他便接受重拾所有人之处境的征象,甚至那堕落自然的烙印;由悲惨到死亡,他所行走的受难(Passion)苦路,也是激情(passions)、被遗忘的智慧和疯狂所构成的道路。而就是因为疯狂曾经是基督所受苦难的形式之一——在某一种意义上,乃死亡之前的极致形式——那些蒙受其苦难的人身上的疯狂,现在也应该变成尊敬和悲悯的对象。

所谓尊敬疯狂,并不是要把疯狂破解为不可避免和非志愿的意外疾病,而是要承认人性真相有这个最低的极限,这个并非意外、而是本质必要的极限。人的生命,如果以时间来看,其终界乃是死亡,以动物性来看,其终界便是疯狂;就好像死亡曾被基督之死化为圣洁,最兽性的疯狂,也曾被化为神圣。1654 年 3 月 29 日,圣凡森·德·保罗向修道会员尚·巴罗(Jean Barreau)宣布,他的兄弟因为心神丧失,刚刚被圣拉撒尔院监禁。"当我们说 quoniam in frenesim versus est(这时他进癫狂之中),这句描述我们的主所处的状况的话时,我们应该要推崇它。对那些因为他的神圣意志而被放进这种状况的人,我们用这句话来把他们和主相连,并使他们获得圣洁。"⁴⁵在神的肉身体现之中,疯狂更是人性中的最低点,它之所以愿意如此,乃是要借此表达,在人身上,没有任何非人的事物不能得到救赎和拯救;神圣出现其中,曾使

---

⁴⁴ 参考 Abelly,同上,p. 198。圣凡森在此引用的是圣保罗的文字(I Cor. , I, 23); Judæis quidem scandalum , Gentibus autem stultitiam。

⁴⁵ 《圣凡森·德·保罗书信集》(Correspondance de saint Vincent de Paul) , éd. Coste, t. V, p. 146。

堕落的极点化为光荣;对 17 世纪而言,在所有疯狂之中,仍然承载着这项教训。

我们"如此便能"了解为何疯狂的丑闻会受到赞扬,而在其同时,其他形式的非理性则要细心加以隐藏,以免造成丑闻。后者有的只是过失和不道德具有感染力的榜样;前者则向人指出,堕落能让人如何接近兽性;同时,如果神的善意愿意拯救人,它能被转变到什么样的程度?对文艺复兴时代的基督教来说,非理性以及其丑闻的一切教育价值乃存在于道成肉身的疯狂之中;对于古典主义来说,道成肉身不再是疯狂;疯狂反而是人化身为兽,而这便是人之堕落极点,他之有罪最明显的记号;同时,它又作为神之善意的终极对象,所以也就象征着普遍的宽恕和重新寻回的无辜。今后,疯狂的一切教训以及其教育的力量,便得以在这个幽暗的领域中寻找:那里是人性最低的极限,是人和自然开合的关节之处,而且既是终极的堕落亦是绝对的无辜。古典时代期间,圣凡森·德·保罗和他的修会或是慈善兄弟会都象征着教会对疯人的关怀;所有这些关心疯狂并将疯狂显示给世人的宗教团体,不都指出教会在疯狂身上找到一种困难、但却又必要的教训:人之兽性的有罪无邪吗?疯人的演出,颂扬着人形野兽的狂怒;在这样的演出中,我们要阅读和理解的,便是上述的教训。吊诡的是,这项基督教的兽性意识,却在准备着一个未来的时刻,在其中疯狂将会被当作一个自然事实看待;于是人们将会迅速地忘记自然对古典思想的象征意义;那不是客观分析永远开放的领域,而是疯狂诞生的领域,这时它是人永远可能的丑闻,而且既是他最后的真相,也是取消他的形式。

* * *

所有这些在疯狂四周缠绕纠结的奇特事实、措施,所有这些既颂扬又驯服疯狂的习俗,在把疯狂化约为兽性的同时,又使它成为救赎教训的承载者,它们把疯狂放置在相对于非理性的整体而言可说很奇特的一种处境中。疯狂在监禁所中和非理性的所有形式为邻,它们包裹了疯狂,并为它的真相提供了一个最一般的定义;然而,疯狂也受到孤立,受到独特的方式对待,并以其独特性质显现出来;这好像是说,它虽然属于非理性,但疯狂也以自己独有的运动穿越它,自为地发展到它最吊诡的极端。

对那些想写一部有实证风格的疯狂史的人,这一点并不会有什么重要性。疯狂病理学现实的逐步认识,既不来自放荡者的监禁,亦不来自兽性耻念;相反地,却是在摆脱一切有可能把疯狂围困在古典主义道德世界里的东西,疯狂才达到其医学上的确定性真相:这便是任何尝试重写其发展计划的实证主义所至少假定的事物;仿佛整个知识史只是某种客观性的表层腐蚀,使得它的基础结构得以如此一点一滴地暴露出来;仿佛,医药客观性的形式可以确定疯狂的本质和秘密真相,并不是一项在一开始就被采纳的假设。也许,疯狂之从属于病理学,应该把它当作没收占有才对——像是在我们文化史里长期为人准备的一种变形,但绝不是未受到疯狂的本质自身所决定的演变。古典世纪承认它有一些亲属关系——比如自由放荡——而且也是为了它们才成立监禁体制;这些亲属关系暗示说,疯狂具有另一种面貌,然而我们今天已经完全失落了它。

现在我们已习惯在疯狂中觉察朝向某种决定机制发展的堕落，在其中，自由的所有形式逐渐遭到废除。疯狂只向我们显示此一决定机制的自然规律、其中的因果关系，以及其形式的铺衍开展；原因在于，疯狂只有在回归野兽和事物的阴郁世界时，回归它们受阻挠的自由时，才能威胁现代人。17 和 18 世纪辨识疯狂时，并不是立足于这个**自然**的地平，而是以**非理性**作为背景：当时，疯狂并不揭露出一种机械原则，它毋宁显露出在兽性的丑怪形式之中发怒的一种自由。今天，我们所了解的非理性，只是它的形容词形式："**不可理喻**"(Déraisonnable)。它的征象影响了行为和主张，并且，对世俗眼光来说，它泄露出疯狂的存在及其整套病理学上的随从队伍；不可理喻对我们来说，只是疯狂出现的模式之一罢了。相反地，非理性对古典主义来说乃是名词；它构成一种名词性的功用。只有和它比较，而且只能和它比较，疯狂才能够被了解。非理性是疯狂的承体；毋宁让我们说，它定义了疯狂的可能空间。对古典人来说，疯狂并不是非理性的自然条件、心理和人性根源；它只是非理性的经验形式；而疯子呢，他走遍了人之堕落的全部曲线，一直到兽性的狂怒为止，亦揭露出那威胁着人和大大地包裹其自然存在所有形式的非理性根柢。这不是一个朝向决定论的滑移，而是某个暗夜的开放。对这一点古典理性比其他更有能力，无论如何都比我们的实证主义更强：它懂得监看，并且觉察非理性深埋地底的危害，觉察绝对自由的威胁性空间。

如果说，当代人自从尼采和弗洛伊德以来，在其自身深处发现了所有真相的反对点，而且可以在他现在对自己所知的事物中，读出非理性得以发挥威胁的脆弱指标；相对地，17

世纪的人,在其思想对其身的自我立即临在之中,发现了确定性,也就是理性宣布其自身的首要形式。但这却不是说,古典人在其真相体验之中,比我们自己更远离非理性。如果我思(Cogito)的确是绝对的开端;我们却不应该忘记狡猾精灵(le malin génie)更存在于我思之前。而且狡猾精灵并非一个象征,可以让梦中形象和感官错误这些心理学事件的所有危险都可在其中得到总结,归结为体系。存于上帝和人之间,狡猾精灵具有一个绝对意义:以其最严格的意义而言,它便是非理性的可能性和非理性力量的整体。它不只是人的有限性的折射;它所意味的危害远超出人性的范围:这危害能以决定性的方式,阻止人达到真相;这不是心智的重大障碍,而是理性的重大障碍。而且,并不是因为在我思之中获得启发的真相最后终于完全掩盖了狡猾精灵的阴影,我们就应该忘记它持续永恒的威胁力量:这个危险俯视着笛卡儿的思想进程,直到包括外在世界的存在和真相。在这些条件下,古典时代里的非理性如何有可能处在心理学事件的尺度上,或甚至是处在人之悲怆的尺度上呢?——相反地,是在它所形成的元素之中,世界才能以符合其真相的方式诞生,是在它所形成的领域之中,理性必须以其自身有所对应。对于古典主义而言,疯狂永远不可能被把握为非理性的本质,甚至也不可能被把握为其最原始的显现形式;疯狂的心理学永远不能宣称有能力说出非理性的真相。相反地,必须把疯狂摆回到非理性的自由地平之中,才能恢复它自身独有的向度。

如果人们在过去曾把未来所谓的"心智病患"(malades mentaux)和自由放荡者、亵渎者、放肆无羁者、浪子混在一起,那不是因为人们给予疯狂自身的决定机制和无辜太少的权利;那是因为人们仍然给予非理性完全的权利。解救疯子,把他们由这些牵扯之中"解放"出来,并不是抛开旧有成见,而是闭起双眼,把对非理性的警醒抛弃在"心理学的睡眠"之中;然而,这个警醒却曾赋予古典理性最尖锐的意义。收容院中的混淆,只有在 19 世纪初才开始得到澄清;我们会觉得,疯人的心理学侧影真相一直未受认识。但这个无知却是因为人们承认它和所有的非理性形式之间,具有深厚的亲属关系。把疯人和放肆无羁者或宗教异端分子关在一起,模糊了疯狂的**事实**(fait),但却显露非理性永远的**可能**(possibilité);监禁措施想要制伏的,就是这个威胁的抽象和普遍形式。

人由天堂之中堕落,和所有不同形式的罪行相比,正是疯狂相对于非理性其他面目所具有的地位:它是原则、原初的运动,它是和最大的无辜直接接触的最大的罪恶、不断被重复的高等模范、必须在耻辱中忘却之事物。如果疯狂在监禁的世界里形成范例,如果所有非理性的其他征象都被迫保持沉默,只有疯狂为人展示,那是因为疯狂身上带有非理性的一切丑闻力量。疯狂走遍了非理性的全部领域,结合其对立的两岸——一方面是道德选择、相对性过失、所有的表现不良,另一方面则是兽性的狂热、被狂怒所羁绊的自由、最初和绝对的堕落——也就是明朗自由之岸和阴暗自由之岸。疯狂便是非理性全体被收聚在同一点上:有罪的白昼,无辜的黑夜。

这里无疑便是古典疯狂体验的重大吊诡之处;它被一个有关非理性的道德体验所重拾和包裹——那是 17 世纪在监

禁体制中所流放的非理性;然而,它也相连于兽性的非理性体验,而这项经验形成了体现理性(raison incarnée)的绝对极限,也形成了人之处境中不可接受的丑闻。当疯狂被放置在所有微小非理性的星座之下,它便会联系于伦理体验,联系于理性的正面道德评价;但当它联系于动物世界,联系于其中重大的非理性,它便触及丑怪的无辜。我们可以说这是一个自相矛盾的体验,而且和疯狂的法律定义相距甚远——法律定义努力于区分责任和决定机制、过失和无辜;它也远离医学上的分析——在当时,这些分析把疯狂视为自然现象。然而,在古典主义的实践和具体的意识之中,存有一个独特的疯狂体验,它在电光石火之间便跑遍了非理性中的所有距离;它既立基于一项伦理选择之上,却又同时倾向于兽性狂怒。实证主义将不会脱出这项暧昧,虽然它的确将其简化;它重拾兽性疯狂和其无辜这个主题,将它放到把精神错乱当作自然病态机制的理论之中;它又把疯人维持在古典时代发明的监禁状态之下,而且还是幽暗地,不愿承认地,把他维持在由道德束缚和受征服的非理性所组成的机制之中。

　　19世纪的实证精神医学——我们这个时代的精神医学也一样——如果说它们放弃了18世纪的措施,并把当年的知识搁置一旁,它们却是秘密地继承了古典文化以其整体和非理性所建立的全部关系;它们把这些关系加以位移;它们调整了这些关系;它们自信只以病理学上的客观性来谈论惟一的疯狂;虽然如此,和它们打交道的,乃是一个仍然完全为非理性伦理和兽性丑闻所充满的疯狂。

注 释

1 年代为 1702—1713。

2 Chrétien Guillaume de Lamoignon de Malesherbes(1721—1794),法国法官及政治家,曾经减轻检查制度并尝试数项改革。他在国民公会中为路易十六辩护,最后在恐怖统治时代遭到处决。

3 所谓 bonne conscience 是觉得自己无可指责的意识。但是这通常也意味着它是一个错误的意识:或者是它不够细致,才看不出自己有什么错,或者,事实上主体犯了应该受谴责的行为,却不觉得如此。后一个用法最为常见。

4 芳济会于 1209 年由 saint François d'Assis 所创。传说 saint François d'Assis 曾向鸟类讲道。

5 Isidore Ducasse Lautréamont(1846—1870),法国作家。因为他在作品中表达出暴烈的嘲讽模仿,又把文学创作过程本身当作主题,被超现实主义者和现代批评视为先驱。最著名的作品为诗集,如 1869 年的《Maladoror 之歌》(les Chants de Maladoror)。

6 Cornelius Jansen(1585—1638)为荷兰神学家。他有关神宠、自由意志和事先注定的论点,形成詹森派教义的核心。詹森主义者在法国的总部为 Port-Royal 修院,他们反对耶稣会教士和王权专擅。帕斯卡和詹森主义者具有密切关系。

7 Port-Royal 原是巴黎西南郊的女修道院。1635 年开始成为詹森主义者的大本营。1648 年大部分巴黎的詹森主义者皆迁居此处,并建立学校。1656 年起迫害开始。18 世纪初,它在巴黎的分部遭到摧毁,修女亦遭驱散。

第 二 部

第二篇

导 言

现在是回过头来谈一件平淡无奇的真相的时候了:疯狂意识,至少在欧洲文化里,从来就不是以浑然一体的事实形成团块,以同质整体进行变形。对西方意识来说,疯狂是在许多点上同时涌现,形成星座般的集合,它逐渐地位移,改变其外形,而其形象可能构成某一真相之谜。那是总被打碎的意义。

但是,究竟有什么形式的知识是那样的独特、玄秘、地域化,以至于永远只在一点之上出现,只形成一项单一的表达呢?有什么样的认识既是被认识足够又是被认识不足,以至于只被认识一次、而且只有一种方式、只依据一种理解的形式?有什么样的科学形象,不论它是多么地一致和密实,它身旁不会环绕着或多或少幽暗的实践、神话或道德意识形式呢?如果一项真相不是在散乱的秩序里生存,并只让人认识其侧影,那一切真相就会进入梦乡。

然而,也许某种不一致性对于疯狂体验比对任何其他体验来说,是更为基本的事物;也许由它的各种转化模式之中,是有可能提出一种演变的图式,但可能跟这体验中最基本的部分有关的,最接近其原始条件的,便是以上所提的离散性格(dispersion)。在大部分其他形式的知识之中,通过它的每个侧影,我们可以勾勒出会合的轮廓;相对地,在这里,离散性格铭刻于结构之中,它只接受一项已告粉碎的疯狂意识,也就是说,它在原则上就是片段性的,其中的辩论也不可能完结。也许某些概念或某种知识上的宣称,可能以一种表面的方式笼罩着这个最初的离散现象。可作见证的例子比如现代世界努力只以**心智疾病**(maladie mentale)这个从容客观的措辞来谈论**疯狂**,但结果是把其中的**悲怆**(pathétique)意味泯灭于由**病理学**(pathologie)和**博爱**(philanthropie)混合而成的意义之中。但是,[有关]某一个特定的时代——其中也包括我们的时代——的疯狂意识,我们不应该在一项计划至少已经明示的统一体之中寻求,而是要在这个撕裂的临在之中去寻求;而且,即便一个疯狂体验可能运用把自我投射于客观性平面的方式,去寻求自我超越和平衡,任何事情都不能够消除在其辩论源头就已产生的戏剧性价值。

在时间的过程当中,这项辩论顽固地不断回转:它总是在重新运用相同的、却又永远无法化约的几种意识形式,而且虽然其中有多种组合形式,但其协调总是同样地困难。

* * *

一、疯狂的批判(critique)**意识**:这项意识承认疯狂,它是在合理的、深思熟虑的、道德性智慧的背景之中来标定疯狂。这样的意识甚至在建立其观念之前,便已全心全意从事审判;这不是一个**定义**(définir)的意识,而是一个**揭发**(dénoncer)

的意识。疯狂在其中,乃是在一项可以立即感觉的对立模式中为人感受:它在它显而易见的错乱之中显现出来,以过剩的证据,大量地呈现出"它的脑袋空空和判断力上下颠倒"。① 在这个仍为起步的阶段,疯狂意识具有强大的自信,也就是说,它确定自己并不疯狂。但是,它却既无法度,亦无概念地投入差异的内部本身,投入对立最强烈的部分,投身于疯狂和非疯狂交换其最原始语言的冲突核心;对立此时变成可以逆转:由于没有固定点,疯狂很有可能就是理性,而且疯狂意识也很有可能就是疯狂秘密的存在,就是疯狂本身的策略。

> 那些为了旅游上船出海的人
> 以为是陆地远离,而不是船在走动②

然而,既然面对疯狂时,并不存有确定性的不疯狂,于是便存有一种比所有其他疯狂更为普遍的疯狂,而且这种疯狂使得最顽强的智慧和疯狂处于同样的困境之中。

> 我越是修饰便越是需要润色
> 依我之见,世人皆是重复不休③

---

① 雷尼耶(Régnier),《第十四讽刺诗》(Satire XIV),《全集》(Œuvres complètes),éd. Raillaud,v.9。
② 同上书,v.13-14。
③ 同上书,v.7-8。

这是脆弱的智慧,但也是最高度的智慧。它假设,它要求疯狂意识不断地分裂为二,要求它自身没入疯狂之中,然后又再重新浮出。它依赖着一开场便树立的理性的复数价值,或者应该说它的单数价值更好,但它把理性废除之余,又很快地在带有反讽意味的、对这项废除感到假意绝望的清醒当中,重新找回了理性。这样的批评意识,假装把严谨推进到对自我进行激烈批判的地步,直到愿意在一个捉摸不定的战斗的绝对之中,冒生命之危险;然而这个意识却在事前秘密地加以预防——它只由接受危险的事实本身,便认出自己是理性。就某种意义而言,在它和疯狂简单的、可逆的对立当中,理性作了完全的介入(engagement),但这个介入之所以是完全的,却是因为它已经知道,它有完整摆脱(dégagement)的秘密可能。

二、疯狂的实践(pratique)意识:摆脱在此既非辩证法的潜在力量(virtualité),亦非其精湛技巧(virtuosité)。它是一个有其必要的具体现实,因为它乃是在团体的存在和规范之中产生;但更进一步,它像是有其必要的选择,一个不可避免的选择,因为我总是要站在其中一边,我们不是在团体里头就是在团体外头。尚且,这个选择还是一种假的选择,因为唯有在团体内部的人,才有权利指明那些人因为被人认为处在外部,而被控诉说是自己选择成为外部之人。原先,单纯批判的意识,认为他们只是**偏航**(dévié),现在又加上另一个意识,认为他们**选择了另一条路**,因为有这样的想法,意识便在一个毫无中介的教条主义中为自己找理由辩护——这个作为同时既是照明,亦是幽暗化。这不是受困于介入理性和疯狂的差异和同质**中**的一项意识;这是知道理性和疯狂之间有所差异的一项意识,是在被认为是理性规范承载者的团体的同质性之中,成为可能的意识。虽然它是社会性的、规范性的,而且一开始就被坚决地依赖,疯狂的实践意识同样具有戏剧性;如果它包含了团体的连带感,它也同样指出划分的立即需要。

在这个划分之中,对话中一直岌岌可危的自由便不再作声;只剩下一个安静的确定性,它知道必须把疯狂化约为沉默。这是一个暧昧的意识——它一方面是从容的,因为自信掌握着真理,它同时也是不安的,因为承认疯狂有扰人的力量。对抗理性,疯狂现在显得像是失去武装;但对抗秩序、对抗理性自身在人与事的法则中所能作出的显现,疯狂便显露出奇特的威力。疯狂意识觉得这个秩序受到威胁,而意识所操作的划分,也使秩序冒了生命风险。但是,这项风险有限,甚至是在一开头就被人做了手脚;这里没有实际的交锋,只有一项绝对权利无补偿的行使——那是疯狂意识打从一开始,在自认为同质于理性和团体的时候,便封赏给自己的权利。重要的是仪式,而不是辩论;此一疯狂意识所表达的并不是某一实际斗争的变形,那只是一种远古的除魅仪式。这种形式的意识同时既是最具历史性的,亦是最不具历史性的;它在每一个时刻,都像是一种立即的防卫反应,但这防卫只是在恢复萦回于恐惧中的所有古老耻辱。关于现代疗养院,如果我们至少想起使之合法并铸成其必要的幽暗意识,我们不会认为它是麻风院的纯粹遗产。疯狂的实践意识,表面上似乎只以其目的性中的透明来定义自己,其实却是最厚重的意识,最为古老戏剧的简化仪式所贯注。

三、疯狂的发言(énonciative)**意识**:它使人可以立即直接地,不借助任何知识便可说出:"那个人是个疯子。"这里没有定义疯狂的性质或剥除其地位的问题,只要把它当作实质的存在标示出来;就在那里,就在眼前,有一个人,不容置疑是个疯子,有一个人显然是疯了——这是在看到疯狂任何性质和对它作出任何判断之前,它单纯、静止、顽强地存在。这时意识不再置身于价值层次之中——不再是危害和冒险的问题;它现在处在存有的层次上,因为它只是一项单音节知识,只在指出疯狂是否存在。就某种意义而言,这是所有疯狂意识中最从容自在的一个,因为在总体上,它只是一个简单的感知性把握。由于它不通过知识,它甚至避免了诊断带来的不安。这是《拉摩的侄子》(*Neveu de Rameau*)[1]中对话者的反讽意识;这是那重新与自身和解的意识,才刚由痛苦的深处走出来,带着一半的迷惑一半的苦涩,诉说《奥蕾利亚》(*Aurélia*)[2]的梦境。这个意识虽然单纯,却非纯粹:它持续不停地后退,因为它同时假定及证明它本身不是疯狂,理由很简单,它自己就是疯狂的立即意识——就在那儿,疯狂被人呈现和指出,就像是一个无法反驳的自明之理。然而,以上所说如果要能成立,条件在于那呈现疯狂的意识已先拒绝疯狂,它以它和疯狂的关系,以它和疯狂间的对立来定义自己。它意识到自己不是疯狂,只有在这样的背景中,它才能成为疯狂的意识。所以,不论它如何能摆脱成见,如何远离所有的束缚和压迫形式,它总是某种已将疯狂制伏的方式。它拒绝说出疯狂的品质,却是预设着对自我具有某种品质意识:我不是疯的;如果它是简单的感知,那也只是因为它其实是这项暗中的对立:"因为其他人曾经疯狂,所以我们才不可能是疯子。"布莱克

(Blake)如是说。④ 然而我们不应该受骗于他人疯狂的表面先前性:如果在时间之中,他人的疯狂好像十分古老,那是因为在所有可能的记忆之外,知道自己不发疯的意识已经撒布了它那非属时间的沉静:"时钟衡量着疯狂的时刻,但智慧的时刻,却没有任何时钟可以衡量。"⑤

四、疯狂的分析(analytique)意识:这是有关疯狂的形式、现象、显现模式的铺陈意识。当然,这些形态和现象的整体从来不会出现在这个意识之中;长久以来,而且可能永远如此,疯狂将把其威力和其真相的本质部分隐藏于认识不清之中,然而,却是在这项分析意识之中,疯狂回归到宁静的良好认识之中。即使人们的确不能穷究疯狂的现象和原因,那宰制它的目光却对它享有完全的拥有权。在此目光之中,疯狂不再是由它所有现象所组成的,或至少是潜在的整体;它不再具有危害,它不再包含划分;甚至它所预设的距离,也只是任何一个认识对象所预设的距离。便是这种意识形式,建立了疯狂客观知识的可能性。

*　　*　　*

以上这些意识形式,每一个同时都既是自给自足,又和其他所有形式相互关联。它们之所以相互关联,是因为它们一定会暗暗地相互支撑。任何一种有关疯狂的知识,即使它如何地宣称其客观性,即使它只想建立在科学认知形式之

---

④ 布莱克(William Blake),《天堂与地狱之结合》(*Le Mariage du ciel et de l'enfer*),A. Gide 法译,p.24。

⑤ 同上书,p.20。

上,都不由自主地预设一个先前于它的批判辩论运动;在这个辩论之中,理性与疯狂相互较量,感受到疯狂同时既是它单纯的对立,亦是一项可以立即逆转的危害。这样的知识也预设一项实践上的划分永远会出现在它的地平之上,像是一个潜在的力量,这是团体运用它对疯狂的除魅仪式,肯定和增强其自身的价值。相反地,我们可以说,没有任何疯狂的批判意识不会不尝试在分析意识之中建立基础或自我超越,使得辩论中的不安可以得到平静,风险可以得到控制,距离也可以决定性地建立。疯狂的四个意识形式,每一个都标指着另一个或其他另几个的形式,利用它们作为恒定参考、辩护理由,或先决条件。

但是,没有任何一个意识形式会被另一个完全吸收。即使它们之间的关系再怎么紧密,也不能把它们化约为一个统一体,使得所有的个别形式消失于一个专制的、单调的和终极的意识形式中。这是因为,由于它们的性质、意义和基础,每一个形式都具有其自主性:第一个意识形式,在一刻之间便圈围出语言的一个广大区域,在其中意义和无意义、真相和错误、智慧和陶醉、白昼的光明和梦之闪动、判断的界线和欲望无限度的推定,同时出现亦相互对抗。第二个形式乃是远古大恐怖的继承者,它不自知、不自愿、亦未加说明地重拾那净化并重振社群幽暗意识的古老沉默仪式;它包裹着一大段无名的历史,而且虽然它自身能提出一些辩解,它仍然比较接近仪式静态的严谨,而不接近语言不断的劳动。第三个形式并不是一种认识(connaissance),而是一种辨识(reconnaissance);它或者是镜子(比如《拉摩的侄子》),或者是回忆(比如奈瓦尔〔Nerval〕或是阿尔托)——究其根柢,它总是一种自我的反射,即使它自信标指出异乡人,或是那在自身之中最属异乡的成分。它在它的立即发言动作(énonciation)之中,在这个全然由感知出发的发现当中,其实是把最接近它的秘密推到远处。在它那并不疯狂的简单存在之中,疯狂就像一个失去武装的奉献,然而它所承认而不自知的事物,乃是它和痛苦的亲昵。在疯狂的分析意识之中,戏剧性事件得到了和缓,对话被封闭于沉寂之中;不再有仪式和高亢的抒情(lyrisme);幻想显露其真相;反自然的危害演变为某一自然的征象和显现;那召唤恐惧的事物,只能唤来消除它的技术。在此,疯狂意识只能以知识的形式得到平衡。

* * *

自从无理智的悲剧体验和文艺复兴时代一齐消失之后,疯狂的每一个历史形象同时包含了上述的四个意识形式——同时既是它们幽暗的冲突,亦是其不断分解的统一体;在疯狂体验中,属于辩证意识、仪式划分、高亢指认,以及最后属于知识领域的事物,它们在每一刻之中的平衡不断建立和崩溃。疯狂在现代世界中连续展现的面貌,其面目特征便是来自这四个主要元素之间的比例和关联。其中没有任何一个元素会完全消失,但有时其中一个会享有特权,而把其他元素保持在准幽暗的地域之中,并在其中产生运作于语言层面之下的冲突和紧张。有时在不同的意识形式之间,会建立起组合,由它们形成拥有自主性和特定结构的大段体验区域。这些运动的全体,描绘着一个历史流变(devenir)的特征。

从文艺复兴一直到今天,如果我们采用一个长段的历史分期,我们有可能会找到一个幅员辽阔的运动,让疯狂体验由意识的批判形式一直偏流到其分析形式。16世纪特别注重疯狂的辩证体验:它比其他任何时代更敏感于理性和疯狂之理性(la raison de la folie)间可以无限逆转的性质;疯子身上所有接近、熟悉、相似的事物;疯人的存在中能够揭发幻觉、爆发反讽真相的所有事物。由布兰特开始,中经伊拉斯谟、路易丝·拉贝、蒙田、查伦,最后到雷尼耶为止,传达的是相同的不安、相同的批判活力、存在于疯狂微笑接待之中的相同慰藉。"如此,这个理性乃是一只奇特的野兽。"⑥在当时,甚至医学体验中的概念和措施,都遵循着此一意识的无限运动。

相反地,当19和20世纪质问疯狂时,注重的只是疯狂的分析意识;它们甚至推定说,只有在其中才能求得疯狂全部和终极的真相,而其他体验形式只是些近似之词、原始企图、陈旧元素。然而,尼采的批判,疗养院式的划分之中所投注的一切价值,以及阿尔托继奈瓦尔之后在自己身上无情进行的重大探索,这些都见证着所有其他的疯狂意识形式仍然活跃于我们文化的核心。如果这些意识形式今天只能以高亢的抒情诗风来表达,并非证明它们正日趋衰败,亦非证明它们只是不顾一切地在延续知识长久以来已加以否定的存在方式,相反地,虽然续存于阴影之中,它们却在语言最自由和最原初的形式中,活力昂扬。它们的争议力量无疑只有因此而更加活跃。

相对地,古典时代的疯狂体验平衡于一种划分之中;此一划分定出了两个疯狂的自主性领域:一方面是批判意识和

---

⑥ 雷尼耶,前引文,v.155。

实践意识;另一方面则是认识和辨认的形式。有一整个区域被孤立出来,在其中结合了全部的实践和判断,并通过它们,揭发疯狂和隔离疯狂;在疯狂身上,所有接近理性及太接近理性的事物,所有以一种嘲讽的相似性威胁着理性的事物,被粗暴地分离开来,也被迫保持严格的沉默;监禁手势所掩盖的,便是合理意识的辩证危害,便是这个作为拯救者的划分。监禁体制的重要性,不在于它是一种新形式的体制,而在于它总结及显示疯狂古典体验的半个部分:在一项协调一致的措施之中,组织着意识的辩证性不安和划分仪式的反复。相反地,在另一区域里,疯狂则显示其自身:它试着说出它的真相,自己揭发其所在的处所,并在其现象整体之中铺展;它寻求获得本性,寻求获得它正面出现于世界的模式。

在前面几章里,我们已经试着分析监禁领域,以及这项措施所掩盖的意识形式。在随后的章节里,我们想要重塑古典时代中疯狂的辨识和知识领域:问题因此在于,是什么样的人,可以在完全的确定之中和立即的感知之中,被辨识为疯子呢?疯狂是如何在无法否定的征象之中显现其自身呢?它如何在自然之中成功地取得意义呢?

然而,无疑地,上述两个体验领域间的分离,可以说是古典时代的特点,而且它本身也很重要,因此我们得在此做更多的讨论。

人们可能会说,这个断裂,既不是超乎寻常,亦不能严格地说是某一历史时代的特点。实践上的排拒和保护措施,和疯狂更为理论化的体验之间有所不符,这的确是西方体验中相当常见的事实。到今天还是一样,我们的安定良心努力想要以科学名称去建立一切划分企图,但我们仍然能够轻易地看出其难以取得名实相符的困扰。然而,古典时代的特征,便在于其中看不到任何困扰,也看不到任何寻求统一性的志愿。一个半世纪之间,疯狂的存在曾被严格地分裂。而且我们有一个可以立即觉察的具体例证;那就是,像我们前面已经看到的,监禁无论如何不是一个医疗措施,而且它所实施的排斥仪式也没有向任何实证知识的空间开放。在法国,要等到1785年的伟大行政命令之后,医学秩序才会进入监禁所,要等到国民大会下了一道法令,人们才会问每一个受监人到底是不是疯子。相反地,一直到哈斯拉姆(Haslam)和匹奈的时代之前,几乎没有医学体验来自和生于疗养院之中;有关疯狂的知识会在医学知识的体系中找到一个位置,作为其他章节间的一章,但没有任何事物指出疯狂在世界上具有特殊的存在方式,或是它的排除究竟有什么样的意义。

这个不留余地的划分,使得古典时代成为疯狂存在的**悟性时代**(âge d'entendement)。一边是宰制反自然并迫使其沉默的实践,另一边则是尝试识破自然真相的知识,两者之间,没有任何对话可能,也没有任何对照参考;驱逐人所不能承认之事物的手势,和真相得以在其中得到认识的论述,两者之间,形同陌路。体验形式各自为政地发展,其中之一成为没有评论的实践,另一个则成为没有矛盾的论述。在一方完全被排除,在另一方则完全被客观化,疯狂永远没有为了其本身,并在它特有的语言之中受到**显示**(manifestée)。并不是矛盾活生生地存在其中,而是它在相互矛盾的词语中过着分裂的生活。只要西方世界仍在一个崇尚理性的时代,疯狂就要遵守悟性的分裂。

一个深邃的沉默使得古典疯狂看来像在睡眠;无疑地,

它的理由便在这里：有一种自明之理般的气象，围绕着概念和实践，并保护两者不受对方干扰，而它之成为必要的力量，便是如此。虽然这是疯狂深沉生活受到极端撕裂的时代，但可能没有任何一个时代和它一样无感于疯狂的悲怆性。原来，也就是因为这项撕裂本身的作用，疯狂不可能被意识为一个单一点——既是想象，亦是真实的焦点——让人对自己的质问可以在这里得到反射。在17世纪，即使人们可以如何地确定一宗监禁案不符正义，理性的本质也不会受到波及；反过来，无法确定疯狂的性质，或无法确定它的界线应该由哪一点开始划起，人的感受也不是把它当作对社会或具体人的立即威胁。划分之过度本身保证了两种质疑形式各自的镇静。在两者间造成接触的任何一个循环，都不会有激起基本和无可挽回的火花的危险。

* * *

然而，惊人的巧合却不断到处出现。这两个如此严谨分离的领域，如果我们仔细查看，便会不断显现出非常严密的结构类同。疯狂因为监禁措施所引起的退缩、疯子作为社会熟悉的典型人物的消失——我们在随后篇章里，将会非常容易地重新看到其后果或其原因，或者为了更加中立和更加明确，我们可以说，那是它们在有关疯狂的理论和科学思考中的相应形式。我们在这一方面描写为事件的东西，在另一方面我们会再看到它作为概念发展形式出现。这两个领域再怎样分离，第一个领域中没有一个重点不会在第二个领域中找到对应。如此一来，只有在划分和它所允许其出现的统一形式的关系之中，才能思考划分。

我们这一刻所赞叹的,也许只是理论和实践的统一。然而,我们觉得,古典时代在疯狂的意识形式间所作出的划分,并不符合理论和实践间的区别。疯狂的科学和医学意识,甚至在承认痊愈是不可能的时候,总在潜在地运用着一个操作体系,而这个体系应该能够消除其征候或控制其原因;另一方面,分离、谴责疯子,并使疯子消失的实践意识,必然和某种政治、法律、经济的社会个体观念相混合。因此,这是另一种划分。这一边,我们在监禁的大名义之下所发现的,乃是划分的时刻(moment)——它同时是理论的,也是实践的——是排除的古老戏剧的重演,是用消除运动去把握疯狂的形式;在疯狂的存有(être)中能够得到表达的,在此是它有计划的消灭。至于我们下面要看到的,则是疯狂真相的铺陈(déploiement)——它也同样既是理论又是实践——它开展了一个作为非存有(non-être)的存有(être),因为它在它最明显的征象之中,只展现为错误、幻想、错觉、空洞和无内容的语言;现在问题是如何由作为它的存有的非自然出发,将疯狂建构为自然。前面所谈的,问题在于如何由它的存在的粗暴消灭出发,戏剧性地建构一个存有;目前,问题则是如何在一个从容的知识之中,由一个非存有的揭露出发去建构一个自然。

但是,当我们提出这个自然建构过程的时候,我们也将尝试展露一项独特的体验,它同时是戏剧性的划分形式,亦是此一建构宁静运动的基础。这项独特经验,同时栖息于两方,是它在支持、解释并辩护监禁的措施和知识的周期,是它构成了疯狂的古典体验;非理性这个词语所标指的便是它。在我们刚刚所谈到的大分裂之下,它延展着它那秘密的一致性:因为它同时既是断裂的理由,亦是我们可以在断裂的这边和那一边发现的统一性的理由。是它解释了为何我们在**这一边**和**那一边**遭遇了相同的体验形式,以及为何我们只有同时在这一边**和**那一边,才能遭遇到它们。古典时代的非理性同时既是其自身的统一,亦是其自身的分裂。

人们会问,为什么要等这么久的时间才把它展露出来?为什么要等到谈及自然的建构之时,也就是说,等到谈及科学、医学、"自然哲学"(philosophie naturelle)之时,才说出非理性这个名字?而且,为何在谈社会和经济生活、贫穷和失业形式、政治和治安体制时,只是用影射或反面暗示来对待它?这不是注重观念的流变,更胜于历史的真实运动吗?

对此,我们也许只须回答说,在重商时代布尔乔亚世界的重组之中,疯狂体验只是由侧面,借着遥远的侧影和一种沉默的方式出现;这些线条就其相关事宜而言如此褊狭,面对涉及其他更可见和可读的形象时,相反地又是如此融入其中,用它们来定义疯狂体验可能过于轻率;在这个第一阶段的研究里,只要让人感觉到它的存在,而且许诺未来会有解释就够了。相对地,当哲学家或医生遭遇到理性、自然和疾病间关系的问题时,疯狂便以其量体的全部厚度出现;它流散其中的整个体验堆积,这时显露出一致点,而疯狂本身也达到拥有语言的可能。一项独特的体验终于现身了。那些简单的、有点异质的、到现在一直重叠的线条,开始各就各位;每一个元素都能依其精确的法则运转。

这个经验既不是理论的,也不是实践的。它是一些基础体验中的一员。在这些体验中,一项文化是以它最独特的价值在作赌注——也就是说,把它们送入矛盾之中。但同时也使得这些价值能对矛盾预作防范。像古典时代文化那样的一种文化,在其中有那么多的价值被投注到理性中,它在疯狂之中,既冒着最大的风险,亦冒着最小的风险。那是最大的风险,因为对于一切使其合法化的东西,疯狂形成最立即的矛盾;那也是最小的风险,因为它把疯狂完全解除武装,使它变得软弱无力。古典文化在疯狂之中所接受的风险,既是最大限度和最小限度,而非理性这个字把这两个极端解释得很清楚:它是理性简单、立即、马上就会遭遇到的反面;它也是一个空洞、既无内容亦无价值、纯粹否定的形式,在其中出现的形象,只有一个刚刚逃离的理性所留下的足迹,但这个理性对非理性来说,却永远是它之所是的存在理由(raison d'être)。

注　释

1　狄德罗(Denis Diderot)的对话作品。有可能作于1760年代初。书中的Rameau为音乐家Jean-François Rameau。
2　Gerard de Nerval 的虚构作品(1865)。

第一章

物种园中的疯人

现在,我们得朝向另一面向质问。它的对象不再是那介入隔离手势中的疯狂意识——那介入僵化仪式或是无止尽的批判辩论中的疯狂意识,而是那只为其自身作出划分游戏的疯狂意识,那说出谁是疯子(fou)和铺陈疯狂(folie)的意识。

首先是这个问题,疯子是什么?那存在于理性人物之间,存在于那才刚开始的18世纪的理性人物之间,谜一般的疯狂的承载者,究竟是谁?在前一个世纪里,他的完美剪影可以如此容易地为人标定,现在,他却要为许多不同的面目戴上千篇一律的面具,这样的疯子,人们是如何辨识出他的?他在日常生活中如此接近,使他和所有不是疯子的人混在一起,而他的疯狂特征又和他的理性的顽强征象乱成一团,无法分辨,在这之中,如何才能指出疯子而不至于犯错呢?这与其说是学者的问题,毋宁说是智者的问题;与其说是医生的,毋宁说是哲学家所提出的问题;这是由一整群批判家、怀疑论者、道德家组成的高度注意力队伍所提出的问题。

至于医生和学者这一方,他们质问的则是疯狂本身,并且是在它所处的自然空间中来提问——它是疾病的一种、身体和心灵的扰乱,同时既存在于自然之中,又是作为反抗自然而发展起来的自然现象。

这个双重的提问体系,似乎在观看着两个不同的方向:一方是哲学问题,那比较是批判性而非理论性问题;另一方则是医学问题,包含着论述性知识(connaissance discursive)的所有运动。其中一个问题关系到理性的本性(nature),以及理性容许划分有理性者(raisonnable)和无理性者(déraisonnable)的方式;另一个问题则关系到在自然和其变化的奇思之中所具有的合理性者(rationnel)和不合理性者(irrationnel)。

这两种提问方式,一是以理性质问自然,一是透过自然质问理性。而且如果有幸在将它们轮番尝试之后,就在这些方式的差异之中,可以出现一项共同的回应,如果可以展露出唯一且相同的结构,这个结构无疑便会非常接近古典时代的疯狂体验里具有本质性和普遍性的事物;而我们便会被引导到非理性(déraison)这个词语的理解界限。

* * *

18世纪的讽刺作品喜欢重拾文艺复兴时代古老的怀疑论主题,而当丰特奈尔(Fontenelle)[1]在《匹格马利翁》(*Pygmalion*)[2]的开场白里让疯狂说出下面的话时,他所依循的,仍是十分接近伊拉斯谟的哲学讽刺诗传统:

> 余影响力历久弥新
> 现世人较父执为疯
> 子有过之而无不及

孙且将更凭空乱想

不轮老辈荒谬怪诞①

然而,反讽在结构上已不再和雷尼耶《第十四讽刺诗》相同;它不再立基于世间理性的普遍消失,而是立基于疯狂变得更为纤细,甚至失去任何可见可识的形式。这让人觉得,好像由于监禁对思考产生了一个遥远的派生影响,使得疯狂从其古老的可见现存之中退隐:过去使它具有真实饱满性格的事物现在都消逝了,它的位置无人占据,而它过去确定的显现也不再可见。因为疯狂具有模仿理性的根本才能,最终使得它身上的非理性事物受到掩盖;或者更好的说法是,自然的智慧是如此地深奥,它甚至可以利用疯狂作为理性的另一途径;它使它成为智慧的捷径,把它特有的形式消隐在一个不可见的远见之中:"自然想在宇宙中建立的秩序将会一直继续:如果还有什么可以置喙之处,那就是自然无法由我们的理性中获得的东西,它便由我们的疯狂之中获得。"②

疯狂的本性同时也就是它有用的智慧;它的存在理由便在于它和理性如此接近,和理性是如此地同质异形(consubstantielle),于是它便和理性一起形成一个不可分离的文本,在此文本之中,只能解读出自然所具有的目的性;要保持物种绵延不断,便需要爱情的疯狂;要有政治体制的良好秩序,

---

① 《匹格马利翁,提尔王子》(*Pygmalion, prince de Tyr*),《开场白》(Prologue)。见丰特奈尔《作品集》(*Œuvres de Fontenelle*),Paris,1790,IV,p.472。

② 培尔(Bayle),引用于 Delvové,《试论皮耶·培尔》(*Essai sur Pierre Bayle*),Paris,1906,p.104。

则需要狂妄的野心;如果要创造财富,则需要无理智的贪婪。如此,所有这些自我中心的混乱,便归结于一个超越个体层次的大智慧之中:"人的狂举因为本性相同,它们是如此轻易可以调和为一,使得它们得以促成人之社会的最强联系:可作证明者比如渴望不朽、虚荣以及许多其他原则,世上一切的造就便在其中运转。"③在培尔(Bayle)和丰特奈尔的作品里,疯狂所扮演的角色,相同于马勒伯朗士(Malebranche)³认为内在感觉(sentiment)⁴在堕落的天性之中所扮演的角色:这是一种非自愿的活力,而它通过捷径,赶在理性所能达到之处之前,理性还要花很长的时间才能费力地抵达。疯狂便是秩序不为人所觉察的一面,它甚至使得人非自愿地成为智慧的工具,而人并不了解此一智慧的目的;它表达出远见和神意、计算和目的性之间的所有距离。在疯狂身上,隐藏着集体智慧所有的浑厚,而它还能主宰时间。④自从17世纪以来,疯狂便默默地位移至理性之中:在过去,它比较是位于"流放理性的推理"(raisonnement qui bannit la raison)那一边:现在它则滑移到沉默的理性这一边来,而此种理性加速了推理中的缓慢合理性(rationalité),搅乱其鲜明线条,并以冒险超越其理解和无知。总之,疯狂的本性即是作为秘密的理性——至少它是只因理性并只为理性存在,而当它出现在世上的时候,也要事先经由理性安排,也要已经在理性之中异化自身。

③　丰特奈尔(Fontenelle),《死者的新对话》(*Dialogues des morts modernes*),Dialogue IV,《作品集》(*Œuvres*),1790,I,p. 278。

④　参考 Mandeville,《蜜蜂传奇》(*La Fable des abeilles*)以及孟德斯鸠有关贵族的荣誉疯狂的篇章。(《法意》〔*Esprit des lois*〕,第三部,第七章)

然而，这么一来，怎么还有可能为疯狂指定一个固定的位置？替它画出的脸孔，又怎么能不和理性具有相同的特征呢？作为匆忙且非自愿的理性形式，它并不显出任何不可化约的"记号"。而当小维欧森（Vieussens le fils）解释脑中的"卵形中枢"即是"心智官能中枢"，因为"动脉血液在此变得纤小起来，最后变成血气（esprit animal）"，[5] 因此，"心智的健康，就其物质方面而言，维系于血气得以在这些小管脉中规律、均等和自由地流动"——丰特奈尔拒绝承认在一个这么简单的标准中可以立即察觉和具决定性的事物，他拒绝可以用它来立刻分辨疯人和非疯人；如果解剖学者有理由认为疯狂跟"这些非常纤细的小管子"的病变有关——这并没有什么了不起，这样的错乱在每一个人身上都有："没有一个头脑健康到卵形中枢中没几根被塞住的小血管。"[5]的确，心神丧失者、躁狂型疯人、狂人或是暴戾分子，可以一眼就认得出来；但这却不是因为他们是疯子，或是因为他们发疯的程度，而只是因为他们的精神失常乃是一种特殊的模式，这模式在所有疯狂无法觉察的本质之上，又加上它自己独有的征象："癫狂者（frénétiques）只是另一种疯子。"[6]但是疯狂的一般

---

[5]《科学院史》（Histoire de l'Académie des sciences），1709 年部分，éd. 1733, pp. 11-13。《论忧郁性妄想》（Sur le délire mélancolique）。

[6]《死者的新对话》（Dialogues des morts modernes），Dialogue IV,《作品集》（Œuvres），1790, I, p. 278。同样地，丰特奈尔在谈及自由时也解释道，疯子并不比其他人更受决定或更不受决定。如果人们可以不受温和脑部体质影响，他们应该也能不受更强烈的体质影响："因此，先天体质倾向愚蠢的人，也应该有可能拥有才智。"这整个推论也可倒转过来：如果强大的体质是无法抵抗的话，那么脆弱的体质也会同样具有决定力。（《灵魂自由论》〔Traité de la liberté de l'âme〕——Depping 版将此篇归属于丰特奈尔——III, pp. 611-612）

本质还在这些分化之下,它并没有可以确定的形式;疯子就其一般意义而言,并非征象的承载者;他跟其他人混在一起,而且存在于每个人身上,这并不是为了和理性对话或冲突,而是要用不可告人的手段暗暗地为它服务。[它是]理性的女仆(Ancilla rationis)。波阿西耶·德·索洼吉(Boissier de Sauvages)⁶虽然是医生且身兼自然学家,他在很久以后仍会承认疯狂"不能直接辨明"。⑦

虽然在怀疑论的运用上有表面的类似性,和文艺复兴的疯狂存在(présence)模式差别最大的,便是它在 18 世纪初的样态。在过去,疯狂借由数不清的征象显现其存在,并以立即的矛盾威胁着理性;万物的意义可以无限度地逆转,此一辩证脉络是如此地紧密。如今,事物也具有同样的可逆性,但疯狂却被吸收于一个模糊的存在之中,不再具有明显的征象,它外于可感世界,却内于一项普遍理性的秘密统治。它同时既是饱满,又是完全的缺席:它居住于世上所有的领域,不给任何智慧和秩序自由,但它自己却不让任何感觉把握它;它就在那儿,无所不在,但却永远不在使其成为其所是的事物之中。

然而,疯狂的退隐,在它的临在和显现之间的本质性差距,并不意味着它完全走出了自明性(évidence)的领域,退隐到一个无法接近的领域,将它的真相隐藏其中。它既无确定的征象亦无正面的存在,这一点反而吊诡地使它具有一个毫无不安的立即性质,完全铺陈于表面,不可能退一步进行怀疑。它不是以疯狂的样态出现;而是以疯人不可否认的面孔

---

⑦ 波阿西耶·德·索洼吉,《方法性疾病分类学》(*Nosologie méthodique*), Gouvion 译,Lyon,1772,t. VII,p. 33。

出现:"理性健全的人,可以很容易地认出他来,就好像牧羊人很清楚哪一只母羊罹患了相同的疾病。"⑧疯人具有某种自明性,由他的五官特征可以立即决定,而这一点似乎正好和疯狂的无定性有所关联。我们越是不知道疯狂由何处开始,我们就越知道疯子是什么,而且这个知识几乎无法置疑。这就是伏尔泰所讶异的事情:人们一点也不知道一个灵魂如何作出错误的推理,亦不知道一件事物如何改变其本质,但是,人们却毫不犹豫地"把他关在箱中,直送巴黎'小收容所'"。⑨

疯人可以如此无法置疑地为人辨认,这是怎么做到的呢?那是靠着一项边缘性的感知、一个侧面观点、某种同时既是当机立断亦是间接和反面的推理。波阿西耶·德·索洼吉尝试阐明这个如此确定却又如此模糊的知觉:"当一个人依循健全理性的指引来行动时,只要注意他的手势,他的动作,他的欲望,他的论说,他的推理,便可以在这些行为之间发现其所具有的关联,以及其所朝向的目的。"同样地,要辨认出疯人,"不需要知道他所患的幻觉或妄想症为何,也不要他作出错误的三段论推理;借着他的行动和其他人的行为间的不协调,我们就可以轻易地察觉到他的错误和幻觉。"⑩这是一个间接手法,因为疯狂的觉察,只是对照于理性事物,对照于我们面对有理性的人时的意识——这个意识向我们保证说他的言谈具有一致性、逻辑性和连贯性——这个意识

---

⑧ 波阿西耶·德·索洼吉,前引书,t. VII,p. 33。
⑨ 伏尔泰,《哲学辞典》(*Dictionnaire philosophique*),"疯狂"(Folie)条,éd. Benda,Paris,1935,t. I,p. 286。
⑩ 波阿西耶·德·索洼吉,前引书,t. VII,p. 34。

处于睡眠状态,直到疯狂爆发性地出现为止。疯狂之所以如此显而易见,并不是因为它具有正面因素,反而正是因为疯狂是一种决裂。作为不协调的疯狂突然涌现,也就是说,它完全是负面的;但也就是因为它具有这种负面性格,它才能确保它的立即性。疯狂的正面性格越是不明显,疯人也就越是被当作无法否认的差异,在理性的持续脉络上——这个脉络因为变得太熟悉,几乎已经被人忘记——突然地涌现。

让我们在这第一个要点上,停下来讨论一下。18世纪在辨认疯人时,具有如此匆忙、如此自以为是的确定感,但同时它也承认不再有能力定义疯狂——这无疑是一个重要的结构。在这一边,疯子具有立时具体、明显、精确的性格;在另一边,则是疯狂模糊、遥远、几乎无法觉察的侧影。这一点却丝毫没有吊诡之处,而是非常自然的互补关系。疯子是如此可以被直接感受,以至于我们无法在他身上认出疯狂的普遍言谈;他的显现,只是点状的存在——那好像是一种既个别又无名的疯狂,而疯子可以在其中无错误之虞地为人指出,但这疯狂一旦为人察觉便又立即消失。疯狂本身无限度地后退;它是一个遥远的本质,保留给疾病分类学者去作以它自己为目的的分析。

以一项具体的理性为背景,疯人具有如此直接的自明性;相对地,疯狂在一个论述性理性最外围、最无法接近的边界上远离而去,以上这两个现象都听从于疯狂的某种缺席(absence)。这样的疯狂不再以一个深远的目的性和理性结合;它不再陷入它和理性的真实辩论之中。而且,由感知到论述,由辨识到认识的整个幅度上,它都是具体的普遍、活生生的物种,并在其显现之中衍生其类别。在这个疯狂体验之中,存有疯狂的某种缺席在支配着它的整体。一种空虚乃在其中产生,而且可能关联到本质性事物。

因为,以疯狂为观点来看是缺席,这很有可能是另一种事物的诞生;在这一端点上,正酝酿着另一种体验,它存在于实证性(positif)沉默的劳动之中。

* * *

疯人并不以其存有(être)显现;但如果他不容置疑,那是因为他就是**他者异类**(autre)。然而,在我们目前所处的时代,他异性(altérité)并不是由某种自我确定感出发的自觉性差异,可以立即被人感受。面对那些把自己想象为"南瓜或是具有一个玻璃作的身体"的无理智者,笛卡儿马上知道自己一点也不和他们相像:"但是,怎么回事,这是一些疯子……"在一个人我关系之中,自发地涌现出对他们的疯狂不可避免的辨认:觉察差异的主体,以他本身作为出发点,衡量着这个差异:"如果我把他们当作行为典范,这么一来,我也是一样地心智错乱。"到了18世纪的时候,在一种表面的一致之下,有关他异性的意识,隐藏着一个完全不同的结构;它的形成,不再由确定感出发,而是依循着一项普遍规则;它包含一种外缘关系,此关系只是联系复数的"他人"(autres)和单数的"他者"(Autre)——疯人,而且在这样的对峙之中,主体丝毫不受牵连,甚至也未作为确定感被传唤参与:"我们所谓的疯狂,乃是一种脑部疾病,它必然会妨碍一个人和他人同样地思考和行动。"⑪如此,疯人便是和他人不同的他

---

⑪ 伏尔泰,《哲学辞典》(*Dictionnaire philosophique*),"疯狂"(Folie)条,p.285。

者:处于他人(在此意为"普遍")之间的他者(在此意为"例外")。如此一来,便驱逐了任何形式的内在性(intériorité):疯人是明显可见的,但他的侧影是在一个外缘空间之中展现;定义它的关系,运作着客观比较,把它完全暴露在理性主体的目光之中。在疯子和宣称"那个人是疯子"的主体之间,产生了大段的距离,而且这距离不再是笛卡儿所提出的空虚——"我不是那个人"——而是被一个饱满的双重他异性体系所占据;从此以后,这段距离中充满着标志,它也因此可受到衡量、产生变化;在由他人所形成的群体中,疯人的差异性可有大小变化,反过来,此一群体本身,其普遍性也有大小不同。疯人相对化了,但正因为如此,他的危险力量更是受到消除:过去在文艺复兴思想中,疯人代表理性核心之中一项太内在的相似性的逼近和危害,现在他则被击退到世界的另一个极端,它被排开,而且受到控制,不再有扰人的能力;这种做法乃是借助一种双重的安全装置,因为此时他代表着**存于外在他人中的差异他者**。

这个新的意识形式,开启了疯狂和理性之间的一个新关系:它不再是 16 世纪的持续辩证法,也不是简单而永久的对立;不再是古典初期的严酷划分,而是一些复杂且怪异地缠结在一起的关系。一方面,疯狂**相对于**理性而存在,或至少是相对于"他人"而存在,而这些普遍匿名的他人,具有代表理性的责任,并使理性成为一种坚决的要求;另一方面,疯狂**为了理性**而存在,因为疯狂出现在一项理想意识的目光之中,被它看作是对比于他人的差异。疯狂以双重方式存在于理性的**面前**;它同时既是**属于另一边**,亦是**处于其注视之下**。另一方面,疯狂便是立即的差异,纯粹的否定性,它以不容置疑的自明性格,自我揭露为非存有(non-être);它是理性的完全缺席,而且以一个**有理者结构**(structures du raisonnable)作为背景,便可以被立即地如此感知。在理性的注视之下,疯狂乃是独特的个体性,它特有的性格、行为、语言、手势都可以一一和非疯人身上的这些部分相互区别;它以其个殊性在理性面前铺展,而这个理性不是参考项,却是判断原则;这时疯狂便陷入了**合理者结构**(structures du rationnel)之中。从丰特奈尔以来,疯狂的特征就是它和理性之间的永久双重关系;也就是说,在疯狂经验中,同时涉入了两种理性:一个是作为规范的理性,另一个则被定义为认识的主体。

人们可以轻易地反驳说,每个时代,疯狂都同样有双重的把握:一个是道德性的把握,其基础为**有理者**(raisonnable);另一个则具有客观和医学性格,其基础为**合理性**(rationalité)。如果我们把希腊式疯狂的大问题放在一旁,那么的确至少从拉丁时代以后,疯狂意识便被此一双重结构分裂为二。西赛罗(Cicéron)[7]提到过心灵疾病及其治疗中的吊诡:当身体生病时,心灵可以辨识、认识并判断此一事实;但当心灵生病时,身体却什么也不能说,"心灵被召唤来判断其自身状态,然而此时生病的便是判断力。"[12]如果在心灵的疾病上不是正好有两个严格不同的观点,那么这个矛盾就无法避免:第一个观点是一种哲学智慧,它知道如何区别疯人和有理性者,并把所有的非智慧皆同化于疯狂——omnes insipientes insaniunt(不是智者便是心智失常)[13]——它可以借教育或说服之

---

⑫ 西赛罗,《Tusculanes 别墅哲学对话》(*Tusculanes*), liv. III, I, 1 (Humbert 法译)。
⑬ 同上, liv. III, IV, 8。

助,消除这些心灵疾病:"这里和身体疾病的情况相同,没必要向外头求援,我们得运用我们所有的资源和力量,使我们有能力自己照顾自己。"⑭第二个观点是一种知识,它有能力在疯狂中认出暴烈热情的效应、黑胆汁的不规则运动及"当我们提到亚塔麻斯(Athamas)、亚克米安(Alcméon)、亚贾克斯(Ajax)和奥雷斯特(Oreste)⁸ 时,我们所会想象的那一类原因"。⑮ 对应于这两种体验形式的,正好是两种疯狂形式:一是**心智失常**(insania),"它的意义颇为宽广",尤其是"把痴傻(sottise)也加入其中的时候"。另一种则是**狂怒**(furor),这是更严重的病,自从十二铜表法(la loi des XII Tables)⁹ 时代起,便为罗马法所承认。**心智失常**因为和有理者(raisonnable)相对立,永远不会危害智者;相反地,**狂怒**则是理性可以知识重溯的身心事件,它总有可能骚乱哲学家的心智。⑯ 因此,在拉丁传统中,就已经具备了有理(raisonnable)形式中的疯狂和合理(rationnel)形式中的疯狂。这样的区别,即使西赛罗的道德主义也不会加以混淆。⑰

然而,在18世纪所发生的乃是整个透视观点的滑移;它使得有理者和合理者结构彼此紧密地结合在一起,最终形成了一个如此紧密的组织,害得我们在长时间内都不能区别这

---

⑭ 西赛罗,《Tusculanes 别墅哲学对话》(*Tusculanes*),liv. Ⅲ,Ⅲ,5。

⑮ 同上,liv. Ⅲ,V,11。

⑯ 同上。

⑰ 在《Tusculanes 别墅哲学对话》(*Tusculanes*)中,我们可以发现作者想要以道德"责任"归属来超越狂怒—心智失常间的对立:"一个壮硕的灵魂不可能生病,而肉体却有可能如此;有可能肉体生病,而我们却没有犯错;灵魂便有所不同,所有灵魂的疾病和激情,都是因为轻视理性。"

两者。它们逐渐集结于一个独一无二的疯狂统一体之中。在有理者的对立面被察觉的,便是这个统一体。疯狂提供给合理者观察的,也是这个统一体。疯人这时是纯粹的差异、异乡人中的异乡人、具有双重威力的"他者"。就在这个退缩之中,他未来将会成为合理分析的对象,供奉给饱满的认知、明显的感知。而且,未来它之所以会如此,正是因为它这时候的状况。自从18世纪前半叶起(而且这个变化使它在非理性的历史中具有决定性的重要地位)——疯子在道德上的负面性开始和其认知上的正面性合而为一:排拒和不予承认之中的批判性和悲怆性距离,它性格上的空虚(vide),此时成为一个空间(espace),而那些渐渐描绘其正面真相的种种特性,将会从容地在其中大量出现。我们在18世纪狄德罗《百科全书》(*l'Encyclopédie*)的谜样定义之下所能发现的,无疑便是这个运动。定义如下:"由于意识上的欠缺,离开理性而不自知,这叫作痴呆(imbécile);由于受奴役于强烈的激情,离开理性而能自知,这叫作脆弱(faible);但是带有自信地离开理性,还坚信自己此时正在遵循理性,对我来说,这似乎就是人们所谓的发疯(fou)。"⑬

这是一个奇怪的定义,它这么地斩钉截铁,而且看起来仍然很接近古老的哲学和道德传统。然而,我们可以发现,革新疯狂思考的整套运动,已在里头半遮半掩地出现了。这是两个疯狂定义的重叠和强行巧合:其中一个负面性定义来自偏离(écart)(疯狂在此永远是和理性有一段距离,这是一个已经确立并受测量的空虚);另一个则是正面性定义,借着

---

⑬ 《百科全书》(*Encyclopédie*),"疯狂"(Folie)一条。

疯狂饱满的性格和特征,和理性重新建立正面关系(自信和坚信,使得疯狂和理性相异同时也相似的信仰体系,消失于虚幻忠实中的对立,空虚被一大群表象填满,但这里是理性自己的表象)。如此一来,古老简单的对立——理性的力量对抗无理智的力量——现在便被一项更复杂且更不易捉摸的对立所取代;疯狂就是理性的缺席,但这个缺席却有正面形式,它几乎符合理性,其相似之处几乎可以使人搞错,但终究无法骗过人。疯子偏离理性,但同时又玩弄着和理性人一样的想象、信仰和推理。因此,疯子对他自己来说不可能是疯子。只有在一个第三者眼中,他才会是疯子。而且,也唯有这个第三者,才能区分理性本身和理性的运用。

因此,在18世纪对疯人的感知之中,最正面和最负面的,难分难解地混在一起。正面的,就是理性本身,即使它这时陷入了一个反常的面目之中;负面的呢,就是疯狂最多只不过是理性虚幻的拟象罢了。疯狂,就是理性,再加上一层非常薄的负面性;它就是最接近理性的东西,但也是最不能被化约为理性的东西;就是被加上一个无法抹灭的指标的理性:

"非"理性(la Déraison)。

现在,让我们把先前的线索连贯起来。在这个疯狂缺席的吊诡背景中,先前所谓疯人所具有的自明性,究竟是什么呢?其实它就是理性十分临近的存在。在疯人之中,所有可能的正面性都为理性所填满;至于这个明显的疯狂,只是一个被加在理性身上的标记,它终究不带来任何异质和正面的元素。

那么,有理者结构和合理者结构的交错状态又是如何呢?古典时代,在形成其疯狂感知特征的同一个运动里,理性立即在无理者身上辨认出疯人的负面性,但也在所有疯狂的合理内容中认出自身。它认出自己就是疯狂的内容、本性、言说,甚至就是疯狂的**理性**,但同时也测量出理性和疯人的理性之间不可跨越的距离。就此意义而言,疯人可以完全被理性所攻陷,被它所控制——因为在疯人心中缠绕不去的,就是理性;然而理性终究会把它保持在自身之外;如果理性可以把握它,那也是由外缘进行,把它当作**对象**(objet)。这项作为对象的地位,未来将会成为疯狂实证科学的基础,但它在我们这里所分析的感知的结构的时代,就已登记有案。这个结构承认它的内容具有**合理性**(rationalité),但就在同一个动作里,又泄露说它的显现具有**不可理喻**(déraisonnable)的性质。

这便是非理性最首先和最明显的吊诡处:它是理性的立即对立,但它的内容,只能是理性本身。

*　　*　　*

"这个人疯了",这个无法争议的自明之理,却未受到任何有关疯狂的理论宰制力所支持。

但是,相反地,当古典思想要去问疯狂是什么的时候,它不是由疯人出发,而是由一般意义下的疾病开始设想。"疯狂究竟是什么?"对于这样的问题,它的回答推衍自疾病的分析,而疯人一点也没有机会用他的具体存在来说明自己。18世纪感知疯人,推衍疯狂。它在疯人身上感知的东西并不是疯狂,而是理性和非理性纠结成一团的存在。它并不由多重的疯人体验出发去重构疯狂,而是由疾病自然而逻辑的领域出发,这是一个理性推衍(rationalité)的场域。

既然古典思想倾向不再以负面手法来定义恶（le mal）（比如借有限性〔finitude〕、限制〔limitation〕、缺陷〔défaut〕来定义它），疾病的一般概念也陷入了两种诱惑之中：一方是不再只以负面身份为人考虑（这实际上是取消比如"致病质"〔substance morbifique〕那类观念之倾向）；但在另一方，它又和一个恶的形上学相分离，因为如果想了解疾病真实、正面、饱满的面向，这个形上学现在是提供不出什么养料的（这是在医学思想中排除像"由于缺陷"或"由于缺乏而导致的疾病"这一类观念的倾向）。

17 世纪初，普拉特（Plater）在他的疾病表中，仍然保留很大的位置给负面性疾病：如生产、出汗、受孕、生机运动等缺陷。[19] 但索洼吉在后来指出，缺陷不可能是疾病的真相或本质，甚至不可能是它真正的属性（nature）："如果说，某些排泄的取消的确经常引起疾病，这并不能推论说我们应该以这项取消来为这个疾病命名。"[20] 这里有两个理由：第一，缺乏并非秩序的原则，而是混乱和无限混乱的原则；因为，它的位置在于始终开放、永远更新的否定空间之中，而这些否定作用不只是像真实的事物那样众多而已，它们和逻辑上的可能性一样，是数也数不清的："如果我们用这种方式来定病种，那么病种的数目便会无限地成长。"[21] 再者，如果病种数目如此地成长，那么会产生一个吊诡的结果，疾病不再能够彼此区别；因为，如果疾病的本质是取消，取消本身却没有什

---

[19] 普拉特，《医术三卷》（*Praxeos medicae ires tomi*），Bâle，1609。
[20] 索洼吉，《方法性疾病分类学》（*Nosologie méthodique*），法译本，I，p.159。
[21] 同上书，p.160。

么正面的东西可以给它一个独特的面目;对于所有它在它们身上发挥作用的机能,它都操作着同样的空洞逻辑动作。这么一来,疾病变成了作用在丰富自然身上,贫乏冷漠的否定:"缺陷和欠缺没有任何正面性质,它也不能带来任何疾病观念。"[22]为了给予疾病一个特殊的内容,我们因此得去质问它借以显现的、真实的、可观察的、正面性的现象:"一项疾病的定义,乃是其有区别力病征的列举,它们可以帮助认识此病的科别和种类,而能使此病和所有其他疾病相区别。"[23]即使可以发现到消除现象,此一现象并非疾病本身,它只是疾病的原因;因此要探询的,其实是消除作用的正面效果:"即使疾病所带来的意念是如何地负面,比如昏睡性疾病,最好还是要用它的正面效果来下定义。"[24]

但是,这个实证性探求也突破了疾病中隐形和秘密的事物。它仍所隐藏的一切邪恶,从此以后将遭驱除,其真相将能在表面上铺陈开来,成为正面的征象。威里斯(Willis)[10]在《论痉挛症》(De morbis convulsivis)一书中,仍在谈致病质:那是一些幽暗奇异和反自然的现实,它们形成恶之媒介及病理事件的承体。在某些案例里,特别是在癫痫症里,"致病质"是如此隐退,如此不能由感官观察,甚至不能获致证据,使得它身上仍保有超越性的标记,并使得人们可能将它和魔鬼的诡计混为一谈:"在这个疾病里,致病物质非常幽暗难查,而且我们在此可以有理由怀疑为魔神

---

[22] 索沣吉,《方法性疾病分类学》(Nosologie méthodique),法译本,I,p. 159。
[23] 同上书,p. 129。
[24] 同上书,p. 160。

气息的东西,也没有留下任何残余。"㉕但到了17世纪末,致病质开始消失。即使疾病含有难解的因素,即使其真相的主要部分仍然保持隐晦,疾病也不再由此得到其特征;在疾病身上,总是具有一个独特的真相,存于最明显的现象层次,而其定义应该由此出发。"如果一位将军或是一位队长,在区别其士兵时,用的都是他们身上的隐晦特征,或其他幽暗不明、无法看见的未知记号,那么在找逃兵的时候,即使再怎么努力,也永远找不到他们。"㉖因此,疾病的认识,首先要作的便是列出清单,说明在其感知之中最明白的东西,以及在其真相中最明显的事物。这样,如此一来,医学的最初步骤,便被定义为症状方法(méthode symptomatique)。它在"定义疾病特征时,使用的是不变的现象和明显的伴随症状"。㉗

"哲学之道"(voie philosophique)乃是"原则和原因的认识",虽然它"非常好奇,而且区分经验和教条",相对于此,最好选择更确实和更必要的"观察之道"(voie historique);它"非常简单,而且容易获得",而且只是"事实的认识"。如果它被称为 historique,那并非因为它由疾病最早的原因出发,寻求建立其变迁、编年和延续时间;这里用的是这个字更接近其字源的意义,也就是说它寻求**观看**(voir),寻求很逼近地观看细节,想为疾病画出一张精确的肖像。它认为自己

㉕ 威里斯,《论痉挛症》(*De morbis convulsivis*),《作品集》(*Opera*),Lyon,1681,t. I,p. 451。

㉖ 索洼吉,前引书,I,pp. 121-122。

㉗ 亦参考西丹汉(Sydenham),《天花论》(*Dissertation sur la petite vérole*),收于《实用医学》(*Médecine pratique*),Jault 译,1784,p. 390。

最好的模范便是"画家,当他们在画一张肖像时,留神刻画人物脸上的特征和最微小的自然事物"。㉘

整个病理学世界,依照新的规范组织了起来。但它不觉得有必要为我们刚刚分析的疯人感知留下位置。这个感知完全是负面的,对于疯狂明显的和论述性的真相,一直不加说明。在这个疾病世界里,疾病是在可观察的现象中说明其真相;相对地,疯狂在具体世界里,只提供出它最尖锐、最不能把握的侧影,疯狂可能在这样的世界里拥有一席之地吗?疯狂显现的侧影便是一名疯子瞬间和个别的出现,而且他越是不暴露疯狂的铺陈性真相,越能被看作疯子。

然而事情不止于此。推动 18 世纪分类学者的伟大关怀的,乃是一个持续的隐喻;此一隐喻的规模和执着,就像一则神话:把疾病的失序转移为植物界的秩序。西丹汉(Sydenham)[11]已经这么说了:"我们得以和植物学家在作植物学论文时一样的细心和精确,把所有的疾病化约为明确的种类。"㉙高比乌斯(Gaubius)也曾建议"以自然描述(histoire naturelle)作家为典范,对人类数目庞大的疾病,作出系统性的排列……显现出不同的纲、属、种,以便每一类别有其特殊、持续和清晰的性格"。㉚ 到了波阿西耶·德·索洼吉

㉘ 索洼吉,前引书,t. I, pp. 91-92。

亦请参考 A. Pitcairn,《全集》(*The Whole Works*)(由 G. Sewel 和 I. T. Desauliers 根据拉丁文原文翻译,第二版,1777, pp. 9-10)。

㉙ 西丹汉(Sydenham),《实用医学》(*Médecine pratique*), Jault 译,前言, p. 121。

㉚ 高比乌斯,《疾病医疗指引》(*Institutiones pathologiæ medicinales*),引用于索洼吉,前引书。

手上,㉛这个主题便发展出它充分的意义;植物学家的分类法变成整个病理学世界的组织者,疾病依照理性秩序分列于理性空间之中。物种园计划——既是病理学的也是植物学中的物种——乃是神圣智慧所预见之事。

在过去,疾病乃是上帝容许之物;他甚至以惩罚为名义将疾病保留给人们。但现在,他组织着它们的形态,他亲自对其变化加以分类。他在培植它们。从此以后,就有一位疾病的上帝,它也是保护物种的上帝。而且在医生的记忆中,这一位照料病痛的园丁从未死去……如果就人的观点而言,疾病的确是失序、有限性、原罪的记号,那么就创造疾病的上帝的观点而言,也就是说以其真相为观点,疾病其实是一种有理可循的植被。那么,医学思想的任务,也应在于逃出惩罚的悲怆范畴,以便达到真正的病理学范畴,并在其中发现疾病的永恒真相。"我深深相信,今天我们之所以还不能作出疾病的正确描述,其原因在于,在大部分作者心目中,疾病只是性情不良和堕落状况中的自然所产生的隐晦模糊效应,而且他们认为如果专心描写疾病,只是浪费时间。然而,那至高无上的存有,他在制造疾病或使病态体液成熟的时候,在创造植物和疾病的时候,遵守的是同样明确的规则。"㉜

现在只要把形象推到极致就够了:即使是在它最细微的显现之中,疾病都完全为神圣的智慧所贯注;它在现象的表

㉛ 《疾病新分类》(*Nouvelles Classes des maladies*),1731 或 1733 年。关于这一点,请参考 Berg,《林内与索洼吉》(*Linné et Sauvages*),Lychnos,1956。

㉜ 西丹汉(Sydenham),引用于索洼吉,前引书,I,pp. 124-125。

面上,铺陈着一个全能理性的远见。疾病将是理性的创作和创作中的理性。它将会遵从秩序,而秩序将会是每一个症状秘密的组织原则:"比如说,若仔细观察四日热(fièvre quarte)发作时的次序、时间、时刻,以及发冷发热现象,简言之,此病特有的一切征候,这时我们会有理由相信这个疾病自成一类,就像某一植物构成一个种类。"㉝疾病,和植物一样,乃是自然活生生的合理发展(rationalité):"症状之于疾病,就像树叶和底盘(support; fulcra)之于植物。"㉞

相对于 16 世纪医学的初次"自然化"(naturalisation),这第二次的自然化提出了新的要求。这里牵涉到的不再是一个准自然,仍然完全为非真实、幻想、想象所渗透的一个幻觉和假象的自然,这个自然是理性完整和静止的饱满。它是存在于它的每个元素之中的理性全体。

现在,作为疾病的疯狂必须寓居其中的,就是这样的新空间。

*　　*　　*

看到疯狂表面上毫无困难地整合于医学理论的新规范之中,这又是此一历史中的一个吊诡,虽然它绝不缺乏吊诡。分类空间毫无问题地向疯狂的分析开放,而疯狂也很快地在其中找到它的位置。似乎没有任何一个分类家曾经留意过它应该会造成的问题。

㉝ 西丹汉(Sydenham),引用于索瓦吉,前引书,I, pp. 124-125。
㉞ 林内(Linné),《致索瓦吉信》(*Lettre à Boissier de Sauvages*),引用于 Berg(前引文)。

然而，毫无深度的空间，只依其饱满现象对疾病下定义，和邪恶断绝亲属关系，拒绝负面性思想——所有这些，和我们所知的疯狂古典体验相比，不是属于另一个脉动和另一个层次吗？在这里是不是有两个同时并立、但又分属不同宇宙的体系呢？疯狂的分类是一种对称巧计呢，或者它是惊人地超前19世纪的概念？如果我们要深入地分析古典经验，那么最好的做法难道不是把分类的努力当作是肤浅的现象，回过头来，跟随着这个体验所有的缓慢，去看它自己为我们指出的事物——去看存在其中的负面性，它和邪恶及有理性者的整个伦理世界之间的亲属关系？

然而，忽略疯狂在病理学领域里曾经真实占据的地位，这将会是一个预设，因此，也就会犯了方法上的错误。疯狂被安插在18世纪的疾病分类学之中，即使这一点看来是个矛盾，也不能把它遗留在阴影之中。它必然具有某种意义。我们要如实地接受——也就是说，接受它所说出和所掩盖的一切——这项奇怪的对立。一方面，18世纪的疯人的感知意识独特地尖锐，而它无疑是负面性的。另一方面，则是疯狂的论述性认识。在这里，疯狂轻易地被载入由所有可能疾病构成的图表之中。然而这是一张正面的、次序安排良好的图表。㉟

首先，让我们来比较一下疯狂分类的几个例子。

㉟ 这项问题似乎是我们在第一部里所遭遇到的另一个问题的翻版：那时，我们的问题在于解释疯人的住院医疗如何能和禁闭体制同时并立。但这只是实践领域和理论或科学思辨间，可以发现的许多结构性类同中的一个例子。在许多地方，我们都可以发现，疯狂体验很奇特地分裂成矛盾的部分；但我们的任务，便是在同一体验的深处，找回这个分裂的基础和其中的统一。

从前,帕拉塞尔斯(Paracelse)[12]曾作出以下分类:"月亮疯"(Lunatici),病源来自月亮,患者行为表面上颠颠倒倒,其实秘密地受到月亮的盈亏和运动的支配;"先天性理智丧失"(Insani),这是遗传病,不然就是在刚出娘胎前在母亲肚里感染的;"后天性理智丧失"(Vesani),因为酗酒和食物之恶用而丧失直观力(sens)和理性;"忧郁"(Melancholici),因为内在本性中的缺陷,而倾向疯狂。㊱ 这个分类,具有不可否认的和谐一致性,因为其中的全体病因皆依逻辑分化连接:首先是外在世界,然后是遗传和出生、饮食缺陷,最后则是内在的病变。

然而,古典思想所要拒绝的,便是这种分类法。[对于古典思想而言],一个分类如果要有价值,先决条件是每一种疾病的形式必须先依据全体其他疾病的形式来决定;然后呢,决定其种种不同样态的,必须是疾病本身,而非外在的决定因素;最后,疾病必须要能被人彻底地认识,如果做不到,至少也要能以其特有的表现被人有把握地辨认出来。

朝这项理想的开展,我们可以由普拉特一直追踪到林内(Linné)[13]或威克哈德(Weickhard),并且可听到一种逐渐自我肯定的语言。在这样的语言中,疯狂被认为必须只由"自然"(nature)出发去形成其区分,而这个自然同时既是"它的本性"(sa nature),又是由所有可能的疾病形成的"全体自然"(la nature totale)。

㊱ 帕拉塞尔斯,《全集》(*Sämtliche Werke*),éd. Südhoff, München, 1923;第一部分,第二卷,pp. 391 sq.。

普拉特
《医疗实务》(*Praxeos Tractatus*, 1609)

"机能损伤"中的第一部处理感官上的损伤;这里区分出外在和内在感官(想象、理性、记忆)。这些感官可以分别或一齐受到损伤。其损伤或者是简单的衰退,或者是完全失灵,也可能是变态或是过度。在这个逻辑的空间中,特定的疾病,其定义有时来自其原因(内在的或外在的),有时来自其病理脉络(健康、生病、痉挛、僵硬),有时则依照其附带症状(发热、不发热)。

1. 心神痴呆(Mentis imbecillitas):
一般:心神迟钝
特殊:想象力方面:心智迟钝
　　　理性方面:缺乏辨别力
　　　记忆力方面:健忘

2. 心神低落(Mentis consternatio):
不自然的睡眠:
　　健康人身上:睡眠无节制、沉睡
　　病人身上:昏迷、嗜眠症、人事不省
　　失去感觉:带有消散(中风)、带有痉挛(癫痫)、带有僵硬(强直性昏厥)。

3. 心神异化(Mentis alienatio):
先天性原因:愚蠢
外在性原因:酒醉、心灵震荡(animi commotio)
内在性原因:不发热:躁狂(mania)、忧郁
　　　　　发热:谵妄(phrenitis)、类谵妄(paraphrenitis)

4. 心神疲劳(Mentis defatigatio):
警惕状态(vigilæ);失眠

强士顿(Jonston)
《医学一般理念》(*Idée universelle de la médecine*,1644)

脑部疾病为器官性、内在性、特殊和非毒性疾病之一。依其错乱分类:
——外在感官:头痛;——协同感官(sens commun):警醒、昏迷;——想象力:晕眩;——理性:健忘、谵妄、癫狂、躁狂、狂怒;——内在感官:嗜眠;——动物性活动(mouvement animal):倦怠、焦虑、颤抖、麻痹、痉挛;——排泄:黏膜炎(catarrhes);——最后则是混合性症状疾病:梦魇(incubes)、强直性昏厥、癫痫和中风。

波阿西耶·德·索洼吉
《方法性疾病分类学》(*Nosologie méthodique*,1763)

总纲

I:缺陷;II:发热;III:发炎(Phlegmasies);IV:痉挛;V:呼吸短促;VI:虚弱;VII:痛楚;VIII:疯狂;IX:流泄;X:极度瘦弱(Cachexies)。

第 VIII 纲:心智失常(Vésanies)或错乱理性的疾病

目I:幻觉(Hallucinations),想象力错乱。种:"晕眩、幻象、错觉、耳鸣、疑病症(hypochondrie)、梦游。"

目 II:怪异(Bizarreries, morositates),欲望错乱。种:胃口反常(appétit dépravé)、极饿、极渴、厌恶(antipathie)、思乡病、惊惧、男子淫狂(satyriase)、女子淫狂(fureur utérine)、跳舞狂(tarentisme)、恐水。

目 III:谵妄(Délires),判断力错乱。种:脑充血(transport au cerveau)、心神丧失、忧郁、附魔(démonomanie)及躁狂。

目 IV:异常的疯狂。种:失忆症、失眠症。

林内

《病种分类》(*Genera morborum*, 1763)

第 V 纲:心智疾病(Maladies mentales)

1. 与概念有关:谵妄、激奋、心神丧失、躁狂、附魔、忧郁。

2. 与形象有关:耳鸣、幻象、晕眩、惊惧(terreur panique)、疑病症、梦游症。

3. 与激情有关:反常嗜好(goût dépravé)、食欲过剩、极度善渴、男子淫狂、色情狂、怀乡(nostalgie)、跳舞狂、狂怒、恐水症、恶欲望(cacositie)、厌恶、焦虑。

威克哈德

《哲学的医生》(*Der philosophische Arzt*, 1790)

I. 精神疾病(Geisteskrankheiten)
1. 想象力薄弱

2. 想象力活泼

3. 注意力欠缺（attentio volubilis）

4. 顽强和持续的思索（attentio acerrima et meditatio profunda）

5. 遗忘（oblivio）

6. 判断力欠缺（defectus judicii）

7. 愚笨、心智迟钝（defectus, tarditas ingenii）

8. 过度活泼和精神不稳（ingenium velox, præcox, vividissimum）

9. 心智失常（insania）

II. 感情疾病（Gemütskrankheiten）

1. 兴奋：骄傲、发怒、狂热盲信（fanatisme）、色情狂等

2. 抑郁：忧愁、嫉妒、失望、自杀、"宫廷病"（Hofkrankeit）等

* * *

这一切耐心的分类辛劳，即使它标示了一个正在成形的合理新结构，本身却未留下痕迹。这些分类都是一经提出，马上就被放弃。19世纪则尝试作出另一种分类方式：症状间的亲近、原因上的同一、时间中的接续、由一种类型朝另一种类型渐进的演变——如此形成不同的族群，把疾病多重的表现尽可能汇聚在一起：努力去发现一些大的单位，在其中放入相关的形式，但不再尝试覆盖病理学的全体空间，也不再尝试由一个疾病在其中的位置去说明它的真相。19世纪的分类法预设一些大的类型的存在——躁狂、妄想狂或早发性痴呆症——但不再预设存有一个具有逻辑结果的领域，使得疾病可以在其中由全体疾病来加以定义。这一切就好像

这个分类活动只是空转,其展开并不导致任何结果,它不断地重新开始和自我修正,但成果只是零:一个持续不断的活动,却从来不能成为真实的工作。这些分类只以形象的名义在作用,它们只是借着它们所具有的植被神话价值在作用。它们清楚明白的概念却是效力不足。

但是,这种缺乏效力的状况——相形于其努力,它显得奇特——只是问题的反面。或者这么说更好,这缺乏效力本身就是问题。它所提出的问题,就是分类活动在疯狂的世界上发挥时遭遇到的阻碍。是什么样的抗力在阻碍着这样的辛劳,使它不能深入掌握其对象,而且使得通过这么多的类别和纲目,还不能创制和平衡新的病理学概念呢?在疯狂体验之中,是什么样的东西,在本性上会阻碍把疯狂分列于一个和谐的疾病分类图表上呢?那是什么样的深度,或是什么样的流动性呢?虽然这对 18 世纪的医药思想来说是其最基要的计划,疯狂体验中有什么样特殊的结构,使得它无法被化约于这项计划之中呢?

* * *

分类活动曾遭遇到一项深刻的抵抗,好像想把疯狂的各种形式依据其征象和表现加以分类的计划,本身就带有一种矛盾;好像疯狂与其自我展现间的关系,既非本质上的关系,亦非真相上的关系。只需追索这些分类法的线索,由最一般的纲目一直看下来到细节上的分类病种,我们就会发现总有那么一个时刻,实证主义的大主题——依据可见的征象进行分类——产生了偏离或为人绕过。偷偷摸摸地,有一项原则插了进来,改变了组织的方向,而且把疯狂和其可以感知的形象,或是安放在一个道德揭发整体之中,或是放在一项因果体系之中。疯狂以其独自一人,是不足以回应其表现的;它形成了一个空虚的空间,在其中一切都是可能的,只有这项可能性的逻辑秩序不可能。因此,我们必须在疯狂之外寻求这项秩序的意义和起源。了解这些异质的原则究竟为何,必然可以让我们对18世纪医学思想中的疯狂体验产生许多了解。

在原则上,一项分类法只应探究人之某一心智力量特有的混乱。但是,让我们举一个例子来看。阿诺德(Arnold)受洛克(Locke)启发,认为可以由两个主要的精神官能来感知疯狂的可能性;有一种疯狂影响"**意识**"(idées),也就是说,影响到意识内容元素的品质,以及这些元素可能具有的真实内容;另一种疯狂则影响"概念"(notions),影响到建立它们的思考工作,以及其建筑结构上的真实。他以"意识性理智丧失"(ideal insanity)命名第一形态,其中包含癫狂性、无一致性、躁狂性和感觉性(即幻觉性)、心智失常(vésanies)。相反地,当疯狂的混乱出现于概念中时,便有九种不同的呈现面向:幻觉、奇想、怪异、冲动、诡计、激奋、疑病症、欲望上的疯狂和激情上的疯狂。一直到这里,仍保有逻辑一致性。但现在我们来看这十六种"激情上的疯狂"。它们是爱情、嫉妒、贪婪、愤世嫉俗、高傲、暴躁易怒、多疑、害羞、耻辱、忧愁、绝望、迷信、怀旧、嫌恶、狂热的疯狂。㉛其观点的滑移十分明显:原先的出发点是在质问心智的力量,也在质问可以作

㉛ 阿诺德(Arnold),《心智失常、月亮疯和疯狂之属性、种类、原因、预防》(*Observations on the nature, kinds, causes and prevention of insanity, lunacy and madness*), Leicester, t. I, 1782, t, II, 1786。

为其潜在真相的原初经验;渐渐地,越是接近疯狂分类中的具体多样性,便越是背离质疑一般理性的非理性;越是靠近疯狂以真人面目出现的表面,便会看到疯狂变成多样的"性格",而疾病分类图表,看起来就像——或几乎如此——一条陈列"德行肖像"的走廊。当疯狂体验想要和真实的人重新会合的时候,它遭遇到的便是道德。

这个事实不只出现在阿诺德身上。我们还记得威克哈德的分类法。在其中也是一样,第 VIII 纲,也就是心智疾病,它的分析出发于想像力、记忆力和判断力间的区别,但很快地就会遇到道德性的特征描述。维特(Vitet)的分类法把罪行、恶德和单纯的缺陷摆在一起。匹奈在《医学科学辞典》(*Dictionnaire des sciences médicales*)"疾病分类"一条,还不忘提起这一点:"有一种分类法……把偷窃、卑鄙、恶毒、不快、恐惧、傲慢、虚荣等也当作是疾病。对这种分类法,我们能说什么呢? 这真的是一些精神疾病,而且时常都是无可救药,但它们真正的位置却比较是在拉·洛希伏科(La Rochefoucauld)[14]的《格言集》(*Maximes*)之中,或是在拉布耶(La Bruyère)[15]的《性格群像》(*Caractères*)之中,而不宜放在病理学著作之中。"㊳想要寻找的是疯狂的疾病形式(formes),但找到的只是道德生活中的歪曲(déformations)。在这个过程里,疾病的概念本身也受到改变。原先它具有病理学上的意义,后来则变成一个纯批判性的价值。将疯狂的征象加以分

㊳ 维特,《医疗原料改善:医学及外科药典》(*Matière médicale réformée ou pharmacopée médico-chirurgicale*);匹奈,《医学科学辞典》(*Dictionnaire des Sciences médicales*),1819,t. XXXVI, p. 220。

类的合理开展(rationnelle)活动,秘密地转变为一种讲理(raisonnable)的意识,进行清算和揭发。而且,我们只需将维特或威克哈德的分类表和监禁登记簿上的名单相对照,就可以发现在这两个地方,都是同样的功能在发挥作用:监禁动机和分类主题可以精确叠合,虽然其起源完全不同,而且18世纪的疾病分类学者从未接触收容总署及强制拘留所的世界。然而,一旦思想想要以科学思辨,尝试将疯狂和其具体面目相贴接,它就必然会遭遇到非理性的这项道德体验。滑入分类计划和所认识及辨识的疯狂形式之间的外来原则,便是非理性。

并不是所有的疾病分类都滑向道德特征描述;不过也没有任何一个能保持纯粹;如果不是道德在扮演绕射和分配的角色,那么这个角色便由有机体和有形原因的世界来扮演。

波阿西耶·德·索洼吉的计划是简单的。然而,我们却能衡量出他在建立稳固的心智疾病症候描述时所遭遇的困难,仿佛疯狂会躲藏起来,不让人掌握它本身明显的真相。如果抛开"异常的疯狂"这一个种类,其他三个主要的分类为幻觉、怪异和谵妄。在表面上,每一个类别都是以十分严谨的方式,依据其最显著的征象加以定义。幻觉类为"疾病,其主要症状为反常和错误的想象"。㊴ 怪异类意义为"嗜好或意志之反常"。㊵ 谵妄类则定义为"判断能力之反常"。但随着分析的进展,特征便逐渐丧失症状意识,越来越明显地具有因果上的意义。其实,这个现象从提纲就开始了,幻觉

㊴ 索洼吉,前引书,VII,p. 43。(亦参考 t. I, p. 366)

㊵ 同上书,VII,p. 191。

那时已被当作"由脑外器官之缺陷所引发的心灵错误。想象力因此受到诱惑"。㊶ 不过,原因特别是在区别不同的症候时才被唤出。也就是说,当它们要为逻辑的种属区分作辩护的时候,它们此时已不单只是可据以认病的讯号。如此,谵妄不同于幻觉,因为它只起源于脑部,而非神经系统中的各种器官。如何才能区别"本质性谵妄"和"伴随有发热的过渡性谵妄"?这时只要提醒说后者源自流体元素的过渡性变化,而前者则来自固体元素经常是不可逆转的反常。㊷ 在"目"的抽象和一般层次上,分类忠实于症状描述原则;但是只要一接近疯狂的具体形态,生理病因就成为作区别时的基本要素。疯狂的实际生活,充满着病因的秘密运作。就其真相而言,疯狂并不是由它本身来掌握;就其本性而言,也是如此。原因在于疯狂被两个面向瓜分了,一边是心智能力,它们给予它一个抽象和一般的真相,另一边是器官性病因的暗地工作,它则给疯狂一个具体的存在。

无论如何,精神疾病的组织工作,从来就不是在疯狂本身的层次上进行的。疯狂不能为它自身的真相作见证。如果不是道德判断进来干涉,那么就是生理病源分析在切入作用。或者是激情、过失,以及过失中含带的所有自由;不然就是血气(des esprits animaux)和神经系统(genre nerveux)有严格限定的机制。但这只是一个表面的二元对立,而且只对我们有效;对古典思想来说,存有一个领域,在其中,道德和机制、自由和肉体、激情和病理,可以同时发现统一和尺度。这

㊶ 索沃吉,前引书,VII,p.1。
㊷ 同上书,VII,pp.305-334。

就是想象力,具有差错、幻念和错误推断的想象力——然而在它身上,却也同时总结着肉体的所有机制。事实上,所有这些分类尝试,其一切失衡、异质、幽暗不纯的可能,皆要归功于某种"想象力分析"(analytique de l'imagination),因为它秘密地切入了它们的步骤之中。也就是在这里,一般性的"疯狂"——这是我们正在尝试分析的——和已经被感知熟悉地辨认出的"疯人"——我们会尝试把它的多样性归结为几个主要类型——间进行了综合。也就是在这里,非理性的体验插入,那是我们已经看到介入监禁措施中的非理性体验——在这个体验中,人之整体以一种吊诡的方式,同时以其罪恶为人标举和定为无辜,但又以其兽性为人谴责。在思考中,这样的体验,以一种想象力理论的措辞而得到转译,而这个理论也以这种方式,被放置在所有有关疯狂的古典思想的中心。这是错乱和偏歧的想象力,一方面身处错误和缺陷的中途,另一方面又是肉体上的错乱,而当时的医生和哲学家一致同意,将其称为谵妄(délire)。[16]

因此,在描述和分类之上,浮现了一项有关激情、想象和谵妄的一般理论。在这项理论之中,一般性的疯狂和个殊性的疯人,联结成一种真实的关系;也是在它之中,才建立起疯狂和非理性间的关联。它是一股幽暗力量,联结一切——非理性、疯狂、疯人——于单一的体验之中。也就是在这个意义上,我们才能提出**谵妄的超越性**(transcendance du délire)。这个超越性站在高处,指引着疯狂的古典体验,也使得想要只依据其症状分析疯狂的企图变得微渺可笑。

* * *

我们还得考虑到某些大型主题的抗力,这些主题在分类时代以前便已成形多时,而且一直到 19 世纪初为止,还继续以几乎一致、毫无变动的样态残留着。在表面上,疾病的名称、位置、分配、联系持续地变化,然而,在比较深沉的地方,好像是观念的某种明暗交界之处,几个数目不多但厚重堆积而且具有广大外延的形式,仍然保持不变,其顽强的存在使得分类活动在每一个时刻都变得徒劳无功。这些概念虽然和医学思想的观念性和理论性活动不太接近,相反地,却又邻近着这个思想的真实工作。我们可以在威里斯的努力当中发现的,就是这些概念,而且也就是由它们出发,他才能建立起躁狂—忧郁循环的大原则;同时,在世纪的另一端,当人们要去改革救护院,并为监禁措施提供医疗意义时,也会再遇见它们。它们是医学工作不可分离的一部分,而且,当它们在其中确立它们稳定的形象时,依据的比较是想象结构上的和谐一致,而非概念上的严谨定义。它们的生存和沉默的维持,是来自于彼此之间一些幽暗不明的亲近性(affinités),它们使得其中每一个概念拥有它自己不可抹灭的标记。在勃艾哈夫(Boerhaave)之前,这些概念已经出现很久了,而且在艾斯基洛之后,我们也还能对它们追踪一段长久的时间。

威里斯在 1672 年,出版了《血气论》(*De Anima Brutorum*)一书。他在书中第二部分处理"攻击血气和其中枢的疾病,也就是说,攻击脑部和神经的疾病"。他的分析重新处理医学传统长久承认的几项大病症。列举如下:**癫狂**

(Frénésie),这是一种伴有发烧现象的狂怒(fureur),由于发作时间短,可以和**谵妄**(Délire)相区别。**躁狂**(Manie)则是一种不发热的狂怒。**忧郁**(Mélancolie)则既无狂怒亦无发热,它的特征是忧伤和害怕,而且这些情感的对象数目不多,有时甚至只有一个全神贯注的对象。至于**愚昧**(Stupidité),指的则是"想象力、记忆力和判断力上有缺陷的人"。如果威里斯的作品对于各种心智疾病的定义具有重要性,那是因为它的工作是在这些主要范畴之内完成的。威里斯并未重整疾病的分类空间,而是发掘了一些形态。由于形象性的力量,这些形态慢慢地聚集起来,倾向于合为一体,甚至被混为一谈。也就是如此,他几乎已经达到躁狂—忧郁"循环"的概念:"这两种疾病是如此地邻近,于是经常会看到其中一个转变为另一个,或是其中一个以另一个为终点……这两个疾病经常承续,彼此相连,就像烟和火。"㊸对于其他案例,威里斯则对长久为人混淆的病症提出区别。他所做的比较是实用性而非观念性的区分,而且是把一个仍旧保有其基本身份的概念做相对性的、程度性的划分。以下便是他对愚昧者这个大家族所作的区分:首先,是那些既没有能力拥有文学、亦无能力拥有任何自由艺术的人,不过他们有足够的机巧可以学习机械性的技艺;接着是那些能力正好只能当农夫的人;然后是那些至多知道如何求生存、并认识不可或缺的习惯的人;至于最后一个等级,他们几乎什么都不了解,有意识的行为也是微乎其微。㊹因此,威里斯真正的工作并不是在新的

㊸ 威里斯,《全集》(*Opera*), II, p. 255。
㊹ 同上书, pp. 269-270。

范畴上操作,而是运用在传统的古老疾病家族上面,在这之中有最多的形象,其中也有最为人熟识的面目。

1785年,当可伦比耶(Colombier)和杜布莱(Doublet)出版其指引(instruction)时,和威里斯的时代已相距一个世纪以上。大的疾病分类体系已经建立。但这些庞大著作似乎没有留下什么。杜布莱的对象是医生和"医疗"机构负责人;他想要为他们提供诊断和医疗上的建议。他只知道一种分类法,那是在威里斯时代已经盛行的分类法:癫狂,一定伴有发炎和发烧;躁狂,其狂怒并非脑部病变的征兆;忧郁症,与躁狂有两点差异:"第一,忧郁的谵妄限于单一对象,称作忧郁点;第二,它的谵妄……总是平静的。"最后还要添上心神丧失,这个病种相当于威里斯笔下的愚昧,代表所有形态的官能衰弱。稍后不久,当内政部长向吉劳地(Giraudy)要求一份有关厦伦顿院的报告时,他所提出的图表分辨出忧郁症、躁狂症以及心神丧失;唯一重要的变更涉及疑病症(hypochondrie),这时它被独立出来,但代表的案例数目很小(四百七十六名入院者之中,只有八名)。另外还有白痴(idiotisme)也被孤立出来——在这19世纪初期,这个病开始和心神丧失有所区别。哈斯拉姆(Haslam)在其《疯狂观察》(*Observations sur la folie*)一书中,并不考虑不治之病;他因此排除心神丧失和白痴,而且只承认两种疯狂的形象:躁狂和忧郁。

我们看到,在18世纪所有修改意图之后,疾病分类的框架仍旧保持着可观的稳定性。在精神医学的大综合和疯狂体系开始之时,人们将能重新运用过去传下来的大型非理性种类:匹奈把精神病分为忧郁、躁狂、心神丧失和白痴;他同时加上疑病症、梦游和恐水症。⑮ 艾斯基洛提出一个新的类别：单狂(monomanie)。至于其他则是目前已成为传统的系列：躁狂、忧郁症、心神丧失和痴呆。⑯ 疯狂已经被描画好并且受到承认的面目，并未受到疾病分类建构所修正；模拟植物种类分类的方式，未能分离或变化其性格的原始坚实。从古典时代的一端到另一端，疯狂的世界仍依照同样的界线组构。另一个世纪才会发现麻痹性痴呆(paralysie générale)，划分神经质症(névrose)和精神病(psychose)，创立妄想狂(paranoïa)和早发性痴呆(démence précoce)；以至于圈定精神分裂症(schizophrénie)的，还更是另一个不同的世纪。17世纪和18世纪都不认识这种耐心的观察工作。它们在物种园里区分出一些历时不久的类别：但这些概念，对于另一方面所作接近感知性体验的坚实度，几乎毫无伤害。医学思想沉着地依赖着这些不会变更的形式，而它们继续过着沉默无言的生活。和这些本质性的形式相比，分类者所提出的有等级和有秩序的自然，只是一个第二自然。

为了安全起见，让我们把它们固定下来，因为它们在古典时期特有的意义，有可能会消失在这些为我们所继承使用的相同字眼之下。《百科全书》中的字眼说明，因为不是原创性著作，可以作为标杆。

——癫狂(frénésie)是发热的谵妄。和它对立，躁狂(manie)则是非发热的谵妄，至少是它在本质上如此。躁狂

---

⑮ 匹奈，《哲学性疾病分类》(*Nosographie philosophique*)，Paris，1798。
⑯ 艾斯基洛，《论心智疾病》(*Des maladies mentales*)，Paris，1838。

指的是"一种慢性病,病人不只胡言乱语,而且不能正常地感知,其行动没有或是显得没有动机、狂乱和可笑"。

——**忧郁**(mélancolie)也是一种谵妄,但却是一种"特殊的谵妄,坚定地只在一两个对象上面打转,既无发热亦无狂怒,这是它和躁狂及癫狂的差异。这种谵妄经常带有难以克服的忧伤、阴暗的心情、愤世嫉俗、坚决的孤独倾向"。

——**心神丧失**(démence)和忧郁及躁狂对立;后两者只是"记忆力及悟性运用上的异常";相反地,心神丧失则是严重的"心智瘫痪",或者"推理机能的消除";脑纤维无法感受印象,血气也不再能将其鼓动。这一条解释的作者斗门(d'Aumont)认为"愚昧"(fatuité)是比较不严重的心神丧失:它只是记忆力及悟性单纯地变弱。

我们看到,在整个古典医学中,尽管有一些细节上的变更,仍然形成一些本质性的归属(appartenance)[领域],它们持续存在,比疾病分类法中的亲属关系更加坚实。其中的原因可能在于,这些归属比较是被人感受而不是被人构想,而且因为它们在长久以前就已经为人想象,也长久地为人梦想:这是癫狂和发烧中的热;躁狂和狂怒中的激动;忧郁和接近完全隔离的谵妄;心神丧失和心智失序。在医学感知的品质性深度之上,疾病分类学体系曾经作过演出,有时候还闪烁了一些时刻。但它们在疯狂的真实历史中,并没有鲜明的面目。

* * *

最后还有第三个障碍。这是由医疗实践本身的发展和抵抗所构成的障碍。

长久以来,而且是在医学的全部领域之中,治疗相对独立地发展。无论如何,自从上古以来,并不是它的所有形式都遵循医学理论的概念。而且,比起一切其他疾病,疯狂更是在它周围维持了一整套这样的实务体系,而且一直到18世纪末为止,仍然如此。它们有古旧的起源,魔术性的意义,其施用体系则超出医学范围之外。疯狂所能隐藏的一切可怕力量,也为这些实务的沉默生命维持活力,而且这活力几乎不是秘密。

然而,17世纪末发生了一个事件,它在加强实务的自主性之余,也给予它们一个新的风格和一种新的发展可能。这个事件便是某些错乱的界定,它们首先被称为"气郁症"(vapeurs),[17]后来又在18世纪以"神经病"(maladies de nerfs)的名义,涵盖着广大的领域。很快地,借助其概念的扩张力量,它们扰乱了旧有的疾病分类空间,并且不花多久时间,就涵盖了这整个空间。居伦(Cullen)[18]在其《实用医学指引》(*Institutions de médecine pratique*)一书里写道:"我在此建议以神经病的名称,来涵盖不是以发热作为原始疾病症候的所有感情和运动上的反常疾病;在我的定义下,它也包括所有不源于器官局部病变但却源于神经体系的更普遍的病变,以及起源于这个体系某些性质的病变,这些性质尤其是感情和运动的基础。"[47]气郁症和神经病的新世界,具有特殊的动力学;在其中开展的力量,和其中可以分辨出来的疾病

---

[47] 居伦,《实用医学指引》(*Institutions de médecine pratique*),II,匹奈译,Paris,1785,p.61。

种属,和疾病分类图表上的熟悉形式不再吻合。似乎一个仍属未知的病理学空间正在开放,而且不能为医学惯用的分析和描述规则所掌握:"哲学家邀请医生一齐深入这个迷宫。他们可以帮助他认清路途,因为哲学家可以为形上学摆脱学派纠葛,分析性地解释心灵的基本机能,显示出心灵机能和肉体运动间的密切关联,并且追溯肉体组织的首要基础。"[48]

气郁症的分类计划也是一样难以计数的。但没有任何一个计划遵循西丹汉、索洼吉或林内所依循的原则。维里德(Viridet)同时根据错乱之机制和发生部位进行分类:"一般性气郁生自全身";"特殊性气郁则在某一部位中形成";前者"来自血气无法流动";后者"来自神经之中或附近的一种酵素(ferment)";或更"来自神经空腔(cavité des nerfs)的收缩,而这是血气上下的管道"。[49] 勃歇斯那(Beauchesne)提出一项纯属病因分析的分类方法,其标准为秉性、体质和神经系统之变化:首先是"器官物质或损伤疾病",源于"胆汁—淋巴质(bilieux-flegmatique)体质";然后是歇斯底里的神经病,其特征为"胆汁—忧郁体质和子宫的特殊病变";最后一类的疾病,特征为"固体元素(solides)之松弛和体液之退化";在此原因比较是"淋巴性多血(sanguin flegmatique)体质,不幸的激情等等"。[50] 在世纪最末,替索(Tissot)[19]和波姆(Pomme)[20]著作所引起的重大讨论中,普列萨文(Pressavin)

---

[48] De La Roche,《神经系统功能分析》(*Analyse des fonctions du système nerveux*), Genève, 1778, I, 前言, p. VIII.

[49] 维里德,《论气郁症》(*Dissertation sur les vapeurs*), Yverdon, 1726, p. 32.

[50] 勃歇斯那,《灵魂病变〈对妇女病〉之影响》(*Des influences des affections de l'âme*), Paris, 1783, pp. 65-182 & pp. 221-223.

提出神经疾病涵盖最广的定义；它包括有机体所有主要的器官病变，而且依照错乱的机能进行区别。当感官神经受损，而且其活动减少时，这时就有麻痹、僵木和昏迷；如果相反地是其活动增加，就有痒、轻痒和痛楚。运动机能也有同样的错乱：其减少引起瘫痪和强直性昏厥，其增强则引起兴奋增盛(éréthisme)和痉挛；至于抽搐(convulsions)，其原因则是来自不规则的活动，有时候太弱，有时候太强——癫痫便是可以看到此种交替的例子。(51)

就其属性而言，这些概念当然和传统分类不同。但使得它们特别具有原创性的，在于它们和疾病分类图表中的概念不同，乃是直接与实务联结；或者这么说更好，在其形成之中，它们便完全包含了治疗上的主题，因为构成它们并组织它们的，乃是一些意象——通过它们，医生和病人可以立即沟通的意象：由季肋部(hypochondre)升上来的蒸气(vapeurs)、紧张、"变皱和干瘪"的神经、为湿气和潮气所浸润的纤维(fibres)、使器官干燥的烫人热力——它们的确是一些解释图式；但同时也是暧昧的主题，病人的想象力借此为其病痛提供形式、空间、实质和语言，而医生的想象力也马上就可以在此投射出恢复健康的必要干预计划。这个新的病理世界，自从19世纪以来曾经遭到如此的贬损和嘲笑，但是其中仍有重要事件发生——而且这无疑是医学史上的头一遭：这时，理论性的解释吻合了一项双重投射：一是病人对其病痛的投射，一是医生对病痛消除之投射。神经病允许治疗(cure)中的共谋关系。有一整个象征和形象的世界正在诞

(51) 普列萨文，《气郁症新论》(*Nouveau Traité des vapeurs*)，Lyon，1770，pp. 7-31。

生,而医生在其中将和病人一齐展开初次的对话。

由此时开始,便有一宗医学在 18 世纪之中发展起来,而医生—病人的配对正在变成其中的构成性要素。这一个配对和其所连接的想象形象,便以新的模式组织着疯狂的世界。加热或凉爽、增强或缓和的疗养法,这一切是医生和病人共同进行的努力、想象性的实现,它们让一些病理形态得以逐渐现身,而分类法却越来越不能将其吸纳。然而,知识的真正工作就是在这些形态内部进行,即使它们的确已经过时。

* * *

让我们把注意力转回到我们的出发点:一方面,有一个宣称可以不由中介即可辨识疯人的意识,它甚至宣称不需要疯狂的论述性知识作为中介;另一方面,则有一个科学,宣称有能力在虚拟的层面上,依据显示其真相的征象,铺陈所有的疯狂形式。两者之间,无一物存在,只是空虚;如此,作为具体而普遍形式的疯狂,并不存在,而且它的缺席几乎是可以感觉得到的,因为它是如此地明显。这样的疯狂形式也应该是疯人可以在其中寻回自己的真实元素,也应该像是一块深厚的土地,可以让无理智的征象以其惊人的特殊性由其中诞生。在古典时代中,心智疾病并不存在,如果我们把它理解为无理智者的故乡、感知中的疯人和分析中的心神丧失之间的中介,简言之,也就是疯人和他的疯狂之间的联系,疯子和疯狂在这时彼此互相陌生;他们各自的真相都被扣留,就好像在他们自身之中为人没收。

非理性,首先便是这个:这个深刻的分裂,它从属于悟性时代(âge d'entendement),并且使得疯人和他的疯狂两者互相之间成为陌生人,因而互相异化。

因此,我们已经可以用这个空虚来把握非理性。此外,监禁不就是它的体制版本吗?监禁作为未分化的排拒空间,不正是在疯人和疯狂之间、在一个立即的辨识和一项永远延后的真相之间遂行其统治吗?如此,它在社会结构中所涵盖的领域,不也正相同于非理性在知识结构里所涵盖的领域吗?

我们开始看到非理性在一个空虚之中显现面目,然而,非理性却比这个空虚更多。疯子的感知,其内容最终只是理性本身;把疯狂当作疾病中的一种,这样的分析,其原则只是一项自然智慧的理性秩序;因此,人们寻求疯狂正面性的饱满,他们却只能找到理性,如此一来,疯狂便吊诡地成为疯狂的缺席,理性的普遍临在。疯狂的疯狂,便是秘密地作为理性。而这个作为疯狂内容的非疯狂,便是讨论非理性时必须标指出的第二个本质点。"非"理性,因为疯狂的真相就是理性。

或者应该说那是"准"理性(quasi-raison)。这是第三个基本特性,随后的篇章将尝试将其阐明彻底。这是因为,如果理性的确是疯人感知的内容,这却不是说它本身不会被加上某种否定性标记。有一个作用元在那儿发挥功效,使得这个非—理性(non-raison)具有特殊的风格。就理性而言,疯人之所以是疯人,只是相对于理性,为了它和因为它,但这个相对性只是徒然;他为了要**成为**理性的**对象**,自己**成为**理性,但这也是徒然。这项距离的存在构成问题;而且这个否定性的工作不可能单单只是否定中的空虚。在另一方面,我们已经看到,以疾病和植物描述为风格,进行疯狂的"自然化"计划,曾经遭遇到什么样的阻碍。尽管有这么多重复的努力,疯狂从未完全进入物种的合理秩序之中。这是因为有其他一些力量在深处发挥其主宰力量。这些力量外在于概念的理论平面,而且知道如何抵抗它,甚至最终使其陷入混乱。

那么,在这里作用的这些力量究竟是什么?在那儿发挥的否定性力量究竟是什么?在这个古典世界里,理性似乎是一切事物的内容和真相,甚至包括疯狂在内,这些秘密反抗的作用元是什么呢?在疯狂的知识和疯子的辨认两者之中,是不是同一个德性(vertu)在阴险地铺展并且愚弄理性呢?如果的确是同一个,那我们不就能把非理性的本质和活力定义为疯狂古典经验的秘密核心吗?

但是,现在我们得慢慢来,抽丝剥茧地由一个细节进行到另一个细节。我们必须保持历史家的庄重态度,由我们已经认识的事物开始逐渐进展;也就是说,开始于疯狂自然化过程和把它投射在一个合理的平面时所遭遇的障碍。在前面所作的粗略列举之后,我们必须一件一件地加以分析:首先是作为疯狂构成性形式的,激情、想象力和谵妄的超越性;接着,则是在整个古典时代中,组构和精练疯狂领域的传统形象;最后是在治疗的想象世界中,医生和病人之间的对峙。也许非理性的正面性力量便隐藏于此——这作用同时既是关联也是补偿,其对象则是疯狂的非存有、空虚和它总是更进一步的缺席。

这个作用和推动这个作用的力量,我们尝试不把它们当作**知识**平面上的理论性概念演变来描述;而是要在历史的厚度之中切割出一块**体验**,我们试着掌握使得疯狂的知识终究成为**可能**的运动:这是我们的知识,而弗洛伊德主义

(freudisme)——因为这不是它原先的目标——也未能使我们和它分离。在这样的知识之中,心智疾病终于出现,而非理性自行消失,除了在那些提出下列问题的人的目光之中:一种必然伴随其科学、医学、医生的疯狂,一种完全被包含在心智疾病的悲怆之中的疯狂,它在现代世界中顽强而又一再重复地临在,究竟意味着什么?

注 释

1 Bernard Le Bovier de Fontenelle(1657—1757),法国作家。高乃依(Corneille)的侄子。以优美才情和通俗科学作品闻名。

2 Pygmalion 原是希腊传说中的塞浦路斯国王。他虽然生性痛恨女性,却爱上了自己所雕的象牙爱神像。他的祈祷使得雕像获得生命,Pygmalion 最后和自己的作品结了婚。

3 Nicolas de Malebranche(1638—1715),笛卡儿派的法国哲学家。他用一套唯心论形上学,解决心身沟通的问题。

4 这里的 sentiment 是认识论上的用语,指的是不能只用感官经验解释的立即性知识,不能用理性方式说明的朦胧直觉。Malebranche 经常使用"内在感觉"(sentiment intérieur)这样的说法。比如他认为我们"对灵魂和其功能并无明确意念。只能通过意识或内在感觉去认识它;这个感觉让我明白我是自由的"。

5 根据笛卡儿派心理学的想法,血气(esprits animaux——通常为复数形式)乃是血液中最轻的部分。它由心上升至脑,又由脑经由神经通达肌肉,以维持身心之间的联系。

6 François Boissier de Sauvages(1706—1767),法国蒙伯里耶(Montpellier)的医生。他在 1763 年以拉丁文出版了 *Nosologia methodica*(《方法性疾病分类学》)一书。此书在他死后译为法文。书中包含疯狂的复杂分类。

7 Marcus Tullius Cicero(公元前 106—前 43 年),拉丁雄辩家和政治家。福柯所引 Tusculanes 为西赛罗在其别墅退隐时所写的哲学对话,主题为幸福(公元前 47—前 44 年)。

8 以上这一系列人名都和复仇有关：Athamas 因为窝藏狄奥尼索斯，被天后赫拉惩罚发疯；Ajax 因为不能分到阿喀琉斯死后遗留的武器而发疯；Alcméon 和 Oreste 都杀死母亲为父报仇，两人并被可怕的复仇女神（furies）所追逐。

9 这是罗马最早的立法（公元前 451 年）。法条刻在十二块铜表上。

10 Thomas Willis(1622—1673)，神经系统的临床研究者和解剖学家。他认为歇斯底里并不是子宫引起的病症，其来源应该是头部的血气病变。

11 Thomas Sydenham(1624—1689)。因为他对临床观察和自然疗养力的重视，被人称作"英国的希波克拉特"。他是第一位提出存有男性歇斯底里症、并认为此症和 hypochondrie（疑病症）有类似性的人。

12 Paracelse(1493—1540)，生于瑞士，极具发明精神和异议精神的化学疗法创立人。第一位尝试矿物治疗者。生前曾到处讲学，也在所到处掀起争端。死后，门徒形成重要的化学疗法学派。

13 Carl von Linné(1707—1778)，著名的瑞典植物分类学家，其动植物分类术语一直沿用至今。

14 François, duc de La Rochefoucauld(1613—1680)，法国 17 世纪的道德风俗观察家，投石党人之一。他在《格言集》里表达出人的行为皆以自私自利为出发的观点。

15 Jean de La Bruyère(1645—1696)，法国 17 世纪的道德风俗观察家。法兰西学院院士。其《性格群像》描写当时的人性变动。

16 此字源自拉丁文 delirare，意为脱离畦脉。

17 有关歇斯底里(hystérie)和疑病症(hypocondrie)的一项古老理论认为，它们的病因在于子宫或季肋部(hypocondre)有一些蒸气(vapeurs)上升至脑部。气郁症在 18 世纪特别流行。

18 William Cullen(1712—1790)为爱丁堡和格拉斯哥教授。他的疾病分类法对匹奈产生影响。居伦的《实用医学指引》法译者即为匹奈。

19 Simon André Tissot(1728—1797)，瑞士医生，以其通俗著作闻名，如《手淫论》、《凡民对健康的意见》。

20 Pierre Pomme(1728—1814)，法国医生，以治疗气郁症闻名。他主张此病主要源自神经干萎。

第二章

谵妄的超越性

"我们将脑器官的疾病称为疯狂……"①疯狂的问题绕着灵魂的物质性四周围打转。

这项恶(mal),疾病分类学如此轻易地将它当作疾病来描述。在它之中,灵魂是以什么样的方式来和它发生关联呢?当它被疾病攻击时,灵魂和其他部位身份相同,只是肉体的一个部分吗?或者它像是一个和有机体整体相关的感性,和有机体一起发生错乱呢?或者它是一项独立的灵性原则,而且能够不受这原则管制的,只有它的传导性和物质性工具呢?

这些哲学家的问题让 18 世纪为之着迷;这些问题可以无限度地逆转,而每一项回答又增衍其中的暧昧。

首先,这里面有一项沉重的传统:那是神学家和决疑者(casuistes)的传统,也是法学家和法官的传统。一位疯人,

---

① 伏尔泰,《哲学辞典》(*Dictionnaire philosophique*),"疯狂"(Folie)条,éd. Benda, t. I, p. 285。

只要他能够表现出一些悔罪的外在征象,便可以作告解,并获得赦罪;即使一切都显示出他心智错乱,人们还是有权利和义务假定圣灵曾经启发了他的心灵,因为这是通过无法感觉和非物质性的管道——这是"上帝偶尔会借用的管道,也就是天使们的协助或是直接的灵感"。②而且,当他进入心神丧失的状态时,他是不是也处于神宠之中呢?不管疯人在疯狂中犯了什么罪,无可置疑地,他一定会得到拯救:他的灵魂处于退隐状态,不受疾病所扰——而且,因为疾病本身,它也不受邪恶的侵扰。灵魂对疯狂涉入程度不深,因此不会在其中犯罪。

法官们的看法和此一点也不违背,他们不认为疯子的作为是犯罪,而且当他们判定将其财产托管时,总是假定疯狂只是一时的障碍,其中的灵魂受损,类同于儿童的灵魂不存在或是不完整。同时,也没有禁治产的决定,疯子甚至在被关起来以后,都不会丧失任何民事权。巴黎最高法院(Parlement de Paris)便曾详细说明,即使监禁是法律主体精神错乱的"事实性"(de facto)证据,但这对他的法律能力毫无影响。③

疯人的灵魂并不疯。

然而,对那位以哲学来思考医学的精确性和其成败的人来说,灵魂不是比这个自由的囚徒更多又更少吗?它不也是物质的一部分吗?因为,不正是因为和通过物质,它最基本

---

② Sainte-Beuve,《数个意识问题的解决》(*Résolution de quelques cas de conscience*), Paris, 1689, I, p. 65。这也是应用于聋哑人的规则。

③ 参考 1711 年 8 月 30 日巴黎最高法院判决。引用于 Parturier,《旧王政和大革命时代的巴黎救助体制》(*L'Assistance à Paris sous l'Ancien Régime et la Révolution*), Paris, 1897, p. 159 & note 1.

的机能——判断——的自由行使,才会受到损害吗?而且,整个法学传统都认为疯子无辜,即使这一点有其道理,那也不是因为他的秘密自由为其无能所保护之故,而是因为他肉体上无法抗拒的力量损害了他的自由,甚至把它完全消灭:"这个可怜的灵魂……此时无法主宰其思想,却要被迫去注意脑部留痕在它之中所形成的形象。"④然而,那恢复正常的理性,更是清楚地证明灵魂只是物质和有组织的形体罢了;因为疯狂只是摧毁,那么,如何能够证明灵魂真的被摧毁了,而不仅仅是被拘束或掩盖,或被排斥到其他地方呢?然而,只是加上一个巧妙而协同的物质,就能使灵魂重新获得能力,使它重得力量和自由——这便证明灵魂的德性和完美存于物质之中,因为只要加上一点物质,就可以使它由偶然的不完美回复到完美的本性:"一个不朽的存有,有可能接受这些部分的移位吗?它有可能因为在它简单而不可分离的全体之上有所添加而受苦吗?"⑤

在斯多葛派思想、人文主义和医学间所进行的这项对话,就像它们的对抗一样地古老。伏尔泰重拾了这项对话,并且尽可能地去逼近它。学者和医生寻求维持灵魂的纯净性,而当他们和疯子说话时,他们亦想要说服疯子相信他的疯狂单单只是肉体现象。不论如何,疯子应该有一个健康的、不灭的灵魂,存于他身上一个连他自己都不晓得的领域

---

④ 《灵魂物质说:支持灵魂之非物质性的现代和古代哲学家的纯粹原则的新体系》(*L'Ame matérielle, ou nouveau système sur les purs principes des philosophes anciens et modernes qui soutiennent son immatérialité*),Arsenal 图书馆,第 2239 号手稿,p. 139。

⑤ 同上。

之中:"我的朋友,虽然你丧失了常识,但你的灵魂却是和我们的灵魂一样属灵、一样清纯、一样不朽;然而,我们的灵魂居住得好,你的却不然;房子的窗户被塞住了……缺乏空气,它感到窒息。"但是疯子也有他的美好时刻;或者毋宁如此说,他在他的疯狂之中,便是真相显现的时刻;作为无理智者,他比那些有理智者更有常识,而且更不会说无理的话。在他爱推理的疯狂深处,也就是说,站在他疯狂智慧的高处,他很明白他的灵魂受到了损害;他以反向的方式,更新了艾匹美尼德(Épiménide)的悖论:他说他的疯狂直入灵魂深处,但就在这么说的同时,他也说出了真相。"我的朋友们,你们是用习惯来假想这个问题的答案。我的窗户跟你们的一样开放,因为我看到同样的事物,也听到同样的话语。因此,其原因必然是我的灵魂对感官作出了不良的运用,甚至我灵魂本身就是一个故障的感官,一个坠落的品质。简言之,要不是我灵魂自己疯了,就是我根本就没有灵魂。"⑥

这个伏尔泰的艾匹美尼德具有双头马车式的谨慎,就某种方式而言,他说:要不是克里特岛人(Crétois)说谎,就是我在撒谎;事实上,他同时要说两件事:疯狂已损害了他灵魂的**深沉本性**,**因此**,他的灵魂并非灵性的存在。这个两难暗示着它所掩盖的推理过程。我们要试着跟随的,便是这个推理过程。而它只有在乍看之下才是简单的。

一方面,疯狂不可以被同化为感官上的错乱;窗子仍然完好,如果人在房子里看不清楚,并不是因为窗子被塞住了。这里,伏尔泰在一跃之下,便穿越了一大块医学讨论的领域。

---

⑥ 伏尔泰,前引书,p.286。

受到洛克的影响,许多医生在感官错乱中寻找疯狂的起源:如果人看到魔鬼,听到声音,这不是灵魂的责任,它只是无可奈何地接受感官所强加给它的东西。⑦ 对于这个论点,可以索洼吉的回应为例:斜视而眼花的人,不是疯子;但如果在眼花的同时,真的相信有两个人在眼前,这样的人便是疯子。⑧这是灵魂的毛病,而不是眼睛之毛病;这不是因为窗户状况不良,而是因为居住者生病。伏尔泰便是这种论调。他的谨慎在于排开浅薄的感觉论(sensualisme),以避免太直接和太简单地应用洛克,因为这样可能反而会保护感觉论企图缩减其能力的灵魂。

然而,如果感官上的错乱不是疯狂的原因,它却是它的模范。眼球的病变会损害视觉的精确操作;脑部的病变,因为是心智器官受损,便会以同样方式损害灵魂本身:"这项思考能使我们怀疑上帝赋予人的思想能力,有可能和其他感官一样受到扰乱。疯子是一个脑部受难的病人,就好像痛风患者是一个脚部和手部受苦的病人;他过去用脑思想,就好像用脚走路,一点都不用明白它那难以理解的行走能力,也不用明白他那同样无法理解的思想能力。"⑨由头脑到灵魂,其间的关系,相同于由眼球到视觉间的关系;由灵魂到头脑,其关系也相同于由行走的计划到屈曲的双脚。处于肉体之中,灵魂所做之事,只是在缔结一些关系,它们类似于肉体本身所建立的关系。它是感官的感官,动作的动作。而且,就像

---

⑦ 譬如参与詹姆斯(James)《[医学大]辞典》(*Dictionnaire*)的作者们。
⑧ 索洼吉(Sauvages),前引书,t. VII, pp. 130, 141 & pp. 14-15。
⑨ 伏尔泰,前引书,p. 286。

行走为脚部瘫痪所妨碍、视觉为眼球病变所模糊,灵魂也因肉体的损伤而受损害,尤其是因为头脑这个具有特殊地位的器官的损伤,因为它是所有器官的器官——同时是所有感官和所有动作的器官。因此,灵魂之涉入肉体,完全就像视觉之涉入眼球或动作之涉入肌肉。试想,如果我们现在把眼球取消了……由此可以显示,"我的灵魂本身就是发疯的,"而且它是在它的实质(substance)之中如此,在那构成自然本质性部分的事物之中如此;这同时也显示出,在肉体器官运作所定义的范围之外,"我并没有灵魂。"

简言之,伏尔泰结论如下:疯狂并非感官的损害,因为灵魂在本性上和任何感官并无不同,它的器官便是脑。他偷偷地把一项在他的时代明白定义的医学问题(疯狂的起因在于感官幻觉〔hallucination des sens〕,或在于精神谵妄〔délire de l'esprit〕——用我们的语言来说,这是疯狂的周边起源说和中心起源说),逐渐转变为一项哲学问题,而这个问题,就应然和实然两面而言,都不可以和前一个问题重叠。现在问题成为:疯狂是否证明灵魂的物质性? 对第一个问题,他佯装推开任何形式的感觉主义式的(sensualiste)[1]回答,以便可以更好地建立对第二个问题的感觉论回应——同时,感觉论在最后又被重新拾起,这一点标示出他事实上已放弃了第一个问题,也就是说放弃了感觉器官在疯狂的起源中扮演何种角色的医学问题。

去除其中隐藏的争论意图,这项重叠本身即有其意义。因为它并不属于 18 世纪医学的问题意识;它混合了感官—头脑,周边—中心的问题。和医生们的思考同步发展,这项问题乃是一项批判性分析,其基础则为灵魂和肉体之间的分离。未来会有一天,对医生本身来说,疯狂的起源、因果断定、器官位置的问题,将要依据采取或不采取物质主义体系下的语意(valeurs)[2]来决定。然而,这些意义只有到19世纪才会受到承认,这时,由伏尔泰所定义的问题意识将会被视为当然;这时,而且唯有在这个时候,才有可能出现精神主义(spiritualiste)和物质主义的精神医学,其中一个疯狂概念将疯狂化约为肉体问题,另一个则强调灵魂的非物质元素。然而,伏尔泰的文章,特别是其中所具有的矛盾、滥用和有意地加入狡智,并不能代表18世纪疯狂体验所能具有的活跃、粗大和厚重的部分。在反讽的引导之下,这篇文章所导向的,乃是某种,以时代而言,超溢出这项体验的东西,而那是一个面对疯狂的问题时,最不反讽的立场。在另一种辩证和争论之下,在仍然未具有概念的微妙之中,它既标指着,也让人可以预见,到了19世纪将会成为无可争论的自明之理:疯狂如果不是物质原理上的器官病变,便是非物质灵魂的精神错乱。

伏尔泰从外部,并且经过复杂的转折,勾勒了这个问题意识(problématique),[3]但这一点,却不能允许我们将它当作是18世纪思想的基要部分。肉体和灵魂划分的探讨,并非诞生于古典医学的深沉之处;这是在相当晚近的时期才由外引入的一个问题,而且,由哲学性意图出发,它也和医学思想相岔离。

古典时代医学不加疑问地接受的,它在其上不加疑虑前进的土地,乃是另一种单纯性——对我们来说这却是比较复杂,因为自从19世纪以来,我们便习惯在精神和肉体的对立之中去思考精神医疗的问题,而这项对立只是被一些概念(比如心因性或器官性起源)所减轻、调整和回避罢了——

这是使替索对立于哲学家的奇思的单纯性;这便是灵魂和肉体可以感觉得到的美妙统一。这样的统一存在身心对立的分离之前,因为医学在此之前并不认识这样的分离:"形上学才有责任探求精神影响肉体和肉体影响精神的原因;医学理解没有这么深入,但它可能看得比较清楚;它略过原因,只停留于现象界。经验告诉它,某种肉体状态必然会产生某种心灵运动,而这个运动又会反过来影响肉体;它知道当心灵忙于思想时,脑子的一部分会处于紧张状态;它不会研究得更深入,也不寻求知道更多。精神和肉体之间的联合是如此强大,我们无法想象其中之一在作用时,可以不得到另一项的同意。感官利用脑纤维的震动,把精神的思想动机传达给它,相反地当心灵照料脑部器官时,这些器官便处于一种强烈程度不同的运动和强大程度不同的紧张之中。"⑩

下面这个方法论上的规则必须立即加以应用:当古典时代的医学文献谈到疯狂、心智失常(vésanies),或者甚至是以非常明确的方式,谈到"心智疾病"(maladies mentales)或"精神病"(maladies de l'esprit)的时候,所指的并不是某个心理病变的领域,或是和器官性病理领域相对立的精神现象。让我们不要忘记,威里斯把躁狂列入头部疾病,把歇斯底里列入痉挛性疾病之中;在索洼吉的分类里,错觉、晕眩和耳鸣则被列入"心智失常"之中。其他的怪异之处不胜枚举。

充当历史学家的医生,喜欢玩一个游戏:在古典描述文字之下寻找,重新发现其中所指的真正疾病。当威里斯谈到歇斯底里时,他不是也把癫痫的现象包括进去了吗?当勃艾

---

⑩ 替索,《给文人的忠告》(*Avis aux gens de lettres*),法译本,1767, pp. 1-3。

哈夫谈到躁狂时,他不是也在描述妄想狂吗?在狄默布罗克所谈的忧郁之下,不是也很容易找到妄想性神经质症的一些确定征象吗?

这是王子们的游戏,⑪却不是历史家的游戏。在不同的世纪里,有可能**同样的病**不具有同样的名称;但其原因在于,就其根柢而言,这不是同**一个病**。在 17 和 18 世纪之中,当人们谈到疯狂时,严格地说,他们并不是在谈"精神病",而是在谈肉体和心灵**一同**涉入的事物。这大约便是柴齐亚斯为疯狂下定义时所要说的东西,而且这个定义大致可以适用于整个古典时代:心智功能丧失来自脑部疾病和推理机能的损害(Amentiæ a proprio cerebri morbo et ratiocinatricis facultatis læsione dependent)。⑫

前述的问题意识加入疯狂体验之中,乃是颇为晚近的事。因此,先让我们将它搁置一旁。我们现在试着要揭露的,乃是这项体验独有的结构——我们将从最外围开始(因果关系的循环),接着进至更内里和较不易见的部分(激情和形象的循环),以便在最后,试着去探讨使得这项体验具有如此面貌的中空地带——那便是作为其基本时刻的谵妄(délire)。

---

⑪ 当然,这必须假设他们读过狄默布罗克(Diemerbroek)的作品。

⑫ 柴齐亚斯,《法医学问题》(*Quæstiones medico-legales*), Lyon, 1674, liv. II, titre I, q. II, p. 114。

有关疯狂中的身心关联问题,其他作者所提的定义也都具有同样的风格。威里斯:"这是脑部病变,使得理性和心灵的其他机能受损。"(《作品集》〔*Opera*〕, t. II, p. 227);罗利(Lorry)则说:"身体疾病,使得感官判断导向内在自我或印象(Corporis ægrotantis conditio ille in qua judicia a sensibus orienda nullatenus aut sibi inter se aut rei represen tatæ responsant)。"(《论忧郁》〔*De Melancholia*〕,1765, t. I, p. 3)

* * *

远因(causes lointaines)和近因(causes immédiates)的区分,在所有古典文本之中经常出现。乍看之下,这个区分可能没有什么重大的后果,而且只能为因果世界之组织提供一个脆弱的结构。事实上,这个区分具有可观的分量;在它表面上的随意性之下,其实隐藏着一个非常严格的结构力量。

当威里斯谈到躁狂的近因时,他所指的是血气的双重变质。首先这是机制上的变质,同时牵涉到其运动力量和轨迹:在躁狂症患者身上,血气暴烈地运动;它们因此可以穿入从未打通和也不应该被打通的脉络里;这些新的脉络激起一个非常怪异的理念流程,一些突然和异常的运动,而且又是如此生气强大,仿佛可以远远超过病人的自然力量。此外,这也是化学性质上的变化:血气因为变酸,所以更有腐蚀力和穿透力,而且也变得更轻,更不负载物质;它们变得和火焰一样地活跃和不可触摸,这一点解释躁狂症患者所有的活泼、不规则和热烈的行为。⑬

这便是近因。因为它们是如此地接近,看来仿佛只是对疾病最可见的现象的性质作转译。激动、错乱、没有体温升高的热力,这些现象似乎推动着躁狂症患者的行为,也使得它在最简单和最直接的感知中,具有如此独特的外貌——现在,通过近因的分析,这些现象被人由外表转移至内部,从感知的领域转移到解释的领域,从可见的效果转移为原因不可

---

⑬ 威里斯,《作品集》(*Opera*), t. II, pp. 255-257。

见的运动。⑭ 然而,吊诡的是,一旦进入了不可见的领域之中,原来只是性质的事物反而转化为形象(image);作为性质(qualité)的热力,转变为作为形象的火焰;动作和言语上的混乱,反而在隐形脉络错综复杂的交错之中,得到了巩固。原先处于道德判断边缘的意义,那些原先可以看得见摸得着的事物,现在变成超出触觉和视觉范围之外的"事物";甚至不用改变语汇,伦理学便在其中转位成为动力学。西丹汉说:"只要灵魂还被关在必死的肉身之中,它的力量主要来自血气的力量。血气是它发挥机能的工具。它是物质中最精细部分,也最接近精神实体。如此一来,血气的虚弱和错乱,必然造成灵魂的虚弱和错乱。受到最暴烈的激情玩弄,灵魂却毫无主宰和抵抗之能力。"⑮在近因和其效应之间,于是便有一种立即的质性连通,既无间断,亦无中介。如此便形成了一个双元并立的体系:效果的一方是感知中的性质,原因的一方则是不可见的形象。由这一方到另一方,可以完美地循环:由熟知的感知中归纳形象;由原因形象所具有的物理性质中,演绎出病人独特的症状。事实上,近因体系只是反转了症状的经验性辨认,把性质转化为原因。

---

⑭ 一般说来,血气是不可捉摸的。狄默布罗克主张它们不能被肉眼看见(Diemerbroek,《解剖学》[Anatomia], liv. VIII, chap. 1),反对肯定看到过它们的巴尔多林(Bartholin,《解剖学指引》[Institutions anatomiques], liv. III, chap. 1)。哈勒(Haller,《生理学要素》[Elementa physiologiae], t. IV, p. 371)肯定其平淡无味,反对尝过血气并发现它们具有酸味的尚·巴斯卡(Jean Pascal,《新发现和人体酵素的奇妙作用》[Nouvelle découverte et les admirables effets des ferments dans le corps humain])。

⑮ 西丹汉,《论歇斯底里症》(Dissertation sur l'affection hystérique)(《实用医学》[Médecine pratique], Jault 译, p. 407)。

如此紧密的圈环(cercle),乃是自我反转的移位活动,在想象元素中自我反射。然而,在18世纪之中,它渐渐地打开,开展为一个线性结构,其中最主要的部分,不再是性质间的连通,而是一项纯粹和简单的前导事实(faits d'antécédence);其由来便在于,原因不再是在想象性元素之中得到的辨识,而是存在于有组织的感知之中。

在神经纤维(fibre nerveuse)病理学之中,关怀的重点早已不再是了解近因,而是如何确定它存在于可感的世界中。并不是品质和形象被人驱离这项因果新结构;而是它们应该以可见的器官性现象被人研究和呈现。如此,这些现象便可以被改装为前导事实,而又不会有错误和循环性回转的风险。西丹汉的译者批判他未能明白地使人了解存在于灵魂的活力"和血气力量"间的关系。"再者,血气的意念既不清楚也不令人满意……用作者的语汇来说,灵魂的有力和坚实,似乎主要依赖于固体元素的结构。而这个结构因为具有足够的弹性和柔软,可以使灵魂活跃而简易地进行操作。"⑯运用纤维生理学,[4]我们便有一整套物质性网络可以作为决定近因的感知性承体。事实上,如果承体本身的物质性现实明显易见,可以作为疯狂立即原因的变质,老实说,并非可由感知来觉察;这个近因最多还只是一种无法捉摸的,几乎是道德性的品质,它被塞入了感知的脉络之中。吊诡地,它是纤维的一种纯粹生理变化,甚至更经常是它机制上的变化,但其变化却不可能感知,只是极细微地决定着纤维的运作。"看见"纤维的生理学者们,很清楚地知道人们在它之上或

---

⑯ 西丹汉,前引文,注解。

在它之中,并不能看出任何可衡量的紧张或松弛;甚至在他刺激一只青蛙的神经时,莫干尼(Morgagni)[5]也看不到任何紧缩;而且在这里,他其实证实了勃艾哈夫、范·斯威丹(Van Swieten)、霍夫曼(Hoffmann)[6]和哈勒(Albrecht von Haller)已经知道的事情,而后面这批人全是神经弦(nerfs-cordes)和紧张或松弛病理学派的反对者。然而,实务方面的医生们也有所见,但他们看到的是别的东西:他们看到一个躁狂症患者,肌肉收缩、咧嘴怪笑、动作不连贯、暴戾,而且以最极端活跃来回应最细微的刺激;他们**看到**神经类(le genre nerveux)达到最高度的紧张。在18世纪的医学思想里,这两种感知形态之间,也就是在事物变化和品质变化的感知之间,存有一项暗中的斗争。[17] 然而,前者渐渐地占据优势,但也携带着后者的体系语意。这些著名的紧张、干燥、萎缩状态,生理学家们看不到,像波姆(Pomme)那样的实务家却能亲眼看到,亲耳听到——他相信自己战胜了生理学家,但其实只是使得后者想要建立的因果结构获得胜利。倾俯在一位女病人身上,他听到过于激奋的神经在震动着;他让她每天泡水十二小时,如此进行十个月之后,他看见"神经"系统的干燥元素分离出来,而且看到"一些和湿羊皮纸相似的薄膜片段",掉落在浴缸之中。[18] [7]

---

[17] "观看"在18世纪医学中的意义,值得好好研究一番。比如一项特殊之处:在《百科全书》中,柔库骑士(le chevalier de Jaucourt)在所写有关神经的生理学文章里,批判了神经紧张的理论,然而这个理论却被大部分的病理学文章接受作为解释原则(比如"心神丧失"〔Démence〕条)。

[18] 波姆,《男女气郁症》(*Traité des affections vaporeuses des deux sexes*),Paris,3e éd.,1767,p.94。

线性结构和感知结构已经大获胜利;人们不再寻求性质的连通,人们不再描述因果的循环,不再把效果的主要意义,后推为一个其实只是它的位移意义的原因;现在问题仅在于,如何找出一个可以**感知**的简单**事件**(événement),而且它要能以最立即的方式造成病症。因此,疯狂的近因便应该是最接近灵魂的器官的病变,这个器官便是神经系统,甚至最好就是脑子本身。原因上的接近性,不再要求意义上的统一、性质上的类同,而是要求解剖上最可能严格的邻近性。一旦我们能够标定、找出和觉察解剖或生理学上的错乱时,原因就找到了——不论其性质、不论其形态或是它损害神经体系的方式为何——最接近身心接合点的,便是神经系统。在 17 世纪,近因同时意味着同时性、结构上的相似性;到了 18 世纪,近因开始意味着一个前导项,而没有立即的中介或邻近关系。

我们必须由这个方向来理解疯狂病因的解剖学研究发展。勃奈(Bonet)的《墓场[解剖]》(*Sepulchretum*)出版于 1679 年,其中只提出一些性质描述,而且想象的压力、理论主题的笨重性,影响了其中的感知,并使描述负荷着已受决定的意义。勃奈在解剖尸体时,看到躁狂症患者的脑子干燥和易碎、忧郁症患者的脑子潮湿而且积满体液;心神丧失的人,脑子的物质非常僵硬,或是相反,极端地松弛,但两种情况都一样缺乏弹性。[19] 在近乎半世纪以后,迈克尔(Meckel)

---

[19] 勃奈(Bonet),《墓场》(*Sepulchretum*), Genève, 1700, t. I, Section VIII, pp. 205 & sq. & section IX, pp. 221 & sq. 李欧多(Lieutaud)也同样地在忧郁症患者身上看到"脑部大部分的血管为厚而黑的血液所堵塞,脑室充满了水液;其中有数位心脏显得干瘪无血"。(《实用医学》〔*Traité de médecine pratique*〕, Paris, 1759, I, pp. 201-203)

的分析仍然属于同样的性质世界;问题仍旧是躁狂症患者的干燥、忧郁症患者的潮湿度和沉重性。然而,此时这些性质必须能被人感知,而且这样的感知必须通过度量上的严谨,去除任何感觉性的把握。脑子的状态不是疯狂的另一版本,不再是疯狂可感的传译;它现在是作为病理学上的事件,造成疯狂基要质变。

迈克尔的实验原则是简单的。他把大脑和小脑的实质"由各方向,切割为九、六和三巴黎寸长度"的立方体。他观察到,未患过重病,而且是在完全健康状态下死去的人,在他大脑上所切出的六寸立方体,其重量为一德拉格姆(dragme)五格令(grain);在死于肺痨的一位年轻人身上,大脑只有一德拉格姆三又四分之三格令重,其小脑则为一德拉格姆三格令重。一位患胸膜炎(pleurésie)的老人,他的大脑重量和正常人相同,小脑则略轻。第一个结论:大脑的重量并不恒常,它随着疾病状态而有不同。第二个结论:既然,像肺痨这类耗弱性病症中,大脑比较轻,而体液和液态元素在体内倾流的疾病患者,其小脑比较轻,那么,这些器官的密度便该归因于"其中管脉的充实度"。然而,在无理智者身上,我们发现到同一类变化。迈克尔解剖了一位"十五年间毫不间断患有躁狂和愚昧"的女人,观察到她大脑里的"灰质"过度地苍白,髓质也非常白;"后者坚硬到无法切块,又如此有弹性,指压也无法留痕;它和煮熟的蛋白完全相似。"在这个体质里所切出的六寸立方体,重量为一德拉格姆三格令重;脑胼胝体的密度更低;至于在小脑上所割出的一个立方体,则和大脑上的一样,重量为一德拉格姆三格令重。但,其他的精神错乱形式涵带着不同的改变;一名少妇在"间歇性地发疯"之后,死于狂怒;她的大脑触摸起来,显得很稠密。蜘网膜上覆盖微红乳清;但髓质本身却是干燥而又富有弹性;它的重量为一德拉格姆三格令。因此,结论必须是"髓脉的干燥状态有能力错乱大脑之运动,并因此错乱理性之运用";相反地,"髓脉如果适于分泌神经流质,那么大脑便更能发挥其原定作用。"[20]

迈克尔研究的理论背景并不重要,而且,他假设大脑会分泌神经髓质,其错乱则会引起疯狂,这个假说也不重要。此刻,最基要的东西,乃是已由他的分析指出的因果关系新形态。这个因果关系不再陷入性质的象征体系之中,也不陷入位移意义的循环逻辑之中,这是勃奈的研究仍不能摆脱的;现在出现的是一个线性因果关系,在其中,脑部的变质,乃是一个以其自身为中心而受到考虑的事件:它被认为是一个自有局部和数量性价值的现象,而且永远可以通过有组织的感知来标定。在这个变质和疯狂的症状之间,除了极端的邻近之外,并没有其他的归属关系,也没有其他的连通体系。这里的邻近意指着大脑是最接近灵魂的器官。如此一来,脑部病变便拥有它自己的结构——可以为人感知的解剖学结构——而精神病变也拥有其独特的显示。因果关系只是将其并立,而不是将一些性质元素在两者间转移。迈克尔的尸体解剖并不来自物质主义方法论;和他的前辈和同辈相比,他并非更相信或更不相信疯狂的器官决定论。但他把肉体

---

[20] 《疯狂生理原因之新观察——普鲁士皇家学院最近一期大会宣读》(Nouvelles observations sur les causes physiques de la folie, lues à la dernière assem-blée de l'Académie royale de Prusse)(《保健报》〔Gazette salutaire〕,XXXI,1764年8月2日)。

和灵魂摆放在一个邻近和因果相承的关系之中,不再允许品质的回归、移位、连通。

莫干尼和居伦更完整地揭露这项结构。脑体在他们分析中,不再只是因果关系特受着重的应用点;脑体本身变成一个异质和分化的因果空间,发展出解剖和生理结构,并用这种空间游戏决定出疯狂的种种形态。莫干尼使人看到,在躁狂和狂怒的案例里头,大脑经常是特别地硬实稠厚,相反地,小脑则保持其惯有的柔软;甚至在某些特别极端的案例里,它和大脑正好相反,小脑"极端地柔软和松弛"。有时候,差异出现于大脑自身之内;"其中一个部分比平常更加硬实,其他部分却极端地柔弱。"[21]居伦将这些差异系统化,使得大脑不同的部分成为疯狂器官性病变的主要面向。如果大脑是正常的,那么其中不同的领域,便应该有同质的激奋状态:比如这是一种高亢的激奋状态(这是醒觉),不然就是一种比较微小的激奋,甚至是一种崩解状态,这就像是睡眠。然而,如果激奋或崩解在大脑里以不平均的方式分配,如果它们互相混杂,形成一个由睡眠部门和激奋部门所组成的异质网络,那么,在主体睡眠时,便会产生梦,而当他苏醒时,就会造成疯狂发作。因此,当这些不平均的激奋和崩解状态持续地在大脑里维持时,甚至可以说是固化在它的实质之中时,就会出现周期性的疯狂。这就是为什么疯子的大脑被解剖检验时,其中会有一部分硬实、充血,而其他部分则相反,不但柔弱,而且还处于某种程度的完全松弛状态之中。[22]

---

[21] 引用于居伦,《实用医学指引》(*Institutions de médecine pratique*),II. p. 295。
[22] 居伦,同上,II, pp. 292-296。

我们可以看到,在古典时代之中,近因的概念遭到什么样的演变,或毋宁说,就在这项概念内部,因果关系的意义是如何地演变。这个结构重整,使得下一个时代的物质主义、器官主义成为可能,或者无论如何,使得脑定位决定论的努力成为可能;然而,在这一刻,它却不意味任何这一类的计划。它所牵涉的,不但多许多,也少许多。这比物质主义的涌现少得多;但也有更多的意义,因为17世纪以来,组织灵魂和肉体关系的因果论受到消解;它摆脱由性质所形成的封闭循环,处身于更谜样亦更简单的因果贯串的开放视野之中,把脑部空间和心理征象体系放置在不可撤销的承续秩序之内。一方面,打断了所有的意义连通;但,另一方面,肉体不再以其整体受到召唤而形成近因的结构;受到此种召唤的,只是脑部,因为它是**最接近灵魂**的事物。甚至,这只是在它之中某些特别受着重的部门,它们承接近因所形成的整体;然而,近因这个称呼本身也会很快地消失。

* * *

然而,在同一个时期,远因这个概念则遭遇到完全相反的演变。一开始,它的定义只是一个前导项——这是邻近关系。并非没有随意性,这个关系只是集合了一些巧合和一些事实交集,或者是一些病理上的立即转变。当艾特姆勒(Ettmüller)列举痉挛病因时,他提供了一个颇有意义的例子。这些病因如下:肾绞痛、忧郁体质中的酸性体液、出生于月食之时、接近金属矿、幼时的愤怒、秋天的果实、便秘、直肠里的欧楂果核,最后,以更直接的方式[激发疯狂的],则是激情,尤其是爱情。㉓ 渐渐地,远因的世界丰盈起来,它占领了新的领域,在数不清的复多之中开展。不久之后,整个器官领域都被征召,所有的错乱、受抑制或过度的分泌、偏差的机能都成为疯狂的远因之一。委特(Whytt)特别录下了肠内积气(les vents)、淋巴液(phlegmes)、寄生虫、"坏品质的食物、吃得过多或过少……硬癌或其他梗阻。"㉔灵魂所有的事件,只要有点暴烈,或是过度强烈,便能成为疯狂的远因:"灵魂的激情、精神的集中、过度用功、深刻的沉思、愤怒、忧伤、惧怕、长期煎熬的悲伤、受轻视的爱情……"㉕最后,外在世界的变化或过度,以其暴烈或其人工,都能轻易地引发疯狂,比如空气过热、过冷或过度潮湿,㉖或是某些条件下的气候,㉗社交生活、"科学爱好和文学素养比过去更加盛行……奢侈的增长使得主人和家仆的生活过于萎靡",㉘阅读小说,看戏,所有这些刺激想象力的事物。㉙ 简言之,所有事物,或几乎如此,都逃不开远因一直增大的圈环;心灵世界、肉体世界、自然和社会界,构成了病因庞大的储备槽,而18世纪的

㉓ 艾特姆勒(M. Ettmüller),《专科医学实务》(*Pratique de médecine spéciale*),Lyon,1691,p. 437 sq.。

㉔ 委特,《神经病论》(*Traité des Maladies nerveuses*),法译本,Paris,1777,t. I,p. 257。

㉕ 《百科全书》*Encyclopédie*),"躁狂"(Manie)条。

㉖ 参考无名氏,《所谓痉挛病的医学观察》(*Observations de médecine sur la maladie appelée convulsion*),Paris,1732,p. 31。

㉗ 参考替索(Tissot),《神经论》(*Traité des Nerfs*),II,I,pp. 29-30:"柔弱纤细的神经系统的真正祖国,处于纬度45和55度之间。"

㉘ 《保健报》(*Gazette salutaire*)上无名氏文章,XL,1768年10月6日。

㉙ 参考达干(Daquin),《疯狂的哲学》(*Philosophie de la folie*),Paris,1792,pp. 24-25。

作者们似乎喜欢在这里面大量汲取。在这么做的时候,他们并不太注重观察和组织,仅仅遵循理论上的偏好或某些道德上的选择。杜福(Dufour)在他《悟性论》(*Traité de l'entendement*)一书中,搜集了大部分当时认为有效的病因,但并未详加解释:"忧郁症明显的病因,便是一切固置、消耗并错乱血气的事物。比如:突然而来的强大惊惧、由于快乐出神或强大感情而产生的剧烈心灵震颤、针对同一个对象进行长久的深思默想、剧烈的爱情、警醒、所有特别是在夜里进行的强烈心智工作;孤独、恐惧、歇斯底里,一切妨碍血液的生成、修补、流通、其种种分泌和排泄的事物,尤其当受影响的是脾脏、胰腺、网膜、胃、肠系膜、肠、乳房、肝、子宫、与痔疮有关的血管的时候;由季肋痛、难以治疗的急性病,特别是癫狂所产生的结果,所有过度或取消的治疗措施或分泌,因此包括汗水、乳汁、月经、恶露(lochies)、流涎症(ptyalisme)和闭汗疮。缺精(dispermatisme)通常会产生所谓色情性谵妄或色情狂;冷性、土性、黏性、硬性、干性、严苛、收敛性的食物、类似的饮料、生的水果、未发酵的面粉、烧热血液的长期高热的发烧,沼泽区阴暗、腐臭的空气;黑绒毛、干燥、细长、刚强的体质、年轻力壮时期、活泼、敏捷、有深度、用功的心智。"㉚

在18世纪末,远因近乎无定限的扩张已成为明显的事实。这是在监禁措施大改革之时,少数原封不动被传递下来的理论性知识:精神疗养院中的新医疗措施,它的依据其实

㉚ 杜福(J.-Fr. Dufour):《人类悟性运作》(*Essai sur les opérations de l'entendement humain*),Amsterdam,1770,pp. 361-362。

就是疯狂起源中的多重异质因果。布拉克(Black)曾分析伯利恒院1772年至1787年间的精神错乱病人。他提出的病因分析如下:"遗传性体质;酗酒;用功过度;发烧;分娩后遗症;脏腑阻塞;挫伤和骨折;性病;天花;干燥过快的溃疡;挫折、不安、悲伤;爱情;嫉妒;过度崇拜和追随方法论者(méthodistes)集团;骄傲。"㉛数年后,吉劳地(Giraudy)向内政部长提出一部报告,主题为厦伦顿院1804年的情况。他宣称研究了四百七十六个案例,搜集了"确定的资讯",因此可以建立病因:"其中一百五十一个案例起因来自灵魂受到剧烈的震动,比如嫉妒、受挫的爱情、快乐过度、野心、惧怕、恐怖、强烈的悲伤;五十二个案例起源于遗传体质;二十八位因为手淫;三位因为梅毒病原;十二位因为性交过度;三十一名饮酒过度;十二名过度操使心智;二位是肠里有虫;一位为癣疥后遗症;五名因为脱皮性皮疹之影响;二十九位因为乳汁转移(métastase laiteuse);两位因为与世隔绝。"㉜

疯狂的远因名单不断地增长。18世纪把它们一一列举,既无次序,亦无特别着重,像是复多而少有组织的大杂烩。然而,我们不能确定病因的世界真的像是表面上那样地毫无秩序。而且,如果这个复多性无定限地开展,其开展空间无疑不是一个异质和混沌的空间。有一个例子可以让我们掌握其中的组织原则,知道种种病因如何会聚,并且具有秘密的逻辑一致性。

在16世纪,月亮疯(lunatisme)是一个持续出现的主题,

㉛ 布拉克,《论心智失常》(*On Insanity*),引用于 Matthey,p.365。
㉜ 引用于艾斯基洛(Esquirol),前引书,II,p.219。

而且从未遭到反对;到了 17 世纪,它还常常出现,但已逐渐消失;1707 年,勒·佛兰苏瓦(Le François)答辩了一篇论文,题名为:《月亮是否主宰人体?》(Estne aliquod lunæ in corpora humana imperium?);经过一段长时间讨论以后,医学院作出否定的回答。㉝然而在 18 世纪之中,月亮很少被列于疯狂病因之中,甚至连旁因或辅助因的角色都谈不上。然而,就在世纪最末,这个主题又再度出现。这有可能是受到英国医学的影响,因为在该国这个主题从未为人全然遗忘。㉞达干(Daquin)、㉟ 8 接下来的勒黑(Leuret)㊱和吉斯兰(Guislain),㊲ 9 将会承认月亮影响着躁狂的激奋阶段,或至少影响着病人的激动状态。然而重要的不是主题本身的回现,而是足以使它再出现的可能性和条件本身。实际上,它虽然再度出现,却已完全转变,而且被注入了先前所未有的意义。就其传统形式而言,它指的是一种立即的影响——时间上的巧合和空间的交错——其作用模式完全存在星球的力量之中。相反地,在达干手上,月亮的影响力随着一系列的中介开展,而这些中介则围绕着人本身来排序和发展。月亮对大气的影响是如此地强烈,甚至可以推动海洋那样沉重的量体。然而,人

㉝ 在同时期,杜姆兰(Dumoulin)在《风湿和气郁新论》中(*Nouveau traité du rhumatisme et des vapeurs*),第二版,1710,对月亮影响痉挛周期的说法,提出批判,p. 209。

㉞ R. Mead,《日月之影响力》(*A Treatise Concerning the Influence of the Sun and the Moon*),Londres,1748。

㉟ 《疯狂的哲学》(*Philosophie de la folie*),Paris,1792。

㊱ 勒黑(Leuret) & Mitivé,《精神错乱者之脉搏频率》(*De la fréquence de pouls chez les aliénés*),Paris,1832。

㊲ 吉斯兰,《头疾》(*Traité des phrénopathies*),Bruxelles,1835,p. 46。

体元素中,神经系统对大气变化最为敏感,因为只要气温有些微的改变、干湿度有些微的变化,便能对它造成重大的影响。更何况,月亮的运转,如此深刻地干扰着大气,它对神经纤维特别敏感的人,将会具有强烈的作用:"因为疯狂绝对是神经性疾病,因此,疯人的脑子,一定也会无限敏感于大气的影响,而大气的密度又和月亮与地球间的相对位置有关。"㊳

到了 18 世纪末,月亮疯又和一个世纪多以前一样,处于相同的地位:"不可能进行理性的质疑。"然而这时风格已完全不同,它比较不是宇宙力量的表达,而是人体某种特殊敏感性的征象。月之盈亏之所以有能力影响疯狂,那是因为在人的四周汇集着某些元素,而人类即使对它没有意识,仍然在暗中敏感于其影响。在疯狂和其远因之间,又插入了两个元素,一是人体的敏感性(sensibilité),另外则是人体对其敏感的环境。它们接近形成一个整体,一个归属体系,如此,通过新的同质性,这个体系围绕着疯狂组织起远因的全体。

因此,在 18 世纪中,病因的体系遭遇了双重演变:近因不断地互相接近,它们在灵魂和肉体之间建立起线性关系之余,也消除了过去的性质移位循环。同时,远因,至少在表面上,则不断地扩大、增多和离散。不过,在这项扩大之下,事实上却勾勒出一个新的统一体,以及肉体与外在世界关系的新形态。在同一个时期里,肉体同时既成为线性因果体系中,由种种不同部位所形成的整体,也变成了敏感性的秘密的统一体,使得外在世界最多样、最遥远、最异质的影响力可

㊳ 达干,《疯狂的哲学》(*Philosophie de la folie*),Paris,1792,pp. 82,91,并参考:Toaldo,《气象学论文》(*Essai météorologique*),达干译,1784。

以作用于人身上。再者,疯狂的医学体验便依照这个新的划分一分为二:一是因为肉体的混乱和意外所引起的心灵现象;一是于敏感性中所结合的身心整体的现象,受到作用其上的种种环境影响力所决定;一是脑子的局部病变,一是敏感性的普遍扰乱。人们能够,而且应该,同时在下面的领域里寻求疯狂病因:既要研究脑解剖学,又要探讨空气的湿度、季节的回转,或是阅读小说所带来的兴奋。近因的精确度并不反驳远因散漫的一般性。它们两者只是同一个运动的两极,而这唯一的运动,便是激情(passion)。

* * *

激情属于远因之列,而且和其他因素处于同一平面。

但,事实上,在深度层次上,激情还扮演了另一个角色;而且,如果它在疯狂体验里属于因果循环,它还另外在其中发动了第二个循环,而且无疑更接近本质性事物。

索洼吉概述了激情的基本地位,并且将它描述为一个更持久、更顽强的病因,好像它之所以带来疯狂,乃是实至名归:"我们精神的迷失只是因为我们盲目地追随着欲望,因为我们不知克制或缓和欲望。如此,便有了这些爱的狂乱、反感、败坏的嗜好、由忧伤引起的忧郁症,因为受拒绝而引起的行为,吃、喝中的过度、不适,身体的败坏。它们产生了疯狂,而这是最坏的疾病。"[39]但这只是从道德来作考虑,才把激情摆在第一位;这是用一种含混的方式在追究它的责任;但在这个揭发背后,实际上要说的是,因为激情有其可能,所以才

---

[39] 索洼吉,《方法性疾病分类学》(*Nosologie méthodique*), t. VII, p. 12。

会有疯狂,这样一种非常彻底的归属关系。

早在笛卡儿之前,而且甚至在其哲学和生理学的影响力消失以后,还有一段很长的时间,激情一直是肉体和灵魂之间的接触面;它是前者的被动性和后者的主动性的相合点,同时也是双方向对方设立的界线,以及它们相互连通的场域。

在体液(humeurs)[10]医学中,它尤其是被构想为一种相互因果关系中的统一体。"激情必定引起体液的某些活动;发怒扰动胆汁,忧伤则扰动忧郁液。而且,有时体液的活动是如此地强烈,使整个身体的协调都受扰乱,甚至会导致死亡。除此以外,激情增加体液的量;愤怒增多胆汁,忧伤则增多忧郁液。[反过来,]惯于受某些激情所扰动的体液,也使得有很多这类体液的人,容易产生这类激情,并使得他们去想那些平常会唤起这类激情的对象;胆汁使人易怒,并使人倾向去想那些可恨的人事。忧郁液使人倾向忧伤,去想不愉快的事物;调和的血液则令人倾向快乐。"[40]

血气(esprits)医学提出血气活动的机械性传导,并以此严格理论加以取代前述空泛的"体质"决定论。如果激情只是在具有形体的生命之中才有可能,而且这个形体又不是其精神之光所能完全理解的,也不是对其意志立即地透明,那是因为精神的运动既在我们的体内,却又不受我们管制,甚至大部分的时候违反我们的意志,它依循的是一个机械性的结构,那便是血气的流动。"在见到激情的对象之前,血气遍

---

[40] 拜尔(Bayle) & Grangeon,《土鲁斯议会通过,某些自称附魔者之状况叙述》(*Relation de l'état de quelques personnes prétendues possédées faite d'autorité au Parlement de Toulouse*),Toulouse,1682,pp. 26-27。

布全身,以便普遍地保卫各个部位;但是,由于新对象出现了,这整个协调便遭到扰动。这时大部分的血气被推送到手臂、腿部、脸孔和身体所有外在部位的肌肉里,如此身体才能具有配合主要激情的基本状态,也才能获得必要的态度和运动,以便趋吉避凶。"㊶因此,激情调动血气,而血气也调动激情。这也就是说,血气的流动、分散和集中,其空间形态,主要是根据对象在脑中留下的痕迹和它在心灵之中形成的影像,于是便在身体空间中形成了一种激情的几何形象。这个形象虽然只是把激情作有表达力的转移,但它也构成了最主要的因果基础。理由在于,既然血气已汇集于对象四周,或至少说已汇集于其形象四周,这时精神反过来也不能阻止其注意力不向此处集中,它便因此而受到激情主宰。

如果再往前推进一步,整个体系将会紧缩于一个单元,使得肉体和灵魂可以在其中立即汇通于其共同性质的象征价值之中。这便是固体和流体(solides et fluides)的医学中所发生之事。这个理论在18世纪主宰着实务界。紧张和松弛、坚硬和柔软、僵硬和缓和、肿胀或干燥,这许多质性状态,既属于灵魂,又属于肉体,而且最终又指涉着一种无区别和混合的激情状况。理念的串联、感情的过程、纤维的状态、流体的循环,因为这样的激情状况而有了共同的形式。这时,因果关系这个主题显得过于铺陈,其所聚合的元素也过于分散,使得它的图式(schémas)变得难以应用。"强烈的激情,比如愤怒、喜悦、贪婪"究竟是"神经纤维过度强力、过度紧

㊶ 马勒布兰许(Malebranche),《真理之探求》(*Recherche de la vérité*) liv. V, chap. III, éd. Lewis, t. II, p. 89。

张和过度具有弹性,以及神经流体过度活动"的原因,还是后果呢?相反地,"萎靡之情,比如惧怕、精神低弱、无聊、食欲不振、伴同思乡病的冷漠、怪异的胃口、愚昧、记忆力缺乏"是不是同样能前导或尾随着"大脑柔质和分布器官之中的神经纤维的虚弱状态,流体的贫乏和停顿"㊷呢?事实上,不应该再去尝试把激情定位于因果承续的过程之中,或是肉体和灵魂的中间;在一个更深沉的水平上,激情指出灵魂和肉体处于一种持久的隐喻关系之中,其中,性质不需要被人汇通,因为它们早就是共同的;而且,在其中,表达面上的事实也不需要作为原因,理由十分简单,因为灵魂和肉体一直都是彼此的立即表达。激情不再精确地处于灵魂和肉体所形成的整体的几何中心;它的位置,稍微在两者之下,那是两者尚未产生对立的地方,而且也就是在这个领域中,同时建立了两者的统一和区分。

不过,站在这个层次中,激情不再只是疯狂原因之一,即使说它是最受着重的原因也不够;这时比较好的说法是,它形成了疯狂的一般性可能条件。如果说,在灵魂和肉体的关系中,真的存有这样的一个领域,其中因和果、决定机制和表现是如此地紧密交缠,以至于它们实际上只形成同一个运动,而且只有在后来才会分离;如果说,在肉体的狂暴和灵魂的活跃之前,在纤维的软弱和精神的松懈之前,真的存有一种尚未划分的先存品质,而且是它才在后来使得器官性和精神性事物具有相同的价值,那么,我们便能了解,为何会存有一种像是疯狂那样的疾病,在一开始就**同时**是灵魂和肉体的

㊷ 索洼吉,《方法性疾病分类学》(*Nosologie méthodique*),t. VII, p. 291。

疾病,为何这样的疾病,在其中,脑子的损害和灵魂的损害,具有共同的品质、共同的起源和共同的属性。

因为有激情的事实,疯狂便成为可能。

的确,早在古典时代之前,后来又有许多世纪——而我们一定还未脱离它们——激情和疯狂一直被保持在一种亲近关系之中。不过我们得保留古典主义的原创性。希腊—拉丁传统的道德家们,认为疯狂作为激情的惩罚乃是公正之事;而且,为了更进一步地肯定这一点,他们还喜欢把激情当作是一个暂时及和缓的疯狂。然而,关于激情和疯狂之间的关系,古典思考却知道作出不同的定义:那不是虔诚的愿望,不是教学上的威胁,也不是道德上的综合;它甚至和传统决裂,因为它把因果贯串中各项位置加以颠倒;它把疯狂的奇思幻想建立于激情的属性之上;它知道,**激情决定论**只是**为疯狂提供自由**,以便使它可以进入理性世界之中;它也知道,如果肉体和灵魂的结合并未受到质疑,它却在激情中显示出人的有限性,它同时也在这同一个人的身上启开了无限的运动,并使人迷失其中。

这是因为疯狂并不单纯是灵肉合一所提供的可能性之一,它也不是激情纯粹和简单的后果。它以灵魂和肉体的结合为基础,但又回头反对这个结合,使其遭到质疑。是激情才使疯狂成为可能,但疯狂又以一个它特有的运动,威胁着那使得激情本身成为可能的事物。疯狂属于一种特殊的结合形式,在其中律则遭到危害、歪曲、转向——它宣示说这个结合是明显和既存之物,但也宣示出它的脆弱和注定丧亡。

会有那么一刻,激情继续其进程,而律则像是自动悬置,此时运动突然停止,却既无冲撞,亦无任何活力的吸收,或者,运动在增殖中传布,只有在达到顶峰时才会停止。委特认为,强烈的感情会引发疯狂,就像冲撞会引起运动。其中唯一的理由便是,感情同时既是灵魂的震撼,亦是神经纤维的震动;"这是为何忧伤或感动人心的故事或叙述、意料之外的可怕景观、重大的悲伤、愤怒、恐怖以及其他产生重大印象的激情,经常会造成最突然和最强烈的神经症状。"[43]但是——真正疯狂由这里开始——有时候这个运动会很快地因为它自身的过度而自我终结,这时便引发突然的静止,甚至会带来死亡。仿佛在疯狂之机制中,休息并不一定是毫无运动,它可能是一个和自身突然断裂的运动,因为它自身的暴力所产生的效应,突然进入矛盾之中,无法继续。"我们曾看到一些例子,因为激情非常地强烈,在人身上产生了某种强直性痉挛(tétanos)或强直性昏厥(catalepsie),使得他变得比较像是一座雕像而不像活人。甚至有不止一次的例子,过度的恐惧、伤心、喜悦、耻辱都曾引发暴毙。"[44]

相反地,有时运动由灵魂传至肉体,再由肉体传回到灵魂,无限地在某种忧虑的空间之中传布。这个空间显然比较接近马勒伯朗士(Malebranche)所规定的灵魂处所,而非笛卡儿所规定的肉体空间。难以察觉的激动,通常是由外界温和的冲撞所引起,但它们堆积起来便会增大效应,最后爆发为强烈的痉挛。蓝锡其(Lancisi)便解释过说,罗马贵族们之

---

[43] 委特(Whytt),《神经病》(*Traité des maladies nerveuses*),II, pp. 288-289。

[44] 同上,p. 291。过度的运动会导致不动和死亡,这是古典医学中十分常见的主题。参考《艾斯古拉普庙》(*Le Temple d'Esculape*)里的几个例子,1681, t. III, pp. 79-85;Pechlin,《医学观察》(*Observations médicales*), liv. III, obs. 23。财政大臣培根(Bacon)在看到月食时昏厥过去的例子,乃是医学界的老生常谈。

所以常有气郁症(vapeurs)——歇斯底里地晕倒、疑病症发作——原因在于,在他们所过的宫廷生活中,"他们的精神,持续地在恐惧和期望之间激动着,未得片刻休息。"㊺对许多医生来说,都市生活、宫廷生活、沙龙生活(la vie des salons)中的许多刺激,不断地相加相乘和延伸,从未和缓,便会导致疯狂。㊻但是形象只要有点浓密,或是形成其器官版本的事件只要有某些力量,那么它在增衍之时,便可能导致谵妄,仿佛运动在相互连通之时,不会失去力量,反而有可能把其他力量带入其渠道之中,并从这些新的协同关系中取得补助性的活力。索洼吉便是以此种方式解释谵妄的生成:某种惧怕的印象和某种脊髓纤维的梗塞或压缩有关;这个惧怕限定在特定对象之上,正如这项梗塞也有严格的部位。随着惧怕的持续,灵魂便给它更多的注意力,把它孤立起来,使它更加离开一切不是它的东西。但是,这项孤立使它加强,而灵魂因为曾经给它过于特殊的地位,又逐渐把它附着于一个多少疏远的理念系列:"它在这个简单的意念之上,又加上所有可以培养和增长的理念。例如,一个人梦见受人控告有罪,马上又会将它联结到打手、法官、刽子手、绞刑台这些意念上。"㊼如此,这个意念被贯注了所有这些新的因素,拖动着它们,这时它便像获得更大的力量,使得最协同的意志也无法抵抗它。

㊺ 蓝锡其,《罗马人的品质》(*De nativis Romani cœli qualitatibus*), cap. XVII。

㊻ 可参考替索(Tissot),《上流人士健康之观察》(*Observations sur la santé des gens du monde*), Lausanne, 1760, pp. 30-31。

㊼ 索洼吉,《方法性疾病分类学》(*Nosologie méthodique*), t. VII, pp. 21-22。

疯狂首要的可能性，存于激情的事实之中，也存于一个双重的因果开展之中：由激情出发，同时射向肉体和灵魂。这样的疯狂，它同时又是被中断的热情、因果关系的断裂、统一体元素的解放。疯狂同时参与了激情的必要性，也参与由这同一激情所发动的混乱，而这个混乱一旦发动了，便会走得比激情更远，直到质疑它所假设的一切。它最后成为神经和肌肉的运动，而这运动是如此地强烈，以致在形象、意念或意志流程中，似乎没有任何事物可以和其符应。这里可以躁狂为例：它会突然地增强，直到痉挛为止；它也会不可逆转地退化为持续的狂怒。⑱ 相反地，它也可能在肉体的休息或静止之中，使得灵魂产生激动，并加以维持，使它既不中断亦不平息。这就是忧郁症里会发生的状况：外界对象对病人的精神所产生的印象，和健康人有所不同；"其印象薄弱，而且他对它们很少加以注意；他的精神几乎完全集中于活跃的意念之上。"⑲

事实上，肉体的外在运动和意念流程之间的分离，精确地说，并不意味着灵肉间的结合已遭解体，亦非意指两者在疯狂之中各自分立。当然，这不再是严谨和整体的结合；然而，其上裂痕并未取消此一结合，只是把它划分为一些偶然而成的部分。因为，当忧郁症患者固着在一个妄想性的意念上时，这里不只有他的心灵在作用，而是心灵协同脑子、神

---

⑱ 杜福（《悟性论》〔*Essai sur l'entendement*〕, pp. 366-367）和《百科全书》意见一致，认为狂怒只是某种程度的躁狂。

⑲ De La Rive,《一座精神错乱者的治疗机构》(Sur un établissement pour la guérison des aliénés）, *Bibliothèque Britannique*, VIII, p. 304。

经、神经的起源和纤维:这是肉体和灵魂结合体中的一大部位,它如此地由整体之中分离而出,尤其是和操作现实感知的器官相分离。痉挛和激动中的情况也相同;在其中,灵魂并未被排除于肉体之外;但灵魂是如此快地被肉体带动,灵魂因此不能保留其中所有的意识内容,它跟记忆、意志、最稳定的理念分开了。灵魂这时像是隔离于自身及所有在肉体中仍然保持稳定的事物,受到最具活性的纤维所驱使;此时,它的行为一点也不能配合现实、真相或智慧;纤维的震动可以美妙地模仿感知,病人却无法做出区别:"动脉快速而杂乱的搏动,或是其他任何的错乱,把(和感知中)同样的运动印压在纤维之上;这时它会把不存在的对象呈现为存在,把空幻者呈现为真实。"㊿

在疯狂之中,肉体和灵魂的整体被分裂为片段,但这不是碎裂成它的形上构成元素;而是形成种种形象,把肉体中的一些部门和心灵中的一些意念,包裹在一个虚缈的统一体之中。这些片段不但把人和他自己隔离,更把人和现实隔离;这些片段在分离而出的时候,形成了幻念的虚假单元,并且依借着它这项自主性,把幻念强加于真相之上。"疯狂只是想象力的错乱。"㉛用另一套词语来说,疯狂一开始由激情出发,那时它还只是灵肉合理统一体中的活跃运动;这是**不可理喻**(déraisonnable)的层次;但这个运动很快就脱离机械性的理性,以其暴戾、木僵,以其无理智的传布,成为**不合理**(irrationnel)的运动;也就是在这个时候,**非真实**(irréel)才能

㊿ 《百科全书》,"躁狂"条。

㉛ 《灵魂物质论》(*L'Ame materiélle*),p. 169。

脱离真相的重力和束缚,散发出来。

这里也就标示出我们现在应该浏览的第三循环。这是虚妄、幻想和错误的圈环。继激情而来的,乃是非存有（non-être）。

* * *

让我们听听这些怪诞的片段在说些什么。

形象（image）[11]并不就是疯狂。即使精神错乱的确是在幻想的任意性之中找到了第一个出口,以便通达其空幻的自由,疯狂的真正开端还要再遥远一点,也就是说,当精神和这个任意性结合起来,并且变成这个表面自由的俘虏时,疯狂才会开始。人在梦醒的那一刻,可以明白地说:"我想像我死了。"如此,我们揭发及衡量了想象的任意性,我们一点也不疯。只有当主体肯定其死亡,并且把"我死了"这个形象中,本来还只是中性的内容当作是真相看待,才会有疯狂。就好像真相的意识并不是被形象单纯的存在所战胜,而是屈服于限制、对峙、联结或分离形象的动作,同样地,只有在认定形象具有真实价值的动作中,才会开始有疯狂。想象具有一种原初的无辜:"想象力本身不会犯错,因为它既不否定,亦不肯定,它只是在观照着幻想（Imaginatio ipsa non errat quia neque negat neque affirmat, sed fixatur tantum in simplici contemplatione phantasmatis）。"[52]只有心智才能使形象或者变成被误认的真相——这是错误;或者变成被认出的错误——这

---

[52] 柴齐亚斯,《法医学问题》（*Quæstiones medico-legales*）, Liv. II, t. I,第四问题, p. 119。

是真相:"一个醉汉会把一根蜡烛看成两根;患有斜视但心智成熟者,很快就会承认错误,并且使自己习惯于只看到一根蜡烛。"㊳疯狂因此是超越形象的,但它却又深深陷入形象之中;因为疯狂只在于自发地把形象当作完全和绝对的真相;一个有理性的人,不管他在判断一个形象的真伪时是否有理,他的作为仍然超越了形象,因为他用非形象的事物来衡量形象,他便溢出了形象的范围;疯人的作为从未跨越面前的形象;它被形象立即的活跃性所占据,而它之所以会用肯定来支持它,也只是因为它完全被形象所包裹:"有很多人——如果不说是全部的人——只是因为心迷于单一的对象,才会陷入疯狂。"㊴疯狂处于形象的内部,为形象所占据,无法摆脱它,然而,疯狂比形象更多,它所形成的作为乃是一个秘密的建构。

这是什么样的作为呢?这是一个信仰、肯定和否定的作为——这是一个支持形象的论述,但它同时也在锻炼它、挖掘它、把它延伸到推理之中,把它组织在语言的一个区段周围。想象自己有一个玻璃身体的人,并不是疯子;因为任何睡眠中的人在梦中都可能有这个形象;但如果他相信他的身体是玻璃做的,而且还结论说自己是脆弱的,有被打破的危险,因而不应该触及任何抗力过强的物品,甚至他还应该保持不动等等,这样的人便是疯子。㊵ 这是疯人的推理;但我们还得注意到,就其本身而言,这些推理既非荒谬亦非不合

㊳ 索洼吉,《疾病分类学》(*Nosologie*), t. VII, p. 15。
㊴ 同上, p. 20。
㊵ 参考达干(Daquin),《疯狂的哲学》(*Philosophie de la Folie*), p. 30。

逻辑。相反地,逻辑上最具拘束力的格式在其中被应用无误。柴齐亚斯曾经毫不费力地在精神错乱者身上,看到这些格式的严格使用。有一个让自己饿死的人,运作着三段论:“死人不吃东西;然而,我死了;所以我不应该吃东西。”一个被迫害狂,无限地延伸着归纳法:“某人、某人和某人是我的敌人;然而,他们全都是人;因此,所有的人都是我的敌人。”另一个人用的是省略三段论(enthymème):“住过这栋房子的人大部分死了,而我,我曾住过这栋房子,我死了。”[56]这是疯人美妙的逻辑,它似乎在嘲弄着逻辑学家的逻辑,因为它们之间相似到可以以假乱真,或者更好的说法是,两者其实一模一样,而且就在疯狂最秘密之处,在那么多的错误、荒谬、无后果的话语和动作的基础上,我们最终可以发现一个完美而深埋的论述。柴齐亚斯下结论说:“在它们之中,涌现出最佳的论述方式(Ex quibus vides quidem intellectum optime discurrere)。”疯狂的终极语言,便是理性的语言。但这个语言被包裹在形象的幻象之中,被限制在形象所定义的表象的空间之内。在形象的全体性和论述的普遍性之外,这两者结合在一起,形成了一个独特和滥用的结构,而其顽强的特性便造成了疯狂。老实说,疯狂并非完全存于形象之中,因为形象自身无真假可言,亦无理性或疯狂之分,疯狂也不存在于推理之中,因为推理是一个简单的形式,只能显露逻辑不容置疑的格式。然而,疯狂同时存于两者之中。它存在于两者的一种特殊关系之中。

---

[56] 柴齐亚斯,《法医学问题》(*Quæstiones medico-legales*),Liv. II, titre I,第四问题,p. 120。

让我们举一个借自狄默布罗克的例子。有一个人陷入深沉的忧郁之中。就像所有的忧郁症患者,他的精神专注于一项固着的意念,而他一想到这个念头,便会感到忧伤。他控诉自己杀了儿子;由于他内疚过度,他宣称上帝为了惩罚他,在他身边安排了一位魔鬼来引诱他,就像魔鬼曾经引诱基督一般。他看得到这个魔鬼,他和它交谈,也听得到它的谴责,还向它反驳。他不懂为何身旁所有的人都拒绝承认它的存在。疯狂便是如此:内疚、信仰、幻觉、论述;简言之,就是构成谵妄的信念和形象集合。然而,狄默布罗克寻求知道这个疯狂的"原因",它如何能够产生。以下便是他所知道的:这个人带儿子去河里游水,儿子却淹死了。打从那时开始,这位做父亲的便认为自己要对他的死亡负责。因此,我们可以由下述的方式来重构他的发疯过程。他自认有罪,并且告诉自己说,杀人是天上的上帝所厌恶的;就便是为何他想象自己受到永久的谴责;而且,他知道最大的刑罚就是被交给魔鬼处置,他便和自己说"有一个可怕的魔鬼在他身旁"。他还看不到这个魔鬼,但是由于"他牢守着这个念头不放",而且他"认为这个念头非常地真实,他便强加给脑子某种魔鬼的形象;由于脑和血气的活动,心灵觉得这个形象十分地明显,于是他便认为自己不断地看到魔鬼本人"。(57)

狄默布罗克所分析的疯狂因此有两个层次;其中之一人人可见:在错误地自责杀害儿子的人身上那没有基础的忧

(57) 狄默布罗克,《头疾实务对话》(*Disputationes practicæ ,de morbis capitis*),收入《解剖及医学作品大全》(*Opera omnia anatomica et medica*),Utrecht,1685,*Historia*,III,pp. 4-5。

伤;为自己呈现魔鬼的变质想象力;和幽灵谈话的错乱理性。但在更深沉的一个层次,我们可以发现一个严谨的组织,而且它没有缺陷地遵循着一项论述骨架。这个论述的逻辑役使最坚实的信仰,还以连贯的判断和推理在前进;它是一种处在活动状态中的理性。简言之,在混乱的外显谵妄之下,存有一个秘密的谵妄秩序。就某种意义而言,这第二层次的谵妄乃是纯粹的理性,完全脱去狂乱的华丽外衣的理性,在那里,疯狂的吊诡真相乃得以沉思默想。而且这里所谓的真相还有双重意义:因为我们同时可以在其中发现,使得疯狂成为真实的事物(不容否定的逻辑、组织完美的论述、在虚拟语言的透明中的无缺点串联),和使得这疯狂是真正的疯狂的东西(它特有的属性、在它所有的表现中严格的特有风格、谵妄的内在结构)。

然而,就更深入的层次而言,这个谵妄语言(langage délirant)乃是疯狂的最后真相,因为它是组织疯狂的形式,也是它在灵肉双方面所有显现的决定原则。原因在于,如果狄默布罗克的忧郁症患者和魔鬼交谈,那是因为这个形象被血气的运动深深地印压在脑部永远柔软的物质之中。但反过来,这个器官中的模样,也只是一项忧虑的反面罢了,这便是一直困扰着病人精神的忧虑;它代表着一个不断重复的论述在肉体上的积淀:神会为杀人者所保留的惩罚。肉体和含于其中的痕迹,灵魂和其所觉察的形象,在此也只是一个谵妄语言的构句法所使用的媒介罢了。

而且因为担心人们会谴责我们把这整个分析都建立在单一作者的单一观察之上(而且是特别有利的观察,因为这里谈的是忧郁症者的谵妄),我们将在另一个时代的另一位作者,有关一个非常不同的疾病的谈论中,去寻求肯定谵妄论述在疯狂古典的概念里的基本角色。这是比安维尔(Bienville)所观察的"女子淫狂"(nymphomanie)案例。少女朱莉(Julie)的想象力为早熟的阅读所扇热。"她明了爱神维纳斯的秘密,……母亲眼中的贞洁女佣安涅斯(Agnès)",实际上却是"深受少女喜爱的肉体享乐的女管家"。她对少女所说的话也供养着她的想象。然而,为了反抗这些她新认识的乐趣,朱莉使用她在教育过程中得到的所有印象来进行斗争。针对小说中的诱惑者语言,她以在宗教和德育中所得的教训来反抗。而且,不论她想象力如何活跃,只要她有"力量对自己作出以下的推理:遵从一项如此可耻的激情,既不蒙允许,亦非诚实",她就不会害病。[58] 然而有罪的论述、危险的阅读持续增衍。在每一刻中,它们都使得转弱中的纤维,更强烈地激动。于是,她所借以抵抗至今的基本语言逐渐地消失了:"至今,只有自然在**说话**;但不久之后,幻象、幻想和奇思也开始扮演它们的角色;她终于有了这个不幸的力量,可以在自身之中赞成这项可怕的格言:没有任何事情比遵从情欲更加美妙甜蜜。"这个基本的论述打开了疯狂之门:想象力得到释放,欲望不断地增加,纤维达到最高度的激奋。外表像是简洁道德原则的谵妄,直接导致痉挛,甚至能置生命于死地。

这个最终的循环,始于自由幻想,现在则以严谨的谵妄语言结束。在走到它的尽端之时,我们可以作出如下的结论:

---

[58] 比安维尔(Bienville),《论女性求偶狂》(*De la nymphomanie*), Amsterdam, 1771, pp. 140-153。

第一，古典疯狂之中，存有两种谵妄形式。一个形式是特殊的、症状性的、特别属于某些精神疾病的，尤其是忧郁症特有的谵妄形式；就此意义而言，我们可以说有些疾病伴有谵妄，有一些疾病则无。无论如何，这种谵妄始终都是外显的，它是疯狂征象中的一员；它内在于它的真相，而且只构成其中的一个段落。但有另一种不一定会显现的妄想，而且也不会在疾病过程中由病人亲口说出，然而，在那些探究病源以求说明其谜题和真相的人们眼中，它却不能不存在。

第二，这个内含的妄想存于所有精神变态之中，甚至会存在于最无法预料的地方。外表虽然只牵涉到寂静的动作、无言的暴力、行为中的怪异，对古典的思想来说，这里面却一定还有一个妄想持续地隐藏其下，把这些特殊的征象一一联结到疯狂的一般本质。詹姆斯(James)的《[医学大]辞典》(*Dictionnaire*)明白地把下述之人视为谵妄者："在一些有意的行动之中，以违反理性和善意的方式，因为缺陷或过度而犯罪的病人们；比如用手作出拔羊毛团或类似抓苍蝇的动作；或者病人违反习惯行动，却又毫无理由；或是他比平常说得更多或更少；在健康时话说得端庄而有分寸，现在却说起猥亵的话，说话没头没脑、呼吸比正常更轻或在旁人面前裸露。下列之人也被我们视为处于谵妄状态：因为感觉器官扰乱而造成的精神损害，或者异常地使用这些器官，比如某位病人做不出某些由意志指导的动作或是作为不合时宜。"⑲

第三，在这样的理解中，论述(discours)包含了疯狂的所

---

⑲ 詹姆斯，《医学大辞典》(*Dictionnaire universel de médecine*)，法译本，Paris, 1746—1748, III, p. 977。

有外延领域。古典意义下的疯狂,其真正所指并非精神或肉体中的特定变化;它所指的,比较是存于肉体变化之下,存于怪异话语和行为之下的**一项谵妄论述**(discours délirant)。我们对古典疯狂所能作出最普遍和最简单的定义,便是谵妄:"这个字是源于 lira,意为犁沟;因此,deliro 的本意为脱离犁沟,也就是说脱离理性之正道。"[60]于是我们不必惊讶为何 18 世纪的疾病分类表常把晕眩列入疯狂之中,却很少将歇斯底里性的痉挛列入;其原因在于,通常不可能在后者背后重塑一个统一的论述,相对地,在晕眩之中,倒是隐然显现出一个妄然的肯定:世界真的正在打转。[61]对于被称为疯狂的疾病,谵妄因此是它的必要条件和充足条件。

第四,语言便是疯狂最初和最终的结构。语言是疯狂的构成性形式;疯狂在上述的循环之中说出了它的本性,然而这所有的循环都建立在语言之上。虽然疯狂的本质最终能以论述的简单结构加以定义,但这一点不但不使疯狂被归结为纯心理事实,却反而让它可以掌握身心的整体;这个论述同时既是精神在其特有真相之中和其本身所说的沉默语言,亦是肉体运动中可见的分合组构。我们曾经见过的,在疯狂中所显现的身心立即汇通形式,如平行论和互补说,现在都悬挂在这个单一的语言和它的力量之上。不断进行一直到

---

[60] 詹姆斯,《医学大辞典》(*Dictionnaire universel de médecine*),法译本,Paris,1746—1748,III,p. 977。

[61] 索洼吉仍认为歇斯底里并不是心智失常,但却是一种"以一些内在或外在的、一般或特殊的痉挛发作为特征的疾病";相反地,他在心智错乱中列入耳鸣、错觉和晕眩。

自我破坏和自我反对的激情运动、形象和涌现，以及作为它的并起显现的肉体激奋——所有这些，甚至在我们尝试重溯其过程之时，早已秘密地为这个语言所推动。如果说，激情决定论在形象的幻想之中受到超越和解决，如果说，回过头来，形象带动了整个信仰和欲望的世界，那也是因为谵妄的语言早已在场——这个论述使得激情由其所有的限制之中解放出来，而把其肯定中的全部强制性压力加附到被解放的形象之上。

这同时是肉体和心灵中的谵妄，也同时是语言和形象中的谵妄，它也同时存于文法和心理学的领域之中。疯狂所有的循环在其中开启和完成。由一开始起，它严格的意义便在组织它们。它同时既是疯狂本身，又超出它的所有个别现象，这是构成疯狂真相的沉默超越。

*　　*　　*

最后还有一个问题：这个基本语言要以什么样的名义才能被当作谵妄呢？当我们承认它是**疯狂的真相**时，为何它是**真的疯狂**和无理智的原初的形式呢？我们已经看到，这个论述，就其形式而言，如此地忠实于理性规则，为什么所有这些以最明确的方式揭露理性之缺席的征象，却又正是出现在它之中呢？

这是一个核心问题，但古典时代却未对它作出直接的回答。我们必须由侧面来挖掘它，我们要质问的，乃是和疯狂此一本质性语言紧邻的体验；也就是说，梦和错误。

疯狂的特性非常接近梦，这是古典时代的恒常主题之一。这个主题无疑是由一个非常古老的传统中继承而来，而杜·劳伦(Du Laurens)[12]在16世纪末还见证着这项传统;对他来说,忧郁症和梦具有同样的渊源,而且相对于真相而言,也拥有同样的价值。存有一种"自然的梦",在这些梦中所呈现的,乃是清醒时经由感官或悟性接收的事物,但因为主体独特的气质而有所更改。同样地,存有一种忧郁,它的起源只在于病人的体质,所以只是生理的,但病人的精神也因为它,改变了真实事件的重要性和价值,就像是在变化它的色彩一般。但是还有另一种忧郁,它可以预测未来,说出未知的语言,看到平常见不到的存有;这种忧郁的起源在于超自然力量的干涉,这样的超自然力量也使得睡者能在梦中预卜未来,宣布事件和看见"奇特的事物"。[62]

但事实上,疯狂和梦具有相似性的此一传统,17世纪如果保留了它,却是为了将它更进一步地破除,以便使更新颖、更基要的关系出现。在这些新关系之中,疯狂和梦不只具有共同的遥远渊源,或具有相同的内在意义的征象,而是就其现象、发展甚至就其本性进行对照。

于是,疯狂和梦便显得像是具有相同的实质。它们的机制相同;柴齐亚斯能够在睡眠之进行当中,找出使梦发生的运动,但在清醒时分,同一个运动也能激起疯狂。

在初入睡时,体内向上升至头部的蒸气(vapeurs)是多重的、杂乱的和厚重的。它们如此模糊,以致无法在脑中唤醒任何形象;它们只是以其杂乱的旋涡激动着神经和肌肉。

---

[62] 杜·劳伦,《论视力保持、忧郁病症、重伤风、老人病》(*Discours de la conservation de la vue, des maladies mélancoliques, des catarrhes, de la vieillesse*),Paris,1597,见《作品集》(*Œuvres*),Rouen,1660,p. 29。

狂怒和躁狂症患者的情况,亦无不同:他们很少有幻想,没有错误的信仰,几乎没有幻觉,但却有无法克制的强烈激动。让我们回头来谈睡眠的演进:在最初的杂乱的阶段后,升至大脑的蒸气变得澄清,其运动也有了组织起来;这时便产生梦中的幻境;人们会看到奇迹和千百样不可思议的事情。这个阶段和心神丧失相对应,因为在这样的病态中,人们相信着许多"实际上一点也不存在"(quæ in veritate non sunt)的事物。最后,蒸气完全停止动荡,平静了下来;睡者开始把事情看得更清楚;清澈下来的蒸气是透明的,前一天的回忆便重现了,而且符合现实;形象几乎只有在一两点上有所变化——这就像忧郁症患者,他们认得出所有的事物,"很少出错(in paucis qui non solum aberrantes)。"⑬在睡眠的渐进发展——伴随着它在每个阶段对想象力品质的影响——和疯狂的形态之间,持续显示类同,因为它们有共同的机制:同样的蒸气和血气运动、形象解放、现象的生理品质和心理价值或感情的高低间的对应关系。"疯人和睡眠者之间没有不同(Non aliter evenire insanientibus quam dormientibus)。"⑭

柴齐亚斯这项分析,重要之处在于,他不是用梦的正面现象来和疯狂比较,而毋宁是用睡眠和梦所形成的整体来作比较;这个整体除了形象以外,还包括幻想、回忆或预言、睡眠中的大空虚、感官的暗夜、所有使人失去清醒及其明显真相的否定性。传统把疯人的谵妄相比于梦中形象的活跃性,相对地,古典时代只把谵妄类同于形象和精神解放之夜所形

---

⑬ 柴齐亚斯,《法医学问题》,Liv. I, titre II,第四问题,p. 118。
⑭ 同上。

成的不可分离的整体。构成疯狂的,也是这个整体,不过此时它被完整地移位到醒时的清明之中。因此,对于古典时代持久不懈的一些疯狂定义,我们便得以此种方式加以理解。作为形象和睡眠复杂组合的梦,一直在这样的定义中出现。它要不就是以一种负面的方式出现——用来区分疯人和睡者的只有清醒的概念;㉕要不就是以一种正面的方式出现,这时谵妄被直接定义为梦的模式之一,其特殊处只在于清醒:"谵妄便是清醒者之梦。"㉖上古时期认为梦是一种过渡性的疯狂,现在这个古老的想法被倒转了过来;不再是梦向精神错乱借用它那令人不安的力量——并借此显示出理性如何地脆弱或有限;现在是疯狂在梦中取得它的第一本性,并且通过这项亲属关系,揭露出它是真实之夜中的形象解放。

梦欺骗人;它导致混淆;它是虚幻的。然而它并不犯错。也就是因为这一点,疯狂不只是一种清醒的梦,因为错误,它超溢出梦的范围。如果说,在梦中,想象炼造了"不可思议和奇迹"(impossibilia et miracula),或者它用"不合理的方式"(irrationali modo)组合真实的形象;但柴齐亚斯说:"在它之中因为没有任何错误,所以没有心智失常(nullus in his error

---

㉕ 例如,参考杜福(Dufour)的说法:"我把以下这一类疾病称作理解上的错误:**在清醒时刻**,对所有人都会有同样想法的事物,却作出错误的判断。"(《悟性论》〔*Essai*〕,p. 355);或者居伦(Cullen):"我认为妄想症可以如此定义:一位清醒的人,却对生活中最常见的事物作出错误和欺人的判断。"(《指引》〔*Institutions*〕,II,p. 286,强调处为笔者所加)

㉖ Pitcairn,为索洼吉所引用(前引书),VII,p. 33 和 p. 301,参考康德(Kant),《人类学》(*Anthropologie*)。

est ac nulla consequenter insania）。"⑰只有在那些如此接近梦的形象之上,又再加上构成错误的肯定或否定之时,才有疯狂。《百科全书》对疯狂所下的著名定义,便是这样的意义:脱离理性,"却又自信满满地认为自己是在遵循理性,对我来说,这似乎就是人们所谓的**疯子**。"⑱错误,和梦一样,也是疯狂古典定义中另一个一直存在的元素。在17和18世纪,疯子并不怎么是幻象、幻觉或其某一种精神运动的受害者。他不是**受愚弄**,而是**出错**。如果一方面,疯子的精神的确是被形象梦幻般的任意性牵着鼻子走,在另一方面,他也同时自我封闭于错误意识的圈围之中。索洼吉会说:"我们所说的疯子,是那些目前失去理性的人,或坚持某些显著错误的人;这个种类的特征在于显现于其想象、判断和欲望之中的**持续错误**。"⑲

当人和真相间的关系开始产生混乱、变得阴暗不清时,便是疯狂之始。同时由这项关系和它的破坏出发,疯狂取得了它的一般意义和特殊的形态。柴齐亚斯说心神丧失（démence）——这里他意味着最属一般性意义下的疯狂——"在于智识无法辨别真伪（in hoc constitit quod intellectus non distinguit verum a falso）。"⑳但,这项断裂,虽然我们只能把它了解为否定作用,却具有正面的结构,使得它具有各种独特的形态。根据接近真理的种种不同形式,我们会有种种不同

---

⑰ 柴齐亚斯,前引书,p.118。
⑱ 《百科全书》,"疯狂"条。
⑲ 索洼吉,前引书,VII,p.33。
⑳ 柴齐亚斯,前引书,p.118。

形式的疯狂。例如，克里克顿（Crichton）便是运用这种方式在心智错乱（vésanies）这个大项中作出种种分类：首先是谵妄类，被它所错乱的人和真相间关系乃是**感知**（"心智机能的一般性出偏，病人的感知被误认为现实"）；接着是幻觉类，它错乱的是意识内容——"心智的错误，想象的事物被当作现实，或者是真实的事物受到错误的呈现"；最后是痴呆类，它并不废除或错乱通达真相的官能，只是使它们变弱，并降低其力量。但我们也很可以由真相本身及其特有的形式出发来分析疯狂。《百科全书》就是以这个方式区分出"物理的真实"和"道德的真实"。"物理的真实乃在于我们的感觉跟物理的对象之间的正确关系"；如果不能达到这种形态的真相，便会有某种特定形态的疯狂；它像是物理世界的疯狂，包括了幻象、幻觉、所有感知上的病变；"像某些狂热者一样，听到天使合奏，这是一种疯狂。""道德的真实"，相对地，"在于我们对道德事物间或这些事物和我们之间的关系，能有正确的认识。"此一关系的丧失，便会决定出某一种形态的疯狂；这便是性格、行为和激情中的疯狂："我们所有的精神乖戾、所有因为自我之爱所产生的幻象，和我们所有进入盲目状况的激情，它们都是不折不扣的疯狂；因为，盲目便是疯狂的特征。"⑦

盲目：这是和古典疯狂的本质最为接近的字眼之一。它说出那围绕疯狂形象的准睡眠所形成的暗夜，使这些形象在其孤独之中，具有不可见的主宰力；但它也说着基础不佳的信念，犯错的判断，那和疯狂不可分离的整片错误背景。谵

---

⑦ 《百科全书》，"疯狂"条。

妄的基础论述，以其构成性力量，如此便显露出为何它不是理性的论述，虽然它在形式上和后者相类同，虽然它的意义是严谨的。它说着话，但却是在盲目的暗夜之中说话；它更甚于梦境散漫杂乱的文本，因为它**犯错**；但它也更甚于一项错误的命题，因为它没入睡眠全面的**幽暗**之中。作为疯狂原则的谵妄，便是运用梦的一般句法的错误命题系统。

疯狂正是处于梦境和错误的接触点之上；它奔跑在一个表面之上，产生了诸种变化，而这便是梦境和错误相互对峙的表面，也是同时使两者结合又将其分开表面。疯狂跟错误共有的是非真相、以肯定或否定作出的专断；它向梦借用的是形象的高涨和幻想彩色缤纷的显现。但相对于错误只是一个非真相，相对于梦的既不肯定，亦不判断，疯狂却在形象中填充了错误的虚空，并且借由虚假之肯定来结合幻想。在某种意义上，疯狂因此是饱满的，它把白昼的力量加入黑夜的形象之中，把清醒精神的活动结合于幻想的形式；它把晦暗的内容和清明的形式缠结在一起。但这样的饱满，在事实上，难道不是**虚空的顶点**吗？形象的临在，事实上，只是提供了为暗夜所包围的幻想，标定在睡眠一角的形象，因此也就脱离了一切可感的现实；这些形象再怎么样生动活泼，再怎么样严格地被塞入肉体之中，也只是虚无，因为它们什么也不代表；至于错误的判断，它只是在表面上作判断：因为不肯定任何真实或现实的事物，它其实一点也不肯定，它完全陷入错误的非存有之中。

疯狂结合了视象和盲目、形象和判断、幻想和语言、睡眠和清醒、日与夜，但究其根柢，它只是**无**(rien)，因为它所结合的，只是两者身上所具有的否定的东西。但这个**无**，它吊诡的地方是把它**显现**出来,爆裂为征象、话语、动作。这是秩序和混乱、事物理性的存有和疯狂的虚无间纠缠不清的统一体。因为,疯狂即使是无,也只有走出它自己,穿上理性的外衣,才能显现;如此,疯狂就演变为自身的反面。如此,古典体验的吊诡之处便可得到澄清:疯狂永远不在,存于一个永久的退隐之中,无法接近,它既无现象亦无正面性;然而,它在疯人的各种独特类别之下,不但临在,而且还清晰可见。它本身是无理智的混乱,但如果我们去检视它时,它却只揭露出有秩序的类别,肉体和灵魂中严谨的机制,依循清楚可见的逻辑而说出的语言。疯狂对自己所能谈到的一切,只是理性,虽然疯狂便是理性的否定。简言之,"正是因为疯狂是**非理性**(non-raison),**在疯狂身上找到一个合理的**(rationnelle)**掌握点,总是可能而且必要的。**"

我们如何能避免以**非理性**(Déraison)这个单一的字眼来总结这项体验呢?对于理性而言,这是最近和最远的、最饱满和最空虚的;它以熟悉的形式,把自己奉献给理性——由此允许一项知识,而且不久之后使以实证自许的科学成为可能——,而且总是退在理性之后,处于无法触及的虚无之中。

* * *

如果现在,在它跟梦和错误的亲近性之外,为了它本身,我们想要彰显古典非理性,那么就不能把它理解为生病、失落或异化的理性,而是应该把它十分简单地理解为**眼花目眩的理性**(raison éblouie)。

目眩[72]就是白昼中的黑夜,就是那在过度光耀的核心之中肆行无忌的晦暗。眼花目眩的理性张开眼睛看向太阳,但它看到的是无,也就是说,它**看不到**;[73]在目眩当中,所有对象皆朝夜之深处退隐,而它立即的关联便是视象本身的灭绝;当视觉看到事物在光线的神秘之夜中消失,就在那一刹那,它也看到自己处于消失的一刻。

说疯狂即是目眩,便意味着疯子看得到日光,而且那也是理性的人所看到的光明(两者都生活在相同的光明之中);但就是在看着这日光之时,只看到它而且在它之中也没有它者之时,疯子却把光看作空无、黑夜、无;黑暗是他感知光的方式。这意味着,在看到夜晚和夜晚之无的同时,他什么也看不到。而且,因为相信自己看得到,他就让想象中的幻念和黑夜的所有族群,仿佛现实一般向他袭来。这就是为什么,谵妄和目眩间的关系,乃是产生疯狂本质的关系,完全就像真相和清明,在基本关系之中构造着古典的理性。

在这种意义上,笛卡儿的怀疑的确是疯狂的大驱除。笛卡儿闭起眼睛,塞住耳朵,以便更清楚地看见本质性光线真正的光明;他因此可以保证不受疯人目眩的侵扰,而疯子张开眼睛,却只看到黑夜,他什么都看不见,在想象时却又相信自己看得到。笛卡儿闭住感官,这时候他有平均的光线,他便不可能受到蛊惑,如果他看得到,他也能确定他所见到之

---

[72] 这里用的尼可(Nicolle)对这个字所下的意思:他自问心灵是否"参与精神所有的目眩神晕"。(《散文集》[*Essais*], t. VIII, 第二部分, p.77)

[73] 这是马勒布兰许经常重提的笛卡儿派主题;没有思想对象,就是不思想;没有看到任何东西,就是不观看。

事物。相对地,在疯人的眼前,那沉醉于其实是黑夜的光明的疯人,一些形象升起于他眼前,积增衍生,无能力自我批判(因为疯人**看得到**它们),但却又无法挽回地和存有分离(因为疯人看到的是**无**)。

非理性及理性间的关系,相同于目眩和白昼之闪耀本身的关系。而且,这并不是隐喻。我们目前所处之处,乃是推动整个古典文化的大宇宙论的中心。文艺复兴时代的"宇宙"(cosmos),具有如此丰硕的感通和内在象征体系,而且完全受到星象的交织出现所支配,它现在已然消失,"自然"(nature)此时却尚未享有普遍性地位,也还未为人报以抒情之诗,也尚未以四季之韵律引导着人。古典人心目中的"世界",他们已在"自然"中预感到的,乃是一条极端抽象的法则,然而这条法则却形成最强烈和最具体的对立,那便是**白天和夜晚**的对立。不再是行星的命定时间,但也还不是四季的抒情时间;这时是一个普同的时间,但却绝对地一分为二,划分为光明和黑暗。对于这样的形式,思想可以数学知识完全宰制——笛卡儿的物理学仿佛是光的数学——但它同时也在人的存在中划出了悲剧性的大断裂:这个断裂以同样的方式,高高在上地主宰着拉辛(Racine)[13]戏剧中的时间和乔治·德·拉吐尔(Georges de la Tour)[14]的"绘画"空间。白昼和黑夜的循环,这就是古典世界的法则:这是世界的必要性中,最简化的、但也是要求最严格的一项,这是自然法则中,最不可避免、也是最简单的一条。

这条法则排除一切辩证和一切和解;因此,它同时奠立了知识没有断裂的统一,以及悲剧性存在没有妥协的划分;它君临一个没有黄昏的世界,而这个世界既不认识任何感情的倾吐,也不晓得有抒情诗意弱调的关怀;一切非醒即梦,非昼即夜,不是存有之光,便是阴影的虚无。它立下无可规避的秩序,从容地划分,并使真相有其可能和永久巩固。

然而,在这项秩序的两端,有两个对称而相反的形象,见证着在某些极端中,这项秩序可以被打破,又同时显示出不去打破这项秩序是如何地基本。其中一端是悲剧。戏剧规定动作要在同一天中进行,这项规则有一个正面的内容;它要求悲剧中的时间平衡于日夜简单却又普遍的交替;悲剧全剧必须在这个时间单位中完成,因为它基本上只是两个王国的对抗——这两者为时间联结在一起,却无法和好。在拉辛的戏里,每个白昼之上都悬着一个黑夜,而这个黑夜,也可以说是生自白天:特洛伊(Troie)之夜和大屠杀、尼禄王(Néron)的纵欲之夜、提吐斯(Titus)的罗马之夜、阿塔利(Athalie)之夜。这大片的黑夜,这些阴暗的地区纠缠着白昼,却毫不减弱,只有在死亡所带来的新的暗夜中,才会消失。反过来,这些奇幻的夜晚,也被一道光线所纠缠,它就像是白昼在地狱中的反射:这是特洛伊的火灾、禁卫队的火把、梦幻的苍白光芒。在古典悲剧之中,白天和黑夜互为镜像,无限反射,这个简单的配对因此突然具有深度,并在一个单一运动中包括了人的全部生死。同样地,《镜子前的玛德莲》(*Madeleine au miroir*)[15]一画中,光影也是相互对峙,同时划分和联系面孔与其反影、头颅与其形象、清醒与沉默;在《圣亚力克西之像》(*Image-Saint Alexis*)中,在拱穹阴影之下,侍从举着火把映照出过去的主人;一位明亮而严肃的男孩遭遇到人间所有的悲惨;一位年轻男孩使死亡显现出来。

在悲剧和其庄严呆板的语言对面,则是疯狂的含混低语。在这里也一样,划分的大法则也受到破坏;在心神丧失者的狂怒之中,光和影相互渗入,就如同悲剧狂乱一般。其模式却是有所不同。悲剧人物在黑夜里找到了白昼的阴暗真相;特洛伊之夜便是安德洛马克(Andromaque)的真相,而阿塔利之夜则预示着已在进行的白日真相;吊诡地,黑夜是一种揭露;它是**存有最深沉的白昼**。相反地,疯子的白天却只能遭遇黑夜中反复无常的形象;他放任心中灵光为所有梦中幻象掩盖;他的白昼只是**最肤浅的表象所造成的黑夜**。这就是为何悲剧人物比其他人更为介入存有之中,并成为其真相的承载者,就像菲德洛(Phèdre),[16]她将黑夜所有的秘密抛向冷酷的太阳;相对地,疯人完全不能进入存有。而且,他既然是把白昼的空幻反影提供给黑夜中的非存有,他有可能不是如此吗?

我们了解到,悲剧中的主角——这和前一个时期的古怪人物有所不同——不可能疯狂;我们也了解到,反过来,对于我们从尼采和阿尔托以来所认识的悲剧价值,疯狂也不能作为它们的承载者。古典时代,悲剧人物和疯人遥遥对峙,没有对话的可能,没有共同的语言;因为,其中之一只懂得讲存有的决定性话语,在这话语之中,光的真相和夜的深沉,相交于电光石火的片刻;其中另一人则一再重复无谓的喃喃细语,而白天的喋喋不休和说谎的阴影,此时便互相抵消。

* * *

疯狂标指出一个二分点,它分隔出黑夜幻想的虚妄和光明判断的非存有。

知识考古学(l'archéologie du savoir)一点一滴地让我们

了解到这一点,但是,安德洛马克最后的话语,却已经以一道简单的悲剧闪光,把它告诉了我们。

仿佛,就在疯狂要从悲剧动作中消失的那一刻,就在悲剧人物和非理性人物将要分道扬镳两个世纪有余的时刻,人们要求疯狂在这时作出告别演出。《安德洛马克》[17]最后结束时落下的布幕,也是落在疯狂最后的伟大悲剧化身之上。但它在消失之前的现身,在这个正在成为永远隐没的疯狂之中,疯狂说出了它在古典时代中现在和未来的真相。在正要消失的那一刻里,疯狂不是最能说出它的真相,它那不在场的、黑夜边缘的白天的真相吗?因此那只能是**第一部**古典大悲剧的**最后**一场戏;或者也可以如此说,这是在前古典戏剧**最后**一个悲剧动作中,**第一次**说出疯狂的古典真相。无论如何,这是瞬间的真相,因为它的显现必然是它的消失;只有在夜色已浓之时才能看见闪电。

奥莱斯特(Oreste)[18]在其狂怒之时,穿越了三重的黑夜:那是用三个同心圆表达出来的**目眩**。阳光刚刚在匹鲁斯的宫殿(Palais de Pyrrhus)上面升起;黑夜尚在,以阴影围绕晨曦,断然地指出其界线。这是节日之晨,但罪行已经犯下了,匹鲁斯闭上眼睛,不去看那正在升起的白昼:祭坛阶梯上面有块阴影,正好投在光明和黑暗之间。疯狂的两大宇宙观主题因此已经以多种形态出现,像是奥莱斯特狂怒的预兆,布景和陪衬。[74] 于是疯狂便能开始发动:暴露匹鲁斯之谋杀和艾米安(Hermione)之背信的无情光明,一切终于爆发的清

---

[74] 这里还要补充说:安德洛马克寡妇再嫁,又再守寡,她的丧服和节庆礼服最后混合为一,代表着同样的意义;而且,在她奴隶的暗夜,却散发着忠诚的光芒。

晨,它所显示出来的真相既是如此年轻,又是如此古老,由这里开始了第一圈阴影:一团阴云围绕在奥莱斯特四周,世界开始隐退;真相隐藏在这吊诡的昏暗之中,在这清晨之夜里,真相的残酷将会变形为幻念的狂热:

"但,浓浓的夜突然把我围了起来?"

这就是**错误**的虚空之夜;但,以这个最初的幽暗为背景,却会生出一道亮光、一道假的亮光:那便是形象之光。梦魇涌现,但不是在早晨的明亮光线之中,而是在一阵阴暗的闪烁之中涌现:暴风雨之光和谋杀之光。

"天哪!何等的血河在我四周流动!"

现在便是**梦**之王朝。在这样的暗夜里,幻念脱缰而出;复仇女神出现了,势无可当。使得她们朝生暮死之物,亦使她们大权在握;在孤独之中,她们相继出现,轻易地便大获全胜;没有任何事物反对她们;在呼喊中交错着形象和语言,那是在召唤着她们,然而她们的出现既被肯定又遭拒绝,被人要求又受人惧怕。但,所有这些形象向黑夜汇集,那是由惩罚、永恒的复仇、死中之死所形成的第二黑夜。复仇女神被召回到原先的阴影中——那是她们的出生地和真相,也就是说,她们自身的虚无。

"在永恒暗夜中,您会来带走我吗?"

这就是发现疯狂中的形象只是梦想和错误的时刻,而且,如果为形象所蒙蔽的可怜人会去呼唤它们,那么也是为了更能在其必然的破灭里,和它们一起消失。

于是,我们再次穿越一重黑夜。但我们却未因此而回到明朗的现实世界。我们所通达的地方,乃是疯狂的显现,也就是**谵妄**,那是在疯狂开始之时,便已秘密支撑它的基本和构成性结构。这谵妄有个名字,就是艾米安;艾米安在此的重新出现,不再是作为幻觉中的视象,而是作为疯狂的终极真相。艾米安在狂怒的这个时刻中到来,有其意义;她不是混在复仇女神之中,也不是在她们之前作引导;而是跟在她们之后前来,而且还有一道暗夜把她和复仇女神们隔开,那便是女神们带领奥莱斯特进入的暗夜,但她们自己现在也在其中消亡。艾米安以谵妄的构成性形象出现,她是起始就在秘密支配情势的真相,而复仇女神就根柢而言,只是她的女仆。这一点和希腊悲剧正好相反。在希腊悲剧中,复仇女神是终极宿命,也是由无始之时以来,便在窥伺主角的真相;主角的激情只是她们的工具。在这里,复仇女神仅仅是谵妄的女仆,而后者才是最初和最终的真相——它在激情里已隐然存在,现在是赤裸地肯定自身。现在这个真相独自支配全局,形象已被排开:

"不,你别管,让艾米安放手去做。"

艾米安从一开始始终是在场的,艾米安时时刻刻都使奥莱斯特心碎,撕碎其理性,他为了艾米安,变成"弑君者、谋杀者、亵渎者",在最后,这同一位艾米安终于现身显示,她乃是他的真相,他的疯狂的完成。这时,那严谨的谵妄,只能把一个长久熟悉、微不足道的真相,说成是急迫的决定。

"我最后把心拿给她吞噬。"

奥莱斯特作这野蛮奉祭早已行之多年。这本是他的疯狂的原则,现在,他却说那是它的终结。因为,疯狂不可能恶化得更严重。疯狂既然已在其本质性的谵妄中说出了自己的真相,它只有堕入第三个暗夜之中,那是无法回头的暗夜,不断吞噬的暗夜。非理性只能出现片刻,那时语言正要陷入沉寂,谵妄本身开始沉默不语,而心终于为人吞噬。

在 17 世纪初期的悲剧中,疯狂也一样会打开剧情僵局;但它在这么做的时候,还会释放出真相;它这时还向语言开放,而且那是一个受到革新的语言,即解释和重获真实的语言。那时它最多只能是悲剧的倒数第二场戏。它不能像在《安德洛马克》里一样,作为最终的一幕。相对地,在《安德洛马克》之中,并没有说出任何真相,除了在谵妄之中说出一个激情的真相:它在疯狂中找到了它的完美终结。

非理性的运动,受到古典知识的跟循和追索,但它全部的轨迹,早已在悲剧简洁的话语中运行完毕。在此之后,沉默便能做主,而疯狂则消失在非理性永恒隐退的临在之中。

* * *

我们现在对非理性的了解,可以让我们更能了解监禁体制的意义。

这个使得疯狂消失在中性而划一的排拒世界的手势,既不代表医学技术演进的停顿,亦不代表人道理念进步中的休止。它在下列事实中取得它精确的意识:在古典时代里,疯狂不再是另一个世界的标志,它已成为非存有吊诡的显现。究其根柢,监禁体制的目标倒不是要消除疯狂,驱赶社会秩序中找不到位置的人;它本质不在于驱除一项祸患。它只是把疯狂的本质显示出来;疯狂便是一个非存有的显示;而且在显示这个显示的同时,它也就消除了它的存在,因为它重新暴露了它实为虚无的真相,也就是在这一点上,这措施才最能符应一个被当作是非理性来感受的疯狂——也就是说理性的空虚的否定面;人承认疯狂的地位,但它的地位便是无。也就是说,一方面,疯狂被立即地觉察为差异:这也就是为什么,要决定是否监禁一名疯人时,人们不是去问医生的意见,而是要具有常识的人作出自发和集体的判断;㊆而且,在另一方面,监禁的目的只能是矫正(也就是差异的消除,或作为无的疯狂在死亡中的完成);这是为什么,我们会如此频繁地看到,看守人在监禁登记簿上表达出对他们死亡的愿望,而这并不代表监禁是一个野蛮、非人性或变态的措施,而是严密地陈述此一体制的意义:消灭虚无的行动。㊇ 在现象性的表面之上,在一项仓促作成的道德综合之中,监禁体制描绘出疯狂秘密而又特殊的结构。

是监禁把它的措施深植在这个深沉的直觉之中? 还是因为监禁的效果,疯狂实际消失于古典地平之上,所以它最后才会被人圈定为非存有? 这些问题的回答彼此承续,循环无尽。所以,迷失在这种提问形式转个不停的循环之中,显然没什么用处。我们最好让古典文化以其一般性结构,自己说出它的疯狂体验。到处、在它内在逻辑的同一性秩序中、在思辨和体制的秩序中、在论述和政令之中、在字眼和口号中,这个体验都会以同样的意义出现——到处皆是,只要一

㊆ 在这种意义上,比如杜福(Dufour)所提出的疯狂定义(它在本质上,和同代的其他定义没有什么不同),便有可能被当作禁闭的"理论",因为它把疯狂描绘为梦中的错误,一种和普遍他人间可以立即感受得到的不同——双重的非存有:"**在清醒时刻**,对所有人都会产生同样想法的事物,他却作出错误的判断。"(《悟性论》[*Essai*], p.355)

㊇ 请参考,比如下面的按语,主题是一位在圣拉撒尔院被关了十七年的疯子:"他健康衰弱许多;我们可以期待他将会快快死去。"(国家图书馆,Clairambault, 986, 第113张)

个身上带有征象的元素,在我们眼中具有语言的价值时,便会如此。

注 释

1　Sensualisme,"感觉主义"或"感觉论"的哲学主张认为吾人所有知识皆来自感觉(sensation)。感觉论为法国 18 世纪的哲学主流之一,其代表性人物为 Etienne Bonnot de Condillac(1714—1780)。不过法文 sensualisme 并不适当,比较正确的命名应为 sensationisme。

2　福柯在本书使用 valeur 这个字时,指的经常不是价值判断中的价值,而是指字眼在一定脉络中所具有的意义。这个使用方式特别具有结构主义语言学的色彩(索绪尔:"在一个语言体系中,一个项的值〔valeur〕,乃是来自它和所有其他项的对立。")。

3　法文 problématique 除了是一整组相关的问题之外(就此可以译作"问题丛组"),同时还是此种"提问法"所带来的特殊气氛。比如这里福柯强调的是伏尔泰处理问题时,肉体/灵魂对立间的紧张性。福柯下面的篇章还打破了一般的成见:认为心物二分是笛卡儿主义影响下的西方文化(尤其表现在精神医疗思想上)的总体特征。根据福柯,这是一个 19 世纪才形成的对立,而古典时期医学的构想方式,正好相反。

4　在这种生理学观点中,人体所有的肌肉、器官和神经,其基本元素皆为纤维。

5　Giambattista Morgagni(1682—1771),意大利解剖学家。

6　Friedrich Hoffmann(1660—1742),生于德国 Halle,布兰登堡(今柏林)大学生理学及医学教授。受到莱布尼兹影响,他主张某种疾病的动力机械论,以体内纤维和液体的运动为基础。

7　波姆这一段文字后来为福柯在《临床医学的诞生》开场白中再度引用,将这个接近幻想的观看场景和 19 世纪实证主义的描述相对比,引出"观看"(regard)演变的主题。

8　Joseph Daquin(1733—1815),法国 Chambéry 医院医生。由 1787 年起,他主持该院集中精神错乱者的收容区,并在 1791 年出版《疯狂的哲学》(Philosophie de la folie),发展其人道理念。

9　Joseph Guislain(1797—1860),生于比利时巩市(Gand)。该市精神疗养院的主任医生,巩市大学之比较生理学教授,并主持心智疾病临床讲座。他对精神病患的关心,使他被人称作"比利时的匹奈"。

10　由希腊希波克拉特传下来的医学传统,认为人体器官内存有四种体液,分别为淋巴液、血液、胆汁和黑胆汁(忧郁液),由此可以分出四种体质禀性。

11　这里的 image 主要指主观的"心象"。为想象力的产物。

12　André du Laurens(？—1609)是亨利四世和玛莉・德・麦迪奇的医生。也以解剖学作品闻名。

13　Jean Racine(1939—1699),法国古典时期的剧作家。出身为孤儿,受皇家港修院之詹森主义者教育长大。其悲剧以激情为一股宿命力量,摧毁受其占据之人。拉辛的戏剧实现了古典戏剧简洁明晰的理想。

14　Georges de la Tour(1593—1652),法国古典时期画家。画风明暗对立强烈,具有精神性。以宗教画和风俗画为主。

15　这是拉吐尔的画。现藏美国华盛顿国家画廊。下面所引的另一幅,也是拉吐尔的作品。原作已经失传。福柯所引仿本现存法国南锡。今名《圣亚力克西尸体之发现》(*La Découverte du corps de saint Alexis*)。

16　以上所引的悲剧人物皆为拉辛悲剧中的人物。

17　拉辛 1667 年的悲剧。

18　在拉辛的《安德洛马克》中,奥莱斯特心仪艾米安,但后者爱匹鲁斯——安德洛马克的继任丈夫。在艾米安的要求下,奥莱斯特杀死了匹鲁斯。但因为艾米安又因此诅咒他,使奥莱斯特陷入疯狂。

第三章

疯狂诸形象

因此,疯狂就是否定性(négativité)。但这样的否定性,却出现于大群现象之中,而且像是物种园中排列良好的丰富繁盛。

疯狂的论述性知识,便是铺展于由此一矛盾所规划和定义出来的空间之中。在医学分析,条理分明而且平静的形象之下,作用着一项困难的关系,而历史的演变也就由此生成:这是介于疯狂的终极意义——**非理性**和它的真相形式——**合理性**(rationalité)间的关系。疯狂始终处在错误的发源地带,始终和理性保持退隐的关系,但这样的疯狂却可以完全向理性开放,并向它诉说它所有的秘密:这便是疯狂的知识同时显示和掩盖的问题。

在这一章里,我们关心的不是精神医疗种种概念的历史,不是要把它们和同代的知识、理论、医学观察之整体相排比;我们不会谈到在血气医学或者固质生理学里的精神医疗。我们要做的是:——重拾持久存于整个古典时代的诸大疯狂形象(figures),并尝试去展示它们如何在非理性体验内部得到定位；它们如何在其中获得自身的内在一致；它们如何能以**正面**的方式来显现疯狂的**否定性**。

这个后天获得的正面性，就不同形态的疯狂而言，既不是处于同样的层次，也不具有同样的属性和力量：**心神丧失**（démence）的概念，它的正面性柔弱、瘦小、透明，还很接近非理性的否定性；**躁狂**（manie）和**忧郁**（mélancholie）通过一整套形象体系所获致的正面性便比较密实；密度最高，离非理性最远，同时对非理性也是最危险的，来自道德和医学思考的边缘地带，来自一个既是伦理亦是器官性的肉体空间的提出，这样的事物为**歇斯底里**（hystérie）、疑病症（hypochondrie），以及所有不久以后会被命名为**神经病**（maladies nerveuses）的概念提供了内容；这个正面性和构成非理性之中心点的事物是如此的遥远，而且整合于其结构的程度也如此之低，到了后来它终于使得非理性受到质疑，并使它在古典时代末期，完全倾覆。

I 心神丧失类

这一组有多种名称，但其涵盖领域大致相同——dementia, amentia, fatuitas, stupidas, morosis——心神丧失为17和18世纪大部分医生所承认。不但受到承认，而且也颇为容易地在其他疾病间被孤立出来；但要定义它的正面和具体内容，就不是那么容易了。在这两个世纪中，心神丧失持续以否定性元素为人认识，始终不能获得具有特色的形象。在某种意义上，在所有精神疾病中最接近疯狂本质的，一直是心神丧失。但那是一般性的疯狂——这是疯狂中所能具有的一切否定性感受:混乱、思想解体、错误、幻象、非理智和非真相。一位18世纪作者要定义的就是这种疯狂,它是理性单纯的反面、精神纯粹的偶然,这样的定义,其外延之广大,使得任何正面形式都不能将其穷尽,或立下界限:"疯狂的症状无限地多样。见、听、闻、思之一切,皆可以作为其中成分。它唤醒了已经完全受到遗忘的事物。旧时的形象回苏;人们以为已经停止的强烈反感,又再复生;倾向变得更热烈了;但一切却都处于扰乱之中。处在混淆之中的意念,就好像人们没有规划、没头没脑组合而成的印刷活字。于是,出现的意念便毫无连贯意义。"① 这是用混乱中的全部否定性去构想疯狂,心神丧失便是接近这样的疯狂概念。

因此,心神丧失既是精神之中的极端偶然,亦是其中的完全决定;所有的效应都可能在其中产生,因为所有的原因都可能将之引起。没有一个思想器官的病变,不能激起心神丧失的某个面向。恰当地说,它没有症状,它可以说是一种开向疯狂所有可能症状的可能性。威里斯的确把愚昧(stupiditas)当作它的本质性的征象和特征。② 但过了几页以后,这个 stupiditas 又成为心神丧失的同义词:stupiditas sive morosis[愚昧或是精神不振]……这时愚昧便纯粹而简单地变成了"智能和判断力上的缺陷"——这是理性在其最高作用受到损害的最佳例子。然而,这个缺陷本身并不是

---

① 《隆德教区所谓少女着魔之检验》(*Examen de la prétendue possession des filles de la paroisse de Landes*),1735,p. 14。

② 威里斯,《作品集》(*Opera*),t. II,p. 227。

原初的;因为,在心神丧失中发生错乱的理性灵魂,它紧闭在肉体里时,不会没有一项混合的因素来作身心之间的媒介;由理性灵魂到肉体之间的一个混合的、同时是延展的、也是点状的空间中,展开了一个既是肉体的但又已经会思想的"感觉或身体的生气"(anima sensitiva sive corporea),它承载着想象力和记忆力的居间媒介的力量;就是这些力量在为精神提供意念,或是至少提供形成意念的元素;当这些力量的运作——在其肉体运作之上——发生错乱时,"敏锐的心智"(intellectus acies)于是就"犹如其眼睛受到蒙蔽,经常会变得呆笨或至少变得昏沉"。③ 肉体性灵魂散布于器官性和机能性空间,并保持其活生生的统一。它在这个空间之中有一个中枢;它在其中也有服务其立即行动的工具和器官;肉体性灵魂的中枢就是大脑(想象力尤其是在脑胼胝体,记忆力则在白质);它的立即器官则由血气形成。在心神丧失的病例里,如果不假定是脑子本身的病变,那么就得假定是血气受到扰乱,甚至是中枢和器官并发的错乱,也就是说脑子和血气都生病变。如果病因只是脑子,我们找病源的时候可以先检查脑体本身的大小,有可能它太小,以致未能适当作用,或是相反地,脑体太过于肥大,而且由于这个缘故,不大结实,品质也可说是不佳,"心智敏锐度不恰当(mentis acumini minus accommodum)。"但有时候要负责的是脑之形状;只要它的形状不是 globosa[圆球状],不能让血气作平均的反射,只要它产生了萎缩或不正常的膨胀,血气就会被送到不规则的方向上;于是它们在运送过程中就不能传送事物真

---

③ 威里斯,《作品集》(Opera),t. II,p. 265。

正忠实的形象,也不能把真相可感的形象交给理性的灵魂:
这就产生了心神丧失。更细致的说法则是:大脑为了严格作
用,必须保持某种高度的热和湿、某种密实程度、某种组织和
纹理上的感性品质;一旦脑子变得太湿或太冷——小孩和老
人不常会如此吗?——我们就会看到出现 stupidas[愚昧]
的征象;一旦脑子的纹理变得粗糙,并且仿佛被浸润在沉重
土质影响之中,我们也可以察觉这些征象;脑质的沉重性,难
道不能认为它来自空气某种程度的沉重和土壤某种程度的
粗糙,如此不是可以解释贝奥希人(Béotiens)¹出名的愚昧
吗?④

在 morosis[精神不振]中,可能只是血气产生变质:或者
它们本身因为某种沉重性而变重,或者它们的外形变得粗
糙,大小变得不规则,好像它们被想象的引力拉向迟钝的大
地。在其他的情况中,它们变得水性、不坚实、滔滔不绝。⑤

一开始,我们便可以把血气病变和脑部病变分离开来;
但它们不会一直保持在这种状态;这些病变会联合开发,要
不就是血气的品质因为脑体衰退而变质,要不然,就是反过
来,脑体因为血气的缺陷而有所变化。当血气沉重流动太慢
时,或是因为它们过于流动,大脑上的微孔和它们流经的管
道便会阻塞,或是出现恶质的形状;相反地,如果是脑部本身
有缺陷,血气便无法以正常的流动方式来通过它,如此一来,
血气就会获致不良的素质。

在威里斯的所有分析之中,我们找不出心神丧失明确的

---

④ 威里斯,《作品集》(*Opera*),t. II, pp. 266-267。
⑤ 同上。

面貌,由它特有征象和特殊原因所形成的轮廓。这倒不是因为他的描述不够明确;而是因为心神丧失似乎包含了[神经类](genre nerveux)任一领域中的所有可能变质领域:血气或脑部、柔软或僵硬、发烧或降温、过度重、过度轻、基质不足或太过:病理变化的所有可能性都被召唤到心神丧失现象的周围,以便为它提供解释潜能。心神丧失不组织其病因,不使它们局部化,它不依照症状的形象去明确化它们的品质。它是所有可能病变的普遍效应。就某种方式而言,心神丧失就是疯狂减去某种疯狂形态的所有特殊症状:它在这种疯狂的细密纹理之中,纯粹简单地透露着疯狂的纯粹本质、一般真相。心神丧失,就是脑、纤维和血气的明智机制中,所有可能发生的不合理。

但是,在一个如此抽象的层次上,无法提炼出医学的观念;观念和对象距离过远;它只是运用纯逻辑在作二分;它朝向潜在面滑移;它未能实际地作用。作为一种医学体验的心神丧失,无法结晶凝聚。

* * *

一直到18世纪中叶左右,心神丧失的观念始终仍是负面的。从威里斯的医学到固质生理学,有机世界改变了外貌;然而分析的形态仍然相同;现在问题仅在于如何在心神丧失中,圈定出神经系统可能显示的所有[非理性]形态。在《百科全书》"心神丧失"一条文章开头,奥门(Aumont)解释说,自然状态下的理性,它的作用在于变化感官印象;这些印象通过纤维,可以传达至脑部,脑子再利用血气在其内形成的轨迹,将印象转变为概念。一旦这些转变不再依照惯常的途径进行,或者过度进行,或者品质降低,甚至干脆消失,便会出现非理性,或者毋宁说:疯狂。这个功能消失时,便是处在纯粹状态的疯狂,达到极点的疯狂,像是达到它最高度的真相:这便是心神丧失。它是如何发生的?为什么印象所有的转变作用会突然消失呢?和威里斯一样,奥门把神经类属所有可能的病变召唤至非理性四周。有些病变的发生是因为系统中毒:鸦片、毒芹(ciguë)、曼德拉草(mandragore);勃奈(Bonet)在他《坟场[解剖]》(*Sepulchretum*)一书里,不是曾经提到一位少女为蝙蝠咬伤后,变成心神丧失的病例吗?某些不愈之症,比如癫痫,会产生完全同样的效果。但大部分时间要在脑部寻找心神丧失的病因,或者是大脑因为意外受到撞击而产生病变,或者是因为先天性的畸形,它的大脑体积过小,不能让纤维良好地作用,也不能让血气良好地循环。血气本身也可以是心神丧失症的源头,或者是因为它们疲竭、乏力和无精打采,或者是它们变得厚重,变得浆状和黏稠。但心神丧失最频繁的原因在于纤维的状态,它不再能接收印象,并予以传导。应该要引发感觉的震动未见发生;纤维维持不动,原因无疑是它太过松弛,不然就是太过紧张,变得非常僵硬;在某些病例里,它们因为过于厚硬,不再能协调震动。无论如何,"弹性"已告失去。至于这种震动无力之原因,激情和先天性因素同样都有可能,或是各式各样的疾病、气郁症或年老。为了找出心神丧失的病因和解释,走遍了病理学的每个领域,但它的症状性的形象仍迟迟不出现;观察积增,因果链伸长,但人们却仍无法找出疾病特有的身影。

当索洼吉在《方法性疾病分类学》(*Nosologie métho-dique*)写"心神丧失"(amentia)一条时,这个病的症状线索会脱离他的掌握,而他也不再能忠实于应该主导全书的著名"植物学者精神";他只知道依据病因去辨认不同形态的心神丧失:"老年性心神丧失"(amentia senilis)来自"纤维僵化,无法感受客体的印象";"浆液性心神丧失"(amentia serosa)在于脑部浆液积多,比如一位屠夫就曾观察到一些"不吃不喝的"小疯羊,它们的脑物质"完全转变成水";"中毒性心神丧失"(amentia a venenis),尤其是由抽鸦片引起;"肿瘤性心神丧失"(amentia a tumore);"脑容量过小的心神丧失"(amentia microcephalica):索洼吉自己曾看过"在蒙柏里耶(Montpellier)医院中有一位少女患了这种心神丧失症:她的绰号是猴子,因为她的头很小,看起来像是这种动物";"干燥性心神丧失"(amentia a siccitate):一般来说,没有什么比干、冷或凝结的纤维更能削弱理性;三位少女因为曾在最凛冽的冬天坐一部运货马车旅行,陷入心神丧失状态;巴尔多林(Bartholin)[2]"以一张刚刚剥下来的绵羊皮包裹她们的头部",使得她们回复理性;"郁闷性心神丧失"(amentia morosis):索洼吉不知道是否必须真正把它和浆液性心神丧失区别开来;"撞击性心神丧失"(amentia ab ictu);"脊椎性心神丧失"(amentia rachialgica);"四日热心神丧失"(amentia a quartana),因四日热而起;结石性心神丧失(amentia calculosa);人们不是曾在心神丧失者的脑中,找到过"一个游动于脑浆中的小粒结石"?

就某种意义而言,心神丧失并没有特有的症状学:没有任何形式的谵妄、幻觉和暴戾是它特有的,或是因为一种本然的必要而归属于它。它的真相只是来自重叠并列:一方面是累积着可能性的原因,但它们的层次、种类、属性却是极端地不同;另一方面,则是一系列的效应,它们只有一个共同特征,就是显示出理性的缺乏或功能的不完善,以及理性无法达到事物的真实和意念的真相。心神丧失便是非理性的经验性形式,也是它同时既是最一般却又是最否定的形式——人们在具体的事物中察觉到这个非理性的存在,但人们对它的正面属性却无法作出指定。对这个始终不受自己控制的存在,杜福尝试在他的《人类悟性论》(*Traité de l'entendement humain*)把它尽可能地圈定出来。他完整地彰显可能原因的繁复性,并且搜集谈到心神丧失时所有可能被人提起的局部决定:纤维之僵化、脑部之枯干、勃奈所言脑体的柔弱和浆液性质,由希达努斯(Hildanus)指出的、天仙子(jusquiame)、曼陀罗(stramonium)、鸦片、蕃红花(safran)的使用(依照雷伊〔Rey〕、勃丹〔Bautain〕、巴莱尔〔Barère〕的观察),存有肿瘤、脑虫、头颅变形。有这样多的肯定性原因,但它们却只会导致同一个否定性的结果——精神和外在世界及真实间的决裂:"心神丧失患者非常疏忽,对所有事物都一样不在乎;他们唱歌、欢笑,不分好坏,皆可借之自娱;饥饿、寒冷和口渴……他们都可以很清楚地感受到;但这些情况不会对他们造成任何折磨;他们也感受到客体对感官造成的印象,但他们好像一点也不在意。"⑥

自然片段的正面性和非理性一般的负面性,便是如此地重叠,两者间却未形成真正的统一体。心神丧失作为一种疯狂形态,只是由外部为人体验和思考:这是一个界限,理性在此遭到取消,成为无法接近的缺乏;虽然描述有其持续性,概

---

⑥ 杜福,前引书,pp. 358-359。

念却无能力组合;自然的存有和非理性的非存有,在此无法达成统一。

* * *

然而,心神丧失的概念并未迷失于完全的无差异之中。在事实上,它受到两个邻近概念群体限制:其中第一组已经非常古老,相反地,第二组在古典时代才开始独立出来,并且开始得到定义。

心神丧失和癫狂(frénésie)间的区别来自传统。在征象的层次,很容易建立这个区别,因为癫狂总是伴有发烧,心神丧失则是非热性(apyrétique)疾病。癫狂的发热特征,使得我们可以同时标定出它的病因及属性:发炎(inflammation)、身体过热、头部的灼痛感、手势和话语中的暴力,好像个体全部在沸腾。居伦在18世纪末描述它的特征时,使用的仍是这种品质上的协调性:"癫狂最确定的征象便是发高烧、剧烈的头痛、头眼发红膨胀、顽强的醒觉;病人不能忍受光的印象和些微的噪音;他陷入暴躁和狂怒的动作之中。"⑦至于其远因,则曾引发许多讨论。但所有讨论都一致以发热这个主题出发——其中两个主要的问题在于:发热是否由脑子本身产生,或者它只是一个传导过来的品质;它是由血液过度流动引起,或是因为血液的停滞才会产生。

梅斯那迪耶(La Mesnardière)和敦肯(Duncan)发生过争论,前者强调脑是湿而冷的器官,而且完全被体液和浆液所渗透,因此无法想象它会发炎。"这种炎症的可能性,不会大

---

⑦ 居伦,前引书,p.143。

于看到火自然地在河中燃烧。"敦肯的拥护者不否认大脑首要的性质,和火的性质正好对立;但它有一个局部的使命,这一点反驳了它物质面的属性:"因为位于内脏上方,它易于接收消化中的食物所散发出来的蒸气,以及整个身体散发之气";尚且,它"被四周数目无限的静脉和动脉"包围和穿透,"而其中的实质很有可能溢出。"还不止如此:脑部柔、冷的特性,使得它很容易被外界影响渗透,而且甚至是被和它首要属性质最格格不入的影响渗入。就像热的实质可以抵抗寒冷,冷的实质也可以被加热;脑子,正"因为它是软而湿的","所以很难抵抗过度状态中的其他性质。"⑧于是,性质间的对立,正好变成它们为何相互取代的理由。但大脑越来越常被视为癫狂的首要中枢。我们得将范姆(Fem)的主张当作是值得一提的例外。他认为,癫狂的远因是超负荷的脏腑产生壅塞,而且,"它们通过神经,把混乱传达给脑子。"⑨对18世纪大多数的作者而言,癫狂的中枢及病因就在脑子本身,而且,脑子此时已成为器官性热力的中心之一:詹姆斯在《[医学大]辞典》中明确地说它的起源在于"脑膜";⑩居伦甚至认为脑体本身也会发炎:他认为癫狂,"乃是紧闭部位发炎,它可能危害脑膜,或是脑体本身。"⑪

---

⑧ 《为敦肯先生辩解》(*Apologie pour Monsieur Duncan*),pp. 113-115。

⑨ 范姆,《论癫狂和类癫狂之性质和部位》(*De la nature et du siège de la phrénésie et de la paraphrénésie*),在戈廷根(Göttingen),施洛德(Schroder)先生指导下所发表的论文;大要刊载于《保健报》(*Gazette salutaire*),1766年3月27日,第13号。

⑩ 詹姆斯,《医学大辞典》(*Dictionnaire de médecine*),法译本,t. V, p. 547。

⑪ 居伦,前引书,p. 142。

这种过度的发热,很容易以运动病理加以了解。但除了物理性发热之外,还有化学性发热。前者原因是运动的过度:它变得太多、太频繁、太快——并使那些一直彼此互相摩擦的部位,温度升高:"癫狂的远因是所有直接刺激脑膜或脑体的东西,尤其是使得血液在血脉中更快地流动的事物,比如在炽热的阳光底下裸露头部、灵魂的激情和某些毒药。"⑫相反地,化学性发热则是来自运动不良:实质受到阻塞,堆积在一起,进展不良,然后发酵;于是实质好像是就地沸腾,散发出大量的热力:"因此,癫狂便是一种发炎性高烧,其病因来自血液过量积聚,也来自血液不再流通于分布脑膜的小动脉之中。"⑬

心神丧失的概念一直是抽象的和否定的,相对于此,癫狂的概念则围绕着一个明确的性质主题组织起来——它把起源、原因、中枢、征象和效应整合于和谐的想象之中,整合于体热几乎是可感的逻辑。炎症的活力组织着它;无理的火萦绕着它——纤维燃烧,或是管脉里沸腾起来,但这是火焰或是滚水并不大重要;讨论总是紧扣着同一主题,而它具有整合的力量:作为身心烈火的非理性。

*　　*　　*

与心神丧失相关的第二组概念,有关于"愚笨"(stupidité)、"痴呆"(imbécillité)、"白痴"(idiotie)、"笨拙幼稚"(niaiserie)。在实务层次上,心神丧失和痴呆被当作同义

---

⑫　居伦,前引书,p.145。
⑬　詹姆斯,前引书,p.547。

词。⑭ 威里斯使用 morosis "迟钝"这个字眼的时候,他同时意味着后天的心神丧失,以及我们已可在初生数月的婴儿身上看出的愚笨:在两者身上,病变都是同时包括记忆力、想象力和判断力。⑮ 然而,年龄上的区分逐渐被建立起来,到了18世纪,成为固定不移:"心神丧失者无法作出健康的判断和推理;就其出现年纪,它有不同的名称;在儿童身上,它一般被称作**愚蠢**(bêtise)、**笨拙幼稚**(niaiserie);如果它扩展至理智年纪,或是在那时发病时,便称为**痴呆**(imbécillité);在老人身上出现时,则称作**啰唆**(radoterie)或**小孩子气**(état d'enfance)。"⑯ 这个区分只表达出时间上的不同:因为疾病的症状和属性,都未依照显现年龄而变化。并且,"处在心神丧失状态下的人,有时会显示出其旧有知识的用处,这是愚笨者做不到的。"⑰

慢慢地,心神丧失和愚笨之间的差异加深了:不再只是时间上的区分,而且其作用领域也产生对立。愚笨作用的是感觉领域本身:痴呆症患者(l'imbécile)对光线和噪音没有感觉,心神丧失者则是毫不在意;前者无法感受,后者则忽视外界给予的事物。一个被拒于外在世界的现实之外;对于另一个,这其中的真相如何,毫不重要。索洼吉在他的《疾病分类学》里,大致上是重新运用了这个区分;对他来说,心神丧失

---

⑭ 参考此例:"我已向奥尔良公爵大人(Mgr le duc d'Orléans)汇报,您使我有幸与闻有关女人达黛(Dardelle)之痴呆和心神丧失之状态。"巴士底狱档案(Arsenal 图书馆,第 10808 号,第 137 张)。

⑮ 威里斯,前引书,II,p. 265。

⑯ 杜福,前引书,p. 357。

⑰ 同上,p. 359。

"和愚笨的不同处在于,心神丧失者完美地感受客体印象,愚笨者则不然;但前者对这些不加注意,绝不挂心,态度十分地冷漠,又蔑视其后果,毫不考虑"。⑱ 但是,在愚笨和先天感官衰弱之间,应该建立起什么样的差别呢?如果把心神丧失当作是判断力的病变,把愚笨当作是感觉上的缺憾,我们难道不会有把盲人或聋哑人和痴呆症患者相混淆的危险吗?⑲

1762 年,《医学杂志》(Gazette de médecine)上有一篇文章在谈一项动物观察。它重提了这个问题。主题是一只小狗:"任何人都会告诉你说它是盲、聋、哑,且没有嗅觉,它要不是天生如此,就是在出生后数个月内,因为意外才变得如此,因此只有一种植物性的生命。对我来说,它是介于动物和植物之间。"这种动物,原来就不预定拥有理性——这是就其充分意义而言的理性——所以,在它身上也不能谈是否有心神丧失的问题。但这里牵涉的,真的只是感官上的错乱吗?这一点令人难以回答,因为"它那双漂亮的眼睛似乎对光线很敏感;然而,它却会撞在所有家具上,撞到发痛;它听得见声音,甚至,像口哨声那样尖锐的声音还会让它惊惶失措;但它却永远无法由学习得知自己有个名字"。因此,"它身上"出毛病的不是视觉或听觉,而是把感觉组织为知觉的器官或机能——通过这样的组织,一个颜色才会成为一个事物,一个声音才会成为一个名字。"它所有感官都出现了缺

---

⑱ 索沣吉,前引书,VII,pp. 334-335。

⑲ 在实务上,痴呆长久以来被认为是疯狂和感觉残障的混合。1779 年 4 月 11 日的一项命令,要求硝石库院主管当局收留玛莉·费雪(Marie Fichet)。命令的根据是医生和外科医生所签署的报告,"它们指出费雪天生聋哑和心神丧失。"(国家图书馆,coll. "Joly de Fleury,"第 1235 号手稿,第 89 张)

陷,但这个缺陷似乎不是来自任何外在感官,而只是来自一项内在感官,现代的生理学者(physiciens)把它称作 sensorium commune[协同感知],古人则称之为感性灵魂(âme sensitive),其功能为接收和比对感官传来的形象;这只从未形成感知的动物,因此是视而不见,听而不闻。"[20]痴呆症的效果,在于瘫痪了灵魂或心智活动中最接近感觉的部分;相对地,心神丧失中遭到错乱的,乃是理性的运用,而且是它最自由、最脱离感觉的部分。

到了 18 世纪末,痴呆和心神丧失间的区分,不再是出现时间的早晚,甚至不再在于受损官能的不同,而是来自各自特有的性质,这些性质秘密地指挥着疾病的整体显现。对匹奈来说,痴呆和心神丧失之间的差别,概括地说,便是固定和运动间的差别。白痴的"所有悟性功能和道德感情"显得瘫痪和麻木;他的精神被冻结在某种木僵状态之中。相反地,在心神丧失之中,精神的基本作用仍在思想,但那是空转的思想,所以可以说是处在极端的流利之中。心神丧失就好像是精神的纯粹运动,既无坚实亦无坚持,像是持续不断的脱逃,无法透过时间被保存于记忆之中:"孤立出来的意念和动作、轻率或混乱的感情,快速的或毋宁说交替而且不断的承续,同时,一切先前的状况都遭到遗忘。"[21]愚笨和痴呆的概念被固定在这些形象之中;同时,反过来,心神丧失的概念也

---

[20] 刊载于《医学报》(*Gazette de médecine*)上的无名氏文章,t. III, n° 12, 1762 年 2 月 10 日,星期三,pp. 89-92。

[21] 匹索,《哲学性疾病分类》(*Nosographie philosophique*),1818 年版, t. III, p. 130。

慢慢地脱离否定性,开始在某种时间和运动的直觉之中为人掌握。

心神丧失的两个附带群组,癫狂和痴呆,乃是围绕在性质周围组成的;现在如果我们把它们搁在一旁,我们便可以说,心神丧失的概念还是停留在体验的表面——非常接近非理性的一般性理念,非常远离产生疯狂具体形象的真实中心。心神丧失是有关精神失常的医学概念中最简单的——但也最不容易为神话、道德评价、想象梦幻所把持。然而,无论如何,正是因为它脱离这些把持的危害;秘密地,这仍是最不和谐的概念;在此概念之中,自然和非理性仍停留于抽象的一般性表面,无法在想象深度之中得到组成,不像躁狂和忧郁的概念,可以在这个深度中得到生命。

II 躁狂和忧郁

16世纪时,忧郁症的概念,处于两种理解之间,一端是依其症状所下的定义,另一端则是隐藏在名称之下的解释性的原则。就其症状而言,我们可以看到一个人可能对自己作出的所有妄想:"其中有几名以为自己是野兽,于是他们的声音和动作也就变得如此。有几名以为自己是玻璃船,因此,害怕被人打破,他们看到路人就要向后退缩;有几位贪生怕死,却最常闹自杀。其他的人想象自己犯了罪,颤抖恐惧有如惊弓之鸟,只要看到一个人走过来,就以为人家来抓他去坐牢,还要判他死刑。"㉒这些妄想性的主题仍是孤立的,不危

㉒ J. Weyer,《附魔者之幻象》(De præ stigiis dæ monum),法译本,p.222。

害理性的整体。西丹汉未来还会说,忧郁症患者"除此状况之外,足智明理,具有不平凡的敏慧和远见。而且,亚里士多德说的没错,他说忧郁症患者具有高人一等的才智(esprit)"。㉓

然而,这项如此清楚、如此调和的症状集合,它的名称却是包含着一整套因果体系,这个名称便是"忧郁":"请您仔细观察忧郁症患者的思想、言语、视象和行动,您便会了解到他所有的意识官能,都因为散布脑中的忧郁液而损坏了。"㉔局部性的谵妄和黑胆汁的作用并列于忧郁的概念之中,两者目前产生征象集合和有意义的命名之间的对抗,还没有找到统一。不过,到了18世纪,这项统一便被发现了,或者毋宁说,两者间已完成一项交换——因为这个冷而黑的体液,它的属性现在成为谵妄的主要色彩,变成它在面对躁狂、心神丧失、癫狂时的独有价值,它的内在调和的基要原则。勃艾哈夫只是这样地定义忧郁:"一种长期的、执拗的、且无发烧的谵妄,病人这时只全神贯注在同一个单一思想上。"㉕相对地,杜福在几年后所下的定义,其基础便会全部建立在"害怕和忧伤"之上,这两点被认为可以解释为何其中的妄想只是局部的:"这是为何忧郁症患者们喜欢离群索居;这也使他们更依恋他们的妄想或支配性激情的对象,而且不论那是什么样的激情,但,他们对所有其他人事,却显得漠然。"㉖概念之固定,并非因为做了更严密的新观察,也不是对病因有了新

㉓ 西丹汉,《论歇斯底里症》(Dissertation sur l'affection hystérique),收于《实用医学》(Médecine pratique),Jault 译,p. 399。
㉔ Weyer,前引书,同页。
㉕ 勃艾哈夫(Boerhaave),《格言集》(Aphorismes),1089。
㉖ 杜福,前引文。

的发现,而是来自一项性质的传递,它汇通了名称中隐含的原因,以及有意义的效果感知。

长久期间里——直到 17 世纪初为止——有关忧郁之辩论,一直被局限于四体液和其基本性质的传统之中:这是一个实质特有的稳定性质,而且只有实质本身才被认为是病因。对费奈(Fernel)而言,忧郁液和土地及秋季相关,乃是一种"密度高、性格干冷"[27]的汁液。但在此一世纪的前半叶,忧郁的起因引发了一大群讨论:[28]忧郁症患者,一定天生具有忧郁的性情吗?忧郁液是不是始终干冷,永远都不会变热、变湿吗?是实质在作用呢,还是性质在汇通呢?在这个冗长辩论过程之中所获致的成果,我们可以归结如下:

第一,实质因果日益为性质进展所取代,这个过程不依赖任何承体,不经中介地由身体转至心灵,由体液转至意识,由器官转到行为。因此,敦肯学说宣扬者认为,忧郁液之所以能造成忧郁,那是因为此一汁液具有此病特有的性质:"忧郁液比您中烧的怒火,更具有造成忧郁症的必要条件;因为它冷,所以使得血气减量;因为它干,使得血气可以长期保持强大而顽固的想象力;因为它黑,又使得血气失去自然的清明和微妙。"[29]

第二,在这个性质机制分析之外,还有一种力学,它分析了其中的每一种力量。因此,冷和干可能会和先天气质发生

---

[27] 费奈,《生理学》(*Physiologia*),收入《医学总览》(*Universa medica*),1607, p. 121。

[28] 辩论的焦点为是否能将着魔者和忧郁症患者相等同。法国的争辩主角为敦肯和梅斯那迪耶。

[29] 《为敦肯先生辩解》(*Apologie pour Monsieur Duncan*),p. 63。

对抗,而且就是因为有对抗,所以由其中产生的忧郁症征象就会更暴烈:得胜的力量还把所有的抗力带在身上。因此,女人天性不倾向忧郁,如果堕入其中便会更严重:"她们在其中遭到更残酷的对待和更强烈的扰动,因为忧郁和她们的天性气质更为对立,所以也使她们更为远离其自然体质。"㉚

第三,有时冲突却会发生在同一个性质内部。一个性质可能在发展过程中自我变化,变成和其先前状态正好相反。因此,当"肠子发热,身体内部到处烧烤……所有的汁液都在燃烧着"的时候,这一切的火热也可能重新落入冷漠的忧郁之中——产生出"和火把翻倒、蜡油倾泻几乎完全相同的状况……高热在投出和耗竭其力量后,一般会产生的效应,便是身体的冷却"。㉛ 这是一种性质的辩证过程:性质在此不受实质束缚,也从一切原始指定中得到解放,它以逆转和矛盾作为其发展模式。

第四,最后,性质可能因为意外事故、环境、生活条件而改变;如此,如果他的生活方式倾向干冷者可能会变得湿热;因此,女人比较可能会如此:她们"因为无所事事,身体(和男人的身体比起来)比较不易出汗,其热力、血气和体液都留在体内"。㉜

性质以这样的方式,由原先拘禁它们的实质中得到解放,它们未来便能在忧郁的概念上,扮演组织者和整合者的角色。一方面,在症状和显现方面,它们会开始刻画出一个

㉚ 《为敦肯先生辩解》(*Apologie pour Monsieur Duncan*),pp. 93-94。
㉛ 梅斯那迪耶(La Mesnardière),《忧郁论》(*Traité de la mélancolie*),1635,p. 10。
㉜ 《为敦肯先生辩解》(*Apologie pour Monsieur Duncan*),pp. 85-86。

忧伤、阴郁、迟钝、固定的轮廓。另一方面，它们将会勾勒出一个因果关系的承体，但那不再是体液生理学，而是意念、惧怕、恐怖的病理学。疾病的统一性，不是由观察到的征象，亦不是由假设中的原因所**定义**的；在两者之间，在比两者更高的地方，这个统一性被**感知**为一种性质上的调和一致，具有其转移、发展和变化的法则。支配着忧郁概念的流变的，不是医学理论，而是性质的秘密逻辑。这一点早在威里斯的文章中，就可以明显看出。

乍看之下，在思辨层次上，其分析具有协调一致性。威里斯的解释完全借用血气及其机制特性。忧郁症是一种"既无发烧、亦无狂热的疯狂，伴随有惧怕和忧伤"。就它是一种妄想而言——也就是说，与真相之间有基本的断裂——它的起源在于血气的混乱流动，以及脑部的缺陷状态；然而，惧怕不安使得忧郁症患者变得"忧伤和小心翼翼"，我们能只用流动来解释吗？惧怕是不是有自己的机制，而忧伤有其独特的血气循环呢？对笛卡儿来说，这是自明之理；但对威里斯来说，事情已非如此。忧郁不能被看成瘫痪、中风、晕眩或痉挛。在根柢上，人们甚至不能把它当作一种简单的心神丧失来分析，虽然忧郁的谵妄预设着血气流动中有某种错乱；机制上的病变可以清楚地解释谵妄——这是一切疯狂、心神丧失或忧郁共有的错误——但它不能解释谵妄特有的性质，使忧郁具有独特味道的忧伤和惧怕的特色。这里必须要了解素质（diathèse）[3] 的秘密。[33] 总之，就是这些隐藏在细微实体纹理里头的基本性质，才能解释血气的反常活动。

---

[33] 威里斯，《作品集》（*Opera*），II, pp. 238-239。

在忧郁症之中,血气被一种激动所制,但这却是一种微弱的激动,既无力量亦不狂暴:这像是一种无力的推挤,但它不走既存之途,亦不走已开之路(aperta opercula),却是穿过脑体,不断地创造一些新的细孔;然而,血气离开原有途径,却不会迷失得很远;它们的激动很早就失去力量,等到它力量衰竭时,运动也就停止了。"不走得更远"(non longe perveniunt)。㉞ 因此,这样的病变,虽然和所有妄想共通,却不能在身体的表面,产生出狂暴的运动,也不能产生出人们在躁狂和癫狂里头所观察到的叫喊;忧郁症永远不能达到狂怒;这是面临其无力界线的疯狂。这个吊诡的现象源自血气秘密的变化。平常的时候,它们就像光一样地快速和绝对地透明;但在忧郁症里,它们被注入了黑暗;血气变得"幽暗、不透明、漆黑";它们带给大脑和精神的事物形象被罩上一层"阴影和昏暗"。㉟ 现在,它们变得沉重起来,比较接近一种阴暗的化学蒸气,而非纯粹光线。这种化学蒸气的属性,比较接近酸,而非硫或酒精:因为在酸性蒸气中,粒子是活动的,甚至无法休息,但它们的动态微弱,影响范围小;过滤以后,在蒸馏器里不过只留下一种平淡的发炎体(phlegme)。酸气不是拥有忧郁症的特质吗?相对地,随时可以燃烧的酒气不是更令人联想到癫狂吗?而硫气会令人想到躁狂,难道不是因为它们都被一种暴烈和连续的运动所激起?因此,如果得去寻求忧郁的"正式理由和原因",那么就得去研究由血挥发至脑中的蒸气,它们最后会变质堕落为一种酸性和腐蚀性的

㉞ 威里斯,《作品集》(Opera),II,p. 242。

㉟ 同上。

蒸气。㊱ 表面上,威里斯的分析依据是一整套血气忧郁说以及体液化学;但在事实上,真正的引导线索主要来自忧郁病的立即性质:一种无力的混乱、精神上的阴影,以及腐蚀感情和思想的粗糙酸性。酸性物质的化学并不是症状的解释;这是一种性质上的选择:这是一整套的忧郁体验的现象学。

七十余年后,血气说失去了科学上的地位。人们现在是用人体固态和液态元素理论来探讨疾病的秘密。由詹姆斯在英国出版的《医学大辞典》(*Dictionnaire universel de médecine*),"躁狂"一条提出了躁狂和忧郁的病因比较分析:"大脑明显是所有这一类疾病的中枢……造物主在这个部位,用一种不可思议的方式,安置了灵魂、精神、天才、想象力、记忆力和所有的感觉……如果血液和体液因为质量上的问题,不再以一种划一而有节制的方式被送往脑子,而是在那儿猛烈而冲动地循环,或流动得很慢、很难或很倦怠,那么,所有这些高贵的机能就会变化、堕落、降低和完全地毁坏。"㊲忧郁症的解释,在于这种倦怠的流动、这些被塞满的管脉、这沉重而饱含物质的血液,不但心脏难以将它分布在有机体之中,而且也难以穿入如此纤细的微血管里,而其中的循环又应该非常快,才能维持思想的运动。这一切令人产生问题的困扰解释了忧郁症的生成。迟钝、沉重、阻塞,这里仍然是这些原始性质在引导分析。解释的过程像是把由病人外表、行为、言语中察觉到的性质,朝向有机体作转移。由

㊱ 威里斯,《作品集》(*Opera*),Ⅱ,p. 240。

㊲ 詹姆斯,《医学大辞典》(*Dictionnaire universel de médecine*),"躁狂"(Manie)条,t. Ⅵ,p. 1125。

性质上的理解,前进到假设中的解释。但这种理解不会停止其优势,总是压倒理论的谐和。在罗利(Lorry)的作品里,固态和液态的两大医学解释形态,先是同时并立,后来又相互印证,使人可以区别出两种忧郁症。以固态原素为起源的忧郁症称作神经性忧郁:一个特别强烈的感觉会震撼承受它的神经纤维;由于反作用的结果,其他的纤维也变得更紧张,它们于是变得更僵硬也更易升高其震动。如果感觉变得还要更强:那时其他纤维会变得过度紧张而无法震动,这便造成了血气停流的僵硬状态。这时就产生了忧郁症。在另一种"液态"性忧郁中,体液为黑胆汁浸透;它们变得更加厚重;由于携带着这些体液,血液变得沉重,滞留于脑中,直到压缩神经系统的主要器官。这时我们又再看到纤维僵化;但在此情况中,这只不过是体液现象的后果罢了。罗利区分出两种忧郁症;但在事实上,仍是同一组性质在保障忧郁症的真实统一体,而他只是分别使它进入两个解释体系。只有理论架构一分为二。体验的性质基础仍旧保持不变。

这是一个象征上的统一体,来自液态元素的倦怠、血气的昏沉、它们在事物印象上所散布的昏黄阴影。在血管里很困难地流动的黏稠血液,变得黝黑、有害和呛人的厚重蒸气,变得缓慢和像是被黏住的脏腑作用——它比较是感觉上的统一体,而非概念性或理论性的统一体,它给与忧郁症一个独特的谜样外貌。

重组忧郁症的全体征象和出现模式的,比较是这种运作,而不是忠实的观察。局部性妄想狂这个主题逐渐消失,不再作为忧郁症患者的主要症状,让位给品质性条件,如忧伤、辛酸、爱好孤独、呆滞不动。到了18世纪末,人们将会很容易地把忧郁症列于不伴有谵妄的疯狂,但其特征是惰性、绝望、某种低调的木僵状态。㊳在詹姆斯的《辞典》里,早已提到一种中风式的、没有妄念的忧郁症,病人"不想起床;……站立时,他们也不想走路,除非受到朋友或仆人强迫;他们不闪避人;但似乎对人们向他们说的话,丝毫不加以注意,而且也不回话"。㊴如果在这种情况下,固执和沉默最占优势,并且决定了忧郁症的诊断,那么也会有些人,只能让我们观察到辛酸、倦怠和喜好独处;即使是他们的激动也不应该让我们为幻觉所骗,亦不应该允许急躁地将其断定为躁狂;这些人的确是忧郁症患者,因为"他们离群索居,无目的地游荡;他们的肤色发黄,舌头干燥,像是一个生大病的人,眼睛枯干下陷,从未被眼泪湿润过;整个身体干燥高热,脸上表情阴暗,并为恐怖和忧伤所笼罩"。㊵

* * *

躁狂(manie)之分析,和它在古典时代中的演变,遵守着同一个谐和原则。

威里斯把躁狂和忧郁症逐项逐项地对立起来。忧郁症

㊳ "一位士兵狂热地爱着一名少女,但她的双亲拒绝他,使他落入忧郁之中。他的神态像在作梦,诉苦说头痛及头部持续不断地麻痹,他很快就瘦了下来;脸孔发白;他是如此虚弱,以至于排泄而不自知……虽然病人没有什么正面回应,而且似乎全神贯注在某件事之上,却没有任何谵妄现象。他从不要求吃喝。"(《Musell之观察》[*Observation de Musell*],《保健报》[*Gazette salutaire*],1763 年 3 月 17 日)

㊴ 詹姆斯,《医学大辞典》(*Dictionnaire universel de médecine*), t. IV, "忧郁"(Mélancolie)条, p. 1215。

㊵ 同上书, p. 1214。

患者全神贯注于思索，以致想象力无所事事、处于休息状态；相反地，在躁狂症患者身上，幻想和想象一直被一道霸道的思想之流把持。忧郁症患者的心智固定在唯一的对象之上，在它身上冠上了各种无理的主张，但只单独对它这么做，相对地，躁狂扭曲了观念和概念；使它们或者失去适当性，或者使它们作出错误的再现；无论如何，就其与真相的基本关系，是思想的整体受到了损害。最后，忧郁症总是伴随有忧伤和惧怕；相反地，躁狂症则是伴随有大胆和狂怒。不论是躁狂或忧郁，病因总是出自血气的运动。但在躁狂中，这个运动非常地特殊：它是连续而强烈的，总是能在脑质里穿出新细孔，而且，它形成了一个物质性的承体，承载着显示躁狂的不协调思想、爆发性的动作、滔滔不绝的话语。所有这些毒性的动态，不就是由硫化液体所形成的地狱之水的动态吗？这是冥河之水（aquæ stygiæ），成分为硝酸钾（nitro）、硫酸（vitriolo）、锑（antimonio）、砷（arsenico）和类似之物（similibus exstillatæ）：其中的粒子永恒地运动着；它们有能力在一切物质中，穿出新的孔穴和脉络；而且它们有足够的力量，可以散布遥远，完全就像有能力使身体所有部门进入激动状态的狂气。地狱之水在其秘密运动之中，接收了所有躁狂具体实现时的形象。它构成了躁狂，而且是不可分离地，同时作为化学神话，也作为力学真相。

到了 18 世纪，神经管脉中的血气，它的形象以及其中所有的机械论和形上学意涵，频频地为另一个形象所取代。这个形象更具严格物理性格，不过也具有更多的象征价值。这是一种神经、血管和全体有机纤维体系都要遭受的紧张。于是，躁狂成为带至其最高点的纤维紧张，躁狂症患者就像是一个乐器,而它的弦因为过度拉扯,可以和最遥远和最脆弱的刺激一起震动。躁狂症患者的谵妄便源自感性的持续震动。通过这个形象,它跟忧郁症的不同就变得明确起来,并组合成一种严密的对比:忧郁症患者不再有能力和外在世界共鸣,因为他的纤维或是松弛了,或是因为过大的紧张而僵化(我们看到,紧张的机制如何可以同时良好解释忧郁症患者的僵化和躁狂症患者的激动):忧郁症患者身上,只有几条纤维可以发生共鸣,它们符合他明确的妄想点。相反地,躁狂症患者对所有的刺激都回以震动,他的谵妄是普遍的;不像忧郁症患者身上那样,刺激不致丧失于厚重的僵化之中;当躁狂者的机体重塑这些刺激时,它们受到增衍,好像躁狂症患者们在他们纤维紧张之中,累积了补充的能源。这是为什么他们也会变得无知无觉,但这不是忧郁症患者们半睡半醒的无知无觉,而是被内部震动所扯紧的无感觉;无疑,这就是为什么"他们不怕冷,不怕热,他们撕裂衣服,在严冬之中全裸而卧,毫不着凉"。这也是为什么他们以妄想中的虚幻世界来取代现实世界,虽然真实世界不断地在刺激着他们:"躁狂症的基本症状,在于客体在病人眼中和它们实际不同。"㊶躁狂症患者的妄想不是来自判断力某项特殊变质;它是所形成的感官印象传送脑部时的缺陷,一种通讯上的扰乱。这是疯狂的心理学中的古老理念:真相即是"思想和事物相符",现在它被移位到共鸣的隐喻之上,有如纤维对使它们震动的感觉,报以忠实的音乐。

在固态元素医学之外,躁狂症紧张的主题还会利用更具

㊶ 《百科全书》(*Encyclopédie*),"躁狂"(Manie)条。

品质性的直觉来发展。在躁狂症患者身上,纤维的僵硬总是处于一片干燥的天地之中;陪伴躁狂的经常是体液的枯竭,以及整个有机体中的一般性干旱。躁狂的本质是荒凉、多沙的。勃奈在《坟场》(*Sepulchretum*)一书中,肯定说躁狂症患者们的大脑,根据他的观察,总是显得处在枯燥、坚硬和易碎性的状态中。㊷ 后来,亚布列希·范·哈勒(Albrecht von Haller)也发现躁狂症患者大脑硬、干和脆。㊸ 姆纽莱(Menuret)提醒说,福莱斯蒂耶(Forestier)的观察曾清楚地显示出体液的过度消耗,因为使血管和纤维干枯,可以引发躁狂状态;这里牵涉到一位年轻人,他"在夏季里和一位女子结婚后,因为和她过度性交而躁狂发作"。

其他人所想象或假定的,他们以一种准知觉所看到的,杜福则加以观察、衡量、计算。他进行过一次尸体解剖,被剖的主体死于躁狂,杜福取出一部分大脑髓体;他把它切割成一个"六单位的立方体",而其重量是 3j. g. III,相对地,一个平常的大脑上同样体积的立方体,其重量则是 3j. g. V;"这个重量上的不同,一开始看起来没什么重要。我们却注意到,在疯子的大脑和非疯人的大脑,其总重之间的差异,在成人身上大约要减少七格鲁(译注:gros,1 gros = 1/8once),而成人大脑全体一般重有三磅。如此一来,前面所说的不同,就不是我们原想的那么小了。"㊹ 躁狂中的干燥和变轻,连在

㊷ 勃奈,《坟场[解剖]》(*Sepulchretum*),p. 205。

㊸ 亚布列希·范·哈勒,《生理学要素》(*Elementa Physiologiæ*), Liv. XVII, section Ire §17, t. V, Lausanne, 1763, pp. 571-574。

㊹ 杜福,前引书,pp. 370-371。

天平上都会显现出来。

这种内部的枯干和热力，不是还被另一项事实证实了吗——躁狂症患者可以轻松地忍受最强大的寒冷？这是众所皆知之事，他们光着身体在雪地里散步，[45]当他们被监禁在收容所时，也不需要取暖，[46]他们甚至能被寒冷治愈。自从范·海尔门(Van Helmont)[4] 以来，人们很愿意对躁狂症患者们进行冰水澡疗法，而且姆纽莱肯定说有一位躁狂病人，在逃出监狱时，"未戴帽，也几乎未穿衣地冒着大雨跑了好几里路，而他反而因为如此，完全恢复健康。"[47] 门萧(Montchau)曾治愈一位躁狂症患者，他"把冰冷的水，从尽可能的最高处洒下来"。他并不惊讶效果会这么好；为了解释，他搜集所有自从 17 世纪以来，曾经相承续和交错运用的机体发热主题："我们应该惊异于水和冰的治疗会这么快速和完美吗？要知道，这时血在沸腾，胆汁狂热，而且所有叛变的液体把扰乱和激动带到身体各处"；由于冷的印象，"管脉更剧烈地收缩，摆脱阻塞它的液体；由于管脉中液体极端发热而引起的固态部位激动，便停止下来，神经得到放松，原先向各处不规则窜流的血气，又再恢复到自然状态。"[48]

忧郁的世界潮湿、沉重而且寒冷；躁狂的世界则是枯干、

---

[45] 《百科全书》(Encyclopédie)，"躁狂"(Manie)条。

[46] 达干(Daquin，前引书，pp.67-68)和匹奈的作品里仍旧看到这种理念。它也是监禁措施的一部分。在圣·拉撒尔院的登记簿上，Antoine de la Haye Monbault 这一条人名之旁写道："虽然非常严寒，他却面不改色。"(国家图书馆，Clairambault, 986, p. 117)

[47] 《百科全书》(Encyclopédie)，"躁狂"(Manie)条。

[48] 门萧，寄给《保健报》(Gazette salutaire)的观察，第五号，1763 年 2 月 3 日。

火热,同时是暴力和脆弱的事实;一个无法感觉,但又到处显现的热力,使这个世界变得干瘪、易碎,但只要有凉爽湿气,它就会变得柔顺起来。就在所有这些性质的简化过程中,躁狂同时取得了它的规模和统一。它无疑仍有 17 世纪的意义,即"不发烧的狂怒";但在这两个只是**描述性**的特征之外,又发展出来一个**知觉性**主题,而它才是临床图表的实际组织者。解释性的神话后来消失了,体液、血气、固态、液态也不再盛行,只剩下甚至不再被定名的性质协调图式;而运动和热能的力学所慢慢汇合成的躁狂特征组合,现在被当作是一种自然的症候群(complexe naturel)来观察,像是心理学观察下的一种无中介真相。过去被看作是热能、被想象为血气的激动、梦想为纤维的张力的东西,今后将以心理学中性而透明的概念为人重新认识:内在印象的过度活跃、联想的快速、对外在世界不加注意。德·拉里夫(De La Rive)的描述已经具有这种明晰性格:"外在客体在病人精神上所产生的印象,和它在健康人精神上产生的印象不同;这些印象是微弱的,而且他也很少加以注意;他的精神几乎完全贯注于他错乱状态下的脑子所产生的活跃意念。这些意念是如此地生动活泼,使得病人相信它们代表真实的客体,并相应地作出判断。"[49]但我们不要忘记这种躁狂的心理结构,出现于 18 世纪末,后来才稳固下来,它只是一整个深层组织的表面描绘。这个深层组织未来会受到倾覆,但它过去乃是依据半感知、半想象的法则,由一个性质的世界中发展出来。

---

[49] 德·拉里夫,论一座精神错乱者的治疗机构,《大英图书馆》(*Bibliothèque britannique*),VIII,p. 304。

无疑地，这整个热和冷、燥与湿的世界，提醒说医学思想在达到实证主义的前夕，原是诞生在什么样的天地之中。但，这种形象负载，并不仅仅是回忆；它也不是真正的运作。为了形成躁狂或忧郁的实证体验，在形象的地平上，必须出现前述的性质组合，使得相互吸引的性质，可以被一整套感觉和感情归属体系固定下来。如果躁狂、忧郁从此便拥有我们的知识所认识的面貌，那不是因为经过几世纪，我们学会"打开眼睛"看它的实际征象；那不是因为我们已经把感知净化为透明；那是因为，在疯狂的体验里，这些概念曾被整合在某些性质主题周围。这些主题使它们得到统一，获得有意义的协调，而最后终于变得有可能为人察觉。原先只是简单地描述疾病概念的讯号（不伴有发烧的狂怒、固置的妄想），后来则演变为一个性质的场域。它表面上比较没有组织，比较容易，界定得比较不明确。但在疯狂的总体经验中，只有它才能构成一些可感的、可辨认的、**真实临在**的单元。这些疾病的观察空间，乃是切割自一些在暗地里提供风格和结构给疾病的背景。一方面，有一个泡在水里、接近洪水期的世界，对于他的唯一恐怖之外的事物，人是不闻、不见、毫无意识；这是一个极度简化的世界，但有一个单一的细节却被过度地放大。另一方面，有一个火热、荒芜的世界，一个恐慌的世界，其中一切都是逃逸、混乱、片刻的足迹。组织躁狂和忧郁体验的（它们已十分接近我们的体验），乃是这些主题严谨的宇宙论形式——而非约略的谨慎观察。

* * *

威里斯因为他的观察精神、医学觉察力之精纯，享有发现躁狂—抑郁循环(cycle maniaco-dépressif)的荣耀,或者毋宁说那是躁狂—忧郁交替的发现。威里斯的方法的确很重要。但它的重要性首先在此:由一个病到另一个病的过渡,并不被当作观察上的事实,下一步才处理如何发现解释;这比较是两者在其秘密属性上,具有深沉亲近性所造成的结果。威里斯从未引用任何他曾观察过的交替案例;他首先看出的,乃是一种内在的亲近性在造成奇特的变化:"在忧郁之后,我们得处理躁狂,它们之间具有如此的亲近性,以至于这两个病变经常会互相交替":的确,有时候忧郁素质(diathèse)如果恶化,便会转成狂怒;相反地,当狂怒逐渐下降,丧失力量,进入息止状态时,便会转成忧郁素质。⑩用严格的经验论来看,这里应当有两种相连的疾病,或是同一疾病两种相承续的症状。其实,威里斯既未用症状,亦未以疾病的角度来看这个问题;他只是用血气力学来寻找这两种状态中的联系。我们还记得,忧郁症患者的血气黯淡阴沉;它们把黑暗投在事物的形象上,并在心灵之光中,造成仿佛阴影出现的后果;相反地,躁狂中血气激荡,像是永恒的闪耀。它们被一个不规则的、不断重新开始的运动所带动;这个运动腐蚀和消耗,而且甚至不产生发烧,就能使它的热能到处散发。躁狂和忧郁间具有明显的亲近性:但这不是在经验中贯串的症状亲近性:这是在想象背景中的亲近性,具有另一种强度,而且更为明显。它在同一个火的意象中,把焰和烟联结在一起。"如果我们可以说,在忧郁症中,大脑和血气是被一阵烟和某种浓厚蒸气蒙蔽住了,那么躁狂就像是把这里开始的火苗演

---

⑩ 威里斯,《作品集》(Opera),t. II, p. 255。

变为火灾。"㉛火焰猛烈的运动会驱散烟;但是当后者终于回降时,却会窒息火焰,使其失去光明。对于威里斯而言,躁狂和忧郁的统一体不是一种疾病:那是一种有焰和烟在其中斗争的秘密之火,那是此种光明和阴影的承载元素。

18 世纪的医生中,没有一位,或几乎没有任何一人不知道躁狂和忧郁的亲近性。然而,有好几位却拒绝承认这是同一个疾病的两种表现。㉜有很多位观察到两者的承续关系,但看不出它们有统一的症状。西丹汉偏好划分躁狂这个领域本身:一方面,有常型躁狂——源于"血液的过度亢奋和活跃";另一方面,则有一种通常会"退化为愚笨"的躁狂。它来自"血液的衰弱,因为过长的发酵使它失去了最会制造血气的部分"。㉝比较常被接受的说法如下:躁狂和忧郁间的承续如果不是变形的现象,便是源于远因。李欧多(Lieutaud)认为,长期的忧郁,如果其中的妄想又再恶化,便会失去其传统症状,变得和躁狂奇异地相似:"最严重的忧郁和躁狂间有许多亲近性。"㉞但这个类比性的地位并不精致。在杜福看来,两者间的关系更加松弛:这里牵涉到的是一种遥远的因果推衍:忧郁可能会引起躁狂,但其地位就像"额窦(sinus frontaux)中的虫,或某些膨胀或曲张的血管"。㉟如果没有形象作为支撑,任何观察都无法将单纯看出的承续关系,转变为一个明确和基本的症状结构。

㉛ 威里斯,《作品集》(*Opera*), t. II, p. 255。
㉜ 譬如,《百科全书》"忧郁"这一条的作者斗门(d'Aumont)。
㉝ 西丹汉,《实用医学》(*Médecine pratique*), Jault 译, p. 629。
㉞ 李欧多,《实用医学详述》(*Précis de médecine pratique*), p. 204。
㉟ 杜福,《悟性论》(*Essai Sur l'entendement*), p. 369。

无疑地,焰和烟的形象在威里斯的承继者的作品中消失了;但组织工作仍旧完成于形象内部——形象变得越来越功能化,越来越能配合循环和发热这两项生理学大型主题,越来越远离威里斯所借用的宇宙论形象。在勃艾哈夫和他的评论者范·斯威丹(Van Swieten)的作品里,躁狂很自然地成为最高度的忧郁——而且这不仅是因为经常发生的变形作用,还是因为一项必要的动力贯串过程:黑胆汁体质的人,他的脑液先会停滞,过了一段时间后,它又会进入激动状态,由于阻塞血脉的黑胆汁,正因为它的固着性质本身,变得"更有刺激性、更加危险";在它之中形成了一些更酸和更细微的元素,而这些元素在被血液运送到脑部以后,就会引起躁狂症患者的强大激动。躁狂和忧郁的区别因此只是程度上的差别:前者是后者的自然结果,来自同一病因,因此一般来说可用同样的药方治疗。[56]对于霍夫曼而言,躁狂和忧郁之间的统一乃是运动和冲撞法则的自然效果;但在原则层次纯粹机械性的事物,在生命和疾病的发展中,却变成辩证性的事物。忧郁实际上以固置性为其特征;也就是说浓稠的血液阻塞了脑部,造成充血;血液在它应该要循环的地方,却倾向停滞,因为它的沉重而固置下来。但如果沉重性会减慢流动,它同时也会使冲撞的效力变得更加强烈;这流动要经过的脑部、管脉,以及它本身的实质,因为受到更大力量的冲击,便会倾向于增加更多的抗力,也就是变得更硬,而且,因为硬化的关系,沉重的血液就以更大的力量被送走;它的运动量增高了,

---

[56] 勃艾哈夫,《格言集》(*Aphorismes*),1118 & 1119;范·斯威丹,《注释》(*Commentaria*),t. III, pp. 519-520。

不久以后，便陷入作为躁狂特征的激动之中。(57) 因此，这里是很自然地由固置阻塞的形象，转移到枯干、坚硬、激烈运动的形象。这个过程中所利用的机制里，因为要忠实于形象主题，古典机械论的原则在每个时刻都受到转变、转向、扭曲。这些主题才是功能性统一体的真正组织者。

之后还有其他的形象加入其中；但它们不再扮演构成性的角色；它们只是作为一个已经建立的统一性主题的种种诠释变奏。史宾格勒（Spengler）对躁狂和忧郁交替现象所提出的解释，可以作为见证：他的原则以电池为模范。首先，神经力量和其液体集中于系统的某一领域；只有这个部门属于兴奋状态，其余的部门皆处于睡眠状态：这便是忧郁症阶段。但是当这个阶段达到某种强烈程度时，这个局部的能量突然散布到整个体系里头，在一段时间内，它暴烈地激扰着它，一直到能量完全释放为止；这便是躁狂阶段。(58) 在这样的概念提炼层次，形象过于复杂，而且是过于完整，它借用的模范太过遥远，无法在病理单元的知觉上扮演组织者的角色。相反地，是它本身为这个知觉所召唤，而这个知觉呢，它本身也是建立在有统一力的形象之上，不过它们可要更基本许多。

这些形象秘密地存在于詹姆斯《辞典》的字里行间之中。在这篇文献里，躁狂—抑郁循环第一次被当作观察上的真相，被当作是一个自由的知觉可以明显读出的统一体。“绝对有

(57) 霍夫曼，《系统性合理医学》（*Medicina rationalis systematica*），t. IV，pars，pp. 188sq。

(58) 史宾格勒，《通信：有关电能在疾病中的作用的实验》（*Briefe，welche einige Erfahrungen der elektrischen Wirkung in Krankheiten enthalten*），Copenhaguc，1754。

必要将忧郁和躁狂化约为同一种病,并且可以同时检视两者,因为以我们的经验和日常观察,我们发现两者皆有同样的起源和原因……最精确的观察和日常的经验证实了同样的事情,因为我们知道忧郁症患者们,尤其是那些长久罹患此病的人,轻易地便能变成躁狂症患者,而且躁狂一旦中止,忧郁便又开始,两者在不同时段间循环往来。"[59]因此,在形象作用之效应之下,在17和18世纪之中所建构的,乃是一种感知结构,而不是一个观念体系,甚至也不是一个症状的集合。其中的证据在于,就像感知中的情况,我们总是可以作出一个质的滑移,全体的形象却不会因此受到改变。如此,居伦发现躁狂症和忧郁症一样,有"一个主要的妄想对象"[60]——而且,又反过来,把忧郁归因于"大脑髓体组织过于干燥和密实"。[61]

要点在于,这个运作过程并不是先作观察才达到解释性形象的建构;过程完全相反,是形象先扮演最初的综合者角色,是它们的组织力才使感知结构有其可能,如此,症状才能在其中取得有意义的价值,组织起来成为真相可见的临在。

III 歇斯底里和疑病症

对于这个主题,首先要探讨两个问题。

第一,如何才能合法地将它们当作心智疾病,或至少当

---

[59] 居伦,《实用医学指引》(*Institutions de médecine pratique*),II,p. 315。
[60] 居伦,前引书,p. 315。
[61] 同上书,p. 323。

作疯狂的一些形式?

第二,我们有没有权利将它们放在一起看待,好像它们是潜在的一对,如同躁狂和忧郁很早就构成的配对一样呢?

我们只要瞧瞧各种分类法就够了;疑病症始终不曾出现于心神丧失和躁狂的旁边;歇斯底里即使在此出现,也是非常稀罕,普拉特在意识的损伤中,两者都不提;到古典时代末期,居伦仍然将它们摆在有别于精神错乱的另一个范畴里:疑病症属于"生命或动物机能衰弱或失去运动的无力症或疾病",歇斯底里则属于"自然机能的痉挛性疾病"。[62]

而且,在疾病分类表里,很少可以看到这两种疾病被集合于逻辑的邻近关系中,或甚至以对立的方式将其拉近。索洼吉把疑病症当作是一种幻觉——"只在健康上打转的幻觉",歇斯底里则被划归为痉挛。[63] 林内的分类相同。[64] 他们不都是忠实地在追随威里斯的遗训吗?后者在他的《痉挛病论》(De Morbis convulsivis)一书里头研究歇斯底里。他的《血气论》(De Anima brutorum)处理的是头部疾病,他在该书的一个部分中谈到疑病症,还把它命名为 passio colica〔绞痛病〕。实际上,这是两种非常不同的疾病:其中一个,是过热的血气互相推挤,让人觉得它们好像要爆炸开来——它们激起不规则或超自然的运动,而其不合理的形象便形成了歇斯

---

[62] 居伦,《实用医学指引》(Institutions de médecine pratique), II, p. 128 & p. 272。

[63] 索洼吉,前引书。歇斯底里列于第四纲(痉挛),疑病症则列于第八纲(心智错乱)。

[64] 林内,《疾病分类》(Genera Morborum)。疑病症列入心智疾病中与"意象"有关的一类,癫病则属于痉挛病中"强而有力"的一类。

底里的痉挛。相反地,在 passio colica 之中,血气因为一种与其敌对和格格不入(infesta et improportionata)的物质,受到刺激;于是它们引起敏感纤维的错乱、激动、corrugationes[皱纹]。因此,威里斯便劝告人不要被某些症状上的类同所愚弄:当然,人们看到痉挛会制造痛苦,好像歇斯底里的剧烈运动可以引发疑病症中的痛楚。然而这是欺骗人的相似。Non eadem sed nonnihil diversa materies est[两者虽接近,但不相同]。⑥

疾病分类学家持续地将两者区别开来。然而,有一项缓慢的工作却正在地下完成,越来越倾向于把歇斯底里和疑病症同化,就像是同一疾病的两个形态。理查·布拉克摩尔(Richard Blackmore)在 1725 年出版《论忧郁和气晕,或称疑病症和歇斯底里症》(*Treatise of spleen and vapours, or hypochondriacal and hysterical affections*),书中将这两个疾病定义为同一疾病的两个变种——一是"血气的病态组成",一是"倾向于消耗储备,使之枯竭"。18 世纪中叶,委特(Whytt)作出了零缺点的同化;两者的症状体系从此成为一致:"对热和冷的特别感觉、身体不同部位的痛苦;头晕和气郁性痉挛;僵住和强直;胃肠膨风;好吃不厌;呕吐黑色物质;灰白清澈的尿水突然大量出现、消瘦或神经萎缩;神经性或痉挛性哮喘;神经质的咳嗽;心悸、脉搏不稳、头部周期性疼痛;晕眩和眼花、眼力减少

---

⑥ 参考他和海摩尔(Highmore)间的论战:《两篇论文,第一篇有关歇斯底里,另一篇有关疑病症》(*Exercitationes duæ, prior de passione hysterica, altera de affectione hypochondriaca*),Oxford,1660 及《论歇斯底里,回应威里斯》(*de passione hysterica, responsio epistolaris ad Willisium*),Londres,1670。

和变弱;沮丧、低落、忧郁或甚至疯狂;噩梦或梦魇。"⑥

另一方面,在古典时代中,歇斯底里和疑病症也慢慢地加入了精神疾病的领域。米德(Mead)在谈疑病症时,仍然能够写出:Morbus totius corporis est"它完全是肉体上的疾病"。而且我们要公平地对待威里斯有关歇斯底里的文章:"在女人的疾病中,歇斯底里的激情是如此地恶名昭彰,它就像一个 semi-damnati[半罪人],要为许多其他疾病顶罪;如果在一位女人身上发生了一项属性不明和起源不清的疾病,我们找不到它的原因,不确定要如何治疗,我们马上就会说那是子宫的坏影响。然而大部分的时候,对于不常见的症状,子宫并无责任。我们却宣称其中隐藏某些歇斯底里的东西,而它其实是许多无知的遁词。我们却把它当作医护和治疗的对象。"⑥这一段文字,在一切有关歇斯底里的研究里,一定会被引用。我们不会使得它的传统评论家不悦,因为我们认为,它并不意味着,威里斯怀疑歇斯底里激情的症状可能缺乏有机基础。这段文字只是在说——而且方式非常明确——歇斯底里⁵的概念里充满了幻想——但这不是病人或自认有病的人的幻想——而是那些以无为有的医生的幻想。威里斯把歇斯底里划为头疾一类,这个事实并不表示它就是一种精神上的错乱;这只表示他把此症的起源,归因于血气在其属性、起源和最初轨迹上有了病变。

---

⑥ 委特,《神经病论》(*Traité des maladies des nerfs*),t. II, pp. 1-132。有关这一类的列举,可参考 Revillon,《疑病症病因研究》(*Recherches sur la cause des affections hypocondriaques*), Paris, 1779, pp. 5-6。

⑥ 威里斯,《作品集》(*Opera*), t. I;"论痉挛症"(*De morbis convulsivis*), p. 529。

然而，到18世纪末，疑病症和歇斯底里，却几乎毫无问题地成为精神疾病家族中的一员。1755年，亚伯蒂（Alberti）在海牙（Halle）出版论文《论疑病想象症》（*De morbis imaginariis hypochondriacorum*）；而李欧多虽然把疑病症定为一种痉挛，亦承认说"精神和肉体一样受害，而且还可能更深；也就是因此，'季肋'（译注：此字原意）一词几乎已变成一个冒犯人的名词，想要讨好别人的医生们便避免使用它"。⑱ 至于歇斯底里症，劳兰（Raulin）不再认为它有机体上的真实性，至少在他一开头的定义里，他就开宗明义地把它当作是想象病理学的处理对象："生了这病的女人，发明、夸大和重复着无节制的想象力可能得出的种种荒谬事物，有时它会爆发流行、大肆传染。"⑲

因此，在古典时代中，歇斯底里和疑病症主要有两条演变线索。其中之一将两者拉近，直到形成一个共同的概念，那就是"神经病"（maladie des nerfs）；另一个线索则移转其意义，也改变了它的传统病理承体——这传统还可以由其名称中看得出来——并尝试将它们逐渐整合到精神病的领域之中，与躁狂和忧郁为邻。但，这项整合却和处理躁狂和忧郁时不同，它不是在原始性质的层次上进行的，也不是靠着它们受人感知和梦想的想象价值。这里出现的是一种完全不同的整合形态。

* * *

古典时代的医生们的确曾致力于发现歇斯底里和疑病症的特质。但，他们却一直没有达到一点：觉察出一个协调

---

⑱ 李欧多，《实用医学》（*Traité de médecine pratique*），2ᵉ éd. 1761，p. 127。

⑲ 劳兰，《气郁症论》（*Traité des affections vaporeuses*），Paris, 1758, 前言, p. XX。

一致的整体,一个使躁狂和忧郁具有特殊面貌的品质性凝聚力。所有引用的性质相互矛盾,彼此取消,完全没有解决这两种疾病的深层属性为何的问题。

歇斯底里经常被视为体内热能所产生的效应,这热能把骚动、沸腾扩散到全身,并不断地显现为抽搐和痉挛。这个热能不是和炽热的爱欲有密切关系吗?在求偶中的少女和在失去丈夫的年轻寡妇身上,歇斯底里不是常和这个爱欲连在一起吗?歇斯底里天性上就是炽热的;它的征象比较会让人想到一个形象,而不是一种疾病;杰克·费兰(Jacques Ferrand)在17世纪初描画了这个形象,而且具有强大的物质准确性。在他的《恋爱病或情欲忧郁》(*Maladie d'amour ou mélancolie érotique*)里,他沾沾自喜地认定女人比男人更经常因为爱情昏头转向;但她们又用何种高度的技巧来掩盖此事啊!"在这方面,她们的外表就像安歇在支架上的蒸馏器,我们从外头看不到火,但如果您去看看蒸馏器下面,而且把手放在妇人心头上,你在这两处都会发现到大量的火炭。"[70]这是一个值得赞赏的形象,它有沉重的象征、感情上的超量负荷,还有一整套的意象指涉。在费兰以后很久,我们还会重新看到湿热这个质的主题,被用来形容歇斯底里和疑病症中的秘密蒸馏;但形象在此时消隐,让位给一个更抽象的主题。在尼可拉·谢斯诺(Nicolas Chesneau)的作品里,女性蒸馏器之火焰已经褪色得很厉害了:"我认为,歇斯底里的激情并不是一个简单的疾病,在这个名称之下,包含着一种恶性蒸

---

[70] 杰克·费兰,《恋爱病或情欲忧郁》(*De la maladie d'amour ou mélancolie érotique*),Paris,1623,p. 164。

气所造成的多种病痛。这种蒸气以某种方式产生。这腐坏的恶气,强烈地沸腾激荡。"⑪对于其他人来说,相反地,由季肋部(hypochondres)所升起的热量,却是完全干燥的:疑病忧郁乃是一种"热而干的"疾病,来自"同一性质的体液"。⑫ 但也有某些人不论是在歇斯底里或是在疑病症中,都看不出有任何热力:因此,这些疾病的特性,反而是无精打采、惰性和淤积体液特有的冷湿性格:"我认为这些疾病(疑病症和歇斯底里),如果是比较长期的时候,来自脑部和神经的纤维变得松弛、既无动作亦无弹性;也来自神经液变得贫乏、无效。"⑬最能见证歇斯底里在质性上的不稳定的,无疑是乔治·贤恩(George Cheyne)所著的《英国病》(*The English Malady*):在其中,疾病只是抽象地维持统一,而症状则被划分于不同的质性领域,并受该领域特有的机制管辖。痉挛、抽筋、抽搐这类的症状,属于一种热量病理学,其热量的象征为"盐粒子"、"有害的、呛人的或尖刻的蒸气"。相反地,所有的身心虚弱征象——"低落、昏厥、神智停滞、嗜眠麻木、忧郁和悲伤"——则显示出,纤维变得太湿和太松。这无疑是受到冷、黏和厚的体液的影响,它们阻塞了浆液和血液的腺体和管脉。至于瘫痪,它同时既意味着冷却,亦意味着纤维的固置、"震动的中断"。这可说是因为固态元素的一般惰

---

⑪ 尼可拉·谢斯诺,《医学观察五卷》(*Observationum medicarum libri quinque*),Paris,1672,liv. III,chap. XIV。

⑫ T. A. Murillo,《治疗疑病忧郁的最新方法》(*Novissima hypochondriacæ melancholiæ curatio*),Lyon,1672,chap. IX,pp. 88 sq.。

⑬ M. Flemyng,《神经病或疑病症和歇斯底里》(*Neuropathia sive de morbis hypochondriacis et hystericis*),Amsterdam,1741,pp. L-LI。

性，使得纤维的震动受到冻结。

　　相对于躁狂和忧郁可以很容易地在质的层次被组织起来，歇斯底里和疑病症现象则很难在其中找到位置。

　　动态医学面对它们时，亦是难以作出决定，其分析也是同样不稳定。躁狂很清楚地——至少对任何不排斥其形象的知觉是如此——与过度的动态相关；相反地，忧郁则与运动的减慢相关。对歇斯底里和疑病症来说，就难以作选择了。史达尔(Stahl)比较倾向选择血液的加重：血液同时变得如此大量和厚重，以致它无法规则地通过门静脉循环；血液倾向于滞留于此，造成阻塞；病发之因便是"因为它想要由上或下方找到出口时所作出的努力"。[74] 相反地，对于勃艾哈夫和范·斯威丹来说，歇斯底里中的动态乃是因为所有液体都过度活动：它们变得如此地轻盈，如此飘荡不定，以至于最微小的运动就会扰动它们。范·斯威丹解释道："弱体质的人身上，血液遭到溶解；它几乎凝聚不起来；因此，血清没什么密度，也没什么品质；淋巴液和血清相似，其他由淋巴所提供的液体也相同……因此，所谓无物质性的疑病症和歇斯底里激情，有可能是来自体质或是纤维的特殊状态。""脸色苍白的女孩、过度专注于研究和冥想的人，"[75]很容易会感到焦虑、痉挛、独特的痛楚。这些现象都归因于上述的敏感性和动态。左也行、右也行，歇斯底里可以是固置或动态的，流

---

[74]　史达尔，《真实医理，论疑病症》(*Theoria medica vera, de malo hypochondriaco*)，pp. 447 sq.。

[75]　范·斯威丹，《勃艾哈夫格言集注释》(*Commentaria in Aphorismos Boerhaavii*)，1752，I，pp. 22 sq.。

动的或沉重的,被投入不稳定的震动之中,或是被积滞的体液所加重。它的运动的特有风格尚未为人发现。

化学类比论也是同样地不精确:蓝治(Lange)认为,歇斯底里乃是一种发酵作用的产物,尤其是"推送于身体不同部位的盐分"的发酵,而且又加上"处在该部位的体液"。⑯ 对其他人来说,它是碱性的。相反地,艾特姆勒(Ettmüller)则认为这类的病痛来自一系列的酸性反应;"其近因来自胃中的强酸;因为乳糜是酸的,血的品质就下降了;它不再提供血气;淋巴液是酸的,胆汁没有功效;神经类感到激动,污浊的消化酵母挥发性降低,而且过酸。"⑰ 为了解释"我们有时会发生的气郁",维里德(Viridet)重塑了一套酸碱辩证过程,两者在脑和神经中的活动和强烈的会合,便引发了歇斯底里和疑病症的征象。某些血气特别地纤细,其性质为碱盐,活运得非常快速,而且在变得过度纤细时,便会转化为蒸气;但也有其他蒸气来自酸质的挥发;以太(éther)为它们提供了足够的动态,把它们带到脑和神经中,在这儿"它们和碱质相遇,造成无穷的痛楚"。⑱

以上便是歇斯底里和疑病症在质性上奇特的不稳,其动力属性和化学秘密中奇特的混淆。在质性的地平上,躁狂和忧郁的解读显得如此简单,相对于此,上述病症的解答就更像是犹豫不决。无疑地,这个想象的质性背景,对构成躁狂、

---

⑯ 蓝治,《气郁论》(Traité des vapeurs),Paris,1689,pp. 41-60。

⑰ 《论疑病症》(Dissertatio de malo hypochondriaco),收入《专科医术》(Pratiques de médecine spéciale),p. 571。

⑱ 维里德,《气郁症论文》(Dissertation Sur les vapeurs),Paris,1716,pp. 50-62。

忧郁的配对来说,具有决定性。然而它在歇斯底里和疑病症的历史中,一直只占有次要地位,可能只是扮演了一个不停翻新的布景的角色。歇斯底里的进程,和躁狂不同,不是通过反映于医学想象中的世界幽暗的性质。它在其中发展的空间,其本性完全不同:那是身体的空间,身体有机价值和道德价值间的和谐一致。

* * *

把歇斯底里由子宫移位的古老神话中解放出来的功劳,习惯上被归给勒波洼(Le Pois)和威里斯。李勃(Liebaud)在17世纪翻译马里奈罗(Marinello)的著作时——其实比较好的说法是改写——虽然加上了一些限制条件,仍然接受子宫自发运动的想法;子宫如果运动,"原因是为了使自己更加舒适;它之所以这么做,不是因为谨慎小心、接受指挥或是血气激动,而是出自一种自然的本能,以便保持健康和享受某种令人惬意的事物。"当然,它现在不再被认为有改变场所(lieu)、在身体里到处奔跑、一路狂跳扰动的能力,因为子宫颈、韧带、管脉和腹膜把它"牢牢系住了";不过它还是可以改变位置(place):"因此,虽然子宫因为和以上描述的部分紧密联结,所以不能改变场所,但它经常改变位置,并在女人身体中作出急促怪异的运动。这些运动种类繁多,比如有向上、向下、痉挛、游离、脱垂。它会上升到肝、脾、膈膜、胃、胸、心、肺、喉和头部。"[79]对于这样的解释方式,古典时代的医生

---

[79] 李勃,《妇女病症及虚弱三卷》(*Trois livres des maladies et infirmités des femmes*),1609,p. 380。

几乎没有例外,一致加以拒绝。

17世纪之初,勒波洼在论及歇斯底里痉挛时,便能如此写道:"它们全体只有一个起源,那不是交感,而是特发(Eorum omnium unum caput esse parentem, idque non per sympathiam, sed per idiopathiam)。"更明确地说,其起源在于头颅后部充满流体堆积:"就好像细水汇聚,才能形成河流,同样地,由位于大脑表面并终结于头部后方的细小管脉(sinus),由于头部之倾斜,也导致大量的流体堆积。各部位的热力烧热了流体,触及神经之源头……"[80]威里斯也对子宫说进行细部批判:"在这项疾病里,出现了所有血液运动混乱失调,"[81]而且特别受制于大脑和神经病变。然而,歇斯底里和子宫之间具有基本关系的主题,并未因为这些分析而遭到废除。现在人们对这项关系采取了另一种看法:它不再被想成是在身体中真实移动的轨迹,而是被想作通过有机体的各种管道和功能上的邻近性,一种默默进行的扩散。我们不能说疾病的部位已变成大脑,也不能说威里斯使得歇斯底里的心理学分析成为可能。但,现在大脑扮演着病痛的中介者和分配者角色,其起源则来自内脏:子宫在这里和其他所有内脏部位一样,都能造成此项病痛。[82] 一直到18世纪末,到匹奈,子宫在歇斯底里的病理学中始终占有一席之地,[83]但这

---

[80] C. Piso,《观察》(*Observationes*), 1618, 由 Boerhaave 于 1733 年重新出版, section II, §2, chap. VII, p. 144。

[81] 威里斯,《论歇斯底里》(*De Affectionibus hystericis*),《作品集》(*Opera*), I, p. 635。

[82] 同上,"论痉挛症"(*De morbis convulsivis*),《作品集》(*Opera*), I, p. 536。

[83] 匹奈将歇斯底里归类为与胎儿生成期有关的神经质症(névroses de la génération)。(见《哲学性疾病分类》〔*Nosographie philosophique*〕)

不是因为它本身具有特别的属性,而是因为体液和神经的扩散作用对它特别着重。

对于歇斯底里和疑病症之间的平行关系,史达尔提出的理由来自他对痔疮和月经间所作的奇特类同。他在分析痉挛运动时,解释说歇斯底里的病痛是一种相当猛烈的痛苦,"伴有紧张和压迫感,而且主要的发痛部位在于季肋部以下。"当此病侵袭男人时,被称为季肋症(mal hypochondriaque),因为"在男人身上,为了排除过多的血液,自然所努力施为的方式是呕吐或痔疮";当它侵袭女人时,便被称为歇斯底里症。这些女人"月经不调。不过在两个病症之间,并不存有本质上的不同"。[84] 尽管有那么多理论上的差异,霍夫曼的见解与此十分接近。歇斯底里的**原因**位于子宫——它的松弛和衰弱——但就和疑病症一样,其**部位**却在于胃肠之中;血液和生命液开始滞留于"肠薄膜和肠神经膜之中";胃随之产生了病变,并扩延到全身。由于胃正好位于有机体的中心位置,于是成为身体内下腔病痛的中继站和扩散站:"疑病症和歇斯底里症患者所患的痉挛性病痛,其部位,无可置疑地,定然处于神经部分,尤其是在肠胃包膜之中。病痛便由肋间神经,由此传至头、胸、肾、肝和身体所有主要器官。"[85]

霍夫曼让肠、胃、肋间神经各自扮演的角色,对于了解古典时代对这个问题的提法,颇有意义。重点不在于他避开了

---

[84] 史达尔,前引书,p.453。

[85] 霍夫曼,《系统性合理医学》(*Medecina rationalis systematica*),t. IV,第三部,p.410。

古老的子宫部位说，而在于他发现了一个多样、多变的病痛，如何被传布到全身的原则和管道。这里要了解的病痛，既可以侵袭头部，也能危害脚部，可以表现为瘫痪或胡乱的动作，可以造成强直性昏厥，也能带来失眠，简言之，这样的病痛周游身体空间之时，是如此地迅速，而它又有许多狡智，使得它具有在身体全身各处出现的潜力。

对马里奈罗到霍夫曼之间所发生的医学地平变化，我们不必枉费唇舌，多加强调。那著名的子宫活动性，在希波克拉特医学传统（tradition hippocratique）[6]中，曾经恒常地出现，现在则是荡然无存。唯一的例外可能是某个主题，而且它现在特别清楚地浮显出来，因为它不再只是被拘束在单一的医学理论之中，而是在种种承续出现的思辨概念和解释图式中，一直保持一致。这个主题，谈的便是身体空间的动荡不安，下部位的力量向上冲，而且它因为像是充血郁积过久，现在开始进入激动状态，沸腾起来，最后——不论有没有大脑的中介——把混乱扩散到全身。虽然整个生理学概念已经产生了彻底的重组，这个主题一直到18世纪初都还保持不变。然而，奇怪的地方就在于，在18世纪之中，虽然病理学在理论和实验上都没有发生任何大变化，这个主题却会突然地转变和改变意义——身体空间的动力学，将会被一种感性道德取代。这时，而且只有在这时，歇斯底里和疑病症的概念才会**转向**，终结性地进入疯狂的世界。

以下，让我们试着重塑此一主题的三个演变阶段：

第一，刺穿身心的动力学

第二，身体连续性的生理学

第三，神经感性的伦理学

* * *

如果把身体空间看作一个固态和连续性的整体，那么歇斯底里和疑病症中的混乱运动，便只能来自一个极端细微和不断活动的元素，如此它才能穿入固态元素本身所占据的场所。就如海摩尔(Highmore)所说的，血气"由于具有火一般的纤小，甚至能穿入最密和最紧的形体之中……而且，它们的活力，使它们可以在刹那之间，穿入一切的小宇宙"。⑧ 如果血气的活性过大，如果它们的穿透性变得毫无秩序、不合时宜、错选对象，那么它们就会引发千百种不同的病变征象。海摩尔和他的对手威里斯以及西丹汉都认为，歇斯底里的定义，便是身体变成随时随地可被血气穿透，如此一来，器官的内在秩序，便被替换为一个错乱的空间，其中的量体被动地接受血气混乱运动的指挥。血气"猛烈激昂、过量地集中于某一部位，在那里引起痉挛甚至疼痛……它们扰乱了器官的机能，而且，被它们放弃和受它们大量围攻的器官都一样会遭到严重的损害，因为血气的失衡分配和生命的协调原理完全对立"。⑧ 歇斯底里症患者的身体便是如此任由 spirituum ataxia[血气失调]宰割。不受任何有机法则和任何功能需要管辖，这项失调可以连续地侵占身体所有可能获得的空间。

效应随着病变的部位而有不同。至于病痛呢，在其运动的纯粹泉源处，它仍浑然未分，但根据它所穿过的空间和它

---

⑧ 海摩尔，前引文。
⑧ 西丹汉，《论歇斯底里症》(Dissertation sur l'affection hystérique)；《实用医学》(Médecine pratique), Jault 译, pp 400-401。

表露自身的表面,它便会采取不同的面貌:"郁结腹部之后,它们便大量且猛烈投入咽喉的肌肉之中,并且在它们所经历的所有范围里造成痉挛,并在腹部引起像是大球般的浮肿。"歇斯底里病变如果再高一点,便会"投入结肠和处于心窝下面的部位,在那儿造成一个有如髂部痛(passion iliaque)一般,令人无法忍受的痛楚"。如果它再升高点,病痛便会投入"攸关生机的部位,并引起如此猛烈的心跳,使得病人认为护理人员应该可以听到心脏敲击肋骨时发出的声音"。最后,如果它侵袭"位于颅骨和颅骨膜之间的头外部,而且停滞一处,它就会在那儿引发无法忍受的剧痛,并且伴随着大量的呕吐……"⑧身体的每一个部分,依其独特的属性,自行决定出现症状的形态。如此一来,歇斯底里便显得像是一种最真实和最骗人的疾病;它是真实的,因为它有血气运动作基础;它也是骗人的,因为它所产生的症状,表面上看来似乎来自器官内在的扰乱,但事实上,这些症状只是一个中心,或者普遍的病变在器官层次的现形;那是内在的活性失控,但在身体的表面,它们则显出局部症状的样态。器官真实地被血气的失序和过度运动伤害了,但它却模仿着它自己特有的疾病;内在空间中的运动造成了错乱,这是病源,但器官却假装作出一个它独有的病变。歇斯底里便是如此,"模仿几乎所有人类会患的疾病,因为它到了身体的那个部位,就会引发这个部位独有的症状。如果医生的鉴别力和经验不足,他很容易便会犯错,以为这些其实只是受到歇斯底里症侵扰而生

---

⑧ 西丹汉,《论歇斯底里症》(Dissertation sur l'affection hystérique);《实用医学》(*Médecine pratique*), Jault 译, pp. 395-396。

的症状,来自于它所特有的本质性疾病。"⑧这是此一病痛狡诈的一面,它以同质运动的形态,行走于身体空间之中,但显现时却具有个殊的面貌;种类在此并非本质;它乃是身体的一种伪装。

体内空间越是容易穿透,歇斯底里的发生便越频繁,其面目也越加繁多;但如果身体密实且抗力强大,如果体内空间密度高、组织强,而且各部坚定质地相异,那么歇斯底里的症状就很少出现,它的效应也维持单纯样态。这不正就区分了男、女性的歇斯底里,或者说,找出了歇斯底里和疑病症间的区分。疾病间的分别原则,实际上既非症状,亦非病因,它只能是身体空间坚实性,或者这么说吧,只能是内在风景的密度:"所谓的外在之人,它的组成部分可以由感官察觉。但除此之外,还有一个内在之人,它是由血气体系所组成,它只能被精神之眼看见。后者和肉身紧密地结合,我们可以说它们形成一个整体。机械体构造原则之先天坚实的程度,决定着内在之人受扰的程度。这就是为什么这种疾病侵击女人比男人要来得多许多,因为女性的体质比较娇嫩、比较不坚实。她们过的生活比较柔和,习惯于生活上的享受或安适,也没吃苦的习惯。"在这篇文章的字里行间之中,我们已经看到这个空间密度说出了它的一层意义:它同时也是一个德性上的密度;器官对血气混乱穿刺的抵抗力,有可能和上述的心灵力量是一体的两面。后者的能力在于使得思想和欲望符合秩序。这个变得容易渗透和多孔的体内空间,究极而言,其实便是心之松懈。这便足以解释,为何习于辛劳生活的

---

⑧ 西丹汉,前引书,p. 394。

女性,很少患有歇斯底里症,但如果她们过着柔和、无所事事、奢侈和松懈的生活时,便会如此强烈地倾向成为歇斯底里症患者。这个情况也发生在她们伤心气馁之时:"当女人前来问诊,而我不能判定病情属性之时,我便问她们,是否所抱怨的病痛只是在伤心之时才会发作……;如果她们坦承如此,那我就有充分的把握,可以断定她们乃是患了歇斯底里症。"⑩

其实这是旧瓶新酒,新的说法里包含的是一个古老的道德直觉。自从希波克拉特和柏拉图以来,这个直觉便一直把子宫当作一只活生生的、持续运动的动物,它为子宫的运动排定空间秩序;这个直觉在歇斯底里症里,看到的是一个既无法满足欲望、又无法主宰它的人身上,欲望无法抑止的骚动。女性器官一直上升到胸脯和头部,这个形象为柏拉图主义三大区分的秩序变乱,提供了一个神话式的表达。它同时也表达一个固定层级遭到变乱。西丹汉和笛卡儿门徒们的道德直觉一模一样;但这个直觉表达时所处的空间景观改变了;柏拉图的秩序垂直静立,这时被一个量体所取代,而在其中不断奔跑的动态物,它所产生的混乱也不再是由下往上的革命,而是动乱空间中一团无法无天的旋风。西丹汉想要用"精神之眼"透视的"内在身体",它不是呈现在中性化观察的苍白眼神前的客观身体;它是两者的交集点——一方是某种想象身体和解读其内在运动的方式,另一方则是某种在其中投注道德价值的方式。演变的完成和工作的进行,都是处于这个**伦理感知**的层次之中。医学理论始终可以折曲的形象,就是在这里进行扭转和变形;同样地,大型道德主题也是

---

⑩ 西丹汉,前引书,p.394。

在这里面形成和逐渐转化其初始形象。

*　*　*

然而,这个可以被穿透的身体,也应该是一个连续的形体。病痛在器官间的离散,只是一个扩散运动的反面罢了。要通过这样的运动,病痛才能从一个器官传到另一个器官,使它们一一患病。如果说疑病症或歇斯底里症病人的身体是一个穿满孔穴的、自我分离的身体,而且因为病痛的侵害而松弛,但这项侵害只有通过一个具有空间连续性的承体,才能进行。疾病在其中循环的身体,比较于出现病人离散症状的身体,应该具有不同的属性。

这是困扰 18 世纪医学的问题。而且也是因为这个问题,才会使得疑病症和歇斯底里成为"神经类"的疾病;也就是说,所有**交感作用**(sympathies)的一般经营者身上的**原发性**(idiopathiques)**疾病**。

神经纤维具有超凡的特性,有能力整合最为异质的因素。神经的任务是去传递各式各样的印象,但它在任何地方,在任何器官之中都具有同样的属性,这一点不就足以引人惊奇吗?"展布于眼球深处的神经,可以感知像光线那样细腻的印象;听觉器官中的神经,则对音体的震动敏感,但它们在属性上,和服务更粗糙的感觉——比如像触觉、味觉、嗅觉——的神经之间,并无不同。"[91]因为它们性质一致,功能各异,才能在分布最遥远、生理品质最不相似的器官之间,完

---

[91]　普列萨文(Pressavin),《气郁症新论》(*Nouveau traité des vapeurs*),Lyon,1770,pp. 2-3。

成沟通:"动物神经的同质性,再加上它所一起保持的多样沟通……在器官之间建立一种协同状况,使得某些部位的损害,也常会引起其他部位同样的病变。"[92]但更值得赞叹的却是:神经纤维同时可以携带意志运动之刺激,以及遗留在感觉器官上的印象。对于同一纤维的双重功能,替索设法用双重运动的说法来加以解释:意志刺激引发的是一种"波状"运动("这是密封于软性容器中的液体会作出的运动。比如我挤压一个袋子,里头的液体则经由管子流泻出来"),感觉所引起的则是一种"微粒"运动("这是一列象牙球所产生的运动")。于是,感觉和运动可以同时产生于同一个神经之中:[93]纤维所有的紧张和松弛,也会同时变化运动和感觉,正如所有神经疾病所显示的一般。[94]

然而,尽管神经体系有这些单一化的作用,但它的真实纤维网络,真的能够为歇斯底里或疑病症特有的多样病变提出一个通达的解释吗?不同的征象,分布于身体各端,透露出神经疾病的存在,如何去想象它们之间的联系呢?我们要如何贯串才能解释,对于某些"过于敏感纤细的"女人,沁人心脾的香味、悲剧事件生动的叙述,或是一场战斗场面,会让她们印象深刻到"昏倒或产生痉挛"?[95] 这样的寻求将是枉费心机:找不到任何明确的神经联络;任何开宗明义的规划,只能找出一个远距离作用,而它比较是属于生理上的连带关

---

[92] 普列萨文(Pressavin),《气郁症新论》(*Nouveau traité des vapeurs*),Lyon,1770,p. 3。

[93] 替索,《神经论》(*Traité des nerfs*),t. I,第二部,pp. 99-100。

[94] 替索,前引书,pp. 270-292。

[95] 委特,《神经病》(*Traités des maladies nerveuses*),I,p. 24。

系。这是因为身体不同的部分拥有一个机能。"它非常地坚定。而且,它或者是一般的,这时延伸到生气协调的整个系统之上;或者是特殊的,也就是说主要地作用在某些部分之上。"⑯这个属性,和"感觉及运动机能"相比,都非常不同,它让器官可以互通信息,一齐罹难,并对一项相当遥远的刺激发生反应:这便是交感作用(sympathie)。事实上,委特既未能把交感作用由全体神经体系中分离出来,也无法用感性和运动来对它作出严格的定义。交感作用只有通过神经传到器官时,才会在器官间存在;而且如果神经的活动力越强,它就越显著。⑰ 同时它又是感性的形态之一:"一切交感、一切同感(consensus),预设着内在感觉(sentiment),因此只能经由神经传导,因为它是感觉所赖以操作的唯一工具。"⑱然而,神经体系在此出现,却不再是为了要被援用来解释运动或感觉的详明传递路径。这里运用了它的全体和总量,目的则在说明身体对自身现象的感受,这是身体通过有机空间中各量体,对自己发出的回音。

神经疾病基本上是交感作用的错乱;它们预设着神经系统某种全盘戒备的状态,此时每个器官都有可能变得和任何其他器官发生交感作用:"神经体系此时是如此地敏感,灵魂中的激情、摄养上的错误、冷热或大气湿度、密度过度急速的交替,都会引发病症;于是,有这样体质的人,他的健康并不

---

⑯ 委特,《神经病》(*Traités des maladies nerveuses*),I,p. 23。
⑰ 同上书,I,p. 51。
⑱ 同上书,I,p. 50。

强旺,或者无法持续;他们通常会连续感受到或强或弱的痛苦。"⁹⁹当然这个过度亢奋的感性会受到无感性地带的弥补,比如睡眠便有这种功能;一般而言,歇斯底里症患者是内在感性最细致的人,相反地,疑病症患者们的内在感性则相对迟钝。当然,女人属于第一范畴:子宫不是和大脑一样,是最能和全体机体维持交感的器官吗?要说明它,我们只需举出"子宫发炎一般伴随的呕吐现象;受孕后的恶心、胃口失常;临盆时横膈膜和腹部肌肉的收缩;头痛;月经接近时的背部发热疼痛及肠绞痛"。⁰⁰整个女性身体覆盖着交感作用幽暗不明、但却又是怪异直接的管道。它对自己总是有立即的了解,以至于成为交感作用绝对的最佳作用处所;在它的全部机体空间中,永远都有产生歇斯底里的可能。女性机体在交感作用上的敏感性,散布于全身,使得她们特别会受被称作气郁症的神经疾病侵袭。"由于女性的神经系统一般比男性更有活动力,她们也就更容易患上神经病,而且这些疾病在她们身上发生时,也更为严重。"⁰¹委特说他曾经亲眼见到"一位神经脆弱的年轻女子,因为牙痛而产生痉挛,以及延续数小时的感觉丧失,而且当痛楚加剧的时候,这些症状又再重演一次"。

神经病是和身体连续性有关的疾病。这是一个过度接近自身的身体,过度亲近其每一部分,就某种方式而言,这是一个奇特地缩小了的有机空间:这便是歇斯底里和疑病症现

---

⑨ 委特,前引书,I,pp. 126-127。

⑩ 同上书,I,p. 47。

⑩ 同上书,I,pp. 166-167。

在共享的主题;在某些人的作品里,身体和自身的接近具有明确的形象,甚至是过度地明确:比如波姆笔下著名的"神经类属卷缩"(raccornissement du genre nerveux)。这样的形象掩蔽了问题,却不能取消它,而且一点也不妨碍工作继续进行。

* * *

究其根底,交感作用是隐藏在每个器官之中的一项属性呢——贤恩所谓的"内在感觉",或是在一个媒介元素上真实进行的传播作用呢?而且,作为神经病患特性的疾病亲近性,究竟是这项感觉的亢奋,还是这个间质性形体的活性增大呢?

这是一个奇怪、但又反映18世纪医学思想特色的事实:当时的生理学家努力于精确划定神经系统的功能和角色(敏感性和易受激性〔irritabilité〕;感觉和运动),医生们却在浑然不分的单一病理感知方式中,不清不楚地运用着这些概念,对于生理学所提出的图式,也完全不加遵照,反而把它们组构为另一种图式。

感性和运动并未受到区别。替索解释小孩之所以比他人都更敏感,是因为小孩身上的一切,都比较轻盈,比较灵动;[102]易受激性,在哈勒的想法中是神经纤维的一个属性,却被人和激奋状态(irritation)混为一谈,也就是说,被理解为因为持续刺激所引发的器官病态。于是,人们接受神经病是和纤维过度的活性有关的激奋状态。"有时,我们会看到一些

---

[102] 替索,《神经论》(Traité des nerfs), t. I, 第二部, p. 274。

人,因为小小原因,却引发出比健康人剧烈许多的运动;这些人不能忍受外界最微小的印象。一点点声音、最微弱的光线,都会引发不寻常的症状。"⑩因此,在这个自愿保留暧昧性的激奋概念中,18世纪末的医学的确可以说明体质(易受激性)和病态事件(激奋)间的连续性;它也可以同时维持两种主题。一是某一器官独有的错乱。这个器官感受到全盘的病况,但只是在它自己的独特性中来感受它(这项传播由器官自身的感性负责,不过它毕竟是一个非连续的传播)。同时,另一项意念也受到维持,那便是存有一个单一的病变,它在有机体之中扩散蔓延,有能力侵袭机体的每一个部分(虽然纤维在各器官中具有不同的形态,它的活动力保障着这个连续性)。

然而,如果"被激奋的纤维"这样的概念,的确扮演着协同混淆的角色,但它也使得病理学可以作出一个具有决定性的区别。一方面,神经病患者是最易受激的人,也就是说最敏感的人:细微的纤维、细致的机体,但也是容易接受印象的灵魂、忧虑的心、对所有周遭事物过度活跃的交感作用。这是一种普遍的回响——同时是感觉又是动态——构成了疾病的第一决定原则。"神经纤维脆弱"的女性,生活于无所事事的闲散之中,常常陷入想象力的翻腾之中,比起"更为粗壮、干燥、更为工作燃烧的"⑭男性,她们更常罹患神经病。但这个过度激奋有个特点:正因为它的活跃,它会减弱、甚至有时会完全消除灵魂的感觉。好像神经器官的敏感性本身

---

⑩ 替索,《神经论》(*Traité des nerfs*),t. I,第二部,p. 302。

⑭ 同上书,pp. 278-279。

会超溢出灵魂的感受力,把其极端动态所引发的种种感受都收于自家独享。神经系统"处于如此的激奋和反应状态,它无法向灵魂传递它的感受;它全盘混乱,而灵魂也无法再加以解读"。[105] 如此,慢慢地形成了一个不同于感觉的感性概念,也看出存在于此一身心细致性和某种感觉的沉睡之间的反向关系。这个沉睡状态使得神经的激动无法传达到灵魂。歇斯底里病患的无意识状态,正是他的敏感性的反面。交感作用的概念无法定义的这项关系,乃是来自易受激性这个观念,虽然此一观念颇欠精致,在病理学家的思想中也显得含混。

然而,这项事实的存在本身,使得"神经病"的道德意义产生了深沉的变化。只要神经病痛和下体的器官性运动相关联(甚至是借由交感作用多重而混淆的途径),那么它们就处于某种欲望伦理之中:它们描绘出一个粗鄙身体的复仇;因为过度的暴力,人才会生病。从此以后,人却是因为感觉过度而生病;人的痛楚,是因为和周遭所有一切存有过度的联系。人不再受他的秘密本性所迫;伤害人的,乃是所有存于世界表面,撩拨身心的事物。

而且,由于这一切,人们更加无辜,也更加有罪。人之所以更加无辜,因为人受到神经系统所有激奋的牵引,进入了一种无意识状态。而且病得越深,无意识状态就越严重。人也更加有罪,而且程度多了许多,那是因为人在世间所关怀的一切,人所过的生活,人们的感情,人沾沾自喜所陶冶的激情和想象力,都被消融在神经激奋之中,并且也在其中同时

---

[105] 替索,《神经论》(*Traité des nerfs*), t. I, 第二部, pp. 302-303。

发现了它们的自然效应和道德惩罚。最后,整个生命都可以用这激奋程度来判罪:滥用非自然事物、[106]城市中的定居生活、阅读小说、观赏戏剧、[107]对于科学的过度热心、[108]"对性爱过度热烈,或是这项恶习,不但在道德上应受指摘,在肉体上亦会造成损害。"[109]神经病人,甚至不再能感觉到他的神经激奋状态,他的无辜在根柢上,其实只是一项更深沉的罪恶的公正惩罚罢了。这罪恶便是喜爱世俗更胜自然。"可怕的状态!……这是所有阴性化的灵魂的刑罚。它们因为无所事事,喜爱上危险的官能享乐,而且为了逃避自然施加在它们身上的工作,它们拥抱意见的所有幻象……富人对其财富的恶劣运用便是如此受到惩罚。"[110]

现在,我们来到了 19 世纪前夕:神经纤维的易受激性自有其生理学和病理学的结局。[111] 但无论如何,目前它已在神经病痛领域留下了非常重要的影响。

一方面,它使得歇斯底里和疑病症完全被视同为心智疾病。借由感性和感觉这项重要区分,它们被列入了非理性的领域里。而我们前面已经看到了,这个领域的特征便是具有

---

[106] 意指空气、食物、饮料;睡眠和醒觉;休息和运动;排泄和保持,激情(参考,比如替索,《神经论》(*Traité des nerfs*),II,1,pp. 3-4。

[107] 参考替索,《上流人士的疾病》(*Essai sur les maladies des gens du monde*)。

[108] 普列萨文,《气郁症新论》(*Nouveau traité des vapeurs*),pp. 15-55, pp. 222-224。

[109] 同上书,p. 65。

[110] 麦西耶(Mercier),《巴黎描述》(*Tableau de Paris*),Amsterdam,1783,III, p. 199。

[111] 布鲁赛(Broussais),《激奋及疯狂》(*De l'irritation et de la folie*),2ᵉ éd. 1839。

错误和梦想的时刻,也就是说,它包含着盲目。只要气郁症还只是痉挛或通过身体所进行的奇异交感作用,即使它导致昏厥和失去知觉,气郁症仍不是疯狂。但如果精神因感性的过度而变得盲目——这时就会出现疯狂。

但在另一方面,易受激性也为这项疯狂提供了一整套内容,包括犯罪、道德制裁、公正的惩罚。这些内容并不是古典体验所独有的。它在非理性身上附加了这些新的价值:它不把盲目当作所有疯狂显现的可能条件,它却把盲目描写为**道德错误的心理效应**。由此开始,非理性体验中所有最基本的元素都会受到影响。过去的盲目,未来会变成无意识,错误则会变成过失;而过去在疯狂中所有标指出非存有的吊诡显现的事物,都会变成道德邪恶的自然惩罚。简言之,由物质性病因之循环一直到谵妄之超越性,构成古典疯狂结构的所有垂直等级,现在开始倾倒,分散于某个领域的表面,而且,那是未来心理学和道德将会一齐占领和互相争夺的领域。

19 世纪的"科学精神医疗"已成为可能。

"神经病"和"歇斯底里"很快地便会锻炼它的反讽能力,而它也在它们之中兴起。

注 释

1 Béotie 是古希腊的一个地方,其首都为底比斯(Thebes)。贝奥希人自远古即以愚昧出名。这个字后来便成为愚钝的代名词。

2 Thomas Bartholin(1616—1681),丹麦医生,他作出了淋巴腺的首度描述。

3 这里指的是一个人的基本体质,使它有可能同时或连续遭遇同一根源的病变,但以不同方式显现出来。

4 Jean-Baptiste Van Helmont(1577—1644),生于荷兰,热情卫护帕拉塞尔斯(Para-

celse)理论的化学派生理学,认为体内存有一种控制种种化学变化的总原则(Archée),而这些变化乃来自酵素的作用。

5　hystérie 来自希腊文,原意为子宫。一直到 17 世纪,这个病一直被认为是和子宫有关的妇人病。

6　Hippocrate(公元前 460—前 375?),英文拼法为 Hippocrates,被认为是西方医学之父。今天留下来以希波克拉特为名的作品,乃是公元前 5 世纪时的医学集成,应当是多位作者的集结。

第四章

医生和病人

医学思想和实务，在 17 和 18 世纪间，并不具有我们今天所认识的统一性格，或者至少不具有今日的和谐一致性。治疗的世界所据以组织的原则，在某一种程度，只是它自己特有的原则，而医学理论、生理学分析甚至症状的观察，都不能精确地加以控制。收容和监禁措施——我们已经看到它们如何地独立于医学之外；但即使就在医学自身之中，理论和治疗间的相互沟通也不完美。

在某种意义上，治疗的世界比较坚实、稳定，也比较牢系于其结构，发展上变化较少，也比较不能自由进行彻底地革新。哈维（Harvey）、[1] 笛卡儿和威里斯为生理学带来的新视野，在医药技术方面，并未带来相应的发明。

首先，万灵丹（panacée）的神话并未完全消失。然而，在 17 世纪末左右，某一项药方具有普遍的效应，这个意念开始转变其意涵。在锑元素争论中，人们仍肯定（或否定）某个物体具有特殊效能，可以直接作用于病痛之上；在万灵丹之中，则是自然本身在发生作用，消除所有属于反自然的一切。

但不久之后,有关鸦片的讨论,接续锑元素之争论而来。鸦片此时施用于大量疾病之中,而且特别用来治"头部疾病"。委特对它抵抗神经病痛的功迹和效力,赞不绝口:鸦片弱化"神经特有的感受机能",因此它能减轻"由于不寻常的激奋所产生的痛苦、不规则运动、痉挛";对所有的激动、痉挛,它都非常有效;"由于月经过多所产生的衰弱、疲倦和呵欠",用它来治,效果良好;同样地它也能成功地治疗"腹部绞痛",肺部阻塞,黏液和"痉挛性气喘"。简言之,如同交感作用下的敏感性是机体空间中疾病传播的总作用元,鸦片,因为它的第一效应是消除感觉,便是一个反交感作用的因子,可以阻止病痛在敏感的神经线上蔓延。当然,这个作用不久之后便会变得迟钝;虽然有鸦片的存在,神经也会再度变得敏感;此时唯一的办法便是"再加利用,也就是说不时地增加剂量"。① 我们可以看到,鸦片之所以有普遍的价值,并非来自它所拥有的一项神秘力量。它的效能十分明确:消除感觉。但因为它的应用点——神经类属——本身是一个普遍的作用元,鸦片也就借由这个解剖和功能上的媒介而取得万灵丹的地位。不是药方本身有普遍效力,而是因为它的作用位于机体运作最普遍的形态之中。

18 世纪中,万灵丹的主题是个折中结果,它比较常是一个为人寻找、却非一定获致的平衡:其中一方面是偶然降临到药剂身上的自然特权,一方面则是可以让它涉入机体最普遍作用的效力。这样的折中是当时医学思想的特征,海凯(Hecquet)有关鸦片的著作可作其中明证。他的生理学分析

---

① 委特,《神经病》(*Traité des maladies nerveuses*),II,pp. 168-174。

十分精细;健康在此被定义为流体具有"正确性情"(juste tempérament)和固体具有"柔软弹性";"简言之,便是生命两大力量间的自由交互活动。"相反地,"疾病的原因便是来自固体或流体,也就是说,在它们的组织、运动等方面产生的缺陷或病变。"② 不过流体在事实上并没有独特的性质;流体太浓厚或太稀薄,是不是扰动、迟滞,或者腐败呢?这些都只是固体运动的效果。这些运动可以"把它们由储槽挤出来",并"使它们在管脉里窜流"。健康和疾病的带动原则因此就是"搏动的管脉……施压的薄膜"以及"激动、作用、推动的弹性功效"。③ 那么,鸦片是什么呢?这是一种固体,它的特性是一旦受热,"便会几乎全部散发为蒸气。"因此,我们可以假设它是由"精、气结合而成"。一旦鸦片被身体吸收,这些部分便会很快地被释放在机体之中:"鸦片在肠中融解,变成一团无感觉的原子,突然进入血液之中,并且迅速地通过它,和最细腻的淋巴液一齐渗入大脑皮质。"④ 和其所释放的蒸气的物理质性相符,鸦片这时会产生三重效应。实际上,这些蒸气的成分为血气,或是"轻、细、磨光、非盐而且完全滑亮的部分,它们轻如鸿毛,却很有弹性,不造成扰乱,便能渗透,不靠暴力,便能穿透"。⑤ 因为它们是一些滑亮的元素,它们可以附着到薄膜的规则表面,而且"就像两个完全平滑的表面,彼此互相黏贴在一起",不留一点空隙;它们因此增

---

② 海凯(P. Hecquet),《有关鸦片、镇静剂及麻醉药用途的反思》(*Réflexion sur l'usage de l'opium, des calmants et des narcotiques*),Paris,1726,p. 11。

③ 海凯,前引书,pp. 32-33。

④ 同上书,p. 84。

⑤ 同上书,p. 86。

强薄膜和纤维;而且,更因为它们柔软得就像"细枝或弹簧片",巩固了"薄膜的张力",还使它们变得更有弹性。最后,因为它们是"气粒子",所以便有能力密切地和神经髓相混,将之"修正"、"改良",贯注生气。⑥

鸦片之效力作用于身体的全部,因为它在机体里由于化学变化而解体,而且通过这项变化,相连于一些依其正常与否便能决定健康或疾病的素质。鸦片之成为万用灵药,便是通过化学变化和生理再生的长段过程。然而,海凯不放弃鸦片的疗效来自它本质属性的想法。它像是内含着一个秘密,可以直接连通于生命之源。鸦片和疾病间的关系是双重的:一方面是间接、中介及衍生的关系,与一连串多样的机制有关,另一方面则是直接、立即,先于一切因果展演。这个原初关系来自鸦片内含的一项本质,一项精神——这是一个既具精神(spirituel)又会挥发(spiritueux)的元素——那其实便是生命之灵:"存于鸦片之中的血气"乃是"造物主烙印其中的生命之灵的忠实保管者……因为,造物主毕竟偏爱将活跃的精气托付给一棵树木(生命之树),而且如果人一直保持纯洁无邪,这份精气便能维持他的健康,使他不死;那么,对于犯罪堕落的人类,也许它也把重赐人健康的精气托付给一棵植物。"⑦归根究底,鸦片因为一开始便是**有益良物**,才会具**有效力**。它遵循一个可见的**自然机制**而作用,但这是因为它具有**自然的神秘秉赋**。

在整个 18 世纪之中,药物疗效的理念将会以自然这个

---

⑥ 海凯,前引书,p. 87。
⑦ 同上书,pp. 87-88。

主题作为发展中心,但却也永远逃不开上述的模棱两可。药物的作用模式,遵循的是一种自然的、铺陈的开展方式;但它的作用原则,却是一种本质上的接近、一种和自然之间的原初关联、对自然原则的开放。⑧ 我们必须以这种暧昧去理解18世纪对各种"自然"药剂连续给予的特别着重。它们之所以被称作"自然的",一方面意味着它们的原则**隐藏**于自然之中,然而其结果对于自然哲学来说,却又是**显而易见**:这便是空气、水、以太和电流。在以上的每一个治疗主题之中,万灵丹之理念仍然存留。就像我们前面所见到的,这个理念有所变形,但对于特殊药物,对于和特殊症状和独特病因直接相关的局部效应,它却一直构成研究上的障碍。18世纪之中,治疗的世界大部分仍停留于这个抽象的概括性的空间之中。

但这也只是部分的现象。相对于万灵丹的特权地位,特殊效应的局部特权自从中世纪以来,持续与之对立。疾病是个小宇宙,自然则是个大宇宙,两者之间,长久以来就划出了一个连线网络,建立和维系着一个错综复杂的应和体系。这是一个古老的理念,它认为世上没有一种疾病的形态,没有一种病痛的面貌,不能为人消除,只要我们有机会找到它的反制物(antidote)。这个反制物一定存在,但它可能存于自然某个无限偏僻的角落。病痛并不存于简单状态;它永远是已经受到补偿:"过去,草本植物对疯子有益,对刽子手则有

---

⑧ 批评者的理由和辩护者相同。詹姆斯《辞典》认为鸦片会促进躁狂:"因为,这种药物之中,含有大量的挥发性硫,而那是自然的大敌。"(《医学科学辞典》〔*Dictionnaire des sciences médicales*〕,前引言)

害。"很快地,植物和盐的用处会被人用理性风格的药学加以重新诠释,而它和它所要治疗的机体错乱,则以一种铺陈开展的关系相联结。不过,古典时代仍有一个区域,对这个理念进行着抵抗:这便是疯狂的领域。长久以来,疯狂仍和世界智慧分布于自然秘密中的宇宙元素,保持直接的联系。而且还有一个出奇的地方:疯狂大部分的立即反制物,并非植物,而是人身或矿物之类。仿佛,精神错乱令人不安的力量,使得它在病理形态之中具有独特的地位,因此它的疗剂只能是自然最深藏的秘密,或是相反,只能是组成可见人形最微妙的精华。作为身心双重的现象,人特有的烙痕几乎是一种原罪,既是败坏的记号,却又令人想起原初的堕落,疯狂只能被人和他作为罪人的必死肉身所治愈。不过,古典的想象力尚未完全排除疯狂和最幽微、最阴暗的力量间有所关联的主题。这个主题使它看来像是由地底深处向上喷冒,而在那样的地方,欲望和噩梦保持醒觉。疯狂因此和石头、宝石相关:所有这些暧昧的宝藏,它们的光芒同时携带着财富和诅咒;它们生动夺目的色彩圈围的则是一段暗夜。这些道德性和想象性的主题,长期保持完全的活力。这一点无疑解释为何在古典时代的基底处,我们还会看到人身和矿物药剂的出现,而且为何人们还是顽固地把它们应用于疯狂的治疗,虽然这样做会和当时大部分的医学概念相抵触。

1683年,尚·德·赛尔(Jean de Serres)还在翻译尚·勒努(Jean Renou)著名的《药学作品集》(Œuvres pharmaceutiques)。这里面提出"自然的创造者,以其神圣大能,为每一个宝石贯注了某些特殊而美妙的效能,这是为何国王和王子们必得将其布满王冠……如此他们便能不受魔力侵扰、治愈多种疾病、保持其健康"。⑨ 譬如天青石(lapis-lazuli),"戴着它,不但可以增强眼力,还能使心情轻松;把它清洗,并以适当方式处理,它便能毫无危险地净化忧郁液。"在所有的宝石之中,祖母绿(émeraude)的效力最多,但也最具两面性。它最主要的效力在于看照智慧和德性本身;依照尚·勒努的说法,"如果用镶金戒指把它戴在手指上,不但可以防止癫痫,还能增强记忆和抵制淫欲。因为有个故事说,一位匈牙利国王在和妻子做爱之时,感觉到指头上所戴的美丽祖母绿宝石,在两人的交战之中裂成三块。这种宝石是这么地喜爱贞洁。"⑩当然,这一套信仰体系,如果不是仍然以明显方式残留于17、18世纪的药典以及医学论著之中,它们一点也不值得被我们引述。不过,人们也把那些明显具有魔法意义的实务手段搁置一旁,这也是无可置疑之事。莱姆里(Lemery)在他《药典》(*Dictionnaire des drogues*)中,就拒绝采信祖母绿所有被人假设的属性:"人们宣称把祖母绿放在护身符里,不但可以对癫痫起良好作用,还可以促进分娩,但以上这些特质纯属想象。"然而,如果人们否认护身符可以作为其效力的中介,宝石的所有效能却没有被人完全取消;它被还原为一种自然元素,而其效能则成为难以觉察的精髓。不过这种精髓的秘密可以被提炼出来。把祖母绿戴在手指上不会有用;但如果把它混入胃碱、血中体液、神经血气之中,就会产生明确

---

⑨ 尚·勒努,《药学作品集》(*Œuvres pharmaceutiques*),尚·德·赛尔译,Lyon,1638,p.405。

⑩ 尚·勒努,《药学作品集》(*Œuvres pharmaceutiques*), pp. 406-413。Albert de Bollsdat 在很久以前便说过,贵橄榄石"可以增加智慧,驱除疯狂",Barthélemy(《物性》[*De proprietatibus rerum*])也已提出黄玉有消除癫狂之效。

第二部·第四章 医生和病人

的效果,其效能也合于自然。我们再度引用莱姆里:"祖母绿经过仔细的研磨,由口服用,特别能缓和刺激性过强的体液。"⑪

人体虽然是和矿物极端相反的自然事物,但即使是在 18 世纪,它也一直被当作是治疗疯狂的特效药之一。在有机体所形成的复杂混合之中,自然的智慧必然隐藏着一些秘密,只有它们才能克服由人之疯狂所发明的混乱和奇想。这仍是一个古老的主题,它认为人是小宇宙。现在这个主题之中,又加入了作为生命和健康原则的外在世界元素;莱姆里观察到,在"人体所有的部位、在它的赘生物和其排泄物"之中,含有四大基质:那是,"油、挥发盐、包含和混合它们的淋巴液和土质"。⑫ 以人治人,这便是借由世界本身克制世界的错乱,借由智慧克制疯狂,借由自然克制反自然(antiphysis)。"燃烧人的头发,让病人去闻,这样有益于克制气郁症……刚排放的尿液,则可治疗歇斯底里性的气郁症。"⑬ 人乳是最自然的食物,布雪(Buchoz)(跟从卢梭〔Rousseau〕的看法)认为它可以治疗所有神经病,而尿液则可治疗"任何形式的疑病症"。⑭ 但以最顽强方式,呼求人体疗方的,则是

---

⑪ 莱姆里,《原药大典》(*Dictionnaire universel des drogues simples*),éd. 1759, p. 821。亦参考德·塞维娜夫人(Mme De Sévigné),《作品集》(*Œuvres*),t. VII, p. 411。

⑫ 莱姆里,《药材大典》(*Dictionnaire universel des drogues*),"人体材"(Homo)条,éd. 1759, p. 429。亦请参考 Moïse Charas,《皇家药典》(*Pharmacopée royale*),éd. 1676, p. 771。"我们可以说,人身上的排泄或多余,不论男女,化学都可以将其炼制为治病或止痛药材,以疏解两性之大部分疾病"。

⑬ 同上书,p. 430。

⑭ 布雪,《定期奇闻通讯》(*Lettres périodiques curieuses*),第二及第三封。刊于《保健报》(*Gazette salutaire*)之书评,XX & XXI,1769 年 5 月 18 及 25 日。

范围包括歇斯底里性痉挛和癫痫的各种痉挛症——这里尤其要用由头颅上取得的药材,因为它是人身最珍贵的部分。痉挛之中的暴力,只有以暴力本身来加以克制,这就是为什么人们长久以来使用绞刑犯的头颅来治它。他为人手所杀,而且尸体所埋之地也未受到祝福。⑮ 莱姆里提到,人们经常使用头骨粉;但如果我们相信他的说法,这个灵丹妙药只是个"死头颅",完全无效。他推荐的代用品是"一个新近暴毙的年轻人"的头颅或大脑。⑯ 人的热血也可治痉挛,不过这个疗方要提防其使用过度,以免引发躁狂。⑰

一旦谈到血液形象中包含的多重决定,我们便触及了治疗效力的另一个领域:这便是它的象征价值。这是药学要配合新医学和新生理学作调适时的另一个障碍。一直到古典时代结束为止,某些纯属象征的体系,都还能坚挺不坠。通过它们所流传下来的,与其说是一些单方和秘诀,倒不如说是一些来自淹远梦幻的形象和沉默象征。比如"蛇",它是失乐园之因,诱惑的可见形式,女人最大的敌人。但它对女人来说,却也同时是救赎世界中最珍贵的药剂。那原罪和死亡的肇因,不也应该便是愈病和生命的原因吗?而且,要治女人的气郁和特有疾病,最毒的蛇最为有效。德·塞维那夫人(Mme de Sévigné)[2] 写道:"我之所以得享健康,必须归功于蝰蛇……它能使血液缓和、纯净、清凉。"而且,她要的是真

---

⑮ 参考麦西耶(Raoul Mercier),《大革命时期,土兰地区的医疗状况》(Le Monde médical de Touraine sous la Révolution),p. 206。

⑯ 莱姆里,《药典大全》(Pharmacopée universelle),p. 124;p. 359 & p. 752。

⑰ 布雪,前引书。

蛇,而不是药师调好的瓶中药剂。她要的是田里捉来的活生生的蝰蛇:"要采用有血有肉的真蝰蛇,不要用蛇粉;蛇粉会生热。不然就得和着汤喝,或是掺在熟奶油或是其他清凉的东西里食用。请德·勃阿西先生(M. de Boissy)找来几打波阿土(Poitou)蝰蛇,装在箱里,以三或四尾为一组,用木屑苔藓衬里,以便它们可以安然自在。每天早上取出两条;斩头剥皮、切块,塞入鸡身料理。如此食用一月。"⑱

对抗神经病痛、杂乱无章的想象力和爱之狂热,象征价值更是效力倍增。只有热情才能熄灭热情,要平息疯狂过度的胃口,也得依靠活泼、暴烈、稠密、在最高温的火炉中千锤百炼过的形质。比安维尔(Bienville)在他的《论女性求偶狂》(*Traité de la nymphomanie*)书末"药方附录"中,列举了十七种克制欲火的药方;其中大部分是引用传统植物性药方。但他在第十五条加入了一个奇特的反爱情炼丹术:取来"朱砂活化下的水银",与二德拉格姆(dragme)的金一齐磨碎,如此连续五次,加以硫酸气(esprit de vitriol),使之在火灰上烧热,蒸馏五次,最后在炽热的火炭上使之红热五个小时。使其化为粉末之后,给想象力因为生动幻念而燃烧的少女服用三克。⑲ 这些物质珍贵而且强烈,其中秘密贯注着远古的狂热,曾经多次被人烧红,达到其火光闪耀的真性,它们怎可能不克服人体、欲望和体液幽暗沸腾中过客般的热力呢?——这不就是所谓的"以彼之道,还治彼身"(similis similibus),这个十分古老的魔法吗?它们火烈的真性斩除了这个郁闷

---

⑱ 德·塞维娜夫人,1685 年 7 月 8 日信,《作品集》(*Œuvres*),t VII,p. 421。
⑲ 比安维尔,前引书,pp. 171-172。

而不可告人的热力。比安维尔这篇文章的年代是1778年。

在莱姆里非常严肃的《药典》里,仍可发现被认为善治神经病的贞节软糖药方,这一点会让我们感到惊讶吗?这道药的医疗意义全部来自仪式性的象征价值。"请服用樟脑、甘草、葡萄的种子、天仙子、睡莲花的果酱及睡莲汁……每天早晨取两三德拉格姆,和着一杯乳清(petitlait)喝,里头还要加一段火红的铁块。"[20]欲望和其幻想将会在宁静的心情中消失,就像这根炽热金属会在最无邪、最幼稚的饮料中平息下来。这些象征的图式顽强地残留于古典疗法之中。以自然哲学的风格做出的新诠释,为了和缓过分突出的仪式形态所做出的调整,都不能彻底完成;而疯狂以其所具有的一切扰人力量,以它和恶德的关联,似乎在吸引着这些具有象征效力的疗方,并使它们不受实证思想侵扰。

压抑歇斯底里症患者身体里的恶劣欲望、禁忌欲念——这样的任务,强味草(assa fetida)还会承担多久呢?这个欲望的世界,过去被认为可以和活动的子宫本身一起上升至胸脯、心头、头部和大脑。艾特姆勒仍认为这个抑制作用有其真实性。对他来说,气味对人体的动态器官,具有吸引和排斥的特殊力量。后来这个抑制作用变得越来越只有理念性质。最后,到了18世纪,它和反向运动的机制已毫无关联,它变成只是一个为了平衡、限制,甚至消除感觉所作的努力。当委特开出强味草作药方的时候,所取的就是这样的意义:其暴烈难闻的臭味应能减低健康神经组织中所有感性元素的易受激性,而且,局部的歇斯底里痛苦,特别是腹部和胸部

---

[20] 莱姆里,前引书。

器官的痛苦,很快便会消失:"这些疗方在鼻部敏感异常的神经上,会造成强烈而突然的印象,不只会发动和这些神经具有交感作用的器官,而且会减低或消除某些部位的不舒适感。这些人体部位的痛苦,乃是昏厥的来源。"[21]过去的形象是一股强烈臭味在推动器官,现在则让位给一个更抽象的主题:敏感性在移动,并且在孤立的区域之中发动。但这只是对同一项永恒的象征图式,作出思辨诠释上的滑移:利用上位作用元对下部位威胁实施抑制。

围绕着形象、仪式、远古的道德命令,形成了一整套和谐一致的象征体系。它继续组织着一部分的古典疗方——同时形成一些难以驾驭的抵抗核心。

而且,由于大部分的医疗实务并非由医生本人控制,要彻底改革更是难上加难。一直到18世纪末,还存在着一整套医疗技术汇编(corpus technique),而且不管是医生或医学,都从来未曾控制过它。因为这套汇编完全属于一些经验疗者(empiriques),而他们谨守着其中的药方、秘数和象征。一直到古典时代结束,医生的抗议不断增加。1772年,一位里昂医生出版了一本颇有意义的《医疗的无政府状态》(*L'Anarchie médicinale*):"实用医学最大的一支操于外行人手上;小女人、行慈善的女士、江湖郎中、占星家、修补工、医院勤杂工、僧侣、女教士、药剂生、草药商、外科、药剂师,他们比医生看了更多的病、开了更多的方。"[22]这个使得医学理论

---

[21] 委特,《神经病》(*Traité des maladies nerveuses*), t. II, p. 309。

[22] T. -E. Gilibert,《医疗的无政府状态》(*L'Anarchie médicinale*), Neufchâtel, 1772, t. II, pp. 3-4。

和实践相分离的社会片段化现象,在疯狂方面尤其明显:一方面,禁闭使得精神错乱者不受医生管辖;另一方面,未受监禁的疯子,则比其他病人更容易被交给经验疗者照顾。18世纪下半叶,法国和英国开设了一些专收精神错乱者的疗养院,但其中的照料,与其说是由医生进行,不如说是交在看护人员手上。法国要等到杜布莱[3]通报之后,在英国则要等到隐卢(la Retraite)[4]建立后,疯狂才会正式被归并到实用医学的领域之中。在此以前,疯狂和非医学领域具有多方联系,而且这个传统是如此为人接受、如此地坚强,甚至连医生自己都自然地接受它。这就是为什么,疯狂的药方,看起来会有这么吊诡的风貌,这么异质的风格。在其中,不同的思想形态、技术时代、科学精进水准,彼此相互冲突,但这样的矛盾却从未被人当作矛盾。

* * *

然而,疗养(cure)在古典时代达到最饱满的意义。

当然,这是个古老的理念,但现在因为它取代了万灵药的地位,它便会充分发展起来。万灵药是要取消**全体的疾病**(也就是说,一切可能疾病的所有效应),疗养则是要消除**疾病的全体**(也就是说,特定疾病所决定的整体)。疗养的各个阶段因此要以疾病的构成性因素来进行组构区分。由这个时期起,人们才开始把疾病看作一个自然的整体,它指挥着医疗的逻辑次序,并以其自身的运动决定着医疗方式。治疗的各个阶段、串联它的不同时期和构成它的种种时刻,都应该以疾病显而易见的属性来作划分,也要吻合它的矛盾,一一追寻其所有原因。甚至它还应该以其本身的效应进行规划、自我修正、逐渐地补偿治疗的各个阶段,而且如果疾病的特性和眼前的效果要求如此,它甚至还要进行自我矛盾的程序。

因此,所有的疗法,除了是实务之外,亦是有关其自身、疾病,以及两者关系间的自发性思索。它所造成的结果不再只是观察,而是一项体验;医学理论便在尝试之中发展开来。不久以后便会演变为临床领域的某些事物,正在开启。

在这个领域里,理论和实用之间相互而持久的关系,又被加上一层医生和病人间的立即对峙。苦难和知识相互配合,形成统一的具体经验。这个体验则要求医生和病人之间存有共同的语言,或至少可以有形象性的沟通。

然而,18世纪的疗养法,就是在处理神经病时才获得了最多样的模范,而且被增强为医学中特受着重的技术。仿佛,就是在处理它们的时候,疯狂和医学才终于以一种特受眷顾的方式,建立起交换,而这正是监禁体制所顽强拒绝的。

这些疗法,很快地被人断定为幻想,但就是在它们之中,才使得观察性精神医疗、医院式的监禁以及疯人跟医生间的对话,成为可能。由匹奈到勒黑(Leuret)、夏尔勾(Charcot)[5]及弗洛伊德,都将借用其中如此特异的字汇。

以下,我们将尝试重塑组织疯狂疗法的几个治疗理念。

第一,强化(consolidation)。疯狂即使是在其最激动的形态之下,都含有一种脆弱的成分。如果血气在其中作出不规则的动作,那是因为它们没有足够的力量和重量,可以让它们追寻其自然流程中的重力;如果人们在神经病痛中经常见到痉挛和抽搐,那是因为神经纤维或是过于活跃,或是过易受激,或是对震动过于敏感;无论如何,它不够粗壮。疯狂表面上是暴烈的,而且有时会让躁狂症患者的力量可观地倍增,但它内里其实总有某种秘密的脆弱,某种本质性的抗力缺乏;疯人之狂怒,老实说,仅是被动的狂暴。因此,人们寻求的疗法,必须能为血气或纤维提供魄力,但这是一种宁静的魄力,一种任何混乱都不能撼动的力量,因为它在这力量一开始便要顺从自然的法则。在这里以强有力方式出现的,与其说是一种活跃和魄力的形象,不如说那是一个粗壮的形象,在它之中包含的主题是一股新的抵抗力、一股新鲜的弹性,但这是已经屈服、已经被人驯服的弹性。我们得由自然之中寻求一种力量,以便强化自然本身。

人们梦想中的治疗方法,"可以说是在支持"血气,"协助它们克服使其发酵的原因。"支持血气,便是去克服它们不得不屈从的无用激动;也就是允许它避免温度升高,避免使其扰乱的所有化学性沸腾;最后,这也就是让它们坚强到可以抵抗尝试使之窒息、使之变得虚弱,并使之陷入其旋涡的蒸气。为了对抗蒸气,人们便用"最臭的气味"来强化血气;令人不悦的感觉可以激励血气,使它们产生某种意义下的反抗,使它们可以生气勃勃前往应该击退攻击之处;为了产生这种效果,人们便使用"强味草、琥珀油、烧过的皮革和羽毛,总之,一切能给予心灵强烈和不适感受的事物"。为了对抗发酵,人们采用的是鸦片软糖(thériaque)、"夏拉(Charras)的抗癫痫醑剂",尤其受重视的是著名的匈牙利女王水;㉓这些

㉓ 德·塞维娜夫人常常用它,而且发现它"有益防止悲伤"(参考 1675 年 10 月 16 及 20 日信,《作品集》〔Œ uvres〕, t. IV, p. 186 & p. 193)。此药方曾引用于 Mme Fouquet,《简易家用药方集锦》(*Recueil de remèdes faciles et domestiques*), 1678, p. 381。

药使得酸质消失,血气重获其应有的重量。最后,为了恢复血气正确的动态,蓝治建议要使血气得到舒适、节奏、规则的感觉和运动:"当血气分崩离析之时,它们需要的疗方必须要能稳定它们的运动,使它们回复到自然状况,比如提供心灵轻柔和适量愉悦的事物、令人愉快的气味、散步于美景之中、观赏习于悦人之士、音乐。"㉔坚实的柔适、适当的重力,目的在于保护身体的活泼,这些手段都可以强化有机体中沟通身心的脆弱元素。

然而最好的强化手段,无疑便是铁的运用。它是最结实又是最驯服的形质,它最具抗力,但在知道如何锻炼它以达到其目的之人的双手间,它又是最顺从的。铁生具异禀,组成它的成分如果被分离出来,便会迅速进入矛盾状态。没有别的事物比它更有抗力,但也没有别的事物比它更为听话;它产生于自然之中,但它同时也能为人类所有的技术服务。除了铁的利用之外,人如何能够帮助自然,如何能以一种更确定的方式补强自然——它之所以更确定,乃是因为更接近自然,并且更能服从于人?人们总是引用狄奥斯可里德(Dioscoride)的古老例子,他把一根红热的铁条插入水里,如此便给水的惰性带来它原来没有的活泼效能。火的热力、水沉静的动态,被处理到变得柔韧的金属的严谨——所有这些因素结合在一起,使得水可以把它增补、活化、将强化的效能转移给有机体。铁甚至不需准备也可以有效。西丹汉推荐以它最简单的形式来服用它,也就是说直接

㉔ 蓝治,《气郁论》(*Traité des vapeurs*),pp. 243-245。

吞服锉下的铁屑。㉕ 委特知道有一个人,他的胃神经衰弱,引起持续的疑病症。为了治这病,此人每天要吃高达二百三十克之多的铁屑。㉖ 这是因为铁在所有的效能之外,还具有一个非凡的特性:它可以不经中介和转化,直接传送。铁所传送的,并不是它的实质,而是它的力量;吊诡地,铁虽然是这么有抗力,却会很快地消融于有机体之中,而且只在其中留下其品质,而不留下锈或是废料。在这里可以清楚看到,善意的铁的整套形象体系,操控着论述性思想,而且甚至胜过观察。如果人们做实验,那也不是为了发现一个实证性的因果过程,而是为了圈定这项性质之间的直接沟通。赖特(Wright)给一只狗喂铁盐(sel de Mars)。他观察到,一个小时之后,如果把乳糜(chyle)和没食子(noix de galle)制成的染料混合在一起,乳糜却不显出吸收铁后一定会显出的深紫色。因此,铁不必经过消化,不需要血液传送,不必以其实质透入有机体之中,便能直接强固薄膜和纤维。血气和神经的强化,因此与其说是观察下的效应,不如说显得像一个操作性的隐喻,它包含了力量的移转,却无任何展布性动态。只要接触,力量便能传递,不需要任何实质性的交换,不需要任何运动上的联系。

第二,净化(purification)。内脏拥塞、错误理念沸腾、蒸气和暴力的发酵、液体和血气的腐败——疯狂呼唤着一整个系列的治疗方法,但它们都可以被归属于同一个净化过程。

㉕ 西丹汉,《论歇斯底里》(*Dissertation sur l'affection hystérique*),收于《实用医学》(*Médecine pratique*),Jault 译,p. 571。

㉖ 委特,《神经病》(*Traité des maladies nerveuses*),t. II,p. 149。

人们梦想着一种完全净化:这是最简单的疗法,但也是最不可能的疗法。这就是把一个超负荷、浓厚、充满刺鼻体液的血液,把一个忧郁性的血液,完全换掉,代之以新鲜纯净的血液,用它新鲜的流动来消除谵妄。1662年,莫里兹·霍夫曼(Moritz Hoffmann)提议用输血来治疗忧郁症。几年后,这理念获得了相当的成功,伦敦哲学协会(Société de Philosophie de Londres)便计划在伯利恒院的受监人身上进行一系列的实验;然而受命主持此一计划的亚伦(Allen)医生,却表示拒绝。[27] 不过德尼斯(Denis)却在一位爱情忧郁症患者身上作了尝试;他在病人身上抽出十盎司的血液,替换以抽自小牛股动脉、量稍少的牛血;翌日,他重作一次,但这次取的量减少到几盎司。病人开始稳定下来;再过一天以后,病人的精神便开朗起来;不久病人便宣告完全治愈;"外科医学院的全体教授一致加以肯定。"[28]虽然后来又出现过数次尝试,这个技术却相当快速地为人弃置不用。[29]

　　人们偏爱使用可以预防腐败的药剂。"三千年以上的经验,告诉我们,没药(Myrrhe)和芦荟(Aloès)可以防止尸体腐化。"[30]这种身体的变化,和伴同体液疾病的变化,不是属于同样的性质吗?因此,气郁症的治疗良方,便是没药或芦荟,

---

[27] Laehr,《精神医疗史上的重大日子》(*Gedenktage der Psychiatrie*),p.316。

[28] Zilboorg,《精神医疗史》(*History of Psychiatry*),pp.275-276。艾特姆勒大力推荐为忧郁症患者进行输血。(《输血外科》〔*Chirurgia transfusoria*〕,1682)

[29] 另一位提到输血可以治疗疯狂者为 Dionis,《外科手术教程》(*Cours d'opération de chirurgie*)(第八号示范,p.408),同时亦见于 Manjet,《医学实务总览》(*Bibliothèque médico-pratique*),III, liv. IX, pp.334 et sq.。

[30] 蓝治,《气郁论》(*Traité des vapeurs*),p.251。

尤其是出名的帕拉塞尔斯(Paracelse)口服液。㉛ 但我们不只要预防腐败；我们还得破除腐败。由此导出的疗法便以变化本身为敌人，或者寻求排除腐败物质，或者寻求解消会产生腐败的实质；一是导流术，一是洗净术。

所有纯物理方法属于前者。它们的企图是在身体表面制造出伤口或疤痕，同时作为感染中心，使得有机体可以得到清涤，另一方面，又可以作为对外的排散中心。法罗斯(Fallowes)便是如此解释他的头油(Oleum Cephalicum)的良好作用过程；疯狂之中，"黑郁的蒸气塞住了血气必须穿行的极细管脉"；血液于是失向乱流，血液拥塞了脑血管，它在其中停滞不动，除非有"使心思朦胧"的混乱运动来激扰它。头油的益处是造成"头上的小脓"；这些小脓之上要涂些油，防止其干燥，使得这些开口保持畅通，以便发散"固置于脑中的黑郁蒸气"。㉜ 不过，烧伤和全身涂上烧灼剂，也可以产生同样的效果。疥疮、湿疹或天花这类的皮肤病，甚至也被认为可以终止疯狂发作；腐败就此脱离内脏和脑子，散发于躯体表面，排放到体外。到世纪末，对于最顽强的躁狂症，习惯上的疗法是让病人感染疥疮。杜布莱1785年《指引》(Instruction)的对象是医院主管。他在其中主张说，如果放血、催泻、泡澡和淋浴最终不能根治躁

㉛ 李欧多 (Lieutaud)，《实用医学详解》(Précis de médecine pratique)，pp. 620-621。

㉜ 法罗斯，《月亮疯的最佳疗法，并附有关最佳良药头油之记述》(The best method for the cure of lunatics with some accounts of the incomparable oleum cephalicum)，Londres, 1705；引用于突克，《医学史札》(Chapters on the History of Medecine)，pp. 93-94。

狂,这时就应求助于"烧灼剂、排脓、皮面脓肿、疥疮之感染"。㉝

不过主要的工作仍在于消除所有体内发酵,它们一旦形成,便会产生疯狂。㉞ 其中最主要的疗方是苦味物质。海水所有的涩性效能,苦味都有;它以磨蚀进行净化,它腐蚀病痛在躯体或心灵里所沉淀的一切无用、不卫生和不纯的事物。咖啡因为苦味强烈,有益于"肥胖人士,他们身上的厚重体液几乎无法流动"。㉟ 它可干燥身体而不烧伤它——这类形质的特性便在于,它可以消除多余的潮湿,但又不会造成有害的发热;在咖啡中,仿佛存在着一个无焰之火,具有不烧灼便能净化的力量;咖啡消除不纯之物:"长期饮用咖啡的人士,凭经验就可以感觉到它能使胃恢复舒适、消除过多的湿气和肠内积气、溶解肠黏液,并可轻柔洗涤肠子——这已经是非常值得赞赏之事——,它也阻止烟雾上升到头部,因此可以弱化人们惯常感到的头痛和尖刺感;最后,它为血气提供力量、魄力和清爽,但却不会留下任何可观的热感印象,甚至在那些因为习于使用它,而最受烧灼的人士身

㉝ 杜布莱,《诸种精神错乱之疗法》(*Traitement qu'il faut administrer dans les différentes espèces de folie*),收入杜布莱 & 可伦比耶(Colombier),《指引》(*Instruction*)。(《医学杂志》〔*Journal de médecine*〕,1785 年 7 月)

㉞ 詹姆斯《辞典》提出一份有关诸种精神错乱的系谱:"躁狂由忧郁而来,忧郁来自疑病症,疑病症则起源于内脏中缓慢流动的不纯恶质液体。"(《医学大辞典》〔*Dictionnaire universel de médecine*〕,"躁狂"〔Manie〕条,t. IV, p. 1126)

㉟ Thirion,《咖啡之用途及滥用》(*De l'usage et de l'abus du café*)。见 Pontà-Mousson 答辩之论文,1763。(评论见《保健报》〔*Gazette salutaire*〕, n°37, 1763 年 9 月 15 日)

上,也不会如此。"㊱委特则大力推荐金鸡纳树皮。这是苦药,却也令人振作,特别适合"神经纤细"的人士;它可治"虚弱、灰心和气馁";一位罹患神经疾病的妇女,进行了两年的金鸡纳药酒治疗,病人"断断续续地服用,一次最多只服一个月",便可宣告治愈。㊲ 对纤弱的人来说,金鸡纳树皮得"和一道滋味优美的苦味"配合;但如果有机体能够抵抗得住更强烈的攻击,最好把金鸡纳树皮混合硫酸服用。口服二十或三十滴硫酸液就会大有效果。㊳

很自然地,肥皂和肥皂类产品在这个净化工作中,也不乏特效。"肥皂几乎可以溶解一切具体的东西。"�439替索认为可以直接服用肥皂,而且它很有缓和神经痛的能力;不过,其实一般的时候,只要每天早上空腹食用"有溶解力的水果"就够了。它们可以单独吃,也可以配面包吃。这些水果包括樱桃、草莓、醋栗、无花果、柑橘、葡萄、多汁的酥梨(poires fondantes)以及"其他这一类的果实"。㊵ 不过也会遇到一些案例,其困难如此严重,阻碍如此顽强,任何一种肥皂都不能加以克服。这时就要利用溶解性酒石(tartre soluble)。姆泽(Muzzel)是第一位开出酒石方来治疗"疯狂和忧郁症"的人,

---

㊱ La Closure 之诊断(Consultation de La Closure)。Arsenal 图书馆,第4528 号手稿,119 张。

㊲ 委特,《神经病》(Traité des maladies nerveuses),t. II, p. 145。

㊳ 同上。

㊴ 劳兰(Raulin),《气郁症论》(Traité des affections vaporeuses du sexe),Paris,1758,p. 339。

㊵ 替索,《给文学人士的保健忠告》(Avis aux gens de lettres sur leur santé),p. 76。

而且还针对这个主题出版过许多成功的观察报告。㊶ 委特肯定这个主张,同时说明酒石的作用是溶解,因为它对阻塞性疾病特别有效;"在我观察的范围内,溶解性酒石治疗躁狂或忧郁症特别有效,它们的病因来自有害体液在初级管道中的堆积。对于因为脑部病变所产生的病症,它的效果就没有那么大了。"㊷劳兰列举的溶解剂,还包括蜂蜜、烟囱的炭黑、东方藏红花(safran oriental)、鼠妇(cloporte)、鳌虾脚粉和快活的胃石(bézoard jovial)。㊸

　　位于体内溶解术和体外疏导术之中途,还有一系列实务手法。其中最常见的是醋的种种用法。醋因为是酸,可以消除阻塞,破除正在发酵的形质。但外敷的时候,它又成为诱导剂(révulsif),可以把体液和有害的液体诱向体外。虽然这个现象很奇怪,但这也是此一时期治疗思想的特性:人们不认为这两种作用模式有所矛盾。既然醋的**本性**便有溶解和诱导这两种性质,它无论如何,都会依照这种双重决定来作用,即使其中一种不能用理性和论述铺陈的方式来分析。此时作用不经中介,只要两个自然元素有所接触,便可直接施为。这是为什么人们会推荐用醋来擦头和头颅,而且尽可能把头发剃光。㊹《医学杂志》提到一位经验疗者的例子,他成功地治愈"大量的疯子,而且使用的方法非常迅速简单。以下就是他的秘方。他首先使病人上吐下泻,以便清净。接着

　　㊶ 姆泽,《保健报》(*Gazette salutaire*)所引述的观察,1763 年 3 月 17 日。
　　㊷ 委特,前引书,II,p.364。
　　㊸ 劳兰,前引书,p.340。
　　㊹ 姆泽(F. H. Muzzell),《医学与外科》(*Medizin und Chirurgie*),Berlin,1764,t. II,pp.54-60。

把他们的手脚浸于醋中,让他们一直泡到睡着,或者更好的说法是泡到醒来,大部分的病人在醒来时,都会痊愈。他也在病人理光的头上,涂上川续断(Dipsacus)的碎叶,或是起绒刺果(chardon à foulon)"。⑮

第三,浸泡(immersion)。两个主题在此交错:一是洗净(ablution),以及所有使它和清净及新生仪式有关的一切;另一个主题为浸润(imprégnation),它的生理学意味强许多,其作用为改变液态和固态的基本品质。虽然它们的来源不同,概念提炼的水准也有差异,一直到 18 世纪末为止,它们都还形成一个相当调和的统一体,令人感觉不出其中的对立。自然的理念和其暧昧性质,便是它们之间的调和因素。水是简单原始的液体,也是自然中最清纯的事物之一;人类对自然的基本善意所做出的一切可疑改造,都不能改变水的善性;文明、社会生活、小说阅读或戏剧观赏所激起的想象欲望,引发了神经病痛,这时回归水之清澈便有作为净化仪式的意义;人在这种透明的新鲜之中,重生为无邪天真。但在此同时,水是自然在所有躯体之中安排的成分,它能使每个躯体都重新得到平衡;它是普遍的生理调节者。对以上所有的主题,卢梭的弟子替索,都用既是道德亦是医学的想象加以体会:"自然为所有民族指点的唯一饮料便是水;自然给水溶解所有食物的力量;它的口感舒畅;因此,请选择一种凉爽、柔和且清淡的好水;它可以强壮和清涤内脏;希腊人和罗马人

---

⑮ 《医学报》(*Gazette de médecine*),1761 年 10 月 14 日周三,n° 23, t. II, pp. 215-216。

认为它是一种万用的良方。"㊻

在疯狂史里,浸泡法具有悠久的历史;在爱匹多拉(Épidaure)⁶所实行的沐浴,其本身便是力证;而且,各式各样的冷水澡在古代应该也是屡见不鲜,因为根据可里乌斯·奥雷里亚努斯(Coelius Aurelianus)⁷的记载,索拉尼兹·戴菲斯(Soranez d'Éphèse)已经在反对它们的滥用了。㊼中世纪时代,躁狂症患者的传统疗法,便是将他多次沉入水中,"一直到他失去力量,忘记狂怒为止。"对付忧郁和癫狂,席尔维斯(Sylvius)推荐浸润法。㊽因此,范·海尔门发现沐浴的用处,史上通常把它当作是18世纪的一项突然发现,其实它只是一项重新诠释。照姆纽莱的说法,这项发明起于17世纪中叶,而且是一项偶然的幸运发现;人们用小马车载运一位牢牢绑住的心神丧失者;然而,他却挣脱锁链,跳入湖里。他试着游泳,却昏了过去;当人们找到他的时候,大家都以为他死了,但他却很快地清醒过来,而且他的精神还因此恢复到自然状况,之后他"活了很久,从未发疯"。这个小故事对范·海尔门来说,像是曙光乍现,他开始把精神错乱者不加分别地往海水或淡水里浸泡:"唯一要注意的是,要突然和猛不提防地把病人沉入水中,还要让他们在里头待上一段

㊻ 替索,《给文学人士的保健忠告》(*Avis aux gens de lettres sur leur santé*),p. 90。

㊼ 奥雷里亚努斯,《急症》(*De morbis acutis*),I,II。Asclépiade 经常使用沐浴来治疗精神病。根据 Pline,他发明了一些不同的沐浴形式。(Pline,《自然观察》〔*Histoire naturelle*〕,liv. XXVl)

㊽ 席尔维斯,《医学作品集》(*Opera medica*)(1680),"疗法"(De methodo medendi),第一书,第十四章。

非常长的时间。我们不必担心他们的生命安危。”㊾

我们不必详究此事是否真确;故事转述出一件确定之事:由17世纪末起,沐浴法成为或再度成为疯狂主要疗法之一。杜布莱在大革命前夕撰写《指引》时,提出他所承认的四大疯狂病态(即癫狂、躁狂、忧郁、痴呆)。他嘱咐要对它们进行有规则的沐浴治疗,对前两种还特别加上使用冷水淋浴的按语。㊿ 而且此时贤恩早就建议“所有有必要增强体质的人”,要在家中设置浴室,每二、三或四天使用一次;或“如果他们无此能力,那么只要一有机会,不论用什么方法都行,便把自己投入湖泊或流水之中”。(51)

在一项主要关心液体和固体平衡的实用医学之中,水会特别受到重视,这乃是自明之事。水因为有浸润的能力,因此在清凉剂中占有首要地位,而且因为水还能接受到冷和热这样的补助的性质,也使它具有紧缩、凉爽或加热的效能,且它甚至还能拥有铁那样的强化效力。其实,在水的流动实质中,性质的作用方式非常灵活;就好像水可以很容易地渗透到所有组织中一样,水也很容易让自己浸润在周遭一切品质的影响力之中。18世纪中,水的普遍使用,吊诡地并不来自人对水的效果和作用模式的一般认识;它却是来自人可以对水很方便地提出最具矛盾的效力形态和作用模式。水是所有可能的治疗主题的汇聚之处,它形成一个操作性隐喻无法

㊾ 姆纽莱,《皇家科学院备忘录》(*Mémoire de l'Académie royale des sciences*),1734。历史,p. 56。

㊿ 杜布莱,前引书。

(51) 贤恩,《病弱者之内部健康》(*De infirmorum sanitate tuenda*),引用于Rostaing,《气郁症之反思》(*Réflexions sur les affections vaporeuses*),pp. 73-74。

用尽的储备区。各种性质在这个液态元素里进行普遍的交换。

当然,冷水可以冷却。不然人们怎么会用它来治癫狂或躁狂?这些是热性疾病,其中血气沸腾,固体膨胀,液体被加热到蒸发消散,使得病人的脑子"干而脆",这是解剖学日常可以观察得到的现象。勃阿西欧(Boissieu)很有理性地把水列入清凉疗法的基本手段之一;水作为沐浴,乃是最佳的"反燃素"(antiphlogistique),它可以去除身上过多的火性粒子;在作为饮料时,水则是一种"稀释性弛缓剂",可以减少液体对固体作用的抗力,并借此间接地减低身体的总热度。(52)

不过我们也可以很有理由地说冷水可以生热,而热水可以冷却。这便是达吕(Darut)的主张。冷水浴驱逐身体周边的血液,而且"把它更有力地推向心脏"。但心脏是身体自然热力的中枢,流到那儿的血液便被加热,况且"单独对抗其他部位的心脏,这时还要做出更多新努力来驱散血液,克服毛细管抵抗力。于是便造成血液循环强烈、血液分化、体液具有流动性、阻塞被破除、自然热力增加、消化力胃口增加、身心充满活力"。热水浴所造成的吊诡现象与此相对称:它吸引血液流向周边。所有的体液、汗液和所有有益或有害的液体也作相同运动。只靠热水浴,就可以使各生机中心遭到遗弃;心脏只能减速作用;有机体因而冷却下来。这个事实可由下列现象证明:"昏厥、轻度晕厥……虚弱、无精打采、疲

(52) 勃阿西欧,《冷热疗法》(*Mémoire sur les méthodes rafraichissantes et échauffantes*),1770,pp.37-55。

劳、衰弱无力。"如果太常作热水浴,总会出现上述现象。[53]

事情还不只如此;水有那么多的功能,而且如此能够服从其所承载的品质,但它甚至还可以失去其液体效力,像一道干燥剂那样作用。水能除潮。这是"同类相克"(similia similibus)的古老原理;不过它作用在水身上时,出现的是另一种意义,而且要通过一整套显而易见的机制来作中介。对某些人来说,冷水可以干燥,相反地,热力却能保持水之潮湿。热力实际上可以张开机体的细孔,松弛其薄膜,通过这样的二次度效应,让湿气浸润它们。热力为液体打出一条路。这就是为什么,17世纪为人使用和误用的所有热饮料,会有造成危害的可能:松弛、普遍潮湿、整个有机体陷入柔弱,这些便是饮冲泡剂过多的人所可能遭到的问题。而且,既然以上所提全是阴性躯体的特征,和阳性的干燥结实正相对立,[54]那么,热饮料的过度饮用,便有可能造成人类的普遍女性化。"人们不无道理地谴责大部分的男人,在接触女性的柔弱、习性和倾向之后,产生了退化现象;他们只有在基本体质上不和她们相像。湿润剂的过度使用,使得变化很快地加速进行,并使两性在身心两方面变得几乎完全相似。如果这项偏见在人民之中扩大其霸权,那便是全人类的不幸;不再有劳动者,不再有工匠和士兵,因为他们不久便会丧失其

---

[53] 达吕,《冷水浴比热水浴更有助于保健吗?》(Les bains froids sont-ils plus propres à conserver la santé que les bains chauds?),1763年论文。(《保健报》〔Gazette salutaire〕,n°47)

[54] 参考勃歇斯那(Beauchesne),《灵魂病变之影响》(De l'influence des affections de l'âme),p. 13。

职业所必需的力量和气魄。"(55)在冷水之中，其寒冷的性质凌驾潮湿的性质之上，因为冷为使组织收缩、抵抗浸润的可能性："当我们在冷水里洗澡或当我们被冰冷所侵入，我们会看到血管和肌肉组织如此地紧缩。"(56)因此，冷水浴吊诡地反而可以强化有机体，使它免除因为潮湿而来的柔弱，就如霍夫曼所说，它为"各部位发出基调，加强心脏和血管的律动收缩力"。(57)

然而在其他质性直觉中，这个关系却被倒转过来；这时是热力干涸了水的湿润力，相反地，清凉反而加以保持，并使其生生不息。为了治疗由于"神经卷曲"和"薄膜干燥"(58)所引起的神经病，波姆并不推荐热水浴，因为它可以帮助体内作恶的热力；他推荐的是温水浴或冷水浴，它们可以浸透机体组织，使之恢复柔软。在美国自发地为人实施的，不就是这个方法吗？(59) 在治疗的进展当中，它的效应，甚至它的机制，不都可以眼见的吗？因为在其危机最尖端，病人们漂浮于浴水之上——他们体内的热力使其中的空气和液体变得如此稀薄；但如果他们长时间留在水里，"每天留上三四个甚至六小时"，这时便会出现松弛，水逐渐地浸润薄膜和纤维，

---

(55) 普列萨文(Pressavin)，《气郁症新论》(*Nouveau traité des vapeurs*)，"前言"未分页。也请参考替索："大部分的疾病源自于茶壶。"(《给文学人士的忠告》〔*Avis aux gens de lettres*〕，p.85)

(56) Rostaing，《气郁症之反思》(*Réflexions sur les affections vaporeuses*)，p.75。

(57) 霍夫曼，《作品集》(*Opera*)，II，section II，§5。亦参考 Chambon De Montaux，"冷水浴可以湿润固态元素。"《妇女病》(*Des maladies des femmes*)，II，p.469。

(58) 波姆，《两性气郁症》(*Traité des affections vaporeuses des deux sexes*)，第三版，1767，pp.20-21。

(59) Lionet Chalmers，《医学杂志》(*Journal de médecine*)，1759 年 11 月，p.388。

身体沉重下来，自然落入水底。(60)

18世纪末，水的力量因为性质本身过度丰富而告衰竭：冰冷的水可以加热；热水可以造成冷却效果；它不但不湿润，还会强固，它能借寒冷硬化，或以它本身的热力来维持火。为善与为恶的所有价值，在它身上不加分别地交错着。它可以和所有事物合作。在医学思想里，它形成一个可以任意折曲利用的治疗主题，而其效应可以用最多样的生理学和病理学来理解。它有这么多的价值，这么多种作用模式，它能巩固一切也能削弱一切。无疑地，也就是水的多价状况才会产生这么多的议论，最后造成了它的中性化。到了匹奈时代，水仍然受到使用，不过这时已经回复为完全清澈的水，在它身上的品质超载已经完全为人消除，而它的作用模式也只能是机械式的。

淋浴在此之前，和浸浴和饮料相比，比较不常为人使用，但到了这个时候，它变成了一个特别受到注重的技术。吊诡的是，这时水虽然有前一个时代的所有生理学变貌，在这时却找回了它简单的净化作用。在它身上唯一被加上的性质便是暴力，它必须要形成一股难以抵挡的巨流，把所有形成疯狂的不洁一齐带走；以它本身的治疗力量，它必须要能把个人简化为它最简单的表示，简化为其最单薄和最清纯的生存形态，并如此为它提供新生；匹奈解释说，要点在于“深入其原始痕迹，破除精神错乱者的乖张的理念，这只能是在一种可说是接近死亡的状态中来磨灭它们”。(61) 由此导出像18

(60) 波姆，前引书，p. 58注。

(61) 匹奈，《哲理医学》(*Traité médico-philosophique*)，p. 324。

世纪末和 19 世纪初,厦伦顿院收容所里运用的著名技术:这是名副其实的淋浴——"精神错乱者被绑在椅子上,其上放着装满冷水的储槽,通过一条大橡皮管,把冷水直接灌到他头上";另一个手法是突袭浴(bains de surprise)——"病人走下走廊到房子的一楼,进入一间有圆顶的方厅里,里头建有一个水池;人们突然从背后把他推入水中。"[62]这样的暴力,允诺着洗礼后的再生。

第四,运动之规制(régulation du mouvement)。如果说,疯狂的确是血气不规则的激动、纤维和意念杂乱无章的运动——那么疯狂同时也是身心的窒塞、体液的滞碍、纤维因为僵硬而失去动态、意念的固置、对某一主题的过度注意而忽略他者。这时候,重点便在于如何让精神和血气、躯体和心灵可以重得动态,回复活泼的生命。不过我们也必须衡量和控制这个动态,以免它成为纤维无用的骚动,而不再与外在世界的刺激相关。推动这项治疗主题的,乃是重塑动态的理念,而且还要求它与外在世界的明智活动相和谐。由于疯狂既可能是沉默的停滞、顽强的固置,又有可能是错乱和激动,治疗便把目标放在引发病人身上规则和真实的运动,也正因此,这项运动必须遵循外在世界的运动规则。

人们喜欢重新提出古人的坚定信仰,他们认为不同形态的行走和跑步有益健康;简单的散步可以同时松弛亦强健身体;直线加速的跑步,除了可以使体内的浆液良好分布以外,还能使器官轻盈;穿着正常服装跑步,可以使组织

---

[62] 艾斯基洛,《论心智疾病》(Des maladies mentales),II, p. 225。

温热和柔软，也可以放松变得过于僵硬的纤维。(63) 西丹汉特别建议忧郁症和疑病症患者骑马散步："就我所知，最能强健和滋生血液及血气的，莫过于天天骑马在野外作距离稍长的散步。这样的运动，可以造成双倍振动，使得滞留肺部及尤其是下腹内脏中的排泄血液可以释出。它还能使纤维具有弹性，重建器官机能，重振自然体热，以出汗或其他方式排出或复原发展不良的体髓，消除阻塞，打通所有的通道，最后还可以造成血液连续不断的运动，因而使它再生和获得一股不凡的活力。"(64)海水的起伏摆荡，是世上最有规律、最自然、最符合宇宙秩序的运动——德·蓝克禾过去认为此一运动非常有害人心，因为它会向人提供危险重重的诱惑、不可思议而且永未满足的梦想，它便是恶性无限的形象——然而18世纪却认为这个运动最能规律器官的动态。它所表达的乃是自然节奏本身。吉尔克里斯特(Gilchrist)写了一整本书《论海上旅行的医学效用》(*on the use of sea voyages in Medecine*)；委特则认为这个疗法难以应用在忧郁症患者身上："要这一类病患下决心去作长程海上旅行，有其困难；不过，我们还是得提出一个疑病性气郁患者的例子：这位年轻人被迫坐船旅行四五个星期之后，突然宣告痊愈。"

旅行还有一种附带效益：它可以直接作用于意念的运行

(63) Burette，《古人之跑步史》(*Mémoire pour servir á l'histoire de la course chez les Anciens*)，《美文学院论文集》(*Mémoires de l'Académie des Belles-Lettres*)，t. III，p. 285。

(64) 西丹汉，《论歇斯底里》(Dissertation sur l'affection hystérique)；《实用医学》(*Médecine pratique*)，Jault 译，p. 425。

之上，或说因为它只是经由感觉而作用，所以路径比较直接。以千变万化的风景来化解忧郁症患者之执著：这是上古以来，即已为人采行的旧疗法，但18世纪又再加以重新坚持利用，(65)而且还加以变化，使它有从真实旅行到文学和戏剧里的想象旅行这样多的类别。勒·卡谬(Le Camus)认为所有气郁症患者，如果要“舒松头脑”，可以采用下列疗方：“散步、旅行、骑马、户外运动、跳舞、看戏、读有趣读物，所有使人有事可忙、忘去执念的事物。”(66)乡下的风景，因为甜美多姿，可以使忧郁症患者摆脱烦恼执念，并“使之远离能唤醒其痛苦回忆之处”。(67)

但，相反地，躁狂中的激动，则可能用规则运动的良好效应来加以纠正。这里问题不再是回复运动状态，而是如何规律其激动，使它暂停进展，稳固其注意力。旅行的效力不再来自于连续性的持续打破，而是因为它提供了新鲜的事物，因为它令人产生好奇。患者的精神不受任何规则羁握，而且还因为内在振荡而脱离自身控制，旅行则让我们可以由外部来捕捉这个精神。“如果我们觉察到有些物品或人物，可以使躁狂患者在无章杂念的追求中，停下来对其他事物加以注意，那我们必须经常使患者可以面对这些人事。旅行的好处，理由相同：它可以阻断老念头的延续，并提供可以固定注

(65) 李欧多认为，忧郁症的治疗并非医学范围，而是“属于消散及运动”(《实用医学详解》〔*Précis de médecine pratique*〕, p. 203)。索洼吉建议骑马散步，因为眼前会出现缤纷的形象。(《疾病分类学》〔*Nosologie*〕, t. VIII, p. 30)

(66) 勒·卡谬，《实用医学》(*Médecine pratique*)(引用于Pomme，《新文选》〔*Nouveau recueil de pièces*〕), p. 7。

(67) Chambon De Montaux，《妇女病》(*Des maladies des femmes*), II, pp. 477-478。

意力的事物。”(68)

运动疗法因为可以带来变化，被用来治疗忧郁症，又因为它可以建立规律，被人运用于躁狂症。隐藏在运动疗法背后的理念，乃是外在世界对错乱精神的吸收。它同时既是一种“步伐调整”，也是一种转化，因为运动在规范韵律的同时，又因为它的新颖和多变，构成一个以精神为对象的召唤，要它离开自身，重返世里。如果说，浸泡法背后，的确一直藏有净化以及二度新生里接近宗教情怀的、伦理的回忆——那么在运动疗法里，我们也仍能认出一个对称的、但完全逆转的道德主题：重返世界，信赖其智慧，重新回复到一般秩序之中，并由此忘却疯狂，因为疯狂乃是一个纯主观的时刻。我们可以看到，即使是在治疗手段的经验主义中，仍可发现组织古典时代疯狂体验的重大结构。作为错误和过失，疯狂既是不纯，也是孤独；它远离世界和真理；但也就因此，它被囚禁在恶痛之中。它是双重的虚无，因为它是恶痛这个非存有的可见形式，而且又在空虚和谵妄的色相之中，传布着非存有的错误。它是完全的**纯粹**，因为它便是无，或说远离一切真相的主体性消逝点；但它也是完全的**非纯粹**，因为它所是之“无”，便是恶之非存有。治疗技术，即使在最具想象张力的物理象征上——一方面是强化和回复运动，另一方面则是净化和浸泡——都秘密地遵从这两个基本主题；同时要使主体回复

(68) 居伦，《实用医学指引》(*Institutions de médecine pratique*)，II，p. 317。同一个理念也是工作治疗法的基础。18 世纪时，工作坊在医院中的存在，开始由此得到支持理由，虽然这个现象早已存在。

到原初的纯洁，又要使它摆脱纯粹的主观性，对它进行世界的启蒙；消灭使其异化于自身的非存有，并使它重新向外在世界的饱满、存有的坚定真理开放。

这些技术的意义将会消失，但技术本身却会残存下来。未来，疯狂会处于非理性体验之外，拥有纯心理和纯道德地位，那时古典主义所借以定义疯狂的错误和过失关联，便会被紧缩于犯罪（culpabilité）的单一概念之中，这些疗术残留下来，其意义却减缩许多；人们寻求的只是机械性的效应，或是一种道德上的惩罚。运动规律法便是如此退化为著名的“旋转机器”（machine rotatoire）。马森·柯克斯（Mason Cox）曾在19世纪初展示其机制和论证其效应：(69)一根柱子被垂直地固定于天花板和地板之间；人们把病人固定于柱子水平转梁上的椅子或睡床之中；利用一个“不太复杂的齿轮组”，我们可以使“机器以随心所欲的速度”运转。柯克斯提到一个他亲身所作的观察：病患的忧郁症使他进入木僵状态，“他脸色发黑，而且呈铅灰色，两眼发黄，目光一直固定于地上，四肢似乎不能动弹，舌头干燥不灵，脉搏缓慢。”人们把他放在旋转机器上，为他施加速度越来越快的运动。效果超乎所望；因为过度受到震动，忧郁症的僵硬变成了躁狂症的激动。不过在这个初期效应消失了以后，病人又回复到原初的状态。节奏于是得到修正；机器转得非常快，但有规律的中断，而且停顿的方式非常粗暴。忧郁症得到驱除，但旋转却没有足够的时间

---

(69) 旋转机器的发明人仍有争议，其可能人选有 Maupertuis，达尔文，或是丹麦人 Katzenstein。

可以引发躁狂症的激动。⁷⁰ 旧有治疗主题的重新使用,它的特性便显露于这项忧郁症的"离心疗法"之中。运动的目的不再是使病人重获外在世界的真相,它只是要产生一系列纯机械和纯心理的内在效应。治疗所遵从的,不再是真实的存在,而是某种运作上的规范。在这个旧方法的新诠释之中,有机体只和它自身和其本性产生关联,然而,在原初的版本里,要被恢复过来的,却是它和世界间的关系、它和存有及真理之间的基本联系;如果,我们再补充说,旋转机器很早便被当作威胁和惩罚,⁷¹那么我们便能了解这些疗法在整个古典时代所具有的沉重意义,是如何变得轻薄起来。现在人们只满足于规范和惩戒,用的方法在过去却是用来驱除过失、取消错误,使得疯狂可以重获世界光明灿烂的真相。

* * *

1771 年,比安维尔在《论女性求偶狂》中写道,有时"只处理想象力,便能治愈;但如果只从身体下手,则不可能或至少几乎不可能进行彻底的治疗"。⁷² 勃歇斯那不久以后也说道:"如果人们只用生理疗法来治疗疯狂患者,将会徒劳无功……物质疗法如果要得到完全的成功,便需要配合端正和健全的精神应能供予病弱心灵的援助。"⁷³

这些文献并未显示出心理治疗的必要;它们毋宁标记着

---

⁷⁰ 马森·柯克斯,《精神错乱之实务观察》(*Practical observations on insanity*),Londres,1804,法译本,1806,pp. 49 sq。

⁷¹ 参考艾斯基洛,《论心智疾病》(*Des maladies mentales*),t. II, p. 225。

⁷² 比安维尔,《论女性求偶狂》(*De la nymphomanie*),p. 136。

⁷³ 勃歇斯那,《灵魂病变之影响》(*De l'influence des affections de l'âme*),pp. 28 29。

一个时代的终结：对于那时的医学思想而言，生理药剂和心灵治疗间的差异，仍非自明之理。后来象征的统一体开始崩溃，医疗术也由其全盘意义中解放出来。它们被人认为只有局部效果——或是作用于身，或是作用于心。治疗重新改变方向：集合于其主要性质四周的疾病意义单元，不再是它的承载者；现在治疗法得对疾病的种种组成元素进行各个击破；它构成了一连串的局部破坏，但其中的心理出击和生理干涉只是并立和相加，却永远互不渗透。

事实上，那些对我们来说已经显出心理治疗初生样态的疗法，对应用它的古典医生来说，一点也没有这种意义。自从文艺复兴以来，人们又重新发现上古认为音乐所具有的所有疗效。它对疯狂特别有效。施恩克（J. Schenck）治愈了一名"深度忧郁症患者"，方法是让他听"他特别喜欢的乐器协奏"；[74]亚布莱希特（W. Albrecht）也同样地治愈了一名谵妄患者：他徒然尝试所有其他疗法后，要人在病人发作的时候唱"一支小曲，它唤醒了病人，给他愉悦，使他发笑，而且一劳永逸地消除了过激状态"。[75]人们甚至还提到音乐治愈癫狂的病例。[76]然而，这些观察一直不曾得到心理学诠释。如果

---

[74] 施恩克，《观察》（*Observationes*），1654年版，p. 128。

[75] 亚布莱希特，《音乐的效用》（*De effectu musicae*），§ 314。

[76] 《皇家科学院史》（*Histoire de l'Académie royale des sciences*），1707, p. 7, 及 1708, p. 22。亦请参考 J. - L. Royer,《人体中的声音及音乐》（*De vi soni et musicae in corpus humanum*）(Montpellier 论文）; Desbonnets,《音乐对神经病的效果》（*Effets de la musique dans les maladies nerveuses*）(《医学杂志》[*Journal de médecine*], t. LIX, p. 556）。Roger,《音乐对人体的影响》（*Traité des effets de la musique sur le corps humain*），1803。

音乐有疗效,那是因为它作用于人的全体,它以同样的直接及效率深入身体和心灵:狄默布罗克不是知道有些鼠疫患者被音乐治愈的例子吗?⑰ 当然,人们不再像波尔塔(Porta)那样,接受说音乐的物质音响,可以把隐藏在乐器实质里的神秘效能传达给身体;当然,人们也不再和他一样相信,用"冬青木笛(flûte de thyrre)吹出来的活泼曲调"可以治愈淋巴体质者,或是用"蒜藜芦笛(flûte d'hellébore)吹出来的温柔曲调"可以为忧郁症患者解除痛苦,更不认为我们应该拿"一根用芝麻菜(roquette)或鸢尾茎(satyrisin)作成的笛子,来治疗无能和冷感的男人"。⑱ 但如果音乐不再传送隐藏于实质之中的效能,音乐仍对身体具有疗效,因为它可以对它施与种种性质。音乐甚至形成最严谨的性质机制,因为它原先只是运动,但传到耳朵以后,却又立刻变成质性效果。音乐的治疗价值来自这项变化在体内的逆转,性质又再分解为运动,感官上愉悦则回复它的本来面目,也就是规律的振动和紧张的平衡。人是一个身心一体的存在,它反向行走和声的循环,由和谐之感重新降至调和之音。乐声在此解体,但健康却得以恢复。不过另外还有一条更直接和更有效的路径;这时人不再扮演反乐器的负面角色,相反地,他的反应仿佛他本身就是乐器一般:"如果我们把人体当作是由多少紧绷的纤维组合而成,而把这些纤维的感受力、生命、运动都加以

---

⑰ 狄默布罗克,《黑死病》(De peste), liv. IV, 1665。
⑱ 波尔塔,《自然的魔术》(De magia naturali)(引用于《百科全书》〔Encyclopédie〕,"音乐"条)。据说 Xénocrate 已使用蒜藜芦笛来治疗精神错乱者,杨木笛来治坐骨神经痛。参考 Roger,前引书。

抽象化,这时我们便可毫无困难地作出以下的构想,音乐在纤维上所产生的效应,应该和它对邻近乐弦所产生的效应相同";这是回响效应,不需遵循听觉长而复杂的路程。神经类属和充满空气之中的音乐一齐振动;纤维就像"聋舞女",随着它们听不到的音乐翩翩起舞。这时音乐的重组乃是在身体内部直接完成,由神经纤维直到灵魂,协和乐音的和谐结构重新引入激情的和谐作用。⑦

激情在疯狂疗法中的使用,此一事实本身不应该被理解为一种心理医疗。利用激情去对付精神失常,仍是以最严格的身心统一体为对象,使用的则是这个事件的双重效应体系,和其意义的立即相应。借激情来治疗疯狂,预设着身、心之间的相互象征体系。18 世纪中,恐惧被认为是最值得在疯人身上引发的激情之一。人们断定,躁狂症患者和狂怒者受到拘束,而恐惧便是此一拘束的自然补充物;人们甚至梦想,就像是一种动物驯服法,要使得躁狂者每一次的发怒,都要很快地引起恐惧,作为其补偿:"只有力量才能战胜躁狂者的狂怒;要以恐惧对抗愤怒,才能驯服愤怒。如果在病人的精神之中,惩罚及公开受辱的恐怖,和愤怒的发作连接在一起,那么两者必会随同出现;毒药是不能和解毒剂分离的。"⑧不过,恐惧的效力不只限于疾病的效应之上:它可以作用于疾病自身,加以消除。实际上,它可以固置神经系统

---

⑦ 《百科全书》(*Encyclopédie*),"音乐"条。亦参考替索(《神经论》[*Traité des nerfs*],II,pp. 418-419),对他而言,"音乐乃是最原始的药品,因为它的模范是鸟鸣。"

⑧ 克里克顿(Crichton),《心智疾病》(*On Mental Diseases*)。(引用于 Regnault,《论能力程度》[*Du degré de compétence*],pp. 187-188)

的运作,它在某种意义下,僵化活性过大的纤维,遏制它们所有的混乱运动;"恐惧是一种可以减轻脑部兴奋的激情,因此它可以镇定过度的兴奋,尤其是躁狂患者易怒的兴奋。"[81]

如果恐惧和愤怒所形成的对立双元组,可以有效地对付躁狂者的激动,这一组激情也可以逆向使用,用来对付忧郁症患者、疑病症患者、所有淋巴体质者无根据的惧怕。替索重拾旧说,认为愤怒既然是胆汁的排放,那么它应该可以被用来溶解堆积在胃和血里的淋巴液。愤怒使神经纤维进入更大的紧张状态,因此可以使它们强而有力,回复失去的弹性,如此惧怕便得以消除。[82] 激情疗法建立于持续的性质和运动的隐喻之上;它总是意味着这些性质和运动可以立即以其特有的方式,在身心之间转换。史丹曼特(Scheidenmantel)在他处理此种疗法的专著中说明,要用到它的情况如下:"如果要痊愈,体内必须要产生的转变,相同于此一激情所会带来的变化。"这是为什么它可以是所有生理疗法的普遍替代者;它只是用另一条途径得到同样的连串效应。在激情疗法和药物疗法之间,并没有本性上的不同;它们只是通达身心共同机制的不同模式。"如果病人不可能以理性做到痊愈所需之事,此时必须利用激情。"[83]

因此,生理、心理疗法间的差异,虽然对我们来说是立即可解之事,却是不可能以绝对的严谨,被当作古典时代中的

---

[81] 居伦,《实用医学指引》(*Institutions de médecine pratique*), t. II, p. 307。

[82] 替索,《神经论》(*Traité des nerfs*), t. II。

[83] 史丹曼特,《以激情为疗方》(*Die Leidenschaften, abs Heilmittel betrachtet*), 1787。引用于 Pagel - Neuburger,《医学史手册》(*Handbuch der Geschichte der Medizin*), III, p. 610。

有效区分来加以运用,或至少把它当作具有意义的区别。这项差异真正开始以深刻的方式存在的那一天起,恐惧的使用,已不再是一种固定运动的方法,而是被当作一种惩罚;这时喜悦意味的不再是机体的舒张,而是补偿;同样地,愤怒也只是对计划性的侮辱的回应罢了;简言之,19 世纪发明了著名的"道德疗法",同时也把疯狂和其治疗导入定罪游戏之中,由这一刻起,这项差异才告确立。[84] 生理和心理之间的区别,要在精神医学里成为实用概念,只有在疯狂的问题意识转向质疑责任主体之时才会确立。这时定义出来的是一个纯道德的空间,完全符合现代人寻求自身深度和真相的心理内在性。19 世纪前半叶,生理疗法倾向成为无辜机制的治疗,心理治疗呢,则倾向成为犯错自由的治疗。由此时起,作为治疗法的心理学,便以惩罚为其组织核心。在寻求平息痛苦之前,它先以道德的严格必要性来处理痛苦。"不必安慰,因为安慰是无用的;也不必说理,因为说理也说服不了。不要和忧郁症患者一起悲伤,因为您的悲伤只会使他们的悲伤更加持续;和他们在一起时,也不要显出快活的样子,他们会受到伤害。要非常地沉着,而且有必要时,还要非常严厉。让你的理性成为他们的行为准则。只有一条弦仍旧在他们身上振动,那便是痛苦之弦;要有足够的勇气去碰触它。"[85]

依笛卡儿的定义,存有两种实质,一种具广延性,另一种

---

[84] 吉斯兰(Guislan)所列道德镇静剂如下:依赖感、威胁、严峻之言、自尊之损伤、孤离、闭隐、惩罚(如旋转座椅、突然的淋浴、Rush 惩罚椅),有时饥渴亦可列入。(《头疾》〔Traité des phrénopathies〕,pp. 405-433)

[85] 勒黑,《疯狂之心理学断简》(Fragments psychologiques sur la folie),Paris,1834,参考"一个典型的案例",pp. 308-321。

会思想。然而,医学思想中的身心异质说,并不来自笛卡儿的定义;笛卡儿之后一个半世纪的医学,在问题和方法的层次上,都没有能做到这项分离,也没有把两种实质间的区别当作是机体和心理之间的对立。不论是笛卡儿派或反笛卡儿派,古典医学从未把笛卡儿的形上学二元论导入人类学考量之中。当医学分离身心时,也不是因为它重新效忠笛卡儿的《沉思录》(*Méditations*),而是因为它对过错有新的注重。在疯人治疗中分离出身心两种疗法的,只是奖惩措施。只有从疯狂被异化为犯罪的那一天开始,纯心理医学才有可能存在。

* * *

然而,古典医学实务中的一整个面向,却可以对上述这一点作出长篇大论的反驳。在所有的疗术之中,纯心理元素似乎也有一席之地。不然,我们怎能解释人们为何如此重视鼓励、劝导、说理,为何独立于躯体疗法之外,古典医生和病人间所进行的对话会如此受到重视呢?如何解释何以索洼吉能以和他所有同代人一致的态度,写出以下的主张:"要治愈灵魂的疾病,我们自己得作哲学家。因为这些疾病之起源,不外只是病人强烈地欲望着一件他认为善的事物,而医生有责任用坚强的理由向他证明,他如此热烈欲求的事物,乃是表面的善,真实的恶,以使他脱离错误,回到正道。"[86]

事实上,这种逼近疯狂的取径,和前面我们已经谈过的各种方式相比,并没有更多或更少的心理成分。语言、真理

---

[86] 索洼吉,《方法性疾分类学》(*Nosologie méthodique*),t. VII, p. 39。

或道德言辞,仍然直接和身体相连;我们在此可以再度引用比安维尔的《论女性求偶狂》,因为其中明白地显示出,一项伦理原则的采纳或拒绝,如何可以直接转变为有机过程。⑧
不过,转变身心共同质性的技术,和以论述进击疯狂的技术,两者之间存有本质上的不同。前者是一种意义位移的技术,处理的疾病是一种属性上的变质;后者则是一种语言的技术,它处理的疯狂被视为理性和其自身的辩论。以后者的方式,此技巧的开展领域,乃是以真相或错误为角度来"处理"疯狂的领域——这里取"处理"这个词的所有意义。[8] 简言之,在古典时代之中,疯狂疗法里一直存有两个并立共存的技术世界。其中之一,以性质的内在机制为基础,并且认为疯狂基本上是**激情**,也就是说,某种同时隶属身心的混合物(运动—性质);另一个领域的基本预设,则是和自身论理的理性论述运动,疯狂在此被当作是错误,语言和形象中的双重空幻,**谵妄**。激情和谵妄的结构性循环,乃是古典疯狂体验的构成者。在这里,它又在技术世界里重现——但那是一种节略的形态。它的统一在其中只是遥遥显出侧影。在疯狂的医学之中,像是以大字排写,立即可见的却是一种双元的、几乎呈对立的状态:一边是消除疾病的方法,另一边则是进击非理性的形式。后者可以被归结为三个基本样式。

　　第一,唤醒(le réveil)。既然妄想是清醒者的梦想,因此我们必须使得妄想者摆脱这种接近睡眠的状态,把他们由被形象所包围的白日梦中唤醒,回到真正的清醒状态,好让梦境在感知的形象之前消失无踪。这是绝对的苏醒,它把所有

---

　　⑧　比安维尔,《论女性求偶狂》(*De la nymphomanie*),pp. 140-153。

形态的幻象,一个接一个地排除开来。笛卡儿《沉思录》的开头部分,便在追求这样的苏醒,而且吊诡地在梦的意识本身和受骗的意识之中,发现了它。不过,疯子们的苏醒,却要由医学来进行,它使笛卡儿孤独的勇气,转化为唤醒者权威的干预。这时唤醒者因为睡眠中的醒者所具有的幻象而更加确定自己的清醒:这是一条捷径,它武断地切过笛卡儿的漫长跋涉。笛卡儿在其决心进行的追求终点才发现的,存在于一个绝不和自我分离、绝不**分裂**的意识**重叠**中的东西,却被医学由外部强加进来,而且存在于医生和病人的分离之中。医生和疯人的关系,复制了我思和梦、幻象及疯狂产生关系的时刻。这是完全外在的我思,是思考过程本身的他异者,而且只能以爆发的方式强加于思考之上。

　　清醒爆发式的闯入,这项结构乃是最常见的疯狂疗法之一。有时它的外貌看来最为简单,其中却负载着最多的形象,又最被认为具有立即效力。人们接受以下的说法:一位少女,在非常强烈的忧伤后患了痉挛症,因为人家在十分贴近她的地方开了一枪,治好了她的病。[88] 不过也不必这么极端,使得唤醒法出现这种想象性的实现,突发和强烈的感情也可获致同样的结果。勃艾哈夫对哈尔兰市(Harlem)的痉挛症患者们所进行的著名治疗,其意旨便是如此。在该市的救护院中,痉挛症大肆流行。虽然使用了高剂量的抗痉挛药,仍告无效。勃艾哈夫便下令"要人抬出一些装满炽热火炭的炉子,在其中烧红某种外形的铁钩;接着他高声宣布,既

---

[88] 《皇家科学院史》(*Histoire de l'Académie des sciences*),1752。由李欧多所宣读的记事。

然前面所有用来治痉挛的方法都已宣告无效,他只知道还有一个方法可以使用,那就是不论男女,只要是痉挛病患,就用一支火红的铁钩来烧灼他们的手臂,直至见骨为止"。[89]

另一种方式比较缓慢,但能开向更确定的真理,那便是由智慧本身而来的开悟。此时智慧必须以持续不懈的坚持,逐步穿越疯狂的世界。威里斯便是向这个智慧及其种种形式请求治疗疯狂的良方。针对痴呆症患者,必须求助于教学智慧;"必须要由一位努力献身的师父来彻底教诲他们";他们的教育必须一点一滴地缓慢进行,就像在小学里的儿童教育。忧郁症患者们所需的智慧,则必须以最严谨和明显的真理作为模范:存于患者妄想中的所有想象成分,在无可反对的真理光照之中,便会销声匿迹;这是为何要强力推荐他们学"化学和数学"的原因。至于其他人,可以消除其谵妄的智慧,存于井然有序的生活之中;并不需要特别加上另一种真理,只要日常生活中的真理就够了;患者留在家中,"必须继续治事、齐家、整理和耕耘属地、花园、果园、田地。"相对地,能够逐渐把躁狂症患者的精神引回真理光照之下的,反而是精确的社会秩序,它由外而来,甚至在必要时,还要用强迫手段进行:"因为以上的原因,对于收留在专门处所里的无理性者,医生和谨慎的助手的对待方式,是要使他可以一直维持其责任、仪态、道德,其方法则是随时随地施加警告、责备、处罚。"[90]

这种唤醒疯狂的权威方法,在古典时代中渐渐地丧失了

---

[89] 引用于委特,《神经病》(*Traité des maladies nerveuses*), t. I, p. 296。
[90] 威里斯,《作品集》(*Opera*), t. II, p. 261。

原有意义,窄缩为道德法则的回忆、改过向善、服从律法。威里斯所谓的重返真理,索洼吉不再完全了解。对后者而言,这只是对善良的清晰确认:"如此,我们便能唤醒那些因为虚假的道德哲学原则而迷失的人,使他们重返理性,只要他们愿意和我们一起检讨什么是真正的善,什么是应当作出的选择。"⑨在此,医生已不是开悟者,而是道德学家。替索认为,对抗疯狂,"纯粹无缺的良知乃是上乘的预防。"⑫不久之后,对匹奈而言,真理的开悟不再有治疗意义,重要的只是服从和盲目的降伏:"在大量病例之中,躁狂症的基本治疗原则在于先进行有力的镇压,接着再柔善对待。"⑬

　　第二,戏剧性的实现。这种治疗技术至少在表面上严格对立于唤醒法。在唤醒法中,妄想的立即活跃,和理性的耐性工作相对抗。理性或是以缓慢教育的形态出现,或是以权威闯入的形态出现,但理性以其自身便可立足,仿佛它自身的重量便能让它如此。疯狂的非存有性、其错误的虚幻性,最后终将让步于真理的压力。在现在技法中呢,治疗完全在想象空间中进行其操作;这里牵涉的是非真实和其自身的共谋关系;应该让想象力玩它自己的游戏,有意地激起新形象,延续妄想的线索继续妄想下去,如此,不需对立和冲突,甚至不需要明显的辩证,便能吊诡地治愈疾病。健康应该包围疾病,并以囚禁疾病的虚无本身来征服疾病。想象力"生病时,

---

　　⑨　索洼吉,《方法性疾分类学》(*Nosologie méthodique*),t. VII, p. 28。

　　⑫　替索,《给文学人士的保健忠告》(*Avis aux gens de lettres sur leur santé*), p. 117。

　　⑬　匹奈,《哲理医学》(*Traité médico philosophique*), p. 222。

第二部・第四章　医生和病人　　543

只能借由非常健康和经过锻炼的想象力的效果,才能被治好……治好病人想象力的是恐惧、强烈痛苦的感官印象,或是幻象,这一点并不重要"。⑭幻象可以治愈幻想——相对地,只有理性才能解放非理性。那么,想象的这种扰人的力量究竟是什么呢?

由于形象的本质便是使人将它误认为现实,相对地,真实也能摹拟形象,让人觉得它和形象有相同的实质,相同的意义。感知能够在没有冲突、没有阻碍的情况下,延续梦想,填满其中的空缺,确证其中难以成立的事物,最后将其完成。如果幻象可以显得和感知一样地真实,那么感知也可以成为幻象明显可见、不容置疑的真相。这便是"戏剧性实现"疗法的第一个阶段:把非现实的形象整合于真实的感知之中,但又让后者不对前者产生矛盾,甚或质疑。依此理,鲁西他努斯(Z. Lusitanus)讲过一名忧郁症患者的痊愈故事。这位患者自认犯下重罪,在尘世之中便已受到天谴。由于不可能借由合理的论证去说服他,让他相信自己还能获得拯救,人们便接受了他的妄想,让他面前出现一位白衣持剑的天使,在一番严厉训诫之后,天使向他宣布他的罪恶已经得到赦免。⑮

就在这个例子上,我们已能看出第二阶段的梗概。**形象**的**实现**仍不足够;我们必须**延续**谵妄的**论述**。原因在于,在病人无理智的主张之中,存有一个说着话的声音;这声音遵

---

⑭ Hulshorff,有关倾向的演说,柏林学院宣读。引用于《保健报》(*Gazette salutaire*),1769 年 8 月 17 日,n°33。

⑮ 鲁西他努斯,《医学实务》(*Praxis medica*),1637,obs. 45,pp. 43-44。

从它自己的文法,而且说出一个意义。我们必须维持这个文法和意义,使得幻想实现为真实时,不会显出层次的变化,仿佛不同语言间的转译,而意义也受到改变。必须让同样的语言继续说下去,维持着论述上的严谨,只是加入了一项新的演绎元素。然而,这项元素并非无关紧要;重点不在于继续妄想,而是要在延续它的同时,尝试去完成它。必须把它导向极端和危机状态,如此,不需外在异物的加入,它便会和自身对抗,并且和自身真相的要求相辩论。因此,真实的感知论述,在延伸形象的谵妄语言之时,应该在不脱离其法则或其管辖的情况下,对它行使一个正面功能;论述应该以其本质为核心,压缩这个语言;如果它冒着确认它的危险去实现它,目的是为了使其产生戏剧化的发展。人们提出一个病例说,病人自认已死,而且因为不进食,即将真实死去;"一群人,脸色苍白,穿着像是死人,进入了他的房间,架起一张桌子,摆上菜肴,在他床前吃喝起来。饥饿的死人张眼看着这一切;人们惊讶于他留在床上不动;人们说服他说死人至少和活人吃得一样多。他对这项习惯做出了非常良好的适应。"⑯妄想的各个元素是在一个持续的论述之内,才会进入矛盾,掀起危机。非常暧昧地,这同时既是医学性亦是戏剧性的危机;在此,而且只是短短数年之间,希波克拉特以降的整套西方医学传统,突然和剧场经验主要的形式之一,发生了交叠。眼前出现的是一个大主题,其中的危机乃是无理智者和理智之间、理性和非理性之间、人的清醒狡智和精神错

---

⑯ 《有关倾向的演说》(*Discours sur les penchants*)。Hulshorff,柏林学院宣读。引用于《保健报》(*Gazette salutaire*),1769 年 8 月 17 日,n° 33。

乱者的盲目之间的对抗,这个危机将会得胜,因为在幻象转过头来攻击自己之时,便会朝向耀眼炫目的真相开放。

这项开放内在于危机之中;而且甚至是危机以其立即且逼近的性质,构成了其中最基本的部分。不过,开放并非直接来自危机。如果要使危机不只是戏剧性的,而是具有医学效力的,如果要使它不只是人的灭亡,而是疾病简单纯粹的消除,简而言之,如果要使妄想的戏剧性实现具有喜剧性的清涤效果,就要在某一时刻加入一条狡计。[97] 此一狡计——或至少是一个偷偷地改变妄想自主游戏的元素——它虽然不断地确认此一游戏,但在把它和其自身的真相相联系之时,一定也会把它拴在消除它的必要性之上。这个方法最简单的例子如下,谵妄中的病人自以为觉察到体内有一个奇怪的物件或动物,这时我们用狡智来配合他:"当一个病人自认为体内有只活生生的动物时,我们便得假装配合,以便把它取出来;比如他说它存在肚子里,我们可以利用一个稍强的泻药来达成效果:在不让病人发觉的情况下,把这种动物抛进便池之中。"[98] 戏剧演出实现了妄想的对象,但只有通过把它外在化的方式,才能如此,而且它不但让病人可以由感知来证实自己的幻象,也会同时强力地使幻象消失。妄想的人为重构形成了一段真实的距离,通过此一距离,病人便可重得自由。

不过有时候,连这项距离化过程都不是必要的。谵妄有

---

[97] "这个多变的疾病应该要以诡计和狡智来治疗(Hic omnivarius morbus ingenio et astutia curandus est)。"(鲁西他努斯,p.43)

[98] 《百科全书》(*Encyclopédie*),"忧郁"条。

一种近似的感知——狡智,可以把一项感知性的元素滑入其中;它一开始默不作声,但它逐渐的肯定却会质疑体系整体。病人是在自己身上,以及肯定他的妄想的感知之中,觉察出解放他的现实。特拉里安(Trallion)记载一位医生如何消除忧郁症者妄想的故事。病人自以为不再有头,在此部位感到某种空虚;医生配合了病人的妄想,接受他的要求去填塞这份空虚,于是把一只大铅球放在他的头上。不多久,由此而来的困扰和因为铅球重量快速产生的疼痛,说服病人相信他其实有头。⑨ 最后,狡智和其喜剧性还原功能可以受到医生的合作关系协助,但却不需要他再做其他直接干预,只由病人机体自动自发的作用便可确保成功。比如前面所引的例子,忧郁症患者因为自认已死,不再愿意进食,即将真实死去,而一场死者之宴的戏剧演出,又使得他愿意进食;食品恢复了他的健康,"菜肴之食用使他变得更加宁静",机体上的病变消失了,而妄想和这病变不能分离的原因和效应,也不得不随之消失。⑩ 因此,即将由想象性死亡导致的真实死亡,只因为非真实死亡的演出,便被排离现实之外。在这个精致的游戏中,实现了非存有和其自身的交换:妄想的非存有被转移到疾病的存有之上——通过戏剧的演出,疾病的存有被驱离妄想——如此,只凭这个事实,这项转移便消灭了疾病的存有。妄想的非存有,于存有之中达到完成,这个完成却反而消灭了作为非存有的妄想;这一点来自其内在矛盾的纯粹机制——这个机制同时是字词的游戏和幻象的游戏,

---

⑨ 《百科全书》(*Encyclopédie*),"忧郁"条。
⑩ 《保健报》(*Gazette salutaire*),1769 年 8 月 17 日,n°33。

同时是语言和形象的游戏;妄想实际上是作为非存有而被消灭的,因为它已经为人察觉;不过,既然妄想的存有完全在于其非存有之中,它便被当作是妄想而受到消灭。而且,它在幻想剧中受到的肯定,使它回复到一个真相上来,而这个真相在用真实捕捉它的时候,也把它驱离现实本身,并使它消失在不具妄想的理性论述之中。

在这里,我们看到是"存有即感知"(l'esse est percipi)这个原则,既医学又讽刺的细密运用;人们采取它字面上的哲学意涵,但运用它的时候,又把它导到和其自然后果完全相反的方向上;这是对它的意义作出逆流而上的运动。其实,一旦妄想进入"感知"(percipi)的领域之中,它便不由自主地从属于存有,也就是说,它和它特有的存有形态,也就是"非存有"(non-esse),发生了矛盾。于是,这里所进行的戏剧和治疗游戏,便是在妄想的发展本身之中,使妄想存有(son être)的要求,联结于存有(l'être)的法则(这是剧情开始发生的阶段、喜剧幻象的建立阶段);接着推展的是两者间的紧张和矛盾——它们已经存在,而且很快便不再保持沉默(这是剧情爆发的阶段);最后,把真相摆在残酷的光线之下,揭露出妄想存有的法则只是幻象的胃口和欲望,只是非存有的要求,也因此,感知在使它滑入存有之时,早已暗埋其毁灭(这便是喜剧,这便是真相大白的一刻)。这是严格意义下的情节解套(dénouement),因为存有和非存有彼此纠缠不清的状态,原来存于近乎真实的妄想之中,现在它们摆脱了这场混淆,回复到它们真正的贫乏状态。由此我们可以看到,在古典时代的种种解放模式之中,存在着有趣的结构类似性;医学的人为手法,剧场幻象的严肃游戏,都具有相同的平衡和运动。

于是,我们便能了解,为何疯狂会在17世纪末的戏剧中消失,而且一直要到下个世纪最后几年,才会重新出现:疯狂的戏剧实际演出于医学实务之中;它的喜剧性还原作用存在于日常医疗之中。

第三,回复到当下的现实(le retour à l'immédiat)。既然疯狂是幻象,而且如果的确可以借由戏剧来医治疯狂,那么直接消除戏剧,不但治疗效果一样好,而且还更为直接。饱满的自然不会欺骗人,因为它立即的现实并不包含非存有,直接把疯狂和它空幻的世界托付给这样的自然,这便是同时把疯狂交付给它自身的真相(因为疯狂,和疾病一样,毕竟只是自然中的存有),亦是把它交付给最逼近它的矛盾(因为妄想是没有内容的表象,和自然经常是秘密而隐形的富饶,正好相反)。自然因此显得像是非理性的"理由"(raison)。这里采用这个字的双重意义,也就是说,在自然之中既可找到疯狂的原因,同时又隐藏了消除它的原则。但我们必须提醒说,这些主题并不出现于整个古典时代。虽然它们从属于同一个非理性的体验,其出现却是接延替代戏剧性实现的主题;它们的出现指出有关存有和幻象的质问,开始削弱,并且让位给一个有关自然的问题意识。戏剧幻象的游戏失去意义,人为的想象实现技术,被自然还原法(réduction naturelle)这项简单而具信心的技艺所取代。不过这个词语仍有暧昧之处,因为它牵涉的既是通过自然进行还原,又是还原于自然。

回复到当下的现实乃是医疗中的医疗,这是因为它其实是对医疗的严格拒绝;它之所以具有疗效,正在于它是所有治疗的遗忘。正是因为人对自身的被动态度,因为人对他的技艺和人工手法保持沉默,自然才会展开一项活动,和这个弃绝正成反比。因为,如果我们仔细去看,人的被动态度乃是真正的行动;当人依赖药物时,他就脱离自然要求他工作的法则;他深陷于人为和反自然的世界之中,而疯狂只不过是这个世界的一种显现;当人忽视疾病的存在,回到自然事物的行动中时,人表面上是被动的,但他其实却是对自然保持勤勉的忠诚,此时他便能获得痊愈。柏那汀·德·圣彼耶(Bernardin de Saint-Pierre)便是如此解释他如何摆脱一场"奇特的病痛",那时,"就像伊底帕斯(Œdipe)那样,他看到两个太阳。"医药确曾为他提供救助,告诉他说"他的病痛中心在于神经"。他用了最名贵的药,却是徒劳无功;他很快便觉察到,连医生自己都被其药方杀害:"我能恢复健康,都要归功于尚-杰克·卢梭。他不朽的作品里,存有许多自然的真理,我读到其中一条说,人是为了工作而生的,而不是为了沉思。直到那时,我一直在锻炼心灵,却使得身体休息;于是我改变了生活方式;我锻炼了身体,并且使得灵魂获得休息。我放弃了大部分的书籍;我把目光转移到自然的大书之上。这本大书向我所有的感官说话,而它所使用的语言,不论是时间或是民族都不能加以改变。田野和草原上的青草,便是我的历史和我的报纸;但这不是我的思想痛苦地走向它们,就像是在人的体系中一样,而是它们的思想以千百种令人愉快的形态向我扑来。"[101]

---

[101] 柏那汀·德·圣彼耶,《阿尔卡地序言》(*Préambule de l'Arcadie*),《作品集》(*Œuvres*), Paris, 1818, t. VII, pp. 11-14。

不管卢梭的某些弟子可以提出的说法如何,回复到当下的现实既不绝对,亦非简单。原因在于,即使疯狂是由社会里最人为的部分所引起和维系的,但形态强烈的疯狂,看来就像是人性最原始欲望的野蛮表现。我们前面已经看到了,疯狂在古典时代被当作是一种兽性的威胁——而且这是一个以掠食和谋杀本能为主的兽性概念。那么,如果把疯狂交付给自然照料,便会成为一种无法控制的逆转,其实是把疯狂遗弃给反自然的狂乱。因此,疯狂痊愈中要回归的当下,并非以欲望而言的现实,而是就想象而言的自然——这个回归要把人的生活和其乐趣之中,所有人为的、不真实的、想象的事物排除出去。因此,此一浸入现实的疗法乃是思考后的产物,它秘密地预设着一个中介,那便是划分自然之中何者属于暴力,何者属于真理的智慧。这便是**野蛮人**和**劳动者**之间的不同所在。"野蛮人……过的比较是肉食动物的生活,而不是有理性者的生活";相对地,劳动者的生活,"事实上,比上流社会人士的生活更加幸福。"野蛮人有的是立即的欲望,缺乏规律,毫无节制,没有真正的道德性;劳动者则享有无中介的愉悦,也就是说,他没有外界空虚的要求,没有刺激和想象性的成就。在自然和其立即效能之中,能够治愈疯狂的,乃是快乐——但这快乐,一方面不需压抑欲望便可使它成为无用,因为它提早为它提供充分的满足,另一方面,它又使得想象变得可笑,因为它自发地让人感到幸福的现实。"快乐乃是一种永恒的事物;它的存在不会变化;要形成它需要某些条件……;这些条件并非偶然无理;自然已经规划了它们;想象不能创造什么,而最热衷于快乐的人,如果想要使其乐趣增加,也只有放弃一切不符自然规划的事物。"⑩因此,劳动者的当下现实乃是一个充满了智慧和节度的世界,它能治愈疯狂,因为它使得欲望和其所激起的热情运动变得无用,也因为它在化减想象的同时,也化减了任何妄想的可能。替索心目中的"快乐",乃是这个立即的治疗者,可以同时摆脱激情和语言,也就是说,摆脱产生出非理性的两大人类体验形态。

而且,作为当下现实具体形态的自然,在疯狂的消除之中,可能还拥有一个更基本的力量。自然之所以如此,在于它有把人类由其自由之中解放出来的力量。在自然之中——至少那是对暴虐的欲望和非现实的幻想进行双重排除的自然——人类无疑不再受社会束缚(它"强迫人去计算和结清他那名不副实的想象乐趣")和激情难以控制的运动所拘束。但这么一来,他也被轻柔地捕捉于自然义务的体系之中,而且这就像是从其生活之内部本身来进行的。最健全的需求的压力、日夜与季节的运行节奏、没有暴力的温饱需要,迫使疯人的混乱服从于规律。为想象所发明的、过于虚无缥缈的事物,在欲望中隐藏的、过于急迫的东西,都一齐被扫地出门。在一个不强迫人的温和愉悦之中,人和自然的智慧相连,而这种以自由为外形的忠诚,便驱散了非理性——那吊诡地把激情的极端决定机制和形象的极端幻想并立在一起的非理性。于是,在这个混合伦理和医学的世界里,人们开始梦想着一种疯狂的解放:但我们绝不能把这种解放的起源,当作是人因为博爱,而发现到疯子身上也有人性,所以要去解放他们,这是一种想要使疯狂开向自然温和限制的

---

⑩ 替索,《文人病》(*Traité sur les maladies des gens de lettres*),pp. 90-94。

欲望。

自从中世纪以来，古老的吉尔村，见证了在疯子的监禁和麻风患者的排拒之间于今已被遗忘的同源关系。到了 18 世纪末年，人们突然对它作出了新的诠释。过去它所标示的是疯人世界和常人世界间暴力而悲怆的分离，现在它则承载着乐园般的价值，代表非理性和自然之间重新寻回的统一。在过去，这座村庄的存在，意味着疯人被人像是牲畜一样关入畜栏，有理性的人因此可以得到保护；现在它则显示出疯人得到解放，而且因为自由，他便回到自然的法则之中，而能重新配合理性人士。根据朱伊（Jouy）的描述，吉尔村"五分之四的居民是疯子，而且是名副其实的疯子，他们拥有和其他市民相同的自由，而且不会造成困扰……健康的食物、新鲜的空气、完全的自由，这便是人们为他们开出的养生之道。一年之后，大部分的人都因此宣告痊愈"。[103] 虽然制度上仍然没有任何实际的变化，排除和监禁措施的意义已开始改变：它开始有了正面价值。过去的监禁空间是一个中性、空洞、黑暗的空间，在其中，人们把疯狂回归于其虚无，现在，这个空间为某种自然所充满，而那被解放的疯狂必须对之臣服。作为分离理性和非理性的监禁体制，并未受到放弃；然而就在它的规划之内，就在它所占据的空间之中，出现了一些自然的力量，而它们比所有古老的限制及压迫体系，更能强迫疯狂服从其本质。根据这个体系，疯狂必须得到解放，这样它才能在如今充满正面效应的监禁空间之中，自由地摆脱它野蛮的自由，并接受自然的要求。而这些要求对疯狂来

---

[103] 引用于艾斯基洛，《论心智疾病》（*Des maladies mentales*），t. II, p. 294。

说,同时既是真相,又是律则。作为律则,自然限制了欲望的暴力;作为真相,自然化减想象的反自然和其中所有的幻想。

当匹奈谈及沙拉勾斯(Saragosse)医院时,他所描绘的便是上述的自然:在那儿,人们建立了"一种与精神失常相抗衡的力量。其中的成分有:田间耕作对人产生的吸引和美妙感、人类丰饶大地并因此以其劳动果实供应自身需求的自然本能。从早晨开始,就能看到他们……兴高采烈地分散于济贫院附属广阔围地中的各个分区,争着去分摊符合季节的工作,种植软麦、蔬菜、食用植物,随季节不同忙于收成,搭葡萄架,收成葡萄,采集橄榄,晚上则回到孤寂的蔽身之处,寻回沉默和安静的睡眠。这座济贫院最常有的经验告诉我们说,这便是回归理性最确定和最有效的办法"。[104] 在传统形象之下,可以很容易地看出严格的意义。回复到当下的现实,如果要能有效地对抗非理性,那么这个当下的现实必须是已经受到布置安排的现实——同时,它本身已被划分为二;在其中,暴力和真理相分离,野蛮和自由分开,自然不再和反自然的幻想形象相混淆。总之,在这样的当下之中,自然已经受到道德的中介。在一个以这种方式布置的空间之中,疯狂将永远不再有能力说出非理性的语言,同时也不再表达其中超越疾病自然现象的事物。疯狂将会完全进入病理学之中。后继的时代会把这个转变当作是正面的收获,而且认为如果这不是真相的来临,至少也带来了认识真相的可能条件;但如果我们采取历史的角度,应该要能使这个转变显出它的历史样貌:它其实是把疯狂古典体验由非理性化约为一项纯道

---

[104] 匹奈,《哲理医学》(*Traité médico-philosophique*),pp. 238-239。

德的感知,而这便是 19 世纪疯狂概念的秘密核心,虽然它们后来被此一世纪彰显为科学性、实证性和实验性的概念。

这项变化完成于 18 世纪下半叶。它首先滑入治疗技术之中。但过不了多久,它就会浮上水面,进入改革人士的思维之中,并主导着该世纪末年疯狂体验的重大重组。很快地,匹奈便能写出:"为了预防疑病症、忧郁症或躁狂,遵循道德永恒不移的法则是何等地重要!"[105]

* * *

我们如果想要在古典时代区分出生理疗法和心理医疗,将会徒劳无功。理由很简单:心理学在当时根本就不存在。比如处方是喝苦药时,这并不是一项生理疗法,因为目的是要同时清涤身心;相对地,如果忧郁症患者被要求过劳动者的简朴生活,或是他的妄想被人作喜剧性的演出,这一点也不是心理学手法,因为其中最受关心的,其实是神经中的血气运动和体液的密度。然而,前者牵涉的是**转化性质**的技巧——这样的技术把疯狂的本质当作是自然和疾病;后者牵涉的则是一种论述的技巧,重点在于**恢复真相**——在此疯狂意味着非理性。

非理性的重大体验,其统一性乃是古典时代的特征。在随后年代里,这个统一将会瓦解。未来,疯狂也会完全被一项道德直觉所没收,仅仅作为疾病而存在。此时,我们刚才所建立的区别便会拥有另一种意义;过去被当作疾病的部分将被划归于机体;过去从属于非理性、从属于其论述超越性

---

[105] 匹奈,前引书。

的部分,则会被拉下到心理学水平上来。心理学便是诞生于此——它并不是疯狂的真相,而是象征疯狂此时已经脱离它的非理性真相,同时疯狂从今以后也只不过是在自然的无限表面之上,一个没有意义的偏航现象罢了。这个谜,只有一个真相,而它有能力将其化约。

这就是为什么我们应该还弗洛伊德一个公道。《心理分析五案例》(5 Psychanalyses)相对于《心理疗法》(Médications psychologique)中的细心调查,代表的不只是一项深厚的**发现**(découverte);这里面有一个暴烈而凛然的**回归**(retour)。珍奈(Janet)[9]列举划分的种种元素,计算清单,到处兼并,也许有所斩获。弗洛伊德则重新探讨疯狂的**语言**层次,对一个被实证主义化为沉默的体验,重建了其中一项基要元素;他并不是在疯狂心理疗法的清单上,增添了一项重要的补充;他重建了医学思想和非理性对话的可能性。最"心理学的"治疗措施,这么快地和其机体面会合,并受其肯定,对于这一点,我们不必惊讶。心理分析所涉及的问题,完全不是心理学;它牵涉到的是一个有关非理性的体验,而心理学在现代世界中的意义,便在于遮蔽这项体验。

注 释

1　William Harvey(1578—1657),发现血液循环的英国医生。

2　Marie de Rabutin-Chantal, marquise de Sévigné(1626—1696),法国古典时期的女作家。她和女儿三十年间的通信,不但为当时的风俗行为留下见证,也以印象式描写的风格为后世称道。

3　François Doublet(1751—1794)和 Jean Colombier(1736—1789)为法国大革命前夕的救护院副视察和视察官。1785 年他们共同出版了一份有关精神错乱救助的报告。

4　时为1796年。

5　Jean-Martin Charcot(1825—1893),1862年起任硝石库院主任医生,1882年担任该院首位神经系统临床课程教授。1870年后,其研究开始以女性歇斯底里为中心。他也是弗洛伊德在巴黎留学时的老师。

6　在这里有古希腊医神 Asclépios 的神殿,并以当地的医疗活动闻名。

7　罗马医生,大约是 Galien(公元前131—?)的同代人。

8　法文 traiter 有处理、对待、治疗、商谈等意义。

9　Pierre Janet(1859—1947),夏尔勾(Charcot)在硝石库院的助理,其理论和弗洛伊德有近似之处。《心理疗法》(*Médication psychologique*)是他在1919年出版的作品。他同时也是作家雷蒙·卢赛(Raymond Roussel)的医生。

第 三 部

第三階

导　言

对他们来说，我一个人便代表了整座小收容所。

"有一天下午，我人在那儿，看得多，说得少，而且尽量少听。这时，国内最古怪的人物之一，走过来和我攀谈——上帝造人，项项不缺。在这人身上混合着高尚和卑下、良好判断力和非理性。"

在怀疑触及其重大祸害的时刻里，笛卡儿意识到他不可能发疯——虽然他在长时间里，而且一直到狡猾精灵（malin génie）的提出时，仍会承认非理性的全部力量一直虎视眈眈地威胁着他的思想；然而，作为一位哲学家，一位下定决心进行怀疑计划的哲学家，他不可能是"这些无理智者中的一位"。拉摩的侄子则清楚地知道自己是个疯子——他的信念滑移不定，但这是最坚定的一项。"在开始说话之前，他深深地叹了一口气，把双手放在额头上；然后，他又恢复沉静的外表，对我说：'您知道我是个无知的人、疯子、不合时宜的家伙、懒惰虫。'"①

---

① 《拉摩的侄子》(*Le Neveu de Rameau*)，狄德罗（Denis Diderot），《作品集》(*Œuvres*)，Pléiade 版，p.435。

这是一个仍然非常脆弱的疯狂自觉。这并不是和非理性深沉力量相通的、闭锁的、秘密而自主的意识；拉摩的侄子的意识像是奴隶，望风转舵，而且让人可以一眼看穿。他之所以发疯，乃是因为别人说他是疯子，而且如此地对待他："人家要我出丑，我就做给他们看。"②在他身上，非理性完全处于表层，除了意见外，没有其他深度，而且服从于最不自由的事物，而揭发它的也是理性中最不可靠的东西。非理性，现在完全存在于人最无聊的狂想这个层次之上。它很有可能只是这样的幻影。

拉摩的侄子，在某种意义下，仍是他的同代人所不认识的秘密，但对我们的回顾性眼光来说，这却是一个具有决定性的形象。那么，拉摩侄子不可理喻的存在，它的意义究竟是什么呢？

这样的存在，可以上溯十分遥远的时光——在它身上，集合了许多非常古老的形象，其中有令人回想起中世纪的小丑（bouffonnerie）侧影，也预示着非理性最现代的形态，那和奈瓦尔、尼采和安托南·阿尔托同时代的非理性形态。拉摩侄子的存在是如此引人注目，但它在 18 世纪却未为人觉察。当我们质问这个吊诡的现象时，我们便和演化的纪年保持距离，处于稍微后退一步的地位；但这也同时使我们可以看到非理性大结构的一般形态——这些大结构沉睡于西洋文化之中，稍稍处于历史学家的时间之下。而且《拉摩的侄子》中矛盾乱窜的形象，也有可能快速地让我们明了，在那革新

---

② 《拉摩的侄子》(*Le Neveu de Rameau*)，狄德罗(Denis Diderot)，《作品集》(*Œuvres*)，Pléiade 版，p. 468。

古典时代非理性体验的变动之中,最本质性的事物究竟为何。当我们质问它时,得把它当作一个浓缩的历史典范(paradigme)。在电光闪现的刹那之间,他划出了一条断裂的巨大线条,由疯人船一直连接到尼采最后的留言,甚且有可能一笔连到阿尔托的叫骂。既然如此,我们的工作便是要去了解这位人物究竟掩藏了什么,在狄德罗的文本中,理性、疯狂和非理性又是如何彼此对抗,而它们之间,建立了什么样的新关系。在这个最后的部分里,我们所要写的历史,存在于由拉摩侄子的话语所打开的空间之中;但很明显地,这部历史也不能涵盖它的全部。拉摩的侄子既是最后一位集疯狂和非理性于一身的人物,但他又预示着它们的分离时刻。在随后的章节里,我们将努力透过最初的人类学现象来重溯这项分离运动。然而,这项分离对西方文化所代表的哲学性和悲剧性意义,却只出现于尼采最后的作品之中或是阿尔托身上。

* * *

于是,拉摩的侄子重现了疯子这个人物。这时它重现为小丑的形态。就像中世纪的小丑,他生活在各种理性形态的环绕之中,然而可以肯定,他有点像是其中的边缘人,因为他的**存在**和其他人完全不同,但又完全融入其中,因为他就像是一个存在那儿的物件,可以让理性人士随意使用,像是一个为人炫耀和转移的财产。他像是物品一般为人拥有。但很快地,他本人就揭发出这项拥有关系中的暧昧性质。原因如下:如果对理性来说,他是一个要被占有的物品,那是因为他其实是理性的必需品。这个需要涉及理性的内容本身和其存在意义;如果失去疯人的陪伴,理性便会脱离现实,空虚单调,自我厌烦,像是一片荒野之地,使它感觉到自我矛盾的存在:"现在他们失去我了,他们在做什么呢?他们无聊得像狗一样……"③然而,一个如果不拥有疯狂,便会失去自我的理性,它不能再以它和自身立即的认同来定义自己,在这种隶属关系中,它已遭到异化:"智者不需要拥有弄臣(fou);因此,拥有弄臣的,一定不是智者;如果一个人不是智者,他就是疯人(fou);而且,就算他是国王,他也许是他的弄臣的弄臣。"④非理性变成理性之所以为理性的理由——因为理性只能用"拥有"(avoir)这个模式来辨认非理性。

这位不速之客,原先只是一位**可笑**(dérisoire)的丑角人物,但到了后来,他却显露出一种迫人的**嘲弄力量**(pouvoir de dérision)。对于一切把非理性揭发为外在和非必要的判断形态,拉摩侄子的故事说出这判断中必然含有的不稳定和反讽逆转。逆流而上,非理性一点一点地在它谴责者身上爆发出来,反向地规定了它的奴隶地位;这是因为,如果智慧相信它能和疯狂建立起一种纯粹属于判断和定义的关系——"这人是**一个**疯子"——那么,它其实是在一开始就安置了一种拥有和晦暗从属的关系:"这人是**我的**疯子。"其中的逻辑如下:我有足够的理性,因此我才能辨认他的疯狂,而且这项辨认就像是我的理性的标志、记号和徽章。理性无法在作出一张疯狂证明书的同时,又不使自己涉入一种拥有关系。非理性并不是理性的**外部**,它正是身处其**内**,它被理性贯

---

③ 狄德罗,前引书,p.437。
④ 同上书,p.468。

注、拥有和物化；对于理性来说，它是最内在的、最透明的、最充分供应的东西。智慧和真理总是对理性保持无限退后的关系，相对地，疯狂则永远只是理性可以自发拥有的事物。"长久以来，一直存有国王的弄臣这项职位……但从来就没有一个人的头衔是国王的智者。"⑤

于是，通过一种双重的回复，疯狂重新宣告获胜：这一方面是非理性朝向理性的回流，因为这样的理性只有在拥有疯狂时才能得到确定；另一方面，也是逆流上溯至两者无限互含的体验："如果不疯，还是因为疯狂的另一个转折，所以仍是疯狂……"[1] 然而，这项互含关系，和在中世纪末及整个文艺复兴时代里威胁西方理性的疯、理互含，风格完全不同。它不再描绘那些幽暗及无路可通的领域，那些在形象世界中，被转写为末世交缠幻象的领域：它现在显露的是从属关系无可补救的脆弱性，显露出理性在拥有（avoir）之中寻求其存有（être）之时，所会遭遇的立即堕落：**理性便是在拥有非理性的过程中，遭到异化。**

就在狄德罗这几页文章中，理性和非理性之间的关系，呈现了全新的面貌。疯狂在现代世界里的命运，在此奇特地被预示出来，而且几乎已经开始发动。以这里为起点，展开了一段不可思议的路径，它像是一道直线，不断前行，一直延伸到安托南·阿尔托。

*　　*　　*

人们在头一眼里，会倾向于把拉摩的侄子放在疯人和丑

---

⑤ 《拉摩的侄子》(*Le Neveu de Rameau*)，p. 468。

角的古老亲近关系里来看待,在他身上重塑这两个人物曾经具有的所有反讽力量。他不是曾经长期在戏剧里扮演一个被古典主义深深遗忘了的角色吗?他所扮演的角色,不就是一个在无意中暴露真相的操作者吗?在他放肆的言行之中,不也经常闪烁着真理吗?这些疯子"破坏了由教育、社会规范、行为礼节所形成的乏味一致性。当疯人在群体中出现时,他就像是一粒产生发酵作用的酵母,使得每个人回复到他本然的个性。他震撼人,他激荡人,他使人表示赞同或责备,他使得真相得以出现,他使得好人为人认识,恶棍受到揭发"。⑥

然而,如果疯狂如此负起在世上传播真相的重担,那不再是因为它拥有奇特的知识,可以通达事物之本质,而只单单因为它的盲目;它的力量只来自错误:"如果我们会说出一些好话,那也是和疯子或哲学家一样,误打误撞,纯属偶然。"⑦这无疑意味着偶然是真相和错误之间唯一的必要联系,也是吊诡确定性的唯一途径;如此一来,疯狂,作为此一偶然的赞扬——既非所愿、亦非所求的偶然,纯粹的偶然——便显得像是真相的真相,但也像是得到显现的错误;因为,所谓得到显现的错误,乃是把它同时所是的两者暴露在光天化日之下:一是它所是的存有,另一个则是使它成为错误的非存有。这一点便是疯狂对现代世界所具有的新意义。

一方面,非理性乃是最不经中介而接近存有、最根植于

---

⑥ 《拉摩的侄子》(*Le Neveu de Rameau*), pp. 426-427。
⑦ 同上书, p. 431。

存有的事物：因为它牺牲或废弃了智慧、真理和理性，使得它所显示出来的存有变得更加纯粹和迫切。它不能忍受这个存有的任何延迟、退避甚至中介："比起什么都不是，我宁可作一个放肆的推理者。"⑧

拉摩的侄子饿着肚子，而且他也承认如此。拉摩侄子身上所具有的贪婪无耻，他身上所能再现的犬儒，并不是一个决定要说出秘密的伪善；拉摩侄子并不是伪君子塔杜夫(Tartuffe)² 的另一面；他所显现的只是存有在非理性中的立即压力，中介的不可能。⑨ 但就在同一个时候，非理性也被交付给幻象的非存有，消耗殆尽于暗夜之中。如果它因为利害心而可以被化约为存有中最立即的事物，它却也同样地模仿表象中最遥不可及、最脆弱、最不持久的东西。它同时既是存有的迫切，也是非存有的默剧(pantomime)，既是立即的需求，又是镜中无限的反射。"最糟糕的，便是需要强迫我们做出的姿态。有需要的人，不像他人一样地行走；他跳，他爬，他扭来扭去，他拖拖拉拉；他一生都在计算和扮演种种姿态。"⑩非理性在此同时是需求的艰困，亦是无益之事的模仿，同时是一种无可救药、无可划分的自私自利，又是对非本质事物中最外在的事物的迷恋。拉摩的侄子，便是这种双重性，便是以谵妄的系统性意志，把乖僻推至极端，使它成为有

---

⑧ 《拉摩的侄子》(*Le Neveu de Rameau*)，p. 433。

⑨ 在《拉摩的侄子》中，利害心（l'intérêt）所指的正是这种存有的压力，以及中介的缺乏。在萨德的作品中，我们也可以看到同样的思想运动；虽然表面上有近似性，这其实是"利害心"哲学的反面。这样的哲学在 18 世纪经常可见，在其中，"利害心"便是通往真相和理性的中介。

⑩ 同上书，p. 500。

意识的行为，直到成为一种世界的总体经验："相信我，您所谓的乞丐默剧，乃是大地的剧烈震动。"⑪他本身便是噪音、音乐、表演、喜剧，把自己同时实现为事物和虚幻的事物，并因此不但成为事物，亦成为空洞和虚无，他是绝对的饱满，使人由外在受到蛊诱，但又要成为这绝对饱满的绝对空虚，最后还要作为有、无缠绕循环中的眩晕，而且同时既是带来完全灭绝的奴隶意识，又是自主意识的至高赞扬——这无疑便是拉摩侄子的意义。而且，它在18世纪中叶，甚至在笛卡儿的话语并未为人完全了解之前，就在宣说一课反笛卡儿的理论，而且比洛克、伏尔泰或休谟(Hume)更加激烈。

　　拉摩的侄子具有人性的现实，他柔弱的生命，如果不消失于默默无名之中，也只是因为一个根本不属于他的名字——他是阴影的阴影——他其实是在所有真相之下和所有真相之上的妄想，而这个妄想被实现为存在时，则同时是真实的存有和非存有。相对地，当我们想到笛卡儿的计划是要以过渡性的方式来忍受怀疑，一直到真实在自明意念的现实之中出现为止，这时我们便能明白看出现代思想中的非笛卡儿主义，其所具有决定性的事物，并不以有关先天意念的讨论开始，或是以本体论论证的指责开始，而是以这篇《拉摩的侄子》为开端，以它的逆转所标示的存在作为开端，虽然这个逆转只有在荷尔德林(Höderlin)和黑格尔的时代才能被人了解。在这里面受到质疑的，也是《演员的吊诡》(Paradoxe sur le comédien)³ 里所涉及的东西；但，这却也是其中的另一道斜坡：即，从现实来看，再也不是得在喜剧之非存在

---

⑪ 《拉摩的侄子》，p. 501。

里,由一颗冷淡的心和透彻的理解力所推动的东西;这不是那在现实中,应该透过冷静的心和清醒的理智,可以被推送为喜剧性非存有的事物,而是那在生存的非存有中,可以在表象空幻饱满中被施行的事物,而且通过谵妄,还能使这一点达到意识的最尖端。在笛卡儿之后,不再有必要勇敢地穿越谵妄、梦想、幻象的一切不确定性,也不再有必要一次便完全克服非理性的祸害;在非理性的深处,人们便能质问理性的真相;而且这时也重新展开了如下的可能:在妄想的回旋之中掌握世界的本质。而在一个和真相相当的幻象之中,这个妄想可以包括真实的存有和非存有所形成的一个整体。

* * *

存于疯狂核心的谵妄,此时有了一个新的意义。在此之前,它完全被定义为一种错误:幻象、错误的信仰、没有根据,但却又是被顽固地坚持的见解,脱离真相的思想所能产生的一切。现在呢,谵妄变成一个既永恒又瞬间的抗衡地带,在其中对抗的是需要和蛊惑,存有的孤独和表象的闪烁,当下的饱满和幻象的非存有。它和梦之间的古老亲近性完全没有消失;但是它们相似的面貌却改变了;谵妄不再显现出梦中的主观成分;它不再滑向赫拉克里特(Héraclite)[4] 已提出的"个人宇宙"(̓ι διος χόσμος)。如果它和梦之间仍有亲近关系,那是因为梦中同时运作着明亮表象和沉默现实,坚定的需要和奴役人的蛊惑,因为梦中的对话,并不使用白昼和光明中的语言。梦和谵妄间的联系,不再是那盲目的暗夜,而是一道亮光,产生于最当下的存有和表面幻象中最无限的反射间的对抗。在它们连续不断的反讽修辞之中,谵妄和梦同时既遮盖又表明的,便是这样的悲剧性质。

拉摩侄子的谵妄,作为需要和幻象梦一般的悲剧性对抗而言,预示着弗洛伊德和尼采。但它同时也是世界的反讽重复,世界在幻象剧场中的毁灭性重建:"……他叫,他唱,狂人一般地激动着,一个人扮演男舞者、女舞者、男歌者、女歌者、整个乐团、整出歌剧,一个人分身为二十个不同角色,奔跑和停下,像是神灵附身,两眼闪亮,口吐白沫……他哭,他叫,他叹气,他凝视,又是柔情万千,又是纹风不动,或是狂怒号啕;他是一位痛苦心狂的女子,一位沉沦苦难的可怜人,一座升起的庙宇,日落时噤声不语的鸟儿……黑暗之夜,阴影和沉默。"⑫

非理性不再像是另一个世界的暗中出现,而是存于此一世界之中,存于一切表达行为的初生超越性之中,由语言的泉源开始,在这个人外在于其本身,但又在其沉醉之中接纳世界最内在的部分,既是开端亦是终结的时刻里。中世纪倾向在奇特的面貌中认出非理性的存在,然而它现在已不再具有这些奇特的外貌,它现在戴的面具乃是不易察觉的熟悉和一致。非理性同时既是世界本身,又是被默剧的薄膜所分割的同一个世界;它的力量不再使人转变环境;它不再能产生彻底不同的事物,它现在的力量使得世界在相同者之中打转。

世界的真相,在这个眩晕里,只能维持于一种绝对的空虚之中。然而人在此亦遭遇到其本身真相的反讽变态。这

---

⑫ 《拉摩的侄子》,pp. 485-486。

时,人的真相由内在梦幻转变为交换形态。非理性这时体现的是另一种狡猾精灵——它不再使人脱离世界的真相,却是同时制造骗局又加以揭穿,一直到最极端的幻灭都还能令人着迷,那是人交付于双手、面貌、言谈之中的自身真相;这个狡猾精灵的施法时间,不再是人想要通达真相的时刻,而是当人想向世界交代他本身的真相之时,而且人这时被投射到使其迷失的感官沉醉之中,最后变得"发愣、愚笨、吃惊"。⑬ 狡猾精灵的可能性不再存于**感知**之中,而是存于**表达**之中;人落入了当下现实和感觉世界的嘲弄之中,并在其中受到异化,但其中的中介者却是他自己,这真是最大的反讽。

拉摩侄子的笑声既预示又简化了 19 世纪人类学运动的全体;在所有后黑格尔思想之中,人是通过精神和理性的工作,才能由确定性迈向真理;但在长久之前,狄德罗就已经使人了解到,人会不断地由理性堕回立即现实的虚假真相中,而这其中的中介,并不需要工作,因为它早已进行于时间的深处。这是没有耐性的中介,同时既是极端的距离,亦是绝对的接近。它因为只具有颠覆性力量,所以完全负面,但因为它对它所消灭的事物感到着迷,这时它又是完全正面的。这便是非理性的谵妄——这便是我们可以在其中辨认出疯狂的谜样形象。谵妄想通过表达来重塑世界的感官陶醉、需要和表象间压力重大的游戏,然而它却是吊诡地孤独;饥饿所带来的苦难,仍是一个深不可测的痛苦。

---

⑬ 《拉摩的侄子》,p. 486。

＊　＊　＊

此一非理性体验,半藏于阴影之中,由拉摩侄子起一直默默地延续到雷蒙·鲁塞尔(Raymond Roussel)[5]和安托南·阿尔托。但如果我们想要显示其持续性,那么我们就得把它由笼罩它的病理学概念中解放出来。对于荷尔德林最后诗篇里出现的回返当下现实、奈瓦尔对感性事物的神圣崇拜,如果是以疯狂的实证概念作为其了解的出发点,只能得到扭曲和肤浅的意义:要了解它们的真实意义,只有质问它们所属的非理性时刻。因为,非理性体验乃是它们之所以成为可能的具体条件,只有在这个体验的中心地带,我们才能了解诗意变化和心理演变这两个运动:它们之间并不以因果关系相联系:它们也不以互补或相反的方式而发展。它们都栖息在同一个基础之上:一个被湮没的非理性。拉摩侄子已经向我们显示,这样的非理性体验同时包含着感官的陶醉,当下现实中迷惑,宣示妄想之孤独的痛苦反讽。它并不来自疯狂的本性,而是属于非理性的本质。如果这项本质无法为人察觉,那也不只因为它是隐秘的本质,而是因为它也会迷失在所有可能揭露它的事物之中。原因在于——而且这可能是我们文化的基本特色之一——我们不可能以一种具决定性,而且又是无限坚决的方式,把自己维持在这项非理性的距离之中。一旦非理性被人在感官的晕眩和疯狂的幽闭之中衡量之后,它便要立刻为人遗忘和消除。梵高和尼采也是其中的见证:真实、闪烁的表象、时间之消失和它在光之正义中的绝对寻回,上述事物中的妄想,蛊惑了他们,最脆弱表象中的不变坚定,吞没了他们,他们因此被人严格地排拒,幽闭在一个无法和人沟通的痛苦之中。此一痛苦的真相,再度具有立即的确定性,因此不只是在他人眼中,也是在他们自己心目中,代表着疯狂的体现。对感官的光彩说"是"(Ja-sagen)的时候,也就是遁入疯狂阴影中的那一刻。

然而,对我们来说,这两个时刻间的分明差异和遥远距离,就像是诗歌和沉默、白天和黑夜,语言显现中的完成和它在无限谵妄中的迷失。而且,对我们来说,也不再可能去对抗非理性令人恐惧的整体。《拉摩的侄子》以其反讽,标指着一个不可划分的领域,然而 19 世纪却以其严肃精神加以分裂,并在那原是不可分隔的事物之间,划出一道病理学的抽象分界线。在 18 世纪中叶,这个整体曾被一道闪电突然照亮;之后,则要有半个世纪以上的间隔,才会有人胆敢对此凝视:在荷尔德林之后,奈瓦尔、尼采、梵高、雷蒙·鲁塞尔、阿尔托都进行了这项冒险尝试,直到以悲剧收场——也就是说,直到非理性体验在疯狂的弃绝之中遭到异化为止。以上的每一存在中,这些存在所形成的每一句话语,都不断地在时间之中坚定地重复着同一个问题,一个必然牵涉到现代世界真正本质的问题:为什么不可能停留于非理性的差异之中?为什么非理性一定要被分裂为二,一方面在感官的妄想之中受到蛊惑,另一方面则在疯狂的隐退之中为人幽闭?为什么非理性会如此地缺乏语言呢?有一个力量,它会使正面去看它的人化为石块;它也使得所有尝试通过**非理性**考验的人被判定为**疯狂**,这究竟是什么样的力量呢?

注 释

1 这是帕斯卡的话,曾为作者在第一部第一章引用(原书第 48 页,中译本第 53—54 页)。参考该章译注第 47 号。
2 塔杜夫(Tartuffe)是莫里哀(Molière)同名戏剧中的主角(第一版 1664)。他的伪善伎俩有一面来自不断地自责,模仿真正基督徒的外貌。
3 这是狄德罗讨论演员心理的作品。其主要论点在于提出好演员可以演任何角色,自己却保持不动心、不作感情涉入,此作于 1769 年开始撰写,写作期超过十年,但只在作者死后才以遗作方式出版(1830)。
4 古希腊哲学家(公元前 550—前 480)。其哲学以运动为基础概念。
5 Raymond Roussel(1877—1933),具有疯狂倾向、因用药过量而死的法国作家。他诗作中的幻想成分曾被超现实主义者大大称赏,而其组合式机械创作法,又被后来的新小说派视为先驱。福柯在 1963 年出版了《雷蒙·鲁塞尔》一书,探讨其创作原理。

第一章

大 恐 惧

18世纪不能明确地了解《拉摩的侄子》所传递的讯息。然而,就在这个文本的写作年代里,却发生了某些事情,而且允诺着决定性的变化。这是一件奇妙的事情:监禁的距离曾把非理性排到一旁,而且它也在疯狂的自然形态之中逐渐遭到异化,然而,现在非理性又再度出现,而且携带着新的危害,在它身上像是具有另一股质疑力量。不过,18世纪首先看到的,并不是秘密的质问,而只是社会的破衣:撕裂的衣服、褴褛衣衫的骄傲,这是人们所忍受的蛮横,他们并以取乐纵容来安抚它令人不安的力量。18世纪并未在拉摩侄子身上认出自己,但它完全存于和侄子对话的**我**之中。这个"我"不只是对话者,也是侄子的"展示者",他从中取乐又不无顾忌,暗暗地不安:因为这是自从"大禁闭"以来,疯人头一次又再成为社会人物;这是人们第一次和他恢复谈话,再度对他质问。非理性重现为典型,这并不是什么重大的事情;但这仍然是它的重现,而且是慢慢地在熟悉的社会景观中重占一席之地。麦西耶(Mercier)便是在大革命前十余年和它遭遇,而他也没有太多的惊讶:"您走进另一家咖啡店;一个人以沉着稳重的声音在您耳边说:先生,您无法想象政府对我是如何地不仁不义,而且又是如何地盲目于其本身利益。三十年来,我忽略了自己的事务;我把自己关在书房里,沉思、梦想、盘算;我想象一套可以偿付国家所有债务的可行之计;之后,又想出另一套可以使国王致富,并保证他可以有四亿收入的计划;接着,又想出另一套可以永远打倒英国的计划——我一听到这个国家的名字,便要咬牙切齿……我完全献身于这些需要天才的大计划,不顾家庭的贫困,而一些虎视眈眈的债主却把我送进牢里关了三年……先生您看,爱国心、为国捐躯、默默无名而死,又有什么用。"①像这样的人物以某种距离围绕于拉摩的侄子四周;他们没有他的规模;只有就多彩多姿、稀奇古怪这一点来看,他们才能被当作是他的模仿者。

然而,他们也不只是一个社会侧影、一个滑稽的轮廓。在他们身上有某些事物,关联并触及到 18 世纪的非理性。他们喋喋不休、坐立不安,模糊的妄想、根本的焦虑,都是大家某种程度上的共同生活体验,而且我们现在还能辨识出这些真实存在的痕迹。就像 17 世纪末的无羁之士、放荡者或暴力人物,我们很难分辨他们到底是疯子、病人或是骗子。麦西耶本人就不太知道要怎么样定位他们:"如此,巴黎有些很可敬的人士,他们是经济学家和反经济学家,他们有颗热情的心,热烈地想为公众谋福利;然而,不幸的是,他们有颗**虚弱的脑袋**,也就是说,目光短浅,既不认识他所生活的世

---

① 麦西耶,《巴黎描述》(*Tableau de Paris*),t. I,pp. 233-234。

纪,也不认识他打交道的对手;他们比呆子更令人难以忍受,因为他们靠着一点钱和假知识,便由一个不可能成立的原则出发,逻辑地胡言乱语。"②这些"头脑虚弱的计划拟订者"③真的存在过,并且在哲学家理性、改革计划、宪法和种种发展计划的周围,形成一道非理性的沉默陪衬;启蒙时代的合理性在此像是找到了一面乱镜,某种不具攻击性的嘲弄画像。不过,这里最重要的,不就是当人在取乐纵容之时,也让非理性人物得以重见光明,虽然这一刻人们仍然以为已经将他深藏于监禁空间之中,古典理性好像又再接纳它和非理性形象间的邻近、牵连、和准相似。我们可以说,这仿佛是理性在它胜利的时刻,又让一个人物在秩序的边缘出现和漂流,而且理性还塑造了他那嘲弄人的假面——它像是理性的某种化身,使它可以同时在其中认识和质疑自己。

* * *

然而,恐惧和焦虑并未远离:像是监禁措施的反作用力,它们再度出现,而且力量倍增。以前人们害怕被禁闭,人们永远害怕被禁闭;在18世纪末,萨德仍不断害怕那些他所谓的"黑人",害怕他们的监视,怕他们使他消失。④ 但现在监禁之地已经获得它专有的力量;现在轮到它成为病魔的出生地,而且从今以后,它本身就能散布病魔,使得另一种恐怖到处盛行。

---

② 麦西耶,《巴黎描述》(*Tableau de Paris*),t. I, pp. 235-236。
③ 这个按语在监禁登记簿上经常出现。
④ 写给妻子的信,引用于 LÉLY,《萨德传》(*Vie de Sade*),Paris,1952,I, p. 105。

18世纪中期,短短数年之间,突然出现某种恐惧。这种恐惧被人以医学名词表达,但它其实受到一整套道德神话的推动。人们惧怕着一种相当神秘的疾病,据说它是由收容所传出来的,而且很快就会威胁到整个城市。人们说那是一种监狱热病;人们提到那些载罪犯的大车,那些身上拴着铁链穿越城市的罪人,他们在身后留下疾病的痕迹;人们想象坏血病具有传染性,人们预见那被疾病污染的空气将会腐化住宅区。中古恐怖的巨大形象再度出现,以恐惧感的隐喻,产生再一次的惊慌。收容所不再只是城市一旁的麻风病院;它现在是站在城市面前的麻风病本身:"国家身上的可怕溃疡,广大、深沉、血脓的溃疡,只有掉头不看才能想象。在四百朵阿斯(toise,译注:法国旧长度单位,约为二公尺)之外,就可闻到其中发散的气息,它和其他一切一样,都能令您了解您正在接近一座拘留所、一个堕落和不幸的收容所。"⑤许多禁闭的重地,其实便是过去安置麻风病患的地方;好像经过几世纪之后,这里新来的受监人也开始受到感染。他们又重新拾起这些地方旧有的徽章和意义:"对于首都的尖端来说,这个麻风症太大了!任何人提到比塞特院这几个字时,便不得不产生厌恶、恐怖和鄙视的感觉……它汇集了社会中最下流和最丑恶的东西。"⑥

人们想通过监禁措施排除的恶痛,再度出现,而且是以让公众大感恐惧的幻想面貌出现。我们看到一种恶痛主题出现了,而且到处分布,它既是肉体的痛,也是心灵的恶,而

---

⑤ 麦西耶,前引书,t. VIII, p. 1。
⑥ 同上书,p. 2。

且正是因为这种浑然不觉的状况，同时包含着侵蚀和恐怖的混淆力量。在这时盛行着一种"腐烂"的混含意象，它同时关系着道德腐败和肉体的溃烂，支配着人们对受监者的厌恶和怜悯感受。恶痛首先是在监禁的闭锁空间里发酵起来。它具有18世纪化学中酸质的所有效能：它微细的粒子，锐利得像针一样，很容易便能穿透身心，好像后者是由被动而易碎的碱性粒子构成。很快地，混合物开始沸腾，散发出有害的蒸气和具腐蚀性的液体："这些房间代表的只是一个恐怖地带，其中汇聚着所有的罪恶，在那儿酝酿发酵，并借着发酵作用，仿佛在它们四周散布着一种具有传染性的气息，而住在那里的人，不只是呼吸着它，这种气息似乎也黏着他们不散……"⑦随后，这些火热的蒸气上升，扩散于空气之中，最后降落在邻近地带，浸透人体，污染心灵。如此，邪恶—腐烂所造成的传染，其理念便在意象之中完成。空气是这个瘟疫的感性因子，人们所谓的"腐败"(vicié)空气，暗中意味它并不符合它的清纯本质，并暗指它形成某邪恶(vice)的传递因素。⑧我们只要回想起，差不多在同一个时代，乡下的空气，被认为同时具有道德和医疗上的价值(身体健康、心灵健壮)，便可以猜到，反过来，救护院、监狱、收留所中的腐败空气会具有什么样的意义整体。由于这个含有恶性蒸气的气

---

⑦ Musquinet de La Pagne,《改革过的比塞特院》(*Bicêtre réformé*), Paris, 1790, p. 16。

⑧ 这个主题和当年所研究的呼吸的化学和卫生问题相关。参考 Hales,《通风机描述》(*A description of ventilators*), Londres, 1743。Lavoisier,《呼吸中空气所遭受的变化》(*Altération qu'éprouve l'air respiré*), 1785, 收入《作品集》(*Œuvres*), 1862, t. II, pp. 676-687。

息,整个城市都受到了威胁,其居民会慢慢地被腐烂和邪恶浸透。

而且,这不只是一些位于道德和医学中途点的思考。我们无疑得考量到一整套文学描写,考量到对于这些内容不清的惧怕,曾有一整套激情的,甚至可能是政治性的利用。某些城市曾经产生过惊慌状态,它们和曾经在某些时代震撼中世纪的恐怖大危机一样地真实,也一样容易审定其年代。1780 年,一场瘟疫在巴黎蔓延:人们把它的起源归因于收容总署遭到疾病侵入;那时甚至出现要烧毁比塞特院建筑的议论。面对民众的慌乱,警察总长组织了一个调查团,团员除了数位在医院担任理事的医生之外,还有医学院院长和收容总署的医生。他们承认比塞特院中流行着一种"腐烂热病"(fièvre putride),而此病和恶劣的空气品质有关。至于疾病的首源,报告则否认它来自受监者的存在,也不认为它是发源于他们正在传播的疾病;它的原因很简单,只是因为天候恶劣,才会在首都造成这种地方病;收容总署中观察到这些症状和"季节性质相合,并且也和巴黎当时观察得到的疾病相一致"。因此必须安抚百姓,并还给比塞特院清白:"目前开始传播的谣言,认为比塞特院暴发传染病,而且可能蔓延到整个首都,这是一个毫无根据的传闻。"⑨然而报告显然未能完全平息扰动人心的传言,因为就在不久之后,收容总署的医生又写了另一份报告,并在其中重新提出同一论证。他的确被迫承认比塞特院的恶劣卫生状况,然而"事态实际上

---

⑨ 这份报告的一部手抄本,存于国家图书馆,coll. "Joly de Fleury," 1235, f° 120。

亦未达到残酷的极端,要使得这些可怜人的收容所变成另一个不可避免且更为可悲的疾病来源,而不是那现在必须立即使用有效药方的疾病的来源"。⑩

循环于是完成:过去在恶痛地理学中,占据麻风原有地域的所有非理性形态,它们在过去被人驱逐到和社会距离最远的地方,现在则变成了明显可见的麻风,而它们啮人的伤口就在人们身旁。非理性再度出现;但它现在烧烙着疾病的想像印记,因而具有恐怖的力量。

非理性因此是在幻想之中,而不是在严格的医学思想中和疾病对峙,并且不断逼近它。"非理性在何种程度上是一种病态?"在这样的问题被提出来以前很久,就在监禁的空间之中,而且借由一项它所特有的炼金术,已经形成了一种混合,其中掺杂着对非理性的恐惧和对疾病的古老不安。在一段遥远的时光之后,麻风的古老混淆又再度重演;这些幻想主题的活力便是非理性世界和医疗天地之间的首要综合因子。它们首先在恐惧的幻想之中结合,并在"腐败"和"败坏"的可怕掺和之中相连。对于疯狂未来要在现代文化之中占据的地位来说,很重要的,甚至可能具有决定性的是:"医疗人"(homo medicus)并未被传唤来作为监禁世界的**裁判**(arbitre),划分罪恶与疯狂、邪恶和疾病,在这里,他却是以**守卫者**(gardien)的身份出现,以便保护他人,不受穿过监禁之墙的混乱危险所害。人们很容易便相信,是一个慷慨自由的怜悯唤醒了人对受监者命运的关怀,并认为是因为有一个

---

⑩ 同上,f° 123。事件整体载于档案117—126张;有关"监狱热病"及它对城市的威胁,参考霍华德(Howard),《监狱状况》(*État des prisons*),t I,导言,p.3。

更正直和更内行的医学察照,才能在人们无区别地惩罚过失之处,辨认出疾病的存在。事实上,事情并未如此演变:并不是这个善意的中立态度在发挥作用。如果人们吁求医生的协助,如果人们要求他进行观察,那是因为人们的恐惧。他们害怕那在监禁四壁内沸腾的奇特化学,害怕那在其间形成的并威胁传染的力量。当医生出现时,想象转化已经完成,恶痛已经区分出发酵、腐败、败坏气息、腐朽肉体这些暧昧的类别。疯狂逐渐得到医学地位,传统上被人称作"进步",但事实上,这个"进步"之所以有可能,只能经由一种奇异的回归。在道德传染和生理传染错综复杂的混合里,⑪ 而且因为18世纪如此熟悉的"不洁"象征,一些非常古老的意象重新浮现于人们的记忆之中。而且,比较是因为这项想象的再发动,而不是借由知识的完善进展,非理性才会和医学思想相遇。吊诡的是,也就是在这个和当代疾病意象相混合的幻想的转世回生之中,实证主义才会发现它对非理性的掌握点,或者,更好的说法是,它才会发现一种防范它的新理性。

因此,就此刻而言,问题不在于废除收容所,而是如何设法使它不致成为一个新恶痛的可能原因。问题在于如何将其重新调整,使之净化。未来在18世纪下半叶里将会发展起来的大改革运动,它最初的考虑便在于此:清除不洁和恶气,以减少感染、平息发酵,以防止疾病、邪恶污染空气,并通过都市空气散布开来。救护院、强制收容所、所有监禁的地

---

⑪ "我和所有人一样,都知道比塞特院既是医院,也是监狱;但我以前不知道建造医院的目的是为了滋生疾病,而监狱的目的则是产生犯罪。"(Mirabeau,《英国旅人见闻录》〔*Souvenirs d'un voyageur anglais*〕, p.6)

点都应该要有更好的隔离状态，周围应该要有更新鲜的空气；在这个时代出现一整群的救护院通风问题文献，其内容和传染医学问题距离较远，反而比较明确地处理道德传播的问题。⑫ 1776 年，国务合议会（conseil d'État）决议设置一个委员会，任务为"尽量改善法国各类救护院"。不久，维爱（Viel）便被任命负责重建硝石库院的病房。人们开始梦想某种经过重整的疗养院，它不但保留基本功能，而且还会使得恶痛只能在其中自生自灭，不会向外蔓延；非理性将会完全被包容在其中，给人观赏，却又不威胁观赏者，使得它具有作为范例的所有力量，而又没有传染的风险。简言之，这是还原为牢笼的疗养院。1789 年，戴门梭（Desmonceaux）修院长写了一本小册子《国家善行》（Bienfaisance nationale），他在里面梦想的，仍然是这种"消毒过的"（stérilisé）监禁措施——如果我们可以使用这个不合时代的字眼的话；他计划使它成为一个教育工具——它的功用完全在于显示不道德行为缺点的景观："这些强制收容所……乃是既有用又必要的隐居场所……这些阴暗地带的外观和其中所禁闭的罪人，良好地展示了一个公正的谴责，可以使得放浪过度的年轻人不致重蹈覆辙；因此，谨慎的父母应该及早让他们认识这些可

---

⑫ 参考，Hanway，《通风问题思索》（*Réflexions sur l'aération*）《保健报》〔*Gazette salutaire*〕，1766 年 9 月 25 日及 10 月 9 日，n°s 39,41）；Genneté，《医院空气之净化》（*Purification de l'air dans les hopitaux*），Nancy，1767。

里昂学院于 1762 年以下列题目举行论文竞赛："医院及监狱所染空气之恶劣性质为何？何者为其最佳改善方式？"有关此一问题的普遍性探讨，可以参考 Coqueau，《大城市中的医院建设》（*Essai sur l'établissement des hôpitaux dans les grandes villes*），1787。

第三部・第一章　大恐惧　583

怕且令人厌恶的处所,看到耻辱和卑鄙如何链住罪恶,而由其本质堕落的人,也经常会永远失去他的既得社会权利。"⑬

道德,加上医学的合作,便是如此地梦想,以尝试防备那虽被收容、但却又难以完全禁闭的祸害。这些祸害同时也蛊惑着想象和欲望。道德的梦想是加以驱除;但人身上却有某些东西开始梦想着要去体验它们,或至少想要接近它们,在其中发泄幻想。恐惧在此时笼罩着监禁的堡垒,但它也发挥着一种难以抗拒的吸引力。人们倾向于想象这些暗夜是如何充满遥不可及的欢乐;腐烂溃蚀的形象转变为感官逸乐的面孔;在幽暗的背景中,出现了一些形式——既是痛苦又是美妙——重复着杰洛姆·博斯和他的狂想乐园。[萨德]《[索多玛]一百二十日》(*120 Journées [de Sodome]*)城堡外泄的秘密,便在其中长久为人悄悄流传:"在那里,甚至囚犯自己也遭到最极端的丑行所害;人们说,那儿经常发生某些败德行为,恶名昭彰,甚至就在监狱大厅里公开干起来。现代的礼仪不容我们命名这些恶行。"人们说,许多囚犯"男人女像,被凌辱和奸淫得发疯(simillimi feminis mores stuprati et constupratores);说他们由这个充满疯狂淫行的阴暗礼堂出来时(ex hoc obscæno sacrario cooperti stupri suis alienisque),变得寡廉无耻,随时可以犯下任何罪行"。⑭ 拉·罗什福柯-梁库(La Rochefoucauld-Liancourt)也曾提到硝石库院的矫正厅里的**老妇和少女**,她们一代又一代地传下同样的秘密和享

---

⑬ 戴门梭,《国家善行》(*De la bienfaisance nationale*),Paris,1789,p. 14。

⑭ 米哈保(Mirabeau),《英国旅人见闻录》(*Relation d'un voyageur anglais*),p. 14。

乐:"矫正厅是院中实施大罚的地点。当我们去参观访问的时候,其中收容四十七名妇女,大多非常年轻,与其说是有罪不如说是轻率冒失的少女……我们总是看到这种年龄混合,总是看到轻佻的少女和历尽风尘的妇人间令人吃惊的混合,这些妇人只能教导她们最无节制的腐败之术。"⑮这样的视象,将会长久而顽固地在 18 世纪末期的夜晚之中巡行。在某一时刻中,它会受到萨德作品中的无情光线所切割,并被放置于欲望的严格几何之中。它们会被《疯人院》(*Préau des fous*)的混浊光线,或是围绕《聋人院》(*Maison du sourd*)[1]的薄暮所重拾和包裹。《疯狂》(*Disparates*)[2]的面貌跟它们何等相似!一整个想象世界再度出现了,而支持它的乃是监禁措施此时引发的大恐惧。

被古典主义所禁闭的,不只是混淆疯子和放荡者、病人和罪犯的抽象非理性,那也是一个庞大的幻想储备区,一个怪物沉睡的世界——因为杰洛姆·博斯的暗夜曾经宣示过它们,人们就此相信这些怪物已经湮没其中。我们可以说,监禁的堡垒,在它们的隔离和净化的社会角色之上,还加上了一项完全对立的文化功能。它们在社会的表层划分出理性和非理性,但在深处地带,它们又同时保存一些掺和混淆理性和非理性的形象。这些形象的作用,就像一个长久保持沉默的重大回忆;它们把一股想象潜力保存在阴影之中,虽然人们相信这股潜力已经为人驱散;虽然被古典新秩序驯服,它们仍然反对着这个秩序和时间之流,保存着禁忌的形象,使它们可以原封不动地由 16 世纪流传到 19 世纪。时间

---

⑮ 行乞事务委员会(Comité de Mendicité)报告,国会纪录,t. XLIV, pp. 80-81。

不再流动,在同样的想象景色之中,群巫会聚的《布洛肯山》(*Brocken*)[3] 和《疯女玛戈》(*Margot la Folle*)[4] 相会,而诺阿塞伊(Noirceuil)则加入了德·何伊元帅(Maréchal de Rais)[5]的巨大传说。监禁措施允许而且呼唤了想象世界的抵抗。

然而,在 18 世纪末获得解放的形象,和 17 世纪所尝试消除的形象并不完全一致。有一项工作已在暗中完成,使得这些形象摆脱了一个背面的阴暗世界。过去,中世纪及其后的文艺复兴曾在这个背面世界中汲取形象;现在,这些形象位处于人心、欲望和想象之中;它们不再把无理智者突然地显现出来,而是让人之欲望的奇特矛盾涌现出来。那便是欲望和谋杀、残酷和蒙受痛苦的渴望、主宰和奴隶、侮辱和羞耻之间的同谋关系。无理智者曾在 15 和 16 世纪,揭露了宇宙大冲突的种种情节;现在这个冲突已经移位,到了古典主义的最终时刻,它反而成为不经中介的心之辩证。性虐待狂(sadisme)并不是一个和爱欲(Éros)同样古老的实践,只在现在才得到这个称呼;它是一项明确地在 18 世纪末大量出现的文化事实,同时也是西方想象结构中最重大的转变之一:非理性变成心之妄想、欲望的疯狂、爱和死在肉欲的无限推定之中所进行的无理智对话。性虐待狂出现的时刻,正是非理性在一个世纪以上的监禁和强迫沉默之后,又再重现的时刻,但这时它不再是世界的形象(figures),不再是意象(images),而是论述和欲望。而且,下列之事也非偶然:性虐待狂作为以一个人名为起源的个别现象,正是生自监禁和生于监禁之中,而萨德的所有作品也都被堡垒、牢房、地下室、修院、无法接近的小岛的意象所主导,使得它们看来像是非理性的自然地带。并非偶然的也在于:和萨德作品同时代,所有以疯狂和恐怖为主题的幻想文学,都特别把情节安排在重要的监禁地点。18 世纪末,西方记忆突然转变,开始有可能回想起中古末期的熟悉形象,虽然它们已遭扭曲,而且被赋予新的意义。即使在非理性被迫沉默之处,幻想仍然持续和警醒,不就是这一点,才使得上述的突然转向成为可能吗?

* * *

在古典时期,疯狂的意识和非理性的意识彼此相互交缠。非理性的体验引导着所有监禁措施,它并且包裹着疯狂意识,一直到使它消失或几近如此,无论如何,它把疯狂带向退化之路,使得疯狂几乎失去其特色。

然而,在 18 世纪下半叶的不安之中,对疯狂的惧怕和面对非理性的恐惧同时增高:这两种困扰相互依赖,不停地互相增强。就在人们看到伴随非理性而来的想象力得到解放的时刻,人们也听到疯狂危害怨言的增加。这时人们已经因为"神经病"而感到不安,并且意识到人在精益求精的同时,也会变得更加脆弱。[16] 人越是在历史中前进,焦虑便会更加严重,而警告也会更加重大。劳兰(Raulin)已经观察到"自从医学诞生以来……这些疾病更见增衍,变得更危险、更复杂、更棘手、更难治"。[17] 在替索的时代,上述的一般性印象演变为坚定的信念,像是某种医学教条:神经病"在过去比今天罕见许多;这有两个原因:首先,当时的人一般说来比较强健,也比较少生病;再者,最近就比例而言,神经病的病因增

---

[16] 参考本书第二部,第四章。
[17] 劳兰,《气郁论》(*Traité des affections vaporeuses*),前言。

加了,而其他疾病的一般病因则出现减少的现象……我甚至敢说,神经病病因在过去最为罕见,相对地,它们在今天则是最常出现"。[18] 而且之后,人们还会像 16 世纪时一样敏感意识到,理性是处于何种重大的不稳定之中,随时有可能受到疯狂不可挽回的危害。日内瓦医生马戴(Matthey),思路与卢梭派人士十分接近,他提出下列说法来警戒所有理性人士:"文明智慧之士,不需沾沾自喜;您自认拥有的智慧只是虚荣,片刻之间,它便有可能受到扰乱,从而消失;一个意外的事件、一个灵魂的突然强烈感动,便足以在片刻之间使一位最有理性、最有才智的人物变得狂怒和痴呆。"[19]疯狂的威胁又再度成为此一世纪所要面对的当务之急。

然而此一意识的风格非常特殊。非理性所造成的困扰,其情感性质很强,而且完全在想象结构复苏之中发展。面对疯狂的恐惧呢,则以比较自由的态度来看待这项历史遗产;非理性的回返显示出大量重复的样态,像是跨越时间的自我重启,相反地,疯狂的意识则有某种现代性(modernité)分析相伴随,使得它一出场便处于某种时代、历史、社会脉络之中。18 世纪末,非理性意识和疯狂意识之间出现的差异,乃是一项具有决定性的动态的出发点:一方面,通过荷尔德林、奈瓦尔和尼采,非理性体验不断地上溯时间之源——非理性也因此成为世界中"反时间"(contretemps)[6] 的代表者——相反地,有关疯狂的知识,则不断寻求以更精确的方式,把疯

---

[18] 替索,《神经论》(Traité des maladies des nerfs),前言,t. I, pp. III-IV。

[19] 马戴,《精神病的新研究》(Nouvelles recherches sur les maladies de l'esprit), Paris, 1816, 第一部, p. 65。

狂定位在自然和历史的发展方向之中。由这个时代开始,非理性的时间和疯狂的时间将会具有正好相反的向量:一个是无条件的回返,绝对的沉潜;另一个则正好相反,以历史编年的方式发展。[20]

疯狂的时间意识并非一蹴即成。要得到它,必须提炼一整套新的概念,有时也需要重新诠释一些非常古老的主题。17和18世纪的医学思想曾经乐意接纳一种说法:在疯狂和世界之间,具有某一种近乎无需中介的关系。这便是月亮影响说。[21] 同时,人们也广泛地坚信气候会直接影响血气的属性和品质,并由此影响神经系统、想象、激情和所有的灵魂疾病。这种因果作用关系的原则并不非常清楚,而其效应也非全无暧昧。贤恩认为潮湿的空气、气温的突然变化、下雨频繁,会对神经的坚实性造成危害。[22] 维奈(Venel)的想法正好相反,他认为"冷空气比较重、比较密,而且比较有弹性,因而更能压缩体内固态元素,使其组织更坚实,活动更有力";相反地,"热空气较轻、较稀、较无弹性,因而比较不具压缩力,使得固态元素失去强度,体液停滞变质;而且体内空气因

---

[20] 对于19世纪的演化论而言,疯狂的确是回返,但它的回返依着时间的**道路**进行;它并不是时间之流的完全**迷乱**。这里牵涉的是时间的逆向而行,而不是严格意义下的重复。心理分析因为尝试面对疯狂和非理性,也面临了这个时间问题;固置、死亡本能、集体潜意识、原型,可说很方便和这个时间的异质结构相关:一方面是和非理性及包含它的知识有关的时间,另一方面则是和疯狂的知识和它所允许的科学有关的时间。

[21] 参考上文第二部,第二章。

[22] 贤恩,《身体疾病的自然疗法》(Méthode naturelle de guérir les maladies du corps)(法译本,巴黎,1749)。在这一点上,他和孟德斯鸠(Montesquieu)意见相同,见《法意》(Esprit des Lois),第三部,liv. XIV,第二章,Pléiade版,t. II,pp. 474-477。

为没有受到体外空气的平衡,体内液态元素便蔓延开来,使得包容它们的管脉膨胀松弛,甚至超越并阻止它们的反作用力,有时还会破堤而出。"㉓对于古典心智而言,疯狂经常是外在"环境"(milieu)的效应——或者更明确地说,它是人和世界具有某一种连带关系的烙印:就好像,自从人由天堂堕落以来,如果他要认识外在世界的真相,便只有通过感官进行,然而这却是一条困难甚至经常会带有扭曲的道路,同样地,理性的拥有也有赖于[人体]"机器的生理状态"㉔和所有可能作用在人体机器之上的机制效应。文艺复兴时代曾把疯狂联系于整套的宇宙戏剧性变化和周期循环。这些古老的主题受到重新诠释。此时我们看到的版本既有自然主义色彩,又有神学成分。

然而,就在这个因果关系的广泛理解之中,将会出现一项新的概念:由于日益增大的焦虑感,在[疯狂]和宇宙的持续或重大循环周期之间的关系,在疯狂与世界之季节变化间有亲属关系的主题之上,又渐渐地重叠了另一个意念:疯狂受制于宇宙中的某一特定因素。恐惧只有更加急迫;在疯狂所造成的反应中,感情成分的强度不断地增加:人们觉得,在宇宙的整体和它稳定的季节循环之中,有一项独立、相对、动态的元素开始分离出来,它服从于持续的进步或是继续不断的加速运动,而且有责任解释疯狂的不断增衍和大量传播。在过去,

---

㉓ 维奈,《待嫁少女之保健及医药教育》(*Essai sur la santé et l'éducation médicinale des filles destinées au mariage*), Yvernon, 1776, pp. 135-136。

㉔ 参考孟德斯鸠,《可能影响精神和性格的原因》(*Causes qui peuvent affecter les esprits et les caractères*),《全集》(*Œuvres complètes*), Pléiade 版, Ⅱ, pp. 39-40。

大宇宙(macrocosme)的概念意味着一切机制的协同场所,以及其中规律的一般概念;由这个概念之中,又提出了一个新的概念,如果我们提前使用 19 世纪的语汇,可以将它称为"环境"(milieu)。

当然,由于这项概念此时尚未稳定,亦未有终极性的命名,我们在这里应该要保留其中的未完成意味。首先让我们采用毕封(Buffon)的说法,把它称作"穿透力"(forces pénétrantes)。这个力量不只形成个体,也使同一人种之中出现种种变异。这里包括了气候的影响、饮食和生活方式的差异。㉕ 这是在 18 世纪中出现的负面概念,具有"分化"能力的概念,主要是用来解释变异和疾病,而不是用来解释适应和汇聚。"穿透力"的概念仿佛是一个背面,后来被翻转过来,形成"环境"的正面概念。

对我们来说,这真是一个吊诡的现象,因为,当我们看到这个概念形成之时,同时也是人并不完全受到社会约束之时,他好像漂浮在一段不再强迫他的时间之中,而且此时他也和真实和可感的世界太过疏离。演变为"穿透力"的,乃是一个不再限制欲望的社会,一个不再规范时间和想象的宗教,一个不再节制思想和感性差距的文明。

一、疯狂与自由。长久以来,人们认为某些形态的忧郁是英国特有的产物;这一点既被当作医学上的既成知识,㉖也是

㉕ 毕封,《自然观察》(*Histoire naturelle*),见《全集》(*Œuvres complètes*),1848 年版,t. Ⅲ,论人,pp. 319-320。

㉖ 索洼吉提到"Melancolia anglica"(英国式忧郁)或称"tœdium vitae"(生之烦闷),前引书,t. Ⅶ,p. 366。

文学上的稳定主题。孟德斯鸠(Montesquieu)把罗马式自杀和英国式自杀相对立,认为前者是政治和道德的行为,为计划性教育的有意后果,相对地,他把后者当作是一种疾病,因为"英国人会在人们想象不出理由的情况下自杀;甚至身在幸福包围之中,英国人也会自杀"。㉗ 环境在此扮演一定角色;因为在 18 世纪的想法中,幸福存于自然和理性的领域之内,相对地,不幸或至少那使人毫无理由脱离幸福的事物,便应该属于另一个领域。首先,人们认为这是气候的过度现象,是自然失去平衡和美妙尺度时产生的现象(温和的气候来自自然;过度的气温则是环境)。不过这一点还不足以解释英国病;贤恩已经指出该国人民享有的财富、美食、富饶、社会最富阶层所过的悠闲和懒散生活,㉘便是这些神经病变的来源。人们逐渐转向经济和政治的解释角度,而财富、进步、制度在其中都显得像是疯狂的决定性因素。史普兹海姆(Spurzheim)在 19 世纪初写了一本谈疯狂起因的书,把这些分析全部综合起来,使这部作品成为同类著作中的最后的数本之一。疯狂在英国"比在其他各处更加频繁出现",那是因为该国自由盛行且充满财富,而疯狂乃是必须付出的代价。意识自由比权威和专制更加危险。"宗教感情……毫无节制地激动着人心;每一个人都可以向愿意听讲的人布道",在听了这么多不同的意见之后,"人的心灵反而受到折磨,不知如何才能找到真相。"这是悬而不决、注意力游移、灵魂摇摆不定所造成的危害。这也是争吵、激情、固执己见所造成

㉗ 孟德斯鸠,前引书,第三部,liv. XIV,第十二章,Pléiade 版,t. II,pp. 485-486。

㉘ 贤恩,《英国病》(*The English Malady*),Londres,1733。

的危害:"每一件事物都有其反对者,有对立便会激动感情;宗教上、政治上、科学上、在所有层面,任何人都可以组织党派;但他也一定会看到他的反对党出现。"自由过多,连时间都不能泰然地支配:时间变得无法确定,国家不顾个人,使他受制于时间无常的变动之中:"英国人是个商人民族;他们的心智从早到晚忙着投机估算,不断在恐惧和希望之中徘徊。作为商业之魂的自私自利,很容易便会演变为嫉妒,并使其他官能也陷入这种状态之中。"而且,这种自由和自然中的真正自由距离遥远:它处处受到的限制和压迫,和个人最合法的欲望正相对立:这是利益、合纵连横、金融组合上的自由,而不是人、精神、心灵的自由。由于金钱至上,家庭在此比其他各处更加暴虐:只有富有的女孩才有机会结婚;"其他的,就只有用别的方式取得满足,而这会毁坏她们的身体,阻碍其心灵表现。同样的原因也有助于放浪形骸,因而造成容易发疯的体质。"㉙如此,在商业自由之中,意见显得永远和真相远离,当下的现实则必然陷入矛盾之中,时间无法为人控制,也不符合季节循环的确定性,而人因为臣服于利益法则,也不能拥有其欲望。简言之,自由不但不能使人重新拥有自我,还不断地把人和其本质及其世界相隔离;它使人迷失于他人和金钱的绝对外在性之中,也以激情和未竟欲望不可逆转的内在性来蛊惑人。在人和他可以在其中认出自己的幸福世界之间,在人和他会在其中找到他的真相的自然之间,商业自由形成一个"中介环境"(milieu);[7]而且,也就是因为如此,它才会成为疯狂的决定因素之一。在史普兹海姆写作的年代——当

㉙ 史普兹海姆,《疯狂之观察》(*Observations sur la folie*), Paris, 1818, pp. 193-196。

时正值"神圣联盟",也是专制君主复辟的高峰期——自由主义很容易便要承担世间疯狂的所有罪愆:"这是一个奇特的现象:个人自由既是人最大的欲望,又会对他造成不利。"[30]不过对我们来说,在这样的分析中,最基本的不是对自由的批判,而是像史普兹海姆所运用的非自然环境的概念,而且认为疯狂的身心机制会在其中受到培养、扩大和增殖。

二、疯狂、宗教和时间。宗教信仰培植某种想象世界,某种虚妄环境,有利于各种幻觉和妄想。长久以来,医生畏惧虔诚过深、信仰过烈所带来的后果。道德过严,对于拯救和来世过于忧虑,经常足以使人陷入忧郁。《百科全书》便曾提出类似案例:"某些过度激烈的布道家造成过度强烈的印象,他们对违反教义者进行过度的恐吓,会使脆弱的精神产生惊人的变化。门泰里玛(Montélimar)救护院里便有数名妇女,她们是在城里举行布道会之后陷入躁狂和忧郁:人们不加深思,不断地向她们描绘一些可怕的画面,使她们感到震惊;她们整天把绝望、报复、处罚等挂在口头上;而且其中一位,完全不愿接受任何治疗,因为她想象自己身处地狱,受火焰吞噬,绝无拯救可以消灭炼狱之火。"[31]匹奈仍和这些启蒙医生保持同一阵线——他禁止给"因为笃信宗教患上忧郁症者"[32]祈祷书看,甚至认为"自认受到神启,而且不断传教的虔信者"[33]应该要被关起来。不过在这里出现的与其说是实

---

[30] 史普兹海姆,《疯狂之观察》(Observations sur la folie),Paris,1818,pp. 193-196。

[31] 《百科全书》,"忧郁"条。

[32] 匹奈,《哲理医学》(Traité médico-philosophique),p. 268。

[33] 同上书,p. 291,note 1。

证分析，不如说是批判：宗教对象或主题被认为有引起妄想或幻觉的可能，因为人们认为它们本身便具有妄想或幻觉性质。匹奈谈及一个刚被治愈的女精神病患，她读到"祈祷书……说每个人都有他的守护天使；翌日晚上开始，她便以为自己被天使诗班围绕，并说自己听到天乐，得到启示"。㉞宗教在此，仍然只被当成一项散布错误的元素。但甚至在匹奈以前，就已经存在过更严格的历史分析。它们把宗教当作是一个满足或压抑激情的环境。1781年，有位德国作者把教士拥有绝对权力的远古时代描写为一个幸福的年代：那时游手好闲根本不存在；每一刻都由"仪式、宗教修为、朝圣、访问穷苦病人、历法中的节庆"得到节奏。如此，时间被组织起来，成为幸福，根本没留时间给空虚的激情，生活的厌倦和无聊懊恼。如果有人觉得自己犯错，他便会受到真实的处罚，而且那通常是物质性的处罚，可以使他的精神专注于此，并确定自己的过失已经受到补救。当听告解者发现"疑病性悔罪者告解得太多"时，他或者给他一道严厉的处罚，使"他们过浓的血液可以得到稀释"，或者要求他们去作长途朝圣："空气的变化、路途的遥远、离家的状况、远离其恼怒对象、和其他朝圣者之间的交际、步行时的缓慢但充满精力的运动，这些因素对他们所起的改善作用，比舒适的旅行大得多了……但今天，我们却放弃朝圣，代以舒服的旅行。"最后，教士的神圣性又使得这些训诫具有绝对的价值，没有任何人会想要逃避它们；"一般来说，如果是医生开出这样的命令，那

㉞ 匹奈，《哲理医学》(*Traité médico-philosophique*)，p. 291, note 1。

么病人的任性根本就不会接受这一切。"㉟对摩森（Moehsen）来说，宗教为人和过失及人和惩罚之间提供了中介：它在外表上是一种权威性的综合，但它真实地消除过失，施行惩罚；相反地，如果宗教松弛下来，如果它变得只是良心懊悔、精神苦行这样的理念形式，那么它就会直接导致疯狂；只有宗教环境保持密实状态，才能使人逃开因为对过失的狂乱妄想所产生的精神错乱。宗教仪式和其严格要求，产生了一种饱满充实的生活，免除人在犯错前热情的无谓游荡，以及犯错后懊恼的徒劳重复；它以一个圆满的片刻为中心，来组织人的一生。这幸福年代的古老宗教，也就是当下片刻的永恒节庆。然而只要宗教因为进入现代而理想化，它就会在当下的片刻四周激起一道时间的光环、一个空虚的环境，这是属于闲暇和愧疚的环境，在其中，人心陷入焦虑不安却无人援助，而激情也使时间陷入无忧或反复的状态，使疯狂终能在此自由展布。

三、疯狂、文明和感性。一般而言，文明构成一个有助于疯狂发展的环境。如果科学的进步会消除错误，它却会同时传播研究的爱好，甚至研究狂；书斋生活、抽象思辨、精神持续激动，却没有身体运动，它们都可能造成最不幸的后果。替索解释说，人体经常劳动的部位会最先补强和硬化；比如工人手臂上的肌肉和纤维硬化，使他们在年老时，还能享有强大的体力和良好的健康；"文人则是头脑硬化；他们常常会

㉟ 摩森，《布兰登堡侯国科学史》(*Geschichten der Wissenschaften in der mark Brandenburg*), Berlin et Leipzig, 1781, p. 503。

变得无法联结思想"，他因而很可能会陷入心神丧失。㊱ 一项科学越是抽象或复杂，它便越有可能引发疯狂。依照普列萨文(Pressavin)的说法，一项仍然接近感官立即成分的知识，只要求内在感官及脑部器官少许的工作，它只能引起一种生理上的幸福感："有一些科学，它的对象可以容易由感官察觉，而且因为它们和心灵之间相和谐，所以和心灵之间具有愉快的关系……它们使得整个人体产生轻微的运动，并因此有利于人体所有的机能。"相反地，过度剥除这些感性关系的知识，过度不受当下现实羁束的知识，只单独引发脑部的紧张，使得整个身体失去平衡："某些事物间的关系十分难以掌握，这或者是因为它们很难被我们的感官察觉，或者因为关系本身太过多重，必须付出大量心力才能寻得，由这些事物形成的科学对心灵来说，构成一个会使内在感官十分疲劳的运作，因为它会使这个器官长时间保持紧张。"㊲因此，知识会在感性事物的四周形成一个由抽象关系构成的环境，而人可能会有在其中失去肉体幸福的危险——而他和世界间的关系，正常时乃是建立于这种幸福之中。当然，知识增多了，代价也变得更高。我们真的确定世界上有更多学者吗？至少有一件事情是确定的，那就是"世界上有更多的残弱者"。㊳ 知识环境比知识本身增长得更快。

然而，把人和感性事物相分离的，还不只是知识而已，感性本身也会如此：这是一个不再接受自然活动所支配的感

㊱ 替索，《文人保健忠告》(*Avis aux gens de lettres sur leur santé*)，p. 24。

㊲ 普列萨文，《气郁新论》(*Nouveau traité des vapeurs*)，pp. 222-224。

㊳ 替索，《神经论》(*Traité des nerfs*)，II，p. 442。

性,而是受到社会生活中的所有习惯和所有要求所指挥的感性。现代人昼夜颠倒——而女人在这一点上比男人更甚:"当现代巴黎女人起床的时候,和自然所标定的时刻已相差很远;白天最美好的时光已经流逝而去;最新鲜的空气消失殆尽;没有人享受得到。蒸气、乌烟瘴气,因为阳光热力的吸引,已经在大气中升起;而这就是美女选择起床的时候。"㊟
这项感官的变乱无章也在剧场中出现,因为人们在此以幻象为陶冶,以人工的伎俩引发空虚的激情和最有害的灵魂扰动;女人尤其喜欢这些"使其燃烧、兴奋"的演出;她们的灵魂"受到如此强烈的震荡,以致产生神经震动,虽然那实际上只是一时现象,但一般会带来严重后果;她们暂时失去感觉,她们在看现代悲剧时所流洒的眼泪,已经是其中最轻微的意外了"。㊵ 对于一个零乱的感性来说,小说所形成的环境更加人工,也更为有害;现代作家所追求的写实效果,他们为了模仿真实所施展的全部技艺,只会让他们想在读者身上引发的危险和暴烈感情更受重视:"在法国刚开始享有优雅风流的文化前期,女人的心智尚未发展完美,她们只要求听一些荒诞不经的神仙故事;现在她们要求情节合乎真实,但其中的感情却又要奇妙得令她们自己的感情完全受到扰乱和混淆;接着,她们又会在周遭的任何事物之中,寻求曾经令她们心迷神驰的奇妙事物;然而,她们要找的东西并不存在于自

㊟ 勃歇斯那,《灵魂激动对妇女神经病之影响》(*De l'influence des affections de l'âme dans les maladies nerveuses des femmes*),Paris,1783,p. 31。

㊵ 同上书,p. 33。

然之中,因此在她们眼中,一切都显得无感情、无生命。"㊶小说所形成的环境,乃是最能使感性变态发展的影响;它使得心灵脱离感性事物中所有属于当下和自然的事物,它把人带入一个想象的世界,其中的感情,正因为其不真实,不受自然温和的律则所规范,所以就更加暴烈:"有这么多的作者拥有大群读者,而持续的阅读却会产生种种神经病;也许在危害女人健康的种种原因之中,最主要的乃是百年以来小说的无限繁衍……一个女孩如果在十岁的时候,整天读书而不爱跑步,那么她到了二十岁,便会成为一名患气郁症的妇人,而不会是一位好奶妈。"㊷

18 世纪意识到疯狂迫人的增加,它慢慢地,而且非常分散地,在这个意识周围建构出一整套新的概念。17 世纪把疯狂摆在一片非理性的视野之中,这时疯狂掩藏一层幽暗的道德意义和道德起源;它的秘密使它和过失及兽性相关。但人虽然看到兽性的逼近,这一点却吊诡地不能使疯狂变得更为无辜。到了 18 世纪下半叶,疯狂不再被人当作是和一个湮远无忆的堕落,或是和一个无限当前的兽性相接近的东西;相反地,疯狂这时被定位在人和他自身,和他与世界的距离之中,也在他对自然中一切立即呈现于他眼前的事物所采取的距离之中;在这个**中介环境**之中,疯狂便有可能发生,因为人和感性事物、时间、他人间的关系,在其中都被异化了;在人的生命和历史生成之中,所有和

㊶ 勃歇斯那,前引书,pp.37-38。
㊷ 《神经病之身心原因》(*Causes physiques et morales des maux de nerfs*),《保健报》(*Gazette salutaire*),n° 40,1768 年 10 月 6 日。未署名。

当下现实发生断绝的事物,都会使疯狂成为可能。它的领域不再是自然和堕落,而是一个新的领域。在其中,人们开始预感到历史,而医生所使用的"精神错乱"(aliénation)和哲学家所使用的"异化"概念,也会以一种幽晦的关联,开始在其中形成——这两个模式都只说出人性真相的变态发展,但在黑格尔之后,19世纪却又很快地抹灭两者之间的所有相似迹象。

* * *

通过"穿透力"如此坚定的行动来掌握疯狂,这种新的理解方式无疑具有决定性意义——它在疯狂现代史中的决定性地位,并不下于匹奈对比塞特院链锁囚徒炫人耳目的解放行动。

既奇特又重要的,首先在于此一概念目前仍处于古老原始的阶段,它所具有的是一种负面的价值。在我们刚刚所提到的分析里,这些力量并不指涉自然之中可以形成生态环境的事物;它也不是一个适应、互相影响或调节规律的场所;它甚至不是一个生物可以在其中发挥展布其生命典范的空间。18世纪用这些力量所指涉的事物十分幽暗不明,如果我们把这个意义揭露出来,我们便会了解,它们指的其实是**宇宙**中所有反**自然**的事物。[43] 中介环境扰乱了时间中季节循环、日夜交替的规律性;它使得感性事物和它在人身上的平静

---

[43] 在这个问题上,医学和毕封的分析相左。对于后者,穿刺力(forces pénétrantes)包括属于自然的事物(如空气、天),也包括脱离自然的事物(如社会、流行病)。

回声产生变质,因为它带入一个只依想象过度而震动的感性;它使人脱离立即的满足,使他臣服于利益法则,不能听到欲望的声音。人性中的自然开始死去时,环境便诞生了。这不就是卢梭的说法吗?他指出大陆地沉的宇宙灾难,代表的正是自然的结束,人为环境的开始。㊹ 环境并不是那呈现于生物面前的自然所代表的肯定力量;相反地,它是一项否定力量,它使得饱满的自然由生物面前被取走;在这项隐退过程之中,在这个非自然之中,有个东西取代了自然的地位,那便是人为的饱满,宣示反自然(antiphysis)的虚幻世界。

然而也就是这里,疯狂的可能性条件才能充分地发展。17 世纪发现疯狂之所以可能,乃是真相的失落:这是完全否定面的可能性,其中被质疑的只是人的自由,而它并非自然,只是人保持醒觉和注意的能力。18 世纪末开始把疯狂的可能性条件和环境的形成相等同:疯狂即是失落的自然,感性事物的混乱,欲望的迷失,失去分寸的时间;因为无限中介而失落当下现实的情况。而自然与此相对立,乃是疯狂的消除,幸福地回归到最接近它的真相身旁:勃歇斯那写道,"可爱而肉感的女人们,回来吧,从今以后,逃离虚假快乐、短暂激情的危险,逃离闲散和柔弱生活的危险吧;跟随你们年轻的丈夫,到乡间旅行;在花草柔和的大地上和他竞逐;回到巴黎时,则要为同伴提供妇工的模范;爱你们的孩子,尤其是要养育他们;你

㊹ 卢梭,《论不平等之起源》(*Discours sur l'origine de l'inégalité*),《作品集》(*Œuvres*),Paris,1852,t. I. p. 553。

们将会知道这种快乐无与伦比,而自然为你们划定的命运乃是幸福;当你们的生活变得纯净之时,你们的衰老便会减慢。"㊺

因此,环境所扮演的角色,和过去兽性所扮演的角色,可说是对称性地相反。过去,野兽沉默的存在,乃是一个可以让狂乱在人身上暴发的端点;这是自然存在最深沉的一点,也是它最终极的端点,但它同时也是反自然的高昂点——人的本性也立即是它自身的反本性。到了18世纪末,相反地,野兽的沉静完全属于幸福的自然;而且正是因为人脱离了动物立即直接的生活,形成了一个人为环境,才会使人向反自然的可能性开放,暴露于疯狂的危害之中。动物不可能发疯,至少,承载疯狂的,也不是它身上的兽性。㊻ 因此,我们不必惊讶于为何原始人先天上最不可能发疯:"在这方面,农夫阶层比人口中提供工匠的部分更强;但很不幸地,他们又比过去弱许多,因为那时候他们单纯只是农夫。和某些野蛮部族相比,他们也弱许多。这些部族几乎不会生病,只是因为意外和衰老而死亡。"在19世纪初,美国人鲁希(Rush)[8]的说法仍然为人引用,他说他"未能在印第安人之中找到心神丧失的例子,而且只见到少量的躁狂症和

㊺ 勃歇斯那,《灵魂激动对妇女神经病之影响》(*De l'influence des affections de l'âme*),pp. 39-40。

㊻ 对于动物的疯狂有两种构想方式:一是把它视为驯养及社会生活的后果(如失去主人的狗所陷入的忧郁),另一个则认为是它接近人的高级机能受到损害。(参考《观察一条完全缺乏交感作用之痴呆狗》,《医学报》〔*Gazette de médecine*〕,t. Ⅲ,n° 13,1762年2月10日,pp. 89-92)

忧郁症患者"。㊼ 洪堡(Humboldt)⁹的说法也常被人引用,他说他从未听说"南美印第安野人中有精神错乱的例子"。㊽ 疯狂之所以成为可能,乃是因为人为环境取消了人的动物性存在。㊾

从这时开始,疯狂便和人的某种历史演变方式相关联。只要疯狂仍被当作是宇宙性的威胁或兽性的逼近,它便沉睡在人的周围或是他内心的暗夜之中,具有永恒而不变的存在;它的循环只是回返,它的涌现只是简单地重现。但现在,疯狂已经拥有时间上的起点——即使这个起点只有神话学上的意义:它遵循一条线性向量前进,无限地成长。在人四周和由人所构成的环境越是变得厚重、晦暗,产生疯狂的风险便越会增加。疯狂分布其中的时间,变成了一个开放性的时间,一个增衍和成长的时间。疯狂于是变成进步的反面:文明在增加中介的同时,也不断为人提供新的异化机会。马戴在大革命后的复辟时期写作,但他只是在总结18世纪人的一般感情。他写道:"社会人最深刻的悲惨和其多种享乐,其崇高的思想和其粗野,乃是出自他的卓越性质本身,出自他的可完美性和身心机能的过度发展。他的多种需要、欲

㊼ 鲁希,《医学探究》(*Medical Inquiries*),I,p. 19。

㊽ 引用于史普兹海姆,《疯狂之观察》(*Observations sur la folie*),p. 183。

㊾ 在劳兰(Raulin)的作品里,可以看到一个奇特的分析。他认为疯狂的出现,和人由动物性饮食进入人性饮食环境有关:"当人听从其激情而作为时,他们就脱离了单纯的生活;他们毫无意识地去发现做作的食物,而它们最能煽动口味;他们便加以采用;这些致命的发明一点一滴地增多;它们的使用增多了激情;激情又要求过度;有些人便引入了奢华;而大印度之发现更使奢华原料不缺,以致达到本世纪之程度。最早的疾病和菜肴混合之变化,以及其过度使用,几乎同时出现。"(前引书,pp. 60-61)

望、热情,乃是文明的后果,而文明便是善恶的根源。悲哀之呻吟、绝望和狂怒之叫喊声,发自享乐和富饶的城市之心。比塞特院、贝德兰院(Bedlam)都见证着这项真理。"⑤⓪无可置疑,善与恶、进步和堕落、理性和非理性的简单辩证法,乃是18世纪常见之事。但它在疯狂史之中却是具有决定性的地位:它逆转了一般感知疯狂时所使用的时间架构;它把疯狂放置于一段无限流逝的时间之中,其源头固定,而终点总是不断后退;它使疯狂开向一段无法逆转的时段,打破它的宇宙性循环,并使它脱离过往错失所产生的蛊惑;它允诺疯狂对世界之侵袭;但那不再像是15世纪无理智者的末世胜利,而是以一种连续的、恶毒的、渐进的方式进行,它永远不会固定在某种终结形象之上,而且正因为世界的老化而更为年轻。在大革命之前,人们便已发明19世纪的重大困扰之一,而且还给它一个名字;人们将之称为"代间堕落"(dégénération)。

认为儿子不再具有父辈的价值,这显然是希腊拉丁文化中最传统的主题之一,它同时也包含着一种对远古智慧的怀旧,认为其中的秘密,已经沦丧于当代的疯狂之中。但这个主题还只是一个道德理念,只有以批判作为支持;这不是对历史的感知,而是对历史的拒绝。相反地,在18世纪中,堕落的空白时段开始得到一项具体的内容:堕落不再是顺着道德沦丧的斜坡下降,而是遵循着人为环境中的力线,或是遵循着遗传的生理法则。因此,人的衰退,不再是因为人遗忘了时间,遗忘了时间所代表的湮远回忆;而是正好相反,因为

---

⑤⓪ 马戴,《精神病的新研究》(*Nouvelles recherches sur les maladies de l'esprit*),p. 67。

时间本身变得沉重，变得更具压力，也更为临在，它像是某种身体的物质性记忆，总结了过去，并使存在脱离其自然的当下现实："下一代身上可以感觉到父辈的缺点；我们的祖先开始稍微背离健康的生活；我们祖父们生得稍微脆弱一点，其养育也较为软弱，他们的下一代就衰弱了，到了第四代的我们，对于八十岁老人的健康和体力，就只有听人转述的份了。"(51)替索所谓的"代间堕落"，和19世纪所谓的"退化"(dégénérescence)之间，重合的部分仍然很少；它尚未具有任何物种特质；也不包含任何朝向组织和生命粗略形态的宿命性回转的倾向；(52)也没有在任何个体身上寄托更新的希望。(53)然而摩莱(Morel)[10]的《退化论》(*Traité de la Dégénérescence*)仍以18世纪传下的教训为出发点；他的看法和替索一样，人由一种原始形态开始退化；(54)而且造成这种后果的，既不是一种自发的衰退，也不是因为活体特有的沉重性，但却很有可能是受到"不合自然的社会制度所影响"，或是因为"道德

---

(51) 《神经病之身心原因》(*Causes physiques et morales des maladies de nerfs*)。(《保健报》，1768年10月6日)

(52) "有生命的物质由高级种类下堕，变成越来越低级的种类，最后回到无机状态。"(Bœkel，Jaccoud《辞典》，"退化"〔Dégénérescence〕条)

(53) "总是有些个体可以逃脱遗传变化，如果我们只利用它们来延续类种，便能使类种逆宿命之流而上。"(Prosper Lucas，《自然遗传之生理论及哲学论》〔*Traité physiologique et philosophique de l'hérédité naturelle*〕，Paris，1847)

(54) "人在意识中会自然地倾向认为存有一个原始类型，仿佛创造之杰作和总结，在此原型之中，浓缩着构成人之类种之要素，如此，吾人本性之退化，和此原型之偏离乃无法分离之概念。"(摩莱，《人类生理、智性及道德之退化》〔*Traité des dégénérescences physiques, intellectuelles et morales de l'espèce humaine*〕，Paris，1857，pp.1-2)

属性的败坏”。(55) 从替索到摩莱，重复着同一个教训，它说人为环境具有异化的力量，而且人为环境只是所有中介自然者的回忆总合。疯狂，和疯狂因为时光流逝而倍增的力量，其基础不是人的本身，而是人为的环境。这里我们恰恰处于一个交合点上，会合着一个黑格尔哲学主题(异化存在于中介运动之中)和另一个生物学主题。关于后者，比夏(Bichat)[11]曾经提出下列的说法："一切围绕着生物的东西倾向于毁灭生物。"个体的死亡外在于个体，就好像个体的疯狂和个体的异化，也是外在于个体；人乃是在外在性之中，在事物的沉重记忆之中，丧失了他的真相。那么要如何寻回它呢？除非是在另一个记忆之中吧？这样的记忆，也只能是在知识的内在性中得到的新和解，或是朝向时间的绝对、朝向野蛮年轻的现时之中的深潜和断裂："或者是我们不敢奢望的理性行为，或是我们甚至不敢企望的数世纪野蛮。"(56)

在这个有关疯狂的思索之中，(57)在这个仍然隐晦的环境概念之中，18 世纪很奇特地预见了下个时代即将成为有关人的思索的指导性主题；在医学和哲学、心理学和历史的交接边缘的不定光线之中，它也天真地提出一个非常粗略的异化概念，而 19 世纪所有的焦虑，也就是我们的焦虑，都无法抹除其中的暧昧。这个异化使得人的环境被定义为人的否

(55) 参考摩莱，《人类生理、智性及道德之退化》，Paris，1857，pp. 50 et sq.，个体和"社会生活所强加在其身上的人为存在"间的斗争图表。

(56) 《神经病之身心原因》(*Causes physiques et morales des maux de nerfs*)。(《保健报》，1768 年 10 月 6 日，n° 40)

(57) 毕封(Buffon)也提到 dégénération 的现象，但其意义或者指自然的普遍衰退(前引书，pp. 120-121)，不然便是指个体相对于其类种的退化。(同上书，p. 311)

定性,并且将之视为所有疯狂的具体先验条件。如此,疯狂便被安置在最接近人也最远离人的处所:那是他所居住的此地,但也是他迷失自我的彼方,这是一个奇特的家乡,因为他在其中的居留也会造成他的消亡,那是他的真相的完满达成,也是他的非存有不停不休的工作。

* * *

于是疯狂便进入一个新的循环之中。疯狂现在已和非理性分离。长期之中,非理性将只会是诗或哲学的体验,一个由萨德至荷尔德林、奈瓦尔和尼采,不断重复的体验。那是在消灭历史的语言中的纯粹沉潜,它使得一个逼人而来的湮远真相,闪现于感性最不稳定的表面之上。相对地,疯狂在19世纪则会有一个完全不同的意义:就其本性,就其和自然的对立而言,它和历史十分地接近。

我们经常会觉得实证主义的疯狂概念是一种生理学的、自然主义的、反历史的概念,(58)并且认为需要通过心理分析、社会学,以及"文化心理学",才能说明历史的病理学跟历史之间所能具有的秘密关联。在事实上,这一点早在18世纪就已经明白确立:从这个时代开始,疯狂便被划入人的时间宿命之中;它甚至是人因为不同于动物而拥有历史,此一事实的后果和代价。以非凡的暧昧写出"疯狂史乃是理智史的抵偿(contrepartie)"的人,既未读过珍奈(Janet),亦未读过弗洛伊德,更未读过布伦斯维克(Brunschvicg);[12]这位作者

(58) 严格的实证生物学实际上走先成说(préformationiste)路线,掺入演化论观点的实证主义乃是颇为晚近的学说调整。

是克劳德·贝尔纳(Claude Bernard)[13]的同代人,他像是提出一个明确的方程式一样地写道:“什么样的时代,就会有什么样的精神失常。”(59)当然,没有一个时代会比19世纪初年,会对疯狂持有更尖锐的历史相对性意识。匹奈说:“在这个关系之中,医学和人类的历史之间,具有众多接触点。”(60)而且他很庆幸能有机会在大革命这样有利的时代里研究精神病,因为此时特别能引发“强烈的激情”,而它们便是“精神错乱最平常的起源”;为了观察其效应,“有什么时代会比革命的风暴更适合呢?它总是能把人的激情带到最高的程度,或者毋宁说,它总是掀起种种形式的躁狂。”(61)法国医学将会长期地在后来的世代里寻求[17]93年[14]留下的痕迹,仿佛历史的暴力和疯狂已沉淀在遗传的静默时间之中:“毫无疑问地,在大革命期间,恐怖统治曾对某些个体造成恶劣的效果,而且这甚至是打从娘胎开始的……因为这个因素而先天倾向于疯狂的个体,出生于长久受到战争恐怖危害的外省。”(62)19世纪的疯狂概念乃是在历史意识之中形成的,其中并且有两种模式:首先,疯狂的持续增加,像是一种历史的衍生物;再者,疯狂的形态,也受到历史演变模态决定。我们会觉得疯狂与时间相关,而且本质上与人的时间性相关。同样地,疯狂在当时如果不是已经被接受为历史性的存在,至少也是被人如此感觉着,而且其中的历史感,实际上比我们今

(59) Michea, Jaccoud《辞典》“魔凭狂”(Démonomanie)条, t. XI, p. 125。

(60) 匹奈,《哲理医学》(*Traité médico-philosophique*),导言, p. XXII。

(61) 同上书, p. XXX。

(62) 艾斯基洛(Esquirol),《论心智疾病》(*Des maladies mentales*), t. Ⅱ, p. 302。

天还要深刻许多。

然而,这种历史关联很快就被遗忘了:弗洛伊德很吃力地,但也可能不彻底地,被迫要使它由演化论中脱离出来。原因在于,这个关联在 19 世纪之中,将会变化为一项同时既是社会的、亦是道德的概念,但在其中又遭到完全地出卖。疯狂将不再被视为历史的抵偿,而是被视为社会的背面。我们在摩莱的著作里,就可以最清楚的方式,看到历史分析如何被翻转为社会批评。疯狂这时会被逐出历史进展之外,反而成为历史完美发展及调和展望的阻碍。在这时,形成最有利于疯狂传播的环境的,反而是穷困——相对地,在 18 世纪时,形成这种环境的却是财富和进步:"危险或不卫生的职业,居住于人口过多或不健康的市中心",各式各样的毒害;"如果人们现在于这些一般性恶劣条件之上,再加上一些穷困对道德所发挥的深刻败坏影响、教育上的缺失、缺乏远见、滥饮和性交过度、食物不足等,我们便能了解可能破坏贫困阶级体质的复杂环境。"[63] 疯狂便是如此脱离人的历史演变,开始具有社会道德意义:它变成一个放弃布尔乔亚伦理形态的阶级的烙印;就在哲学上的异化概念(aliénation)通过劳动的经济分析而取得历史意义之时,心理学和医学上的精神错乱概念(aliénation)却完全由历史之中解放出来,成为一个以针对物种拯救破坏所进行的道德批判。一言以蔽之,对疯狂的恐惧,曾经是 18 世纪惧怕其本身演变的后果,到了 19 世纪,它却渐渐地转变,最后演变为面对矛盾时的困扰,虽然

---

[63] 摩莱,前引书,p.50。

这项矛盾乃是唯一能够确保其结构持续的因素;由外缘来看,疯狂是布尔乔亚秩序最立即的威胁,但它却又演变为其维持长久的吊诡条件。因此,它既被当作是不可或缺的退化——因为它是布尔乔亚理性之所以可能具有永恒性质的条件,又被当作是道德和宗教原则偶然和意外的遗忘——因为,对于一个无法预见终结的秩序的立即矛盾,人们必须对它作出如此的判断,才能使它变得无关紧要。因此,在19世纪中叶左右,这项疯狂的历史意识便进入沉睡状态,虽然它在"实证主义的激进年代",曾经为人长期唤醒。

这一段在历史之中所做的过渡,虽然是如此地不稳定,而且又为人遗忘,但它对19世纪的疯狂体验却仍然具有决定性的地位。通过它,人和疯狂建立了一种新关系,就某种意义而言,它更为立即,但也更为外缘。在古典体验之中,人是通过错误来和疯狂取得联系,也就是说,疯狂意识必然地包含真理体验。疯狂此时乃是错误的代表,真相的绝对丧失。到了18世纪末,我们看到一项新体验的一般轮廓开始形成:疯狂中的人不再是丧失真理,而是丧失了**他的**真相;不再是世界的法则脱离了他的掌握,而是他自己不再遵守其本质律则。当替索提到18世纪末疯狂的蓬勃发展时,他认为这代表人对其立即真相的遗忘;人采用了"人为做作的享乐,而且其中有许多只是一种让自己与众不同的方式,它和自然习惯相对立,只是以作怪取胜。空洞兴奋的痛苦感情,是任何人都无法忍受的,但又使得他爱怜周遭所有的事物。这种与众不同的方式,却可以使某些人由这样的痛苦感情之中解放出来,因此对他们来说,这是一种真正的乐趣。这无疑便是奢侈的第一源头，因为奢侈只是大批多余事物所产生的吸引力……这便是疑病症患者所处的状态，我们要给他一大批药物才能满足他，但他还是同样地痛苦"。⁶⁴ 在疯狂当中，人和自身的真相相分离，他被放逐到一个立即临在（immédiate présence）的环境之中，在其中迷失了路径。古典人之所以丧失**真理**，是因为他被抛回到兽性狂乱发作的立即临存之中，也是因为显示出他具有原罪的原始堕落已经现形。但现在，当人说到疯人时，他所指的是一个脱离由**他**的立即真相所形成的土地的迷失者。

注 释

1 这两幅皆是西班牙画家戈雅（Francisco de Goya y Lucientes, 1746—1828）的版画作品。

2 这也是戈雅的版画系列连作。这个字原意为"不协调"，今根据法文对此作的翻译转译其画意。

3 这是德国中部哈尔兹（Harz）山脉的尖峰。根据德国传说，每年四月末，巫婆在此会集，庆祝渥尔普吉（Walpurgis）之夜。

4 参见本书第一部第一章第18、19号译注。

5 即吉尔·德·何伊（Gilles de Rais, 1400—1440），他是圣女贞德的同伴。后来因为他对儿童所犯下的无数罪行而被处决。其判决过程参考本书第一部第五章，原文第159—160页。

6 这里取这个字的字面意义来翻译，以符合上下文脉络。在一般用法中，此字有"不合时宜"、"切分音"、"不按节拍"等意义。

7 此字除了"（社会）环境"之意外，尚有"在中间"、"介质"等意义。

8 Benjamin Rush（1745—1813），生于费城，为居伦（William Cullen）弟子，第一位写

---

⁶⁴ 《上流人士之疾病》（*Essai sur les maladies des gens du monde*），pp. 11-12。

作精神医疗著作的美国人。

9 Alexandre von Humboldt(1769—1859)，曾在热带美洲及中亚探险的德国学者，对气候学、地理生物学、火山学、地磁学颇有贡献。其兄 Wilhelm von Humboldt 为著名的语言学者。

10 Bénédict-Augustin Morel(1809—1873)，法国南锡附近的马尔维尔(Maréville)疗养院医生，接着服务于诺曼底。曾为硝石库院医生法尔禾(P. Falret)翻译德国学派作品。他的名字和精神医学中的退化论具有密不可分的关联。

11 Xavier Bichat(1771—1802)，法国解剖学家和生理学家。他建立了"一般解剖学"并促进了组织学发展。

12 Léon Brunschvicg(1869—1944)，法国科学哲学家，帕斯卡《思想录》(*Pensées*)的编者。许多人认为福柯在写作《疯狂史》时，其学术脉络即处于布伦斯维克的研究传统和巨视风格之中。

13 Claude Bernard(1813—1878)，法国生理学家，交感神经的发现人。著有《实验医学研究导论》(*Introduction à l'étude de la médecine expérimentale*, 1865)，阐释科学研究的基本原则。

14 这一年法国大革命迈向激烈化，处决路易十六，实行恐怖统治，镇压内乱，并和外国联军在边境发生战争。

第二章

新的划分

在 18 世纪之中,疯狂产生了一些变化。首先是前述的恐惧,它似乎使非理性和过去的持续不安再度相连,并使得它再度获得存在,虽然监禁措施曾经达到——或差不多达到——使它消失隐匿的地步。不过事情也不只如此:疯狂曾在非理性的同质空间中进入休眠状态,但也就在这个场所,已经完成了一项缓慢的工作。它非常地隐晦,几乎没有被人以言辞表达过,而且我们也只能察觉到其中的表面效果;这是一个深沉的推动力,它让疯狂再度出现,并且倾向于自我孤立和自我定义。如此,18 世纪的新恐惧看来并非徒然的不安:疯狂正在再度展露中,虽然那是一种混淆不清的存在,但它却已使得监禁的抽象性受到质疑。

* * *

人们不断地重复宣说疯狂正在增长之中。不过我们很难确定疯人的数目是否真的在 18 世纪之中有所增长,也就是说他们在人口之中所占的比例,是不是真的有所增长。我们能看到的只是监禁的数字,而这个数字必然没有代表性:一方面因为监禁的动机经常无法查明,又因为有许多人被视作疯子却未受到监禁,使得实际数字总是比资料上呈现的更大。不过,仍然有些数字是确定的。

如果我们以总括的方式来看事情,并把 17 世纪末的数字和大革命初期的数字相比较,我们的确可以看出大量的增长。1690 年硝石库院中收留了 3059 人;一百年后,根据由拉・罗什福柯－梁库(La Rochefoucauld-Liancourt)为行乞事务委员会(Comité de mendicité)提出的调查报告,院中人数增长了一倍,共有 6704 人。① 比塞特院也出现同样比例的增长:17 世纪时关的数目大约稍少于 2000 名,大革命时期,则有 3874 人。② 某些教会收容所里的数目增长更为可观;1665 年,当属灵圣约翰兄弟会(Les Frères Saint-Jean de Dieu)在森里斯(Senlis)开设慈善收容院时,院中只有四个床位;到 1780 年,该院则有 91 个床位,收容 67 人;③ 厦多－狄耶里(Château-Thierry)院,首先也是只有数个床位,到 1783 年,则拥有 30 名住院者。④ 但是,如果要使这些数字显出它们真正的意义,我们便得追索其演变的曲线全体。我们必须考量到存有一个体制的设立期,大约由 1680 年到 1720 年止,在

---

① 拉・罗什福柯—梁库,向行乞事务委员提出之报告,国会纪录,t. XLIV,p. 85。
② 同上,p. 38。然而,《民族报》(*Gazette nationale*),1789 年 12 月 21 日,n° 121,提出的数字为 4094。这个数字上的差异来自于是否把雇佣人员列入计算,因为他们之中有许多人同时也是受监人(1789 年,比塞特院共有 435 名受监人被雇用在常务办公室做事,而他们在登录簿上也以此地位受到登载)。
③ Bonnafous-Sérirux,前引书,p. 23。
④ Tardif,前引书,p. 26。

这期间,数字增长非常迅速,比人口的增长速度高出许多。但如果我们只考量大革命发生前七十年,那么数字就显得惊人地稳定,相对地,同一时期的总人口却以明显的方式增长着,使得这个现象更形吊诡。而且,监禁的总人数似在 1770 年左右缓慢地达到上限,而在大革命前夕又显得衰退。比塞特院在 1770 年 1 月 1 日,总共关有 4052 人;1772 年 1 月 1 日,则关有 4277 人,1774 年数字为 3938 人;1776 年则为 3668 人;到了该院总务特里斯坦(Tristan)在 1779 年 4 月 9 日作出院况记载时,院中只剩下 3518 人。⑤ 1733 年,圣拉撒尔院收容了 62 人,1736 年有 72 人,1776 年达到上限,共有 77 人;到了 1788 年 10 月 29 日,院内却只有 40 人。在大革命前夕,厦多—狄耶里院中收留的人数不超过 25 人。

这些变化足以表明监禁体制并未忠实反映人口曲线。因此我们可以肯定,必然有其他的影响因素:穷困、路易十五治世末年的高压措施,都使得数字增高;相反地,某种程度的经济复苏、北美战争、布勒特伊(Breteuil)对王室逮捕令和监禁措施所作的限制,都使收容院的人口产生衰退。

在尽可能不犯错误的确定范围内,我们可以说疯人的数目似乎反映出一条相当特殊的曲线:它既非人口曲线,亦不完全符合监禁人口的曲线。在硝石库院初设年代中,如果我们把关在玛格德莲(Magdeleine)、圣勒维兹(Saint-Levèze)、圣希莱尔(Saint-Hilaire)、圣凯萨琳(Sainte-Catherine)、圣伊丽莎白(Sainte-Elizabeth)这些分区之中的妇女,再加上地牢

---

⑤ 参考比塞特院总务特里斯坦所做的报告。国家图书馆,coll. "Joly de Fleury," 1236, f° 238。

中的人数,全部相加,所得数字为 479 人,我们可以说,这大约是被当作精神错乱者的总人数。⑥

当特农(Tenon)¹ 在 1787 年从事调查时,他发现的疯女总数为 600 名,拉·罗什福柯－梁库的调查则登载有 550 名。比塞特院也有大约一致的变化动态。1726 年,该院共有 132 名"疯子、暴力分子、天真人";到了 1789 年,该院保留给疯子的圣普(Saint-Prix)分区则关有 187 名男子。⑦ 其中的上限出现在 1788 年:1784 年新收了 110 名精神失常者,1786 年为 127 名,1788 年为 151 名,接下来的几年则分别为 132 名、103 名、92 名。⑧ 因此我们看出,18 世纪中的疯人数目增长速率颇为缓慢——至少就被当作疯人并如此标示的受监者而言——其中的高峰朝约为 1785—1788 年,到了大革命开始,其数目便陡然下降。

这条发展曲线真是奇特。它并不精确反映监禁体制的演进,也不反映人口的增加,除此之外,它似乎也不回应疯狂和非理性的种种形态在 18 世纪所激起的急速增多的惧怕。当然,我们不该把这些数字孤立地对待;对于疯狂正在增长的意识很有可能和监禁措施的强烈度相关,但更好的角度是说,这个意识其实和未受监禁的疯人数目相关,而且当时因为关切和疏忽的混合,而使他们得以自由地在社会上行走:气郁症及神经病的发现、歇斯底里症和疑病症所受到的重视,对于恐惧的增加,都比监禁体制本身发挥更大的影响力。

---

⑥ 因为这些分区保留给幼稚状态的女人、弱智、间歇性疯女及暴戾的疯女。
⑦ 《民族报》(*Gazette nationale*),1789 年 12 月 21 日,n° 121。
⑧ 同上。

不过，为疯人监禁演进曲线提供如此特异风格的因素，却有可能来自一项新的事实。它能解释为何相较于同一时代快速激增的恐惧，这个数字则显出相对的停滞。对这些数字发生影响，并在相对比例上使得古老收容所监禁的疯人数目产生减缓的因素，便是 18 世纪中叶开设的一系列专门接纳精神失常者的收容所。

这个现象的出现和 17 世纪的大禁闭运动几乎是同样的突然，不过和大禁闭运动相比，它还更受人忽略。然而，它却是具有基本的意义。早在 1695 年，艾克斯（Aix）已经开设了一家收容精神失常者的救护院，专收暴烈和具危险性的疯人，这一点相当明白地标示出此一设施乃是纯属压迫性的措施。⑨ 到了 18 世纪，专收疯人的收容所则成为常见之事。匹克普斯（Picpus）兄弟会在"里昂乡下的逢田（Fontaine）"便开有一家同性质的收容所，方济各会修士（les Observantins）的疯人收容所开在玛奈斯克（Manesque），神意之女会修女（les Filles de la Providence）的疯人收容院则开在索谬（Saumur）。⑩ 巴黎有二十余所私人收容院，几乎都开设于该世纪下半叶；其中有一些规模不小，比如能容 33 人、著名的贝洛姆院（Belhomme），布克伦院（Bouquelon）也有同样的规模；圣可伦布院（Sainte-Colombe）收容了 28 人，莱奈院（Laignel）则有 29 人；杜爱（Douai）及杜·盖洛华（du Guerrois）的收容所

---

⑨ 《艾克斯市无理智者救护院规章》(*Règlement de l'hôpital des insensés de la ville d'Aix*) (Aix 1695)。第十七条："本院接受本地出生之疯人或在本地居住满五年者。"第十八条："本院只接受不受监禁便有可能扰乱公共秩序者。"第廿七条："单纯的愚人、幼稚天真者及痴呆者，不得入院。"

⑩ 参考特农,《救护院论文集》(*Papiers sur les hôpitaux*), II, f°s 228-229。

中则有将近 20 人。⑪ 小收容所（Petites-Maisons）开始变成疯人院的代表；比塞特院或硝石库院不时会有想要摆脱院中的疯人，其所提出的理由便是小收容所更适合他们。⑫ 和 17 世纪相比，这几乎是一个全新的状况。为数不少的疯人，如果是在五十年前，会被关在大型的收容所之中，现在他们却拥有专属的接纳之地。这个现象便可部分地解释，为何我们只拿 17 世纪即已存有的监禁场所来作比较项时，会发现院中疯人数目的增长比率会是如此地微弱。不过，除了数量上的影响力之外，重要的是新现象也含带着一些新的意义。

事实上这是一个在全欧洲都可以观察得到的现象。突然之间，文艺复兴时的古老疯人监禁措施又被人重新施行；比如，1728 年，法兰克福的古老疯人收容所（Dollhaus）又再恢复使用。⑬ 同时，许多私立的收容所也在德国出现：在接近不来梅（Brême）的罗克温凯（Rockwinckel），有位荷兰人在 1764 年开设了一家收容所；接着是 1784 年，在史勒斯威格（Schleswig）也开设了布里格（Brieg）疯人收容院（Irrenhaus），能容纳 50 名精神错乱者；在 1791 年开设的，则是拜罗依特（Bayreuth）的圣乔治（Saint-Georges）疯人疗养院。在

---

⑪ 完整清单请参考附录。

⑫ 比塞特院总务写给朱里·德·富勒里（Joly de Fleury）的信，1746 年 4 月 1 日，主题是一位痴呆者："只要他处于这种状况，我们无法希望他会恢复心智，相反地，院中的惨状反而只有可能使他的痴呆状况更加严重，使他陷入无可救药的地步；如果把他送到小收容所，他便能得到更好的食宿及睡铺，应该会更有希望。"（国家图书馆, coll. "Joly de Fleury," 1238, f° 60）

⑬ Laehr,《精神医疗史上的重大日子》(Gendenktage der Psychiatrie), p.344。

没有设立疯人专属救护院之处,也会在既有的医院中为他们划出一席之地;乌兹堡(Würzbourg)的熊勃恩(Schönborn)主教亲王(prince-évêque)在1743年5月下令,所有狂暴性妄想患者(delirantes et simul furiosi)将要集中关在朱里乌斯(Julius)救护院的某一特区之中,至于柔顺和非狂暴的妄想症患者(placidi delirantes et non furiosi)则留在地区性收容所之中。⑭ 维也纳(Vienne)开设有欧洲最庞大的疯人院之一,可容纳129人。⑮ 英国一系列建立的疯人院如下:首先是曼彻斯特院(Manchester),接着是利物浦(Liverpool)精神病院,同时盖斯救护院(Guy's Hospital)也开设了精神病病房。⑯ 接着是1777年所设立,著名的约克(York)救护院,那是未来突克(Tuke)和公谊会教徒(Quakers)将会发动反对运动批评的病院,不过原因并非它代表人们想要忘却的过去残余,而是正好相反,正是因为该院最近才设立,所最能显现出人们对疯狂的意识和他们为它赋予的地位。不过其中的新设机构,最重要的无疑是圣路克(Saint-Luke)救护院。该院于1782年重建,预定收容220人;当特农在五年后参观该院时,工事尚未完成;但它已收容了130名精神错乱者;"该院的收容条件如下:贫穷、被判定为躁狂症患者、发病尚未超过一年以上、未曾在另一所疯人院中受过治疗。痴呆、痉挛症患者、性病患

---

⑭ 参考 Sérieux,《德国精神错乱者救助之发展历史》(Notice historique sur le développement de l'assistance des aliénés en Allemagne),《神经学档案》(Archives de neurologie)(1895年11月),t. II, pp. 353 sq.。

⑮ Laehr,前引书,p. 115。

⑯ D. Tuke,《精神错乱史札》(Chapters on the history of the Insane),附录 C, p. 514。

者、年老糊涂者、孕妇、天花患者皆不得入院。"如果入院患者发生了上述疾病,马上便会被送走。⑰

人们会倾向于把这些新机构和未来突克、匹奈和莱尔(Reil)² 主导的整套改革理论进行联系,认为它们是19世纪大型疗养院的历史先声。但事实上,一个非常简单的时代顺序关系,使我们不能把这些18世纪的新机构写入改革运动之中。为疯人请求医疗地位或至少请求更佳待遇的文献,主要出现在大革命前夕:杜布莱和可伦比耶(Colombier)的指引晚至1785年才出现;特农则是在1787年,草拟他的精神病院计划。体制上的滑移比起要求把监禁疯人当作需要治疗的病患的理论努力,在历史上早出许多。尚且,这些新开设的救护院在结构上和前一个世纪的同类设施并无不同。监禁的法律条件也未改变;而且,即使它们专门收容精神失常者,这些新的救护院也没有给医学多少地位。圣路克院和伯利恒院相比,不能称作"进步";院规规定"疗养"以一年为期;如果期限到了,却没有得到令人满意的结果,受疗者便要被迫离院;而且这所谓的疗养本身,内容也非常地模糊:"我们根据外显的和最容易把握的迹象来决定疗养法。我们恢复患者被抑制的排泄,注意使他保持腹部空虚。如果精神错乱者生病了,他就会被移送到医务室(infirmerie)。"⑱我们

---

⑰ 特农,《英国主要救护院及监狱观察日记》(Journal d'Observations sur les principaux hôpitaux et prisons d'Angleterre),《救护院论文集》(Papiers sur les hôpitaux),Ⅲ,f°s 11-16。

⑱ 同上。

在上面所提到的其他收容所不会比圣路克院更具医学性;⑲更仔细地说,当时巴黎所有的二十家私立收容所,没有一家设有医生或有医生巡诊。

因此,18 世纪下半叶进行的运动,其本质并非体制上的改革,或是其精神的革新,而是一种自发性的滑移,它决定并孤立出疯人专属的收容所。疯狂并未打破监禁的圈围,但它逐渐位移和采取距离。我们可以说那是旧的排除内部又产生了一项新的排除,好像疯狂需要这个新的放逐,才能找到安居之处,得到平衡。疯狂找到了它自己的国度:这是难以察觉的差别,因为新的监禁措施仍对古老风格保持忠诚,但它也指出某些本质性的变化正在发生。这个变化使得疯狂被孤立出来,相对于过去它被混含其中的非理性,疯狂得到了自主性。

疯狂在他处的定居,却仍然是同样的监禁,但这是什么样的居留呢?为何疯狂会被人分离开来,使得它处于同质性非理性"环境"(milieu)和那使得它和自身相一致的新"场所"(lieu)之间,像是在接受所有的挑战呢?这种运动必然和那同时兴起的新恐惧有所关联。但是如果我们想要在此决定何者为因,何者为果,我们必然会作出非常专断的选择。是因为人们开始害怕疯人,所以才把他们移走和孤立开来?或是正好相反,是因为他们有了一个独立的形象,占据了一

---

⑲ 不过也存有一个例外;但这个例外本身即可显示其实验性质。布伦斯维克公爵(Le duc de Brunswick)在 1749 年下令:"有例子显示医生的治疗和其他有益的措施,有时可以治愈精神错乱者。"一位医生每周必须对城中医院的疯人巡视两次,每治愈一位精神错乱者,他可以收到五元(thalers)的酬赏。(Sérieux,前引书)

个自主性的位置，人们才开始对他们产生惧怕？换句话说，这是因为不受监禁制度影响，仍然保存在西方记忆中的古老惧怕又再复苏，而使得疯人塔再度出现，使得疯人船再度扬帆呢？或者，我们是否得在其中辨认出已经诞生的新结构，未来19世纪大型疗养院的远方侧影呢？

因此，如果我们用因果关系的架构来看这个问题，我们无疑会冒着误导问题的危险。整个18世纪之中，疯狂的缓慢位移，其动因既不来自过去，亦不来自未来，而是来自和两者无关的一种体验。是这个体验在为其本身建构过去和投射未来。如果我们要了解这些时间性关系，并且减少其中的幻象，那么重要的问题就是要去明了，在这段时期，疯狂如何为人**感知**（perçue），而且这是在所有的认识性掌握和所有知识性表达之前的感知。面对疯狂时的恐惧，把疯狂导向孤立的措施，这两者都标指着一个相当隐晦的地域。在其中，疯狂只是被人原始地感受着——那是尚未认识前便有的辨识——而疯狂的动态真相，也在这里编织着其所可能具有的历史性质。

* * *

由于受到监禁体制限制，非理性在18世纪不断地简化，演变为一个模糊的单调事物，失去其特有的征象。渐渐地，受监人各自独特的面貌变得难以相互分辨，最后被混淆在一个"放荡无羁"（libertinage）的总了解之下。

所有被关起来的人，如果不是因为被人当作疯人而独立开来，便是以"放荡者"（libertins）的名义被人监禁。只有萨德的作品，在18世纪末，也就是在监禁世界开始解体的时候,才有能力化解这一团混合体:他把放荡无羁简化,以性的表象作为其中的统一原则,如此,他重新结合了非理性的所有力量,寻回了亵渎神圣中的深度,许多声音在他身上涌现,它们来自一个毁弃自然的世界。然而萨德作品中所不断延伸的论述,不也在显现非理性于18世纪末冒出水面时的基本一致性吗?这是性行为种种变貌中的单调一致,而我应该承认它那不止不休的重新进行,就像一道不断更新的祈祷,召唤着遥远的非理性。

非理性于是内缩于未分化的混合之中,只保留着隐晦的迷惑力——它像是一个闪烁的光点,却是永远不能为人固定位置——相反地,疯狂却在此时朝向独立特出的方向发展,而其原因,无疑正和非理性的消隐和其削弱为连续状态有关。非理性逐渐地变成单单只是蛊惑人心的力量;疯狂则正好相反,它变成了感知的对象。

1721年7月15日,当巴黎最高法院的调查委员们造访圣拉撒尔院时,院方表示此时院中关有二十三名"精神错乱者"(aliénés)、四名"弱智"(faibles d'esprit)、一名"暴戾分子"(violent)和一名"狂怒者"(furieux),其他被称作"矫正犯"(correctionnaires)。1733年7月,也就是十二年后,又进行了一次性质相似的访问,这时疯人的数目并未明显增加;但疯狂的世界却特异地繁衍开来。我们可以先不管带有"放荡无羁"、"行为恶劣"、"无宗教"、"不愿作弥撒"这些评语的人物;它们是一些非理性的形象,而且越来越显得面目模糊。如果只考虑正式承认的疯狂形态,被列举出来的有十二名"无理智者"(insensés)、六名"弱智"、两名"精神错乱"、两名"痴呆"(imbéciles)、一名"幼儿状态"

(homme d'enfance)、两名"狂怒者";同时被提出的分类还有"失序"(dérèglement)(五名)、"错乱"(dérangement)(一名);最后,有一位受监人被称作具有"异常感情"。如此,过去用来分辨疯人、操作容易的三四个范畴(精神错乱、弱智、暴戾或狂怒),在十二年内便显得不足以包含疯狂的全部范围;形态繁衍增殖,面目一分为二;人们区别痴呆、弱智、幼儿状态的老人;人们也不再混淆错乱、失序或异常感情;甚至在精神错乱者(aliénés)和无理智者(insensés)之间,也出现了差异,虽然今天我们已经难以了解其差别所在。

有关疯狂的感性,在过去保持单调的一致性,现在突然展开,释放出一个新的注意力,可以看到过去有关无理智者的单调认识中不能为人掌握的一切。疯人不再是可以被人一眼看出不同,却又和其他人相混淆的存在;在疯人的群体之中,开始出现一个又一个不同的面貌,而且虽然被非理性包裹着,其吊诡的类别却不再是容易隐藏的秘密。无论如何,差异侵入了疯狂原有的平等状态,乃是一件有意义的事;理性此时不再处于非理性的外部,只能揭发其罪过;理性开始侵入非理性之中,虽然其形式只是最简化的,但那却具有决定性的一步:这个形式便是非相似(non-ressemblance),相对于"过去的"同一性(identité),这却是某种解放的开始。非理性过去是在一种立即的自觉感知(aperception)中为人掌握,这时它对理性来说是绝对的差异,但在它自身之中,差异却因为无限重启的同一而遭到齐平。但现在,众多差异开始涌现,使得理性又能在它们所形成的领域中感到自在,甚至已接近寻回自我。未来会有那么一天,通过这些受到归类和客观分析的差异,理性将能占据非理性最明显可见的领域;会有一段长久时间,医学理性只是通过这些差异的抽象分析来宰制疯狂。[20]

我们对这项演进可以作出完美的时间度量,而且我们甚至可以提出精确的年代;1721 年,圣拉撒尔院的登记簿上只孤立出三或四个范畴,1728 年有十四个范畴,到了 1733 年,则有十六个。然而,也就是在 1733 年,波阿西耶·德·索洼吉出版了他的《新分类》(Nouvelles Classes),为古老的精神病世界增添了新血,在威里斯或勃艾哈夫时代共同使用的四或五个类别之上,又增加了长长的"精神失常"(vésanies)系列。这样的巧合定非偶然;然而,在索洼吉所提出的细分和厦伦顿院或圣拉撒尔院登记簿上标出的范畴之间,几乎没有任何共同点。除了"心神丧失"或"痴呆"这类用语之外,没有一个监禁新范畴涵盖了 18 世纪疾病分类学所描写的范畴,甚至连近似性都谈不上。这两个现象同时出现,但它们在属性上,甚至可能在意义上,都不相同:仿佛疾病分类学的分析,在追寻概念线索或因果关联的同时,只是在谈论理性和为理性谈论,但如果它面对的是监禁空间中的疯狂,那么疯狂对自己到底能说些什么,却一点也不是它所能决定的。

在一开始的时候,存在的是极度简单的格式。我们前面已经看到了,只有三或四个范畴:不加分化的精神错乱领域,旁边则是两个比较明确一点的形象——狂怒和痴呆;其余的一切,就只是以一些多彩多姿的道德指标或荒谬的言行错误

---

[20] 在 19 世纪的长段时间中,疗养院式的精神医疗主要在做细分的工作。可参考的例子比如针对单狂(monomanies)所进行的无尽的分析。

来作特色说明。㉑ 至于狂怒和痴呆这两个范畴,它们在长期迷失于个体特色之后,似乎又逐渐地获得普遍性的价值,形成两个端点,而精神错乱的整个领域便分布在这两端之间。例如,1704 年厦伦顿院登记簿针对某位克劳德·巴班(Claude Barbin)作了下列记述:"他似乎比去年更加异常;……然而,他的精神似乎仍在狂怒和痴呆之间摆荡。"㉒狂怒这一项的内容包括所有对他人行使的暴力,所有的死亡威胁,以及甚至会反过来危害自己的狂乱:在谈一位名叫戈哈(Gohart)的女人时,达简森(d'Argenson)记载道:"她的疯狂……经常会达到狂怒的地步,而且……看起来,只要一有机会,她便会解决她的丈夫或是自杀。"㉓痴呆也包含致命的危险,形式却是不同;痴呆者既无能力维生,亦无能力回应生存的要求;他是被动地等待死亡宰割——这不是暴力,只是单纯地缺乏维生能力(拒绝进食被认为是痴呆最明显的征象)。疯狂便在这两个端点之间摆荡。分类的存在,完全以这个双重紧急状况作为参考点。在疯狂之中,监禁体制首先区分的是它所具有的

㉑ 比如 1707 年 8 月 31 日被送入厦伦顿院中的 Mathurin Milan:"他惯有的疯狂在于躲避家人,在巴黎和乡下过着隐晦的生活,与人诉讼;放高利贷却无法收回;在不知名的路上徘徊其可怜的心智,而且自以为将有大用。"(国家图书馆,Fonds Clairambault, 985, p. 403)

㉒ Clairambault, 985, p. 394。亦请参考 Pierre Dugnet 的例子:"他的疯狂状态持续,但这比较是痴呆而不是狂暴。"(同上书,p. 134)或是 Michel Ambroise de Lantivy 的例子:"在他的疯狂中,显得比较是扰乱和痴呆,而不是顽固和狂暴。"(Clairambault, 986, p. 104)

㉓《达简森笔记》(Notes de R. d'Argenson), p. 93。亦参考:"那位被称为 l'Amoureux 的人,他的狂怒状态可以杀害父母,并以自己的生命为代价来复仇。他参与了院中所有的反叛行动,而且在贫民警察队长被杀的那一次暴动里,他也十分活跃。"(同上书,p. 66)

致命危险:是死亡在作划分,而不是理性或自然;至于其他的一切,则只是个别错误和个别缺陷的大集合。这是针对疯狂的收容所世界所作的初步组织努力,而且一直到 18 世纪末,它都保有相当大的影响力,以至于特农还会认为这个分类完全有效,因为它指出压制的必要:"疯子可以分为痴呆型和狂怒型;两者都需要持续的监视。"㉔

　　这是一项粗糙的组织,只用死亡的危害来驱除个体的多样性。不过新的逻辑便由这里出发,慢慢地形成我们可以命名为**疯狂的收容所感知**的事物。有一些新的性质出现了,它们不再只是标指危险,也不再以死亡为秩序原则。要去穷尽这个工作的整体,显然非常困难,因为它只显示在监禁登记簿上,而且一直都是非常简短的记载之中。不过,即使是在这些文献之中,我也能看到疯狂似乎开始说着一个不再以生死为指涉的语言,而是以它自己,以它所可能具有的意义和无意义作为指涉对象。无疑地,我们要由这个角度去了解 18 世纪在无理智者(insensés)和精神错乱者之间,如此经常作出的区别,虽然它对我们来说,又是如此地隐晦。一直到该世纪初为止,这两个概念扮演对称而相反的角色;有时候,"无理智者"指的是疯人或精神错乱者所形成总体中的一个类别,意味着谵妄的疯人(délirants);有时候,无理智者指的是一群比较普遍和不明确总体,指"头脑错乱"或"精神有问题"的人物,而精神错乱指的则是其中失去所有理性形式和迹象的人物。不过,到了 18 世纪之中,又开始作出了一项意

　　㉔ 特农,《民间救护院报告计划》(Projet du rapport sur les hôpitaux civils),《救护院论文集》(Papiers sur les hôpitaux),II,f° 228。

义不同的划分。精神错乱者被认为完全丧失真相:他任由所有感官幻觉、世界暗夜宰割;他所以为的真相全是错误,他所以为的自明之事,只是幽灵;他是疯狂最盲目的力量的猎物:"他有时会堕入一种心神丧失的状态,不再具有任何人类的理性和感情,有时则会受到刺心痛苦的暴烈激情所激动,这时他会进入一种狂乱状态,只感受到血腥、谋杀和杀戮的气息,他在这些混乱和激动的时刻,不认得别人,也不认得自己,令人害怕他会做出任何事情。"㉕精神错乱者已在可能沟通了解的界限之外;在他的世界里,别人和他自己,一切都变成陌生人。相反地,无理智者的世界是一个我们认得出来的世界;在此总是可以确定疯狂的部位。有时候,它存在于感知之中,或至少存在于其中所能具有的判断及信仰部分——"这是一个**无理智的人**,他想象天父曾向他显灵,并给他宣导悔罪和改造世界的力量。"㉖——有时候,它则处在掌握真相的知性之中,比如辨认、推演或是跟从它的方式之中:"他一直执迷于司法星相学和这类蔑视宗教的神秘学,还由其中打造出一套医疗体系。"㉗无理智者不像精神错乱者那样,可以彰显疯狂的活跃力量;他是让非理性多少秘密地在种种理性之下流动;厦伦顿院的修士们针对这个主题记下来这样按语:"过去他凭借的一项放荡原则或是一套犯罪预防措施所思考的东西,现在则比较是因为失常,而不是因为他有理性,他才会去相信它;他以为自己被地狱魔鬼附身。"无理智者对

㉕ 国家图书馆,朱里·德·富勒里(Joly de Fleury),第 1301 号手稿,第 310 张。
㉖ Clairambault, ms. 985, p. 128。
㉗ 同上书, p. 384。

理性世界来说,并不是一个完全的陌生人:他所代表的毋宁是一个变态的理性,在每一个心智活动中,都会不断地偏航。在他身上,不断地完成理性和非理性之间的危险交流,相对地,精神错乱所意味的却比较是两者之间的破裂。精神错乱者完全是在无意义这一边;而无理智者则处于意义颠倒这一头。

当然,这类的差异,对于那些使用它们的人来说,也是相当模糊的,而且也没有证据可以说它们被人严格遵循。然而,这些组织原则——生与死,意义与无意义——总是具有足够的恒定性,使得这些范畴可以在整个 18 世纪接近保持不变,并且在主要论题周围汇集其所派生的概念。比如,"狂乱"(enragé)便意味着狂怒和精神错乱的混合——像是极端暴戾中的无意义沉醉;路易·威廉·德·拉福玛西(Louis Guillaume de la Formassie)先是被关在比塞特院,理由是他只会"滥用他的自由";但不久之后,他的狂怒却更形暴烈,并堕入全然的无意义之中:他演变为"狂乱";"他只认得出一个老妇人,也只有她才能为家人送食物来给他,家中所有女佣如果靠近他,就有可能会被他乱拳打死。"[28]相反地,"顽固者"(entêté)则抱着一个不可理解的念头,而他所有的狂怒和暴戾都被用来为它服务。一位名叫罗兰·哲尼(Roland Genny)的人,先是被关入巴士底狱,然后又被转往比塞特院,因为"他和受神启者及狂热分子具有同样的异常视象……而且只要看到教会人士,就会使他狂怒不已"。[29]至于"心智错

---

[28] Clairambault, ms. 985, p. 1。
[29] 同上书, pp. 38-39。

乱者"（l'esprit dérangé），则毋宁是处于精神错乱和痴呆之间，他思想混乱，柔顺而无能；比塞特院入院登记簿便记载有一位小学老师，"因为遇人不淑，生活十分悲惨，心智完全错乱。"㉚

诸如此类的概念，和理论性的分类一比，显得非常不稳定。但它们的坚实度至少可以负面方式证明，因为它们对于医学的影响力渗透，曾经抵抗得如此长久和良好。收容所式的感知虽然变得更丰富，医学却仍是它的陌生人，或者只是以一种偶发或准边缘的方式涉入。我们只能找到几条医学按语，而且还是趣谈性质一类，例如下面这一条，写的是一位自认被鬼灵附身的无理智者："他因为读犹太奥义学书籍，开始生病，而且因为他天生就具有热烈和忧郁性的反常体质，又使得病况更加严重"；接下来不远处又写道："他的疯狂越来越常发作，同时伴有黑色的忧郁和危险的狂怒。"㉛医学的分类和监禁体制的分类不同；它最多只能扮演描述的角色，或诊断的角色，但这种情况更为稀罕，也和逸话的形式脱不了关系："他的眼光涣散，头不由自主地垂向一边的肩膀，非常明显地可以看出他的治愈机会相当不确定。"㉜

因此，以目前所能收集的资讯，我们可以非常局部地重塑一个和理论分类工作平行的幽暗劳动，而它虽然平行，却又一点也不从属于理论。这种同时现象证明在这两个领域

㉚ Clairambault, ms. 985, p. 129.
㉛ 同上书, p. 377 & 406。
㉜ 同上书, p. 347。而且还有必要补充说，这些按语只出现于厦伦顿院的登记簿上。这座收容所由属灵圣约翰兄弟会主持，而他们是一个宣称进行医疗行为的救护修会。

中,理性都渗入了疯狂的领域,虽然它曾经用监禁体制来驱逐疯狂。然而,一方面,当医学去认识疯狂的各种形式时,它是把它们当作和自然中的物种类同的东西;相对地,在另一方面,我们则看到另一种努力,其目标在于如何辨认疯狂,而且以某种方式而言,让疯狂为其本身发言。于是我们便听到了疯狂的声音,而且这是第一次在西方基督教文明的历史中,这些声音既不是预言,亦不是人神或着魔,也不是小丑的声音;在这里面,疯狂不是在为其他事或其他人说话,而是为了自身说话。很奇特地,疯狂是在监禁的沉默之中,才攻占了属于它自己的语言。

在长久时间里,传统上所谓的"古典精神医学"——其时间,大致上由匹奈到布露勒(Bleuler)[3]——将会塑造出一些基本上只是妥协的概念,并在两个体验领域间不断地摇摆。这是 19 世纪一直无法统一的两个领域:一是**理论性**的**抽象**场域,在其中组织着医学理论的概念;另一个则是**人为**设立的**具体**监禁空间,而疯狂在其中开始为其自身说话。仿佛同时存在着"医学分析"和"收容所感知",但两者之间却无法互相沟通;上个世纪,精神病医生们对分类的执迷,有可能便是标指着,面对这两个精神病学体验源头,和其调和的不可能性时,不断更新的烦恼。这不是经验和理论间、日常熟悉和抽象知识间、认识和深刻认识之间的冲突;这是在我们对疯狂曾有的、而且也可能是未来将有的体验里,以一种更神秘的方式所形成的撕裂——这个撕裂分开了两边,一边是被我们的科学认识为心智疾病(maladie mentale)的疯狂,另一边则是在我们的文化使其异化的空间中,疯狂对自身所能交代的事物。收容所的感知,忠诚于死亡威胁和语言意义,无疑比 18 世纪所有的疾病分类更有贡献,使得未来有一天,人们会开始注意到疯狂对其本身所能说出的事物。一项比起医学更有深刻医学意义的工作,就在一个医学没有力量,而疯子也未被当作病人的场所之中,迈向其完成。

　　从此以后,人们便掌握了线索。当我们看到疯人如何在 18 世纪中自我划分,并且占据一个专属于他们的位置时,我们便能很清楚地了解到,19 世纪的精神疗养院、实证主义精神医学,终于被肯定拥有其权利的疯狂,以上这些如何有其可能。由一个世纪到另一个世纪,一切便都建立了起来:首先是监禁体制,而最初的疯人疗养院便由此而出;因为这个现象,也产生了一种好奇心——不久之后它会变成怜悯(pitie),再过来则成为人道主义和社会关怀——使得匹奈和突克得以出现;他们则引起大型改革运动——调查团、大型疗养院的设立;艾斯基洛(Esquirol)时代终于得以由此展开,而这也使疯狂医药科学的幸福时代得以来临。这条线索是笔直的;其进步则从容不迫。属灵圣约翰兄弟会开设的厦伦顿院,毫无问题地由艾斯基洛的厦伦顿院[4] 接替;而硝石库院无疑也注定要成为夏尔勾(Charcot)心目中所构想的医院。[5]

　　然而,只要我们再多加注意一点,这条线索便会断掉。而且它断裂的地方,还不止一处。甚至就在它的源头:这个运动在非常早期就倾向于孤立疯人,我们真的已经确定它的含义了吗?当然,在监禁体制沉寂不动的状态中,这个运动的雏形,这项最初的感知,不是一个显示人们已经开始"接近"的征象吗?而且人们在接近时,所使用的不只是一项更具实证性的知识,同时也来自一个更为不安的感性,而它和疯狂的意义本身更为接近,像是对它的轮廓的一项新的忠诚?人让他身上被异化的部分畅所欲言,人们开始倾听这些结结巴巴、混乱不清的语言;人们在无秩序中听到了预示秩序的事物;无区分开始向区别开放:不正是因为疯狂进入语言的熟悉之中,才使它几乎已经进入交换体系之中吗?借由一项不久之后便会干扰精神错乱整体结构的运动,人不是已经开始在疯狂中认出自己的面目了吗?以上这些说法,可以简化历史,奉承我们的感性。但是我们想要知道的,不是疯狂对我们所具有的意义,而是疯狂通过什么样的运动,才能在18世纪的感性中占有一席之地:那是一连串的断裂、不连续、爆裂,而疯狂乃是通过它们,才能成为我们今日所认识的疯狂,才能使我们把过去它所是之物遗留在晦暗的遗忘之中。如果我们更加注意事情的变化,便可以清楚地看到;如果18世纪渐渐地让疯狂占有一席之地,如果它由其中分化出某些面目,这并不是因为它向疯狂趋近;正好相反,这是因为它远离了疯狂:要等到新向度建立起来,新空间划定出来,使疯狂进入另一种孤独,这时疯狂才终于能够说话。如果疯狂有其地位,这是因为人们远离它;它的不同面目、它的差异,并不来自那趋近过来的注意力,而是来自那使它脱离出来的冷漠。如此,距离的上限便出现在疯狂以"得到解放"的样态涌现并变得"具有人性"的前夕,出现在匹奈改革比塞特院的前夕。㉝ 现在,我们要作

㉝ 当然,我们这里的讨论不能在过去的辩论脉络中进行:一方是把匹奈写成圣徒的作者——如司马梁(Sémelaigne),另一方则是尝试降低他的原创性的作者,他们认为古典监禁已经具有19世纪的人道主张。这样的作者比如塞宜何(Sérieux)及李贝尔(Libert)。对我们来说,问题并不是个人的影响力,而是历史结构(structure historique)——一个文化对疯狂所作的体验的结构。在司马梁和塞宜何之间的辩论,除了染有政治色彩之外,还是个家族问题。司马梁和匹奈的后代结盟,本身又是个激进派(radical)。他们的讨论完全不涉及概念之争。

的只是去证明这一点。

这里没有什么好疑问的;结果便是我们已经知道的:19世纪初,没有一个精神病科医生,没有一个历史学家,不产生同样的愤怒;到处是同样的丑闻、也激起同样具有美德的谴责:"人们没有因为精神错乱者关入牢里而感到脸红。"艾斯基洛列举波尔多(Bordeaux)的哈堡(le fort du Hâ)、土鲁斯(Toulouse)和荷恩(Rennes)的强制收容所,仍然存在于波阿蒂耶(Poitiers)、弓城(Caen)、亚米安(Amiens)的"比塞特院",昂热(Angers)的"城堡";"而且,很少监狱不关有狂怒型精神错乱者;这些可怜人在地牢里被人用铁链铐在罪犯身旁。这是何等丑怪的结合!安静的精神错乱者受到的待遇比作恶事者更差。"㉞

整个世纪都在响应;在英国,突克家族成为先人作为的辩护者和历史学家;㉟在德国,继华格尼兹之后,乃是莱尔(Reil)在为这些可怜人呻吟抱怨:"他们像是国家级重犯,被人关在不见天日的地牢里,无人闻问。"㊱在半个世纪以上的时间里,实证主义的时代不断地高声宣称:是它第一个把疯子由他们和囚犯间的可怜的混合中解放出来,是它第一个划分无辜的非理性和有罪的罪犯。

然而,要证明这是虚妄的宣称,只是一个游戏。这类抗议在多年前便已出现:在莱尔以前,法兰克(Franck)便曾写

㉞ 艾斯基洛(Esquirol),《论心智疾病》(Des maladies mentales),II, p. 138。

㉟ S. Tuke,《隐卢描述》(Description of the Retreat),York,1813;D. H. Tuke,《精神病史札》(Chapters on History of the Insane),Londres,1882。

㊱ 引用于艾斯基洛,前引书,pp. 134-135。

道:"德国精神错乱者收容所的访客想起所见所闻之事时,便会心生恐惧之情。走进这些充满不幸和折磨的收容所,令人十分骇怕;在那儿,人们听到的只是绝望的喊叫声,而才德超卓的人就住在这样的地方。"㊲在艾斯基洛以前、在匹奈以前,则存在过拉·罗什福柯和特农;而在他们之前,整个 18 世纪都有持续不断地低声抗议、年复一年地一再开始,而这些抗议的作者乃是那些我们相信会对此一混淆保持最冷漠态度和最不感兴趣的人。我们不也应该提到,在匹奈发出呼喊前二十五年,马勒塞尔伯(Malesherbes)即已"带着破坏牢门的计划去拜访国家监狱。他把精神错乱的囚犯们……遣送到收容所里。并且认为,依他所细心嘱咐地在所中群居生活、操练和关怀,他们应可得治愈?"㊳而且,更进一步地上溯此一世纪,还有一代又一代的院长、总管、看守,他们总是以一种更沉闷的声音提出下列的同一要求,而且有时还会得到满足:把疯人和受惩戒犯加以分离;比如森里斯慈善院的院长,便曾请求警察总长把几个囚犯带走,请他把他们关到堡垒里去;㊴比如,布伦斯维克强制收容所的看守曾经要求——时代早在 1713 年——不要把疯人和在作坊里工作的受监人相混合。㊵19 世纪以光耀炫目的方式,并动员其所有悲怆资源所说出的,18 世纪不是已经说过了,而且还是以低

㊲ 引用于艾斯基洛,同上书,p. 135。

㊳ 米哈保(Mirabeau),《王室逮捕令》(Des lettres de cachet),第十一章,《作品集》(Œuvres),éd. Merilhou, I, p. 269。

㊴ Arsenal 图书馆,第 11168 号手稿。参考 Ravaisson,《巴士底狱档案》(Archives de la Bastille), t. XIV, p. 275。

㊵ Kirchhoff,前引书, pp. 110-111。

沉的声音不断地重复？艾斯基洛、莱尔和突克家族除了用一个更高亢的调子，重拾收容所实务界行之多年的陈调之外，真的做出了别的事吗？我们前面已经提到的，由 1720 年一直到大革命发生，疯人的缓慢移出，可能只是其中最明显可见的效果罢了。

然而，我们还要听听在这个半沉默里头被说出来的东西。森里斯院院长在要求分离疯人和受惩戒犯时，所持的是什么样的论点呢？"他值得怜悯，而其他两三位关在堡垒里比较适合，因为他们身旁有六个疯人，日以继夜地折磨他们。"而且，警察总长也很能明了这句话的意思，这些受监人甚至重获自由。至于布伦斯威克院看守的要求，意思也是相同：疯人的叫声和混乱扰乱了工作坊；他们的狂暴乃是永恒的危险，最好把他们遣送到把他们捆绑看管的隔离房间里去。我们已经能够预感到两个世纪之间，同样的抗议实际上意义并不相同。在 19 世纪初，令人感到愤恨的是，疯人的待遇居然没有比民事犯或国家级囚徒更好；整个 18 世纪，人们强调的观点则是受监人的待遇应该要比被人和疯子混在一起更好。对艾斯基洛来说，之所以造成丑闻的原因来自于罪人只是罪人；对于森里斯院院长来说，其原因则来自疯子毕竟只是疯子。

这个差异可能没什么重要，而且也可以很容易被人猜到。然而，如果我们想要了解疯狂意识在 18 世纪中如何演变，我们就必须强调这个差异。它的演变框架并不是人道运动，不是那使得它可以逐渐逼近疯子的人性现实，逼近他最相近又最可怜面目的人道运动；它也不是因为科学需要的压力才产生演变，不是那使得它变得更关切，更忠实于疯狂对自身所能说出的事物的科学需要。如果这项意识会慢慢地演变,那是在监禁这个既真实又人为的空间之中演变的;那是因为监禁结构产生了难以觉察的滑移,或是它有时会产生的暴烈危机,才会一点一滴地使疯狂意识变成它在大革命时代的面目。如果疯人被逐渐地孤立出来,如果无理智者原先的单调一致会被划分为粗糙的类别——任何的医学进步、任何的人道看法都没有贡献。这个现象生自监禁体制的深处;如果要了解疯狂的新意识,我们要质问的乃是监禁体制本身的变化。

这比较是一个政治性的意识,而非博爱主义的意识。原因在于,如果人们在 18 世纪能察觉到在受监人之中,在自由无羁者、放荡者、浪子之间,有一些人具有不同属性的混乱,而其所造成的不安也无法化约,那是因为这些受监人本身的功劳。首先抗议的是他们,而且抗议得最为暴烈。部长、警察总长、法官们无止境地,不断受到同一诉怨的围攻:某人写信给莫勒帕斯(Maurepas),[6] 愤恨自己"被人和疯子混在一起,而且其中还有些狂怒型疯人,使得我一直有受到凶险辱骂的可能";[41]另一人——这人是门克里夫(Montcrif)修道院院长——向贝利耶(Berryer)警长提出同样的诉怨:"九个月来,我一直住在最恐怖的巢穴里,被人和十五或二十名狂怒型疯人混在一起,其中还掺杂一些癫痫患者。"[42]在这个世纪中,年代越后,对监禁措施的抗议便更加强烈:于是,疯狂逐渐地成为受监者的萦回不去的困扰,变成他们的屈辱、他们

---

[41] Bourges De Longchamp,Arsenal 图书馆,第 11496 号手稿。
[42] 引用于 Bonnafous-Sérieux,前引书,p. 221。

被制伏和被迫处于沉默的理性的形象。很快地,米哈保便会在犯人和疯狂之间令人感到耻辱的亲近中,辨识出一个化约人的微妙愚化工具,以及专制暴政本身的形象,因为那就是兽性的大获全胜。疯子并不是监禁体制最无辜的第一个受害者,但它却是那禁闭它的力量的最隐晦、最易见、最坚持的象征。权力沉默的固执,就体现在受监人之间,那便是非理性乱叫乱喊的存在。与既成势力、家庭、教会的斗争,就在监禁的核心之中再度发生,就在理性的冬至狂欢(saturnales)之中重新引发。而且,疯狂如此良好地代表了惩罚力量,以至于它实际上扮演了补助性惩罚的角色,好像是在强制收容所的一致性惩罚中,增添了一项维持秩序的酷刑。拉·罗什福柯－梁库在他向"行乞事务委员会"所作的报告里,提出了见证:"病房中的癫痫患者和其他病弱者们,甚至好心的穷汉们所受处罚之一,便是被人和疯子混在一起。"㊸丑闻的真正意义在于,疯人便是监禁体制的残酷真相,他们是其中最丑恶之事的被动工具。它的征象,不就存在于下列事实之中——这也是 18 世纪监禁文献中的另一项老生常谈:强制收容所内的居留必然导向发疯?居住于这样的谵妄世界,生活于一个非理性大获全胜的环境之中,因为事物和地点造成的宿命影响,一个人如何能不加入那些作为疯狂活生生象征的疯人呢?"我观察到,强制收容所和国家监狱中所关的疯人,大部分是后来才发疯的,其中有一些是因为被人过度恶劣对待而发疯,另一些则是因为孤独的恐怖才发疯。在孤独

㊸ 拉·罗什福柯－梁库(La Rochefoucauld-Liancourt),向行乞事务委员会提出之报告,前引文,p. 221。

中,使他们无时无刻不看到幻象的想象力,又因为痛苦而更行尖锐。"㊹

疯人和囚犯相混,这不是监禁体制的极端丑闻,而是它的真相;这不是它的滥用,而是它的本质。18世纪有关监禁体制的持续争论,的确触及疯人和有理性者的混合;但它并不触及疯人和监禁体制间已被人接受的基本关系。不论哪个论点都不会质疑这一点。号称人类之友的米哈保[7]对监禁措施和被监人本身,都保持着同样严厉的态度;他认为,被关在"著名的国家监狱"里的人,没有一个是无辜的;只是他们所应该被摆放的位置不该是这些费用浩大的收容所,而且人在里头只是过着无益社会的生活;为什么要"把这些妓女关起来,而她们如果被遣送到外省的工厂里,却可以变成女工"?或者为什么要关"那些只要被放出来就会再犯绞刑罪的歹徒。为什么这些被随身锁链铐住的人,不被人送去做一些有害志愿工人健康的工作呢?他们可以做榜样……"如果把以上这一整群人撤离,那么监禁所里还会剩下谁呢?剩下的是没有别的地方可去的人,有充分权利住在这里的人:"一些国家层级,罪行不得泄露的重犯",适合的人物还有"在放荡和挥霍无度之中,消耗一生果实的老人,他们总是怀抱着死于救护院的野心,而且不费力便能成功";最后是那些总是要待在某些地方的无理智者:"这些人到处都能活着等死。"㊺小米哈保(Mirabeau le fils)则把他的论证作出反向推导:"我正式向世人挑战,看谁有能力证明国家级重犯、恶棍、

㊹ 米哈保,前引书,p. 264。
㊺ 米哈保,《人类之友》(*L'Ami des hommes*),1758年版,t. II, p. 414 sq.。

自由放荡者、疯子、破产老人的确构成——不要说是最大多数——堡垒、监狱、强制收容所、国家监狱人口的三分之一、四分之一或十分之一。"因此,对他来说,丑闻不在于精神错乱者被人和恶棍混在一起,而是在于这两类人并不构成受监者的基本人口;那么,可以抱怨被人和罪犯混在一起的是谁呢?不是那些永远失去理性的人,而是那些在年轻时代一时失足的人:"我会问……为何我们把恶棍和放荡者混在一起……我会问,为何我们把一些具有危险倾向的年轻人和一些很快就会把他们带往极端败坏之途的人物混在一起……最后,如果恶棍和放荡者间的混杂真的存在,那么,为何我们还要因为造成这项丑恶、无耻、凶恶的会合,使得自己犯下最可恶的重罪,也就是诱人犯罪之罪呢?"至于疯子们,我们能期望他们过着另一种命运吗?他们的理性不足以使他们不被监禁,他们也不够听话,不得不被人和恶棍一样对待,"的确如此:对那些失去理性运用能力的人,只有把他们藏起来,不让社会看到。"[46]

我们看到监禁的政治批评在18世纪是如何地运作。它的方向一点也不是朝向疯狂的解放;无论如何,我们都不能说这项批评曾使人对精神失常者更加具有博爱心和医疗性的关注。相反地,它使得疯狂比以往更坚定地和监禁体制结合在一起。这一点通过一种双重关联进行;其中之一使它成为监禁力量的象征本身,成为它在监禁世界之内部既可笑又缠人的代表;另一个关联则把它标指为所有监禁措施的最佳对象。它是压迫的主体和客体,也是它的形象和目的,象征

---

[46] 米哈保,前引书,p. 264。

其盲目的专断,又为其中的理由和基础辩护。这是一个吊诡的循环,疯狂最后显得像是监禁体制的唯一理由(raison),但它又象征其中深沉的非理性(deraison)。米什莱(Michelet)[8]和18世纪的思想仍然十分地接近,他以惊人的严格,对上述现象提出了表达;他重塑了米哈保的思想运动,谈的主题则是他和萨德同时在凡森(Vincennes)监狱所作的居留:

——第一步,监禁使人发疯:"监狱会制造疯子。巴士底狱和比塞特院中的受监者是被人弄笨的。"

——第二步,监禁空间的疯人代表了18世纪威权最不理智、最可耻、最深沉的不道德部分:"硝石库院里存有狂怒者。凡森监狱里则有一个可怕的疯子,那便是恶毒的萨德,他以败坏未来作为其写作心愿。"

——第三步,只有疯人才应该受监禁,但现行措施却非如此:"监禁体制将会在不久之后扩充,米哈保仍被关在其中。"[47]

*　　*　　*

因此,在监禁体制中,出现了一个空白地带;这是把疯狂孤立出来的空白地带,暴露出疯狂之中对理性最不可化约和最不能忍受的部分;疯狂现在特别显出它和所有其他受禁闭

---

[47] 《法国史》(*Histoire de France*),1899年版,pp. 293-294。这一点和事实有出入。米哈保被监禁在凡森监狱的时间为1777年6月8日至1780年12月13日。萨德监禁于此的时间为1777年2月15日至1784年2月29日,中间并有39日的中断。而他离开凡森监狱,也是为了被转送至巴士底狱。

形态间的差别。疯人在其中的存在,乃是一个代表不正义的形象;但这是**对他人而言的**不正义。包裹非理性混沌大整体的封套已经破裂。疯狂开始个体化,和犯罪形成奇特的双胞胎,而两者之间至少以尚未受质疑的邻近关系相连。监禁体制已被清出部分内容,只有这两个形象单独残存;但它们两个便足以象征监禁体制的必要:从今以后,只有它们才值得被人监禁。虽然疯狂在非理性的混乱世界采取了距离,最后成为一种可以定位的形式,但这却未能使它得到解放;在疯狂和监禁之间,已经联结了一种深沉的隶属关系,一个接近本质的关联。

然而就在同时,监禁体制却在经历着另一场危机。这个危机更加深沉,因为它不只使体制的压迫角色产生动摇,甚至威胁到它的存在本身;这个危机并不来自内部,也和政治异议无关,而是由一整幅社会和经济的视野中慢慢地升起。当然,监禁体制并未扮演柯尔贝时代[9]所宣称的简单、有效的角色;但它的确回应了一项实际的需要,因此必然会被整合到其他结构之中,并被人利用来服务其他目的。

首先,在充实殖民地人口所要求的人口移动中,监禁体制发挥了转接站的功能。由 18 世纪初开始,警察总长便向部长提供名单,开列比塞特院和硝石库院受监者中"适合前往岛屿"的人物。总长还为他们申请出发许可;[48]此时,这还只是一个方便办法,可以让收容总署摆脱一大群既占地方,但又不可能无限期禁闭的活跃人口。1717 年,"西方公司"

---

[48] Arsenal 图书馆,第 12685、12686 号手稿(有关比塞特院),第 12692—12695 号手稿(有关硝石库院)。

(Compagnie d'Occident)成立了,而美洲的开拓也就完全整合于法国经济之中。这时监禁人口成为人力资源:于是便展开了由卢昂和拉罗契尔(La Rochelle)出发的著名远行——以马车运载女孩,男孩则以铁链拴着走。1720年发生的首批暴力事件不会重新发生,⁴⁹但这些解递的习惯却被保留下来,并在监禁的神话之上,加上了新的恐怖。先是监禁,以便随后能够"送到岛上去";重点在于如何强迫一群活动人口移民国外,以便开拓海外殖民地领土;监禁体制变成了一个人口集中区,先把移民聚集起来,然后再在适当的时候,把他们遣送到特定地区。由这个时代开始,监禁措施不再只是以法国国内的人力市场状况为调整原则,而是和美洲殖民状态相关。其影响因素因此包括:粮食的价格、种植的进展、英法间的敌对状态、同时扰乱商业和移民的海战。有一段时间会产生阻塞现象,比如七年战争期间;相反地,也会有需求非常大的时段,这时被监禁的人口便会很容易地流向美洲。⁵⁰

另一方面,由该世纪下半叶起,农业结构产生了重大变化:和英国一样,法国农村的共有土地逐渐消失。在法国,这些土地的分配原先只是许可,到了1770年以后,演变为强制性的措施。从这些措施直接或间接获益的乃是大地主:小型饲养业者因此破产;共有土地以平等方式,在家人或家庭之

---

⁴⁹ 暴力事件的主要作者为负责招揽殖民者的特殊公司,所谓的"密西西比走私者"(les bandouliers de Mississippi)。其细节描述请参考 Levasseur,《法体系之历史研究》(*Recherches historiques sur le système de Law*), Paris,1854。

⁵⁰ "那时人们在找自愿前往殖民地的年轻人。"(《玛侬·列斯柯》〔*Manon Lescaut*〕,coll. "Cri de la France," p. 175)

间被分割的地方,产生了小地主,但他们却是处于朝不保夕的困境中。(51) 简言之,有一大群乡村人口因此脱离土地,被迫以农业劳工方式生存,暴露于生产危机和失业威胁中;一种双重的压力交替施加于其薪资,使它持续减少:如果收成不好,农业收入便会降低,收成好了,售价又会降低。萧条逐渐形成,在大革命前二十年期间,不断地扩大。(52) 18世纪中叶以来,贫穷和失业原来只是都市特有的现象,在农村则几乎只是季节性的现象,现在也成为乡村问题。大部分的贫民习艺所和收容总署,原来都是产生在制造业和商业发展最快速、人口最密集的地区。现在,既然农业地区也有恒常的危机,是不是也要在这里创设这些机构呢?

该世纪时间越晚,和监禁措施相关联的现象就越来越复杂。它不断地成为当务之急,但总是更难实施,更无效力。三个严重的危机接连而来,而且几乎在法国和英国同时发生:对于前两个危机,人们的回应方式是加强监禁措施。但对于第三个危机,就不可能使用如此简单的对策了。而且,监禁体制本身在这场危机里也受到质疑。

第一个危机强烈却又短暂,爆发于艾克斯拉夏培条约(traité d'Aixla-Chapelle)签订之时:[10] 这是一个表面的事件,因为在事实上,大的结构并未受到影响,而且经济复苏在战

---

(51) 财政总管(Le contrôleur général)拉维地(Laverdy)于1770年7月5日以皇家声明下令分配村庄共有土地(参考 Sagnac,《法国现代社会的形成》〔*La Formation de la société française moderne*〕,pp. 256 sq.)。在英国,这个现象比在法国更明显;英国的地主很容易便能得到围地权,而法国的地方总督反对这项措施。

(52) 参考 Labrousse,《法国旧王政末期的经济危机》(*La Crise de l'économie française à la fin de l'Ancien Régime*),Paris,1944。

争结束后便立即展开。㊼ 然而,被解散的士兵、等待殖民地领土交换的受监者、英国手工制造业带来的竞争,这些因素造成了到处恶化的失业风潮,使人害怕暴动或大移民将会发生:"我们十分关切的手工工厂到处倒闭;里昂的手工工厂景况萧条;卢昂有一万两千名以上的工人在行乞,土尔等地亦相同。三个月以来,离开王国,前往西班牙、德国等外国的工人计有两万人以上。他们投奔的是可以得到收留,而且当地政府经济管理良好的国家。"㊾为了制止移民风潮,政府下诏逮捕所有乞丐:"命令已经下达,同时逮捕王国内的所有乞丐;骑警队负责乡间,巴黎也同样进行,但我们可以确定他们不至回流,因为到处被捕。"㊿然而监禁措施显得比过去更不得人心,而且没有效用:"被指派抓穷人的巴黎警员,又名碗盆警察。他们逮捕了一些小乞丐。接着不知道是搞错了或是假装搞错,又逮捕了布尔乔亚阶级的小孩,造成了最初的暴乱;本月 19 日和 20 日,曾经发生过暴乱,23 日的暴乱则甚为可观。在发生逮捕行动的城区,聚集了大批人民。在这一天,有四至八名警员被杀。"㊶最后收容院人满为患,但实际上没有任何问题得到解决:"巴黎所有的乞丐先

㊼ Arnould 对法国对外贸易提出的数字如下:1740—1748 年间,四亿三千零十万镑;1749—1755 年间,六亿一千六百七十万镑;光是输出即增长了一亿零三百万镑。(《法国进出口贸易额及对外商业关系》[*De la balance du commerce et des relations commerciales extérieures de la France*],Paris,共和国三年,第二版)

㊾ 达简森侯爵(Argenson),《日记及回忆录》(*Journal et Memoires*),t. VI, p. 228,1750 年 7 月 19 日。

㊿ 同上,p. 80,1749 年 11 月 30 日。

㊶ 达简森侯爵,前引书,pp. 202-203,1750 年 5 月 26 日。

是被逮捕,接着在前述暴乱发生后又被放了出来;小街大巷,到处为乞丐湮没。"㊼事实上,消除失业的将是未来几年的经济增长。

1765年左右又爆发了新的危机,虽然性质不同,却也同样严重。法国的商业崩溃了;出口减少一半以上;㊽因为战争的缘故,¹¹母国和殖民地间的通商几乎全告中断。放眼皆是穷困。亚诺(Arnould)曾经简短地总结法国18世纪经济史:"自从20年代的洛银行体系¹²崩溃后,一直到世纪中期,法国一直享有繁荣,但因为1755年战争,国家财富受到重创。"㊾同一个时期,英国也经历了同样严重的危机;不过英国危机的原因完全不同,造成的景象也不一样;由于英国殖民地的拓展,商业随之大为发展;㊿然而,由于连年歉收(1756—1757)和欧洲农业国家的贸易中断,引发食物价格的猛烈上升。在各个地方,监禁都被用来当作对策。库伯(Cooper)在1765年出版了一项慈善制度改革计划;他建议在每县(hundred)设立一座收容所,由贵族和神职人员共同监督,其中包括医务室以收容贫穷病患,工作坊以供健壮穷人劳动,惩戒区则用来对付拒绝工作者。在乡下,人们依照这个模型建立了许多收容所。而这个模型本身的灵感则来

㊼ 达简森侯爵,前引书,1750年7月19日。
㊽ 1749—1755年间出口总额为三亿四千一百二十万镑,1756—1763年间,则为一亿四千八百九十万镑。参考 Arnould,前引书。
㊾ 同上。
㊿ 1748年的出口总值为一千一百一十四万二千二百零二镑;1760年一千四百六十九万三千二百七十镑。参考 Nicholls,《英国贫穷法案》(*English Poor Laws*),II, p.54。

自卡尔福特(Carlford)的贫民习艺所。法国1764年(61)的一项王室诏令规定开设乞丐拘留所;不过,这项诏令要等到国政会议在1767年9月21日作出决议后,才付诸实施。决议如下:“王国内的各财政区必须筹备和设立一些足够坚固的收容所,以收留流浪汉……关在所中的人,其供养食膳由国王陛下支出。”翌年,全法国便开设了80家乞丐拘留所;它们的结构和功能与收容总署几乎一样;比如,里昂拘留所规章规定,该所接受法院判决监禁的乞丐和流浪汉,“跟在军队后面被逮捕的妓女”,“由王室命令遣送而来的个人”,“贫穷且受人遗弃的无理智者,或是有人为其负担膳宿费的同一类人物。”(62)根据麦西耶(Mercier)对这些拘留所的描述,它们和收容总署的古老机构其实只是大同小异;同样的悲惨、混合、闲荡:“这是新设立的监禁机构,目的是为了让人可以把乞丐由大街小巷中快速地扫除,使人看不到朱门酒肉、路有死骨的惨象。极度不合人道地,他们被人投入腐臭、阴暗的收容所里,任其自生自灭。活动匮乏、食物恶劣、和悲惨伙伴们集中一处,使得他们在不久后,便会一一消失。”(63)事实上,很多这一类的拘留所,只存在于这一段危机时期,之后便消失了。

监禁措施开始消退的日期是1770年,在其后随之而来的经济衰退期,监禁措施也持续退潮;对于这个新的危机,监禁不但不再被采用作为对策,而且这次使用的措施还有限制

(61) 有一个委员会在前一年成立,目的是为了消除行乞。1764年法令便由此一委员会草拟。

(62) 里昂拘留所规章,第一条,1783年,引用于Lallemand,IV,p.278。

(63) 麦西耶,《巴黎描述》(*Tableau de Paris*),1783年版,t. IX,p.120。

它的倾向。

图戈(Turgot)[13]对谷物交易所下的政令,造成买入价格低迷,销售价格狂飙,而这时乡村共有土地的分配正在发展农业无产阶级。然而,图戈却关闭了许多家乞丐拘留所,后来奈克(Necker)[14]执政时,又关了 47 家;其中某些则会转型,比如索颂(Soissons)拘留所就转变为收容老人和病人的救护院。[64] 几年后,英国因为美洲战争,[15]而经历了一连串相当严重的失业危机。英国议会,于是决议——此时为 1782 年——通过一项"贫民救济及就业增进"法案。[65] 法案的主要目的在于进行行政大改组,使得市政府不再是负责乞丐问题的主要权力单位;此后,地方法官有权任命教区穷人的"看护人",及贫民习艺所的所长;他们也有权任命一位督查官,而后者具有几乎绝对的管制和组织权。不过最重要的措施是,和贫民习艺所平行,又创设了贫民之家(poorhouses),其真正的收容对象则是"因为年迈、有病或残障而落入贫苦、无法工作自行维生者"。至于健壮的穷人,既不会被送进上述收容所,也不会被送进贫民习艺所,他们需要的是尽早可以得到一份适合其能力和其体力的工作;重点是要确定他们的工作可以得到公正的报酬。图戈的执政,吉尔伯特法案(Gilbert's Act)的时代,还不是监禁体制的终结,不过这是它

---

[64] 参考 Sérieux,《索颂拘留所之精神错乱者分区》(Le quartier d'aliénés du dépôt de Soissons)(《索颂历史学会通讯》〔Bulletin de la Société historique de Soissons〕,1934,t. V,p. 127)。"索颂拘留所肯定是法国最美和管理得最好的机构之一。"(Récalde,《王国内的救护院中仍然存有的滥权现象》〔Traité sur les abus qui subsistent dans les hôpitaux du Royaume〕,p. 110)

[65] 一般称为"吉尔伯特法案"(Gilbert's Act)。

显出失落基本力量的时代。它在过度使用后,遭到磨损,便突然暴露出它的限制。人们现在知道它不能解决失业危机,也不能影响价格。如果它还有意义的话,那是因为它照顾着一群不能自行维生的贫穷人口。然而,它永远不再能在经济结构中扮演有效角色。

*　*　*

失业救济和压制的传统政策受到了彻底的考验。改革成为当务之急。

穷困一点一滴地摆脱了过去的道德含混。由于失业在危机过程当中,显出新的面目,使人再也不能把它和懒惰混为一谈;贫困和被迫的悠闲也在乡间扩展,而那里的生活曾被人当作是道德生活最直接和最清纯的形态;这一切都显露出,悲惨穷困有可能不只是一项过失:"行乞是穷困的结果,而穷困本身则是来自土地生产或制造业中的意外事件,或者是因为粮食价格上涨、或是因为人口过剩等。"⑯贫穷成为经济现象。

但,贫穷不是偶然的——也不可能一了百了地消除。某一数量的穷困不可能抹除——一直到世界末日为止,某种贫穷会像宿命一样,伴随任何形式的社会,甚至是充分就业、没有闲人的社会:"在一个治理良好的国家里,唯一的穷人是那些生来如此,或是因为意外而堕入其中的人。"⑰这种穷困像

---

⑯ Brissot De Warville,《犯罪法理论》(*Théorie des lois criminelles*) (1781), t. I, p. 79。

⑰ 《百科全书》,"救护院"(Hôpital)条。

是一个无法改变的背景:因为出身或是因为意外,这些穷人乃是社会无法避免的部分。长久以来,人们都无法想象一个没有穷人的国家,因为需求状态显得像是人和社会结构的命运:直到19世纪为止,财产、工作和贫穷,仍是哲学家思想中串联在一起的辞语。

这部分的贫穷因为无法消除而成为必要,但另一个原因则是因为它使财富有所可能。由于匮乏阶级工作,消费又少,他们可以使得国家致富,提高其田地、殖民地和矿藏的价值,也会生产商品行销全世界;简言之,没有穷人的民族就会变穷。贫穷成为国家不可或缺的要素之一。社会最秘密、但却又是最真实的生命,隐藏在贫穷之中。穷人造成了民族的基础和光荣。我们虽然不能消除他们的悲惨境遇,我们却应该加以赞颂致敬:"我的构想只是想请求(当局)敏锐的注意力,可以有一部分放在苦难的人民身上……帝国的富裕和荣耀主要来自他们的功劳,他们应受到救助。穷人到处都是帝国最坚定的支持者,因为君主如果不嘉惠人口、土地耕作、技艺和商业,就不能保存并扩张其领土;对于建立一个民族真正力量的强大霸权,穷人乃是其必要成员。"⑱在上面的说法中,存有一整套贫穷的道德平反,但其深刻意义,则是对代表它的人物,进行经济和社会整合。在一个重商主义的经济学中,穷人因为既不是生产者也不是消费者,所以没有地位:作为闲荡者、流浪汉、失业者,穷人只能被送进监禁所,被流放到社会之外。现在,新兴的工业需要人手,穷人又再成为民族不可分离的一部分。

---

⑱ 《百科全书》,Récalde,前言,p. II, III。

如此,经济思想便在新的基础上研究贫穷的概念。过去曾有一整套基督教传统认为,真实具体、有血有肉的存在,便是穷人:那是需求永远个体化的面目,人身之神在俗世象征性的过渡。监禁中的隔离把穷人排出社会,使它和其他形象混在一起,而且把它包裹在伦理谴责之中,却没有解消它的特征。18世纪则发现,穷人的存在并不是一个具体和终极的现实;它也发现,在他们身上,有两种不同性质的现实长期受到混淆。

一方面是**贫穷**的现实:那是食物和钱财的短缺,与商业、农业、工业状态有关的经济情势。另一方面则是**人口**的现实:它不是一个受财富变动宰制的被动元素,而是一个力量,它直接构成经济情势、财富生产运动的一部分,因为财富来自人的劳动,或至少来自人对它的转移、运送和增衍。"穷人"乃是一个混淆不清的概念,其中混合着人力所代表的财富,以及被承认为是人性本质的需求状态。事实上,在贫穷和人口之间,具有一个严格的反比关系。

重农主义者(physiocrates)和经济学者(économistes)对这项关系的意见一致。人口本身便是财富的要素之一;它甚至形成一个既确定而又用之不竭的财富来源。对奎士奈(Quesnay)[16]和他的弟子而言,人是土地和财富间的必要中介:"一句非常有道理的谚语说:'人勤地不懒(Tant vaut l'homme, tant vaut la terre).'如果人很差,土地也会一样。有了人,我们就好像拥有两倍土地;人可以开荒;也可以辟土。只有上帝才知道由土地中造人,但在到处,我们都知道和他人一齐开辟土地,或至少在其上耕耘,但这到头来仍是一回事。由此可见,最首要的财富便是拥有人力,拥有土地则在其次。"⑥⑨

人口也是经济学者[17]眼中一个十分必要的资产,甚至更加受重视。因为他们认为,财富的创造不只来自农事,而且也来自所有的工业转化,甚至商业交流也能创造财富。财富和人的实际工作有关:"国家的真实财富只是其土地和居民工业的年产值,要使国家财富达到极限,就要使每一亚尔频(arpent,译注:一亚尔频相当于30—50公亩)的土地和每一个人的生产都能达到最高点。"⑦⑩ 吊诡的是,人口反而是越多越好,因为它可以为工业提供廉价人力,降低成本,促进工商业发展。在一个无限开放的人力市场中,"基本价格"——图戈主张这个价格相当于工人生存最低需求——和由供给需求所决定的价格最后会达到一致。因此,如果一个国家人口越多,那么这个潜在的财富就越大,而它在商业竞争里就会具有更优越的地位。⑦⑪

监禁是一个明显的错误,也是经济政策上的败笔:人们以为把一群**贫穷人口**排出经济通路之外,并以慈善事业维持其生存,便能消除穷困。事实上,这只是用人为方式遮盖**贫穷**;而且,实际上,一群**人口**资源反而因此被人消除。人们真的以为这样可以援助穷人脱离暂时的贫困?实际上,效果适得其反:因为这使得人力市场受到限制,而这样做在危机期更是危险。政策应该反过来,用廉价的人

---

⑥⑨ 米哈保,《人类之友》(*L'Ami des hommes*),1758年版,t. I, p. 22。

⑦⑩ 图戈(Turgot),《古尔奈颂》(Éloge de Gournay),《作品集》(*Œuvres*),Schelle版,t. I, p. 607。

⑦⑪ 图戈,《给大卫·休谟的信》(Lettre à David Hume),1767年3月25日,《作品集》(*Œuvres*),Schelle版,t. II, pp. 658-665。

力去降低产品价格,并且通过工业和农业的新努力来补偿产品的稀有性。唯一合理的对策将是:让这群人口重新流入生产通路,并把他们分配在人力最稀少的地点。如何善用穷人、流浪汉、各式各样的流放者和移民,乃是如何在民族竞争中致富的秘诀之一:约细亚·杜克(Josias Tucker)针对清教徒的出走现象,提出这样的问题:"对于凌驾吾国的邻国,想要削弱其国力和工业力,如何才是最佳办法?""那是要拒绝收容其臣民,拒绝接纳他们,而迫使他们留滞原住国呢,或是要良好地接待他们,使他们享有本国公民的权利,吸引他们到国内来呢?"⑫

监禁值得批判之处,在于它干扰人力市场;然而,更严重的是,它和所有传统慈善事业一样,会构成危险的财政负担。和中世纪相同,古典时代总是寻求利用基金体制来确保穷人的救济事业。也就是说,一部分地产资本或收入会因此遭到冻结。而且,这个冻结状况具有不可逆反的性质,因为在避免慈善事业商业化的正当考虑下,人们采取了所有必要的法律措施,使得这些资产永远不能再回到经济循环之中。然而,随着时间,这些资产的用途降低;经济情势产生变化,贫穷的面向也改变了:"社会的需求并非永远相同;财产的属性和分配、人民的阶级区分、意见、习俗、民族或其中部分的一般营生、气候本身、疾病和人生的其他意外事故,都在不断地变化之中;有一些新的需求诞生了;另有一些则不再令人

---

⑫ 约细亚·杜克,《贸易上的重要问题》(*Questions importantes sur le commerce*),图戈译,收入《作品集》(*Œuvres*),Schelle 版,t. I, pp. 442-470。

感到有必要。"⑬基金具有不可逆转的性格,而它所要回应的却是浮动和多变的意外需求,两者之间存有矛盾。在这部分遭到冻结的财富不能重返经济通路的情况下,一旦出现新的需求,便要创造新的基金来应对。如此一来,搁置一旁的资金和收入不断增加,加入生产的部分又以同比例减少。结果必然导致更严重的贫穷,而基金也因此又再增多。这个过程可以无限地扩展下去。但会有那么一天,"基金持续增多……终至吸收所有资金和私人财产。"在仔细的检验之下,古典的救济形态反而是贫穷之源,资产的逐渐冻结,所有生产性财富的缓慢死亡:"如果所有活过的人都有坟墓,那么为了得到耕地,总会有必要翻倒这些贫瘠的遗址,搅动死者的骨灰,才能供养活人。"⑭

* * *

因此,济贫措施必须转变。18世纪看到当时的济贫形态和穷困具有相辅相成的关系。唯一不会造成矛盾的济贫措施会强调穷苦人口中的潜在财富:这是一个纯粹而简单的事实,他们是一群人口。把他们关起来是自相矛盾之事。相反地,这些人应该要被释放到完全自由的社会空间之中;因为它会形成廉价的人力,问题便可自行解决;人口过多的穷困地点反而会因为这一点而成为工商业发展最迅速的

---

⑬ 图戈,《百科全书》,"基金会"(Fondation)条。《作品集》(*Œuvres*),Schelle 版,I,pp. 584-593。

⑭ 参考图戈,《给杜但的信,以利穆赞为主题》(Lettre à Trudaine sur le Limousin),《作品集》(*Œuvres*),Schelle 版,II,pp. 478-495。

地点。⑦ 唯一有效的济贫方式便是自由:"所有健康的人都应该以工作维生,因为,如果他不工作却接受供养,那么他就要依靠那些工作的人。国家对臣民的义务就是要消除困扰他们的障碍。"⑦ 社会空间中所有障碍和所有限制都应该受到拔除:比如,造成内部障碍的行会管事会(jurandes);在社会外部造成限制的监禁措施。低薪资政策、就业上的节制和保护措施的缺乏,应该会消除贫穷——或者,至少以一种新方式将贫穷纳入财富的世界。

成打成打的计划,尝试去定义贫穷的新地位。⑦ 但所有的计划,或几乎如此,其出发点都在区分"健壮的穷人"和"生病的穷人"。这是一个非常古老的区分,但它既不稳定,

---

⑦ 参考图戈,《给杜但的信,以利穆赞为主题》(Lettre à Trudaine sur le Limousin),《作品集》(Œuvres), Schelle 版, II, pp. 478-495。

⑦ 《百科全书》, "基金会"(Fondation) 条。

⑦ 可以参考的文献,比如说 SAVARIN,《三级会议中的人性呼唤》(Le Cri de l'humanité aux États généraux)(Paris,1789); Marcillac,《以保健合作社来取代救护院》(Hôpitaux remplacés par des sociétés physiques)(无日期地点); Coqueau,《大城市中的医院建设》(Essai sur l'établissement des hôpitaux dans les grandes villes), Paris, 1787; Récalde,《救护院中仍然存在的滥权现象》(Traité sur les abus qui subsistent dans les hôpitaux), Paris, 1786。还有许多匿名文献:《为一无所有者辩护的一般观点详述》(Précis des vues générales en faveur de ceux qui n'ont rien), Lons-le-Saulnier, 1789;《消除乞丐法》(Un moyen d'extirper la mendicité), Paris, 1789;《穷人应该享有之遗产》(Plaidoyer pour l'héritage du pauvre), Paris, 1790。

1777 年,曼河夏隆(Châlons-sur-Marne)的学院出了一道有奖论文比赛题目:《乞丐的成因和防制之道》。参加的论文超过一百部。学院出版了其中的大要,有关消除或预防乞丐现象的部分如下:把乞丐送回家乡,要求他们工作;取消公共赈济;减少救护院数目;对保留下来的救护院进行改革;建立公共当铺;设立工作坊,减少节日数目;"针对妨碍社会和谐者",开设强制拘留所。(参考 Brissot de Warville,《犯罪法理论》〔Théorie des lois criminelles〕I, p. 261, note 123)

又相当模糊——因为它原来只是被用来当作监禁体制的内部分类原则。到了18世纪，人们重新发现了这项区别，又加以严格化。"健壮的穷人"和"生病的穷人"，其差别不只在于他们穷困悲惨的程度，也在于他们的穷困本质。能工作的穷人是社会的正面因子，即使人们疏忽了，不知道从中取得利益："不幸可以被当作一种工具、一项潜力，因为不幸并未夺去不幸者的力量，而这些力量可以为国家的利益服务，甚至可以对那位被迫运用这些力量的个人有利。"相反地，病人则是一个无用的负担，他代表"被动、惰性、否定"的因素——他在社会中只能扮演纯消费者的角色："穷困是一种有价值的负担；如果我把它系在机器上，它可以使机器转动；疾病是一团无法为人掌握的质量、我们只有支撑它或是抛开它，它经常造成妨碍，却是永远无所助益。"[78]因此，我们解开古老救济观念中，被人混成一团的事物：一方面是正面的穷困，另一方面则是疾病的重担。

健壮的穷人应该工作，但他们不应该在束缚之中工作，而是要在充分自由之中工作，也就是说，只承受经济法则的压力，如此，这些原先未受使用的人力，便会成为最珍贵的资产："对于健壮的不幸者，最佳的援助方式就是让他以自己的力量和工作来自我援助；对于健康和壮硕的人，施舍不是慈善，或者只是一种被误解的慈善；它会在社会身上增加没有必要的负担……因此，我们也看到政府和有产者减少免费的分发。"[79]

---

[78] Coqueau，前引书，pp. 23-24。
[79] 同上书，p. 7。

对 18 世纪来说,穷人身上本来存在着"高尚的尊严",也使慈善行为具有永恒的意义——现在,这却变成了极重要的功利用途:不再需要任何的慈悲心,重要的是要认识到他们在俗世里所代表的财富。中世纪的富人因为穷人而得以成圣;18 世纪的富人则受穷人供养:没有"低层阶级,没有社会中之受难者,富人就不能享有食、衣、住的供应,是为了他,工匠才会冒生命危险,在鹰架上把沉重的物件抬到建筑的顶端;为了他,农人才会不顾四季苦时和压人劳累,勤于耕种;也是为了他,一大群可怜人才会在矿坑、染色房或矿石加工厂里,危害自身生命地工作"。⑧ 穷人曾被监禁体制逐出社群,现在,他又以新的面目重返社群。他不再是财富的辩护理由,也不再是财富的灵性样态;他现在只是一个珍贵的原料。在过去,他曾经是财富的存在理由;现在,他只是他的生存条件。富人不再因为穷人而自我超越,他只是依赖他存活。由于贫穷对财富再度成为不可或缺的事物,它应该被人由监禁之中释放出来,供财富使用。

那么,生病的穷人又变得如何?他现在是最具代表性的负面因素。那是无依凭、无资源、无潜在财富的穷困。只有他才需要完全的救济。然而,这样的救济,其基础何在?照顾病人不会有任何经济功用,也不包含任何物质上的迫切性。只有人心的感情波动才能要求照料病人。如果病人的救助必须存在,那它也只是一种怜悯心和社会连带感情的组织。这些感情比社会群体更加原始,因为它们无疑便是社会的起源:"社会、政府、公共救助的理念源于自然;因为怜悯的

---

⑧ Coqueau,前引书,p. 7。

理念也源于自然,而这个原始的理念便是它们的基础。"㉛救助的责任因此来自社会之外,因为它源于自然,但此一责任也是社会的一部分,因为社会在源起之时,也只是一个和人之共存同样古老的责任。人的生命整体,由最立即的感情到最精致的社会形态,都被包含在救助责任的网络之中:首先是"**自然的善行**"(Bienfaisance naturelle):"这是我们天生的**内在感情**,日后或多或少地发展,它使我们对同类的悲惨境遇和残障状态具有敏感之心。"接着是"**个人的善行**(bienfaisance personnelle),因为自然的特别安排,而使我们特别倾向于某些善举"。"最后是**国家善行**(bienfaisance nationale),这一点仍然符合我们的生存原则,我们的内在感情被推广到民族层次,使国家改革为人暴露的弊端,听取向其诉说的苦衷,在有可能的范围内行善,并且把恩泽推广到所有的阶层,使得那些身处穷困或受绝症折磨的个人,也能得到照料。"㉜

救济变成了首要的社会责任,而且是无条件的责任,因为它就是社会之所以得以存在的条件——这是人和人之间最活生生的、最个人的,同时又是最普遍的连带关系。但是救济应该采用什么样的具体形态呢?18 世纪思想对这一点却是犹豫不决。所谓的"社会责任",意思是说社会具有绝对的义务吗?应该由国家来负责救济吗?它是不是应该建设救护院,分配援助呢?在大革命前夕,爆发了一场大争论。有一方人士认为,国家应该控制所有的救济机构,并认为**社**

㉛ Coqueau,前引书,p. 7。

㉜ 戴门梭(Desmonceaux),《论国家善行》(*De la bienfaisance nationale*),Paris,1789,pp. 7-8。

会责任便是**社会的责任**,因此,也就是国家的责任:人们于是提出计划,要求成立一个常设委员会来控制王国内的所有救护院;人们也梦想建造大型的救护院,使得所有罹病的穷人都可在其中接受治疗。㊓ 然而,大部分参加争论的人却排拒这种广大救济的理念。经济学者和自由派人士认为**社会责任指的应该是社会人的责任**,而非社会本身的责任。如果要确定可能的救济形态,就必须确定在社会人身上,使他和同类相连的感情,如怜悯、同情、团结,究竟具有什么样的本质和界限。救济理论的基础,应该建立在这项半心理学、半道德的分析上;而不能建立在群体契约性义务的定义之上。在这样的想法中,救济便不是国家级的结构,而是人和人之间的人际关联。

图戈的弟子杜邦・德・尼姆尔(Dupont de Nemours)[18]寻求定义这项使痛苦和同情相结合的关联。当人蒙受痛苦时,首先会在他自身之中寻求病痛的疏解;接着他开始抱怨,"开始乞求亲戚朋友的援助,而后者会去救助他,因为人人心中多少具有由同情心所生的自然倾向。"㊔但是,这种倾向无疑和休谟(Hume)所说的想象和同情,性质相同;它的热烈不

㊓ 雷卡德(Récalde)要求成立委员会"进行救护院的总体改革";同时"还要成立代表王权的常设委员会,负责维持贫民政策支出的秩序和公平性"(前引书,p. 129)。参考 Claude Chevalier,《疗养院之益处》(*Description des avantages d'une maison de santé*)(1762)。Dulaurent,《如何建立有必要及最经济的机构,以使得救护院服务可以真正对人有用》(*Essai sur les établissements nécessaires et les moins dispendieux pour rendre le service dans les hôpitaux vraiment utile a l'humanité*),1787。

㊔ 杜邦・德・尼姆尔,《大城市穷苦病患救助构想》(*Idées sur les secours à donner aux pauvres malades dans une grande ville*),1786, pp. 10-11。

第三部・第二章 新的划分 659

能持续,它的活力也不是无限的;它并没有耗之不竭的力量,使它可以对甚至是陌生人的所有人产生自发的反应。同情心很快就会达到极限;而且,我们也不能要求人将他们的怜悯延伸到"极限之外。也就是说,当他们因为关怀和疲劳所受到的痛苦,比其内心所感受的同情心更加重大之时"。因此,我们不能把救济当作一项绝对的责任,只要有一点的不幸在召唤,就必得进行。它只能是一个道德倾向的结果;而我们必须以力量的角度来分析它。由救济中可以推演出两个成分:其一为负面成分,为照料时所花费的辛劳(这同时是疾病的严重程度和必须穿越的距离:离家庭和周围人士越远,就越难确保物质性的照料);另一个是正面成分,来自病人所激起感情的强烈度;不过,只要我们离开以家庭为范围的自然关怀领域,它就会急速减弱。空间、想象力和[自然]倾向的强烈度成了一个限度——这个限度多少和家庭的范围相合——超过了这个限度,便只有负面成分在作用,这时我们就不能要求个人去进行救济了:"这是为什么,由爱和友谊团结一致的家人,他们的援助,总是最首先、最关切、最有力的援助……然而……救援越是来自远方,它的价值便越少,而且进行援助的人越会觉得负担沉重。"

如此一来,疾病所处的社会空间,得到完全的革新。由中世纪一直到古典末期,它一直是一个同质的空间。任何沦落悲惨境遇和罹患疾病的人,都有权利得到他人的怜悯和照料。他和每一个人都是一样地接近;他可以在任何时刻,向任何人求援。而且,他越是来自远方,他的面貌越是陌生,他身上所承载的普遍象征就越是活泼灵动;因为这时他便成为悲惨者和罹病者的最佳代表,作为无名氏,他隐藏着一份荣耀的力量。相对于此，18 世纪割裂了这个空间，使其中显现出一个由有限形象所构成的世界。这时病人所处的空间是一些不连续的单位：由强烈心理构成的活跃区，由疏远和感情惰性构成的中立和非活跃区。某种献身与否的组织原则割裂了疾病的社会空间，使得病人不再和所有人相关，而只和属于同一亲近团体的人士相关：那是想象中的相邻，感情上的亲近。博爱主义的社会空间相对于慈善的社会空间，不只像是一个对立于基督教世界的俗世世界——它还像是一个不连续的道德和感情结构，把病人分配到各种相互分离的同质归属领域，使得悲惨境遇在向人求援时，必须依照一个总是偶然却又总是有意义的可能性——它在人世间的经历。

然而，18 世纪并不认为这是一种限制。相反地，人们认为这样才能给予救济更多的自然热烈和更妥善的经济基础。直接将援助分发给病人的家庭，而不去建造维持经费高昂的大型救护院，这样做将会有三重优点。首先，就感情层面而言，由于天天都要看到病人，家人不会失去真实感受的怜悯之情。其次，就经济层面而言，由于家庭可以提供食宿，这方面就不需要额外供应。最后是医疗上的优点，不只病人可以受到特别细心的照料，他还不会受到救护院令人心情黯淡的景观所影响——在所有人心目中，救护院乃是一座"死亡的殿堂"。周围的忧郁景象、各式各样的感染、远离所有亲切的事物，会使得病人更加痛苦，而且会引起自然之中本来没有的疾病，因为它们就像是病院特有的产物。入院人士的处境会带来特殊的疾病，像是今日所谓的"医院病"（hospitalisme）的前身。而且"医院医生必须更加精明，才能避免虚假经验所带来的危险。这些假经验似乎来自一些人为的疾病，而医生却得在医院中治疗这些疾病。事实上，医院中没有纯粹的疾病"。⑧⑤ 就好像监禁措施最终是贫穷的创造者，医院也是疾病的创造者。

治疗的自然场所并非医院：家庭，或者至少病人最亲近的人士，才是这样的处所。就好像贫穷应该在人力的自由流动中自行消失，疾病也应该消失在人的自然环境对他的自发性照料之中："如果社会要进行真正的慈善事业，那么它本身要尽少作为，并在尽可能的范围内，利用家庭和个人的私人力量。"⑧⑥

18 世纪末期，人们向其提出要求和尝试组织的，便是这些"私人力量"。⑧⑦ 英国在 1722 年通过一条法律，禁止任何形式的家庭援助：生病的穷人必须被送进救护院，成为公共慈善事业的无名对象。1796 年通过的新法，则修正这项条文，认为它"不适合实况而且具有压迫性"，因为它阻碍人接受正当的偶然救援，又使其他人不能受到"家庭固有的支援"。贫穷的病人是否可以留在家中，将由救济教区的看守人决定。⑧⑧ 人们也尝试鼓励相互保险体系；1786 年，亚克兰德（Acland）拟定一个"普天友谊行善社"（universal friendly or benefit society）计划：加入的合作社的农夫和侍者，一旦患

---

⑧⑤ 杜邦·德·尼姆尔，前引书，pp.10-11。

⑧⑥ 同上书，p.113。

⑧⑦ 在图戈的要求下，布里恩（Brienne）到土鲁斯地区调查救助状况。他在 1775 年写下结论，并把它读给蒙弟尼（Montigny）听。他建议在家接受救助，不过他也主张要为某些种类人士，如疯子，创造济贫所。（国家图书馆，Fonds français 8129，f°s 244-287）

⑧⑧ Nicholls,《英国贫穷法案》(The English Poor Laws) , II, pp.115-116。

病或发生意外事故,可以在住处受到救援;每个教区都会有一位有权供应药物的药师,其费用一半由教区支付,一半由协会支出。⑧⑨

大革命——至少在其初期——放弃了中央集权式的救济重组计划,也放弃了大型救护院的建造计划。拉·罗什福柯-梁库的报告和杜邦·德·尼姆尔及图戈弟子们的自由理念相符:"在家救助除了其他珍贵的优点外,还可以使受援人的家人也受分沾救济之利、让受援人不致离开其所珍视的事物、因而使公共援助可以加强自然的关系和感情。如果这个体系受到采用,将可以节省非常可观的经费,因为只要以比今天用来供养救护院穷人所花成本的一半还少许多的经费,便足以维持在家接受救助的个人。"⑨⓪

* * *

这是两个彼此陌生的运动。

其中一个在监禁体制所定义的空间之中诞生和发展:由于这个运动,疯狂由过去被禁闭的混杂世界中取得了独立和独特的地位;在过去人们只能辨认出非理性的地带,现在,由于一些新的距离,人们也能察觉到它了。而且,虽然所有其他的监禁形象都倾向于逃脱禁闭,疯狂反而独自居留此处。它像是这个体制最后的灾难残骸,最后的见证。虽然这个体制曾是古典世界基要而不可或缺的一部分,但现在,对我们来说,它的意义就像谜一样地难解。

---

⑧⑨ F. Eden,《贫民现状》(*State of the Poor*),I, p. 373。
⑨⓪ 拉·罗什福柯-梁库(国会纪录, t. XLIV), pp. 94-95。

接着，还有另一个运动诞生于监禁体制之外。这是有关贫穷、疾病和救济的经济和社会层面思考。在基督教世界里，疾病第一次被人和贫穷及所有的悲惨形象隔离开来。

简言之，过去包裹疯狂的一切现在都已破败不堪：贫困(misère)的圈环、非理性(déraison)的圈环——解体。贫困被吸收于经济的内在问题之中；非理性则陷入想象力的深沉形象里头。它们的宿命不再交会。而在18世纪末重新出现的，便是疯狂本身。它和罪行(crime)一样，仍然受罚居留于古老的排拒地带，但它也遭遇到病患(malades)救济带来的所有新问题。

我们可以说疯狂已经受到解放(libérée)，如果解放意味着疯狂脱离(dégagé)它曾陷入其中的古老体验形态。然而这个脱离并不是因为博爱主义的干涉，也不是因为它的"真相"得到了科学的或终于是实证性的辨识。这个脱离来自所有在体验最底层地下结构里进行的缓慢工作。那并不是一个把疯狂当作疾病的地带。在那里，疯狂和人们的生活及历史相结合，在那里，人们具体地感受着穷困，在那里，非理性的幻想在人心之中萦绕不去。疯狂的现代概念，慢慢地形成于这些幽暗地带。其中并没有新概念的获得；但，如果我们愿意，则可以说有过"发现"(découverte)，因为，借助于后退和距离，人们又再度感受到它令人不安的存在——那是因为就在突克和匹奈的改革之前没有几年，这整个"脱离"作用的辛勤劳动，终于让疯狂可以在非理性明显但毁坏了的巨大形象里孤立地显露出来。

注 释

1 Jacques André Tenon(1724—1816),硝石库院主任外科医生。他在1788年向科学院提交一份有关巴黎各救护院状况的论文,要求全面改革。参考本书原文第126页。

2 Johann, Christian Reil(1759—1813),德国哈尔市(Halle)医生,以中央神经解剖学上的研究闻名。他所主张的"无侵略性虐待"(unschäldlichen tortur),相当于当时英、法的"道德疗法"。

3 Eugen Bleuler(1857—1939),于1908年第一次提出精神分裂(schizophrénie)概念的瑞士医生。

4 1825年艾斯基洛被任命为厦伦顿院的主任医生(médecin-chef),以接替华耶尔－可拉尔(Royer-Collard)死后留下的位置。

5 夏尔勾由1862年起担任硝石库院的主任医生。

6 Jean Frédéric Phélypeaux, comte de Maurepas(1701—1781),法国政治家。他在路易十六治下,曾经当过内政部长。

7 Victor Riqueti, marquis de Mirabeau(1715—1789)是重农主义者奎士奈(Quesnay)的弟子。《人类之友或人口论》(L'Ami des hommes ou Traité sur la population)1756年出版。儿子小米哈保(Honoré-Gabriel Riqueti Mirabeau, 1749—1791)为大革命时期政治家。

8 Jules Michelet(1798—1874),法国19世纪的大史学家,曾任国家档案馆历史部主任,法国学院(Collège de France)教授。他的巨著有《法国史》(Histoire de France, 1833—1846, 1855—1867再版)、《法国大革命史》(Histoire de la Révolution française, 1847—1853)。

9 路易十四治下的重臣柯尔贝(Jean-Baptiste Colbert, 1619—1683),其主导国政时期由1664年起,至1671年之后开始逐渐失势。

10 这是奥地利王位继承战争结束后所签订的条约,时为1748年。

11 七年战争(1756—1763)结束时,法国失去绝大部分的海外殖民地,结束其第一殖民帝国。

12 约翰·洛(John Law, 1671—1729)为苏格兰银行家,1716年他在法国创立印度公司及一套银行体系,但该体系在1720年宣告倒闭。

13 Anne Robert Jacques Turgot, baron de l'Aulne(1727—1781),曾参与《百科全书》写作的进步派人士。1774年至1776年间担任法国财政大臣。其经济思想同时有

重农主义和自由主义色彩。他在 1774 年下令要求谷物自由流通。

14　Jacques Necker(1732—1804)，瑞士出身的银行家，图戈的继任人。他在清查国债幅度之后辞职(1781)。1788 年又受命主政，但由于无法恢复法国财政状况而召开三级会议。1789 年 7 月 11 日，他受到免职，触发了 7 月 14 日的革命暴动。他在 7 月 16 日三度受命，但终究无法控制情势，于 1790 年 9 月离职。

15　这里指的应该是美国独立战争(1775—1783)。

16　François Quesnay(1694—1774)，法国医生及经济学家。重农学派的创立人。他在 1758 年出版的《经济图表》(*Tableau économique*)一书中，说明土地乃是财富的首要来源。

17　这里指的是主张自由主义的经济学者。其领导人物为在 1751—1758 年间担任贸易总管的古尔奈(Vincent de Gournay)。接着有摩赫勒修院长(l'abbé de Morellet)。图戈曾作《古尔奈颂》(Éloge de Gournay)，为作者引用。经济学者和重农学派在思想和人物上，都有重叠之处。

18　Pierre Samuel Dupont de Nemours(1739—1817)，法国经济学家，也是奎士奈的弟子，他的思想引发了法国旧王制末期的主要财政改革。

第三章

论自由的良好使用

现在，疯狂又回到某种孤独之中：这不是一直到文艺复兴时代为止，疯狂曾经享有的喧哗的、但又可说是光荣的孤独。这是另一种孤独，它出奇地沉静；这孤独使疯狂渐渐脱离收容所混杂的社群，被圈定出来，像是一个中立而空虚的地带。

在 18 世纪的进程中消失的，并不是人们对疯子态度中不人道的严酷，而是监禁体制的自明性，是那毫无问题，可以涵盖疯人的总括性整体，是那些把疯人纳入非理性连续网络的无数线索。疯狂早在匹奈之前便已得到解放，但是它不是被人由关在地牢里的物质束缚中解放出来，而是被人由一个奴役状态之中解放出来。这个状态的拘束性更大，甚至可能更具决定性，因为它使疯狂陷入一种幽暗的受宰制地位之中。在大革命发生以前，疯狂就是自由的：它的自由使它可以在感知中成为个体，它的自由使它独特的面目可以为人辨识，也使得一整套的工作最后可以将它转化为客体。

疯狂和过去的亲友分离，被人遗弃在收容所破败的四壁之内,这时它开始成为问题——它提出了一些过去它一直没说出来的问题。

疯狂尤其使立法者感到困扰,因为立法者不得不对监禁体制的终结作出处置,却不知道要把疯狂摆在社会空间的哪个角落里——监牢、医院或家庭扶助体系。大革命初期前后所采取的措施,反映出这种犹豫不决的状况。

布勒特伊(Breteuil)在他针对王室逮捕令所下的行政通报里,要求各财政区督察查明上报各收容所中的拘令性质、拘留动机。在最多一或两年的拘禁以后,那些"未犯重罪或无法证明如此,只是曾经一度沉湎于过度自由放浪、放荡荒淫和挥霍无度的人",应该得到释放。相反地,下列人等则要继续监禁:"精神错乱的囚犯,或是因为其痴呆而无法在人间活动,或是因为其狂怒会在人间造成危险。必须检定他们是否维持不变。而且,不幸地,如果他们的自由被认为有害社会,或是对其自身无用时,就必须继续其拘禁。"① 这是第一阶段的状况:对道德过失、家庭冲突、放荡无羁最温和的面向,尽量减少监禁,但是仍然彰显它的原则,突出其主要意义之一:疯人的禁闭。这时,疯狂实际上占据了监禁体系,相对地,监禁体系本身,却在此时摆脱它的其他用途。

第二阶段,乃是人权宣言发表翌日,[1] 由国民大会和制宪会议(la Constituante)所要求进行的大型调查。人权宣言上说:"任何人的逮捕、拘留,只有在法律规定的情况之下进行,并且其形式必须依法律规定办理……法律只接受严格而明

---

① 给各省总督的政令通告(1784 年 3 月);引用于 Funck-Brentano,《巴黎王室逮捕令》(*Les Lettres de cachet à Paris*),p. XLII。

显具有必要的惩罚,任何人,只有依据罪行发生前即已设立颁布、合法实施的法条,才能受到惩罚。"² 监禁时代至此宣告终结。在其中,目前只剩下被判刑或有嫌疑的罪犯,以及和他们关在一起的疯人。制宪会议乞丐事务委员会指派了一个五人小组,②视察巴黎的收容所。报告书由拉·罗什福柯-梁库公爵呈交(1789年12月);一方面,他认为疯人在强制收容所中的存在,不但让人觉得具有败坏的气息,还会有把所有被收容者贬低到非人地位的风险;这样的混合在此为人容忍,证明政权和法官的重大轻率:"不幸所可能接受到的温情、安慰,全是来自明智和慰人的怜悯,上述的漫不经心却和怜悯之情十分遥远……如果我们真的有意愿拯救悲惨,那么我们会同时接受显露出贬低人性的作为吗?"③

如果那些因为不谨慎而被人和疯子相混的人会因此变得卑鄙,那么就得为疯子们保留专属的收容所;这样的监禁体制并没有医疗上的意义,但它应该是最有效和最和缓的救济形态:"在所有折磨人类的不幸之中,疯狂状态应该是最值得引人同情和尊敬的;我们要以这种胸怀来照料他们;如果治愈无望,仍然还有方法以和善、妥善的照顾,来使这些不幸的人得到至少可以忍受的生存。"④ 在这段引文之中,疯狂的地位显得暧昧:同时要防止他们不危害其他监禁人口,又要

---

② 其成员为 Liancourt 公爵,Sergy 和 Cretot 的两位神父议员,Montlinot 及 Thouret,"处理委员会的外部事务";参考乞丐事务委员会报告,前引书,p.4。

③ 前引书,p.47。

④ 乞丐事务委员会报告,p.78。委员会在立宪大会末期总结其调查工作,要求创立"两座治疗疯狂的医院"。(参考 Tuetey,《大革命时期巴黎的公共救助》〔L'Assistance publique à Paris pendant la Révolution〕,t.I,导言,p.XV)

以特别的救助来善待他们。

　　1790年3月12日和16日发布的一大串命令,构成了第三阶段。它们是人权宣言的具体应用:"由此令下达开始,六个星期内,所有因为王室逮捕令或行政官员命令而被拘禁在城堡、宗教收容所、强制收容所、警所或其他任何监牢里的人,除非已经审判定罪、下令逮捕或涉及重大的罪行、受人身刑罚,或因疯狂而被监禁,都将获得释放。"于是,监禁明确地被人保留给某些司法范畴和疯子们。不过疯人另有处置计划:"在本令发布三个月内,所有因为心神丧失而遭监禁者,将由检察官督导,由法官以惯常方式询问,并且在地区主管监督下,由医生检查,以便查明病人的真实状况,作出其状况判断,或者将其释放,或者送往专院治疗。"⑤方向似乎已经定案。1790年3月29日,拜宜(Bailly)、狄波尔－狄泰特(Duport-Dutertre)和一位治安官员前去视察硝石库院,以便确定如何实施这项命令;⑥随后他们又前往比塞特院。这是因为困难实在不少,其中最首先的问题如下:专为疯人设计或是至少为他们保留的救护院并不存在。

　　除了这些物质条件上的困难之外,还有理论上的不明确,使得长久的犹豫期由此展开。⑦ 这些法律允诺的医院还未建立,各方面就有人向国民大会提出请求,希望能通过法案,保护人不受疯子伤害。于是出现了一项开倒车的措施,

----

⑤ 政令之第九条。

⑥ 参考《箴言报》(*Moniteur*),1790年4月3日。

⑦ 如何处置救护院中的疯人引起众多的讨论。比如土鲁斯济贫院中的状况:内政部长认为此院状况过于悲惨,"而且照料不但所费不赀又沉重痛苦",要求释放,但保安部长以安全考虑为由,加以拒绝。(国家档案,F 15,339)

而且它会对未来具有重大影响。疯子们被紧急而且未受控制的措施所管制,而且这些措施比防范危险重犯还要恶劣,根本就像是在防范恶性的野兽。1790 年 8 月 16—24 日之法律规定,"市政单位有权防范释放出来的无理智者或狂怒者,恶狂野兽的游荡所可能造成的灾害……"⑧1791 年 7 月 22 日的法律加强这项处理,规定家庭有责任看守精神错乱者,并且允许市政当局采取任何有效措施:"精神失常者们之亲属必须监视他们,阻止他们到处游荡,防止他们造成骚扰。市政当局必须预防私人因为忽略责任,而可能造成的不便。"过去是监禁体制把疯人异化为野兽,现在,疯子因为被释放出来,反而是在法律本身之中被人当作野兽看待。就在同时代的医生开始在他们身上辨识到某种温柔的兽性的同时,疯人又再重新变成野兽。⑨ 不过,虽然官方当局已经有这些法律条文作为行动依据,却未能解决问题;专门收容精神错乱者的救护院,一直到目前还尚未存在。

无数的要求被送达内政部。德莱萨尔(Delessart)针对其中之一作出如下的回答:"先生,和您一样,我也觉得,如果我们可以不断地建设救护院,以供应下阶层精神错乱者一个隐居的场所,这将是何等有益……由于这一类的房舍并不存在,精神失常者便要被强迫散布在贵省各式各样的监牢之中。这些地方和他们的状况实在是风马牛不相及。但要让他们离开那儿,我只有一条计策,就是把他们尽可能临时性

---

⑧ 第十一编,第三条。

⑨ 这些措施也在刑法中出现。波尔塔里斯(Portalis)在共和国 8 年果月 30 日(1801 年 9 月 17 日)的一项政令通报中曾以此为参考依据。

地转送,集中于比塞特院。因此,适当的方式是由督政府(Directoire)³写信给巴黎市政府,协调集中事宜,如果这些可怜人的家庭无法负担其膳食开销,那么这项费用就由贵省或其居住村镇负责。"⑩比塞特院于是成为所有精神失常者的集中地。这个状况尤以圣拉撒尔院关闭之后为盛。硝石库院也扮演了同样的功能:1792年,有两百名疯女被送进来,而她们在五年前先被关进位于圣杰克街(rue Saint-Jacques)古老的卡普桑(Capucins)修会初修院里。⑪ 不过,在偏远的外省,疯人完全没有被转送到旧有的容总房舍。大部分的时间,他们都被拘留在监狱里,比如哈堡、昂热城堡、贝勒渥(Bellevaux)。在那儿发生了无法形容的骚乱,而且持续良久——一直延续到第一帝国时期。安团·诺狄耶(Antoine Nodier)曾记下贝勒渥监狱的一些细节。"每天,喧哗声提醒我们受监人又在打架争斗了。警卫赶来。由于警卫人力不足,只能沦落为打斗者的笑柄;城里的行政官员被请来恢复秩序;他们的权威受到鄙视;他们受侮蒙羞:这里不再是掌理司法的拘留所了……"⑫

比塞特院的骚乱如果不是同样严重,便是更有甚之;院里关着政治犯;窝藏着为人追捕的嫌犯。由于贫困缺粮,许多人在院中挨饿。该院管理单位不断地抗议,要求把重犯转送他处;而且,更重要的是,有些人还建议,把重犯和疯人关在一

---

⑩ 内政部长信(1791年5月5日),对象为M.Chalan总检察长,塞纳河及瓦兹河省理事。(手写文件,引用于Lallemand,前引言,IV,II,p.7,note 14)

⑪ Pignot,《南方医院探源》(*Les Origines de l'hôpital du Midi*),pp.92-93。

⑫ Antoine Nodier政府专员向法庭所提报告,共和国8年芽月4日。引用于Léonce Pingaud,《尚·德·伯里》(*Jean de Bry*),Paris,1909,p.194。

起。共和国三年⁴雾月(Brumaire)9日,比塞特院总务写信给"行政司法委员会委员,公民葛兰伯(Grandpré)和奥斯蒙(Osmond)":"在这个人性问题成为当务之急的时代里,我向您报告说,任何人看到同一座收容所集合了罪行和穷困,都会心生恐怖。"我们有必要提到九月的屠杀、不断的逃脱,[13]囚犯在许多无邪者面前挣脱铁链的情景吗?穷人和贫苦老人的"眼前,尽是铁链、栅栏和锁扣。而且还可以听到远远传来的囚徒哀号声……因此,我重新坚决要求,或者是把囚犯抽离比塞特院,只在院中留下穷人,或者把穷人送走,只留下囚犯"。接下来,便是信中最具决定性的部分,因为我们注意到这封信的日期——它是在大革命正在热烈进行的时候写的,比卡班尼斯(Cabanis)⁵报告晚许多,也比传统认为匹奈"解放"比塞特院精神错乱者的日期,晚了几个月[14]:"如果我们选择了后一种情况,那么也可以把疯人留在院内,他们是使得人性受到重大苦难的另一种可怜人……因此,珍重人性的公民们,请尽速实现此一美梦,并且请您相信,您一定可以不愧人性的请托。"[15]这些年头的混乱状态是如此严重;在这个"人性"受到重估的年代里,实在很难确定疯狂所应占有的地位;在一个正在重整的社会空间之中,确实很难为它找到定位。

---

⑬ 根据《里查神父回忆录》(*Mémoires du Père Richard*),四百名政治犯在一天内被送入比塞特院。(f°s 49-50)

⑭ 匹奈于1793年9月11日在比塞特院就任,1795年5月13日(共和3年花月24日)被任命于硝石库院。

⑮ 比塞特贫民收容所财务主任Létourneau写给公民Osmond和Grand Pré的信。引用于Tuetey,《大革命时期巴黎的公共救助》(*L'Assistance publique à Paris pendant la Révolution*), t. III, pp. 360-362。

*　　*　　*

然而，就在这个简单的编年叙述里，我们已经超过了传统为大改革所设下的开启日期。1780 年到 1793 年间所采取的措施，可以指出问题所在：由于监禁体制的消退，使得疯狂在社会空间里找不到明确的介入点；面对这个不再受羁押的危害，社会有两种反应，一是采取一套长远的措施，符合正在生成的理想——创建精神失常者的专设收容所，另一方面，它又采取一系列的立即性措施，企图以强力控制疯狂——如果我们要以进步的观点来衡量历史的话，这是一些退化的措施。

这个暧昧的状况，倒是很能说明当时人左也不是右也不是的为难困境；而且，这个情况也见证着新形态的体验正在产生。如果我们要了解它，我们就得摆脱所有的进步主题，摆脱其中所含的历史视野设定和目的论因素。如果我们能去除这个可能的方向，我们便能决定一些整体性结构。是它们把体验形态带向一个无限定的运动，只朝向其连续延伸开展，而且即使对我们而言，这也是无有止境的发展。

因此，我们要小心，不要想在匹奈和突克改革周围的年代里，寻找某种可以称作"来临"（avènement）的事物：比如，疯狂实证辨识的来临；精神错乱者的人性对待的来临，这一类的说法。我们应该要让这段时期的事件和支撑它们的结构，拥有变形上的自由。在这些年代之间，有些形象开始成形，它们的酝酿地带，还比法律措施稍微低阶一点，而且就处在体制的最低平面上，那是疯人和非疯人之间，每日日常进行的辩论。也就是在这样的相互对抗、相互划分、相互感染和相互承认之中,才形成了这些[疯狂]形象——这些形象显然具有决定性地位,因为经由它们,才会引出"实证的精神医学";在它们之中,才诞生了疯狂终于得到客观和医学辨识的神话。而这样的辨识又在事后,为这些疯狂形象提供理由,把它们当作发现和真理的解放。

事实上,我们不能把这些形象描述为知识。它们处于知识层次的下方,在那儿,知识和手势、熟悉性、初始的语言仍然十分接近。在这里,有三个结构显然具有决定性力量。

第一个结构:在这个结构里,目前受到缩减和限制的古老监禁空间,开始和一个医疗空间相混合。由于这个空间是在他处形成的,所以它只能借由逐步修正和净化才能与之适应。

第二个结构:这个结构在疯狂和辨认、看守、审判它的人之间,建立了一个新的、中性化的关系。它在表面上不具有任何共谋性质,属于一种客观的观看方式。

第三个结构:在这里,疯人被人和罪犯相比较;不过这项比较并不在一个含混空间中进行,也不是在谈它们共有的不负责性质。这个结构使得疯狂可以居留于罪恶之中,但又不会被完全化约为罪恶,同时它也使得有理性的人可以依照新形态的道德来判断疯狂,并加以分类。

我们前面已勾勒出立法过程的主要阶段。现在,我们要研究的是隐藏在这份编年史背后的结构。

* * *

长久以来,医学思想和监禁措施彼此互不相涉。精神病的知识依照其本身律则发展,同时一项具体的疯狂体验也在古典世界里成形——这便是由监禁体制所固置和象征的体验。到了 18 世纪末,这两个形象开始作出第一次的汇合。但这并不是突然而来的启示,也不是因为知识的转化,而使人意识到受监人其实是病人;它来自一项幽晦不明的工作。它使得同质、一致、严格限定的古老排拒空间,遭逢到 18 世纪所刚割裂的、多样化的社会性救助空间。后者被人根据种种忠诚奉献的心理和道德形态划分成不同的区域。

然而这个新的空间并不适合处理疯狂特有的问题。如果人们要求健壮穷人工作,如果人们把病人托付给家庭照料,疯子却绝对不能和社会相混。人们最多只能试着使他们不离开家庭空间,禁止私人任由其亲人中的危险疯人自由走动。然而这种保护只是单方面的,而且十分地脆弱。布尔乔亚越是在穷困面前感到无辜,它就越是感到对疯狂负有责任,越是觉得应该保护个人。在这个时代里,疾病和贫穷第一次在基督教世界演变为**私人事务**,只属于个人或家庭领域。也就因为这个演变,疯狂反而要求拥有**公共地位**和确定一个保护社会不受其灾害的拘禁空间。

这个拘禁的属性尚未受到任何事物的决定。人们还不知它将会比较接近惩戒所或是救护院。就目前而言,只有一件事是确定的:监禁体制宣告解体,惩戒犯重获自由,穷人则被送回家中,这时,疯人的处境相同于受控告或已被判刑的囚犯,无家可归的病患或穷人。拉·罗什福柯－梁库在他的报告里,强调居家救助可以应用在巴黎大部分受到收容的人身上。"在一万一千名左右的穷人当中,这种救助模式可应用在近乎八千人身上,也就是说,只要不是**囚犯**、**精神失常**或**无家可归**的男女和儿童。"[16] 接下来的问题是,是应该把疯人当作囚徒看待,把他们送进牢狱结构中呢,还是应该把他们当作无家可归的病人,在他们周围建构一个接近家庭的环境呢?我们未来会看到突克和匹奈在这两个方向之间作出不同的选择,使它们成为现代疗养院的两种典型。

然而,这两种禁闭形式的混合形态和共同功能还未为人发现。就在大革命快要发生之时,有两个系列的计划在彼此竞争:其中一个是新瓶旧酒,用新的形式——这是纯粹的几何、接近狂想的理性——来恢复监禁的古老功能,并且以疯狂和罪行为其基本目标;相反地,另一群计划则致力于定义疯狂的收容地位,以取代无力的家庭。这并不是博爱和野蛮之间的斗争,也不是古老传统和新人道主义之间的对抗。这是一个不安的摸索,想要为所有社会都寻求驱逐的疯狂寻找一个新的地位,因为这时,疯狂的旧伴侣——贫穷、放荡、疾病——已经重新回到私人领域。在一个完全重组的社会空间里,疯狂必须重新寻找其位置。

就在监禁体制失去意义的年代里,人们梦想过许多理想的惩戒所,它们以沉默的完美,既无阻碍又无不便地发挥功能,像是梦想中的比塞特院,在其中所有惩戒机制可以在纯粹状态中运作;在那儿,一切都只是秩序和惩罚、刑罚的精确衡量,工作和处罚所构成的金字塔——组织最好

---

[16] La Rochefoucauld-Liancourt,前引书,p.95,重点标记为笔者所加。

的恶之世界。在人们的想象中,这些理想的堡垒和真实世界毫无接触:它完全自我封闭,仅靠罪恶便能自给自足,因此可以预防其扩散传布,也因此能消除外界的恐怖。这个独立的微观世界,就像是社会的倒影:邪恶、拘束和惩罚,像是一面镜子,反射出构成人之幸福的美德、自由和报偿。

比如,布里索(Brissot)就曾经规划过一个完美的惩戒院,其严谨的几何同时具有建筑和道德意义。其中每一块空间都象征着一个细心建构的社会地狱。建筑物设计为正方形,其中有两侧留给比较轻微的恶:一边是妇女和儿童,另一边则是积欠债务者;他们将有"睡床和过得去的食物"。他们的房间将有日晒,并且不受风寒之扰。受风寒威胁的一边,则收容"被控死罪者",还有放荡者、激动者和所有"扰乱公共安宁"的精神失常者。前两类惩戒犯必须做有益于公益的勤务。一些有害健康,却又不可或缺,因而迫使可敬人士经常必须进行的劳务,则保留给后两类人。"这些劳动将和其罪行的力量、精致度、属性等因素相当。因此,流浪者、放浪者、恶棍的工作是锯石头、磨大理石、磨颜料,以及常会使诚实公民冒生命危险的化学操作。"在这个奇妙的经济原则中,工作具有双重的效力:它在破坏的同时,也会生产——就在为社会所必要的劳动中,也诞生了不受社会欢迎的工人的死亡。危险和令人不安的人,他的生命被转换为温顺的物品。在这块光滑的大理石表面,所有这些无理智者生命中的不规则都受到整平。监禁的古典主题,在此达到最高的完美:受监人所遭受的排拒,至死方休,然而,他迈向死亡时的每一步,都会在一个毫无渣滓的逆转程序之中,成为他对放逐他的社会,所做出的有益贡献。⑰

大革命展开时,类似的梦想尚未消散。谬斯契奈(Musquinet)梦想中的几何学便相当类似;不过其中象征的细致性更为丰富。这是一个四边形的堡垒;其中每个建筑体各有四层,形成一个劳动的金字塔。这是一个建筑上的金字塔:下方放的是梳理机和织布机;顶端则"设置一个平台,用来编结上机前的经纱"。⑱ 这也是一个社会的金字塔:受监人以 12 人为一班,受一位工头指挥。看守们管制着他们的工作。有一名总指导领导全体。最后,这也是功劳的等级,以释放作为顶点;每个星期,工作最热心者,"将受院长先生颁与六镑,作为奖赏,获奖三次者将获释放。"⑲以上便是其中的工作和利益状况;其平衡以最精确的方式获得:受监者的劳动,对行政部门来说,具有商品价值,对于囚犯来说,又有赎回其自由的价值;同一个产品却能导出两个获益体系。其中也存在着道德世界,其象征为处于建筑方块中心的教堂。男人和女人每个星期日都得参加弥撒,聆听教诲:"讲道的目标是要使他们对过去的生活心生悔改,让他们了解到放荡无羁和游手好闲,会使人在人世间就变得不幸……还要使

---

⑰ 布里索(Brissot De Warville),前引书,pp. 183-185。我们补充说萨德曾经写过或计划写一篇《有关死刑的论文,并附有如何保存罪犯生命,以便使他们能有利于国家》。(一位文人的文件夹,引用于 Lévy,《萨德传》〔*Vie du marquis de Sade*〕, t. II, p. 343)

⑱ 谬斯契奈,《改革过的比塞特院,或一座戒律院的建立》(*Bicêtre réformé, ou l'établissement d'une maison de discipline*),Paris,1790,pp. 10-11。

⑲ 谬斯契奈,前引书,p. 26。

他们下定决心,在未来改过迁善。"⑳如果有一个囚犯已经得过奖,离他获释只有一或两个阶段,如果他在弥撒上捣乱,或表现出"伤风败俗",便会立刻丧失其已获得的益处。自由不只具有商品价值,它还有道德价值,应以美德获取。囚犯因此处在两个整体的交叉点:其中一个纯属经济面,由工作、产品和其奖偿构成;另一个纯属道德,由美德、监视和补偿构成。当两者相吻合时,也就是说,一项完美的工作也具有纯粹德行时,受监人便可获得自由。惩戒院本身,便像是一座完美的比塞特院,因此具有双重的合法性:对外在世界来说,它是纯粹的利益——对于这项不必付薪水的工作,谬斯契奈曾加以精确的估算,结果四百名工人每年代表五十万镑的收益;对于它所禁闭的内在世界而言,它又是庞大的道德净化过程:"没有一个人是腐败到没有改正的可能;重点是要他认识到他真正的利益,而且永远不要以难以承受和超越人之脆弱的惩罚,使他变得神志不清。"㉑

这里我们碰触到监禁神话的极端形式。它通过一个复杂的模式进行净化,并使所有的企图得以显现。它以十分天真的方式,成为它过去以幽暗方式所是之物:受监人的道德控制,其他人的经济利益;而其中完成的工作,可以严密地分解:一方面是收益,完全归院方所有,因此也就归社会所有,另一方面则是奖赏,归工人所有,其形式为德行证书。它像是一张真相的夸张讽刺画,不

---

⑳ 谬斯契奈(Musquinet De La Pagne),前引书,p. 27。
㉑ 同上书,p. 11。

但指出疗养院的真正企图所在,而且还描绘出布尔乔亚意识的全部形态,在工作、利润和美德之间建立关系的风格。在这一点上,疯狂史转化为一个同时表达理性和非理性的神话。[22]

在这样的梦想中,劳动完全是在道德性的淡泊之中进行的。而另一个梦想则计划使工作在工作者的死亡中得到正面意义。通过这样的梦想,监禁达到其真相的过度实现。在这样的计划中,其主导成分只是过剩的心理和社会意义,只是一整套象征体系,而疯狂却在其中失去了特色:这时它只是失序、不规则、晦暗不明的过失——人身上一个扰乱国家、违反道德的错乱。一旦布尔乔亚社会察觉到监禁体制的无用,而且不能再像古典时代一样敏感于非理性明显的整体性时,它就开始梦想一种纯粹的劳动——对它而言,这只能带来利润,对其他人来说,却只能带来死亡和道德上的服从——而人身上所有异质的事物,都会在其中受到窒息,化归沉寂。

* * *

监禁体制在这些梦想之中精疲力竭。它成为纯粹的形式,轻松自在地在社会用途的网络中安居,显得无限地丰饶。这些神话式的精练乃是徒劳无功,因为它们只是用一个幻想几何来重拾命运已定的监禁主题。然而,由于它净化了禁闭空间中所有真实的矛盾,使它至少在想象世界中,可以为社

---

[22] 别忘了谬斯契奈在旧王政时代曾被监禁于比塞特院,在大革命时代又被判罪,并重新遭到监禁——他或者是被人当作疯子,或者是被人当作罪犯。

会需求接受,它便尝试以一项正面的意义来取代监禁体制过去唯有的排除价值。这个地域,过去是在国家边缘形成一块负面地带,现在它寻求成为一个饱满的环境,使得社会可以在此认出自我,并使其特有的价值得以在其中流通。就这个观点而言,布里索或谬斯契奈的梦想和另一些计划具有共谋关系,虽然这些计划的严肃态度、博爱关怀、初步性医疗考虑,似乎都在表达一个完全对立的意义。

虽然这些计划是前述梦想的同时代产物,它们的风格却非常地不同。在前述梦想之中,主要只考虑监禁最普遍形态的抽象化过程,而受监者本身并非其参考点——他们不是体制的存在理由,毋宁是其中的施展机会和建构材料。相反地,在下面要讨论的计划里却特别强调受监者的特质,尤其是强调因为监禁体制丧失其本质结构后,疯狂在18世纪所具有的独特面貌。精神错乱在此被人当作一个自有其意义的对象来处理,而不是被当作一个必须监禁的案例,它被当作一个在己和为己(en soi et pour soi)的问题,而且监禁在此时只像是一道解决方式。这是第一次有系统地使被监禁的疯狂和被治疗的疯狂相遭遇,使被归类为非理性的疯狂和被归类为疾病的疯狂相对峙;简言之,这便是构成精神错乱现代意义的混淆或综合(这比较是人们在后来使用的称呼)的初始阶段。

在1785年,杜布莱和可伦比耶合写了一篇《精神失常者治理和照料方式指引,由政府资助及命令发表》(*Instruction imprimée par ordre et aux frais du gouvernement sur la manière de gouverner et de traiter les insensés*)。疯人在这项指引中的地位,十分地暧昧,处于正在调整的救济措施和正在消失中的监禁体制中途。这篇文献就疯狂的治疗方式而言,既未提出发现,亦无态度上的重大转化。它毋宁意味着妥协、平衡及分寸的寻求。在这里已经可以预见革命时代立法者所有踌躇不决的问题。

一方面,疯人就像所有无法自济的人物一样,要求一项救济措施,这是人心怜悯之情的自然表达:"对于最弱小和最不幸的人,社会应该给予最显著和最大量的照料;儿童和精神失常者因此一直是公众关心的对象。"然而,人们对儿童自然生出的同情,乃是一种正面的吸引;但在面对疯子的时候,怜悯很快便会被恐怖所平衡,甚至抹消,因为人面对的是一个陷入暴戾和狂怒的怪异存在:"我们面对这种令人心碎的景象,可以说是被迫逃开:在他们的脸孔和躯体上,带着遗忘理性的丑恶标志;而且,由于人会对他们的暴戾心生惧怕,使得所有没有义务支持疯子的人远离他们。"因此,在抽象的怜悯所要求的救济责任和激起真实恐惧的合法惧怕之间,必须找出一条中道;很自然地,这就演变为一种"墙内"(intra muros)救济,使得援助只出现在恐怖所规定的距离端点,使得怜悯只开展于一个世纪多以来曾由监禁体制所安排,现在又被它弃置的空间之中。由此,疯人的排除开始有了另一个意义:它不再是在社会的终极边缘,标定出理性和非理性间的大分裂;它现在是在群体内部本身,画出一条处于感情和责任间的妥协线——那是怜悯和恐惧,救济和安全之间的妥协。它永远不会再拥有那可能是由古老困扰继承而来的绝对界限价值,而过去,因为人沉默的恐惧,它几乎是在地理上重新占领了麻风的地位,它其实确证了这种价值。它现在比较不是界限而是衡量（mesure）；而且，也就是因为它有了这项明显的新意义，才会使得"师承罗马法的法国式收容所"变得如此应该受到批判；这些收容所，安抚的其实只是"大众的恐惧，而不能满足人的怜悯之情。因为这种感情要求的不只是安全，它还会要求照料和疗养。人们经常忽略后两者。然而如果缺乏它们，某些人的心神丧失状态虽然有治愈可能，却会不断持续，而其他另一群人的失常虽然有减轻可能，却反而会增长"。

然而，新的监禁形态之所以必须是一种解决之道，还有另一个意义，因为它必须调和财富的可能和贫穷的要求。因为有钱人——这一点完全符合图戈弟子们心目中的理想救济制度——"造了一条法律，可以在家中细心治疗发疯的亲人"，如果效果不好，就把他们交给"值得信赖的人监护"。穷人却是既没有"必要的资源收容精神失常者，也没有能力亲自或托人照料他们"。因此，我们以富人所提出的模范，建立一种可以让穷人使用的救助系统——其中的监护和照料要能像家庭一样地细心，但其受益者却完全不必付出任何代价；为了实现这种构想，可伦比耶要求"在每一个乞丐收容所，设立专门处理精神失常的穷人的部门，而且对所有各种形态的疯狂，都要一视同仁地治疗照料"。

然而，这篇文献中，最具决定性的地方，在于它寻求一个平衡，虽然态度上仍属犹豫不决：也就是说，一方面是对疯人简单纯粹的排离，另一方面又把他们当作病人看待，给予医疗。之所以有必要监禁疯人，基本上是要预防社会不受其害："上千个例子都证明了这项危险。而且，官方文件在不久前还给我们展示一个故事作证：一名躁狂者，在割断妻子和小孩喉咙后,居然安静地睡在他的狂暴的血腥受害者身上。"因此,措施的第一要点是监禁贫穷家庭所无法监护的心神丧失人物。然而,这样的措施,也会使他们得到医疗照料,因为他们如果更有钱,就可以得到医生诊疗,如果不是当场被关了起来,就可以入院受治疗。杜布莱列出各种精神病的治疗细节——这些告诫精确地总结了18世纪的传统疗法。㉓

然而,监禁和疗养间的配合在此只是一项暂时的安排。它们并不明确地吻合,而是彼此相承:医疗只在疾病被认为有法可治的短暂期间内进行;之后,监禁又会马上恢复其唯一的排拒机能。在某种意义上,1785年的指引只是有系统地整理救护和监禁体制中的习惯;不过其中最要紧的是,它把这两者加起来,放在同一个体制里,使得实施排拒措施之处也有疗养功能。在往日,巴黎医护院负责医疗,比塞特院则负责监禁。而现在,在人们所企划的监禁形态中,医疗和排拒却是在单一的结构里轮流发挥其功能。这是一个流放的空间,在其中,疯狂被标指为无法挽回的异化,其目的在保护社会不受疯子危害——同时,这又是一个回收(récupération)的空间,在其中,至少就应然面而言,疯狂被当作是一种过渡状态,而其目的则是在抵抗疾病:这两种因应措施,涵盖着至今仍为异质的两种体验形态,它们将会彼此重叠,但还不至于互相混淆。

人们曾经想把杜布莱和可伦比耶的文本当作是朝向现

㉓ 《医学杂志》(*Journal de médecine*),1785年8月,pp.529-583。

代疗养院建构的第一重大阶段。㉔ 然而他们的《指引》虽然尽可能使监禁世界和医药技术相接近,甚至使这些技术进入这个空间的内部,但是仍未踏出最基本的一步。要做到这一点,只有等到专门为疯狂保留,而且为它作出调整的监禁空间,开始展现其所独有的价值,也就是说,不靠外来助力,只以当地本有的力量,它就能解决疯狂这项问题。换句话说,这时监禁本身成为最基本的治疗方式,而排拒原来只是负面性的手势,也以其独特的意义和本有的效能,成为朝向治疗的正面世界的开放动作。重点不是在监禁体制上再添加一个和它异质的措施,而是要去调整监禁本身,强迫它吐露它隐藏的真相,绷紧它身上幽暗交错的所有线索,使得它具有医疗上的价值,可以使疯狂重返理性。这个空间原来只是一个进行社会划分的空间,现在要把它变成一个辩证的领域,使得疯人和非疯人可以在其中交换其秘密真相。

特农和卡班尼斯才是踏出这一步的人。在特农的作品里仍然可以看到一个古老的理念。他认为疯人的永久禁闭,必须要以医疗失败为条件:"只有在耗尽所有资源却无能为力的情况下,才能对剥夺一位公民自由这样令人不快的必要,作出同意。"㉕然而监禁已经不是严格的否定、完全而绝对地废除自由。它应该是一种有节制和有组织的自由。如果它注定要避免和理性世界有任何接触——在这个意义上,

---

㉔ 塞宜何(Sérieux)& 李贝尔(Libert),《路易十六时代对于心智疾病的救助和治疗》(L'Assistance et le Traitement des maladies mentales au temps de Louis XVI),《医学纪事》(Chronique médicale),1914 年 7 月 15 日—8 月 1 日。

㉕ 特农(Tenon),《巴黎救护院备忘录》(Mémoires sur les hôpitaux de Paris),Paris,1788,第四备忘录,p. 212。

它仍然是一种封闭——它却应该朝内部开放，使得疯狂可以在一个空旷的空间中表达自我：这不是要把疯狂遗弃于盲目的狂乱之中，而是要使它有得到满足的可能和获得平静的机会，而这一点却是无间断的限制所不能提供的："最首要的疗法是要给予疯人某种自由，使他可以有节度地去接受自然冲动的支配。"㉖这样的监禁不寻求完全控制疯狂，其运作毋宁像是要给疯狂一个三思的空间，使它可以自我实现，可以自由举措，却又能去除所有的二次度反应——暴戾、狂乱、狂怒、绝望——相反地，持久的压迫却必然会激起这样的反应。至少在它的某些神话里，古典时代曾经把疯子的自由同化于最具侵略性的兽性：使得心神丧失者成为一只野兽的，乃是他的掠食者性格。现在，却出现了一个新的主题，认为疯子身上可能有一种温柔的兽性，它不会以暴戾摧毁其人性真相，但却会显现出自然的一项秘密，一个为人遗忘、然而却一直近在身边的底层，使得精神失常者和家中动物或儿童的地位接近。疯狂不再是反自然中的绝对变态，它反而是一个和人十分接近的自然的大举进袭。圣路克院（Saint-Luke）的监禁措施乃是特农心目中的理想：疯子在此"不受限制，可以自由走出房间，跑遍走廊，或是到户外的一处铺沙散步场去。由于他的骚动不由自主，为了要能随时满足主宰他的冲动，他必须要在室内外进进出出"。㉗ 因此，监禁在作为束缚空

㉖ 特农，《救援委员会报告计划》(*Projet de rapport au nom du comité des secours*)，国家图书馆手稿，f° 232。

㉗ 特农，前引书，f° 232。参考《救护院备忘录》(*Mémoires sur les hôpitaux*)，第四备忘录，p. 216。

间的同时,也应该是一个真相的空间,而且它之所以会成为前者,也只是为了成为后者。有一个理念在此第一次得到表述,它对精神医疗史的全体将会产生重大影响,直到心理分析的解放为止:被监禁的疯狂,将会在这束缚、闭锁空虚、在这"环境"(milieu)之中,发现一个特别有利的元素,使得它的基本真相得以展现。

疯狂获得了相对的自由,此时任由它朝向其真相的极点发展,会不会有增强疯狂的危险呢?会不会使它不断地加速呢?特农也好,卡班尼斯也好,对此都持否定看法。相反地,他们假设这种半自由,这个在牢笼里的自由,将会具有医疗上的价值。原因在于,他们和所有18世纪的医生抱持相同的看法,认为想象同时参与身心,而且又是错误之源,因此,它永远是所有精神疾病的负责人。然而,人越是受到束缚,他的想象力就越会像野马奔驰;他的躯体越是承受严厉的规约,他的梦想和心象就越会脱序。这么一来,自由反而比锁链更能束缚想象,因为它会使想象不断和真实相逢,并使最奇特的梦想潜沉于熟悉的手势之中。在自由的流浪漂泊当中,想象会复归沉静。特农热烈赞扬圣路克院主管人员的远见,在那里,"疯子在白天当中一般都处于自由状态;对于那些不受理性抑扼的人来说,这样的自由足以构成疗方,因为它可以避免疯人以误入歧途或迷失的想象来为自己疏解。"㉘因此,监禁以其本身,以其单是作为与世隔绝的自由这一点而言,即是一项治疗元素;监禁具有医疗意义,但这比

㉘ 特农,前引书,f° 232。参考《救护院备忘录》(*Mémoires sur les hôpitaux*),第四备忘录,p. 216。

较不是因为其中加入了疗养的成分,而是来自想象、自由、沉静、界限之间的游戏,来自那自发地组织上述元素的运动,它能使错误回归真相,疯狂回到理性。监禁中的自由,其本身便有治疗功能,就好像未来心理分析所要解放的语言;不过两者的动态正好相反:这里不是让幻象可以在文字里成形和通过文字彼此交换,正好相反,这是要迫使幻象消失于事物的持续沉静和沉重真实之前。

这最基本一步已经踏出了:监禁开始具有医疗上的高贵价值;它变成了疗养的场所;它不再是疯狂逐渐老去、幽暗残存的场所,而是一个具有地方固有原动力,可以让疯狂自我消灭的地方。

这里的要点在于,监禁所之所以能转化为疗养院,并不是因为医学被人逐步地导入——像是由外而来的进犯——而是来自此一空间的内在重组——在过去,古典时代只为这个空间赋予排除和惩戒的作用。它的社会意义的逐步变质、对于镇压政策的政治批判和对于救助体制的经济批判、疯狂占据了监禁的全体领域,同时所有其他的非理性形象则逐渐由此受到释放,以上这一切使得监禁体制在双重意义上成为疯狂的重镇;这是它显出真相的地带,也是它的消灭之处。而且由此,这个场所真实地成为疯狂的终点站;从此以后,两者之间将具有必要的关系。过去看来最相矛盾的功能——抵抗精神失常者危害的保护功能和治疗疾病的功能——此时却终于能够达到突然的和谐:疯狂既然是在监禁闭锁但又虚空的空间中,说出了它的真相、解放了它的本性,那么只要通过监禁的单一程序,也就可以同时驱逐公众的危险和消除疾病的征象。

如此,监禁空间中充满了新的价值,以及一整套过去它所未知的运动。此时,而且惟有此时医学才能占领疗养院,并把所有的疯狂体验归结于自身。打破监禁大门的,并不是医学思想;如果医生在今天主宰着疗养院,那并不是一项来自征服的权利,并不是因为他们的博爱主义,或是因为他们对科学客观性的关怀,这一类的主动力量。这其中的原因在于监禁本身逐渐具有医疗上的价值。其过程是重新调整一个多世纪以来,那些曾经驱逐疯狂和非理性的所有社会或政治手势、想象或道德仪式。

* * *

监禁的形象改变了。疯狂则和监禁形成了一种复合纠结、难以严格划分的结构。疯狂本身也在这样的结构中变质。它和人们为它所提供的半个自由之间,联结了新的关系,也对它作了衡量。同时它也和它在其中流逝的时间,和那监视它及划定它轮廓的眼神,缔结了新的关系。它成为这个闭锁世界必然的一部分,而这样的世界,同时既是它的**真相**,又是它的**居留**。借由一种奇特的循环——不过它只有在人们预设疯狂存在于标指和划定疯狂的措施之前,才是怪异的——疯狂的处境变成了它的本性;它的束缚获得决定论上的意义,而且固定它的语言则具有自我陈述的真理之声。

卡班尼斯的天才和他在 1791 年所写的文章,[29]正处于

---

[29] 1791 年:巴黎行政区一位成员呈巴黎行政区有关硝石库院疯女状况报告书,及疯人入院规章获通过计划。这份文件被大量转引于(但未列作者姓名)Tuetey,《大革命时期巴黎的公共救助。未发表文献》(*L'Assistance publique à Paris pendant la Révolution. Documents inédits*),t. III, pp. 489-506。其中大部分并被重新使用于《公共救助管见》(*Vues sur les secours publics*),1789。

这个同时既具有决定性,又充满暧昧的时刻,因为这时整个视野正在进行大转换:过去是对监禁体制进行社会改革,现在却变成对疯狂深刻真相的忠实对待;而**人异化疯人方式**,为人遗忘,重新出现成为**精神错乱之本质**。监禁体制正在以它所催生的事物作为其组织依凭。

探讨疯狂问题的观点,不再是理性或秩序,而是自由个体的权利;任何强制,甚至任何施舍,都不能损害个人的自由权。"最首先的要求乃是个人的自由和安全;即使是在行善的时候,都不应该违反正义的律则。"自由和理性的界限相同。如果理性受损,自由便可以被束缚;但这里还需要加上一个条件:理性在这里所受的损害,必须就是威胁主体生存或其他主体自由的损害之一:"当人享有其理性官能之时,也就是说,只要这些官能没有被损害到危害他人的安宁和安全,或是使此人暴露于真正的危险之中,任何人甚至全社会,都没有权利对此人的独立自主作出任何的微小损害。"[30]这里正在进行准备的疯狂定义,乃是以自由和其本身所能维系的关系作为出发点。古老的司法概念,认为疯子不负刑责,也丧失民事权,但这些概念并未形成一套疯狂的心理学;在这里,自由的终止只是一种司法上的后果。但根据卡班尼斯的说法,自由却成为人的本性;因此合法妨碍其运用,必然也会改变自由在人身上的自然形态。于是,疯人的监禁只是对一个事实作出制裁,只是把心理层面的丧失自由,用司法语言翻译出来。而且,由于法律在此乃是自然的复现,那使得

---

[30]《公共救助管见》(*Vues sur les secours publics*),卡班尼斯,《哲学作品集》(*Œuvres philosophiques*),Paris,1956,第二部,p. 49。

当代疯狂思考犹豫不决的大暧昧,便显得有其成立基础:如果说,无责任等同于自由的缺乏,那么,任何心理决定过程都可以推论主体无罪,也就是说,任何心理真相同时便是人的异化。

自由的消失,在过去乃是一项后果,现在则变成疯狂的基础、秘密和本质。而且,对于精神失常者应该进行何种物质性的自由限制,也必须要听从这项本质所作的规定。因此,人们必须建立一种控制程序,询问疯狂以知晓其状态。为了进行这项控制,人们大锅煮式地召集了——只要自由的消失仍然是个暧昧念头——法官、法学家、医生,还有所谓的经验丰富人士:"这就是为什么疯子们的拘留地点,必须不断地接受不同法官的监督,并受警察特殊的监视。"当一个疯子被带到拘留所里时,"人们立刻由各个方面观察他。人们让他接受卫生官员(officiers de santé)的观察,同时又教最聪明和最习于观察各种疯狂变貌的看护来监视他。"㉛监禁体制应该像是一种永恒而持续的疯狂测量,不断地根据其多变的真相进行调适,而且只就自由异化的部分和范围内进行限制:"人性、正义和善良的医学,要求只禁闭那些真正会危害别人的疯子;要求只去束缚那些如果不受到束缚,便会伤害自己的人。"疗养院中的正义不再是惩罚的正义,而是真相的正义:这是自由的使用和限制上的某种精确性,这是要使束缚尽可能严格地去符合自由的异化[程度]。这个正义的具体形式、可见象征不再是铁链——这是绝对的和惩罚性的限制,"总是会使它施压的部分坏死"——而是未来将会成为

㉛ 卡班尼斯,前引书,p.51。

著名的紧身衣(camisole)的东西,这是一件"由人字斜纹布或强帆布制成的紧背心,可以裹住胳膊并加以束缚",㉜而且穿它的人越是动得厉害,它就越会造成阻碍。我们不应该把紧身衣设想为铁链的人性化,朝向"自制"(self-restraint)的进步。我们可以由紧身衣演绎出一系列的概念,㉝说明疯狂体验不再是理性和非理性的绝对冲突,而是自由和其限制间永远相对、永远动态的游戏。

卡班尼斯在《呈巴黎行政区报告》(*Rapport adressé au Département de Paris*)之后,又提出一份规划,建议把这篇文章发展出的主要理念,详加应用:"在整个巴黎行政区中设立专门收容疯人和精神失常者的机构,其入院许可必须以一份合法医生和外科医生报告为凭证,上面须有两位见证人、亲戚、朋友或邻居签署,并经区域或乡镇治安法官检核。"不过报告对这条规定提出一项比较宽松的诠释:在疯狂的判定上,医生的主导地位在此受到明白的控制,而且正是以疗养院经验为其名义,因为它被认为具有更多的案例基础,而且更能自由地让疯狂自我谈论,所以更接近真相。"因此,让我们来假想一下一位疯子被带到医院时的情形……病人来了,他是被家人、邻居、朋友或是慈善人士带来的。这些人士作证说他真的疯了;他们**或者备有或者不备有**医生证明书。病人的外表或者肯定或者似乎否定他们的叙述。不论当场我

㉜ 卡班尼斯,前引书,p.58。

㉝ 特农曾在圣路克院看到一件这一类的紧身衣,他对它大为称赞:"如果我们害怕疯子会伤害自己或他人,这种衣服有很长的袖子,可以把他的双手绑在背后。"(《救援委员会报告计划》[*Projet de rapport au nom du comité des secours*],f° 232)

们可以对病人的状态提出什么样的意见,只要他的贫穷证明真实无伪,我们就应该暂时收容他。"在此之后,便是一段长时间的观察期,可以由"看护人员"或是"卫生官员"进行。此人究竟是不是疯子,便是在监禁这个有利空间之中,并且通过它所净化的观察眼力作出决断:如果主体表现出明显的疯狂征象,那么"一切疑虑便告消失。我们可以毫无顾忌地拘留他,照料他,使他避免其错误,勇敢地继续使用指示中的疗法。相反地,如果在一段被认为适当的时间之后,并未发现任何疯狂的症状,如果谨慎的调查并不能让人怀疑这段沉静的时间,只是一个意识清楚的间歇期;最后,如果病人要求离院,那么对他强制拘留便是犯罪。这时便要立刻还他自由,任他回归社会"。因此入院时的医生证明,其保证力有待怀疑。无法置疑的最后标准来自监禁体制之中:在这里面,疯狂所有可能的幻象都被过滤,出现于一道绝对中立的目光之下;因为在这里发言的,既不是家庭的利益,也不是权力和其专断,更不是医学的成见;这是监禁自己在发言,而且用的是它独有的语汇:这便是自由和束缚的语汇,而它们以最深入的方式触及疯狂的本质。现在,掌握疯狂实证知识的可能性的人,便是那些看守监禁界限的守卫。

卡班尼斯由此导出一个奇异的念头(无疑也是最新颖的意念),他建议创立一份"疗养院日记"。在古典监禁体制中,非理性是以最严格的意义,被化约为沉默。在这么长的一段时间里,它究竟是什么,除了监禁所登记簿上用来指称它的一些谜样记号以外,我们一点也不知道。它的具体形象、它的语言,这些扰动的谵妄存在,对我们来说,无疑已经丧失。这时疯狂并无记忆,而监禁便是这个遗忘的封印。由现在开始,却是反过来,监禁反而成为疯狂在其中表达其真相的场所;它应该时时记下其尺度,而且,也是在它之中,疯狂将会形成整体,由此达到决定点:"在这本日记当中将精细地记载每一种疾病的诊断图、治疗效果、尸体解剖。部门中的每位病人都要一个个列名其中,使得主管单位可以每周逐一考核其病况,甚至在认为有必要时,还可以逐日登记。"如此一来,疯狂便深入非理性从未到达的真相区域:现在它置身时间之中,不再只是过去人们用来指称它的种种插曲的纯粹意外,以便在历史之中取得自主性的样貌。它的过去和它的演变构成其真相的一部分——把它显露出来的,便不再是那可以作为非理性辨识标记的、和真相之间的瞬间断裂。疯狂有它的时间历,但那不是有韵律的四季循环历法,使它可以和世界中的幽暗力量相连;而是人一天又一天的日历,而人也就是在这种日历中计算他的历史。

疯狂被监禁展露了真相,在编年和历史时间中居留,也被剥除了一切会使非理性深沉存在显得无法化约的事物,如此一来,疯狂可说是被解除了武装,它便可毫无危害地进入交换之中。它变得可以沟通,但却是以一种展现在眼前的客观中性的形式出现。它可以再度享有公共生活——但不是构成丑闻,突然且无法挽回地质疑人性最基本的部分,以及真相中的要义——它现在像是一个沉静的对象,虽然被摆在一段距离之外,却又是一览无遗,毫不迟疑地公开它那不扰乱人,反而会教导人的秘密。"主管单位无疑会认为这本日记的成果和宝贵详情,乃是属于供应其不幸材料的同一大众。当然,它会组织其中的印象,而且,只要编写人能在其中加入哲学和医学知识,这本合集便可年年提供新事实、新观

察、新而真的经验,并成为人之身心认识的庞大宝库。"㉞

这便是成为观看对象的疯狂。在古典的监禁之中,疯狂便已如此,但那时它是在作兽性的演出;因此那时人对它的观看,乃是一种受到蛊惑的目光,也就是说,人在看这个奇怪的野兽形象,但这其实也就是他自己的兽性,模模糊糊地,他觉得这个内在的兽性,离他很远却又很近,而这种因为狂妄丑怪而显得非人的存在,其实会让他在自己身上暗暗地察觉到。现在,投注在疯狂之上的目光,不再具有这些共谋关系;它指向它的对象,通过的只是一个已经形成的论述真相;由于疯狂的抽象作用,疯子才会明晰地出现在它的眼前。而且,在此一景象之中,如果有什么和理性个人有关的事物,那也不是因为疯狂会质疑人的全体,而是因为它可以增进他对人的理解。它不应再被列入存在的负面性之中,像是其中最诡奇突兀的形象之一,而是应该渐渐地进入已知事物的正面性之中。

新的目光不再容纳妥协,这时,栅栏也同样遭到撤除。这时疯子和非疯子彼此毫不掩饰地并存着。在他们之间,除了目光之外,不再有其他的距离。但这个距离虽然不易觉察,却也因此更加难以突破。疯狂在监禁中得到自由,并且在其中也得到拥有真相和语言的可能性,但这一切,只是某一个运动的反面罢了。这一个运动使得疯狂在知识中占有一席之地:现在笼罩它的目光,使得疯狂摆脱一切幻象,虽然就在不久前,这些幻象还曾经使得它在第一眼之中,就被人

㉞ 卡班尼斯,巴黎行政区人士有关硝石库院疯女状况报告书。(引用于 Tuetey, t. III, pp. 492-493)

当作是一个要驱逐的形象;疯狂成为被人观看的形式,成为被语言侵入的事物,被人认识的现实;它变成对象(objet)。如果新的监禁空间使得疯狂和理性相接近,甚至差点要混合居住,它还是在它们之间建立起一道更加令人生畏的距离,一种永远无法推翻的不平衡;在理性人为它所安排的空间之中,不论疯狂是如何地自由,不论它是如何接近理性人的心智和感情,疯狂对理性人来说,永远只是个对象罢了。它不再是存在中总是随时可能显现的反面,而只是事物因果贯串中可能发生的一项事件。让疯狂堕入客观性之中,这样的作法,比起过去把它当作一种非理性形态加以奴役,其宰制更为深刻及良好。监禁的新面貌,的确可以为疯狂提供奢侈的自由:但疯狂现在已是奴隶,而且还被剥除了它最深沉的力量。

如果我们要用一句话来总结这一切演变,我们无疑可以这么说:非理性体验的特性在于,疯狂在此乃是它本身的主体;但在18世纪末正在形成的体验之中,疯狂变成了客体,而这对它自身来说,反而是一种异化。

* * *

在卡班尼斯的梦想中,疯狂在疗养院中受到的拘留,乃是一种半睡眠状态;他寻求的是在这种平静的问题意识中,耗尽疯狂的一切。有趣的是,它又在它处恢复生机,获得大批具体内容。虽然它一方面为了知识而净化,摆脱了过去的同谋关系,但另一方面,它又涉入一系列道德对自身的疑问之中;它渗入日常生活之中,成为选择和基本决定的对象,激起粗糙的解决之道,并强迫今日可以称作"舆论"的事物修正有关疯狂的价值体系。可伦比耶、特农、卡班尼斯通过持续的思考努力所作的清理和净化,却立刻被每天在意识边缘所进行的自发工作抵消和破坏。然而,也就是在这微小、几乎觉察不到的日常经验骚动中,疯狂才会获得一个道德上的形式。这便是匹奈、突克立刻在它身上认出的形象。

事情原委如下,监禁消失了,疯狂便在公共领域里重新出现。它的重现,像是被一种缓慢沉默的侵袭所推动,质疑着法官、家庭和所有的秩序负责人。人们还在为它寻找地位,它却提出了一些紧急的问题:不可理喻者的——家庭的、治安的、社会的——古老概念解体了,这时,司法上的无责任概念和人对疯狂的立即经验,只有落入没有中介、直接对立的状况。这时,一项工程便发动起来,使得法律定义下的异化概念——一个负面的概念——逐渐被日常人对疯狂所持的道德意识渗透,产生变化。

"警察总署中的法官和行政官员应该加以区分。前者是执法者,后者则是行政人员。"㉟当笛·爱萨尔(Des Essarts)在数年后,评论这项他自己所下的定义时,他写道:"现在是1789年4月,重读这段1784年所写的文字时,我必须加上一句,我们的民族发出誓愿,希望这个行政部门受到摧毁,或至少加以改革,使得公民的自由可以确保不受危害。"大革命初期,警察受到重新整顿,取消这个既独立又混合的权力,并将其特权转交公民——他们同时是私人,也是集体意志。由1789年3月28日政令所设立的选举区,便被用来作为警政重组的分区;巴黎每一区设有五个连,其中一连给薪(其中大

㉟ 笛·爱萨尔,《治安辞典》(*Dictionnaire de police*),Paris,1786,t. VIII,p. 526。

多是过去的警察),但其他四连则由志愿公民组成。㊱ 于是,社会上的个人突然必须负责进行立即的、先于司法行动的社会划分,而这本是所有警察的分内之事。这时他必须直接地、无中介亦无控制地和过去监禁体制所要处理的各类问题打交道:流浪、卖春、放荡、伤风败俗,当然还有从暴虐到狂怒、由弱智到心神丧失的所有混淆形态。以公民的身份,个人这时被召来,在他的团体中,行使暂时具有绝对权力的警察工作;这时候,他必须完成这个幽暗但又具有主宰性的手势,使社会得以把一个个体标指为不受欢迎者或社会统一体之外的异端;他也必须负责判断秩序和失序、自由和丑闻、道德和不道德之间的分界。现在,在所有解放之前必须先期进行的,有关疯狂和理性之划分的立即操作,其权力便存放于他的意识之中。

公民乃是普遍的理性——此说具有双重意义:他乃是人性的立即真相,一切立法的衡量者。但他也是非理性和理性的区分者;在其意识的最自发形态中,在他于一切理论或司法提炼之前所采取的立即决定之中,他同时是这项划分的场所、工具和裁判者。我们在前面也看到,古典人同样也可以先于一切知识,以立即的了解,辨识出疯狂的存在;但他在这样做的时候,乃是自发地在利用他的常识,而不是在发挥他的政治权利;这时候,是人以其作为人的身份在判断,而且不加评论地察觉到事实上的差异。现在,当公民和疯狂打交道时,他是在发挥他的一项基本权利,使他可以同时是"执法"

㊱ 1790年5月21日至6月7日的政令以四十八个区域取代过去的七十个分区。

和"行政人员"。由于自由人是布尔乔亚国家的唯一主人，他也就变成了疯狂的第一判官。由于这一点，具体的人，日常的人和疯狂之间的接触，过去虽被古典时代所中断，现在又得以恢复；但这个接触恢复时，两者之间既无对话，亦无对峙，而是在一种已经建立的主权形式之下，作为权利绝对和沉默地行使。布尔乔亚社会的基本原则，使得这项同时既是私人又是普遍的意识，可以在所有可能的抗议出现之前，便主宰了疯狂。当它后来在法庭或疗养院里，把疯狂交还给司法或医学体验时，它其实已经暗暗完成它对疯狂的宰制了。

这项宰制最初的形式为"家庭法庭"，虽然它为期甚短：这是在大革命之前即已存在多时的古老理念，而旧王政体制的习惯，似乎也已经为它画出了蓝图。警察总长贝尔丹（Bertin）在 1764 年 6 月 1 日，发信给各外省总督。信件主题为家庭为了申请王室逮捕令所呈送的申请书："下列两点必须特别谨慎：第一点，这份备忘录必须由父方和母方血源最近的亲属签署；第二点，必须详记未签署人及其原因。"㊲不久之后，布勒特伊也会构想立法设立家庭仲裁（juridiction familiale）。最后，立宪会议终于以一条政令，在 1790 年 5 月创立了家庭法庭。这个法庭是民事仲裁的基本单位，不过其裁决只有在地方当局发出一项特别命令之后，才具有执行力。这些法庭的任务是为国家减轻仲裁上的负担，为其处理有关家庭利益纠纷、遗产、共有财产等大量的诉讼案件。不过它们又被拟订了另一个目标；对于家庭过去直接向王权要

㊲ 引用于 Joly,《18 世纪弓城旧制财政区之王室逮捕令》(*Les Lettres de cachet dans la généralité de Caen au XVIIIe siècle*)，Paris，1864，p. 18，note 1。

求的一些措施,现在要由这些法庭来为它们提供司法形式和地位:挥霍无度或放荡无羁的父亲、浪子、无能力治理其所分得部分遗产的继承人,所有这一类的缺陷、错乱或行为失检,过去如果不是由禁治产的完全法律程序来制裁,便是由王室逮捕令来制裁,现在,它们全归家庭法庭管辖。

在某种意义上,立宪会议的政令,只是把18世纪以来不断进行的一项演变加以完成,那就是对所有自发的行为都给予体制性的地位。但事实上,对于家庭的专断和其利益的相对性,必须要花很大的力气才能加以节制;相反地,旧王政体制下,任何申请书都会带动警方进行调查,以便查核是否属实,[38]而现在,新法只规定有向上一级申请重审家庭法庭判决的权利。这些法庭的实际运作显然缺失颇多,[39]因此在种种司法重组后,它们就被裁撤了。不过,这仍是一件相当有意义的事情:在某一段时间之中,家庭本身曾经被抬高成为司法单位,对于行为不检、失序、各式各样的无行为能力和疯狂,它都可以握有法庭的仲裁大权。在一段时间中,它十分明显地展现出它历经演变之后的结果,而且也展现它未来会幽暗地继续维持下去的状态:不经中介,操作理性和疯狂划分的作用者——这是一个粗糙的司法形态,它把生活、经济和家庭道德之规律与健康、理性和自由之规范相等同。一旦家庭被当作体制,并被定义为法

---

[38] 前面所引 Bertin 之文字,详细说明应注意事项:"对于这一切,必须查核是否属实。"

[39] 参考司法部长对立法国会的报告(《国会档案》,1792年5月1日议事附录,t. XLIII, p. 613)。由1790年12月11日至1792年5月20日,Saint-Germain-en-Laye 的法院只认可四十五件家庭判决。

庭之后，不成文法便像是一种自然，在此同时，私人获得法官的地位，并且把他和非理性的日常对话，带入公众辩论的领域里。从此以后，私人领域的意识便能以公共和体制的途径来支配疯狂。

还有许多其他的转变，可以明显地指出这项新的支配。我们尤其可以由刑罚性质的改变来看出这一点。我们前面曾看到，[40]有时候，监禁可说是惩罚的减轻；更经常看到的是，监禁寻求隐藏罪行的丑陋面，因为罪行所表露的过度和暴戾，使得它像是源自非人性的力量；[41]监禁划定一条界线，由这里开始，丑闻便是无法接受之事。相反地，布尔乔亚意识反而把丑闻当作其主权行使的工具之一。这是因为它具有绝对权力，因此它不只是法官，同时也以其本身构成刑罚。它现在承担着"认识"的权利，但"认识"对它来说，不只是讯问和审判，而且也意味着把一个过失公诸于世，使它以耀眼的样态出现在自己眼前。而这样的公开也就足以构成惩罚。因此，在这个意识之中，审判、执刑、救赎，都要以观看这项理想、立即的单独动作来进行。在丑闻这项有组织的游戏中，认识便足以承担审判的全体。

布里索在他的《犯罪法理论》(*Théorie des lois criminelles*)中指出，丑闻乃是理想的惩罚，因为它永远和过失相当，又不会造成任何肉体上的烙痕，并且可以立即地和道德意识的要求相符合。他重新提起一个古老的区别，认为原罪(péché)是抵触神的秩序，其刑罚保留给上帝，罪行(crime)

---

[40] 参考上文，第一部，第四章。

[41] 同上，第五章。

则是对邻人的伤害,必须以刑罚处罚,至于恶德(vice),乃是"只跟我们自己有关的混乱",其制裁则为耻辱。㊷ 由于恶德比较内在,因此也比较原始:它本身也是一种罪行,不过它是尚未完成的罪行,深藏于人心之中的罪行之源。在违犯法律以前,罪犯总是已经侵犯了意识中的沉默规则:"实际上,恶德之于道德习俗,相当于罪行之于法律,而恶德总是罪行之父;这是一群由怪物所形成的种属,就像弥尔顿(John Milton)所描写的原罪的可怕系谱学一样,这些怪物似乎会彼此相生。我看到一位可怜人正要去受死……他为什么会登上死刑台呢?如果您上溯他的行为串联,你会看到第一个环节几乎总是对道德习俗神圣屏障的超越。"㊸如果想要避免罪行,严刑重典并不济事;有效的做法是让道德习俗变得更有威严,让它的规条变得更加可畏,使得每次一有恶德遭到揭露,便会暴发丑闻,这似乎是一种虚构的处罚,而如果在一个暴政国体之下,它真的会变得如此,因为在这种政体下,敏锐的意识和丑闻只能造就伪君子,"因为舆论在这方面已经神经疲乏……因为,总之,我们总得说出谜底,和共和政体有所不同,善良风俗并不是王权体制不可或缺的基本元素。"㊹然而,当道德习俗构成国家的实质本身,而舆论构成社会最坚固的联系时,丑闻就会变成最可怕的异化形态。因为它,人会无法挽回地成为社会最本质事物的陌生人,而且,处罚

㊷ 布里索(Brissot De Warville),《犯罪法理论》(*Théorie des lois criminelles*),t. I,p.101。

㊸ 同上书,pp.49-50。

㊹ 同上书,p.114。

在这时也不是个人的补救,而是具有普遍的性格;它存在于每个人的意识之中,并且由众人的意志执行。"想要克制罪行的立法者们,这便是所有罪犯都会遵循的大道,您看到他们所闯越的头一条界线,那就是道德习俗,因此,使得它变得不易超越吧,如此一来,您就不会如此经常地要被迫以刑罚解决了。"㊺如此,丑闻之作为处罚具有双重的理想性质,首先它和过失立即相当,再者,它又是一种方法,可以在罪行尚未成形之前,对之加以预防。

监禁蓄意要关闭在阴影之处的东西,革命意识却要把它提供给大众——公开示众成为惩罚的本质。如此一来,所有和秘密及丑闻相关的价值都被颠倒过来了:过去既成的过失是被包裹在惩罚的幽暗深沉之中,现在则被人以丑闻肤浅的闪烁取代,而它所要制裁的,又是人心之中最幽暗、最深沉、最少为人明白说出的部分。以一种奇特的方式,革命意识又重新发现公开刑罚的价值,好像那是非理性沉默力量的颂扬。㊻但这也只是表象罢了;问题不再是把无理智朝向世界展现,而只是把不道德展示于因为丑闻而愤慨的意识之前。

由这里开始,一整套心理学正在诞生,它改变了疯狂的基本意义,并在非理性的隐蔽形态下,提出人类关系的一项

㊺ 布里索(Brissot De Warville),《犯罪法理论》(*Théorie des lois criminelles*),t. I, p. 50。

㊻ 1791 年 8 月 30 日,有一位女人因为性犯罪,被判"由高等执法人员,将她放在驴背上,面朝尾,头戴草帽,上书'败坏青年之女',送到所有重要的地方和十字路口游行展示,尤其是要到皇宫广场前去。她被人脱光衣服,用木条鞭打,并被人以水仙花形状的热铁严惩"。(《法庭杂志》[*Gazette des tribunaux*], I, nº 18, p. 284。参考同上, II, nº 36, p. 145)

新描述。很奇特的是，尚在粗糙状态的犯罪心理学——这种忧虑至少是想要了解罪刑如何可以上溯到人心中源头——并不是生自司法的人性化，而是来自更多的道德要求，来自某种道德习俗的国家化过程，以及愤慨形式的精致化。这种心理学乃是古典司法意识的反面形象。在古典意识中被隐藏的东西，被它转化为一个由其展现的真相。对所有向来并无见证的事物，它要作其见证。因此，心理学和有关人最内在事物的知识，其诞生正是因为公共意识被召唤作为普遍裁判者，作为一种可以立即有效审判人的理性和道德。心理学的内在性的构成，乃是以丑闻意识的外在性作为出发。古老的古典非理性，它所有的内容，将会被转化为心理学知识的形式，因而得到接承。这个曾经被人驱逐、摆置在一段不可化约的距离之外的世界，突然变成日常意识所熟悉的事物，因为后者现在有审判它的义务；现在它所分布的表面，乃是一个心理学的表面，而这个心理学的所有基础，乃是道德之中，最不假思索、最立即的形式。

* * *

以上这一切，通过刑法的大改革而成为制度。陪审团在此代表的正是公共意识，代表它对人之所有秘密和非人性事物的理想支配。公共辩论的规则，使得这项由陪审团暂时受委托代理的主权，具有理论上的无限延伸性：通过他们，乃是民族的整体在审判，而且也是这个整体，在和所有过去被监禁体制隐藏的暴力、亵渎和非理性形态进行辩论。然而，借由一个吊诡的运动——而且这个运动到今天都还没有结束——正是因为裁判者要求司法更具普遍性，以便奠立正义的基础,而且也正因为它以人之权利和义务的一般规范来取代特殊的法律体系,正因为它的判断可以在某种公共意识中,肯定其真确无误,这么一来,罪行反而内在化了,而它的意义也不断地变得更加私密。犯罪行为失去了绝对意义,并丧失它在既成动作、既成侵犯中所具有的统一性;它分裂为二,受到两种尺度衡量,而且随着时间推移,两者之间还会越来越无法调和:第一个尺度衡量过失及其处分——它来自公共意识中的规范,来自丑闻的要求,来自把惩罚等同于展现的司法态度的规则;第二个尺度则定义过失和其起源间的关系——这是一种知识,这是一种对个人和秘密所作的推断。如果有证明的需要,那么这个分离便足以证明,心理学作为个体的认识,应该要以历史的角度受到考察,观察它和公共意识所表达的判断形态之间,具有什么样的基本关系。个人心理学之所以可能存在,乃是来自社会意识中对丑闻所进行的全盘重整。对遗传、过去、动机间的连贯性的认识,其可能性的出现,只有在过失和罪行不再具有本身的局部意义,也不再只是彼此产生关联,而使其一切意义来自布尔乔亚意识的普遍目光那一日开始。丑闻和秘密之间产生了一道裂缝,罪行因此丧失了它的真实密度;它现在处身于一个半私人半公共的世界;由于它归属私人世界,它便是错误、妄想、纯粹的想象,因此它是非存在的事物;但由于它也属于公共世界本身,它展现的也是非人性、无理智、为所有人的意识所无法认同的事物、并非建立在这个意识之中,所以也没有权利存在的东西。从各种方式来看,罪行都变成不真实的东西,而且就在它所展现的非存在里,它暴露出它跟疯狂具有深厚的渊源。

古典的监禁措施,不是已经征兆着这个渊源早已缔结多时?它不是以同样的单一性,来混淆精神和行动上的软弱、语言和手势上的暴力,把它们包裹在非理性的厚重了解形式之中吗?然而,它并没有认为它们具有同样的心理,可以用一些相同的心理机制——揭发其疯狂。那时人们在寻求中性化之时,乃是把它当作效应。而现在,非存在却被认定为起源。在这个历史循环复现的现象中,监禁体制所获得的后果,后来却被暴露为疯狂和罪行之间的同化原则。它们原来是在地理层面上被人强迫靠近,以便加以化约,现在,这个亲近关系则转变为非存有系谱学上的邻近关系。

在法国第一件由陪审团公开审判的激情犯罪案件里,已经可以觉察到上述的转变。类似的事件,习惯上很少会被心理学史家记载下来。但,如果我们想要了解在18世纪末向西方人展开的心理学世界,而且让他在其中为了寻找自己的真相,越来越深入地探求,甚至现在会想要穷尽其底蕴;如果我们想要知道心理学是什么,但不是把它当作一组知识,而是把它视为现代世界特有的文化事实和表达,这个案件,它的审理和诉讼方式,其重要性便像是一道门槛,或是一组记忆的理论。人和其真相间的一整套新关系,正在这里生成。

为了精确地加以定位,我们可以把它和任何先前审判的疯狂罪行事件相比较。举个例子来说,在朱里·德·富勒里(Joly de Fleury)担任掌玺大臣[6]的时代,有一位名叫布尔乔亚(Bourgeois)的人,曾经因为一位妇女拒绝他的钱,而尝试杀她。[47]他遭到逮捕;家人马上提出一项请求"以便展开调

---

[47] 国家图书馆,coll. "Joly de Fleury," 1246, f⁰ˢ 132-166。

查,证明布尔乔亚一直表露出疯狂和挥霍的征兆,并依此使他可以遭到监禁或遣送外岛"。有些人出来作证,指出被告曾经多次"显出精神失常的样貌,作出疯子的举动",经常"废话连篇",显出"失去理智"者的所有征象。税务检察官倾向于满足其亲人的要求,不过原因并不是考虑到罪人的状态,而是为了尊重这个家庭的可敬和悲惨;他给朱里·德·富勒里写信说:"这个可敬而又可怜的家庭,财产微薄,却又要负担布尔乔亚所遗留下来的六名稚龄儿童,由于他家人的要求,我才向您请求签署附带文件,俾便他们可以获准将这名专门以疯狂行为羞辱家庭的坏蛋监禁于强制收容所之中。多年以来,他已表现出太多疯狂的证据。"朱里·德·富勒里回复说,对这个诉讼案应该全程注意,并且要符合规则:在任何情况下,甚至在疯狂十分明显的情况下,都不应该以监禁阻止司法程序,亦不能预先取代判刑;不过,在审理过程中,应该调查其疯狂状况;被告应该"受报告推事(conseiller rapporteur)听讯,并且在一位代理检察长(substituts)在场的情况下,接受法庭指定的医生或外科医生检查"。审判确曾举行,时间为 1783 年 3 月 1 日,土奈(Tournelle)刑事法庭判定"布尔乔亚应被递送比塞特堡强制收容所拘禁,受到和其他无理智者同样的供应、对待、治疗"。他在精神错乱者分区待了一段短暂的时间之后,人们观察到他其实很少显露出疯狂征象;人们开始担心这是一件伪装案,便把他调到单人房。过了一段时间后,他要求转回无理智者区,而且因为他没有表现出任何暴行,这项请求也得到准许。在那里,"他做些小差事,也因此能够得一点小小的舒适。"他写了一份申请书,要求获释。"但院长回复他说,他的拘留是个恩惠,他原来的案情,除了死刑之外,几乎什么刑都可以判(ad omnia citra mortem)。"

这里出现的是一个基本的要点:罪犯如果被判处和无理智者关在一起,并不表示他就被视为无辜;但无论如何,这仍是一个恩惠。也就是说,对于疯狂状态的确认,即使是在诉讼过程中成立的,也不是判决的内在成分:它只是重叠于判决上面,它只改变了后果,但对其中最基本的部分,并不造成任何改变。罪行的意义、它的严重性、其动作的绝对价值,这一切仍然完璧无损、不受影响;即使医生确认存有疯狂,也不会使疯狂上溯成为行为的核心,而使得行为"变得不现实"起来;但虽然罪行保持不变,疯狂却可以使犯罪人的刑罚得到减轻。这么一来,刑罚之中便出现了一种具有可逆性的复杂结构——这像是一种摇摆不定的刑罚:如果犯罪并未显露明显的疯狂征象,那么他就会离开无理智者区,转回囚犯地位;但如果他在单人房里又表现出有理性的样子,如果他未做出任何暴行,如果他操行良好到可以让人原谅他的罪行,那么他就被送回无理智者之间,受到比较温和的对待。暴力是犯罪行为的核心,因此有时意味着疯狂,有时又为严厉惩罚辩护。精神错乱和罪行在这个不稳定的主题四周打转,处于一种既是互补,又是邻近和排斥的混淆关系之中。但不论如何,它们之间仍是一种外在性的关系。一个仍待发现的关系,在1792年得到明白的表达,它正好和前者相反,乃是两者间的内在性关联。如此一来,罪行的全体意义产生重大改变,陷入一个质疑的体系之中,而且,即使到了今天,也还没有得到回答。

在1792年,律师贝拉尔(Bellart)为一位名字叫格拉(Gras)的工人作上诉辩护。案主时年五十二岁,因撞见其情妇正在进行不贞行为,将她杀死。一审时判的是死刑。这是第一次在有陪审团的公开庭中,进行激情案件的辩护;这也是第一次,罪行和精神错乱间的大辩论得以在光天化日之下举行,而使得公共意识必须尝试去划分出心理认定和犯罪责任间的界线。贝拉尔的辩词并未对心灵和感情的科学带来任何新的认识;但它做的其实更多:它划出了一个全新的空间,使这项知识可以在其中得到意义;并且它也发现了一种操作过程,使得心理学得以在西方文化中成为人之真相。

大概地说,我们在贝拉尔文章中可以发现的事物,使得心理学摆脱了激情的文学道德神话。在整个18世纪之中,这个神话曾经同时既是激情的规范,也是它的真相。这是第一次,激情的真相不再符合于真实激情的伦理。人们对爱情的某种道德真相有所认识——它的组成包含合真实性(vraisemblance)、自然、活泼自发,而且是一种含混不清的方式,这个真相同时是爱情的心理生成律则,也是它之所以有效的形式。18世纪的所有敏感心灵,都会理解葛里欧家族(Grieux),并认为他们无罪。现在被告是一名五十二岁的老人,他因为嫉妒而杀死一位德性可疑的情妇。但如果这不是他,而是一位"力量焕发、青春优雅的年轻人,并且因为他的美貌,甚至因为他的激情而可能令人对他产生兴趣,那么一般人都会站在他这边……爱情乃是年轻人的专利"。[48] 在这样的爱情里,我们可以立即认识到其中的道德感性。但,在这种爱情之外,还有另一种爱情,和美及青春无关,却能在人心之中生成和残存多时。它的真相违反合真实性,它的本性

---

[48] 贝拉尔,《作品集》(*Œuvres*),Paris,1828,t. I,p. 103。

便是反自然;这种爱情,和第一种爱情不同,与年龄无关;它也不是"自然的执行者,被创造出来服务其意图,供应存在"。第一种爱情和谐,允诺着幸福,相对地,后一种爱情却只以苦难为食粮:如果说前者"乃是青年的美食,壮年者的安慰",那么,后者却"经常造成老年人的苦恼"。㊾ 18世纪对激情的文本,毫不区分地以心理学观点和道德观点加以解析。现在这个文本产生了分裂:它被划分为两种形态的真相;它陷入两种自然归属系统之中。这时候,逐渐出现了一种心理学。它对感性不再感到兴趣,它感兴趣的只是知识。在这样的心理学中,人性真相的形象不再是道德有效性的形态。

这种爱情不再受自然智慧限制,完全陷入其自身的过激发展之中;它像是一颗空虚的心所发出的狂乱,像是一股没有对象的激情所进行的绝对游戏;它的羁恋和所爱对象的真相全然无关,因为它只是暴力地投入它自身的想象活动之中。"它主要是在心里活动,而且和它一样地嫉妒和狂暴。"这个狂热完全只专注在自己身上,它同时是一种赤裸真相中的爱情,亦是孤独幻象中的疯狂。它的出现,乃是因为激情过于符合其机械化真相而产生异化,因而一旦发动起来,就变成妄想。因此,一旦我们把动作上的暴力归源于激情中的暴力,并得出一个纯粹的心理真相,这时我们便把这个动作放在一个充满盲目、幻象和疯狂的世界之中,进而消隐了它的犯罪现实。贝拉尔在他的辩词里所作出的首度揭露,乃是一项对我们来说具有基本地位的关系,它说明人的所有手

㊾ 贝拉尔,《作品集》(*Œuvres*),Paris,1828,t. I,p. 103。

势，其真相（vérité）和其现实（réalité）乃成反比关系。一个行为的真相，必然会使其脱离现实；它暗暗地向它提出一个解释，说它无法再分析的最后形式，它秘密的实在，其实便是疯狂。如此一来，格拉的杀人行为中，剩下的只是一个空洞的手势，"由一只唯一有罪的手"所完成，另外就是"一个不幸宿命"，在"理性的缺席之中，和一股无可抗拒的激情的苦恼之中"发挥了它的力量。㊿ 人的真相现在还陷入一些道德神话之中，但如果我们把人由所有这些神话中解放出来，这时候我们就会看到，这个不再受异化的真相，它的真相便是异化本身。

由这个时候开始，"人在心理学上的真相"所指的意义，便会继承非理性长期承担的功能和意义；为古典时期驱逐流放到社会最遥远边界的古老力量，现在却被人在他的深心之处发现了，那是他最深沉的孤独，那是幸福、合真实性、道德所永远无法触及的一点。非理性被强力地客观化，呈现在人身上最主观、最内在、最深沉的东西里。在长久的过去，它一直是有罪的显现，现在它却变成了无辜和秘密。过去非理性颂扬着使人取消其真相的错误形态，但它现在却超越了表象，甚至超越了现实，成为最纯粹的真相。疯狂现在被捕捉在人的心中，深陷于人的内心，它反而能说出人身上最初始的真实。由这里开始的是一项缓慢的工作，在我们这个时代，它终于得到完成，而且形成我们的道德生活中的主要矛盾之一：所有可以被说成是人的真相的东西，都会进入无责任和清白无罪的领域，而这样的无辜，在西方法律体系中，一

㊿ 贝拉尔，前引书，pp. 76-77。

直都是极度疯狂的特点:"如果,当格拉在杀死寡妇勒费佛尔 (Lefèvre)的那一刻,他完全落入某种激情的宰制之中,以至于他不可能知道自己在做什么,也不可能以理性行事,那么也不可能判他死刑。"[51]在贝拉尔辩护词里,已经潜然存在着对刑罚、判决和罪行意义本身的质疑,因为这样的一种心理学,秘密地认为所有可能说出的人之真相,其核心便是无辜的疯狂。

"无辜":然而我们不能用这个字的绝对意义来了解它。这里牵涉的不是心理学由道德之中所得到的解放,毋宁是两者平衡关系的重组。心理上的真相只有在一种非常明确的范围内,才能使人获得无辜。这个"主要是在内心之中活动的爱情",不是因为它只是一个心理机制就能使人获得无辜;它同时也要是另一种道德的指标,而这种道德其实只是道德本身的一个稀有形态。一个年轻力壮的人,而且"因为其美貌而令人对他产生兴趣",如果他的情妇对他不忠——他离开她就是了;许多人,"如果身处于格拉的地位,便会对情妇的不忠一笑置之,再去找别人就是了。"然而,被告的激情却是单独地、只为其自身生存着;它不能忍受不忠,也不能适应任何转变:"格拉绝望地看到他最后有可能支配的一颗心也离他而去,而他所有的行动应该都带着这股绝望的烙印。"[52]他是绝对地忠实;他的爱情使他盲目,使他走向一种少见、强求、暴虐的美德,而我们不可能谴责这种美德。当我们纵容不一贯的时候,我们应该严厉对待忠实吗?尚且,如果律师

---

[51] 贝拉尔,前引书,p. 97。
[52] 同上书,p. 103。

要求不要判他的顾客死刑，那也是以一项美德为名义，而且，虽然18世纪的道德习俗可能不会太重视它，但现在我们却应该要尊崇它，如果我们想要恢复过去的美德的话。

这个诞生犯罪手势的疯狂和狂怒地域，它之所以能使人宣告无罪，正是因为它不是一个严格中性的道德，而是扮演了一个明确角色：它颂扬了社会虽然承认、却无法使其盛行的价值。婚姻是社会要求的，但人们却被迫对不忠实闭上眼睛。当疯狂显露出的是嫉妒、顽固、忠实时，它便能让人得到无辜——甚至报复是它所付出的代价。心理学处于自欺欺人的坏意识之中，处于被承认的价值和被要求的价值的游戏之间。这时，而且只有在这时候，心理学才能消融犯罪的现实，并且以一种无法实践的堂·吉诃德式美德，来使罪行成为无辜。

如果我们不让这些难以达成的价值得以闪现，那么，即使受到心理或感情的机制所决定，罪行仍然是罪行：它并不值得宽大对待；它只是来自恶德、变态、卑鄙。贝拉尔小心翼翼地建立“不同罪行之间的一项重大区别：有一些罪行是卑劣的，揭发了一个低贱的灵魂，比如偷窃”——布尔乔亚社会当然不能认同这样的价值，即使它只是理念上的存在，都不能加以接受；这些罪行会和其他更残酷的手势连在一起，它“揭露出一种败坏卑鄙的心灵，比如暗杀或有预谋的杀害”。然而也有其他的罪行，却相反地表露出“一种活跃而热情的心灵，那是以第一冲动犯下的罪行，格拉所犯的，便是这一类”。(53) 因此，一个犯罪动作，其受决定的程度，并不足以固定其行为者的责任；相反地，一个动作越是显得来自遥远过

(53) 贝拉尔，前引书，p. 90。

去,越是在这种"低贱"的本性生根,它就越是有罪;相对地,临时发生,好像是在意外中,因为心之活动而被带向一种荒谬孤独的英雄主义,这样的行动便值得从轻量刑。如果是本性变态、教育恶劣,这样的人是有罪的;但如果是由一个道德突然而狂暴地过渡到另一个道德,这样的人却是无辜的——这也就是说,由一个真正被人实践但又不敢被人承认的道德,过渡到一个人们大加称扬、却又因为着眼于众人的最大利益、拒绝实践的道德。"一个人,如果在孩提时代,受到健康的教育,成年之后,又有幸能够保留其原则,便能够毫不费力地向自己保证说,任何第一类罪行"——败坏的心灵所犯的罪行——"将永远不会玷污他的生命。但,谁会足够大胆,敢于宣称一旦重大激情爆发之时,他永远不会犯下第二种罪行?谁胆敢保,在狂怒绝望高升之时,他永远不会手染鲜血,而且可能便是他最亲之人的血呢?"[54]

如此,产生了一种新的疯狂划分:一方面是完全落入变态之中的疯狂,而任何决定论也不能使它得到谅解;另一方面,则是朝向英雄主义投射的疯狂,它形成布尔乔亚价值的颠倒形象,但和它其实有互补关系。后者,只有后者,才慢慢地得到了被认可进入理性的机会,或者毋宁说,那是理性的间歇断续。只有在这样的疯狂里,责任才会得到减轻,而罪行也同时变得更具人性,又更无法处罚。如果人们发现这样的疯狂可以解释,那是因为人们发现它完全被受到认可的道德选择所渗透。然而精神错乱还有另一面,即,那无疑便是华耶尔 – 可拉尔(Royer-Collard)在他写给傅谢(Fouché)的

---

[54] 贝拉尔,前引书,pp. 90-91。

著名信件里所提到的"恶德之狂"(folie du vice)。[7] 这样的疯狂,老实说并不完全是疯狂,因为它和道德世界绝对陌生,因为它的妄想只在其中谈及邪恶。前一种疯狂向理性接近,和它混在一起,而且也可由理性出发去了解,相对地,另一种疯狂却受到拒绝,被抛向外在的阴暗;19 世纪连续产生的一些奇特的概念,便是诞生于此;这些概念包括道德上的疯狂、退化、天生的罪犯、变态;这都是一些为现代意识所无法同化的"坏疯狂",它们形成非理性不可化约的残余,而人只能用绝对否定的方式来自我保护,也就是通过拒绝和绝对的谴责。

在大革命时期以公开方式辩护和裁判的头一批刑事大诉讼里,整个旧有的疯狂世界又再度进入近乎日常的体验之中,重见天日。然而,这个体验的规范,却不能再让这个世界具有以前的分量。16 世纪曾经用想象世界加以收容的多样性整体,19 世纪却依照道德感知的规则加以分裂:它分辨出好疯狂和坏疯狂——其中一个受到人们的接纳,被摆在理性的边际上,在道德和自欺欺人的坏意识,在责任和无辜的游戏之中出现;另一个则受到古老的诅咒,被当作是无法补救的侵犯。

* * *

监禁制度的毁坏在法国比任何地方都来得剧烈突然。在匹奈改革之前短短的几年期间,疯狂的居留场所,以及转化这些场所的精练工作,仍然有待发现:这时出现了一整群工作,我们上面所做的,便是尝试去固定其面向。

乍看之下,这样的工作像是"意识觉醒":疯狂终于被认为拥有独特的问题意识。然而我们必须开展这个觉醒的全幅意义;这里涉及的,与其说是突然的发现,不如说是一种长期的投注,仿佛在这个"意识觉醒"之中,**捕捉**比新的**照明**更为重要。某种历史地位明确的意识形式(forme de conscience),占据了疯狂,并且主宰了它的意义。如果这个新意识似乎把自由和正面真相交还给疯狂,它这么做也不是仅仅靠着旧有束缚的消失,而是通过两个正面性操作系列所产生的平衡:其中一个系列使其重见天日、摆脱混淆,如果人们愿意,可以说是进行解放;另一个系列则急速地建立新的保护结构,使得理性在它的立即邻近处重新发现疯狂时,又能加以摆脱,保护自我。这两个大集合并不相互对立;它们甚至还不只是互补而已;它们其实是一体的两面——这个整体便是同一个协调的手势,通过它,**疯狂在一个一开始便具有异化能力的结构里,被呈献给认识**。

疯狂的古典体验的条件,在此不可逆转地改变了。最后,我们也可以列出表格,表现出这些具体范畴明显的对立:

解放形式	保护结构
1. 废除把疯狂和所有其他非理性形式相混淆的监禁体制。	1. 为疯狂设计一个监禁体制,它不再是排除的场所,而是使疯狂显现其真相的有利地点。
2. 建构专以医疗为目的之疗养院。	2. 把疯狂捕捉在一个不可逾越的空间之中,此地必须同时是它的显现处和治疗空间。
3. 疯狂获得自我表达、受人倾听、以自己名义说话的权利。	3. 在疯狂的四周和上方,提炼出一个绝对的主体。他全由观看组成,而且使得疯狂成为客体。
4. 疯狂被导入心理学主体之中,作为激情、暴力和罪行的真相。	4. 把疯狂置入一个不协和的价值世界,以及自欺欺人的坏意识游戏之中。
5. 承认疯狂在心理学真相上扮演的角色,并且认定它是无责任的决定机制。	5. 以道德判断中的二分法要求去划分疯狂的形态。

这个既解放又奴役的双重运动,构成现代疯狂体验秘密的具体基础。

我们认为精神病的诸形态具有客观性。我们很容易便会相信这个客观性乃是自由地提供在我们知识之前,像是一个终于受到解放的真相。事实上,它只把自己献给那些已经受到保护、不受其危害的人。对疯狂的知识,预设掌握这个知识的人具有摆脱它的方式,事先即不受其危害和幻象威胁,那是某种自己不疯的模式。精神医疗实证论的历史性来临,和知识提升的关联只是次要的;在一开始,它是一种自处疯狂之外的特殊模式的固定化:这是某种我不疯狂的意识,而这种意识后来成为知识主体的具体处境,它形成一个坚固的基础,使得认识疯狂由此开始成为可能。

这项突然的变动,使得数年内,欧洲世界的表面上,便建立起新的疯狂知识和疗法。如果我们要明白这里面到底发生了什么事,去问在已知知识之上究竟被加上了什么东西,是没有用的问法。不是医生的突克,不是精神病科医生的匹奈,他们会比替索或居伦懂得更多吗?那有所改变,而且是突然改变的,乃是我不发疯的意识——这个意识,自从18世纪中叶以后,又再度和疯狂所有的活跃形态相遭遇,面对它们的缓慢升高,及它们在监禁体制的废墟中,马上要发生的大转变。在大革命前后几年之中所发生的事情,就是这项意识新颖而突然的释出。

人们会说这是纯属否定的现象,但,如果我们靠近察看,它却不是否定的。它甚至是在**实证论**(positivisme)的来临之中,头一个和唯一的**肯定性**(positif)现象。其实,这项释出之所以有可能,只有通过一连串保护性建筑,而它们的设计与建造人是可伦比耶、特农、卡班尼斯、贝拉尔。而且,这些结构的坚固程度允许它们几乎完璧无损地一直残存到我们当代,即使弗洛伊德的研究努力,也不能撼动它。在古典时代,不发疯的方式是双重的:它分裂为一个立即的理解,以及一个排除体系,在这个体系中,疯狂被人和其他危害混在一起;因此,这个非理性的古典意识,总是处于紧张状态之中,一方面是从未遭到质疑的内在自明性,另一方面则是一项总是值得批判的专断社会划分。但是一旦这两种经验彼此结合,一旦社会保护体系被内化于意识形式之中,一旦疯狂的辨认便在摆脱它的运动之中完成,而且人们此时便是在各种制度表面本身衡量其距离,由这一天开始,18世纪的紧张状态就突然减轻了。辨认形式和保护结构彼此重叠,成为一个知道自己不疯的意识,从此高高在上。可以在一个单一的意识动作中,同时把疯狂当作是为人认识和为人制伏——就是精神病实证论体验的核心。而且,只要不因为新的知识解放,而使得这个可能性又变成不可能,那么疯狂对我们来说,仍会和匹奈及突克面前的疯狂相同;它仍然被捕捉在它的实证性(positivité)年代里。

　　从那时起,疯狂不再是一个令人惧怕的问题,或是一个无限更新的怀疑主题。它变成了客体。但是它的身份独特。在使它客观化的运动本身之中,疯狂变成第一个具有客观化力量的形态:靠着它,人才能对自己拥有一个客观的把握点。在过去,疯狂指出的是人因为目眩而产生的头晕,代表光线因为太耀眼而变得阴暗的时刻。现在它变成认识的对象——而且同时既是人最内在的部分,但也是最暴露在它的目光下的事物——疯狂所扮演的角色,便像是大型的透明结构:这并不是说它因为认识工作的努力,变成知识的清晰对象;而是意味着,由它出发,并且因为人在疯狂身上取得的客体地位,人类至少在理论上,应该能够完全成为客观知识的透明对象。如果19世纪首先在记忆、意志和人格的病理学中寻求回忆、意愿和个体的真相,这既不是一项偶然,也不是简单的历史落差效果。在这类研究里,有些事物乃是深刻地忠实于18世纪所提炼出的结构:以疯狂作为人的客观化过程的第一个形象。

在对人类的实证认识的大主题里,疯狂总是处于一个交错地带:它既是被客观化的对象,又是使客观化程序得以进行的事物,既处于暴露状态,却同时也是退隐的,既是内容又是条件。对于19世纪思想而言,对我们来说也是一样,疯狂具有谜样的地位:在事实上,它的全体真相在此刻难以接近,但人们不怀疑有一天疯狂会开向一个可以穷尽它的知识。但这只是一项预设,遗忘了一些基本的真相。人们以为疯狂的缄默是暂时的,但事实上,它背后隐藏着疯狂的基本隐退。它所退隐的区域,覆盖着人的可能知识的边界。人的实证科学之所以可能,十分必要的一点来自疯狂领域存在于最隐蔽之处的事实,因为人的存在就是在此之中,并由此出发,才会坠入客观性之中。疯狂警醒于其本质性的谜题之中,永远许诺着一个可以将它完全圈围的知识形式,但也永远不能被完全掌握,因为客观知识之所以能对人拥有一个掌握点,其原初的赐予者便是疯狂。人会发疯的可能性,和人作为对象的可能性,在18世纪末交会了。这个交会同时产生了(这里的日期并非偶然)实证主义精神医疗的预设,也产生人之客观科学的主题。

然而,特农、卡班尼斯、贝拉尔只是在思想里进行这个对现代文化具有基本重要性的结合。由于匹奈、突克,它会成为具体的处境:他们所创立的疗养院,接承了这些伟大的改革计划。这些疗养院以强大的力量,把每个疯人的危害,等同于他作为客体的必要,而且这个做法一直深入到日常生活之中。这时,实证主义将不再只是一个理论上的计划,而是异化存在的烙印。

客体地位一开始便被强加在每一个被承认为精神错乱者的个人身上;精神错乱将被当作位于一切有关人的客观知识中心点的秘密真相。

注　释

1　法国大革命之人权宣言发表于 1789 年 8 月 26 日。

2　作者所引的是 1789 年人权宣言第七条部分和第八条全文。

3　督政府取代了国民公会,在 1795 年至 1799 年间统治法国。

4　1795 年。

5　Georges Cabanis(1757—1808),是为法国医生、哲学家、唯物论者、意识学团体(idéologues)成员。

6　掌玺大臣是旧制大法官(chancelier)的代理人,负责封印诏令及王室信件。其地位和大法官相同,但可以为王室撤换。

7　参看本书第一部第三章,原文第 123 页,中译本第 166 页。

第四章

疗养院的诞生

我们认识这些形象。它们在所有的精神医疗史中都是人们熟悉的形象。它们的功能是描绘一个幸福的年代,在其中疯狂的辨识和治疗终能符合真相。过去,人们对这个真相已经盲目得太久了。

"可敬的公谊会教会(Société des Quakers)……对于不幸丧失理性、却没有足够的财产进入费用庞大的机构的成员,希望能使他们能确享和其状况相配的所有技术资源和生活舒适;两年来以乐捐收集基金,成立了一所疗养院。它集合许多优点,并尽可能节约,已在约克(York)城附近建立。当灵魂看到这个似乎是创造出来侮辱人类理性的可怕疾病,会在顷刻间感到沮丧,但在此之后,温柔之情又会油然而生,因为这时我们已见到有创造力的善心所能想出的一切治愈和安慰之法。

"这座房子距离约克有一英里之遥,四周是肥沃明媚的乡村;它一点也不会令人联想到监狱,毋宁说是一座乡下的大农场吧;它被一座巨大的封闭花园所包围。窗户没有栏杆铁栅。"①

至于比塞特院精神错乱者的解放故事,也是十分出名:一个决定作成了,地牢囚犯身上的铁链将被去除;库屯(Couthon)[1]巡视收容所,以便了解是否有嫌犯窝藏其中:匹奈勇敢走向前去迎接他,其他人则在看到"被人抬来的残废者"时,吓得颤抖。这是坚决而贤明的慈善家和瘫痪怪物间的对峙。"匹奈马上把他带到烦躁症患者住的分区,其中单人病房的怪相会令人产生深刻的痛苦印象。他想要询问所有的病人。但他得到的大部分回答,只是最粗野的辱骂。不必再延长调查时间了,这只是徒劳。他转身向匹奈说道:'啊,公民,你自己是不是疯了,才会想要为这些畜生松绑?——'匹奈很镇静地向他回答道:'公民,我坚信这些精神错乱者之所以会如此难以对付,正是因为他们被剥夺了空气和自由。——那么,你想做就去做吧,但我怕你会成为你自己错误推断的受害者。'于是,库屯便被抬上车去。他的离开是一个解脱,大家松了一口气,伟大的博爱家立刻开始工作。"②

这两个故事都是形象,因为它们至少以想象形式为其主要力量来源:突克的居所,具有父权的沉静,可以使得心之激情和神志的混乱慢慢地平静下来;匹奈的明智坚定,只以一句话和一个手势就制伏了两股咆哮环视的兽性狂怒;他的明

---

① Delarive 写给《不列颠图书馆》(*Bibliothèque britannique*)主编的信,主题为一所新成立的精神错乱治疗机构。这篇文章首先出版于《不列颠图书馆》,接着又以小册子的形态单独出版。Delarive 到隐卢访问的时间为 1798 年。

② Scipion Pinel,《精神错乱者之卫生措施大全》(*Traité complet du régime sanitaire des aliénés*),Paris,1836,p. 56。

智,足以分辨狂怒型疯人和真正危险的传统血液性体质者:这些形象的力量,足以使传说流传久远——直到我们当代为止。

我们不必拒斥它们。今天留下来的文件,很少比它们更有价值。而且,这些形象是这么地天真,它们不得不泄露许多字里行间的隐含意义。在每个形象惊人的深度里,我们应该要能同时解读其所隐藏的具体情势,及被它们当作是真相提供出来、但其实是它们所流传的神话价值;最后,也要解读出其中真正进行的操作,因为这些形象只是在为它们作象征层面上的转译罢了。

* * *

突克首先是一名公谊会会员,他是 17 世纪末起,开始在英国发展起来的无数"友谊会社"(Sociétés d'Amis)的一名活跃会员。

我们前面已经看到,18 世纪下半叶,英国的立法在救助政策上,越来越倾向支持私人组织。③ 人们组织了种种保险团体,同时也支持救助性会社的成立。然而,因为经济和宗教上的因素,自从一个多世纪以来,公谊会教徒已经在扮演这个角色了,而且在开头的时候,他们还违背了政府的意向。"我们不会把钱提供给黑衣人,要他们来援助我们的穷人,埋葬我们的死人,为我们的信徒宣教:这些神圣的工作,对我们来说太珍贵了,我们不能让别人做我们应做的事。"④ 如此我

---

③ 参考上文,第三部,第二章。
④ 伏尔泰,《哲学书简》(*Lettres philosophiques*),éd. Droz, I. p. 17。

们便能了解，为何在18世纪末期的新环境里，会有一条法律于1793年表决通过，"鼓励并支持友谊会社。"⑤这里所指的是一些协会——其榜样和灵感都来自公谊会——它们由募捐和赠予制度汇集基金，服务其会员，以备其需求或残废或生病时的需要。法律条文明白指出，这些组织可以产生"非常有益的效应，支持个人之幸福，又可同时减轻公家财政负担"。其中一个重要的地方在于：这些会社的成员可以不受"移转措施"(Removal)管辖。所谓移转法，规定教区应该把非当地出生的贫民或贫穷病人，转送回原出生地教区。各教区因此可以借此摆脱这些人物。我们应该补充说，这项移转措施，它的来源是"安顿法案"(Settlement Act)，而后者会在1795年遭到废除，⑥这时人们考虑到，如果移转的交通过程可能会产生危险，便要规定各教区有收容不属该教区贫穷病人的义务。这便是促使隐卢(la Retraite)诞生的独特争端的司法背景。

另一方面，人们可以假定公谊会教徒很早就非常注意精神失常者的援助和照料。由其起源开始，他们就和监禁所打过交道；1649年，乔治·福克斯(George Fox)[2]和他的一位同伴，受法官裁定遣送达比(Darby)惩戒所，受到鞭笞，并监禁六个月，理由是亵渎神圣。⑦ 在荷兰，公谊会教徒曾经几度

---

⑤ 33. George III, cap. v, "友谊结社之负担减轻及鼓励"。

⑥ 35. George III, cap. 101. 有关安顿法案的废除，请参考 NICHOLLS, 前引书, pp. 112-113。

⑦ Sewel,《基督徒之兴起、增长及进展历史》(*The history of the rise, increases and progress of Christian People*), 第三版, p. 28。

被监禁于鹿特丹(Rotterdam)救护院。⑧ 伏尔泰或许是记下了一句由公谊会教徒那儿听来的话,或许是引用了一个流行的意见,他在《哲学书简》(*Lettres philosophiques*)里,让他笔下的公谊会教徒说,他们受到的灵感,不一定是上帝本人的话语,有的时候,还是非理性的连篇废话:"我们无法知道,当一个人站起来说话时,其灵感来源究竟是圣灵或是疯狂。"⑨无论如何,公谊会教徒与17世纪末和18世纪初的许多宗教教派一样,都被卷入宗教体验和非理性间的大辩论之中;⑩对其他人来说,也许对他们自己来说也是如此,宗教体验的某些形态乃是处于常理和疯狂之间的暧昧地带;而且他们必然得在每一刻作出两者间的划分,同时又要面对别人认为他们是精神错乱的不断指责。很有可能,这便是为何**友谊会社**会以稍带猜疑的态度,对监禁所中的疯人待遇产生兴趣。

在1791年,教派中的一位女性成员,被人送进"约克城旁的一家精神失常者收容所"。她的家人住在离此很远的地方,于是便要求公谊会教徒代为注意其所遭受待遇。然而,收容所管理当局却拒绝造访,理由是病人的状况不允许接受拜访。几个星期后,这位女子死了。"这个痛苦的事件,很自然地引发了有关精神失常者境遇的反省,也让人去反省如何改善这一类机构。尤其,我们了解到,如果公谊会自己拥有一座这一类的机构,这对它应当会有十分特别的利益。这么

---

⑧ Sewel,《基督徒之兴起、增长及进展历史》(*The history of the rise, increases and progress of Christian People*),第三版,p. 233。

⑨ 伏尔泰,前引书,p. 16 。

⑩ 17世纪末期新教中的神秘主义者和最后的詹森主义者也经历着同样的处境。

一来,教会便能亲自照管其中运作,并且在其中施与比一般待遇更为适当得多的对待方式。"萨姆艾·突克在该事件发生以后二十年,写下了以上的故事叙述。

我们轻易便能猜出这是安顿法所产生的许多意外事件之一。如果一个人,没有很多的钱财,却在离家遥远的地方生病了,这条法律却要求把他送回家乡。然而,他的状况,或者可能是运送费用的问题,强迫人们必须把他留下来。这样的情况可以说是部分违法,只能以立即的危险作为辩护理由,而且,在目前这个案例里,还要以治安法官签署的监禁令来进行合法化程序。然而,除了禁闭病人的收容所之外,其他任何他的原住教区之外的慈善组织,都没有权利协助他。简而言之,一个穷人如果在原教区之外生重病,便会暴露于无人能够控制的监禁专权之下。慈善机构便是为了反对这个状况而兴起的,它们通过1793年的一条法律——也就是萨姆艾·突克⑪所谈及的意外事件发生后两年——有权可以在当地收容罹病的会员。因此,对于这项私人且集体的精神失常者收容所计划,我们必须把它理解为反对古老穷病法案的众多抗议之一。而且,日期上也很明白,虽然萨姆艾·突克有意不将它们靠近比较,以便使得私人赠予可以独享功劳。约克公谊会教徒的计划形成于1791年;1793年初,法律决定鼓励行善的友谊会社,并使它们免受移转措施管辖:救助体系就此由教区转手于私人企业。就在1793这同一年里,约克的公谊会教徒发动一项乐捐,并投票决定会规;翌

---

⑪ 萨姆艾·突克(Samuel Tuke),《位于约克附近的隐卢精神疗养所》(*Description of the Retreat, an Institution near York for insane persons*),York,1813,pp. 22-23。

年,他们决定购买一块土地。在1795年,"安顿法"正式宣告废除;隐卢开始建造,翌年即可运作。突克的事业所处的脉络,其实正是18世纪末,救助体系的立法进行重大重组,也就是布尔乔亚国家为了自身的需要,发明了私人善行的系列措施。

在法国发动的"比塞特院链囚"之解放的事件,则是属于另一种性质,其历史环境更难确定。1790年的法律规定要建造专门收容精神失常者的大型救护院。但是到了1793年,仍未有任何一所出现。比塞特院曾经成为"穷人收容所";人们在院内,仍然发现贫民、老人、服刑者和疯人混在一起,就像大革命以前一样。在这群传统人口之上,还要加入因为大革命而被送来的一批人。其中占首位的便是政治犯。比塞特院的疯子看守人匹埃森(Piersin),于共和三年雾月28日,也就是匹奈驻院的期间,写信给民政委员会(Commission des administrations civiles)说:"在我掌管的单位里,总是有一些人是应该送到革命法庭受审的受押人。"⑫另外,有些嫌犯也藏在这里。比塞特院和贝洛姆膳宿提供所(la pension Belhomme)、杜爱(Douai)或维内(Vernet)⑬收容所一样,都曾被人用来窝藏嫌犯。后来到了复辟时代,必须令人忘记匹奈曾在恐怖统治时代担任比塞特院医生,而他曾经保护贵族或教士反而成为功劳:"在那个痛苦记忆的年代里,匹奈已经是比

---

⑫ 引用于Tuetey,前引书,III,p.369。

⑬ 比如孔多塞(Condorcet,译注:法国政治家、哲学家)在1793年7月8日被人下令逮捕时,匹奈和伯耶(Boyer)便把他藏在"巴黎"塞凡多尼街(rue Servandoni)的维内(Vernet)收容所里。

塞特院医生。这时人们前来要求这家收容院付出它对死神的贡品。恐怖统治使得该院塞满教士、回国的流亡者;匹奈先生竟敢反对其中许多人的引渡,借口说他们是精神错乱者。人们越是坚持,他便加倍反对;他的反抗很快便具有力量,可以使刽子手屈服。一位平常如此柔顺、如此随和的人士,他发挥的能量却拯救了许多受害者的生命。在这些人之中,还包括目前一名位居法国首要地位的高级教士。"⑭ 然而,我们还得把另一个事实加入考虑:比塞特院在大革命期间,曾经成为精神失常者的主要收容中心。由 1790 年法律的最初应用尝试起,人们便把由强制收容所释放出来的疯子们转到这里来,过了不久,又把挤满巴黎医护院病房的精神失常者们遣送该院。⑮ 如此一来,倒不是因为经过三思的计划,反而是因为事态本身的变化,比塞特院便继承了古典时代残存下来的医疗功能。这个功能并没有和监禁体系混合,它使得巴黎医护院成为全巴黎唯一一所有系统地治疗疯人的救护院。巴黎医护院自从中世纪以来即不断在做的,现在比塞特院却要承担起来,而且还是在一个比往日更加含糊的监禁体制框架中进行;这时比塞特院演变成医院,可以让精神错乱者在其中接受治疗,直到痊愈为止:"自从大革命以

---

⑭ Dupuytren,《匹奈略述》(*Notice sur Philippe Pined*)。《辩论报》(*Journal des Débats*),1826 年 11 月 7 日部分摘录,p. 8。Dupuytren 所指的人可能是傅尼叶(Fournier)修院长,他曾发表反对处决路易十六的讲道,后来以"心神丧失发作"为名义,被关在比塞特院里一段时间,在担任拿破仑的教堂神父后,成为蒙柏里耶的主教。

⑮ 参考,比如治安总理委员会的一道命令,要求把一位精神错乱者移送比塞特院,理由是人们不能把他被保留在人道大收所(grand hospice d'humanité)之中。

来，公立机构的管理单位，只有在疯人对社会有害而且危险的情况下，才考虑把他们监禁在一家自由的救护院中，他们在院中停留的身份为病人，而且只要确定他们已经完全康复，就会马上让他们回到家人或朋友们的怀抱。其证据乃在于所有已经恢复常识的人，曾有一次总释放，甚至那些被前任高等法院判决终身监禁的人，也重获自由。院方的责任只是收留那些不能享受其自由的疯子。"⑯医疗功能明显地被导入比塞特院中；现在的问题是，如何把过去所发布的心神丧失监禁案，作出最精确的重新检查。⑰ 而且，在收容总署历史上头一次，比塞特诊疗所任命了一位在精神病知识上已经获得某种声誉的人；⑱单以匹奈的任命，即足以证明疯人在比塞特院中，已经演变为一个医疗上的问题。

然而，我们可以怀疑这同时也是个政治问题。确定罪人之间还关着无辜者，狂徒之间还关着理性的人，长久以来，一直是革命神话的一部分："比塞特院的确关着罪犯、强盗、凶神恶煞……然而，我们应该可以同意，那里也容纳专制权力、家庭暴虐、父权专横的受害者……地牢里的人，是我们的兄弟和同类，他们没有空气，而且只能借由狭窄的天窗看到光明。"⑲比塞特

---

⑯ 匹埃森（Piersin）于共和国三年霜月19日写给民政委员会的信。（Tuetey，前引书，III, p. 172）

⑰ 根据匹埃森（Piersin），共和国3年霜月10日，比塞特院内共有207名疯人。

⑱ 匹奈在大革命之前担任过《健康杂志》（Gazette de Santé）的编辑。他在其中发表了数篇有关精神病的文章，尤其是在1787年："初冬是否最常爆发忧郁症，而且也是最具危险性的季节？"1789年："某些躁狂病例之最佳道德疗法。"另外，在《生理学对医学之启示》（La Médecine éclairée par les Sciences physiques）中，他也发表一篇文章："论某种特别会导致自杀的忧郁症"。（1791）

⑲ 《民族报》（Gazette nationale），1789年12月12日。

院是无辜者的监牢,这个意念缠绕着人们的想象,就像过去的巴士底狱:"在监狱大屠杀期间,强盗们以暴力侵入比塞特慈善院,其借口是要设法解救某些因为旧暴政被人和疯人相混淆的受害者。他们拿着武器,在单人房一间间地搜查;他们询问其中的受拘人,如果精神错乱明显,就放过他,继续下一人。这时,有位被铐上铁链的隐居者,却以充满意义和理性的言辞以及最辛酸的怨言,惹起他们注意。把他用铁链铐起来,和其他精神错乱者混杂在一起,这可不是一件丑恶的事吗?……从那时起,在这群武装队伍里,开始发出暴烈的耳语,以及向院中看守发出的诅咒叫喊;他们强迫他自我检讨。"[20]到了国民公会时代(Convention),又出现新的缠扰。比塞特院一直是恐怖的大储槽,但这次是因为人们把它看作一个窝藏嫌犯的巢穴——包括躲藏在穷人破衣下的贵族,临时乔装精神错乱、却专搞密谋的外国间谍。在这里也一样,应该要揭发疯狂,好让无辜得以出现,但同时也要暴露表里不一的虚伪。因此,在整个大革命期间,比塞特院都笼罩在恐怖之中,它在巴黎的边界上,形成一个可怕而神秘的巨大力量,在那里,敌人和非理性无法分离地混在一起,而疯狂轮流扮演两种异化角色:它异化了那些被判作疯狂、但其实不是如此的人,但它同时也可能异化了那些自以为受到保护、不受疯狂侵扰的人;它或者施行暴政,或者欺骗人——这是一个介于有理者和发疯者中间、具有危害性的因素,它能异化这两者,并威胁其自由之行使。无论如何,疯狂都应该被

---

[20] 引用于司马梁(Sémelaigne),《匹奈及其作品》(*Philippe Pinel et son œuvre*), pp. 108-109。

破解,以恢复真相和理性本有的运作。

在这个有点含糊的处境里——这是真实环境和想象所组成的密实网络——很难确定匹奈的角色。他在1793年8月25日上任。我们可以假设,当时他已是声望很高的医生,而之所以选择他,正是要"破解"疯狂,以便从而采取明确的医疗措施,释放受害者,暴露嫌犯,以最严格的方式,建立疯狂的监禁体制,因为人们虽然认识到它的必要性,却也感受到它的危害。另一方面,匹奈在政治上相当拥护共和政体,因此可以不必怀疑他会继续监禁古王权的囚犯,或是支持新政权的追捕者。在某种意义上,我们可以说匹奈是被赋予一股不寻常的道德力量。在古典非理性之中,疯狂和诈病之间并没有不相容性质,在由外部辨认的疯狂和客观确定的疯狂之间,也不是互不相容;正好相反,在疯狂的幻象形态和隐藏在这些形态之下的罪恶,两者之间毋宁具有一种基本的归属关联。匹奈政治性地把这种关联打破了,并且进行一个划分,使得划分之后,只会呈现出一个单一严密的整体:这个整体为了增进论述式的知识,包住了疯狂、它的客观真相和无辜。我们必须使疯狂脱离非存有的所有边缘地带,因为在那儿,开展着非理性的游戏,而且,即使是被迫害的非疯狂,或是伪装的非疯狂,也都会为人接受,却永不丧失其疯狂。

"受铐链者"的解放,在这一切当中,具有什么样的意义呢?这是不是简单而纯粹地,把几年来已经为人表达的理念作实际应用呢?这些理念是整个重组计划的一部分,其中又以卡班尼斯在匹奈于比塞特院就任前一年所拟的计划为最佳范例。解除地牢中的精神错乱者们的铐链,乃是为他们打开一个自由的领域,但它同时也是一个查核的领域,因为这样一来,他们便不再隐蔽在迫害或回应迫害的狂怒之中,因而可以在客观状态下出现;这也是在建构一个纯粹的疗养场域,它符合卡班尼斯的规划,同时也是国民公会政府因为政治上的理由而希望建立的。然而我们也可以这么想:匹奈在这么做的同时,其实隐藏了一个反面征象的政治操作:由于他把疯人解放了,他把他们更进一步地和比塞特院的全体人口相混合,使得这个人口变得更混杂,更乱成一团,因为这么一来,所有可能的划分标准都已遭到取消。而且,在这段时间里,比塞特院的主管当局的持续关怀,不就是在阻止政府所要求的分离吗?[21] 无论如何,匹奈是在 1795 年 5 月 13 日,也就是在热月事件[3] 发生后数个月,政治情势缓和的时刻,被调职到硝石库院任职的。[22]

我们当然不可能精确地知晓,匹奈在决定解放精神错乱者时究竟有何意图。但这并不要紧——重要的正是他的作为立刻染上暧昧意味,以及它在现代世界所具有的意义本身:它建构了一个领域,使疯狂可以在其中以纯粹的真相出现,既客观又无辜。不过这个领域是以理想方式建构起来的,它总是无限地退缩,使得每一个疯狂形象都在其中和非疯狂紧贴相混,无法分辨。科学为疯狂画出的轮廓变得越来越准确,但它的具体感知却丧失了活力;疯狂应该在疗养院中遭遇它的真相,然而这样的疗养院却不能在它和不属其真

---

[21] 参考 Létourneau 和公共工程委员会之间的全部通信,引用于 Tuetey, III, pp. 397-476。

[22] 由于想把匹奈写成一位恐怖统治下的受难者,Dupuytren 叙述说他"受到逮捕,差点就要被人送到革命法庭;幸好人们还是被说服说他对比塞特院穷人照料有其必要,于是便把他放了"。(Dupuytren,前引书,p. 9)

相的事物之间,作出区别。它越是客观,就越不确定。解放它,以便查核它的手势,也是使它产生离散的运作过程,使它被埋藏在所有理性的具体形态之中。

*　　*　　*

突克的事业处在一个潮流之中,那是 18 世纪末,英国立法对救助体制所作的全体调整;匹奈所处的潮流,则是大革命时代疯人的暧昧处境。然而这么说并不是要减低他们的原创性。在他们的作为之中,有一种无法化约的决定力,而且,在流传其意义的神话里,仍然可以明显看到这种力量——几乎没有改变地——出现。

突克的公谊会教徒身份很重要。不过,隐卢是一座乡下宅院,这一点也十分重要。"那里空气清新,比起工业城市附近,烟雾少得多。"㉓主宅的窗户没有栅栏,直接开向花园;而且"位居山丘之上,雄视一片向南延伸的怡人风光,目光不受阻碍,俯视着肥沃而且树木繁茂的平原……"主宅附近的土地上,有耕作和畜牧;园地"生产富饶的水果和蔬菜;同时也为许多病人,提供一个可以娱乐和工作的怡人地带"。㉔ 户外的劳动,规律进行的散步,园林和农庄中的工作,永远具有益处,"而且有助于疯人的治疗。"甚至有些病人,"就在被人送到隐卢的旅程上,或是在其中休息的最初数天,便已宣告痊愈。"㉕简单的

㉓ 1793 年 4 月 5 日对友谊会社所作的报告;引用于萨姆艾·突克(S. Tuke),《隐卢描述》(*Description of the Retreat*),p. 36。

㉔ 同上书,pp. 93-96。

㉕ 同上书,pp. 129-130。

生活、乡村的幸福、季节的循环，它们想象上的全部力量，在此都被唤来主持疯狂的疗养。依照18世纪的想法，疯狂并不是自然或人身上本有的疾病，而是来自社会生活、感情、变化不定、激动、人为的食物。这些便是突克和其同代人所承认的病源。疯狂乃是脱离自然的生活的产物，因此它永远只是一种后果；它不会质疑人的本质，也不会对人是自然的一部分的想法，加以质疑。疯狂让人的本性，也就是理性，保持完整状态，像是一时忘记的秘密。这个秘密，有时会在奇特的环境中重新出现，仿佛它又以狡计和欺诈手段，在一个新的错乱状态中再度出现。萨姆艾·突克举出一名少妇作例子，她的病症是"完全的白痴"状态；她长年维持着这种状态，直到有一次她患了猩红热。然而，热度越是升高，她的精神就变得更清楚、更明白和更活泼；在这个症状强大的阶段里，一般的病人会堕入谵妄之中，这位病人却正好相反，完全恢复理性；她认出了周围的人，还回想起一些过去的事情，虽然她以前好像根本没有注意到它们。"但是，不幸地，这只是理性的骗局，一旦热度降低，她的精神又再度为云雾围绕；她又堕入先前的恶劣状态。她在数年之后死去，死前一直处于这种状态。"[26]

在这里面出现的，是一整套补偿机制：自然在疯狂之中并未消失，只是被忘记了，或者毋宁说，它由精神错误地转移到肉体上来，使得那些心神丧失者，反而变得健康硬朗；不过，只要一生病，在肉体里受到搅乱的自然，又会重新在精神里出现，而且比过去还要更纯洁、更清白。由此可以证明，我

---

[26] 萨姆艾·突克(S. Tuke)，前引书，p. 137 注。

们不可以"将疯子视作完全丧失理性",而是要在他们身上,看出一整套相似和接近的游戏,因为这是熟睡在疯狂的激动之下的自然;季节和日子的交替,约克的大平原,使自然和人的秩序相符合的园林智慧,就像持续不断的咒语,可以使得暂时隐藏的理性,得到完全的苏醒。隐卢中的病人必须过着田园生活,这生活似乎只是由坚信所导引,然而这里却滑入了一项魔术,它运用自然,使其经由相似、接近和神秘的渗透,让自然战胜人为,驱逐所有社会在人身上沉淀的反自然。在所有这些形象背后,有一个神话开始成形。而且它将会成为19世纪精神医疗的重大组织形式之一。这是一个有关三个自然的神话:作为真相的自然、作为理性的自然和作为健康的自然。精神错乱和其治疗的动态,便在这组游戏之中发展;如果说,作为健康的自然可以被消灭,那么作为理性的自然却只能被遮掩,至于作为世界真相的自然,则无限地和自身一致;因此,如果要唤醒和恢复作为理性的自然,就必须要由作为真相的自然出发。一旦理性自然的运作和真相相符,那么作为健康的自然便可恢复。突克就是根据这个意思,比较不喜欢使用英语中的 insane(失去正常判断力),而偏好法国字"aliéné(精神错乱),因为该字包含的理念,比起那些含有思想能力受到废除意思的字,更能精确地说明这一类的错乱"。[27]

　　隐卢把病人安插在自然的简单辩证之中;不过它同时也建立了一个社会团体。而且,其模式奇特地自相矛盾。隐卢其实是经由认捐建立的,而且应该和同时代发展起来的救助协会一样,像是保险体系那样地运作;每一名认捐者可以指

---

[27] 萨姆艾·突克(S. Tuke),p. 137 注。

定受益的病人,他只需付出一笔经过减价的膳宿费用,至于其他人则需付出全额。隐庐是契约结社,以简单的公司形式来组合利益。㉘但它同时却又维持着一个父权家庭的神话:它要求在主管和行政单位权威之下,形成一个病人和监护人相友爱的大社群。这是一个严谨的家庭,没有弱点,也不沾沾自喜,它公正不阿,符合圣经家庭的伟大形象。"主管们为了确保病人的福利,付出了心血,而且他们的热心和体贴就和公正的父母一样,于是,在大部分的情况下,他们会得到一种接近孝道的依恋作为回报。"㉙这种共同的关爱,既不纵容,却也无不公平,它使得病人寻回处于清纯状态的家庭中的安全感和宁静幸福;他们变成了一个原始理想家庭的子女。

　　契约和家庭,协同的利益和自然的关爱——隐庐把这两者混合在一起,在它之中,包含了18世纪借以定义社会起源和社会人真相的两大神话。它同时既是个人利益的自我忘却,以便寻回真我,同时又是自然在同一家庭成员之间所促生的自发关爱,因此它便向整个社会,提出一种无中介和关爱的模范。在隐庐之中,人的团体被重新引导回到其最原初和最清纯的形态:重点在于将人重新置入基本的社会关系之中,而且要绝对地和根源相符合;也就是说,这些关系必须有严格的基础,并且必须严格地符合道德。如此,病人被带回

㉘　自从17世纪以来,公谊会教徒便经常采用股份公司的制度。认捐隐庐的社员,如果金额在20镑以上者,每年可以享有百分之五的利息。同时隐庐似乎是个经营得十分良好的企业。以下是创建初年的获利清单:1798年6月:268镑;1799年:245镑;1800年:800镑;1801年:145镑;1802年:45镑;1803年:258镑;1804年:449镑;1805年:521镑。(参考萨姆艾·突克[S. Tuke],前引书,pp.72-75)

㉙　同上书,p.178。

到社会刚由自然发生时的状态,这时它的完成,乃在于一个无中介的真相之中,没有后来因为人的整个历史发展所带来的混乱。人们便假设,这么一来,精神错乱者的心灵中,所有当前社会所能在其中堆放的人为、无用的烦扰、与自然无关的关联和义务,都会因此磨灭。

这便是隐卢的神话性力量:它宰制时间、质疑历史、使人重新回到其本质真相,并把他和湮远的初始自然人和初始社会人相等同。分离现代人和原始存有的距离,完全遭到消除,那许多的深厚沉积,也被打平;在这场"隐居"终点,在精神错乱之下,终于再度显出不可能异化的事物,那便是自然、真理、理性和纯粹的社会道德。突克的作为似乎受到先前的长久改革运动推动,并可由其解释;它的确如此;然而,使它同时成为断裂和起始的,乃是在它一诞生就环绕着它的神话世界,而且它还做到把这个世界成功地引入疯狂和监禁的古老世界。在过去,监禁体制依据简单的决定模式,线性地划分理性和非理性,现在则被它以辩证法取代,并在如此形成的神话空间中运作。在这项辩证法之中,疯狂成为精神错乱(aliénation),其痊愈则成为向不可异化者(inaliénable)所作的回归;不过其中最重要的,乃是监禁第一次拥有某种力量,至少那是隐卢设立者所梦想的力量;由于这个力量,而且是在疯狂显露它是精神错乱之时,因为这项发现本身,人被带回到不可异化者。如此,通过隐卢的神话,我们可以同时建立其中暗暗预设的想象治疗过程,以及它以隐约方式,传递给 19 世纪的疯狂本质:

第一,监禁的角色是把疯狂化约为其真相。

第二,疯狂的真相,便是去除世界、社会、反自然之后的疯狂。

第三,这项疯狂的真相,便是人最原始的不可化约部分。

第四,在人身上,不能遭到异化的,同时既是自然,亦是真相和道德;也就是说,理性本身。

第五,隐卢之所以具有治疗能力,是因为它可以把疯狂同时带回疯狂的真相和人的真相,同时带回到疾病的本性和世界的祥和本性。

我们看到实证主义可以从哪里进入这项辩证法,虽然表面上此事看来毫无征兆,因为其中一切都标指着道德经验、哲学主题及人所梦想的形象。然而,实证主义只是此一运动的收缩、此一神话空间的缩小;它在一登场就承认疯狂的真相便是人的理性,仿佛那是客观自明的事情。这个想法和古典构想完全相反,对后者来说,疯狂中的非理性体验,质疑着人身上所有可能具有真相的事物。从此以后,所有疯狂的客观掌握,所有针对它的知识和明白表达的真相,都将是理性本身——这是复原和扬扬得意的理性——精神错乱的解脱。

* * *

比塞特院链囚解放的传统记述中,有一点尚未确定:这便是库屯是否在场的问题。人们曾经指出,他的巡视是不可能的,应该是把他和另一位巴黎市政会(la Commune de Paris)[4]成员搞混了,此人也患瘫痪,因为他们都有同样的残疾,再加上库屯可怕的名声,才会造成这场指鹿为马的错误。[30]

---

[30] 事实上,只有巴黎市政会(la Commune)议员才有成为救护院视察的资格。然而库屯从未成为其中成员。(参考 Émile Richard,《比塞特院史》〔*Histoire de l'Hôpital de Bicêtre*〕,Paris,1889,p. 113 注)

我们可以把这问题丢在一边:重要的是,这场混淆已经造成了,也被人流传到后世,而且具有重大的魅力,使人相信是一个残废在疯子们面前因为恐惧而退缩,并把"这些野兽"抛给他们的命运,任其自生自灭。处在整个场景中央的,便是这位被人抬来的麻痹患者;而且,更好的说法是,这位麻痹患者还是一位可怕的国民公会议员,因其残虐而出名,并且因为曾经是死刑台的大供应者而声名大噪。因此,巡视比塞特院者便是库屯,而且他会暂时成为疯人命运的主宰者。历史想象力要求如此。

事实上,隐藏在这个奇特的叙事之下的,乃是疯狂神话中的一项具有决定性的交错分列(chiasme)。库屯巡视比塞特院,目的是要了解,匹奈所要解放的疯子是不是嫌疑犯。他想他会找到一个躲藏起来的理性;但他遇见的是一个以全副暴力展现出来的兽性:他放弃在这里认出智性和隐瞒的征象;他决定让兽性自生自灭,使得疯狂可以在其本质的野蛮里自我消解。然而,变化便在这一点之上产生了:库屯,这位瘫痪的革命者,当他把疯子看作是野兽时,却在无意之中,以其残废和犯罪的双重烙痕,体现了最丑恶的非人性。而且,这也就是为什么,在神话里,一定要是他,而不是某位比较不残废或不残酷的人,要由他来说出最后的话语,使得疯狂最后一次在西方世界中,被人当作是一种兽性。当他被人抬着离开比塞特院时,他自认为是把疯子们丢弃在他们之间最兽性的分子中间,然而事实上,兽性却是在他自己身上展现着;相对地,在人们提供给他们的自由里,疯子们却会证明,他们一点也没有丧失人最本质的部分。当他说出疯子是野兽时,他实际上已经使疯人脱离兽性,同时也显现了他自己的兽性,并且被封闭在其中。他的狂乱比心神丧失者的疯狂更不合理,更无人性。如此一来,疯狂便跑到看守人那一方去了;那些人把疯子像动物一样监禁起来,现在是这班人在把持疯狂的所有兽性粗暴;野兽是在他们身上发狂,至于那些心神丧失者的狂乱,其实只是它杂乱的反映罢了。一个秘密被揭开来了:兽性并不存于动物身上,而是来自驯化动物的过程;只凭这个过程的严峻性,便可形成兽性。如此一来,疯子身上的兽性便得到净化,或至少说,被清除了作为暴力、掠夺、狂乱、野蛮的兽性;在他身上,只剩下一种驯良的兽性,这样的兽性,不会用暴力来回应束缚和驯服。库屯和匹奈相遭遇的传说,说的便是这个净化过程;更明确地说,它显示出,当传说被写成时,这项净化已经大功告成。

库屯离开之后,"博爱家马上就开始着手工作";他决定释放十二名被铐在铁链上的精神错乱者。头一位是一位英国军官,他在比塞特院地牢里,已经被链锁了四十年:"他被当作是所有精神错乱者中最可怕的一位……有一次他狂怒发作,用手铐打在一位佣人头上,使他当场死亡。"匹奈靠近他,劝告他"保持理性,不要伤人";以此为代价,承诺他可以除掉他的锁链,并给予他在庭院里散步的权利:"信赖我。保持温和及自信,我便还你自由。"军官听了这番话,一直保持平静,而这时他身上的锁链已经落地;一获得自由,他便迫不及待地跑去欣赏阳光,而且"他欣喜若狂地喊道:实在太美了!"恢复自由的第一天,他整天都在"跑步、上楼梯、下楼梯,口中一直说:实在太美了!"那天晚上,他又回到他的单人房,平静地在里面睡觉。"他在比塞特院继续待了两年,再也没有发作过狂怒;他甚至在院里成为一个有用的人,随心所欲地对疯人发号施令,在他们之中建立起某种权威,并以看守人自居。"

还有另一个解放事件,它在医学圣贤史上享有同样的盛名:这便是士兵施万结(Chevingé)获得释放的故事。这人原先是个酒鬼,患了伟大狂,以为自己是将军;然而,匹奈却看到"在这种激动之下,存有一卓越的天性";他解除了他的束缚,并对他宣称要选他作仆人,向他要求一位"好主人"对一位感恩的家仆所能期待的所有忠诚。奇迹出现了,忠仆的美德突然在这个混乱的心灵里苏醒过来了:"人的心智革命从来没有这么突然,也从没有这么完全;……他才被解放,现在已经是体贴亲切。"这个坏掉的脑袋,被如此大量的慷慨态度驯服了,他甚至会为主人对抗和平定其他人的狂怒;他"让精神错乱者们听到理性和善意的话语,虽然自己刚才处于和他们同样的程度,现在,面对他们,他却因为获得自由而感觉到自己的成长"。㉛ 这位忠仆在匹奈的传说中,会把他的角色扮演到底;他身心全都效忠于其主人,未来还会保护他:那时巴黎人民要用强力冲破比塞特院大门,审判"民族敌人;他便用他的身体作抵挡,宁可自己挨打,救了匹奈一命"。

于是,铁链落下来了,疯子也得到解放。就在这个瞬间里,他恢复了理性。或者这么说也不对:这并不是理性自在自为的重现;这是长期沉睡于疯狂之下,已经完全成形的社会类型,现在以其整体,又再站了起来,和它所代表的成为完全一致,既无变质,亦无做作。这就像是,疯人被铁

㉛ Scipion Pinel,《精神错乱者之卫生措施大全》(*Traité complet du régime sanitaire des aliénés*), Paris, 1836, pp. 56-63。

链束缚在兽性之中,一旦得到解放之后,他只有在**社会类型**（type social）之中重返人性。那第一位被释放的人,他并不是简单纯粹地重新变成一位精神健康的人,而是成为一位军官、一位英国军官,他对解放他的人保持光明正大的态度,就好像面对一位只用话语拘留他的征服者,他对其他人则持权威姿态,在他们身上发挥军官的威力。他的健康只有在社会价值之中才能恢复,而这些价值不只是征象,也是具体的存在。他的理性既不是知识也不是幸福;它不是心智的良好运作;在此理性便是荣誉。对于士兵来说,理性便是忠诚和牺牲;施万结没有恢复为有理性的人,而是变成仆人。他的故事,和星期五与鲁滨逊的故事,具有几近乎相同的神话意涵;笛福（Daniel Defoe）在被孤离在自然之中的白人和善良的野蛮人之间,并没有建立一项人对人的、只是立即相对的关系,而是一种主人和仆人、聪明跟忠心、智力和生活力、慎思的勇气和英勇的无意识之间的关系;简而言之,这是一项社会关系,再加上它的文学地位和所有相关的伦理立场,但它被位移到自然状态之上,成为这个两人社会的立即真相。在士兵施万结的例子中,也可以看到同样的价值:他和匹奈之间的关系,并不是两个相互承认的理性,而是两个定义明白的人物,他们和类型明确相符地出现,而且依照已经存在的结构来组织关系。这里我们可以看到,神话的力量如何战胜心理学的所有合理真情,以及所有严格的医学观察;很清楚的是,如果匹奈所解放的主体是真正的疯子,那么他们并没有只是因为受到解放而被治愈,而且他们的行为应当会长期保留精神错乱痕迹。但这些对匹奈不重要;对他来说,重点在于理性是由一些社会形态所代表的,一旦疯子不再被人当作是异乡人、动物、绝对外在于人和人之关系的形象,它们就会很快地结晶成形。对于匹奈来说,疯人的痊愈,便在于他是否能够稳定于一种在道德上受承认和同意的社会形态之中。

重要的地方,并不在于铐链已被解除的事实——这个措施在18世纪已经施行多次,尤其是在圣路克院中;重要的是给予这项解放意义的神话,它使这项措施开向某一种理性,其中布满了社会和道德主题、长期由文学所描绘的人物,并且它还在人的想象中,建构了一个疗养院的理想形式。这样的疗养院,不再是一个陷入野蛮作风的人之牢笼,而是一个梦想中的共和国,其中人和人的关系,只建立于透明的美德之中。荣誉、忠诚、勇气、牺牲以其纯粹状态主宰着这个地方,也同时指出社会的理想形态和理性的标准。而且,这个神话的活力,可由下列几乎公开的对立中看得出来——在这方面,库屯的存在也是不可或缺的——那便是它和恐怖时代以后所形成的大革命神话之间的对立:国民公会时代的共和国是一个暴力、激情、野蛮的共和国——是它自己在不知情的状况下,集合了所有形态的无理智和非理性;至于那些被人遗弃在其暴力之中自生自灭的疯子们,由他们所自发建立的共和国,却已经受到净化,不再具有激情,这是一个具有基本顺从的城邦。库屯乃是"坏自由"的最佳象征,这个自由在人民之中引起激情的狂涛,并带来救国委员会(Salut public)[5]的暴政——以这个自由为名义,人们继续让疯人受到铐链;匹奈则象征"好自由",这个自由拯救了最无理智、最暴戾的人,驯化其激情,并将其导入传统美德的沉静世界之中。在那些来到比塞特院要求交出民族敌人的巴黎人民,和拯救匹奈生命的士兵施万结之间,最无理智和最不自由的,并不是那位因为酗酒、妄想和暴力,曾被禁闭数年的人。

匹奈的神话就好像突克的神话一样,隐藏着一整套论述运动,它同时是精神错乱的描述,也分析了它的消除:

第一,在古典监禁所强制的非人和动物关系之中,疯狂不能显示它的道德真相。

第二,这个真相,一旦我们让它自由显露,就会显现为存在于完全理想美德中的人的关系:英雄主义、忠诚、牺牲等。

第三,然而,疯狂却是恶德、暴力、凶恶,革命者的狂乱把这一点证明得太清楚了。

第四,监禁中的解放,由于它是在类型符合的主题上所进行的社会重建,必然能产生治疗效果。

隐卢的神话和链囚获释的神话,其中各个主题处于立即的对立地位,相互呼应。一个强调所有的原始主题;另一个运转社会美德的透明形象。其一要在人刚摆脱自然的那一点上,探求疯狂的真相和消除;另一个则要求一种社会性的完美、一种人际关系的理想运作。然而,这两个主题此时依然过于接近,而且在 18 世纪也太常被人混在一起,使得它们无法在匹奈和突克的作为中,具有非常不同的意义。在这里和那里,我们都可看到同样的努力出现,要把某些监禁措施在精神错乱的大神话里重新接续。这个大神话,会由黑格尔在几年后用严格的概念表达出来,他处理的是隐卢和比塞特院的教训。"真正的心理治疗,其基本概念认为,疯狂并不是理性的抽象丧失。不论是由智力这一边来看,或是由意志和其责任这一边来看,都不是这样的。它只是单纯的精神错乱,依然存在的理性所发生的矛盾,就好像肉体疾病并不是健康抽象的,也就是说完全的损失(这其实就是死亡),而是健康发生了矛盾。人性的疗法,是对疯狂既善意又合理的治疗……它预设病人仍具理性,并由此找出一个稳固的据点,可以由这方向进行。"㉜古典的监禁开创了一种异化状态,但它只是由外在来看才会存在,只是对那些监禁人的人才存在。对他们来说,被监禁者只是异乡人或动物。匹奈和突克的手势十分简单,而实证主义精神医疗却吊诡地把它当作起源。通过这个手势,异化被内在化了,它进入监禁体制之中,被限定为疯子和他本人的距离。如此一来,这个手势也把异化变成一个神话。它的确应该被当作神话看待,因为概念在此被人呈现为自然,道德重建被呈现为真相的解放,而被呈现为疯狂的自发性痊愈的,可能只是它秘密地被人塞入一个人为的现实之中。

*　*　*

匹奈和突克的传说所流传的神话价值,被19世纪的精神医疗当作是自然的自明之理。然而,潜流于神话之下,却存有一项操作,或毋宁说存有一系列的操作,它们静静地组织着疗养世界、治疗法,以及疯狂的具体体验。

首先来谈突克的手势。因为它和匹奈的手势属于同一时代,因为我们知道它被一整个博爱运动所支持,人们就把它当作是一个"解放"精神错乱者的手势。其实这里牵涉的完全是另一回事:"我们可以观察到,我们会社的成员受到重

㉜ 黑格尔,《哲学百科全书》(*Encyclopédie des Sciences philosophiques*),§408,注。

大的损害,因为人们把他们交给一些对我们的原则感到陌生的看护,人们还把他们和其他病人混在一起,而这些人语言粗鄙、行为可恶。这一切在病人恢复理性以后,经常会在他们的精神上留下不可磨灭的效果,使得他们不再依恋过去信仰的宗教,而且,有时候他们还会染上往日没有犯过的恶习。"㉝隐庐的作用就像一个隔离的工具:这是宗教上和道德上的隔离,其目的是尽可能地在疯狂四周,重建和公谊会社群相似的环境。有两个理由支持这个做法:第一,恶痛的景象,对一切敏感的心灵来说,都是一种痛苦,是造成恐惧、怨恨、鄙视所有这类强烈而有害的激情的源头,并且可以产生或延续疯狂:"以下的想法正确无误:在大型公立机构中,混合不同宗教信仰和感情的人、放荡者和有德者、渎神者和严肃人士,其效果乃是阻碍理性回归的演进,而且会使忧郁和愤世嫉俗的思想更加深不可拔。"㉞不过,主要的理由却在别处:宗教可以扮演自然和规律的双重角色,因为宗教在远古留下的习惯中,在教育和日常修炼之中,获得了自然的深度,而且,它也同时是持久的压制性原则。它既是自发的,又是束缚人的,因此,只有它才有力量,可以在理性的消蚀之中,反制疯狂无节制的暴力;它的训诫,"一旦人在生命之初即已强烈浸润于宗教训诫之中,它们便几乎变成吾人本性的原则:它们的压制力即使是在疯狂妄想的兴奋期,也还经常会发挥效力。鼓励宗教原则在无理智者的精神之中发挥影响,这是非常重要的治疗方法。"㉟在精神错乱的

㉝ 萨姆艾·突克(Samuel Tuke),前引书,p. 50。
㉞ 同上书,p. 23。
㉟ 同上书,p. 121。

辩证法中，理性虽然隐匿，却未消失，宗教构成不可异化者的具体形态；它包含着理性之中不可征服的部分，那在疯狂中仍然残存，好像接近自然的东西，它围绕着疯狂，就像是环境不断地撩拨挑动："在他意识清楚的间歇期，或是康复期，病人可以受益于那些和他持有相同意见和相同习惯的人的陪伴。"㊱宗教确保了理性在疯狂身旁的秘密警醒，并使得已经在古典监禁里横行的束缚变得更为接近，更为立即。在过去的监禁体制中，宗教和道德环境乃是外来的强制，它只能抑制疯狂，却不能治愈它。而宗教在隐卢中，则是指出疯狂之中仍有理性的运动中的一环，而且这个运动会使精神错乱回复到健康。宗教隔离的意义非常明确：重点不在预防病人受到非公谊会教徒的渎神影响，而是要把精神错乱者放置于一项道德元素内部，使他和他自己及其周围人士辩论；如此一来，便为他形成一种环境，而他在其中，绝对不是受到保护，而是持续地被维持在一种不安之中，不断地受法律和过失威胁。

"恐惧的心理，在疯狂之中很少受到削弱，对于治疗疯子，这一点被认为十分重要。"㊲恐惧看来像是疗养院中的最根本的人物。当然，它是一个已经陈旧的形象，我们只要想想监禁体制中的恐怖，即可明白。然而这些恐怖是从外部圈围疯狂，标明理性和非理性间的界限，它发挥双重的力量：一方面，这力量作用在狂怒的暴力之上，将其围堵，但它也发挥于理性自身，以便把它保持在一段距离之外；这样的惧怕完全存于表面之上。隐卢所建立的恐惧则完全存于深度之中：

㊱ 萨姆艾·突克（Samuel Tuke），前引书，p.23。
㊲ 同上书，p.141。

它是理性和疯狂之间的中介,好像在召唤两者之间依然存有的共同属性,并且通过它来联系两者。支配着古典世界的恐怖,乃是疯狂在此一时代最明显的异化征象;现在恐惧则具有消除异化的力量,使它可以在疯人和理性人之间,重建一种非常原始的默契。它应该可以使他们再度产生团结意识。现在,疯狂不应该也不再能令人害怕;现在**应该**是它本身**在害怕**,因为它现在是无所依凭地,无法挽回地,完全任由常识、真相和道德的教学法处理。

萨姆艾·突克叙述隐卢如何接待一位年轻的躁狂症患者的故事:他出奇地强壮,一旦发作起来,周围的人,甚至是守卫,都要惊慌失措。当他来到隐卢时,身上铐着铁链;手上戴有手铐;衣服则被绳索捆绑。他一到达,人们便为他解除所有束缚,并且让他和监护者共进晚餐;他的激动马上就停止了,"他的注意力似乎被新的处境所捕捉。"他被带进他的房间;总管劝诫他,向他说明,整座疗养院的组织方式是以所有人的最大自由和最大舒适为着眼点,只要他不违反院规,或是人类道德的一般原则,他就不会受到任何束缚。总管还表示他本人手上握有一些压制手段,不过他并不想加以运用。"躁狂症患者能体会到这种对待方式中的温柔。他承诺自制。"有时候,他仍会激动、叫骂和惊吓同伴。总管提醒他第一天的威胁和承诺;如果他不镇静下来,人们只有被迫回到旧有的严惩方式。于是,病人的激动在增强了一段时间之后,便又急速地降低。"他用心倾听其友善访客的训勉。在类似的会话之后,通常病人的状况会有数日的改善。"四个月之后,他离开隐卢,宣告痊愈。㊳ 在

㊳ 萨姆艾·突克(S. Tuke),前引书,pp. 146-147。

此,恐惧是以直接的方式,传达给病人,不过这并不是通过工具,而是通过论述;问题不在于限制一项发狂的自由,而是圈围出一个简单的责任感领域,并加以赞扬,使得任何疯狂显现,都会和一项惩罚相关。过去曾经在过失和非理性之间造成联结的幽暗罪恶,因此产生位移;此时疯人是一位原本具有理性的人,他不再是因为发疯而犯罪;但疯人作为疯人,身处于他不再因其有罪的疾病之中,却应该要能体认到,对于此一疾病之中所有会对道德和社会造成困扰的事物,他都要负起责任,如果受到惩罚,也只能怪他自己。因此疯人有罪的标定,不再是一种在概括的疯人和理性人之间建立的关系;它变成每一名疯人和其监护之间的具体共存形态,也成为精神错乱者对其自身的疯狂所应具有的意识形式。

因此,对于突克的作为,我们应该重估其意义:精神错乱者的解放、拘禁的废除、人性环境的建构——这些只是一些取得合法性的辩护手段。真正的操作则有所不同。事实上,在突克创立的疗养院中,责任感的封闭焦虑取代了疯狂的自由恐怖;恐惧不再是在监牢之门的另一侧盛行,它现在是在意识的封条之下横行。古久以来,精神错乱者身陷其中的恐怖,现在被突克转移到疯狂的核心之中。疗养院不再是疯人罪行的制裁,这是真的;然而,它的作为更进一步,它还把这种罪行加以组织;他使它成为疯人的自我意识,以及他和守卫间的非相互关系;它把它组织为理性人的他者意识,以及疯人生活中的治疗手段。这也就是说,因为这项有罪性格,疯人成为自己和他人持续的惩罚对象;而且,由于他的客体地位受到承认,并因为其罪行意识的觉醒,疯人应该回归其作为自由和负责主体的意识,因此,也就应该能回归理性。

因为这个运动,精神错乱者成为他人眼中的客体,同时也回复其自由。这样的运动同时也存在于工作和目光之中。

不要忘记,这是公谊会教派的世界,他们认为上帝对人的祝福,会以富足繁荣为征象。在隐卢所采行的"道德疗法"中,工作占有第一线意义。就其本身,工作便具有其他形式的肉体强制所不及的拘束力,那是定时工作中的规律性、注意力的要求、必须达成结果的义务。它会使病人脱离对其有害的精神自由,并使他进入责任感的体系之中:"由身心观点出发,我们都应该偏重规律性的工作……它对病人最为舒适,也最和它的病态幻象针锋相对。"㊴由此,人进入上帝戒条的秩序之中;他使他的自由服从于既是现实又是道德的律法。以此观点,心智工作不在排除之列;不过仍要极严厉地排除任何想象力的运用,因为它总是和激情、欲望、妄想幻象共谋勾连。相反地,研究永恒的自然和最符合智慧及神之善旨的事物,最能消除疯人无节制的自由,并能使他发现其责任形态。"数学和自然科学的各个分支,乃是可让精神失常者运用其心智的最有用主题。"㊵在疗养院中,工作完全没有生产上的价值;它只是以纯道德规则的名义,被强加在人身上:自由的限制、对命令的遵从、责任感的担负,它们的目的只是要使精神脱离异化状态,因为精神之所以如此,乃是因为过度的自由,而肉体上的束缚,只能对这种自由作出表面上的限制。

比工作更有效的,则是他人的目光,突克将它称作"受人

㊴ 萨姆艾·突克(S. Tuke),前引书,p.156。
㊵ 同上书,p.183。

重视的需要"："这项人类精神的原则，无疑影响着我们的一般行为，它的影响力占有一个非常令人不安的比率，但经常是以秘密的方式发挥，当我们进入一个新的关系圈子时，它特别能发挥影响力。"㊶疯人在古典监禁体制中，也是一样呈现在目光之下：但这个目光在根柢上，无法触及到他本身；它所触及的，只是他丑怪的表面、明显的兽性；不过这里面至少包含着一种相互关系，因为健康的人，可以把它当作一面镜子，读出随时可能降临到自己身上的堕落。现在由突克在疗养院生活中建立的目光，却成为其中的重要元素之一，而且它更为深沉，也更不具相互性。这样的目光，寻求最不易感受的疯狂征象，以此追捕疯人，这便是疯狂秘密地和理性相分离的地方，是它刚开始脱离理性之处；而这个目光，疯子用任何形式都不能加以回报，因为他只是被人观看；他像是一个新生，像是理性世界里的最新访客。突克以目光行为作中心，组织了一整套仪式。这是一种英国式的晚会，其中每个人都要模仿社会生活中的所有形式要求，但在其中却只有目光流转，而且这是一个窥伺一切泄露疯狂的失礼、混乱、笨拙的目光。隐卢的主管和监护人因此规律地允许数位病人参加"饮茶派对"（tea-parties）；这些受邀者"穿上他们最好的礼服，彼此竞争谁最为礼貌得体。他们享用最好的菜单，而且受到仿佛外宾般的殷勤款待。这些晚会一般都在最佳的和谐和最大的满足中度过。很少发生不愉快的事件。病人们以不寻常的程度，控制着他们不同的倾向；这个景象会激起惊奇和十分感人的满足"。㊷ 令人

㊶　萨姆艾·突克（S. Tuke），前引书，p. 157。
㊷　同上书，p. 178。

感到奇怪的是,这并不是一个接近、对话、互相认识的仪式;这是在疯子四周组织一个世界,其中所有事物都和他相似相近,但他自己在其中却是一个异乡人,而且是异乡人中的异乡人,因为人们不只以其外表来判断他们,还要观看这些外表所泄露的、不由自主揭露的事物。疯人不断地被人提醒他作为陌生访客的空洞角色,并且在所有人可能对他作出的认识中,受到弃绝,被一个社会角色吸引到他自己的表面之上,而且那是由目光、形式和面具默默强加在他身上的角色,如此一来,他便受邀在合理性面前成为客体,并因而成为完美的异乡人,也就是说,其特异性不会让人察觉得到的异乡人。理性人士的城邦,只接纳他这个身份,其代价便是保持无名无姓。

我们看到,隐卢中肉体拘束的部分消除,[43]其实只是一个总体中的部分,而其最基要的元素乃是要建构"自我约束"(self-restraint),在其中,病人的自由和工作及他人的目光牵扯不清,而且因为可能会被认定有罪,而不断受到威胁。被人们当作是一个纯否定性的操作,也就是把羁绊解开,以便使疯狂最深沉的本性得到解放的,其实是一项正面的操作,因为它把疯狂禁闭于奖惩体系之中,也把它纳入道德意识的动态之内。这是由谴责的世界过渡到审判的世界。但就在这个过渡的同时,疯狂的心理学变得有其可能,因为在目光的监视之下,它不断地受到召唤,要它来到它自身的表面之上,否定它的隐瞒。人只根据它的行为来判断它;人们不计较它的意图,不探测它的秘密。它只为

---

[43] 在隐卢里,还是有许多肉体上的强制措施被使用。比如为了强迫病人进食,突克建议将一把门锁钥匙塞入口中,加以转动。他还注明如此做法,最不会有打断病人牙齿的危险。(萨姆艾·突克[S. Tuke],前引书,p. 170)

自身可见的部分负责。其余的一切都化为沉默。疯狂的存在，只是作为被观看的对象。疗养院建立起一种亲近性，不再以铁链、栅栏阻隔，但它却不会允许相互关系的存在：这只是一个监视、窥伺、靠近过来以便看得更清楚的目光的接近罢了，但它其实更产生出远离的效果，因为它只接受和承认疯人作为异乡人的价值。疗养院中所能发展出来的精神疾病知识，永远只能是观察和分类罢了。它不能成为对话。而且，如果它要成为对话，只有等到心理分析把目光这个 19 世纪疗养院中的必要元素驱逐出去的那一天才有可能，这时它会用语言的力量来取代目光的沉默魔力。或者，更正确的说法应该是，它在监护人的绝对目光之上，又增加了被监护者无限的自言自语——如此，它保留了疗养院中的古老非相互性观看结构，但又为了加以平衡，增加了一种不对称的相互性，也就是无回应语言的新结构。

  监视和审判：在此已经出现了一位新人物的雏形。他将在 19 世纪的疗养院中占有主要地位。突克本人在讲述一名躁狂病患者的故事时，也为他画出了轮廓。这位病人一旦发病，便狂暴不可抑遏。有一天，他和总管在院中花园一起散步。他突然进入亢奋状态，走开几步，抓起一块大石头，并作势要把石头丢到他同伴身上。总管停步，用眼睛盯住病人；然后，他前进几步，并"以坚决的语调，命令他放下石头"；在他靠近时，病人也把手垂下来，最后放掉了他的武器；"于是，他安静地让人把他带回房间。"㊹一件事物在此诞生了，它不再是压迫，而是权威。一直到 18 世纪末，充满疯人世界的，只是一个监禁他们的抽象的、无相貌的权力；在这个界线内，这个世界是空的，除了疯狂本身之外，

㊹ 萨姆艾·突克（S. Tuke），前引书，pp. 172-173。

一无所有；守卫们经常便由病人之中选取。相反地，突克却在守卫和病人之间，以及理性和疯狂之间，建立了一个中介因素。社会保留给精神错乱的空间，现在会充满"另一边"的人物，他们同时代表实施监禁的有力权威，也代表从事审判的严厉理性。监护者的干涉，不靠武器，不靠束缚工具，只是通过目光和语言；他走向疯狂时，身上没有任何可以保护他或使他变得具威胁性的事物，他冒险地进行无中介、无凭恃的对峙。然而，在事实上，当他前去对抗疯狂时，他并不是以具体个人身份走上前去，而是作为理性的存有，因此，在战斗开始之前，他就已经具有不发疯者的权威。理性之所以能战胜非理性，在往日只是凭借物质力量，而且它们的战斗可以说是真实的。现在，这个战斗未开始即已见分晓，非理性之败北，在事前即已存于疯人和非疯人对抗的具体情境之中。19 世纪的疗养院里，不再有束缚，但这并不代表非理性受到解放，它代表的是长久以来，已经把疯狂加以制伏。

　　对于主宰疗养院的新理性来说，疯狂并不代表绝对形态下的矛盾，它所代表的毋宁是未成年，这是它本身的一个面向，但却没有自主性，只能嫁接在理性世界上生存。疯狂便是童年。隐卢的一切组织，都把精神错乱者当未成年人看待。他们在那里，被人看作"小孩，只是具有过剩的体力，并且危险地使用它。处罚和奖赏要近在眼前才有效；稍微遥远一点，便对他们毫无效力。在他们身上，应该运用新的教育体系，为他们的思想提供新的进程：首先要加以制伏，接着鼓励，使他们专注于工作，并借由一些吸引人的办法，使他们觉得工作是件愉快的事"。㊺ 长久以

　　㊺ Delarive, 前引书, p. 30。

来,法律一直把精神错乱者当作未成年人看待;但这是一种由禁治产和财产托管所抽象定义的司法情境;这并不是人和人之间具体的关系模式。在突克手上,未成年状态对疯人来说,乃是一种生存方式,对看守人来说,则是他们具有主宰权的模式。人们大力坚持,在隐卢之中,精神失常者和监护者的社群,具有"大家庭"的风貌。表面上,这个"家庭"把病人放置在一个正常而自然的环境之中;事实上,这是更进一步的异化:司法上,疯人的未成年人身份,其目的是要保护疯子作为权利主体的地位;这个古老的结构,在演变为共同生活的形态之后,使得疯人以心理主体的身份,完全被提交给理性人的权威和威势处置,而理性人对他来说,则具有成年人的具体形象,也就是说,同时既是他的宰制者,也是他的归宿。

18世纪末,家庭在疯狂和理性关系的伟大重组之中,扮演着决定性的角色——它同时既是想象世界,也是真实的社会结构;突克的事业由它出发,也以它为归宿。突克认为它具有原始的、尚未在社会中受到损害的价值,因此要求它扮演消除异化的角色;家庭就其神话而言,和18世纪认为是所有疯狂起源的环境,正是针锋相对的反题(antithèse)。然而他也非常真实地把它引入疗养院世界之中。在这里,家庭显得像是在疯子和理性人之间所有可能关系的真相和规范。也就因为这个作为本身,精神失常者丧失了民权的法律处境,也就是他受家庭监护的未成年人身份,演变为其心理情境,并使他在其中丧失其具体自由。在人们现在为它准备的世界里,疯狂的全部存在,都被包裹在——我们可以超前时代称呼的——"父母情结"(complexe parental)之中。父权体制的威望此时又在其四周重新诞生,就好像它在布尔乔亚的家庭中一样。后来,心理分析又把这个历史积淀过程重新提出,并以一个新的神话,赋予它一个穿越整个西方文化,甚至所有文明的宿命意味。然而,实情正好相反,其实是心理分析本身慢慢地在这个积淀过程之中成形,它只是在最近,也就是19世纪末,才得到稳固。此时,疯狂在家庭中遭到两度异化——一次是在神话之中,那是以纯父权体系消除异化的神话,另一次则是在真实的情境之中,那便是以家庭为模式所建构起来的疗养院。从此以后——而且这一段时期目前还不能看到尽头——非理性的论述将会牢不可破地和家庭半真实、半想象的辩证法联结在一起。在过去,非理性的暴力论述,被解读为亵渎或辱神之语,从此之后,它则被解读为对"父亲"(le Père)永无止尽的杀害。因此,理性和非理性过去无法补救的大对抗,在现代世界里,将会演变为本能沉默的赌气,而它的反对对象将是稳固的家庭制度和它最古老的象征。

在社会基本体制的变动和疯狂在监禁世界中的演变之间,存有惊人的会合状况。我们前面已经看到,自由经济体制倾向于把穷人和病人的救助事宜,托付给家庭,而不是国家:家庭因此成为一个发挥社会责任的地方。然而,如果病人可以被托付给家庭,疯子却不行,因为他的他异性过强,也过于无人性。突克所做的事,便是在疯狂四周,以人为的方式重塑家庭的拟象。这虽然是体制的滑稽仿效(parodie),但却也是真实的心理情境。在家庭不存在之处,他便用一个虚构的家庭布景来取代它,而其建造元素则是一些征象和态度。然而,有一天会发生一项非常奇妙的位置交换,家庭此时会被解除协助和照料一般病人的角色,但它却会保留它和疯狂有关的虚构价值;而且,在穷人的疾病将会再度成为国家事务之后,疗养院仍将长期把精神失常者维持在一个具有命令性力量的虚构家庭之中;疯子仍是未成年人,而理性对它来说,将会长期维持"父亲"的样貌。

因为封闭在这些虚构的价值之中,疗养院将不会受到历史和社会演变的影响。在突克的想法中,重点在于模仿人最自然、最纯净、最古老的共存形态,以建构一个环境:它是最合人性的环境,因为它是一个最不社会化的环境。事实上,他是把布尔乔亚家庭和社会结构相隔离,并在疗养院中以象征的方式重塑了它,使它在历史中偏航漫流。疗养院因此总是偏向与时代相错的结构和象征,成为不能适应时代和与时代演变相隔绝的代表者。它在过去是兽性显现其无历史和永恒重启的存在的场所,现在却看到一些无记忆的标记慢慢上升,它们代表着古老的仇恨、反抗家庭的古老亵渎,还有为人遗忘的乱伦和惩罚的记号。

*　*　*

匹奈这头,则不存有任何宗教性质的隔离。更好的说法是,那是一种和突克所使用的隔离措施方向正好相反的隔离。革新后的疗养院,它的益处人人可享,或者几乎如此,因为宗教狂热分子不在受益之列:"这班人自认受到神启,而且积极拉别人入他的教。"在匹奈心里的比塞特院和硝石库院形象,和隐卢正成互补。

宗教不应该是疗养院的道德生活基质,它应该只是简单纯粹的医学对象:"在一座精神病院中,宗教上的意见,只能用纯医学关系来考虑,也就是说,我们应该把所有有关公众信仰和政治的其他考虑,搁置一旁。我们要探求的,只是要去了解,如果我们反对来自此一根源的思想感情亢奋,是否可以有效地促进精神错乱者的痊愈。"㊻由于天主教信仰中的恐怖地狱,是一个热烈情感和可怕形象的来源,因此经常挑起疯狂;它会制造谵妄的信仰,维持幻象,将人导向绝望和忧郁。我们不应该对下面之事感到惊讶:"翻阅比塞特院的精神错乱者收容登记簿,我们会发现,其中有许多人是教士与和尚,还有一些人是乡下佬,他们因为看到未来的可怕景象而迷失。"㊼我们更不要惊讶于,随着时间不同,宗教狂的数目也会产生变化。在旧王政体制和大革命时代,迷信的活跃程度,或是共和国和天主教会间斗争的狂暴性质,使得源自宗教的忧郁症大大增加。后来和平恢复,政教协和条约(le Concordat)的签订⁶消除了这场斗争,这些形式的妄想也跟着消失;共和国十年,硝石库院的忧郁症患者中,尚有百分之五十为宗教狂,翌年则为百分之三十三,到了共和国十二年,就只剩百分之十八了。㊽因此,疗养院应该摆脱宗教及其所有相关想象;对于那些"因为虔诚而患忧郁症的病人",应该注意不要让他持有宗教书籍;经验"告诉我们,这是延续精神错乱,甚至使它变得无法治愈的最佳办法,我们愈是同意如此,就愈不能稳定其不安和顾虑"。㊾突克梦想的是一个同时可以作为精神医疗最佳场所的宗教社群,然而这里出现的中立疗养院理念却和它大相径庭,它像是净化了所有由基督教引发的形象和激情,因为后者只能使精神偏航,迈向错误、幻觉,以及不久之后即会出现的妄想和幻象。

㊻ 《哲理医学》(*Traité médico-philosophique*),p. 265。
㊼ 同上书,p. 458。
㊽ 匹奈,前引书。由匹奈所建立的全体统计数字,请参看书中 427—437 页。
㊾ 同上书,p. 268。

不过,匹奈要削弱的,只是宗教中的想象形式,而不是其中的道德内容。在受到净化之后,宗教之中仍有一种消除异化的力量,它可以消除形象、镇定激情,使人类恢复他身上所能具有的立即和必要部分:宗教能使人接近人的道德真相。也就是因为如此,宗教才经常有治疗能力。匹奈讲述了一些故事,它们颇有伏尔泰的味道。比如,有一位二十五岁的少妇,"她体质强健,先生则是位纤弱的男人";她会发作"非常强烈的歇斯底里症状;她想象自己为魔鬼附身。根据她说,这魔鬼外形变化不定,有时让她听到鸟叫声,有时则是凄惨之声,有时候又会发出尖叫"。幸运的是,该地的神父比较熟知自然宗教更胜于驱魔手法;他相信大自然的善意即有治疗之效;这位"开明人士,个性温柔但又能令人折服,他成功地影响了女病人的精神,使她离开病床,重操家务,甚至说服她到花园铲地……结果成效十分良好,三年来她不再发病"。[50]当宗教被化约为极端简单的地步,成为只有道德内容,它必然会和哲学、医学以及所有能使精神迷途而返的智慧和科学形态,产生默契。在某些案例里,宗教甚至可以作为初步治疗,为疗养院的作为预备条件:这里有位少女可以作为见证。"她尽管非常聪明和虔诚,却具有热烈气质",这气质一分为二,"一方面是她的感情倾向,另一方面,则是她在行为上的严谨原则";她的忏悔神父,在劝她归依上帝无效之后,便向她举出一些坚定有节的圣徒的例子,并劝她遵循"大激情最好的良药:耐心和时间"。病人被送进硝石库院后,受到匹奈的治疗,"遵循同样的道德原则",她的疾病"只持续短暂的

---

[50] 匹奈,前引书,pp. 116-117。

时间”。(51) 如此,在疗养院中收纳的,并不是宗教中的社会主题:通过同一个灵感会通和同一个共同社群,使人达到博爱的境界,那反而是慰藉、信赖和顺应自然的道德力量。它应该延续宗教的道德作为,排除其神妙文本,只在美德、劳动和社会生活的层次上发挥作用。

疗养院因此是一个无宗教的宗教领域,纯道德和伦理一致化的领域。在它之中,所有还能保存旧有差异的一切记号,现在都消失了。对神圣最后的回忆也熄灭了。在过去,监禁所作为社会空间,曾由麻风病院继承了几乎是绝对的界限;它是一块他异的土地。现在,疗养院却得描绘出社会道德的巨大连续。家庭和工作价值,所有受到承认的美德,正支配着疗养院。不过,这个支配是双重的。首先,这是一种事实上的支配,其地点就在疯狂的核心之中;即使精神错乱表面暴烈混乱,基本美德的坚固特质并未断绝。存有一种非常原始的道德,即使是在最严重的心神丧失状态下,它通常也不会受到损害;在治疗中出现并发挥疗效的,就是这个道德:“对于治疗过程中经常出现的纯美德和严格原则,我一般都只能作出光明的见证。除了在小说里,我没有看到其他人比起大部分幸运回复到康复期的精神错乱者们,会是更值得被珍爱的配偶,更温柔的父母,更热情的情人,更尽责的个人。”(52)这个不可剥夺的德性,同时既是疯狂的真相,也是它的解决。这就是为什么,如果说它在实然面占有支配地位,它还需要在应然面上如此。疗养院将会缩小差异,抑制恶

---

(51) 匹奈,前引书,pp. 270-271。

(52) 同上书,p. 141。

行,消除不规律。它将会揭发一切和社会根本美德相对立的事物:比如单身生活,"在共和十一年和十三年间,罹患白痴的女孩数目比结婚的妇女数目多七倍;就心神丧失而言,其比率是二至四倍;因此,我们可以推断,婚姻是妇女的预防之方,可以用来抵抗两种最根深柢固、又经常是最不能治愈的精神错乱"㊺;或是放荡、行为不检和"极端的伤风败俗","酗酒、无节制且无选择的风流、散乱行为、麻木不仁的毫不在乎,这些恶习都能渐渐地使理性变弱,最后导致精神错乱的爆发"㊻;或是怠惰,"经验中最稳定、最意见一致的结果告诉我们,在所有的公立疗养院、监狱和济贫院中,对于健康、善良道德、秩序之维系,其最可靠、也可能是唯一的担保者,便是严格进行机械性工作的律则。"㊼疗养院为自己设立的目标,乃是道德的同质性支配状态,并且严格地延伸到对所倾向于逃脱这项支配的事物之上。

然而,也就是因为如此,它却让一项差异显现出来;如果法律不能普遍地支配,那是因为有些人不承认法律,有一个社会阶级生活于无秩序、疏忽甚至接近非法的状态之中:"如果,我们看到有一些家庭,在秩序和融洽之中,长年地繁盛,但在另一方面,有多少其他的家庭,尤其是在社会低阶层中,因为呈现放荡、不和及可耻困境的图画,令人厌恶,也令人看了难过!由我每日所做的笔记可知,我们在济贫院中治疗的

㊺ 匹奈,前引书,p. 417。
㊻ 同上书,pp. 122-123。
㊼ 同上书,p. 237。

精神错乱者，其最丰富的来源，便是这些家庭。”[56]

疗养院到了匹奈手上，同时演变为道德同一化和社会揭发工具。重点在于使得一种普遍的道德，得以占据支配位置，或是在它的他异者内部形成宰制，或是在精神错乱远在其个体显现之前即已存在的地方，建立其支配。在前一种状况中，疗养院发挥唤醒和回忆的功用，召唤一个被人遗忘的本性；在后一种状况中，它应该以社会位移来发挥作用，以便使个体可以脱离其原来条件。隐卢所进行的操作，仍是简单的：这是以道德净化为目的的宗教隔离。由匹奈所进行的操作则相对地复杂：他进行的其实是一种道德上的综合，在确保疯狂世界和理性世界间的伦理连续性的同时，又进行社会隔离，一方面向布尔乔亚道德保证其实然面的普遍性，另一方面又能使它在应然面支配所有形态的精神错乱。

古典时代中，贫穷、怠惰、恶德和疯狂，在非理性之内混合，形成同一个罪孽；疯子们陷入为穷困和失业而设立的大禁闭之中，但所有的人都被推送到过失之旁，接近堕落的本质。现在呢，疯狂则和社会性的衰败有关，而这项衰败又以混淆不清的方式，显得像是疯狂的原因、模范和极限。半个世纪以后，心智疾病将会演变为退化（dégénérescence）。从此以后，基本的、产生实际威胁的疯狂，乃是由社会底层升起的疯狂。

匹奈的疗养院和突克的疗养院因此有所不同，它不是退隐世外的场所，一个属于自然和当下真实的空间，而是一个一致性的立法领域，道德的综合地点，而生自社会外部边界

---

[56] 匹奈，前引书，pp. 29-30。

的精神错乱将会在此为人抹消。(57) 匹奈把受监人的生活整体、监护者和医生面对他们的所有行为,都加以组织,以便发挥这些道德综合。他主要使用三个方法:

第一,静默。第五位被匹奈释放的链囚,在过去是一位教士,因为发疯被驱离教会;他患了自大狂,以为自己是基督,这是"人类傲慢狂想的极致"。他在1782年被送进比塞特院,被铐铁链已有十二年。由于态度骄傲,言辞浮夸,他是整个收容所里最受人欣赏的景观之一;但是,由于他知道他自己正在重新经历基督的受难过程,"他很有耐性地忍受这项长久的殉难,以及他的躁狂所受到的连续挖苦。"匹奈把他列入最初十二名获释者,虽然他的妄想症仍是同样地严重。不过,他对待他的方式和对待其他人不同:既没有鼓励,也没有要求他作承诺;一句话都不说,他便要人解下他的铁链,并且"明白下令,要每个人模仿他的克制,不向这位可怜的精神错乱者说任何一句话。这项禁令受到严格遵循,结果在这位如此膨胀夸大的人身上,产生了比铁链和地牢更显著的效果;在他的完全自由中,他却因为这个新的遗弃和孤离的状态,反而感到屈辱。最后,经过长

---

(57) 匹奈一直强调立法更甚于知识进展。1779年1月1日,他在写给其兄弟的信中说:"如果我们综观地球上的种种立法,我们便会发现,社会体制总是超前科学和艺术的发展,因为后者预设着一个社会体制开化文明的民族,而且他们因为环境和历史,才能达到使得文化开花结果的权威……比如我们不能说英国人的法律体制是科学艺术昌明繁盛的后果,因为英国人的立法比其文化发展提早数百年。这些骄傲的岛民之所以可以有超人一等的天才和技能,便是因为他们拥有使其成为可能的法律制度。"(见 Sémelaigne,《精神错乱专家及博爱家》〔*Aliénistes et philanthropes*〕,pp. 19-20)

时间的犹豫以后,人们看到他自愿地跑来加入其他病人的群体;从这一天起,他便恢复比较合理和比较正确的思想"。㊳

释放在此具有吊诡的意义。地牢、锁链、连续的景观、挖苦话,对病人的妄想来说,可说是其自由的要素。他因此受到承认,而且因为别人的合作,而由外部受到迷惑,他不能脱离他的立即现实。相反地,铁链脱落了,所有人的冷漠和默不作声,使得他被闭锁在一个空洞自由的有限使用之中;他被人静静地丢给一个不受承认的真相,而他虽然体现它,却是无用,因为别人根本看都不看,而且他也不能由其中获得激奋,因为这个真相甚至没有受到屈辱。现在被人羞辱的,乃是人本身,而不是他在狂想中的投射:过去的肉体拘束,现在被一种自由所取代,但它在每一刻都会遭遇由孤独所形成的限制;过去是妄想和冒犯之间的对话,现在则被取代为一种自言自语,而他的语言会在他人的沉默当中耗尽;过去是自以为是和侮辱性的展示,现在则被冷漠所取代。从这时起,他比被禁闭在地牢中或锁铐在铁链中更加真实地受到监禁,只是自己的囚徒,不再被他人监禁,病人于是陷入一种和自己的关系之中,属于过失一类,也陷入一种和他人的无关系之中,属于耻辱一类。其他人不再有罪,因为不再是迫害者;有罪者现在向内部转移,并向疯子显示他只是被其自以为是的论断所迷惑;敌人的面孔消失了;他不再感受到他们由目光形成的存在,而是感到他们的拒绝注意,目光闪躲;其他人对他来说,只是一个随着他前进而不断后退的界线。他

㊳ Scipion Pinel,《精神错乱者之卫生措施大全》(*Traité complet du régime sanitaire des aliénés*), p. 63。

被人由锁链中释放出来,但现在却被沉静的效能,铐在过失和耻辱之上。过去他觉得别人在处罚他,反而在其中看到他无罪的标记;现在他被免除所有的肉体惩罚,却会觉得自己有罪。苦刑造就了他的荣耀;解脱则使他感到屈辱。

在文艺复兴时期,疯狂和理性之间曾进行不断的对话,与此相较,古典监禁可说是一种置入沉默的措施。然而,这并不是完全的沉默:语言在此并没有真正地被人消除,反而比较像是涉入事物之中。监禁、牢狱、地牢,甚至苦刑,都在理性和非理性之间交结出一种沉默的对话,那便是斗争。现在,这种对话本身又受到拆解,沉默是绝对的,在疯狂和理性之间,再也没有共同语言;针对妄想的语言,只能以语言的缺席来回应,因为,妄想并不是一个和理性对话的片段,它根本就不是语言;在那终于沉默无言的意识里,它只能指涉过失。只有从这里出发,一个共同语言才能再度成为可能,其条件是这个语言要演变为承认有罪的语言。"最后,经过长时间的犹豫以后,人们看到他自愿地跑来加入其他病人的群体……"语言的缺席,成为疗养院的基本结构,它的相关现象,便是公开招供。当弗洛伊德在精神分析中,谨慎地重新建立交流,或毋宁说重新开始听取这个此后碎裂为自言自语的语言时,我们应该惊讶于他所听到的陈说一直都是过失的招认吗?在这个长久的沉默之中,过失已经进入话语的源头了。

第二,镜中承认。疯人在隐卢中被人观看,而且也自知如此;然而,除了这道直接的目光之外,他只能间接地把握自我。在匹奈这头,正好相反,目光只在疯狂所定义的空间内部作用,它没有外在的表面或限制。疯狂看着自己,它被它自己看着——同时既是景观中的纯客体,又是绝对的主体。

"有三名精神错乱者,自认为君主,而且都取路易十六为称号。有一天,他们彼此争论着统治权,而且以过于强烈的方式强调自己的权力。一位女监护人走近其中一位,将他拉到一旁说:为什么您要和这些显然是疯子的人争辩呢?难道他们不知道应该认出您就是路易十六吗?这名患者,听到这项恭敬的阿谀之后,便立刻走开,并以鄙夷的高傲态度来看其他两位。同样的计谋又再度在第二人身上生效。于是,在片刻之中,便不再有争论的痕迹。"[59]这里我们看到的是第一个时刻,兴奋高昂的时刻。疯狂被人召唤去观看自己,不过那是观看别人的疯狂:它在他们之中显得像是毫无根基的自夸,也就是说,像是可笑的疯狂;然而,在谴责他人的目光里,疯狂却确定了它自身的合法性,并且确定自己和其妄想间,具有适当的关系。推断和现实之间的裂痕,只有在对象之中,才会让人认出。在主体中,它则完全受到遮蔽,使它成为当下的真实和绝对的裁判者:这是狂热的主宰状态,它揭发、消除其他人的假主权,并因此肯定其推断的完美饱满。疯狂,就像简单的妄想一样,被投射在他人身上;就像完美的无意识一样,它完全为人承受。

但也就是在这个时刻,这面原是建立同谋关系的镜子,演变为神话的消除者。比塞特院有另一位病人,他也一样,以为自己是国王,总是"以命令和最高权威语调"说话。有一天,他稍微平静下来,监护人便走近他,问他说,如果他是

---

[59] 引用于司马梁(Sémelaigne),《精神错乱专家及博爱家》(*Aliénistes et philanthropes*),附录,p. 502。

国王,那么他为什么不下令终止他的拘禁?他为什么仍然跟种种精神错乱者混在一起?在随后的日子,他又再度重提同样的论调,"让他逐渐看到他过度的自负其实十分可笑,并向他展示另一名长久以来也一样相信自己拥有最高权力的精神错乱者,后来是如何成为别人的笑柄。这位躁狂症患者,首先是受到震撼,不久,他开始怀疑其君主头衔,最后,他终于承认这一切只是他偏离现实的幻想。这个如此出乎意料的精神革命,仅在半个月左右便得以完成,而且,经过几个月的考验期后,这位可敬父亲便能重返家庭怀抱。"⑩这里我们看到的,则是第二阶段的低沉屈辱期:疯人自以为是地和它的狂想对象认同,但这个狂想就像镜子一样,让他认出自己,揭发此一自负的可笑性;由于他承担起客体的身份,也就使得它的神话遭到清除,如此一来,他作为主体的稳固主权,也就在这样的客体之中完全崩溃。他现在被他自己无情地观看着。而代表理性的人士,一句话也不说,只把那面危险的镜子伸出来,让他可以客观地承认自己发疯。

我们曾经看到 18 世纪的医疗法,运用什么样的办法——同时也是什么样的骗局——尝试去说服疯子相信他的狂想,以便使他能更轻易地加以突破。⑪ 这里运用的完全是另一种动态:重点不在以一个强行树立真相的演出来消除错误;重点与其说是要消除疯狂中的错乱,不如说是要利用疯狂中的傲慢来攻击它自己。古典精神之所以谴责疯狂,乃是认为它对真相具有某种盲目;从匹奈开始,人们则比较倾

---

⑩ 匹奈(Philippe Pinel),前引书,p. 256。
⑪ 参考本书第二部,第四章。

向认为疯狂像是来自人心深处的一种冲动,它超出个人的控制,忽略道德上的外在要求,倾向于自我的神化。对于 19 世纪来说,疯狂的原型是自认为神,相反地,在先前的世纪里,这个原型则是对神的拒绝。因此,疯狂的拯救,便只能是看到它自身被演出为受辱的非理性,因为它虽然沉溺在狂想的绝对主体性之中,它却能在和自己相同的狂人身上,捉住其中可笑而客观的形象。在这个相互观看的游戏之中,真相像是以奇袭的方式(而非以 18 世纪的暴力方式)钻了进来,不过,它在这里永远也只是看到它自己罢了。然而疗养院院方,便是在疯人的社群之中,如此这般地设置镜子,使得疯子终究不得不突然察觉到自己是个疯子。铁链使得疯狂成为一个纯粹被人观看的客体,但是一旦由其中解脱出来以后,疯狂却吊诡地丧失其基本的自由,那便是孤独之中的兴奋高昂;对于它对自身真相所知的部分,疯狂变得必须负责;它被监禁在那无限回返的目光之中;它终究是被链锁在作为自身对象的屈辱之上。它的意识觉醒,现在和一种耻辱感相连,那便是认知到自身和这个他异者相同,知道自己被包含在其中,而且在知道如何辨识和认识自己之前,就已经对自己抱持轻蔑。

第三,持续不断地审判。就和沉默一样,这项镜子游戏也不断地传唤疯狂作自我审判。然而,更进一步,它也在每一刻受到外来的审判;审判它的不是一个道德或科学的意识,而是一种永久开庭的无形法庭。匹奈所梦想的疗养院,曾在比塞特院中部分地实现,不过硝石库院尤其能够将其实现。这其实是一种司法小宇宙。为了有效,这个司法体制在外表上必须令人恐惧;在精神错乱者心中,应该存在着法官和刽子手的全体想象队伍,好让他明白,自己如今是落入了什么样的审判天地之中。司法场景中的可怕、无情部分,因此也构成治疗的一部分。有一位比塞特院的受监人,患的是宗教狂,他因为恐惧地狱吓得手足无措;他认为只有借由严格禁欲才能逃开永堕地狱的罪刑。于是,这项对于遥远审判的恐惧,便必须经由一项立即而且更加可怕的审判的存在来作补偿:"他的悲惨思绪,不可抗拒地延展着,除了强烈深刻的恐惧所产生的印象之外,能有其他的制衡吗?"一天晚上,主管出现在病人门口,"手上拿着一个专门用来令人产生害怕的工具,眼神火怒,声如雷鸣,一群服务人员簇拥在四周,他手上拿着沉重的铁链,大声摇晃。人们在精神错乱者身旁放了一碗浓汤,并以最明确的命令通知他,如果他不想蒙受最残酷的待遇,那么就要在晚间把汤喝了。人们就此离去,让患者心思辗转于刚刚听到的处罚威胁和来生的折磨之间。结果,在内心交战数小时之后,前一个念头占了上风,他决定进食。"[62]

疗养院作为司法单位,具有独一无二的至高地位。它可以立即审判,而且作出最后判决。它也拥有它自己的惩罚工具,并可随意使用。古老的监禁体制通常是非正规的司法形式;不过它模仿罪犯的刑罚,使用同样的监牢、地牢、肉体虐待。主宰匹奈疗养院的司法体制,却不向其他司法体制借用压制模式;它自己加以发明。或者这么说更好,它把18世纪盛行的医疗法转化为处罚之道。而且,在匹奈的"解放"和"博爱"事业中,把医学转化为司法,治疗转化为压制,也只

---

[62] 匹奈,《哲理医学》(Traité médico-philosophique),pp. 207-208。

是其中的吊诡之一。在古典时期医学中,沐浴和淋浴之所以被用来当作疗方,乃是和医生们对神经系统的遐想有关:其目的是要使器官重获清凉,松弛干热的纤维,[63]同时,冷水冲浴的好处,还包括不快诧异的心理效果:它可以打断思绪,改变感情的性质;不过这仍是医学梦想天地中的事物。到了匹奈的时代,淋浴的使用,就毫不掩饰地具有司法意义了;淋浴乃是常驻疗养所的简单治安法庭惯用的处罚:"我们把它们当作一种镇压手段来使用。而且通常只要用了这些法子,就可以让有能力做手工的精神错乱者服从工作纪律,克服顽强的拒绝进食,并且驯服受杂乱思考性情驱使的精神错乱者。"[64]

这里面的整体组织都要让疯人了解到,他被一个审判世界由四方八面包围住了;他必须知道自己受到监视、审判、谴责;过失和处罚间的关系应该是明显的,像是一个受到所有人承认的罪孽:"利用洗浴情境,要他回想所犯的过失,或是对重要责任的疏忽。我们打开水笼头,把一股冷水突然浇在精神错乱者头上,这会造成一个意外而强烈的印象,使他分心,不再专注于同一个执念之上;如果这个念头坚持不去,我们便反复地冲,不过要注意避免口气强硬,言辞惊人,因为这样只会引起他的反抗:相反地,要和他说,使用这些暴力手段,乃是为了他好,不得不抱憾而为;有时候可以开个玩笑,但小心不要把玩笑开得过火。"[65]惩罚在此,几乎具有算术上

---

[63] 参考上文,第二部第四章。
[64] 匹奈,《哲理医学》(*Traité médico-philosophique*),p. 205。
[65] 同上。

的自明性,而刑罚如有必要,可以无限地重复因为高压手段而获得的认错,这一切,最后会使得司法单位内在化,并在病人心中产生内疚感;只有在这时,法官们才接受停止惩罚,因为他们已经确定,惩罚会在患者的意识中无限地延伸下去。有一位女躁狂症患者,经常要撕裂衣服,打破所有她可以拿得到的东西;她受到淋浴治疗,也被穿上紧身衣,最后,她显得"屈辱而沮丧";不过,因为考虑到这个耻辱感只是过渡现象,内疚也只是表面性的,"指导为了在她心中深深烙下恐惧之情,便以最有力、但毫不动怒的坚决态度和她说话,向她说,从此以后,她还会受到更严厉的待遇。"期待的结果立即出现:"她大哭一顿,接近两个小时,用这大把的眼泪来宣示她的悔过。"⑥这个循环因此是双重地完成:过失已经遭到处罚,犯过失者也承认自己有罪。

不过,还是有一些精神错乱者不受此一运动掌握,并能抵抗其所操作的道德综合过程。这些人,会在疗养院本身内部再受幽禁,形成一群新的禁闭人口,一群甚至不受司法管辖的人口。当人们谈到匹奈和他的解放事业时,极经常省略这个二度幽禁。我们在前面已经看到,他认为改革的好处,不能让下面人士分享:"她们是自认受到灵启的信徒,不断地要人信她的教,并且以卑鄙的快乐来唆使其他精神错乱者进行反抗,理由是人应该听神的话,而不要服从人。"不过,幽闭和地牢,对下列人物也是必要的:"她们不能服从工作的一般纪律,总是作恶、骚扰其他女患者,向她们挑衅,并不断地引起争吵。"另一类女人则是"在病发时,会有不可抑抑的冲

---

⑥ 匹奈,《哲理医学》(*Traité médico-philosophique*),p. 206。

动,偷取所有她拿得到的东西"。⑰ 由宗教狂而产生的不服从、对工作的反抗、偷窃,这是反抗布尔乔亚社会的三大过失,对其基本价值所做的三大残害,即使有疯狂作借口,也无可饶恕;它们的错,得用纯粹简单的牢狱来罚;由于它们都对道德和社会一致化表现出抵抗,它们便得遭受到最严厉的排拒手段,因为匹奈所构想的疗养院,其存在理由,便是上述的一致化程序。

在过去,非理性被置于判决之外,好让理性权力可以专擅地处置它。现在,它却受到审判:而且判决不是只做一次,在进入疗养院之时进行,使它可以永久地被人辨认、分类和宣告无罪;相反地,它现在陷入一种持续审判之中,它对它不断地追讨、制裁、宣布过失、要求可以接受的惩罚,并排除其过失可能会长期危害社会良好秩序的人物。疯狂虽然避过了专权,却又落入一种无限期的审判之中,而疗养院同时提供了其中的警察、检察官、法官、刽子手;在这样的审判之中,任何生命中的过失,由于疗养院生活的特性,都会转化为社会犯罪,受到监视、判刑和惩罚;这样的审判,没有别的出路,只有以内疚感来表达持续的放弃。由匹奈所"释放"的疯子,以及在他以后,现代监禁体制中的疯子,乃是处于审判之中的人物;如果他们拥有不再和罪犯混合或同化的特权,相对地,他们所受的罪罚则是,要在每一瞬间,都处在一个控诉行动的打击之下,然而这篇控诉文从未被明白提出,因为这便是他们在疗养院中的生活整体。实证主义时代的疗养院,也就是使匹奈享有创建者荣耀的疗养院,并不是一个

---

⑰ 匹奈,前引书,p. 291, note 1。

自由进行观察、诊断和治疗的领域;它其实是一个司法空间,在其中,人受到指控、审判和谴责,而如果要摆脱它,也只有把这个审判过程移转到深层心理之中,也就是说,只有借由悔恨,才能由其中获得解放。疯狂将在疗养院中受到惩罚,即使它在外头被人宣告无罪。长久时间里,而且至少一直延伸到我们的当代为止,它都会一直被监禁在一个道德世界之中。

*　　*　　*

在沉默、镜中承认、持续的审判之上,还得添加一个为疗养院世界所专有的第四结构。它形成于 18 世纪末:这便是医生角色的神化。它显然是所有结构中最重要的一个,因为它不但允许医生和病人间的新接触,而且会使异化和医学思想之间的新关系成为可能,最后还会操控疯狂的现代体验全体。一直到这时,我们在疗养院中看到的只是原监禁结构的走调和变形。等到医生角色新地位一出现,监禁最深层的意义便遭到废除:我们现在所认识的心智疾病,其意义于是成为可能。

在突克和匹奈的事业里,虽然其精神和价值是如此地不同,却会在这项医生角色的转变中彼此会合。如同我们在前面看到的,医生并未在监禁生活中拥有一席之地。然而,在疗养院中,他却变成了一位关键性的人物。他是疗养院的把关人。隐卢的院规明白地规定:"入院审查委员会应该要求病人出具一份由医生签署的证明书……而且必须说明,除了疯狂之外,病人是否罹患其他疾病。同时最好加上一份报告,说明病人从何时开始患病,并且如果曾经使用药物,也必须加以记载说明。"⑱自从18世纪末以来,医生证明书几乎成为监禁疯人的必要文件。⑲然而,就在疗养院内部,医生因为在其中经营了一个医疗空间,所以也取得了主导地位。然而,要点便在于此:医生之介入,并不是因为他专有的一种知识或医疗权力,也不是因为一套客观知识而取得合法地位。**医疗人**(homo medicus)并不是以学者身份,而是以智者身份,在疗养院中取得权威地位的。如果医疗这项职业受到需要,那并不是因为它被当作科学,而是作为法律和道德上的担保。⑳一位有高度良心、正直美德,并且具有长期的疗养院工作经验的人士,也可以替代他。㉑因为,医疗工作只是一项庞大的道德任务的一部分,只有完成这项任务,疗养院才能确保精神失常者的痊愈:"在所有公私精神错乱疗养机构的管理中,如果有一条不可违犯的律则,不就是要在其自身和他人安全的可能范围内,给予精神错乱者全幅度的自由,并根据他的出轨严重程度来施与相当的惩罚……收集所有有助于医生治疗的事实,细心研究风俗、气质的特殊变化,最后要合宜地表现温柔或坚定、调和形式或是树立权威、坚

---

⑱ 隐卢规章。第三节,第5条,引用于萨姆艾·突克(S. Tuke),前引书, pp. 89-90。

⑲ "在整个巴黎行政区内,疯人或无理智者的进入现今及未来的专门机构时,必须要有合法医生或外科之报告书陪同。"(《无理智者之入院规章计划》(*Projet de Règlement sur l'admission des insensés*),为巴黎行政区通过采用,引用于Tuetey, III, p. 500)

⑳ 朗哲曼(Langermann)和康德(Kant)想法相同,都希望其中最重要的角色由"哲学家"来担任。而这一点和突克及匹奈的想法并无对立。

㉑ 参考匹奈对布桑(Pussin)夫妇所作记述。他并将他们任命为他在硝石库院的助手。(司马梁,《精神错乱专家及博爱家》(*Aliénistes et philanthropes*),附录,p. 502)

决严厉的口气吗?"⑫根据萨姆艾·突克的记述,隐卢任命的第一位医生,具有"不屈不挠、择善固执"的优点;在他进入隐卢任职时,显然并没有心智疾病方面的特殊知识,但他"才智敏锐,了解其同类的最高利益,有赖于他是否能发挥才干"。他根据常识和前人的经验,尝试了不同的疗方。但他很快就失望了,原因却不是结果不好或痊愈人数过少:"由于医疗手段和痊愈的进展之间,关联如此不完美,使得他不得不怀疑它们只是痊愈的相关项,而不是主因。"⑬于是,他了解到,现存的医学手段并没什么用处。由于他心中充满人道关怀,他便下决心不对病人使用任何会令他太难过的药物。然而,我们不要因此认为医生的角色在隐卢只有微不足道的重要性:由于他定期巡视病人,由于他在院中所行使的权威,使得他的地位高出所有的监护者,"医生对病人精神的影响力,高出所有其他的监护人。"⑭

  人们相信突克和匹奈使得疗养院朝向医学知识开放。实际上,他们并未把一种科学引入其中,而是引入了一个人物,而这个人物只是向这种知识借用外装,或者最多只是吸取了其中的合法性罢了。这些权力,就其属性而言,乃是社会性和道德性的权力;它们的根源来自疯人的未成年地位,来自其人格的异化,而不是来自他心灵的错乱。如果医生的角色可以圈定疯狂,那不是因为他认识疯狂,而是因为他可以主宰它;实证主义以为是客观性的东西,只是这个宰制关

---

⑫ 匹奈,前引书,pp. 292-293。
⑬ 萨姆艾·突克(S. Tuke),前引书,pp. 110-111。
⑭ 同上书,p. 115。

系的反面,只是它的结果罢了。"赢得这些病人的信赖,并在他们身上激起敬仰和顺从的感情,乃是一件非常重要的事。这只能来自高超的辨别力、卓越的教育和语气、态度上的尊严。由暴虐的粗暴所支持的愚蠢、无知和缺乏原则,可以引起惧怕,但也总是引人鄙夷。精神错乱者收容所的监护人,一旦能对他们发生影响,便能随心所欲地指导和规范其行为;他应该具有坚定的性格,并要能借机展现强大的权力机器。他应该少施威胁,但彻底执行,如果有人违抗他,就立刻施以处罚。"⑦医生之所以能够在疗养院世界发挥绝对的权威,那是因为他在一开始,就是"父亲"和"法官"、"家庭"和"法律",他的医疗实践,长久以来,只是在评论"秩序"、"权威"和"刑罚"的古老仪式。而匹奈很清楚地体认到,当医生在现代疗法之外,运用这些古老湮远的形象之时,他便能治愈病人。

他引述一位十七岁少女的例子。这位少女从小在父母的"极端放纵"之下养育长大。她患了一种"无法决定原因的顽皮开心妄想症";在医院里,人们用最温柔的方式照料她;然而她却老是抱持某种"高姿态",令疗养院无法容忍,而且她提到父母亲时,总是"尖酸刻薄"。人们于是决定要让她过一种服从严格权威的生活;"为了驯服这个不屈的性格,监护人利用沐浴的时刻,有力地以对待胆敢起而违背父母命令、低估其权威的丧失天性的人的态度告诫她。他告知

---

⑦ 哈斯拉姆(Haslam),《精神失常之观察及其实务意见》(*Observations on insanity with practical remarks on this disease*), Londres, 1798, 引用于匹奈, 前引书, pp. 253-254。

她说,今后她会受到应得的严厉待遇,因为她自己不愿痊愈,而且顽固难驯,隐藏其疾病的原始原因。"由于新的严厉要求和威胁,病人"深受震撼……她终于承认错误,坦率招供,说明她之所以迷失在理性之外,乃是因为感情受挫的结果,她还明白说出当年的对象"。在这个首度招供之后,治疗变得容易起来:"开始发生了一项极有利的转变;……她从此得到宽慰,极度感谢监护人,使她可以中止其持续的激动,寻回心情的宁静和安定。"这项记述的所有段落,都能以心理分析的辞语改写。的确,匹奈心目中的医生角色,其作为,不是以疾病的客观定义或从其分类性诊断出发,而是要利用包含"家庭"、"权威"、"惩罚"和"爱情"的秘密威势;医生就是因为玩弄了这些威势,戴上了"父亲"和"审判者"的面具,才能走上这些突然而至的捷径,使得他的医疗能力被搁置一旁,成为几近魔术般的痊愈的操作者,并且获得了魔术师(thaumaturge)的形象;只要他看一眼,说说话,秘密的过失便会显现,而不合情理的自以为是也会消失,疯狂终会遵从理性。他的存在和他的言说,具有消除异化的力量,可以突然暴露过失和恢复道德秩序。

看到在心智疾病知识尝试获得实证意义之时,医学实务却进入这种半奇迹的不确定领域,这真是一个奇特的吊诡现象。一方面,疯狂被远远地置放在一个客观的场域中,使得非理性的威胁消失无踪;但也就在同一刻,疯子却倾向跟医生形成一个无法分割的统一体,形成一种具有古老隶属关系的共谋配对。突克和匹奈所建立的疗养院生活,使得这个精细的结构得以诞生,继之成为疯狂的基本单位——这个结构形成一个小宇宙,象征着布尔乔亚社会的庞大结构和价值:

以父权主题为中心的家庭—儿童关系；以直接司法主题为中心的过失—惩罚关系；以社会和道德秩序主题为中心的疯狂—失序关系。医生所持有的治疗力量便是来自这里；因为病人通过这么多的古老联系，早已在医生身上、在医生—病人此一配对关系内部受到异化，医生才会拥有接近奇迹的治疗力量。

在匹奈和突克的时代，这种力量并没有什么了不起的地方，只由道德行为便可对此加以解释及证明；和18世纪医生冲淡液体元素或是缓和纤维的力量相比，它并没有什么更神秘的地方。但是，很快地，这种道德实践的意义，连医生自己也无法掌握了，因为他已经把他的知识局限在实证主义规范的范围之内：从19世纪初开始，精神科医生便不再明白他由伟大的改革者那里继承来的力量，究竟具有什么样的属性。它的效力和他对心智疾病的看法，和所有其他医生的实务手法相比，显得十分特异。

精神医疗在实务手法上具有浓厚的神秘性，连使用它的人，都不甚了了。这是一个造成疯子在医疗世界中的奇特处境的重要原因。首先，因为这是精神医疗在西方科学史里，头一次取得一种几乎完全自主的地位：自从希腊人以来，精神医疗一直只是医学中的一章罢了，而且，我们也曾看到威里斯把疯狂放在"头部疾病"这个类别下来研究；在匹奈和突克以后，精神医疗开始成为一种风格特殊的医学：即使那些固执地要在器官病因或遗传体质中发现疯狂起源的人，也无法摆脱这种风格。而他之所以难以摆脱它，正在于这个特殊风格——而且它利用越来越幽晦的道德力量——它是一种良心不安的坏意识的起源；他们越是感觉到实务手法脱离他们的掌握,就越把自己封闭在实证主义之中。

随着实证主义在医学和精神医疗上取得主宰地位,这种实务手法就变得更隐晦,精神科医生的力量也变得更像是奇迹一般,而医生—病人这一配对,则在一个奇特的世界里陷得更深。在病人的眼里,医生变成了魔术师;过去他向秩序、道德、家庭所借取的权威,现在似乎是由他自己持有的;只因为他是医生,他就被认为具有这样的力量。匹奈和突克都曾强调,他们的道德行动和其科学能力没有必要的关联,然而,人们在未来却会认为——而且病人是其中第一个这么相信的人——医生之所以能找到解决精神错乱的力量,其源头乃是因为他拥有秘不外传的知识,因为知识之中,存有一些几乎具有魔鬼性格的秘密。病人越来越接受把自己交给这位既神又魔、总之是超凡入圣的医生手上,任他全权处置;他越来越在医生身上异化自己,提前地完全接受他所有的威势,一开始便顺从一个让他觉得像魔术般的意志,顺从一个他假设具有远见和预言力量的科学,到后来他便变成他自己投射在医生身上的力量的理想而完美的相关项,成为一个除了惰性之外,别无其他阻力的纯粹客体,他准备良好,即将成为夏尔勾(Charcot)用来赞颂医生神奇力量的歇斯底里症患者。如果我们想要分析 19 世纪从匹奈到弗洛伊德⑯精神医疗手法中,客观性的深层结构,那么我们就必须显示出,这个客观性从一开始,便是魔术性事物的物化(chosification),然而这个过程也需要病人自己的合作才能完成,它在一开始,还是

---

⑯ 这些结构在非心理分析的精神医学之中仍然活跃,甚至在心理分析本身的许多面向之中也是如此。

一个清晰透明的道德手法,但却随着实证主义树立其科学客观性神话的权威,而渐渐被人遗忘;这个手法的源头和意义已被人遗忘,但是它一直被人使用,也一直存在。人们所谓的精神医疗实务手段,其实就是 18 世纪末诞生的某种道德策略,它被保留在疗养院的生活仪式之中,也受到实证主义神话的遮盖。

但是,如果说医生在病人眼中,很快地变成魔术师,那么,在他自己作为实证主义医生的眼中,却不能如此。对于这股幽暗的力量,他再也认不出它的源头,因为他不再能理解病人的合作关系,并且,因为他无法承认形成他本人的古老力量,他必须为它提供一个地位;然而,由于实证知识完全不能解释这一类的意志转移,或是类似的远距离操作,那么,很快地就会达到下列的结论:要为这一切现象负责的,乃是疯狂本身。对于这些毫无承体的痊愈,我们却必须承认它们并不是假的痊愈,因此,只有推断它们是假疾病的真痊愈。疯狂既不是人们所相信的东西,也不是它在表面宣称的事物;它无限地小于自己:这是一组说服和虚构的程序。这里我们看到巴宾斯基暗示症(le pithiatisme de Babinski)[7] 的雏形。经由一种奇特的回溯过程,假想也再度回到两个世纪前,疯狂、假疯狂、装疯之间难以分辨的状态——以含混方式,它们都是过失的一部分,这一点便形成它们之间的统一;不过医学思想在此走得更远,它进行了一个西方思想自从希腊医学以来,一直犹豫不知是否必须进行的同化的程序:把疯狂等同为疯狂——也就是说,把它的医学概念和批判概念加以同化。到了 19 世纪末,在和巴宾斯基同时代的思想中,我们可以找到一个过去没有任何医生曾经提出的高妙假设;

究其根柢,疯狂只是疯狂。

如此,当心智疾病患者完全在真实的医生身上遭到异化的时候,医生却用疯狂的批判概念来解消心智疾病的现实性。如此一来,使得在实证主义思想的空洞形式之外,只存有一个具体的现实:那便是总结、建立和消解所有的异化关系的医生—病人配对。也就是因为这一点,整个 19 世纪的精神医疗,实际上汇聚于弗洛伊德,因为他是第一个严肃接纳医生—病人配对此一现实的人,也是第一位不把目光或研究由此转开,不寻求以一个和其他医疗知识难以和谐的精神医疗理论,以便遮盖这个现实的人;他是第一位严谨地追究其全部后果的人。弗洛伊德揭穿了疗养院的所有其他结构:他取消了沉默和观看,他抹消了疯狂以其本身景观所作的镜中承认,他使得谴责者不再发言。然而,他却开发利用了那包裹医生角色的结构;他把他的魔术师能力加以扩大,为其全能的准神圣地位铺路。所有原来分散在疗养院集体生活中的权力,现在被他集中在医生这个唯一的存在身上,这时他销匿于病人身后和病人上方,其不在(absence)其实也是一种完全的临在(présence totale);他使他成为绝对的目光,纯粹且永远保留的沉默,甚至不用语言便作出审判以行奖惩的法官;他使他成为一面镜子,使得疯狂得以通过它,以一种几乎不动的动作,既钟情于自身,又能摆脱自己。

弗洛伊德使得匹奈和突克在监禁体制中所经营的结构,全向医生滑移。在过去,患者是在疗养院生活中,受到其"解放者"的异化,弗洛伊德的确把他们从其中拯救出来;然而,他并未使病人脱离这种存在方式中的最基本核心;他重组其中的权力，把它们逼到最大极限，并把它们交到医生手上；他创造了心理分析情境，使得异化程序通过一个巧妙的短路，成为摆脱异化的力量，因为，在医生身上，异化程序变成主体。

医生作为一个具有异化力量的形象，仍然是心理分析的关键人物。也许正是因为心理分析没有取消这个终极的结构，而且还把其他结构集中到它身上，因此它现在不能，未来也不可能倾听非理性的声音，也不能以其本身为目的来解读无理智的征象。心理分析可以破解某些形态的疯狂；但它对于非理性不受干扰的工作，仍然是个局外人。对于这个工作的最基本部分，它既不能加以解放，亦不能加以转译，更谈不上解释。

自从18世纪末以来，非理性的生命只呈现于像荷尔德林、奈瓦尔、尼采或阿尔托的著作那样闪闪发光的作品之中——它们绝对不能被痊愈人的异化所化约，并以它们自己的力量抗拒道德的监禁程序。后者便是我们习惯上所称的——这显然是在说反话——由匹奈和突克所进行的精神错乱解放运动。

注 释

1 Georges Couthon(1755—1794)，法国大革命时代的政治人物。他和罗伯斯庇尔及圣朱斯特(Saint-Just)形成三头领导，行恐怖统治。共和国二年(1794年)热月10日被送上断头台。
2 1624—1691。他在1652年创立公谊会。
3 共和国二年(1794年)热月9日，罗伯斯庇尔倒台，恐怖统治结束。
4 1789—1795年间治理巴黎的政府。

5　救国委员会是1793—1794年恐怖统治时期的实际政权中心。国民公会的年代则由1792年延伸至1795年。

6　这是拿破仑在成为第一执政后,于1801年(共和国九年)和教皇签订的和约。这一年,同时也是法国内外恢复和平的年代。

7　Joseph Babinski(1857—1932),原籍波兰的法国医生,曾经描述数种神经系统疾病的特征。这里的pithiatisme又称"臆病症",指的是可以暗示治疗或复制的疾病,目前被认为是歇斯底里症的一部分。

第五章

人类学圈环

问题并不在于作结论。匹奈和突克的作为并不是终点。在它们之中,只是显示出——这是一个突然而新颖的形象——一个结构的重组,然而这个结构的起源,早已隐藏于古典疯狂体验固有的失衡之中。

匹奈和突克认为他们给了疯子自由,其实,自从长久以来,这项自由便存在于其生存领域之中。当然,它并不是以任何正面手势为人给予或提供的。它反而是沉默地在一些实务和概念的四周流动——这是一些半隐半显的真相,不明确的要求,存在于有关疯子的说法、想法、做法的边缘。疯子执拗顽强地存在着,但它却永远不让人掌握它。

然而,如果我们有意把它推到极限时,自由不正是坚实地包含在疯狂概念之中吗?它不是必然和这个幅度由一股老是与自身有同谋关系的激情的滥用,一直到妄想中的精确逻辑的大结构相关吗?当我们认为,疯狂乃是梦之形象被转化为属于非存有的错误,我们如何能拒绝认为其中含有某些属于自由的东西呢?究其根柢,疯狂之所以可能,条件是在其四周必须存有一个宽广的幅度，一个游戏的空间，允许主体可以自发地说着自己的疯狂语言，并建构自身为疯狂。这个疯子的基本自由，曾被索洼吉以一种天真却惊人丰饶的套套逻辑如此称说："这是我们在真理的寻求和判断力的培养中，一种大而化之、漫不经心的态度。"①

再者，当监禁体制在把它抹消时，又明白标指出来控诉的自由，又是如何呢？监禁虽然把个人由其责任的无穷任务和后果中解放出来，它却并未把他放置在一个中性化的环境之中。那丝毫不是一个受到同一项决定原则整平为单调一致的环境。如果说，监禁的目的经常是为了使人逃避审判，这的确是真的；然而，监禁的世界，却是涉及罪恶和惩罚、放荡和不道德、悔过和矫正的问题。在这些阴影之下，乃是一个自由在其中徘徊不去的世界。

医生们曾经体验到这项自由，因为当他们头一次和无理智者沟通时，乃是通过一个掺和了肉体形象和器官神话的世界，他们在其中发现，过失介入许多机制之中，沉默地在其中存在着：那便是激情、失序、闲散、讨好人的都市生活、贪婪的阅读、想象力之同谋关系、同时过度好奇于刺激和自我忧虑的感性，这些都是自由的危险游戏，在其中，理性仿佛是自发地在疯狂之中冒险。

这是一个既顽强又不稳定的自由。它永远停留在疯狂的地平线上，然而，一旦我们想要去圈定它，它就会消失。只有在一种随时会面临消失的状态下，它才会出现，才会具有

---

① 波阿西耶·德·索洼吉，《方法性疾病分类学》(*Nosologie méthodique*)，VII, p. 4。

可能性。这项自由首先是在一个疯狂有可能自我诉说的极端领域中被人瞥见,但随后一旦目光盯视在它身上以后,它便只显得受到牵连、束缚和化约。疯人的自由,只存于某一片刻,某一不易察觉的距离之中,在其中,他可以自由地放弃其自由,并自我拘束于疯狂之中;它只存在于一个潜在的选择点,使我们可以下决心"使自己处于无法运用自由、改正错误的状态中"。② 在这之后,它就只是肉体机制、幻想的贯串、妄想的必要。而圣凡森·德·保罗虽然在监禁手势本身之中,幽晦地预设着这项自由,却也会分辨必须负责任的放荡无羁者——"令人痛苦的小孩……带来耻辱的败家子"——和"值得大加同情……不能主宰其意志,既无判断力,亦无自由"的疯子。③ 使得古典疯狂成为可能的自由,却在这种疯狂之中窒息,并且落入其最残酷的矛盾显现之中。

这项具有构成性元素地位的自由,其吊诡之处,必然在此:这是使得疯子之所以成为疯子的东西,也就是说,那是在疯狂尚未成为既成事实之前,疯人可以借之和非疯人沟通的事物。从源头起,他便脱离自身的掌握,也不受其作为疯人的真相所限制,在一个既非真相亦非无辜的领域中,他承担起过失、犯罪或闹剧的风险。在一个非常原初、非常幽晦、非常难以确定其出发和分流的时刻里,这项自由使他宣告放弃**真理**(la vérité),并使他永远不可能成为**他的**真相(sa vérité)的囚徒。他之所以是个疯人,正是因为他的疯狂并不仅止于

---

② 波阿西耶·德·索洼吉,前引书,p.4。
③ Abelly,《圣凡森·德·保罗的一生》(*Vie de saint Vincent de Paul*), Paris, 1813, II, 第十三章。

他作为疯人的真相。这就是为什么,在古典体验中,疯狂可以同时,**有点犯罪**,**有点作假**,**有点不道德**,甚至**有点合理**。这并不是思想上的混淆,也不是概念不够细密;这只是一项非常一致的结构所产生的逻辑效应罢了:疯狂之所以可能,只有由一个从非常遥远,但又非常必要的片刻出发,这时,疯狂是在其作为非真相的自由空间中,摆脱了它自己,但是这么一来,它又把自己建构为真相。

匹奈跟突克的操作,就是从这一点介入古典体验之中。那就是作为实践和概念持续水平的这项自由,一个自我隐藏,并且仿佛会自动地消灭的要求,它在过去,乃是处于疯子生存核心的暧昧的自由。到了现在,人们要求它在事实之中出现,成为他真实生活的框架,以及一个使他的疯人真相得以出现的必要元素。人们尝试用客观结构来捕捉它。然而,当人们自认掌握它、肯定它并强调其价值的时候,他们的收获,只是一些矛盾中的反讽:

——人们允许疯人发挥其自由,但是把他放在一个和监禁总是有点悬而未决的空间比起来,却是更闭锁、更僵硬、更不自由的空间之中;

——人们把他从他和罪行与邪恶间的亲近关系中解放出来,却在同时把他关闭在决定论的严格机制之中。他只有在绝对的非自由中,才是完全无辜的;

——人们解开阻碍他运用自由意志的铁链,但同时在他身上去除了这项意志,使它在医生的意志中,遭到转移和异化。

从此之后,疯子既是完全自由,又是完全被排除在自由之外。在过去,他只是在那开始失去自由的瞬间,才是自由的;现在,他则是在一个早已令他失去自由的大空间中自由活动。

18世纪末出现的,并不是疯人的**解放**;而是**疯人自由概念的客观化**。这个客观化过程,带来了三重后果。

首先,就疯狂这个问题而言,现在重点的确是自由。但这不再是人在可能性的水平上所察觉到的自由,而是人寻求在事物之中,通过种种机制去捕捉的自由。在有关疯狂的思索当中,甚至在有关疯狂的医学分析之中,问题已不再是错误和非存有,而是存于真实决定机制中的自由:欲望和意志、决定论和责任、自动性和自发性。从艾斯基洛到珍奈,由莱尔到弗洛伊德,或是从突克到贾克森(Jackson),[1] 19世纪的疯狂,将会不断地叙述自由的种种波折。现代疯人的暗夜,不再是形象之虚假真相升起和闪耀的梦幻之夜;这个黑夜所怀抱的是:不可能实现的欲望、自然之中最不自由的野蛮意志。

这个是客观的自由,在事实和观察的层次上,被人明确地分配在两个领域之中:一方面是完全否定它的决定论,另一方面则是高扬它的罪恶。过去古典思想在过失和疯狂的关系上,仍然存有暧昧,但它现在将会受到分解;19世纪的精神医疗思想,将会同时探寻决定论的全体,以及尝试确定罪恶的插入点;有关犯罪性疯狂的讨论,麻痹性痴呆(paralysie générale)所占的重大地位、退化这项重大主题、歇斯底里现象的批判,以上这一切,由艾斯基洛到弗洛伊德,推动着医学的研究,它们正是来自上述的双重努力。19世纪的疯人既受决定,又是有罪;他的非自由,比起古典疯子借其脱离自身掌握的自由,更是浸满了过失。

疯人因为遭到解放,现在已和自己平起平坐:也就是说,他不再能逃离自身的真相;他被抛入他的真相之中,而这个真相也把他完全没收。古典的自由,使疯人以他和他的疯狂关系而得到定位,这是一个暧昧、不稳、持续败坏的关系,但它使得疯子和他的疯狂成为一体。匹奈跟突克所强加给疯子的自由,反而把它关进某种疯狂的真相之中,而他只能在解脱其疯狂时,被动地逃离这种真相。从这时候起,疯狂不再标指人和**真理**(la vérité)的某种关系——这个关系,至少是静静地包含着自由;现在它只标指人和**他的真相**(sa vérité)间的一种关系。在疯狂之中,人其实是掉落到他的真相里:这是一种完全符合它的存在方式,但同时也是一种丧失它的方式。疯狂所述说的,不再是非存有,而是人的存有、他所是的内容,以及这个内容的遗忘。在过去,他是存有(L'Être)的陌生人——虚无之人、幻影之人、Fatuus"愚人、小丑"(非存有之空虚以及这项空虚吊诡的显现),现在,他则被留滞在他自己的真相之中,并因此远离它。他是自己的陌生人,这便是 Aliéné〔异化者,精神错乱者〕。

疯狂现在说着一种人类学语言。它以模棱不定的基本态度,同时为现代世界瞄准数个目标:疯狂令人不安的力量、人的真相和这个真相的丧失,并且,它的目标也因此包含了**这个真相的真相**。

这是严峻的语言:其承诺丰富,其化约则显出反讽味道。这是自从文艺复兴以来,头一次为人寻回的疯狂语言。

让我们来听一听它最初的话语。

* * *

古典的疯狂归属于沉默的领域。长久以来,疯狂歌颂自身的自我陈述语言,早已沉寂。当然,17 和 18 世纪有许多文本谈到了疯狂问题;不过,疯狂在此或是被当作例子引述,或者作为一种医学上的类别,或者被用来说明错误(erreur)的沉默真相;人们由侧面去了解它,只看它的否定面意义,因为它这时是被当作正面理性的负面证明。只有医生和哲学家才能看到它的意义,因为只有他们才有能力理解它的深沉本性,制伏它的非存有,并以朝向真理迈进的方式来超越它。就其本身而言,它是一个暗哑无声的东西:在古典时代里,并不存在疯狂文学,因为疯狂并没有它自主的语言,并没有以一个真实语言来说明自身的可能。人们承认妄想有其秘密语言;人们对疯狂说有着真确的论述。然而,以其原初权利和自身能力,疯狂自己并无权力操作它的语言和真相之间的综合。它的真相只能被包裹在一个对它来说,一直是存于外在论述之中。但是,怎么,"这是一些疯子"……在他迈向真理的运动里,笛卡儿使得非理性的抒情表达,成为不可能。

然而,《拉摩的侄子》已经标举出来的、其后一整个文学风潮也显示,乃是疯狂在语言领域中的重现。在这样的语言中,它被允许用第一人称说话,而且,即使它说了这么多空话,所用又是充满吊诡、不可理喻的文法,它却能说出一些和真相具有本质关联的事物。现在,这个关系开始设法摆脱纠缠,完全地铺展开来。对 19 世纪初的诗和思想来说,疯狂本身所说的,便是梦以其杂乱形象所要诉说的东西:那是人的真相,它非常古老又非常接近,非常沉静又非常具有威胁力;

这是处于一切真相之下的真相,一个和主观性之诞生最贴近,同时又是事物表面最广泛流传的真相;这个真相,既是人之个体性最深沉的隐遁,又是宇宙初始的形态:"那在作梦的,乃是在沉入物质瞬间的精神,乃是上升到精神瞬间的物质……梦便是人之本质展露,生命最特殊、最私密的过程。"④如此,在妄想和梦的共同论述之中,欲望的抒情表达的可能性和世界之诗的可能性,结合为一体;既然疯狂和梦同时既是极端主观性的片刻,又是反讽客观性的片刻,这里面没有一点矛盾:心之诗情,在它抒情表达的最终绝望的孤独里,由于某种立即的翻转作用,变成了事物的根源之歌;世界在心中喧闹之前,虽然长久无言,这时却也找回了它的声音:"我昂首问星,星却不语;我追问日夜,日夜无言。在我心深处,我扪心自问,这时出现了……一些无解的梦。"⑤

疯狂语言在浪漫诗中的特色,乃在于它是最后终结的语言,又是绝对复始的语言:这是堕入黑夜之人的终结,但在这个黑夜末尾,又出现了一道光,而这便是万物初始之光;"那是一个虚无缥缈的地下地带,它一点点地亮起来,显出阴影和黑夜,苍白的形象们,严肃不动,居住在模糊地带。然后,画面开始形成,新的光明照耀……"⑥疯狂所说的,乃是一个大回归的语言:这不是奥德赛的长途航行,在真实之中长途跋涉、经过无限的旅程后才有的史诗归来;相反地,它是在一

---

④ Troxler,《管窥人之本性》(*Blicke in Wesen des Menschen*),引用于 Béguin,《浪漫时代的灵魂与梦》(*L'âme romantique et le rêve*),Paris,1939,p. 93。

⑤ 荷尔德林(Höderlin),*Hyperion*。(引用于前书,p. 162)

⑥ 奈瓦尔,*Aurélia*,Paris,1927,p. 25。

瞬间的闪光里所出现的、抒情诗风的回归,它在片刻之中,使得完结的风暴得到成熟,并以重新寻回的起源将其照亮和平息。"第十三个又再回来,那仍旧是第一个。"这便是疯狂的力量:它说出了人那不可理喻的秘密,它说人之堕落的终极点,也就是他最初的清晨,它说他的黑夜会结束于其最鲜嫩青春的光线之中,它说,在人身上,终点便是重新开始。

于是,跨过长期的古典沉默,疯狂重新寻回了它的语言。然而,这语言却承载着完全不同的意义;它忘记了文艺复兴的古老悲剧论述,不再谈论世界的撕裂、时间的终结、被兽性所吞噬的人类。疯狂的语言重生了,但它带着抒情诗中的闪耀光芒:它发现,在人身上,内在便是外在,极端的主观性和客体的立即蛊惑实为同一,而所有的终结都会允诺执拗的回归。在这个语言里所闪现的,不再是世界的隐形形象,而是人的秘密真相。

抒情诗风所诉说的事物,也是执拗的论述性思想要教导人的;人对疯子的知识,现在具有全新的意义(而这和科学知识客观内容的所有可能进展无关)。人们在疯子身上所投注的目光——通过这个具体的体验,才能提炼出医学或哲学的体验——也不再可能相同。在人们到比塞特院或贝德兰院参观的时代,人们在观看疯子时,是由外部在衡量分离人之真相和人之兽性的全部距离。现在,当人们在观看疯子时,却是同时更加中立,又具有更多的激情。他们更加中立,因为在疯子身上,人们将能发现人之深沉真相,这是一些沉睡中的形式,而人之所是便诞生于此。他们的目光也带着更多的激情,因为当他辨认出疯子时,不可能不同时辨认出自己,不可能不听到同样的声音,而同样的力量、同样的奇异光线,正在自己体内上升。这样的目光,可以向自己允诺人类终结赤裸真相的景象(当卡班尼斯在构想理想的疗养院时,已经谈到这一点了),但它现在却不再能避免凝视那属于它本身的厚颜无耻。在观看时,它不可能不同时看到自身。通过这一点,疯人的吸引力和蛊惑力便增强了一倍。霍夫曼(Hoffmann)笔下人物西皮安(Cyprien)说:"我相信,自然正是借由不正常现象,让我们可以瞥见它最可怕的深渊。当我在和疯人进行怪异的交谈时,恐惧之情经常袭取我心。就在这恐惧之情中,一些直觉和形象多次涌上心头,使得我的思绪充满生命、活力和独特动力。"⑦疯子把自己献出来,作为知识的对象,因此受到最外在的决定宰制,同时,就在同一个动作里,它也成为人自我辨识的主题,反过来在那些寻求理解他的人身上,注入他们所有共同的阴险熟悉真相。

但是,对于这个自我辨识,思索却和抒情体验不同,一点也不想接纳它。思索保护自己,想要不受它侵扰,以与时俱增的坚持肯定说疯子只是一件事物,而且是医学上的事物。于是,这个自我辨识的立即内容,便如此折射于客观性的表面之上,散乱为一大群二律背反(antinomies)。不过,让我们不要搞错了;在这些二律背反的思辨严肃性之下,牵涉的仍是人和疯子间的关系,以及这张现在具有镜子功能的奇特(étrange)面孔——而它在如此长久的过去中,曾经是陌生的(étranger)面孔。

第一,疯子揭开了人的基本真相:它把人化约为其原始欲望、简单机制和其肉体最急迫的决定作用。疯狂乃是人的

---

⑦ 霍夫曼,引用于 Béguin,前引书,p. 297。

历史、社会、心理、机体等层面的幼儿期。匹奈观察说:"在指挥精神错乱者和养育幼儿之间,其技巧何其相似!"⑧

——反论:疯子揭开了人的终结真相:它显示出,激情、社会生活、所有和不识疯狂的原始自然相远离者,可以把人推到什么境地里去。疯狂总和文明及其不适相关联。"根据旅人的记述,野蛮人从未发生心智作用的混乱现象。"⑨疯狂和世界的老化一起开始;而且,在时间的流逝之中,疯狂所取用的每一张面貌,都在诉说着这个腐败的形态和真相。

第二,疯狂在人身上运作的是一种非时间性的切割:它所划分的,并非时间,而是空间;它在人之自由的发展过程中,既不上溯,亦不下降;它显示自由的中断,显示出它沉陷于肉体的决定机制之下。在疯狂中,机体宰制一切,而机体乃是人身上唯一可以被客观化和科学感知的真相。疯狂"便是脑机能之病变……脑便是疯狂的病变部位,就像肺是呼吸困难的病变部位,胃是消化不良的病变部位"。⑩

——反论:疯狂与一般肉体疾病有所不同,因为它显示出一个在这些疾病中不会出现的真相:它使得一个内在世界得以突然显现。这个世界充满了恶劣的冲动、变态、痛苦和暴戾。直到疯狂发作之前,它们都还处于睡眠状态。因为它才得以出现的深度,使得人的自由获得完全的意义;这种在疯狂之中曝光的深度,便是野蛮状态下的恶意。"邪恶自在

---

⑧ 匹奈,引用于Sémelaigne,《匹奈及其作品》(*Ph. Pinel et son œuvre*),p.106。(作者未注明出处)

⑨ 马戴(Matthey),前引书,p.67。

⑩ 史普兹海姆(Spurzheim),《疯狂之观察》(*Observations sur la folie*),pp.141-142。

心中，而心就其立即状态而言，乃是既自然又自私的。在疯狂之中，占有支配地位的，乃是人的劣根性。"⑪ 海恩罗思（Heinroth）对疯狂也抱持同样的意见，他认为疯狂便是普遍意义下的邪恶（das Böse überhaupt）。

第三，疯人的无辜保证，来自这个心理内容的力量和密度。疯子因为被他的激情力量铐锁住了，被欲望和形象的活跃力所牵引，他成为一个不必负责的人；而且，他的无责任状态要由医学来断定，因为这是受到客观决定的事物。一个行为疯狂程度，可由决定疯狂的理由数量衡量。

——反论：一个行为的疯狂程度，正是因为永远没有任何理由可以将它说尽，所以必须受到审判。疯狂的真相存于一个没有串联的自动化作用之中；而且，一个行为越是没有理由，它越有机会只是生自疯狂的决定机制，因为人身上的疯狂的真相，便是无理由者的真相，就像匹奈所说，这样的事物，其生成，只是"来自毫不考虑、没有利益、没有动机的决定作用"。

第四，既然人在疯狂之中展露了他的真相，那么痊愈就必须以他的真相为出发点，甚至以他的疯狂为基础，才有可能。在疯狂的无理由之中，仍有一个产生回归的理由，而且，如果在疯子迷失其中的可怜客观性之中，仍有一个秘密的话，这个秘密便是使得痊愈变得可能的秘密。如同疾病并不是健康的完全丧失，同样地，疯狂也不是"理性的抽象丧失"，而是"仍然存留的理性中的矛盾"，因此，"疯狂的人道治疗，也就是说，其既善意又合理的照料……预设病人仍有理性，并且

---

⑪　黑格尔，前引书，§408 附录。

在此找到一个稳固的基点,可以从这个方向进行。"⑫

——反论:疯狂所暴露的人性真相,和人的社会与道德真相产生立即的矛盾。因此,任何治疗的初始阶段将是这个无法接受的真相的压制,将主宰其中的邪恶加以消灭,将这些暴戾和欲望加以遗忘。疯人的痊愈存于他人的理性之中——他自己的理性只是一个疯狂的真相罢了:"使您的理性成为他们的行为规范。在他们身上还有一条弦可以颤动,那就是痛苦之弦;请您拿出足够的勇气去触摸它。"⑬因而人只有在痊愈中,才会说出他真正的真相,而痊愈便是把他由他的异化真相带领到人的真相:"最暴烈、最可怕的精神错乱者,通过温柔及和解之道,变成了最柔顺的人,而且他动人的感性,也使他成为一个最值得关心的人。"⑭

上述的二律背反,不断地受到重复,它们在整个19世纪中,一直伴随着和疯狂相关的思考。在诗之体验的当下整体性之中,或是在疯狂的抒情体认之中,它们都已经存在了,但是这时它们的存在,一开始便表现为一种和自身调和的二元性的不割裂形态;它们受到标明,但所使用的语言,却是那存在于尚未划分的短暂幸福状态中的语言,它像是联结着世界和欲望、意义和无意义、完结之夜和原始晨曦。相反地,对思索来说,这些二律背反只有在极度的分离之中才会出现;这时,它们便会获得度量和距离;它们会在矛盾语言的缓慢之

---

⑫ 黑格尔,前引书,§408 附录。

⑬ 勒黑(Leuret),《论疯狂的道德疗法》(*Du traitement moral de la folie*), Paris,1840。

⑭ 匹奈,《哲理医学》(*Traité médico-philosophique*),p.214。

中,受到考验。**基本和构成性**疯狂**体验**中的暧昧性,很快便会消失在如何**诠释**疯狂现象的**理论冲突**网络之中。

冲突的双方,一是疯狂的历史性、社会性、相对性概念(艾斯基洛,米契亚〔Michea〕),另一方则是对心智疾病进行结构分析的分析类型,在这种分析之下,疯狂乃是一种反向演化、退化和朝向人性零点的逐渐滑移(摩莱〔Morel〕);一方面是精神论,它把疯狂定义为精神与其自身关系的变质(蓝格曼〔Langermann〕,海恩罗思),另一方则是努力想把疯狂定位于分化性机体空间的唯物论(史普兹海姆〔Spurzheim〕,[2] 布鲁赛〔Broussais〕);一方面是要求医学判断来衡量疯子的无责任程度,认为应该依据其所受决定程度来进行审判,另一方则对他行为的无理性格进行立即的评价(这是艾里亚斯·雷格诺〔Élias Régnault〕和马克〔Marc〕之间的争论);一方是艾斯基洛式的人道治疗概念,另一方则运用著名的"道德疗法",使监禁成为屈服和压制的主要手段(吉斯兰〔Guislain〕和勒黑〔Leuret〕)。

* * *

关于这些二律背反的细节发展,只有留待未来再加以研究;这样的研究,只能以 19 世纪疯狂的体验总体的细微清查来进行。这里所谓的总体,意味着包括公开性科学形态和沉默面向的全体。毫无疑问地,这样的分析可以不带困难地表明,在这个矛盾体系下,隐藏着某种协调一致作为其参考点;而这个协调一致,来自贯穿种种科学表达形式,并在其下保持恒常的人类学思想;它是一个构成性的基础,但又同时具有历史动态性质,并且使得由艾斯基洛和布鲁赛,到珍奈、布露勒和弗洛伊德的概念发展成为可能;这是一个由三个基本元素——人、他的疯狂和他的真相——所构成的人类学结构,它取代了古典非理性的二元结构(真相与错误、世界与幻想、存有和非存有、白昼和黑夜)。

目前我们所要做的,只是把这个结构保持在其所出现的位置上,也就是一个尚未完全分化的地平之上,并通过某些显示 19 世纪初疯狂体验的病例,去掌握这个结构。我们很容易便能了解麻痹性痴呆(paralysie générale)在整个 19 世纪所具有的不凡地位、模范价值以及人们在精神病症状理解上,想要由它做出的普遍延伸;在其中,犯罪以性过失(la faute sexuelle)的形态,非常明确地被勾勒出来,[3] 而且,它所留下的痕迹,使人永远无法逃避控诉;控诉存于机体自身之中。另一方面,这个过失本身所具有的沉默吸引力,它在诊断它的人心灵里所延展出来的熟悉分脉,使得这项认识本身,具有自我辨认的扰人暧昧;这个过错,存在内心深处,甚至就在任何沾染之前,早已由病人和其家人、由病人和其周围人士、由病人和其医生共同分享;性欲中的巨大同谋关系,使得此一病痛(mal)具有奇特的亲近性,并在它身上加上了罪行和恐惧的所有古老抒情性格。然而,这个存于疯子和其认识者之间,存于审判者和被判刑者之间的暗中连通,却也同时失去了真正的威胁价值,因为这个病痛已被严格地客观化,呈现于肉体空间,并被注入一个纯粹的机体程序之中。借由此举,医学不但压制了这个抒情性的自我辨认,也同时以客观性作掩护,遮盖了它所携带的道德控诉。看到这个病痛,这项过失,这种和世界一样古老的人际共谋关系,如此清楚地被定位在外部空间之中,化约于沉静的事物里,并且只是在他人身上受到惩罚，会使得知识感到无尽的满足，因为它完成审判而自感清白，而且，以一个有距离的从容观察作支持，它可以保护自己，不会反过来成为它自己所提出的控诉的对象。在 19 世纪中，麻痹性痴呆是一种"好疯狂"（bonne folie），就好像人们说存有所谓的"中规中矩的良好格式"（bonne forme）一般。控制所有疯狂感知的大结构，精确呈现于神经梅毒（la syphilis nerveuse）的精神症状分析之中。⑮ 在机体的客观性之中，过失的谴责和辨识，同时既被显现出来，又被隐藏起来：这便是 19 世纪所了解和所想要了解的疯狂意义的最佳表达方式。在 19 世纪对于心智疾病所持态度中，所有"庸俗"（philistin）的一面，都在此表露无遗，一直到弗洛伊德为止，或几乎如此，医学的庸俗主张，便是以"麻痹性痴呆"为名义，拒绝所有其他了解疯狂真相的方式。

上述的人类学，早在麻痹性痴呆的科学发现之前二十余年，便已形成。而这项发现的准备工作，并非来自此一人类学。不过在半个世纪之间，麻痹性痴呆具有非常强烈的意义，同时也发挥出蛊惑性的吸引力，这些现象的起源，却是明确地存在于上述的人类学之中。

不过，麻痹性痴呆还有另一个重要性：〔它显示出〕过错虽然具有内在和隐藏的性质，但它很快就会在机体之中受到惩罚和客观化。对于 19 世纪的精神医疗而言，这是一个非

---

⑮ 和麻痹性痴呆相对立，歇斯底里是一种"坏疯征"：它没有可以找得出来的失常，也没办法指定器官病变位置，也没有沟通的可能。麻痹性痴呆和歇斯底里形成的配对，乃是 20 世纪精神医疗体验的极端界线，一个持久而双重的困扰。我们可以，而且我们也应该显示出歇斯底里的解释，一直到弗洛伊德之前，一直是向麻痹世痴呆症借用解释模式，不过已把它加以纯化、心理学化，使它成为透明。

常重要的主题:疯狂把人禁闭在客观性之中。在古典时期,谵妄的超越性,使得疯狂不论如何地外显,都能保有一个从不外显的内在性,并使得疯狂因此和其自身保持一种不可化约的关系。到了现在,一切的疯狂和疯狂的一切,都应该具有外在面的对等物;或者,换个更好的说法,疯狂的本质,便是人的客观化,它把人驱逐到他自身的外部,把他铺展在纯粹简单的自然层次和事物层次之上。疯狂便是如此,可以完全被客观化,并且和一个中心性和隐藏性的妄想狂活动毫无关联,这样的可能性和18世纪的精神是如此地对立,以至于"无妄想的疯狂"(folies sans délire)或"道德性疯狂"(folies morales)的存在,在当时构成概念上无法接纳的丑闻。

匹奈曾在硝石库院观察到数位精神错乱者,"他们从未显示出悟性上的损伤,但是受到某种狂怒冲动支配,仿佛只有感情机能受损。"⑯ 在"局部性疯狂"(folies partielles)之中,艾斯基洛特别保留一个位置给"特性之中并不带有智性变化"的疯狂,这种疯狂只能让人观察到"行动上的混乱"。⑰ 依照杜布伊森(Dubuisson)的说法,罹患这类疯狂的患者,"在判断、理解和行为上表现良好,但是极小的事情便能使他们不可自抑,而且甚至不需要外在的情境因素,只是因为他们本身某种无法抵御的倾向,就会因为道德感情上的变态,做出狂乱的激动之举、暴戾的行为,以及狂怒的爆发。"⑱ 英

---

⑯ 匹奈,《哲理医学》(*Traité médico-philosophique*),p.156。

⑰ 艾斯基洛,《论心智疾病》(*Des maladies mentales*),II,p.335。

⑱ 一直到1893年,心理医学协会(Medico-psychological Association)还把"道德性精神失常"列为三十五届年会主题。

国作者们在1835年之后,跟随着普理查(Prichard)的脚步,以"道德性精神失常"(moral insanity)来命名这个概念。[19] 这项概念便在这个命名之下,获得终结的成功。然而,这个名词本身,正见证着概念结构中的奇特暧昧性:一方面,这里所涉及的疯狂,在理性的范围内,并不存有任何征象;就此意义而言,它完全隐身不见——在这样的疯狂中,非理性的缺席,几乎是隐形的,这是一个透明无色的疯狂,它偷偷摸摸地存在和流动于疯人心头,像是内在中的内在——"对于肤浅的观察者而言,他们一点都不像是精神错乱者……但正因为如此,他们更是有害,更加危险"[20]——但是,在另一方面,这个如此秘密的疯狂,却只有爆发于客观性之中,才得以存在:那便是暴力、完全不受控制的手势,甚至有时是杀人的行为。这样的疯狂,究其根柢而言,只是一种难以察觉的堕落潜力,但它可以堕落为最明显、最恶劣的客观性,成为一连串不负责任的手势的机械性联结;它是一种永远内在的可能性,而其实现则被完全排斥到自身的外部,而且,至少在一段时间以内,它只能存在于内在性的完全缺乏之中。

就像麻痹性痴呆症一样,"道德性精神失常"也具有范例价值。它在19世纪之中长存不朽,围绕着这些重要主题,相同的讨论不断地被人重新提出,都可以因为它接近疯狂的本质性结构而得到解释。它比其他任何心智疾病更能显示出疯狂的奇特暧昧性:它是一个内在元素的外在形式。从这个意义而言,对于所有可能成立的心理学,它都像是一个模

---

[19] U. Trélat,《清狂》(*La Folie lucide*),前言,p. x。
[20] 同上。

范:它在肉体、行为、机制和物品这些可以感知觉察的层次上,显示出无法触及的主体性时刻,而且,就好像这个主观的时刻,它对于知识而言,只有在客观性之中才会有具体存在,相对地,这个客观性也只是因为它是主体的表达,才能为人接纳和具有意义。在道德性疯狂(la folie morale)之中,从主观到客观的过渡阶段,具有一个不可理解的突发性。这样的突发性格,以超出许诺的方式,完成了心理学所能期望的一切。它形成一种人类的自发性心理化程序(psychologisation)。然而,也就是借由此举,它也显露出支配所有 19 世纪有关人之思索的晦暗真相之一:人之客观化的重要时刻,和他陷入疯狂的过程,乃是同一回事。相关于人之真相借以进入客观界,并得以为科学感知所接近的动态过程而言,疯狂乃是其中最纯粹、最主要、最原初的形式。只因为人有能力**发疯**,他才能成为他自己眼中的**自然**。疯狂作为一种迈向客观性的自发性过渡,乃是人之成为客体的演变中,一个构成性的时刻。

在这里,我们正好处于一个和古典体验极端对立的位置上。在过去,疯狂只是和非存有的错误以及虚无的形象间的瞬间接触,而且它总是保有一个不受客观掌握的向度;如果要追寻它深藏的本质,圈围出它的最终结构,这时,在可能表达的范围内,人们发现的只是理性的语言本身,但它这时却被运用在妄想的完美逻辑之中:而且,这一点虽然使得疯狂变得可以为人接近,却也同时遮掩了它。现在呢,则正好相反地,人反而是通过疯狂——即使他是在理性状态下——才能在他自己眼中成为具体和客观的真相。由人走到**真正的人**,**疯人**乃是必经之道。这条道路的明确地理,19 世纪的思想将永远不能以它自身为目的来描绘它,但是由卡班尼斯到理勃(Ribot)[4]和珍奈,将会不断有人在这条道路之上奔走。19世纪的"实证"(positive)心理学的吊诡之处,便在于它只能由否定性(négativité)时刻取得其可能性:比如人格心理学之所以有可能,先要把人一分为二,并分析这项分裂;记忆心理学的可能性来自遗忘症分析,语言心理学先分析失语症,智能心理学则是由分析心智不全(débilité mentale)开始。人之真相只有在消失的时刻中,才能被说出来;它只有在已经变成他者以后,才会显现出来。

第三个概念,同样出现在19世纪初,其重要性便根源于此。有一种疯狂会固定于一点之上,而且只针对某一主题发展妄想,这样的意念,早已存在于忧郁症的古典分析之中:[21]对于医学来说,这是妄想狂的某种特性;它并不造成矛盾。相对地,**单狂**(monomanie)的概念,则是完全围绕着一个令人难以接受的事实建立起来的:这样的个人,只在某一点上疯狂,但在其他所有方面,他则是具有理性。单狂患者的罪行,以及他们应该负的责任,更使这个令人难以接受的事实,备增其丑闻成分。有一个人,在所有其他各方面,一直表现正常,但他突然犯下野蛮无度的罪行;对于他的动作,既找不到原因,也找不到理由;既没有益处,也没有利害关系,更谈不上激情,从这些都不能得到解释:而罪犯在犯罪之后,又会恢复先前的样态。[22] 我们能说他是个疯子吗?完全没有可见

---

[21] 参考前文第二部,第三章。
[22] 这一类的案件中,有数件引起了大批的医学和法学讨论:比如吞噬了一位少女心脏的 Léger;Papavoine 当着一位母亲面,把她的两名小孩割喉杀死,而他只是第一次和他们见面;砍掉一位小孩脑袋的 Henriette Cornier,完全不认识受害者。在英国,有 Bowler 案;在德国则为 Sievert 案。

的决定性因素,**理由**(raisons)的完全空虚,是不是就能允许人结论说做这动作的人的**无理性**(non-raison)呢?无责任出自运用意志的不可能,也就是一种受决定的状态。然而,由于这个动作不受任何事物决定,因此也不能被视为不负责的动作。但是,相反地,当一个行动的完成并无理由可言、缺乏任何动机、也没有任何利益可以使此一行动成为有用之举,也不是因为激情而变得非做不可,这正常吗?一个不立足于任何决定原则之中的举动,乃是一个不可理喻的举动。

19世纪初的刑法大案使得这些质疑得以出现,而且因为它们在司法和医学意识之中,产生了如此深远的回响,[23]它们有可能触及正在建立中的疯狂体验的基础部分。先前的法律体系只认识发作期和间歇期,也就是说,它知道存有周期循环,而且在同一个疾病中,会有一些阶段,主体可以为其行为负责。问题在此变得复杂起来:可不可能存有一种只以单一动作显示自身的慢性病——或者,我们可不可能接受一个人突然会变成**另一个人**,失去他借以定义自我的自由,在片刻之间,被剥除了自我?艾斯基洛曾经尝试去定义这个可以使丑怪罪行宣告无罪的无形疾病;他归纳出的症状如下:主体的行动既无同谋,亦无动机;他的罪行永远与他认识的人无关;而且,一旦他完成了罪行,"一切对他来说,也就全部结束,他的目的已经达到了;在杀人之后,他变得镇静下

---

[23] 参考艾里亚斯·雷格诺(Élias Régnault),《论医生的能力程度》(*Du degré de compétence des médecins*),1832;Fodéré,《法医学论文》(*Essai médicolégal*),1832;Marc,《疯狂论》(*De la folie*),1840;亦请参考 Chauveau & Hélie,《刑法理论》(*Théorie du code pénal*)。还有 Voisin 在医学学院所做的一系列报告。(《论正义感》[*Sur le sentiment du juste*],1842;《论死刑》[*Sur la peine de la mort*],1848)

来,他不会再想到要躲藏起来。"㉔ 这便是所谓的"杀人性单狂"。但是,这些症状之所以是疯狂的征兆,乃是因为它们只标示出动作的孤立性,它不符合真实可能的孤独状态;因此,存在着这样的一种疯狂,它在各方面都符合理性,但只有在一件事情上例外,而我们只有以疯狂才能解释此事。㉕ 然而,如果我们不接受这种疾病、这个突然出现的他异性,而认为主体应该负有责任,那是因为我们认为在他和他的动作之间,存有某种连续性,这是一个由种种晦暗理由所形成的世界,可以作为此一动作的基础、对之加以解释,但最终却也因此宣告它无罪。

〔此一两难可〕简述如下。或者,我们认为主体有罪:这时条件是他,在做此动作之时,必须仍是他本人,而且在此动作之外,也仍然如此,这样,在他和他的罪行之间,决定作用便得以运转;然而,这么一来,我们也就预设他不是自由的,因此他也就不是他本人了。或者,我们认为主体无罪:这么一来,罪行必定是一个和主体相异、却不能化约为主体的元素;如此,我们预设了一个原初的异化作用,而它却能构成足够的决定机制,因此,也就形成了连续性及主体和自身间的同一。㉖

㉔ 艾斯基洛,《论杀人性单狂》(*De la monomanie homicide*),见《论心智疾病》(*Des maladies mentales*),第二章。

㉕ 雷格诺(Élias Régnault)根据这一点说:"在杀人性单狂中,占上风的不是杀人的意志,而是遵从律则的意志。"(p.39)一位法官向马克(Marc)说:"如果单狂是一种疾病,那么当它会犯下杀人大罪时,便需要把它带到沙地广场处决。"(前引书,p.226)

㉖ 杜朋(Dupin)了解问题的紧急性和危险性,他说单狂可以"说是太方便了,人们可以利用它为名义,使得罪犯不受严刑处置,也可以使得公民失去自由。如果人们不能说他有罪,人们就说他发疯;未来,我们会看到厦伦顿院取代巴士底狱"。(引用于司马梁〔Sémelaigne〕,《精神错乱专家及博爱家》〔*Aliénistes et philanthropes*〕,附录,p.455)

现在,疯子便是以如此的方式,出现在**同一**和**他异**之间周而复始的辩证法之中。在过去的古典体验之中,不需要别的论述,只以其存在,他便能指出自己处身于存有和非存有间明显的划分之中——那是光明和黑暗之间的划分——由现在起,他将持有语言,被包裹在一个永不枯竭、总是重起的语言之中,而且在他的相反者的游戏之中反照自身,在这样的语言中,疯狂中的人显得像是另一个和自己不同的人;然而,就在这个他异性之中,人也显露出他自己的真相,而这样的翻转可以在**异化**喋喋不休的运动中无穷地进行下去。疯人不再是存在于古典非理性的分割空间中的**无理智者**(insensé);他现在是存在于现代疾病形态中的**精神错乱者**(aliéné)。存于这种疯狂中的人,不再被视为绝对隐退于真相之外;他既是他的真相,也是他的真相的反面;他既是他自己,又有别于他自己;他陷入客观真实之中,但他又是真实的主观性;他深陷于使他迷失的事物之中,但他只交出他所想要给的东西;他因为不是他所是而成为无辜;又因为是他所不是而有罪。

非理性的巨大批判性划分,现在已被人和其真相之间,永远丧失又永远重获的亲近性所取代。

* * *

麻痹性痴呆、道德性疯狂和单狂,当然没有涵盖19世纪上半叶精神医疗体验的全部场域。不过它们在很大程度上

窄化了这个领域。㉗

它们的扩张,不只意味着疾病分类学空间的重新组织;而且,这还意味着在医学观念之下,存有并作用着一种新的体验结构。匹奈和突克所设计的体制形态,在疯人周围建立起来的疗养空间,要求他在其中承认有罪并加以摆脱,同时使得疾病的真相得以显现和受到消除,在使他和自由重新联结之际,又把它在医生的意志中加以异化——以上这一切,现在都成为医学感知的先验条件(a priori)。在整个 19 世纪之中,疯人的认识和辨识,其唯一的基础,一直是说着同一个犯罪、同一个真相、同一个异化的内隐人类学。

然而,疯人现在既然处在人之真相这个问题意识之中,他必然也会使真实的人为新的命运所捕捉。如果,疯狂对于现代世界而言,不再是真相白昼对面的暗夜,如果,它所持有的最秘密语言,涉及的是人的真相问题,而且这样的真相又比他更为先前,不但是他的基础,也可以将他消灭,那么,这样的真相,只在疯狂的灾难之中向人开放,而第一道和解微光一旦出现,它就不再能为人掌握。只有在疯狂的暗夜之中,光线才有可能存在,而光线所驱散的阴影一旦消失之时,

---

㉗ 躁狂(manie)曾是 18 世纪最稳固的病理形态之一,这时却失去了原有的重要性。在 1801 年到 1805 年,匹奈仍计算硝石库院的疯女有百分之六十以上为躁狂患者(1002 名之中有 624 名);艾斯基洛在 1805—1815 年间,计算厦伦顿院入院的 1557 人中,有 545 人为躁狂患者(百分之三十五);卡麦尔(Calmeil)于 1856—1866 年间,于同一所医院中,只遇到百分之二十五的比例(2524 名之中有 624 名);在同一个年代,马尔塞(Marcé)在硝石库院和比塞特院,在 5481 人之中只诊断出 779 名(百分之十四),再晚一点,小佛维尔(Achille Foville fils)只在厦伦顿院诊断出百分之七的比例。

光线本身也会消失。在现代世界之中,人和疯子之间的联结,可能比昔日由博斯的着火风车所照明的动物强大变形里,所能达成的联结,更为稳固:他们乃是被联结于一个具有相互性但却又互不相容的真相之上,所形成一个难以捉摸的关联;他们彼此为对方诉说着他们的本质真相,然而这个真相又因为这样的彼此诉说而消失。每一道光线熄灭于它所促生的白昼之中,由此回归它所划破的暗夜,然而,暗夜如果残酷地显现了,它又会召唤光线。在我们今天,人的真相只存在于那他所是又不是的谜样疯人身上;每一个疯子同时承载和不承载这个人性真相,而他也只是在他的人性的后遗效果中,才使得这个真相得以大白。

匹奈小心翼翼地建立起来的疗养院,并未发挥任何功效,它并未保护他同时代的世界、防备疯狂的重新高涨。或者毋宁说,它的确有其功效,而且是大大地发挥功效。如果说,它把疯子由无人性的铁链中解放出来,它其实却又把人和他的真理绑在疯子身上。从这天起,人便拥有可以把自己理解为真实存有的进路;但这个真实的存有,却只有通过异化的形式,才能呈现在他面前。

我们或许会天真地想象,通过一百五十年的历史,我们描绘的是一种心理形态:疯人。但我们明显看到的是,当我们在写疯人史的同时,我们其实写出了使得心理学得以出现的历史——当然,这个历史所处的层次,并非科学发现的编年史,也不是一部意念史,而是在追寻基本体验结构的贯串。而且,心理学对我们意味的是自从 19 世纪以来,为西方世界所特有的一种文化事实:这是一个由现代人所定义的厚重预设,但它也很能描绘他:**人的特性,并不存在于他和真理之间**

的某种关系；不过，人却持有一个同时既呈现又隐藏的真相，好像那是他专有的事物。

就让语言遵循它的倾向吧：l'homo psychologicus（心理人）乃是 l'homo mente captus（悟性人）的后裔。

由于心理学只能说着异化的语言，它的可能性，只有在人之批判或其自身的批判之中，才会出现。它一直处于十字路口，而且这便是它的本性：一方面，它把人的负面性不断深化，一直到那使得爱与死、日与夜、万物的永恒重复和季节的匆促了结成为相属不分的极端点为止——它的最后境界则是进行铁锤敲击般的哲学思考。[5] 另一方面，它又操弄那不断重复的游戏，要使主体和客体、内在和外在、实存体验和认识相互调适。

心理学甚至是在起源时，就有必要如此，但同时又不愿承认它。对于那面对其真相的现代人而言，它不可避免地成为他的辩证法的一部分，也就是说，在真实认知的层次上，它将永远无法穷尽其中的底蕴。

然而，就在辩证法的饶舌介入之中，非理性却仍然保持缄默，而遗忘便是来自人沉默的大撕裂。

* * *

然而，还有其他的人，他们"一旦迷失道路，便希望永远迷失下去"。在他处，非理性的终结乃是改观变貌（transfiguration）。[6]

存有这样的一个领域，如果它脱离了那几乎完全的沉默、那保持古典自明性质的内隐低语，结果也只是将自己重新组合为一个被喊叫声所巡行的沉默，成为一个充满禁令、警醒和报复的沉默。

画出《疯人院》(*Le Préau des fous*)一画的戈雅(Goya),当他面对空无之中的肉体蠢动,或是裸墙之旁的赤裸肉体时,必然曾经感受到此一时代特有的悲怆:把自己当作国王的疯子们,头上戴的是俗丽的象征性王冠。然而,这些帽子反而凸显了他们受难求饶的肉体,和他们奉献给铁链和鞭笞的肉体。在肉体和谵妄面容之间产生对比的,不是因为肉体无物蔽身而产生的凄凉,而是在这些完整肉身之中,闪闪发光的人性真相。那位头戴三角帽的疯人,他之所以疯狂,并不是因为他全身赤裸却头顶破帽;由这位戴帽疯人身上,因为他沉默无言、肌肉发达的肉体,因为他野性焕发、不可羁握的美妙青春,而突然呈现在我们眼前的,乃是一种已经突破桎梏的人的存在,而他好像自从天地生成以来即具有天生的自由。《疯人院》一画的主题,其实比较不是疯狂和那些我们可以在《随兴狂想》(*Caprices*)组画中可以看到的奇怪形象,它要画的,其实是这些新颖肉体的巨大单调,它要呈现的,其实是它们充沛的活力,而且,就算这些肉体的动作手势,呼唤着梦想,它们所歌颂的,主要也是那阴暗昏沉的自由:它的语言接近匹奈的世界。

当戈雅画出《疯狂》(*Disparates*)和《聋人之家》(*Maison du sourd*)组画时,他要画的是另一种疯狂。这种疯狂的主体,既不是被投入牢里的疯人,也不是被投入其暗夜之中的人类。他难道不是跨越记忆,和充满神奇魔咒、幻想骑行、在枯死树枝上栖息的巫婆的古老世界,重新建立联系吗?在《僧侣》(*Moine*)耳旁低语秘密的怪物,和博斯画中蛊惑圣安东尼(Saint Antoine)的侏儒精灵,难道没有亲缘关系吗?就某种意义而言,戈雅重新发现了这些为人遗忘的伟大疯狂形象。不过,对他来说,它们的意义已经不同,而且,这些形象的威势,虽然布满其晚期画作之中,却是源自另一种力量。在博斯和勃鲁盖尔(Brueghel)的画中,这些形式生自世界本身;通过奇异诗性的裂缝,这些形象在石头和植物之中升起,由动物的张口呵欠之中蹦跃而出;如果要形成它们的圈舞,就是整个自然都参加合作,也不会嫌太多。戈雅笔下的形式则生自虚无:它们没有底(fond)——这里取这个字的双重意义:[7] 一方面,它们的背景一直是最单调的黑夜,另一方面,也没有任何事物可以界定其起源、终点和本性。《疯狂》组画之中,看不到风景、墙壁、装饰——这是它和《随兴狂想》不同的地方;在《飞行法》(Façon de voler)一画中,我们看到人化作蝙蝠四处飞翔,但在衬托它们的夜幕里,却是看不到一颗星星。巫婆们栖息在枝头喋喋不休,但这是什么样的树的枝干呢?它在飞吗?是飞向什么样的群巫晚会和什么样的林中空地呢?在这里面,没有任何事物谈论着世界,不论是此世或是彼世。这里所牵涉的,的确便是戈雅在1797年所画的《理性的沉睡》(Sommeil de la Raison),而且他在当时就已经把它当作是"普遍语言"(idiome universel)[8]中的第一个形象了;这里牵涉到的暗夜,无疑便是古典非理性的暗夜,也就是禁闭奥雷斯特(Oreste)的三重暗夜。然而,在这个暗夜之中,人还是和他身上最深沉、最孤独的事物相通。博斯的《圣安东尼[的诱惑]》画中的荒漠,其实布满生灵;而且,即使《疯女玛戈》(Margot la Folle)所穿越的景色,只是来自她的想象,在这片风景中,仍有人性语言的交错纵横。戈雅所画的《僧侣》,虽然背上有只炽热的野兽,把爪子搭在他双肩,并在他耳边张口喘息,他终究仍是孤独一人:没有任何秘密被人说出。在这里出现的,只是最内在、最野蛮自由的力量:那是《大疯狂》(Grand Disparate)之中,割裂肉体的力量,那也是在《盛怒的疯狂》(Folie furieuse)中,爆发开来、撕开眼睛的力量。由这里开始,连脸孔本身都解体了:这不再是《随性狂想》中出现的疯狂,在那里出现的面具,此形象的真相更加真实;在这里出现的是一种甚至还在面具之下的疯狂,它咬噬脸孔、磨蚀五官特征;这时眼睛嘴巴都已消失,只剩下那来自虚无和注视虚无的目光(比如《群巫大会》〔l'Assemblée des Sorcières〕);或是来自黑洞的喊叫声(比如《圣伊西德罗的朝圣》〔Pèlerinage de San Isidro〕)。疯狂变成人身上可以同时消灭人和世界的可能性——甚至就是这些否定世界和扭曲人类的形象。它比梦埋得更深,也比兽性的噩梦埋得更深,它才是最终的解决之道:一切的终结和开始。不过这并不是因为它像在德国抒情诗里一样,带来了承诺,而是因为它便是浑沌和末世纪中的暧昧模棱:《白痴》(Idiot)为了逃避监禁他的虚无,高声叫喊,扭曲肩膀,但这是第一个人的诞生和他迈向自由的第一个动作呢,还是最后一名垂死之人的回光反照?

　　这样的疯狂,既联结又划分时间,把世界屈曲为黑夜之环,这样的疯狂,和它同时代的体验是如此地陌生,对于那些有能力接纳它的人——尼采与阿尔托,它是不是传递了古典非理性几乎难以听见的话语,而过去的虚无和暗夜,在此却被扩大为叫喊和咒骂?但它是不是也第一次为它们提供表达、城邦公民权、一个对西方文化的着力点,而且由此开始,所有的异议和完全的异议才会有所可能?或者,它是使得这些事物回复到最初的野蛮状态?

萨德沉静、耐心的语言,也收纳了非理性的最后话语,而且,他也一样,为这些话语赋予了面对未来的深远意义。在戈雅碎裂紧张的素描,和这一连串由《茱斯汀》(Justine)第一卷一直到《茱莉叶》(Juliette)第十卷,从未中断的刚硬字眼之间,显然没有相同之处。唯一的例外,便是它们都参与同一个运动,回溯到同时代的抒情诗潮上游,并在汲干其源头的同时,重新发现非理性的虚无秘密。

萨德的主角人物闭居城堡不出,他笔下的受害者则在修道院、森林和地下室里无限地持续哀痛。第一眼看来,在这些地方,自然似乎可以完全自由地铺展开来。人在那儿重新找回了被人遗忘的明显真相:既然欲望是由自然置放在人身上的,而且,自然用世界不断重复的生死大教训来教导人欲望之理,那么,还会有什么欲望是反自然的呢?欲望中的疯狂、不可理解的谋杀、最不合理的激情,都是智慧和理性,因为它们都是属于自然。所有道德、宗教和不良社会对人产生的窒息,在谋杀之堡中,又再获得新生。在那里,人终于得以恢复其本性;或者这样说更好,因为这种奇特的监禁体制中的一项伦理要求,人必须花下心血,毫不动摇地保持他对自然的忠诚:这是整体性(la totalité)所要求的一项严格而且无尽期的任务:"在你没有全部认识之前,你什么都不认识;而且,如果你的勇气不够,不能跟随自然到底,那么它就会永远脱离你的掌握。"[28]相反地,当人使自然受伤或变质时,人便负有补救破坏的责任,其手法则是筹划出

---

[28] 《索多玛一百二十日》(Cent vingt journées de Sodome)。(引用于 Blanchot,《劳特雷门与萨德》〔Lautréamont et Sade〕,Paris,1949,p.235)

一条高超的报复之道:"自然使人生来平等;如果命运喜欢破坏这项普遍法则的规划,那么我们便有责任去矫正这些任性奇思,我们必须要用机巧来弥补强者所造成的僭越。"㉙报复的缓慢,如同欲望的蛮横无理,都是自然。人之疯狂所发明的任何事物,如果不是外现的自然,便是被恢复的自然。

不过,上述这一点,只是萨德思想的第一个时刻:那是理性和抒情的反讽辩解,是对卢梭(Rousseau)的巨大嘲弄性模仿。它通过荒谬来展演同代哲学,说明它对人和自然所说的一切空话,只是虚幻的事物。一旦这个证明做完了,便会采取真正的决定:这些决定同时也是决裂,是人和其自然存有间的关系的消除。㉚ 著名的**罪犯之友社**(Société des Amis du Crime)和瑞典宪法草案,当我们剥除其中有关《社会契约论》(*Contrat social*)和波兰、科西嘉宪法计划的疯狂指涉时,便只是通过拒绝所有自然的自由平等,来建立主体性的严谨主权罢了:一个人对另一个人毫无控制的宰制、暴力的过度使用、处死权的无限制运用——在这整个社会中,唯一的人际关联便是对关联的拒绝,整个社会显得像自然原则的休息状态——团体中的个人所受到的唯一协调要求,并不是保护一个自然的存在,而是要确保其主宰地位可以自由运用在自然之上,对其进行破坏。㉛ 由卢梭所建立的关系,在此受到完全的颠倒;主宰地位不再是对自然存在进行

㉙ 引用于 Blanchot,同上书,p. 225。

㉚ 下流的行为必须要能"碎裂自然、打破宇宙"。(《索多玛一百二十日》,Paris, 1935, t. II, p. 369)

㉛ 在社员之间所要求的协调,实际上是不承认彼此之间可以有处死权,虽然他们可以把这个权力应用在其他人身上。不过他们承认彼此间有绝对的自由处置权;每一个人应该要能**属于**另一人。

移位；目前，自然存在乃是主宰者的施为对象，以便使他可以开展其完全的自由。如果把欲望的逻辑推到极致，欲望也只是在表面上带领人通往自然的重新发现。事实上，在萨德的作品中，并没有回归自然大地，也不期望社会的初始拒绝，借由自然的辩证过程——自然以其自弃肯定自我——可以暗暗地再度成为有所经营的幸福秩序。就像 18 世纪哲学家一样，黑格尔还认为，欲望孤独的疯狂，终究会使人沉浸于自然世界之中，但是这个自然世界又会马上被社会世界重新接收。对萨德来说，欲望把人抛入的世界，只能是大大主宰自然的空无，比例和社群的完全缺乏，永远重新开始的无法满足。这时，疯狂的暗夜已是无边无界；过去被人误认为人之暴戾本性的东西，其实只是无限的非自然（non-nature）。

萨德作品中的巨大单调性，便是源自于此：随着作品的进展，布景逐渐消失：惊讶、意外事件、场景间的悲怆或戏剧性联结，也随之消失。在《茱斯汀》里仍是情节曲折变化的东西——事件由人物被动地承受，因此，仍是新发生的事件——到了《茱莉叶》里，却变成一个完全主动的游戏，而且永远获胜，从未遭遇否定性，然而，它的完美极致也使得事物的新变化永远只能是一个和自我相似的变化。就像在戈雅的作品里那样，这些精致的《疯狂景象》也不再具有背景。不过，布景的完全缺乏，既可能是完全的暗夜或是绝对的白昼（在萨德作品中，阴影并不存在）；就在这样的状况中，作品缓慢地走向终点：茱斯汀之死。她天真无邪的程度，连想要嘲弄她的欲望都会感到厌烦。我们不能说罪行并未彻底地侵犯她的美德：相反地，我们得说，由于她的自然美德，她耗尽了所有充当犯罪对象的可能形式。推进到这一点，罪行也只能把她驱离其所主宰的领域(茱莉叶把她的姐妹驱出诺阿塞伊〔Noirceuil〕堡),就在此时,却是轮到自然登场。自然在这里,在被人如此长久地支配、嘲弄、亵渎㉜之后,此时完全臣服于它的反对者:这时轮到自然进入疯狂状态,并且,就在一瞬间,但也只在这一瞬间,它恢复了它的全能。一发不可收拾的狂风暴雨、劈打和杀死茱斯汀的雷电,便是演变为犯罪主体的自然。这个死亡,表面上似乎脱离茱莉叶的疯狂统治,其实比其他死亡更深沉地受它管辖;暴风雨之夜、电光和雷电,充分地标指出,这是自然的自我撕裂,它已经达到内部不和的极端,通过这金色的线条,它展露出一个既是它自己,又完全不是它自己的主宰地位:它属于一颗疯狂的心,它在孤独之中达到了世界的极限,并把世界撕碎,使它反过头来反对自身,把世界消灭于一个完全支配它、而使它[世界]可以有权利把自身和它[疯狂的心]相认同的时刻。自然为了袭击茱斯汀由本身所发出的这道瞬间闪光,和茱莉叶长久的一生,只是同一回事,而茱莉叶也是一样自行消失,既未留下痕迹,也未留下尸体,更未留下任何可以让自然恢复其权利的事物。自然的语言曾在非理性的虚无之中,永远地缄默不言,但现在,非理性的虚无已经变成了自然反对自身的自然暴力,而这个暴力将一直持续到自然自主自由的自我消灭为止。㉝

在萨德的作品里,和在戈雅的作品里一样,非理性继续

㉜ 参考《茱莉叶》(*Juliette*)结尾时的火山片段,ed. J. - J. Pauvert, Sceaux, 1954, t. VI, pp. 31-33。

㉝ "我们可以说,自然好像是对它自己的作品感到厌腻,已经准备好混溶所有元素,以逼迫它们进入新的形式。"(同上书,p. 270)

警醒于其暗夜之中；不过，通过这个警醒，它却和年轻的势力相结合。非理性过去是非存有，现在则变成毁灭性的力量。通过萨德和戈雅，西方世界获得如下的可能：用暴力来超越它的理性，在辩证法的承诺之外，重新发现悲剧体验。

* * *

在萨德和戈雅以后，并且以他们为起点，非理性便是所有作品中对现代世界而言具有决定性的部分：也就是说，它是所有作品中内含的谋杀和强制成分。

塔斯的疯狂、斯威夫特（Swift）的忧郁、卢梭的妄想，都是他们的作品的一部分，好像这些作品本身也是他们的一部分。在作品和作者的生活里，述说的是同一个暴力，或是同一个辛酸；这些视象必然相通；语言和谵妄，互相交织。不过，还不止如此：在古典体验中，作品和疯狂之间在另一个层次上，具有更深沉的联系：吊诡的是，这个层次便是两者相互限制的层次。因为，在某一个领域里，疯狂质疑作品，反讽地化约它，使它的想像世界变成一个病态的幻想世界；谵妄的语言，丝毫不能构成作品。相反地，如果谵妄被人认为具有作品的价值，那么它就可以挣脱它贫乏的真相。不过，在这个质疑之中，最好的说法不是其中一项把另一项化约了，那毋宁是（让我们回想一下蒙田的话）发现到作品诞生的核心地带，存有某个不确定性质。在卢克莱修（Lucrèce）[9]之后，塔斯或斯威夫特又成为这个对抗的见证人——而且人们曾经尝试划分其中的清晰段落和发作阶段，但却是徒劳无功——一段距离便在此项对抗之中显露出来，使得作品的真相本身都成为问题：这到底是疯狂还是作品？灵感或是幻想？字眼自发性的喋喋不休，或是语言的纯净渊源？作品的真相，应不应该，甚至在作品诞生之前，由人的匮乏真相来提取？或者是要远离其源头，由其所推断的存有之中去发现呢？这时候，对于他人而言，作家的疯狂，乃是看到作品可以在使人气馁的重复和疾病中，不断重生的机会。

尼采、梵高或阿尔托的疯狂，也是他们的作品的一部分，也许其深刻的程度并不更大或更小，但他们所处的是一个完全不同的世界。在现代世界中，作品爆裂为疯狂的频繁程度，对于这个世界的理性，这些作品的意义，当然不能证明什么，它甚至对实际世界和产生这些作品的艺术家之间所结合或分解的关系，也证明不了任何事情。然而，我们必须正视这个频繁程度，把它当作一个坚持不去的问题；自从荷尔德林和奈瓦尔以来，"堕入"疯狂的作家、画家、音乐家的数目有增无减；但是我们不要看错了；在疯狂和作品之间，并没有协调、更为持续的交流，亦无语言上的沟通；它们之间的对抗，比起往昔，只有更加险恶；它们之间的争论，现在已变得毫不留情；这是一场生死游戏。阿尔托的疯狂，并不滑入作品的空隙之中；这疯狂便是**作品的缺席**（l'absence de l'oeuvre），这个缺席不断重复的临在，便是它的核心空虚，并且在它的无限向度上为人感受和衡量。尼采最后发出的叫喊，宣称自己同时是基督，也是狄奥尼索斯（Dionysos），但它并不是"亚迦地（Arcadie）[10]的牧人和提比哩亚（Tibériade）[11]的渔民"之间，在理性和非理性的边界上，在作品的透视线（ligne de fuite）上，所共同梦想的终于达成、却又立刻丧失的和解；它其实便是作品的消灭，使得作品变成不可能的起点，一个它必须保持缄默的地方；铁锤刚由哲学家手中掉落了。[12]而梵高也很清楚，他的作品和他的疯狂不能相容，而且他不想"向医生请求画画的许可"。

疯狂便是作品的绝对中断；它是构成毁灭的时刻，并且在时间中建立起作品的真相；它勾画出作品的外缘、崩溃线、以虚空为衬底的侧影。在疯狂中，阿尔托的作品试炼着它本身的缺席，但是这项试炼、试炼中不断重生的勇气、所有这些被丢出来反对语言的基本缺乏的字眼、这整个包裹着空虚，或甚至与它符合的肉体苦难和恐惧的空间，其实便是作品本身：这是作品的缺席这道深渊上的陡坡。疯狂不再是那悬而不决的空间，可能使作品的初始真相在此闪现，它现在乃是作品由此开始、便会不可逆转地中止的决定，但作品也由这一点伟然高照历史。究竟是在 1888 年秋天的那一天，尼采才不可逆转地变成疯子，并且使得他所写的，不再是哲学，而是精神医疗要研究的文本，这一点并不重要：所有的文本，甚至包括寄给斯特林堡（Strindberg）的明信片，都属于尼采，而且它们都和《悲剧的起源》(*L'Origine de la tragédie*) 具有重大的关联。不过，对于这个连续性，不应该在体系、主题或甚至存在的层次上来思考：尼采的疯狂，也就是说，尼采思想的崩溃，便是这个思想所借以开向现代世界的事物。使得这个思想成为不可能的事物，却使得这个思想对我们来说，仍然临在；把这思想从尼采身上摘取掉的事物，却是把它提供给我们。这并不是说，疯狂乃是作品和现代世界之间唯一的共同语言（这会陷入悲怆诅咒的危险，和心理分析正好对称地相反的危险）；这里的意思是说，一部作品通过疯狂，在表面上像是沉没于世界之中，显得无意义、变貌成为纯粹的病态作品,但在实际上,这部作品却关系着一整个时代,支配着它并引导着它;作品通过中断它的疯狂,打开了一片空虚、一段沉默的时间、一个没有回答的问题,它挑起一个无法调和的破裂,逼迫世界自我质问。在一部作品中所必然具有的渎神成分(profanateur),便在其中产生翻转:就在这部作品陷入狂乱的那一刻时间里,世界自觉有罪。从此以后,通过疯狂的中介,是世界在这作品面前自觉有罪(这在西方世界中是第一次);它现在受到疯狂的要求,被迫以其语言为准则,被它逼迫进行承认和补救的任务;它必须**了解**非理性**的**理性,并且把理由**还给**非理性[承认它有理]。作品陷入疯狂之中,而这疯狂便是我们的工作空间,这是引领到终点的无限道路,这是我们同时要做使徒和注释者的使命。这就是为什么,第一道疯狂的声音,究竟是在什么时候钻入尼采的傲慢和梵高的谦卑之中,并不重要。作品走到最后一刻,疯狂才会存在——作品将疯狂无限地推回到它的边缘之上:**有作品的地方,就没有疯狂**(là où il y a oeuvre, il n'y a pas folie);然而,疯狂也和作品同时存在,因为它开启了作品真相的时间。在作品和疯狂一起诞生并同时完成的瞬间,便是世界开始被作品标定,并且要在作品面前对自己的现况负责的时刻。

这是疯狂的狡智和新胜利:这个世界自以为可以用心理学来衡量它、为它寻找理由,其实是它才要站在疯狂面前为自己辩护,因为,在它的努力和辩论之中,它其实是用尼采、梵高、阿尔托不可衡量的作品在衡量自己。而且,在它之中,没有任何事物可以保证——它对疯狂的认识尤其不能——这些疯狂的作品会为它辩护。

注 释

1　John Hughlings Jackson(1834—1911),出生于英国约克郡附近的神经学专家,被视作现代神经科学的创立者之一。他曾经研究过语机错乱,并提出神经系统具有多部位、多层次功能的学说。

2　Gaspar Spurzheim(1776—1832),出生于德国的精神科医生,头学(phrénologie)创立者加尔(Franz Gall)的弟子和合作者。主张精神病的器官生成说。

3　这个病症的来源是梅毒。

4　Théodule Ribot(1839—1916),法国心理学家,法国实验心理学的创立人之一。

5　敲击铁锤的哲学(la philosophie à coups de marteau)是尼采的隐喻,指的是批判对坏死之物和偶像的摧毁。

6　这个字特别有宗教上的意味:它的一个用法是指耶稣的外貌突然改变,显出光明灿烂的圣性。在一般的用法中,它也不只是面容的转变,而且还使它得到美丽和不寻常的明亮。

7　这个字同时指画的背景和事物的基底,并因此转指其实质。

8　戈雅相信有超越各民族语言的普遍语言,存于形象之中。

9　Titus Lucretfus Carus(公元前98—前55年),拉丁诗人。著有《论自然事物》(De natura rerum),为一部以科学和伊壁鸠鲁哲学为灵感来源的史诗。

10　位于希腊伯罗奔尼撒半岛中部的地区,在诗歌传统中代表四季如春的美妙田园。

11　位于古犹太国加利利的湖畔渔村。圣经中的革尼撒勒湖(Génésareth),另一个名称即提比哩亚湖,或称加利利之海。彼得(当时还叫渔夫西门),便是在此遇见基督,而成为其门徒(路加福音第五章)。

12　见本章第五号译注。

附 录

晃 州

注解 收容总署史

1676年匿名小册子:《收容总署》

虽然采取了许多措施,"所有其他的乞丐仍然在巴黎城内和城外郊区自由活动;他们由此可以前往王国内的所有省份,以及欧洲所有的国家,他们的人数每日都在增长,最后变得像是一个独立的族群,无法无天,既不尊重权威,也不听警察命令;在他们之中,只能看到缺乏虔诚、肉欲放荡大肆盛行;不分日夜,大部分的杀人、偷窃、暴力事件,都是出自他们的手笔,而且因为他们的恶德、不值得公共救助的渎神及恶言,连那些应该受到信徒怜悯的穷人,都被引向堕落之途。

"这些重大的乱象一直持续到1640年代,但在此之前人们并未对此多加思考。到了这时候,才有几位具有大德之人,开始为这些落入惨境的可怜基督徒感到难过。不论他们在身体上曾受到如何的痛楚,他们并没有真正成为怜悯的对象;因为他们在人们给予一般人民的施舍中,便能找到超过他们需要的事物,甚至还可以拿它们去作纵欲享乐之用;对于那些以极大的热忱想去拯救他们的人,看到他们灵魂因为对我们的教义完全无知而堕落,其道德又极端地腐化,这实在是一个令人产生巨大痛苦的景象。"(p.2)

最初尝试的措施,以及它们在开始时所获得的成功(1651年所发明的慈善收容所〔les magasins charitables〕),令人相信"对于这群从未受到规范的放荡懒惰人群,要为他们找到足够的生存资源,并且设法把他们限制在责任之中,并非不可能之事"。(p.3)

"巴黎所有教区的主日宣讲传布了这个消息:收容总署将于1657年5月7日开放,所有志愿进入其中的穷人都会受到接纳,法官们也宣布禁止乞丐在巴黎公开高声哀号乞讨;命令之进行,前所未有地良好。

"13日,慈善院的教堂举行庄严的圣灵弥撒,14日,穷人的监禁在没有产生任何动荡的情况下完成。

"由这一天起,全巴黎面目一新,大部分的乞丐避居外省,其中最有智慧者想着要以自己的行动来改善生活。此一巨业必然有上帝保护,因为人们从未想到它可以这么轻易地完满达成。

"由于主管们的高明远见和精确估算,受监的人数和计划中的人数十分接近,原有的四万名乞丐中,只留下四至五千人,而且他们觉得能在容总之中隐居,乃是非常幸福之事;不过,后来人数又再增加;这时便被迫扩建房舍,因为贫民住宿之处变得过分狭小,造成极端的不便。"(p.5)

监禁巴黎及郊区穷困乞丐之收容总署设立诏书

1657年4月于巴黎颁布,同年9月1日由最高法院复核

巴黎,皇家印刷局,1661

法兰西及纳华拉(Navarre)之王,谨受神恩,向现在及未来致敬。一世纪以来,前代诸王曾为巴黎城下达数道治安命令,以其热诚及权威防止行乞及游手好闲,因为它们乃是所有动乱之源。虽然皇家警队已依此等命令尽力施为,然而在时节不佳之时,因为缺乏此一庞大计划所需之资源,或因为原先的优良领导离职,致使效果不彰。最近以来,在我们所尊敬的已逝父王治下,由于公开放荡及道德沦丧,此一恶痛仍更增加,而我们认识到此一治安措施的主要缺陷,乃在于乞丐可以到处自由游荡,而救济不但不能阻止私下的乞讨,也不能使他们因此中止游手好闲。以此现象为背景,乃有将他们监禁在可赞的慈善院收容所(la Maison de la Pitié)及其所属场所之计划及执行,以及1612年登载于巴黎最高法院之相关皇家法案。此案规定将贫民监禁,院方的管理交由善良及可敬之市民(Bourgeois)负责,而他们前后以辛劳和良好操守来助益此案之顺利成功。然而,虽然他们已尽力施为,但效果只维持五六年,而且也十分不理想,因为贫民并未在公共工程及制造厂中工作,而主管们也没有符合此一重大计划的足够权力和权威,再加上战争所带来的不幸和混乱,贫民数目增加到一般预算所不能负担的地步,而恶痛也超过了

疗方的力量。如此一来，乞丐们过度放荡无羁，不幸地陷入种种罪恶，而且如果这些罪恶未受惩罚，将会遭致神怒，有害国家。经验告诉那些在慈善事业中照料他们的人说，在他们之间，不论男女两性，有许多人的小孩并未受洗，他们生活在对宗教的完全无知、对圣经的轻蔑和种种持续的恶习之中。这是为什么，我们顾及神恩护国，并使得我们在战争中获胜，我们相信必须信实地服从基督徒之美德，提供我们的服务：我们认为贫穷的乞丐乃是耶稣基督活生生的一部分，而不是国家中的无用成员。在这个如此庞大的事业中，我们不会以治安为考虑，而只会以慈善心为行动准则。

I

……我们希望且命令贫穷乞丐，不论健全或残障、男性或女性都要能在收容所得到工作，以便依照其能力进行工程、制造或其他工作，而这一切必须符合我们签订的规章中的形式和内容。此一规章以封印随附本令。

IV

调拨下列机构依规章收容穷人：大、小慈善院（Charité）中的贫民之家及救护院，坐落于圣维克多郊区之避难所（Refuge），席匹安的贫民之家和救护院，古肥皂厂织毯局中的贫民之家，和其附带的所有属地、堡垒、花园、房舍和建筑物，比塞特的房舍及土地……

VI

我们了解,大施舍团(grand Aumônier)和创办收容总署的皇室一样,为其维持者和保护者,然而,收容总署不以任何方式受大施舍团管辖,亦不受其中任何重要官员管辖,我们并了解到该署完全免除任何总改革机关(la générale Réformation)的官员们和大施舍团其他官员的指导、视察和判决。对于任何其他人,我们亦禁止任何可能的了解和判决,亦无以上权力。

IX

我们明令禁止任何人公开行乞,不论其性别、地点、年纪、条件及出身,不论其状况是健全或残废、生病或正在痊愈中,可治或无药可救,不论是在巴黎城中或是在附近郊区、教堂及其门口、房屋门口或路上,或其他地方,以公开或秘密方式,在日或夜、重大节日、赎罪日、大赦年,亦不论是在节日市集、一般市集、或市场、或以及任何其他理由或借口。初犯者施以鞭笞,再犯者男人及少年处苦役,女人及少女处流刑。

XVII

禁止任何人,不论其条件或状态,在路上或上述地方伸手施舍给乞丐,不论其原因是慈悲、急迫的需要或是所有其他的借口。违者处以四镑巴黎铸币。所收罚款归收容总署所有。

XXIII

顾及受监禁贫民之拯救，以及圣拉撒尔院传道修士之贫民照料机构长久受到神的祝福，考虑到他们援助贫民至目前为止曾大有收获，并希望它们能继续及成长，我们要求他们在收容总署及所属场所之贫民救助及安慰工作之中，负责精神面的教诲，并在巴黎大主教的指导及裁决之下负责其中的圣礼。

LIII

我们允许并给予院中主管有权力在总署及其领地之内进行各种制造，并贩卖其产品，收入归总署施用于贫民福利。

巴黎收容总署之王令规章

XIX——为了鼓励受监贫民在制造厂工作时能更加勤奋及更有意愿，不论男女，只要年纪在十六岁以上者，将可得到其工作利润的三分之一，并且不因此相对减轻其应有待遇。

XXII——在总署及其所属地，当贫民违反命令或要求，主管们有权施以任何公开或私下之刑罚，甚至在不服从、傲慢或其他丑闻之情况下，亦可以将其驱离并不准乞讨。

国王根据查理九世及亨利三世政令在王国大城及大型乡镇设立收容总署之声明

……我们一直以最大的心愿救助贫苦无依之乞丐,供应其需要,以基督教诲拯救其灵魂,并教育其后代学习一技之长,以消除行乞和游手好闲,因此我们已在巴黎设立收容总署……

然而,由王国各省份抵达之乞丐,造成过度负担,以至于主管们在供应四至五千名贫民的通常费用之半数不到的预算下,还需要在城中其他六个场所供应其他三千名已婚贫民。而且,在该城中,我们还能看到数量庞大的乞丐……

因此我们下令要求,在王国内所有城市及大型乡镇,如有尚未设立收容总署者,立即依此规章加以设立,以便在其中收留、监禁、供应残废、当地出生或父母为乞丐之贫困乞丐。乞丐在其中应受到基督教义及悲怜教诲,并且学习其所可能之技艺……

于圣日耳曼亨雷(Saint-Germain-en-Laye),1662 年 6 月

硝石库院圣路易所每日规章

1. 每日五时敲钟起床,除残病及五岁以下儿童外,所有男官员、女官员、仆从及贫民皆应起床。

2. 五时一刻,在寝宰祈祷,女官员巡视以规范贫民及维

持秩序。

3.五时半,贫民整理床铺、梳洗以及其他清洁事宜,直到六点。

4.六时,负责照护少女的女官员至其寝室教导主日学或一般课程,每日轮换项目,直到七时为止……其他女官员和女教师一起排列贫民,将她们带领至教堂聆听弥撒。

6.七时,儿童和可以行动的残障者,亦至教堂聆听弥撒。

8.八时,负责管理院中工作的女官员敲工作钟,通知时间已到……接着,其他女官员至各自工作分区巡视,注意是否所有贫民皆有事可做。

13.在九时,所有寝室皆唱颂《创造者来临》(*Veni Creator*),儿童寝室并加上十诫及教堂诫律,以及符合一般用途的信仰传述,接着,全所保持静穆。女官员或是女教师在每一座寝室,朗读《模仿耶稣基督》(*Imitation de Jésus-Christ*),或是其他有助悲怜心之书籍,为时一刻,但工作并不中断。

14.十时,守静结束,唱颂《圣母之星赞歌》(*Ave Maris Stella*),耶稣圣名经,周四则唱《普世和谐》(*Pange lingua*)及圣礼经。

(15,16,17,18,——于正午进午餐。)

19.一时半,开始工作:如果女官员发现有不服者,可以在请示上级后将其禁闭三至四小时,并以为警戒范例,以促使其他人服从规章。

20.二时,在所有寝室中,和上午一样进行守静,亦不因此中断工作。

21.三时,在成年妇女寝室朗读书籍或进行主日学大课,时间为五刻钟。

22.四时一刻,数珠祷告及颂圣母经;之后贫民有权自由说话,但不能离开寝室,亦不得中断工作,如此一直至六时。

26.五时半,成年妇女进晚餐(在作坊工作者则于六时进餐)。

27.六时,在寝室中进行晚祷……晚祷结束后,贫民可至庭院或教堂,残病者允许就寝。

29.八时……女官员巡视寝室,确定是否所有贫民皆已上床。

32.周日及节日,男、女官员、作坊领导、女教师及贫民于六时一刻听完每日清晨弥撒后,停留于教堂之中,直到主日宣讲结束为止。

33.委由三名女官负责维护贫民秩序,并将其规范于谦卑态度。

36.贫民、工人、仆从每月至少行一次告解,重大节日亦进行告解。

38.九时半,所有贫民回到教堂聆听大弥撒。

39.十一时,用正餐,至会客室散步。

41.一时,贫民至教堂聆听晚祷、讲道、晚课及仪式;一切在四时前结束。

(42—44.会客室或散步;晚餐或文娱活动。)

经确证与原本相符之摘要,1721年8月8日
Arsenal图书馆,第2566号手稿,54—70张

杜布莱对精神病所作的四个分类

1. **癫狂**（Frénésie）："癫狂是一种带有狂怒的持续性谵妄，同时伴有发烧现象；有时它是急症中的警讯，有时则来自脑部原始病变，本身即形成一个特定疾病。无论如何，它经常会造成其他头部疾病，比如痴呆即是其常见的后果。"（pp. 552-553）

2. **躁狂**（Manie）："躁狂是一种不带发热的持续谵妄；如果躁狂患者有发烧现象，此一发热并不来自脑部疾病，而是来自其他偶然因素。躁狂症患者的症状为身体具有惊人的力量，可以比健康人或病人忍受更长时间的饥饿、不眠和寒冷；病人目带凶光、面容阴沉、干枯、呈饥饿状；常见腿部溃疡，大部分会失去排泄能力；睡眠少但深沉；清醒时激动、吵闹，充满视象、混乱的动作，而且经常会对周围人士产生危险。有一部分会有沉静的间歇期；其他则不断地发作，而且经常变本加厉。

躁狂症患者大脑干燥、坚硬、易碎；有一些患者大脑皮层呈黄色；其他患者此一部位则可观察到脓肿现象；最后，其血管因为黑色血液而鼓胀、血脉曲张、血液在某些部位呈黏着状，在其他部位则显得稀散。"（pp. 558-559）

3. **忧郁**（Mélancolie）："忧郁是一种持续的谵妄，它和躁狂之间可以有两点区别：首先，忧郁的谵妄限制于单一对象之上，称为**忧郁点**；第二，不论其谵妄之悲喜，总是带有和平性格，因此，忧郁和躁狂之间只有程度之区别，而且如果有一些忧郁患者的确会转为躁狂，那么有一些躁狂患者在康复期

或间歇期,也会转成忧郁。"(p.575)

4. **痴呆**(Imbécillité):"在表面上,痴呆是疯狂中最不令人害怕、最不危险的一类,但如果仔细衡量,它却是最恼人的精神状态,因为最难治愈。痴呆症患者既不激动,亦无狂怒;他们的脸孔很少陷入阴沉,而是显出痴愚的欢笑气息,而且不论苦乐,总是保持接近一致的状态。痴呆是癫狂、躁狂、忧郁过度持续时可能产生的后果。老人的脑部干燥、儿童的脑部柔弱或遭液体渗入,皆会产生此病;撞击、坠落、过度饮用烈酒、手淫、消散之病毒(un virus répercuté)皆是其日常病因,中风亦经常产生痴呆。"(p.580)

专业疗养所中精神失常者治理和照料方式指引
收于《医学杂志》(*Journal de médecine*),1785,pp.529-583

一座理想中的无理智者强制拘留所

1. 该地必须空气清新、水质柔软;这两点必须特别谨慎,因为大部分的无理智者取用少量固质食物,可以说主要是以空气和水维生。

2. 必须在该地进行散步疗法,以使他们得到安适,并可自在地呼吸自由空气……(p.542)

3. 每一分所设立数座房舍,各有庭院。

每座房舍呈正方形,中央为庭院,四方为二楼建筑。四方内缘为回廊,回廊和宿房齐高,但比庭院高三尺。

在正方形四角设立房间或寝室,以便于日间集合无理智者;其余的房舍分割为八尺见方的单人卧室,以穹顶设有栅栏之灯笼式天窗照明。

每一座单人卧室设有硬卧床一张,固定于墙上,草垫以燕麦填充,长枕头亦同,并附有棉被一套;床上附有铁环,以备不时之需。

卧室门旁设有固定石质长凳,在卧室内亦同,但稍小。

庭院中央设有一座建筑,其中备有数座石质澡缸,冷热水设备。(pp. 542-544)

第一座分所或房舍集合供痴呆使用、另二所提供给狂暴型疯人、第四所收容进入康复期,呈现某一长度时间之清醒间歇期者。(p. 544)

专业疗养所中精神失常者治理和照料方式指引
《医学杂志》(*Journal de médecine*),1785 年 8 月,pp. 529-583

各种精神病的治疗建议

1. **癫狂**:"这个可怕的疾病是所有脑部病变中,最容易治愈的一种……

"疗养过程以大量放血开始,先由脚部做起,重复两三次,接着是颞骨动脉及颈动脉,必须大量地放血。"(p. 555)

"饮用大量清凉、有溶解性的反燃素饮料。在每次放血之间,如果有可能,进行两次灌肠,一次以泻药进行,另一次则以缓和剂进行。

"在病症发作的时候,把头理光或剪短头发;接着在头部覆上被称作希波克拉特头罩的绷带,这条绷带必须一直保持湿润,并且以沾上清水和凉醋混合液的海绵浸润。"

(p.556)

2.**躁狂**:"虽然躁狂的放血必须大胆,但其血量必须比癫狂少,因为后者是一个非常强烈的初起病症;如果发病时间已久,更需注意加以限制。"(p.560)

"催泻比放血更加必要;因为,有许多躁狂可以不经放血即得治愈,相对地,很少有不需催泻的躁狂,我们甚至可以多重复几次,以对抗血液的稀薄化,减轻或排除黏着浓厚的体液。"(p.561)

"躁狂患者应作长期的泡澡和淋浴,而且,如果一天作催泻,一天作洗浴,轮流进行,效果更佳。"(p.564)

"如果排除有困难时,烧灼剂、皮下串线排脓法、人工溃疡都是有效的方法。"(p.565)

3.**忧郁**:"当发作强烈,而且病人有多血或血液回流之危险时……必须大胆地放血……但在放血后,必须小心不要立即进行任何形式的催泻……在催泻之前,必须先溶解、调和、溶化为本症主因的黏性体液;其步骤则广为人知。可以使用清淡的药草茶、乳清、一点烤饼用的鲜奶油、温水浴、湿润的饮食;接着可以用更强的溶剂,比如草汁、溶解大丸、含阿摩摩克(ammomoque)的药丸、烤饼用的鲜奶油、和缓的汞;最后,等到体液又再回到流动状态时,便可进行催泻。"(pp.577-579)

4.**痴呆**:"如果这个状态是另一个病症的末期效应,那么治愈的希望低微……首先要做的是以良好的食物来强化病人;接着可以食用人工温泉水;用泻根以及浸在烧酒里的药喇叭球根来催泻;如果有可能,也可以尝试冷水澡及淋浴。"(pp.580-581)

"因为手淫而生的痴呆,可以用回苏药、补药、温泉水、干擦等来治。"(p.581)

"如果怀疑消散性病毒是痴呆的病因,最好的方法是接种疥疮,而且如果早先试用的其他疗方无效时,也可在所有其他类型的痴呆患者身上试用此一方法。"(p.582)

专业疗养所中精神失常者治理和照料方式指引
《医学杂志》(*Journal de médecine*),1785 年 pp.529-583

大革命前夕,巴黎各"强制膳宿中心"(pension de force)状况

- le Sieur Massé 膳宿中心,地点:Montrouge
  七名精神错乱的男子
  九名弱智男子
  两名弱智女子
  两名发疯女子
  总数:二十。此处无狂怒型疯人。
- le Sieur Bardot 膳宿中心,地点:rue Neuve Sainte-Geneviève
  四名疯女
  五名疯男
  总数:九。此处无狂怒型疯人。
- la femme Roland 膳宿中心,地点:route de Villejuif
  八名弱智女子

四名弱智男子

总数:十二。此处无狂怒型疯人。

- la Demoiselle Laignel 膳宿中心,地点:Cul-de-sac des Vignes

二十九名疯女

七名弱智女子

总数:三十六。此处无狂怒型疯女。

- le Sieur de Guerrois 膳宿中心,地点:rue Vieille Notre-Dame

十七名心神丧失之女子

此处无狂怒型疯女。

- le Sieur Teinon 膳宿中心,地点:rue Coppeau

一名弱智女子

三名弱智男子

两名疯男

总数:六。此处无狂怒型疯人。

- la Dame Marie de Sainte-Colombe 之家,地点:place du Trône,rue de Picpus

二十八名男性心神丧失或痴呆症寄膳宿者,无女性及狂怒型疯人。

- le Sieur Esquiros 之家,地点:rue du Chemin-Vert

十二名心神丧失之男子

九名心神丧失之女子

两名癫痫患者,其中一名因为此病偶尔会有心神丧失发作。

- la veuve Bouquillon 之家,地点:le petit Charonne

十名心神丧失之男子

二十名心神丧失之女子

三名狂怒型疯女

- le Sieur Belhomme 之家,地点:rue de Charonne
    十五名心神丧失之男子
    十六名心神丧失之女子
    两名狂怒型疯男
- le Sieur Picquenot 之家,地点:le petit Bercy
    五名心神丧失之男子
    一名狂怒型疯女
    一名狂怒型疯男
- la femme Marcel 之家,地点:le petit Bercy
    两名心神丧失之男子
    两名心神丧失之女子
    一名癫痫患者
    此处无狂怒型疯人
- le Sieur Bertaux 之家,地点:le petit Bercy
    两名心神丧失之男子
    一名心神丧失之女子
    三名狂怒型疯男
- les religieux Picpus 之家,地点:Picpus
    三名心神丧失之男子
- le Sieur Cornilliaux 之家,地点:Charonne
    一名心神丧失之男子
    一名心神丧失之女子
- le Sieur Lasmezas 之家,地点:rue de Charonne
    此处只有寄膳宿者,无人患有心神丧失。
- Saint-Lazare 之家,地点:faubourg Saint-Denis
    十七名疯女。

- la Demoiselle Douay 膳宿中心，地点：rue de Bellefond
  十五名疯女
  五名狂怒型疯女
- le Sieur Huguet 膳宿中心，地点：rue des Martyrs
  六名疯人
  三名疯女

特农，《救护院文件》(*Papiers sur les Hôpitaux*)
特农由加列（Gallet）警长的报告中转抄了这些数字，
调查范围：Saint-Jacques, Saint-Marcel, d'Enfer 郊区
Saint-Antoine 郊区的数字来自朱宏（Joron），
蒙马特地区则来自胡杰（Huget）

救援与惩罚

有关收容体制的改革，最早、同时也是其中最具特色的文本之一，为波多（Baudeau）写成于 1765 年。在这篇文本中，我们可以看到把病人之援助和惩罚性监禁之间的纯粹分离样态：前者被认为必须在家中进行，属于私人慈善事业，对于后者，波多提出一种在死亡和工作间严格的、近乎数学式的平衡。

"我们完全不再考虑建议设立公共医疗所。它们的收入和建筑将归每一教区之广施公库所有，并受慈善院总管理局管辖；贫困的病人将不再被迫前来寻求那令人感到耻辱、痛苦而且经常是致命的援助；国家的善行将会主动把援助带到他们家中，直接交到他们亲人手中，而且这一切将由悲怜管

理局办理,而这个体制比收容所好上许多。"

至于惩戒所,"荷兰人发明了一个高明的方法:把那些他们想使其工作者绑在唧筒上;为了使他们自愿作农事,为他们准备更艰苦的劳动,而且因为需要,他们也不得不去进行。

"把那位人们想要使他习惯于工作的人,关在一间小室里,灌水进去,如果此人不持续地转动唧筒手柄,就会被淹死。起先,依照他的力气来控制水量和时间;不过之后就一直逐渐增加。

"这便是被我们监禁在惩戒所中的人所要做的第一件工作。当然,这样地不停转动,而且又只是单独在劳苦工作,一定会使他感到无聊;如果他们知道有可能和别人一起在院中铲地,他们便会希望能够准许他们和别人一样作农事。但给予这个恩惠的时刻,则要根据他们的过错和目前的体质来决定。"

波多,《一位公民对于真穷人的需要、权利及义务之构想》
(*Idées d'un citoyen sur les besoins,*
les droits et les devoirs des vrais pauvres)
(Amsterdam & Paris,1765),
t. I, pp. 64-65 和 t. II, pp. 129-130

和疯人一同监禁被视为一种惩罚

在有关犯罪法条改革的讨论过程中,勒贝勒提耶·德·圣法尔乔(Le Peletier de Saint-Fargeau)提议所有进行决斗的人,要受罚全身披戴盔甲,公开示众两小时,并且在疯人院中监禁两年。

"决斗是骑士精神的滥用,就好像漫游骑士是其中的笑柄。利用这个笑柄来惩罚滥用,是比死刑更好的压制办法,因为后者从未阻止人犯下此罪,而且也很少真正实施。"

勒贝勒提耶的提议并未得到采纳。

"宪法和犯罪立法委员会向国会所提刑法计划报告"
(Rapport sur le projet du code pénal présenté à l'Assemblée nationale au nom des Comités de Constitution et de Législation criminelle), p. 105

参考书目

整体性研究

BERNIER(J.):*Histoire chronologique de la médecine*(《医学编年史》),Paris,1717.

BRETT(G.S.):*A History of Psychology*(《心理学史》),Londres,1912.

FLEMMING(C.):*Geschichte der Psychiatrie*(《精神医疗史》),Leipzig,1859.

KIRCHHOFF(T.):*Geschichte der Psychiatrie*(《精神医疗史》),Leipzig,1912.

LECLERC(D.):*Histoire de la médecine*(《医学史》),Amsterdam,1723.

NEUBURGER & PAGEL:*Handbuch der Geschichte der Medizin*(《精神医疗史手册》),Iéna,1902.

第一部

ABELLY(L.):*Vie du vénérable Vincent de Paul*(《可敬的凡森·德·保罗的一生》),Paris,1664.

ADNÈS(A.):*Shakespeare et la folie*(《莎士比亚与疯狂》),

Paris,1935.

ALBOIZE et MAQUET:*Histoire des prisons de Paris*(《巴黎监狱史》),8 vol.,Paris,1846.

ARGENSON(R.-L. D'):*Journal et Mémoires*(《日记和回忆录》),9 vol.,Paris,1867.

ARGENSON(R. D'):*Notes de René d'Argenson*(《达简森笔记》),Paris,1891.

BERGHÄUSER:*Die Darstellung des Wahnsinns im englischen Drama bis zum Ende des 18 ten Jahrhunderts*(《至18世纪末为止,英国戏剧对疯人的呈现》),Francfort,1863.

BÉZARD(L.)et CHAPON(J.):*Histoire de la prison de Saint-Lazare du Moyen Age à nos jours*(《圣拉撒尔监狱史——由中世纪至当代》),Paris,1925.

BLÉGNY(N. DE):*La Doctrine des rapports*(《关系理论》),Paris,1684.

BOISLISLE(A. DE):*Lettres de Monsieur de Maréville,lieutenant général de police au ministre Maurepas*(《警察总长马赫维尔写给莫巴斯部长的信》),Paris,1896.

BONNAFOUS-SÉRIEUX(H.):*La Charité de Senlis*(《森里斯慈善院》),Paris,1936.

BOUCHER(L.):*La Salpêtrière*(《硝石库院》),Paris,1883.

BRIÈLE(L.):*Collection de documents pour servir à l'histoire des hôpitaux de Paris*(《巴黎救护院史料汇编》),4 vol.,Paris,1881-1887.

BRU(P.):*Histoire de Bicêtre*(《比塞特院史》),Paris,1882.

BRUN DE LA ROCHETTE:*Les Procès civils et criminels*(《民事

及刑事诉讼》),Rouen,1663.

BRUNET(E.): *La Charité paroissiale à Paris sous l'Ancien Régime et sous la Révolution*(《旧制和大革命时期巴黎教区的慈善事业》),Paris,1897.

BURDETT(H.C.): *Hospitals and Asylums of the World*(《全世界的救护院和疗养院》),Londres,1891.

BURNS(J.): *History of the Poor Law*(《贫民法案史》),Londres,1764.

CAMUS(J.-P.): *De la mendicité légitime des pauvres*(《论穷人的合法行乞》),Douai,1634.

CHASSAIGNE(M.): *La Lieutenance de police à Paris*(《巴黎警察总局》),Paris,1906.

CHATELAIN(P.): *Le Régime des aliénés et des anormaux au XVIIe et au XVIIIe siècle*(《17、18世纪法国精神错乱者及不正常人之管理》),Paris,1921.

CHEVALIER(J.-U.): *Notice historique sur la maladrerie de Voley-près-Romans*(《罗曼附近渥来麻风院史录》),Romans,1870.

COLLET: *Vie de saint Vincent de Paul*(《圣凡森·德·保罗的一生》),3 vol.,Paris,1818.

COSTE(P.): *Les Détenus de Saint-Lazare aux XVIIe et XVIIIe siècle*(17、18世纪圣拉撒尔院中的受监者)(Revue des Études historiques[历史研究杂志],1926).

DELAMARE: *Traité de police*(《治安论》),4 vol.,Paris,1738.

DELANNOY(A.): *Note historique sur les hôpitaux de Tournay*(《突奈救护院史》),1880.

DELAUNAY（P.）：*Le Monde médical parisien au XVIIIe siècle*（《18 世纪巴黎的医疗环境》），Paris，1906.

DEVAUX（J.）：*L'Art de faire des rapports en chirurgie*（《外科报告撰写术》），Paris，1703.

EDEN（F.）：*State of the Poor*（《穷人的景况》），2 vol.，Londres，1797.

ESCHENBURG：*Geschichte unserer Irrenanstalten*（《我们的疯人院史》），Lubeck，1844.

ESQUIROL（J.）：*Des établissements consacrés aux aliénés en France*（《法国处理精神错乱者的机构》），1818.

——*Mémoire historique et statistique sur la Maison Royale de Charenton*（《厦伦顿皇家收容所之历史和统计》）（1824）；收入 *Des maladies mentales*（《论心智疾病》），t. II，Paris，1838.

FAY（H.-M.）：*Lépreux et cagots du Sud-Ouest*（《西南地区的麻风病患和麻风后裔》），Paris，1910.

FERRIÈRE（Cl.-J. DE）：*Dictionnaire de droit et de pratique*（《法律及实务辞典》），Paris，1769.

FOSSEYEUX（M.）：*L'Hôtel-Dieu à Paris au XVIIe et au XVIIIe siècle*（《17 至 18 世纪的巴黎医护院》），Paris，1912.

FREGUIER（H.-A.）：*Histoire de l'administration de la police à Paris depuis Philippe-Auguste jusqu'aux États généraux de 1789*（《由菲利普·奥古斯特至 1789 年三级会议之巴黎警政史》），2 vol.，Paris，1850.

FUNCK-BRENTANO（F.）：*Les Lettres de cachet*（《王室逮捕令》），Paris，1903.

GAZONI（T.）：*L'Ospital des fols incurables*（《无可救药疯人的

收容所》),法译本,Paris,1620。

GENDRY(R.): *Les Moyens de bien rapporter en justice*(《如何写好司法报告》),Angers,1650.

GERNET(H. B.): *Mitteilungen aus alterer Medizin-Geschichte Hamburgs*(《汉堡古医学史杂志》),Hambourg,1882.

GOLHAHN(R.): *Spital und Arzt von Einst bis Jetzt*(《由古至今的医院及医生》).

GUEVARRE(Dom): *De la Mendicità provenuta*(《消除行乞》),Aix,1693.

HENRY(M.): *La Salpêtrière sous l'Ancien Régime*(《旧王制下的硝石库院》),Paris,1922.

HILDENFINGER(P. - A.): *Les Léproseries de Reims du XIIe au XVIIe siècle*(《12 至 17 世纪杭斯的麻风病院》),Reims,1906.

——*Histoire de l'Hôpital général*(《收容总署史》),无作者名,Paris,1676.

——*Hôpital général(L')*(《收容总署》),无作者名,Paris,1682.

HOWARD(J.): *État des prisons, hôpitaux et maisons de force*(《监狱、救护院、强制拘留所状况》),法译本,2 vol.,Paris,1788.

Institutions et règlements de Charité aux XVIe et XVIIe siècles(《16 和 17 世纪慈善院之体制和规章》),由 Biencourt 重印,Paris,1903.

JACOBÉ(P.): *Un internement sous le Grand Roi: H. Loménie de Brienne*(《H. Loménie de Brienne:伟大国王治下的一个监禁

例子》), Paris, 1929.

JOLY(A.): *L'Internement des fous sous l'Ancien Régime dans la généralité de Basse-Normandie*(《下诺曼地旧制财政区之疯人禁闭》), Caen, 1868.

KRIEGK(G.): *Heilanstalten und Geistkranke ins mittelalterliche Frankfurt am Main*(《中世纪的法兰克福的疗养院和精神病患》), Francfort, 1863.

LALLEMAND(L.): *Histoire de la Charité*(《慈善院史》), 5 vol., Paris, 1902-1912.

LANGLOIS(C. V.): *La Connaissance de la nature et du monde au Moyen Age*(《中世纪对自然和世界的认识》), Paris, 1911.

LAUTARD(J. - B.): *La Maison de fous de Marseille*(《马赛疯人院》), Marseille, 1840.

LEGIER-DESGRANGES(H.): *Hospitaliers d'autrefois*; *Hôpital général*(《昔日的收容者；收容总署》), Paris, 1952.

LEGRAND(L.): "Les Maisons-Dieu et léproseries du diocèse de Paris au milieu du XIVe siècle"(《14世纪中叶巴黎教区之医护院和麻风病院》), *Mémoires de la société d'histoire de Paris*(《巴黎史学学会论文》), t. XXIV, 1897 & XXV, 1898.

LEONARD(E. M.): *The Early Story of English Poor Relief*(《早期英国贫民援助史》), Cambridge, 1900.

LOCARD(E.): *La Médecine judiciaire en France au XVIIe siècle*(《17世纪的法国法医学》).

LOUIS: "Questions de jurisprudence du suicide"(《自杀之法学思考》), *Journal de médecine*(《医学杂志》), t. XIX, p. 442.

LOYAC(J. DE):*Le Triomphe de la Charité ou la vie du bienheureux Jean de Dieu*(《慈善院之胜利:真福教士属灵约翰之一生》),Paris,1661.

MUYART DE VOUGLANS:*Les Lois criminelles de France dans leur ordre naturel*(《以其自然秩序排列之法国刑法》),2 vol.,Paris,1781.

NICHOLLS(G.):*History of the English Poor Law*(《英国贫穷法案史》),2 vol.,Londres,1898.

O'DONOGHUE(E. G.):*The Story of Bethleem Hospital*(《伯利恒院史》),New York,1915.

PARTURIER(L.):*L'Assistance à Paris sous l'Ancien Régime et sous la Révolution*(《旧王政体制和大革命时代的巴黎救助体系》),Paris,1897.

PAULTRE(Chr.):*De la répression de la mendicité et du vagabondage en France sous l'Ancien Régime*(《法国旧制时代对乞丐和流浪行为之镇压》),Paris,1906.

PETIT:"Consultation médico-légale sur un homme qui s'était pendu"(《对一位上吊者所进行的法医学诊断》),*Journal de médecine*(《医学杂志》),t. XXVII,p. 515.

PEUCHET:*Collections de lois, ordonnances et règlements de police depuis le XIIIe jusqu'au XVIIIe siècle*(《从13至18世纪止之治安法律、命令和规章汇编》),2e série,Paris,1818-1819.

PINTARD(R.):*Le Libertinage érudit*(《博学的放荡》),Paris,1943.

PIGNOT(L.):*Les Origines de l'hôpital du Midi*(《南方医院探

源》),Paris,1885.

PORTES(J.):*Dictionnaire des cas de conscience*(《意识问题辞典》),Paris,1741.

RAVAISSON(Fr.):*Les Archives de la Bastille*(《巴士底狱档案》),19 vol.,Paris,1866-1904.

Règlement de l'hôpital des insensés de la ville d'Aix(《艾克斯市无理智者收容所规章》),Aix,1695.

Règlements et statuts de l'Hôpital général d'Orléans(《奥尔良收容总署地位规章》),Orléans,1692.

ROCHER(J.):*Notice histonique sur la maladrerie de Saint-Hilaire-Saint-Mesmin*(《圣伊莱尔-圣梅斯曼麻风院史录》),Orléans,1866.

SAINTE-BEUVE(J.):*Résolution de quelques cas de conscience*(《数个道德意识问题的解决》),Paris,1680.

SÉRIEUX(P.):*L'Internement par ordre de justice des aliénés et des correctionnaires*(《精神错乱者和惩戒犯之以司法命令禁闭》),Paris,1932.

SÉRIEUX & LIBERT(L.):*Le Régime des aliénés en France au XVIIIe siècle*(《18世纪法国精神错乱者之管理》),Paris,1914.

SÉRIEUX & TRÉNEL(M.):*L'Internement des aliénés par vole judiciaire*(《以司法管道进行的精神错乱者监闭》),Recueil Sirey,1931.

TUKE(D.H.):*Chapters on the history of the Insane*(《精神错乱史札》),Londres,1882.

Statuts et règlements de l'Hôpital général de la Charité de Lyon

(《里昂慈善收容总署地位规章》),Lyon,1742.

VERDIER(F.):*La Jurisprudence de la médecine en France*(《法国医学之法律原则》),2 vol.,Paris,1723.

VIÉ(J.):*Les Aliénés et correctionnaires à Saint-Lazare aux XVIIe et XVIIIe siécles*(《17、18世纪圣拉撒尔院中的精神错乱者及惩戒犯》),Paris,1930.

VIVES(J.-L.):*L'Aumônerie*(《施舍》),法译本,Lyon,1583。

VINCENT DE PAUL:*Correspondance et Sermons*(《书信及布道集》),éd. Coste,12 vol.,Paris,1920-1924.

第二部

ANDRY(C.-L.):*Recherches sur la mélancolie*(《忧郁症研究》),Paris,1785.

——*Apologie pour Monsieur Duncan*(《为敦肯先生辩护》),无作者名。

ARNOLD(Th.):*Observations on the Nature, Kinds, Causes and Preventions of Insanity, Lunacy and Madness*(《心智失常、月亮疯和疯狂之属性、种类、原因、预防之观察》),2 vol.,Leicester,1782-1786.

——*Observations on the Management of the Insane*(《精神失常之处理》),Londres,1792.

BAGLIVI(G.):*Tractatus de fibra motrice*(《运动纤维论》),Pérouse,1700.

BAYLE(F.)& GRANGEON(H.):*Relation de l'état de quelques personnes prétendues possédées*(《有关数位号称附魔

者的状况叙述》),Toulouse,1682.

BEAUCHESNE(E. - P. Ch.):*De l'influence des affections de l'âme sur les maladies des femmes*(《心灵扰动对妇女病之影响》),Paris,1781.

BIENVILLE(J. - D. - T.):*De la Nymphomanie*(《论女性求偶狂》),Amsterdam,1771.

BOERHAAVE(H.):*Aphorismes*(《格言集》),法译本,Paris,1745。

BLACKMORE(A.):*A treatise of the spleen and vapours*(《论忧郁和气郁症》),Londres,1726.

BOISSIER DE SAUVAGES(F.):*Nosologie méthodique*(《方法性疾病分类学》),法译本,10 vol.,Lyon,1772。

BOISSIEU(B. - C.):*Mémoire sur les méthodes rafraîchissante et échauffante*(《冷热疗法》),Dijon,1772.

BONET(Th.):*Sepulchretum anatomicum*(《墓场解剖》),3 vol.,Paris,1700.

BRISSEAU(P.):*Traité des mouvements sympathiques*(《交感运动》),Paris,1692.

CHAMBON DE MONTAUX:*Des maladies des femmes*(《妇女病》),2 vol.,Paris,1784.

——*Des maladies des filles*(《少女病》),2 vol.,Paris,1785.

CHESNEAU(N.):*Observationum medicarum libri quinque*(《医学观察五卷》),Paris,1672.

CHEYNE(G.):*The English malady, or a Treatise on Nervous Diseases of all kinds*(《英国病:论各种神经病》),Londres,1733.

——*Méthode naturelle de guérir les maladies du corps et les dérèglements de l'esprit*(《身心病变之自然疗法》),法译本,2 vol. ,Paris,1749。

CLERC(N. - G.):*Histoire naturelle de l'homme dans l'état de maladie*(《病人之自然观察》),2 vol. ,Paris,1767。

COX(J. - M.):*Practical observations on insanity*(《精神错乱之实用观察》),Londres,1804。

CRUGERI:*Casus medicus de morbo litteratorum*(《文学病之医学病因》),Zittaviæ,1703。

CULLEN(W.):*Institutions de médecine pratique*(《实用医学指引》),法译本,Paris,2 vol. ,1785。

DAQUIN(J.):*Philosophie de la folie*(《疯狂的哲学》),Paris,1792。

DIEMERBROEK(I.):*Opera omnia anatomica et medica*(《解剖及医学作品大全》),Utrecht,1685。

DIONIS(P.):*Dissertation sur la mort subite*(《论猝死》),Paris,1710。

DUFOUR(J. - F.):*Essai sur les opérations de l'entendement et sur les maladies qui le dérangent*(《悟性之运作及病变》), Amsterdam & Paris,1770。

DUMOULIN(J.):*Nouveau Traité du rhumatisme et des vapeurs* (《风湿和气郁新论》),Paris,1710。

ETTMÜLLER(M.):*Opera medica*(《医学作品集》),Francfort,1696。

Examen de la prétendue possession des filles de la paroisse de Laudes(《劳德教区所谓附魔少之检验》),无作者名,1735。

FALLOWES(S.):*The best method for the cure of lunatics*(《月亮疯之最佳疗法》),Londres,1705.

FAUCETT(H.):*Ueber Melancholie*(《论忧郁》),Leipzig,1785.

FERNEL(J.):*Universa Medica*(《医学大全》),Francfort,1607.

FERRAND(J.):*De la maladie d'amour ou mélancolie érotique*(《论爱情病或情欲忧郁》),Paris,1623.

FLEMYNG(M.):*Nevropathia sive de morbis hypochondriacis et hystericis*(《神经病或疑病症和歇斯底里》),Amsterdam,1741.

FORESTUS(P.):*Observationes et curationes*(《观察与治疗》),Rotterdam,3 vol.,1653.

FOUQUET(F.):*Recueil de remèdes faciles et domestiques*(《简易家用药方集锦》),Paris,1678.

FRIEDREICH(N.):*Historisch-kritische Darstellung der Theorien über das Wesen u. den Sitz der psychischen Krankheiten*(《心因性疾病部位理论之批判历史呈现》),1836.

GAUBIUS(D.):*Institutiones pathologiæ medicinales*(《疾病医疗指引》),Leyde,1758.

HALLER(Alb. VON):*Éléments de physiologie*(《生理学要素》),法译本,Paris,1769.

HASLAM(J.):*Observations on insanity*(《精神失常观察》),Londres,1794.

HECQUET(P.):*Réflexion sur l'usage de l'opium,des calmants,des narcotiques*(《有关鸦片、镇静剂及麻醉药用途的反

思》),Paris,1726.

HIGHMORE(N.):*Exercitationes duæ ,prior de passione hysterica,altera de affectione hypochondriaca*(《两部论文:有关歇斯底里及疑病症》),Oxford,1660.

——*De passione hysterica, responsio epistolaris ad Willisium*(《论歇斯底里,回应威里斯之信件》),Londres,1670.

HOFFMANN(F.):*Dissertationes medicæ selectiores*(《医学论文选集》),Halle,1702.

——*De motuum convulsivorum vera sede et indole*(《论痉挛之真正部位及体质》),Halle,1733.

——*De morbi hysterici vera indole*(《论歇斯底里之真实体质》),Halle,1733.

——*De affectu spasmodico-hypochondriaco-inveterato*(《论慢性痉挛性季肋痛》),Halle,1734.

HUNAULD(P.):*Dissertation sur les vapeurs et les pertes du sang*(《论气郁症及失血》),Paris,1716.

JAMES(R.):*Dictionnaire universel de médecine*(《医学大辞典》),法译本,6 vol.,1746-1748。

JONSTON(D.):*Idée universelle de la médecine*(《医学之普遍概念》),法译本,Paris,1644。

LACAZE(L.):*Idée de l'homme physique et moral*(《人之身心概念》),Paris,1755.

LANCISIUS(J.-M.):*Opera omnia*(《全集》),2 vol.,Genève,1748.

LANGE:*Traité des vapeurs*(《气郁论》),Paris,1689.

LAURENS(DU):*Opera omnia*(《全集》),法译本,Rouen,

1660。

LE CAMUS(A.)：*La Médecine de l'esprit*（《精神医学》），2 vol.，Paris，1769.

LEMERY(J.)：*Dictionnaire universel des drogues*（《医学大辞典》），Paris，1769.

LIÉBAUT(J.)：*Trois livres sur les maladies des femmes*（《妇女病三卷》），Paris，1649.

LIEUTAUD(J.)：*Traité de médecine pratique*（《实用医学》），2 vol.，Paris，1759.

LINNÉ(K.)：*Genera morborum*（《疾病分类》），Upsala，1763.

LORRY(A.C.)：*De melancholia et morbis melancholicis*（《论忧郁及忧郁症》），2 vol.，Paris，1765.

MEAD(R.)：*A treatise concerning the influence of the sun and the moon*（《日月之影响力》），Londres，1748.

MECKEL(J.-F.)：*Recherches anatomo-physiologiques sur les causes de la folie*（《疯狂病因之解剖生理学研究》），Mémoire académique（学院论文），Berlin，vol. XX，1764，p. 65.

MESNARDIÈRE(H.-J. LA)：*Traité de la Mélancolie*（《论忧郁》），La Flèche，1635.

MORGAGNI(J.B.)：*De sedibus et causis morborum*（《论疾病之部位及原因》），2 vol.，Venise，1761.

MOURRE(M.)：*Observations sur les insensés*（《对无理智者之意见》），Toulon，1791.

MURILLO(T.A.)：*Novissima hypochondriacæ melancholiæ curatio*（《治疗疑病忧郁的方法》），Lyon，1672.

PERFECT(W.)：*Methods of cure in some particular cases of*

insanity(《某些精神失常之治疗案例》),Londres,1778.

La Philosophie des vapeurs, ou lettres raisonnées d'une jolie femme sur l'usage des symptômes vaporeux(《气郁哲学：一位美女对气郁症状用途之合理解说信件》),Paris,1774.

PINEL(P.):Nosographie philosophique(《哲学性疾病分类》), 2 vol.,Paris,共和国第六年。

PISO(C.):Selectiorium observationum et consiliorum liber singularis(《视察及漫想选集》),Lugdunum,1650.

PITCAIRN(A.):The Whole Works(《全集》),Londres,1777.

PLATER(F.):Praxeos medicæ tres tomi(《医术三卷》),Bâle, 1609.

PRESSAVIN(J.-B.):Nouveau Traité des vapeurs(《气郁症新论》),Lyon,1770.

RAULIN(J.):Traité des affections vaporeuses(《气郁症论》), Paris,1758.

RENOU(J. DE):Œuvres pharmaceutiques(《药学作品》),法译本,Lyon,1638。

REVILLON(C.):Recherches sur la cause des affections hypochondriaques(《疑病症病因研究》),Paris,1779.

ROCHE(D. DE LA):Analyse des fonctions du système nerveux (《神经系统功能分析》),2 vol.,Genève,1770.

ROSTAING(A.):Réflexions sur les affections vaporeuses(《有关气郁症之思考》),Paris,1778.

POMME(P.):Traité des affections vaporeuses des deux sexes (《两性气郁症论》),Paris,1760.

SCHEIDENMANTEL(F. C. G.):Die Leidenschaften als Heilmittel betrachtet(《激情作为一种疗方》),Hildburgh,1787.

SCHENKIUS A GRAFENBERG(J.):*Observationes medicorum variorum libri VII*(《医学观察七卷》),Francfort,1665.

SCHWARZ(A.):*Dissertation sur les dangers de l'onanisme et les maladies qui en résultent*(《论手淫之危险以及由此导致的疾病》),Strasbourg,1815.

SPENGLER(L.):*Briefe, welche einige Erfahrungen der elektrischen Wirkung in Krankheiten enthalten*(《通信:有关电能在疾病中的作用的实验》),Copenhague,1754.

STAHL(G. E.):*Dissertatio de spasmis*(《论痉挛》),Halle,1702.

——*Theoria medica vera*(《真实医理》),2 vol.,Halle,1708.

SWIETEN(G. VAN):*Commentaria Boerhaavi Aphorismos*(《勃艾哈夫格言集注释》),Paris,1753.

SYDENHAM(T.):*Médecine pratique*(《实用医学》),法译本,Paris,1784。

TISSOT(S.-A.):*Avis aux gens de lettres sur leur santé*(《给文人的保健忠告》),Lausanne,1767.

——*Observations sur la santé des gens du monde*(《上流人士之健康观察》),Lausanne,1770.

——*Traité des nerfs et de leurs maladies*(《神经及神经病》),Paris,1778-1780.

VENEL:*Essai sur la santé et l'éducation médicinale des filles destinées au mariage*(《待嫁少女之健康及保健教育》),Yverdon,1776.

VIEUSSENS(R.):*Traité nouveau des liqueurs du corps humain*

(《人体液体新论》), Toulouse, 1715.

VIRIDET : *Dissertation sur les vapeurs*(《气郁症》), Yverdon, 1726.

WHYTT(R.) : *Traité des maladies nerveuses*(《神经病论》), 法译本, 2 vol., Paris, 1777.

WEICKARD(M. A.) : *Der philosophische Arzt*(《哲学医生》), 3 vol., Francfort, 1790.

WILLIS(T.) : *Opera omnia*(《全集》), 2 vol., Lyon, 1681.

ZACCHIAS (P.) : *Quæstiones medico-legales* (《法医学问题》), 2 vol., Avignon, 1660-1661.

ZACUTUS LUSITANUS : *Opera omnia*(《全集》), 2 vol., Lyon, 1657.

ZILBOORG(G.) : *The medical man and the witch during the Renaissance*(《文艺复兴时代的医疗人和巫师》), Baltimore, 1935.

第三部

ALLETZ(P. - A.) : *Tableau de l'humanité et de la bienfaisance* (《人道和善行描绘》), Paris, 1769.

ARIÈS(Ph.) : *L'enfant et la vie familiale sous l'Ancien Régime* (《旧王政体制下的儿童及家庭生活》), Paris, 1960.

BAUDEAU(N.) : *Idées d'un citoyen sur les devoirs et les droits d'un vrai pauvre*(《一位公民有关真穷人权利和义务的想法》), Paris, 1765.

BELLART(N. - F.) : *Œuvres*(《作品集》), 6 vol., Paris,

1827.

BIXLER(E.): *A forerunner of psychiatric nursing: Pussin*(《布桑，一位精神医疗看护的先驱》)(*Annals of medical history*〔医学史年鉴〕,1936,p. 518).

BLOCH(C.): *L'Assistance et l'État à la veille de la Révolution*(《大革命前夕，救助和国家之关系》),Paris,1908.

BRISSOT DE WARVILLE(J.-P.): *Théorie des lois criminelles*(《犯罪法理论》),2 vol., Paris, 1781.

CABANIS(P. J. G.): *Œuvres philosophiques*(《哲学作品集》), 2 vol., Paris, 1956.

CLAVAREAU(N.-M.): *Mémoires sur les hôpitaux civils de Paris*(《巴黎民间救护院论文》), Paris, 1805.

COQUEAU(C.-P.): *Essai sur l'établissement des hôpitaux dans les grandes villes*(《大城市中的医院建设》),Paris, 1787.

DAIGNAN(G.): *Réflexions sur la Hollande, où l'on considère principalement les hôpitaux*(《荷兰救护院考》),Paris, 1778.

DESMONCEAUX(A.): *De la bienfaisance nationale*(《论国家善行》),Paris,1789.

Détails sur l'établissement du Docteur Willis pour la guérison des aliénés(《威里斯医生治疗精神错乱者之机构详论》), Bibliothèque britannique, I, p. 759.

DOUBLET(F.): *Rapport sur l'état actuel des prisons de Paris*(《巴黎监狱现况报告》),Paris,1791.

DOUBLET(F.) & COLOMBIER(J.): "Instruction sur la manière de gouverner et de traiter les insensés"(《精神失常者

治理和照料方式指引》),*Journal de médecine*(《医学杂志》),1785 年 8 月,p. 529.

DULAURENT(J.):*Essai sur les établissements nécessaires et les moins dispendieux pour rendre le service dans les hôpitaux vraiment utile à l'humanité*(《如何建立有必要及最经济的机构,以使得救护院服务可以真正对人有用》),Paris,1787.

DUPONT DE NEMOURS(P.-S.):*Idées sur les secours à donner aux pauvres malades dans une grande ville*(《大城市穷苦病患救助构想》),Philadelphie & Paris,1786.

DREYFUS(F.):*L'Assistance sous la Législative et la Convention*(《立法国会和国民公会的救助体制》),Paris,1905.

ESSARTS(N. DES):*Dictionnaire universel de police*(《治安大辞典》),7 vol.,Paris,1785-1787.

FRANCKE(A.-H.):"Précis historique sur la vie des établissements de bienfaisance"(《慈善机构中之生活史详》),*Recueil de mémoires sur les établissements d'humanité*(《人道机构论文集》),n° 39,Paris,1804.

GENNETÉ(L.):*Purification de l'air dans les hôpitaux*(《救护院空气之净化》),Nancy,1767.

GENIL-PERRIN(G.):"La psychiatrie dans l'œuvre de Cabanis"(《卡班尼斯作品中有关精神医疗的部分》),*Revue de psychiatrie*(《精神医学杂志》),1910 年 10 月。

GRUNER(J.-C.):"Essai sur les vices et les améliorations des établissements de sûreté publique"(《公共安全机构中之恶劣状况及其改善》),*Recueil de Mémoires sur les* établissements d'humanité(《人道机构论文集》),nº 39,Paris, 1804.

HALES(S.):*A Description of Ventilators*(《通风机描述》), Londres,1743.

IMBERT(J.):*Le Droit hospitalier de la Révolution et de l'Empire* (《大革命与帝政时期的入院权》),Paris,1954.

MAC AULIFFE(L.):*La Révolution et les hôpitaux*(《大革命与 医院》),Paris,1901.

MARSILLAC (J.): *Les Hôpitaux remplacés par des sociétés civiques*(《以民间互助社团取代救护院》),Paris,1792.

MATTHEY(A.):*Nouvelles recherches sur les maladies de l'esprit* (《精神病新探》),Paris,1816.

MIRABEAU(H.):*Observations d'un voyageur anglais*(《英国旅 人见闻录》),Paris,1788.

MIRABEAU(V.):*L'Ami des hommes*(《人类之友》),6 vol., Paris,1759.

MOEHSEN(J.C.N.):*Geschichte des Wissenschaften in der Mark Brandeburg*(《布兰登堡侯国科学史》),Berlin & Leipzig, 1781.

MOHEAU:*Recherches sur la population de la France*(《法国人 口研究》),Paris,1778.

MOREL(A.):*Traité des dégénérescences*(《退化论》),Paris, 1857.

MUSQUINET DE LA PAGNE:*Bicêtre réformé*(《改革后的比塞 特院》),Paris,1790.

MERCIER(J.-S.):*Tableaux de Paris*(《巴黎描述》),12

vol. , Amsterdam, 1782-1788.

PINEL(P.) : *Traité médico-philosophique*(《哲理医学》), Paris, 共和国第九年。

PINEL(S.) : *Traité complet du régime sanitaire des aliénés*(《精神错乱者之卫生措施大全》), Paris, 1836.

Plaidoyer pour l'héritage du pauvre à faire devant les représentants de la nation(《在国民大会前为设立穷人遗产申辩》), Paris, 1790.

Précis de vues générales en faveur de ceux qui n'ont rien(《为一无所有者辩护的综观详情》), Lons-le-Saulnier, 1789.

Rapports du comité de mendicité(《乞丐事务委员会报告》). *Procès-verbaux de l'Assemblée nationale*(《国会纪录》), 1790, t. XXI, XXII, XLIV.

RÉCALDE (DE) : *Traité sur les abus qui subsistent dans les hôpitaux du royaume*(《王国内的救护院中仍然存有的滥权现象》), Paris, 1786.

RÉGNAULD (E.) : *Du degré de compétence des médecins*(《医生能力等级》), Paris, 1828.

RIVE (DE LA) : "Lettre sur un nouvel établissement pour la guérison des aliénés"(《有关一座精神错乱者医疗的新机构之书简》) (Bibliothèque britannique, t. VIII, p. 308).

ROBIN (A.) : *Du traitement des insensés dans l'hôpital de Bethléem, suivi d'observations sur les insensés de Bicêtre et de la Salpêtrière*(《伯利恒院之精神失常者照料,并附有比塞特院和硝石库院之精神失常者观察》), Amsterdam, 1787.

RUMFORD : "Principes fondamentaux pour le soulagement des

pauvres"(《拯救穷人的基本原则》)(Bibliothèque britannique,I,p. 499 & II,p. 137).

RUSH(B.):*Medical inquiries*(《医学探究》),4 vol.,Philadelphie,1809.

SÉMELAIGNE(R.):*Philippe Pinel et son œuvre*(《匹奈及其作品》),Paris,1927.

——*Aliénistes el philanthropes*(《精神错乱专家及博爱家》),Paris,1912.

SPURZHEIM(J.-G.):*Observations sur la folie*(《疯狂之观察》),Paris,1818.

Table alphabétique, chronologique et analytiques des règlements relatifs à l'administration des hôpitaux(《与救护院之行政有关规章,以字母、年代、主题分析表列》),Paris,1815.

TENON(J.):*Mémoires sur les hôpitaux de Paris*(《巴黎救护院论文集》),Paris,1788.

TUETEY(A.):*L'Assistance publique à Paris pendant la Révolution*(《大革命时期巴黎的公共救助》),4 vol.,Paris,1895-1897.

TUKE(S.):*Description of the Retreat*(《隐卢描述》),York,1813.

TURGOT(A. J.):*Œuvres*(《作品集》)(éd. Schelle,5 vol.),Paris,1913-1919.

WAGNITZ(H. B.):*Historische Nachrichten und Bemerkungen Zuchthaüser in Deutschland*(《德国最重要惩戒所之历史资料及评论》),2 vol.,Halle,1791-1792.

WOOD:"Quelques détails sur la maison d'industrie de Shrewsbury"(《史威兹伯里劳动所之数点细节》)(Bibliothèque britannique, VIII, p. 273).

LAEHR(H.), *Die Literatur der Psychia-trie von 1459 bis 1799*(《精神医疗文献:1459—1799年》),4 vol., Berlin 1900. 附有一份15至18世纪精神医学文献的完整书目。

同一位作者还出版了一本年表:*Gedenktage der Psychiatrie*(《精神医学史上的重大日子》)(Berlin,1893),不过,其中的资料,并不能完全相信。